Franz-Josef Lintermann, Udo Schaefer, Walter Schulte-Göcking

Basiswissen IT-Berufe

Einfache IT-Systeme

6. Auflage

Bestellnummer 1140

Bildungsverlag EINS

Haben Sie Anregungen oder Kritikpunkte zu diesem Produkt?
Dann senden Sie eine E-Mail an 1140_006@bv-1.de
Autoren und Verlag freuen sich auf Ihre Rückmeldung.

Die in diesem Werk aufgeführten Internetadressen sind auf dem Stand der Drucklegung. Die ständige Aktualisierung der Adressen kann von Seiten des Verlags nicht gewährleistet werden. Darüber hinaus übernimmt der Verlag keine Verantwortung für die Inhalte dieser Internetseiten.

www.bildungsverlag1.de

Bildungsverlag EINS GmbH
Sieglarer Straße 2, 53842 Troisdorf

ISBN 978-3-8237-**1140**-7

Vorwort

Das vorliegende Buch ist Teil einer Fachbuchreihe, die insbesondere für die informations- und telekommunikationstechnischen Berufe (IT-Berufe) konzipiert wurde. Allen IT-Berufen liegt eine Lernfeldkonzeption zugrunde, die aus insgesamt 11 Lernfeldern besteht.
Die Inhalte dieses Fachbuches decken die im Rahmenlehrplan ausgewiesenen Unterrichtsinhalte des Lernfeldes 4 (Einfache IT-Systeme) für alle vier IT-Berufe ab (IT-Systemelektroniker/in, IT-Fachinformatiker/in, IT-Systemkaufmann/-frau, IT-Informatikkaufmann/-frau).
Die inhaltlichen Schwerpunkte dieses Lernfeldes sind kapitelweise aufbereitet, eine Marginalspalte enthält Schlagworte zur schnellen Handhabung, praxisrelevante Fachbezeichnungen werden zusätzlich in englischer Sprache angegeben. Jedes Kapitel schließt mit Fragen zur (Selbst-)Überprüfung erworbener Fachkompetenz, teilweise auch mit einfachen lernfeldbezogenen Handlungsaufgaben ab.

Handhabung

Das vorliegende Fachbuch ist sowohl Informationsbasis als auch unterrichtsbegleitendes Nachschlagewerk bei der Lösung komplexer Handlungsaufgaben. Die chronologische Bearbeitung der Kapitel ist nicht zwingend erforderlich, vielmehr kann sie sich an den Erfordernissen der jeweils in den Unterricht eingebrachten lernfeldübergreifenden Handlungsaufgaben orientieren.
Neben den grundlegenden Kapiteln über Hardware und Software eines Stand-Alone-PCs (Kap. 1–3) kann bei Bedarf auch auf die Kapitel über die Vorgänge bei der Informationsverarbeitung (Kap. 4) oder die elektrotechnischen Grundlagen (Kap. 5) zurückgegriffen werden. Der unterrichtende Fachlehrer hat zudem die Möglichkeit, die von dem jeweiligen IT-Beruf abhängige Bearbeitungstiefe einzelner Kapitel zu variieren.
Aufgrund der sachlogischen Struktur ist das Buch auch zum individuellen Selbststudium und zur Prüfungsvorbereitung geeignet.

Die Autoren

Inhalt

1 Hardwareaufbau und -konfiguration

Computer sind prinzipiell elektronische Datenverarbeitungsgeräte (DV-Geräte), die im Wesentlichen drei Aufgaben ausführen:

- die Entgegennahme einer strukturierten **Eingabe** von einem Benutzer (User),
- die **Verarbeitung** der Eingabedaten nach festgelegten Regeln,
- die **Ausgabe** der erzeugten Ergebnisse an einen Benutzer.

Der Benutzer ist in den meisten Fällen ein Mensch, jedoch können die Eingabe und die Ausgabe auch durch andere elektrotechnische Geräte erfolgen (z. B. Messwertaufnahmen).
Computer lassen sich nach unterschiedlichen Kriterien kategorisieren:

Computerkategorien

- **Computergenerationen** Die Computergenerationen stellen eine Information der technischen Entwicklung dar: Computer der ersten Generation (50er-Jahre) basierten auf Elektronenröhren. Die Computer der zweiten Generation (Anfang der 60er-Jahre) benutzten Transistoren. Die nachfolgende dritte Generation (Mitte der 60er-Jahre) verwendete bereits integrierte Schaltkreise (IC: Integrated Circuit) anstelle von einzelnen Transistoren. Ab der vierten Generation (70er-Jahre) wurde die Integrationsdichte der ICs und damit die Arbeitsgeschwindigkeit ständig vergrößert. Ein Ende dieser Entwicklung ist nicht abzusehen.
- **Computerfamilien** Ein Begriff, der sich allgemein auf eine Gruppe von Computern bezieht, die denselben oder einen ähnlichen Prozessortyp verwenden und in signifikanten Funktionen Übereinstimmungen aufweisen (z. B. Macintosh-Familie, x86-Familie)
- **Computergröße** Bei der Computergröße ist in erster Linie von Bedeutung, ob ein Computer portabel ist oder nicht. Portable Geräte verfügen über kleine Abmessungen und geringes Gewicht. Die Größe ist jedoch kein Maß für die Leistungsfähigkeit eines Computers.
- **Computerklassen** Die Klassenzuordnung ermöglicht Rückschlüsse auf die Leistungsfähigkeit moderner Computer. Man unterscheidet beispielsweise Supercomputer, Großrechner, Personal Computer, Arbeitsstation (Workstation), Notebook oder Pocket-PC.

Personal Computer

Personal Computer

Unter einem Personal Computer (PC) versteht man allgemein einen Computer, der für die Nutzung durch eine Person vorgesehen ist, ohne dass die Ressourcen des PCs in Bezug auf die Datenverarbeitung mit anderen Rechnern geteilt werden müssen.

IT-System: Informations- und telekommunikationstechnisches System

In diesem Sinne handelt es sich bei einem solchen PC um ein „einfaches IT-System". Abgesehen von den portablen Computern werden PCs in der Regel in einem Desktop- oder einem Tower-Gehäuse geliefert.

In Abhängigkeit von ihrer Größe unterscheidet man bei den Tower-Gehäusen **Mini-, Midi-** und **Big-Tower**.

Die Größe des Towers bestimmt die Anzahl der vorhandenen 5,25-Zoll- bzw. 3,5-Zoll-Einschübe (z. B. für externe Laufwerke, siehe Kap. 1.5).

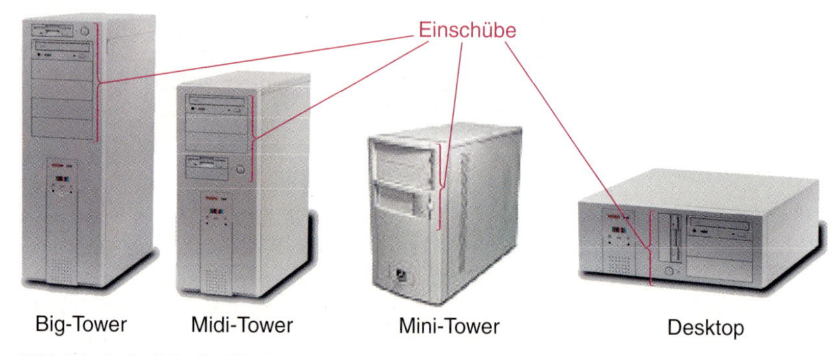

Bild 1.1: Beispiele für PC-Gehäuse

Barebone

Darüber hinaus werden Computer auch als sogenannte **Barebones** (auch X-PC genannt) angeboten. Hierunter versteht man würfelförmige Gehäuse in ansprechendem Design mit Abmessungen in der Größenordnung 20 cm × 18 cm × 30 cm (B × H × T). Integriert und in der Regel nachträglich nicht austauschbar sind Netzteil (SFX-Spezifikation), Board mit einem angepassten Kühlsystem für die CPU als Basiskomponenten sowie einer entsprechenden Spezialverkabelung. Je nach Einsatz und Kundenwunsch lässt sich ein Barebone dann begrenzt mit zusätzlichen Komponenten bestücken (z. B. Festplatte, DVD-Player, TV-Tuner, Card-Reader, Infrarot-Fernbedienung). Inzwischen gibt es Barebones für jede aktuelle CPU, in die sich auch marktgängige Speicherbausteine einbauen lassen. Als Besonderheit gegenüber Tower-PCs bieten einige Barebones die Möglichkeit, ein eingebautes DVD-Laufwerk oder einen TV-Tuner direkt ohne langen Bootvorgang zu nutzen. Da aufgrund der kompakten Bauweise zusätzliche aktive Maßnahmen zur Wärmeabfuhr aus dem Inneren mittels Lüfter erforderlich sind, ist der Geräuschpegel bei einem Barebone allerdings in der Regel wesentlich größer als bei einem Towergehäuse.

Bild 1.2: Beispiel für ein Barebone

Für die kontrollierte Bedienung eines PCs in einem der genannten Gehäuse sind jeweils zusätzliche externe Komponenten erforderlich. Hierzu zählen üblicherweise eine Tastatur, eine Maus und ein Bildschirm. Eine Besonderheit stellen die sogenannten **All-in-One-PCs** (AiO-PC) dar, deren populärer Vorreiter der iMac der Firma Apple ist. Bei diesen Geräten wird die gesamte Rechnertechnik mit in das Monitorgehäuse platziert. Tastatur und Maus sind kabellos verbunden, lediglich das Netzkabel ist am Monitor angeschlossen.

Notebook

Ein **Notebook** ist ein tragbarer PC mit Gehäuseabmessungen in der Größenordnung 30 cm × 26 cm × 5 cm. Im Gehäuse sind sämtliche für die Funktion erforderlichen elektronischen Komponenten, Laufwerke sowie die Tastatur und der Flachbildschirm (TFT) untergebracht.

Laptop

Neben den klassischen Displaygrößen mit ihren Bildabmessungen im Verhältnis 4:3 (siehe Kap. 1.9) werden zunehmend auch Notebooks mit Breitbild-Display angeboten, deren Seitenverhältnis 15:9 oder 16:10 beträgt. Diese Displays sind etwa so breit wie ein 18-Zoll-Panel und etwa so hoch wie eines mit 15 Zoll. Die Pixelauflösung beträgt hierbei bis zu 1920 × 1200 Punkte (z. B. bei Fa. Sony).
Die Steuerung des Bildschirmcursors erfolgt bei Notebooks über ein integriertes Touchpad (Mousepad) oder durch Anschluss einer externen USB-Maus.

Flachbildschirme siehe Kap. 1.9.3

1 Zoll = 2,542 cm

Pixelauflösung siehe Kap. 1.6.1 und Kap. 1.9.3

Eine mobile Energieversorgung ist für einige Stunden über den eingebauten Akku (Li-Ion, NiMH, Li-Polymer) gewährleistet. Ein Notebook verfügt heute über sämtliche Schnittstellen eines PCs in einem Towergehäuse (z.B. USB, VGA, DVI, HDMI, eSATA). Geräte mit kleineren Abmessungen und etwas geringerer Ausstattung werden auch als **Mini-Notebooks** oder **Sub-Notebooks** bezeichnet. Synonym (d.h. bedeutungsgleich) wird auch die im englischen Sprachraum allgemein verbreitete Bezeichnung **Laptop** verwendet.
Um sämtliche Komponenten im Gehäuse unterzubringen und einen möglichst langen Akkubetrieb zu gewährleisten, müssen diese äußerst geringe Abmessungen aufweisen, eine minimale Energieaufnahme besitzen und wenig Abwärme erzeugen. Hierzu werden speziell entwickelte **mobile Prozessoren** und **mobile Grafikchips** mit intelligentem Power-Management und Low-Voltage-Betriebsmodus sowie besondere Speicherbausteine eingesetzt (SO-DIMMs, siehe Kap. 1.2.3.3).
Bei den Notebooks unterscheidet man hierzu standardmäßig die folgenden Betriebszustände:

Akkus siehe Kap. 5.3.1.3
USB siehe Kap. 1.3.3
DVI siehe Kap.1.6.1.1
eSATA siehe Kap. 1.4.4

Betriebszustand	Beschreibung
ON	Prozessor arbeitet, Display eingeschaltet, Speicher aktiv
IDLE	Prozessor nicht aktiv, Display ausgeschaltet, Speicher aktiv, d. h. Gerät ist bereit für Aktionen
STAND-BY	Prozessor nicht aktiv, Display und andere nicht benötigte Komponenten ausgeschaltet, Speicherinhalt wird lediglich durch Refresh gesichert, Speicher aber nicht aktiv (d. h. kein direktes Schreiben oder Lesen möglich)

Bild 1.3: Typische Betriebszustände bei Laptops

ACPI
siehe Kap. 1.2.4

In Abhängigkeit vom verwendeten Betriebssystem und den unterstützten ACPI-Spezifikationen können auch noch weitere Zustände aktiviert werden. Notebooks verfügen außer über einem Steckplatz für einen zweiten Speicherriegel im Allgemeinen nicht über interne Erweiterungssteckplätze (Slots). Funktionserweiterungen sind daher nur über einen gegebenenfalls vorhandenen externen **Karteneinschub** möglich (Bild 1.4). Die Hersteller verwenden hierzu alternativ ein Einschubsystem für PC-Cards oder für ExpressCards.

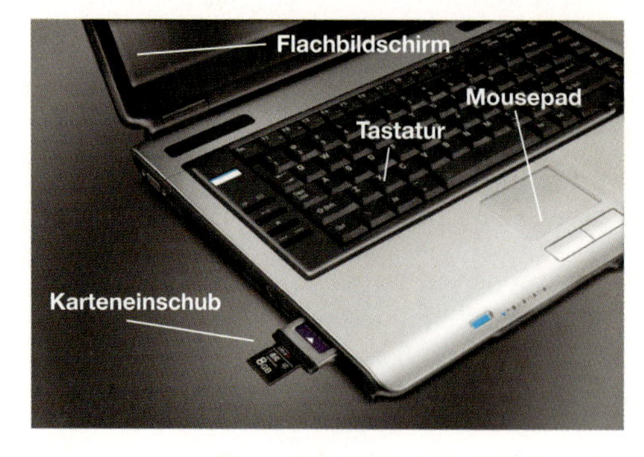

Bild 1.4: Notebook

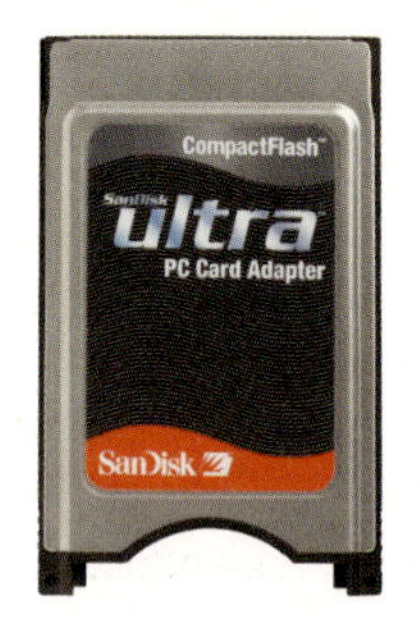

Bild 1.5: Beispiel für eine PC-Card

PCMCIA = **P**ersonal **C**omputer **M**emory **C**ard **I**nternational **A**ssociation

Der **PC-Card-Anschluss** ist ein universeller, von außen bestückbarer Steckplatz eines Notebooks für Erweiterungskarten im Scheckkartenformat. Er wird auch als **PCMCIA-Steckplatz** (PCMCIA Slot) oder **CardBus-Einschub** bezeichnet.

Man unterscheidet hierbei drei verschiedene Kartentypen:

	Typ I	**Typ II**	**Typ III**
Dicke	3,3 mm	5 mm	10,5 mm
Steckverbindung	68-polig	68-polig	2 × 68-polig
Anwendung	Speichererweiterung (SRAM, Flash Memory Card), Adapter für Speicherkarten (Bild 1.5)	Modem, Netzwerkkarte, ISDN-Karte, universelle I/O-Karte, Bluetooth-Funkmodul	Mini-Peripheriegeräte (z. B. Fest- und Wechselplatten)

Bild 1.6: PC-Cards

Der PC-Card-Anschluss ist für die gleichzeitige Nutzung zweier Typ-I- oder Typ-II-Karten oder einer Typ-III-Karte ausgelegt.

ExpressCard

Der **ExpressCard-Einschub** gilt als Nachfolger des PC-Card-Anschlusses. Die **ExpressCard** gibt es in zwei Spezifikationen: ExpressCard/34 und ExpressCard/54. Beide Typen sind jeweils 5 mm dick, unterscheiden sich größen- und anschlussmäßig von der PC-Card und sind somit nicht kompatibel zu dieser.

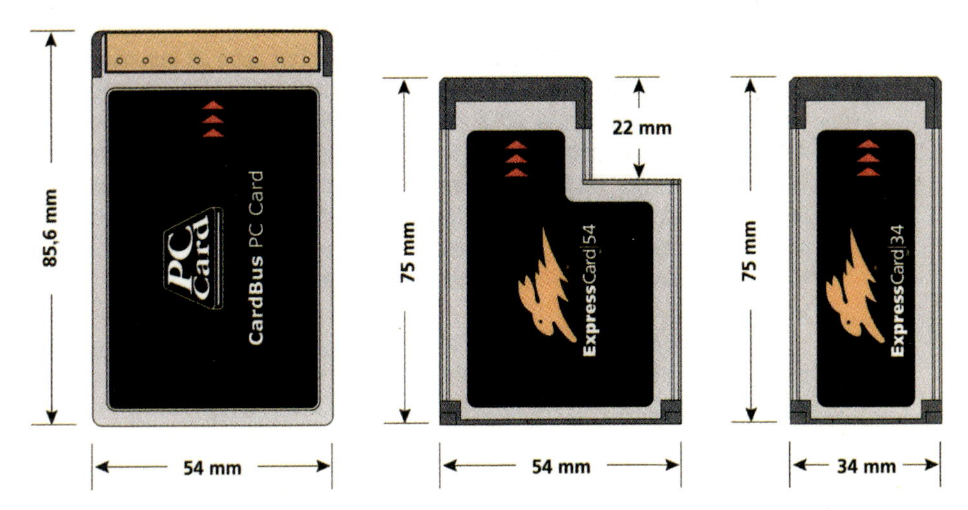

Bild 1.7: Größenvergleich PC-Card (links), ExpressCard/54 und ExpressCard/34

Die ExpressCard weist folgende Eigenschaften auf:

- Gleiche Steckerleiste mit jeweils 26 einseitig angebrachten Kontakten bei ExpressCard/34 und ExpressCard/54; aufgrund der Anordnung der Kontakte (siehe Bild 1.7) werden beide Karten in einen gleich großen Steckverbinder (Slot) linksbündig gesteckt.
- Unterstützung von insgesamt drei bidirektionalen Schnittstellen: zur Datenübertragung PCIe (1×) und USB 2.0, einzeln oder gleichzeitig nutzbar; zur Systemüberwachung und -steuerung: SMB (halb-duplex, 100 Kbit/s)
- Energieversorgung standardmäßig über zwei +3,3-V-Leitungen, pro Leitung bis zu 500 mA (wahlweise auch zwei Mal +1,5 V)
- Hot-Plug-fähig, d. h. die Karten können unter Spannung gesteckt oder gezogen werden (Masse- und Stromversorgungskontakte geringfügig länger als Datenkontakte)
- Auf der Rechnerseite kein zusätzlicher Controller erforderlich, da PCIe und USB bereits im Chipsatz integriert sind.
- Keine zusätzliche Software oder Treiber für die Karte erforderlich.

PCIe siehe Kap. 1.3.1

USB siehe Kap. 1.3.3

SMB = Sytem Management Bus; Standard zur Überwachung von CompactPCI-Systemen

Zu den Anwendungen, die mittels einer ExpressCard eingebunden werden können, gehören die drahtgebundene und drahtlose Kommunikation (Gigabit-Ethernet, WLAN), TV-Empfänger/Decoder, GPS-Empfänger, Ausweiskarten, Flash-Speicher, Massenspeicher (Festplatte) oder Brücken zu Speicherkarten wie MMC, SD, Compact-Flash.

ExpressCard-Anwendungen

Speicherkarten siehe Kap. 1.2.3.1

Der Einsatz der ExpressCard stellt somit einen Schritt in Richtung eines geschlossenen Computersystems („Sealed Box") dar, bei dem der Anwender Funktionen von außen bedarfsorientiert implementieren kann, ohne den Rechner ausschalten und öffnen zu müssen.

Notebooks können auch über einen Anschluss für eine Docking Station verfügen.

Docking Station

Eine **Docking Station** ist eine Zusatzeinrichtung, die einem Notebook einen Stromanschluss, Erweiterungssteckplätze und Anschlussmöglichkeiten für Peripheriegeräte zur Verfügung stellt, wodurch das Notebook zu einem „normalen" Schreibtisch-PC wird.

Netbooks und Nettops

Als **Netbook** bzw. **Nettop** bezeichnet man eine Geräteklasse für preiswerte und kompakt aufgebaute, portable PCs für gängige Büro- und Multimediaaufgaben, insbesondere für den Internetzugang. Ein Netbook/ Nettop verfügt über wesentlich weniger Ausstattungsmerkmale und eine deutlich geringere Rechenleistung als ein Notebook.

Als CPU kommt bei den meisten Geräten ein **Intel-Atom-Prozessor** (vgl. Kap. 1.2.1) und ein auf geringe Leistungsaufnahme konzipierter Chipsatz mit integriertem Grafikkern zum Einsatz. Sämtliche Komponenten – also auch der Prozessor – sind fest auf dem Mainboard (**Mini-IPX-Formfaktor**, vgl. Kap. 1.2) verlötet und lassen sich nicht tauschen.

Bild 1.7a: Beispiel für ein Netbook

Die Gehäuseabmessungen bewegen sich in der Größenordnung 25 cm × 18 cm × 3 cm, das Gewicht liegt bei ca. 1 bis 1,5 kg. Je nach Modell beträgt die Akkulaufzeit zwischen 3 und 6 Stunden.
Die Displaygröße variiert modellabhängig (und damit auch preisabhängig) zwischen 8,9 Zoll (1024 × 600 Pixel) und 12,1 Zoll (1280 × 800 Pixel; siehe Kap. 1.6.1).

Festplatten-laufwerk siehe Kap. 1.5.1
SSD siehe Kap. 1.5.7
RAM-Speicher siehe Kap. 1.2.3.3

Als Massenspeicher kommt entweder ein 2,5-Zoll-Festplattenlaufwerk (ursprüngliche einschränkende Lizenzvorgabe von Microsoft: maximal 160 GByte) oder ein elektronischer SSD-Flash-Speicher (keine bewegliche Mechanik, aber vergleichsweise teuer) mit wesentlich geringerem Speichervolumen (z. B. 64 GByte) zum Einsatz. Bis auf wenige darüber hinausgehende Ausnahmen beträgt der Arbeitsspeicher 1 bis 2 GByte DDR2-RAM. Ein integriertes optisches Laufwerk fehlt.
Die Schnittstellenausstattung beschränkt sich in der Regel auf zwei bis 3 USB-Buchsen, je einen Audio-Ein- und -Ausgang, einen Kartenleser und einen VGA-Ausgang (bei einigen Modellen auch HDMI, vgl. Kap. 1.6.1.1). Ein WLAN-Modul ist bei allen Geräten integriert, immer mehr Netbooks verfügen auch über ein UMTS-Modem (UMTS siehe Vernetzte IT-Systeme Kap. 3.9.2).
Meist werden Netbooks derzeit mit einem Windows-Betriebssystem (siehe Kap. 2.4) angeboten, sie sind wahlweise aber auch mit Linux erhältlich.

Tablet-PC

Ein **Tablet-PC** ist ein mobiler Computer in einem flachen Gehäuse ohne Maus und Tastatur. Die Bedienung erfolgt mit einem digital arbeitenden Stift über den integrierten berührungsempfindlichen Flachbildschirm.
Ein **convertible Tablet-PC** sieht zunächst wie ein handelsübliches Notebook aus und kann auch so genutzt werden. Er verfügt jedoch über einen Deckel, der so gedreht werden kann, dass er mit der Displayseite nach oben auf die Tastatur passt und so als Tablet-PC für die Stifteingabe genutzt werden kann.

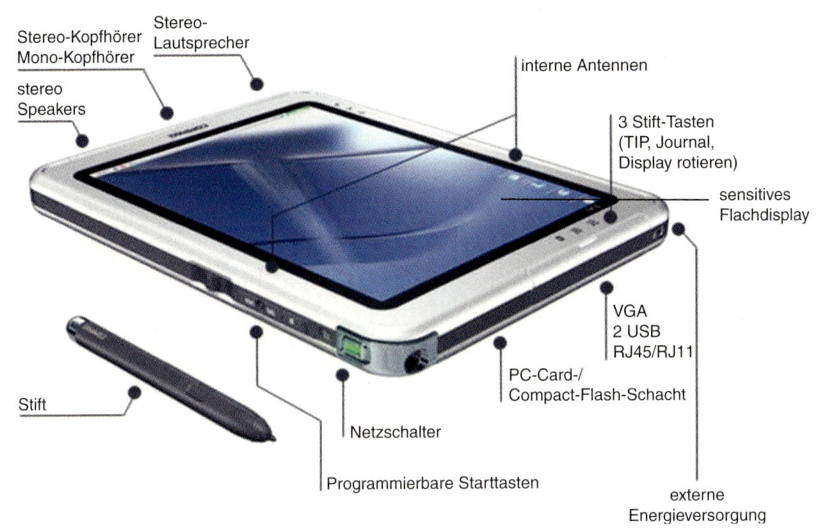

Bild 1.8: Beispiel für einen Tablet-PC

Die technische Ausstattung und der Funktionsumfang eines Tablet-PCs ist vergleichbar mit dem eines Notebooks. Die Bedienung erfolgt, indem der Tablet-PC auf eine Unterlage gelegt oder einfach im Arm gehalten wird. Als Betriebssystem ist eine spezielle Tablet-Version mit Erweiterungen für die Stiftbedienung und Handschrifterkennung erforderlich, wodurch eine direkte Schreibschrifteingabe möglich ist. Eine Docking Station oder eine eingebaute Funkschnittstelle erlauben den Anschluss peripherer Geräte oder die Kommunikation mit anderen PCs.

Betriebssystem siehe Kap. 2.1

Pocket-PC

Ein **Pocket-PC** ist ein tragbarer, handlicher Kleinst-Computer mit Abmessungen in der Größenordnung 12 cm × 8 cm × 1,6 cm (B × H × T) und geringem Gewicht (ca. 125 bis 250 Gramm). Er verfügt in der Regel über ein größeres Flach-Display als ein Handy und bietet neben reinen Kalender- und Adressverwaltungstools (PIM) zusätzlich eine große Funktionsvielfalt, die maßgeblich von dem verwendeten speziell auf Pocket-PCs abgestimmten Betriebssystem (z. B. Windows Mobile oder Palm OS) bestimmt wird.

PIM = Personal Information Manager

PDA = Personal Digital Assistent
TFT siehe Kap. 1.9.3
OLED siehe Kap. 1.9.4
VGA siehe Kap. 1.6.1.1
CPU siehe Kap. 1.2.1

Pocket PCs werden auch unter den Bezeichnungen PDA, Handheld oder Palm-Top vermarktet. Gängig ist die Verwendung von TFT-Displays, die jedoch den Nachteil einer relativ großen Stromaufnahme mit sich bringen, wodurch die Akkulaufzeiten geringer werden (Größenordnung drei bis neun Stunden). Dieser Nachteil wird zukünftig durch den Einsatz von OLED-Displays umgangen. Die Auflösung erfolgt größtenteils bereits in VGA-Qualität.

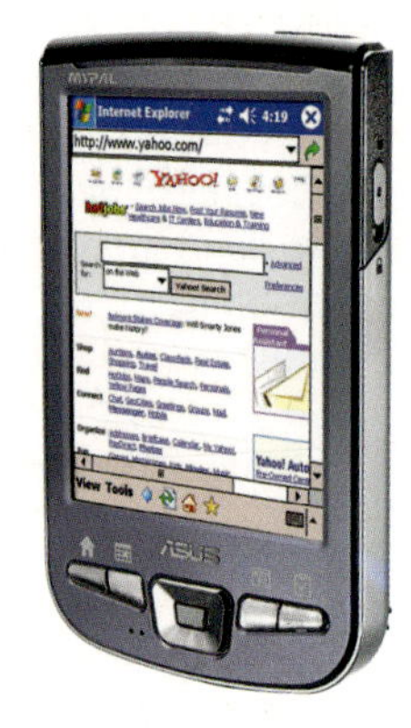

Bild 1.9: Beispiel für einen Pocket-PC

XScale-CPU

Die Bedienung erfolgt über das sensitive Display mit einem speziellen Stift und/oder mittels vorhandener Funktionstasten. Eine Texteingabe ist über ein Softkeyboard möglich, vielfach ist auch eine Buchstaben- bzw. Handschrifterkennung implementiert. Als CPU werden speziell konfigurierte energiesparende Prozessoren mit geringen Abmessungen verwendet, die Taktfrequenzen liegen zwischen 400 und 800 MHz (z. B. INTEL XScale PXA 270). In Abhängigkeit vom Preis werden je nach Modell die folgenden möglichen Ausstattungsmerkmale zur Verfügung gestellt:

RAM; ROM siehe Kap. 1.2.3

Schnittstellen siehe Kap. 1.4

- bis zu 128 MByte RAM Hauptspeicher, zusätzlicher ein bis zu 256 MByte großer Flash-ROM-Speicher,
- Erweiterungsslots für Flash-Speicherkarten (SD, Mini-SD oder Micro-SD)
- Schnittstellen: Bluetooth, USB, WLAN (zum Teil IP-Telefonie möglich)
- Internet-Browser, E-Mail-Client, E-Book
- Digitalkamera
- MP-3-Player
- Office-Anwendungen
- GPS-Empfang, Navigationssoftware

Auch Handys (siehe Vernetzte IT-Systeme, Kap. 3.9.1.1) verfügen zunehmend über die Ausstattungsmerkmale eines Pocket-PCs. Diese werden dann als **Smartphones** bezeichnet. Eine klare Abgrenzung zwischen beiden Produktgruppen ist dann nicht immer eindeutig möglich (z. B. iPhone).

Die folgenden Ausführungen beziehen sich maßgeblich auf den Personal Computer. Die dargestellten Strukturen sind jedoch unabhängig von der Gehäusegröße und lassen sich in der Regel auch auf andere Computerklassen übertragen.

1.1 Grundsätzlicher Aufbau eines PCs

Ein PC muss die verschiedensten datentechnischen Aufgaben erledigen können. Hieraus ergeben sich einige Konsequenzen für seinen Aufbau und seine Arbeitsweise:

- Ein PC muss neben grundlegenden **Eingabe-** und **Ausgabefunktionen** die unterschiedlichsten **Verknüpfungsoperationen** (mathematische Berechnungen, logische Vergleiche) ausführen können. Hierzu ist eine komplex aufgebaute Verarbeitungseinheit, der sogenannte **Prozessor**, erforderlich.
- Einem PC muss man vor der Bearbeitung einer Aufgabe angeben können, wie diese Aufgabe mit den grundlegenden Verknüpfungsoperationen zu

erledigen ist. Da diese Aufgaben häufig sehr umfangreich sind, besteht diese Arbeitsanweisung meist aus vielen nacheinander auszuführenden Anweisungen, dem **Programm**.

- Ein PC muss das Programm – zumindest für die Dauer der Bearbeitung der Aufgabe – festhalten können. Er benötigt also eine **Speichereinheit**, den Arbeitsspeicher.
- Ein PC muss im Aufbau so gestaltet sein, dass er ohne großen Aufwand zur Verarbeitung neuer Aufgaben angepasst oder erweitert werden kann.

Im einfachsten Fall besteht ein PC demzufolge aus einer Eingabeeinheit, der Verarbeitungseinheit mit der CPU (Prozessorbaugruppe), die arithmetische und logische Operationen ausführen kann (Rechenwerk) und die Vorgänge in der DV-Anlage entsprechend dem vorgegebenen Programm steuert (Steuerwerk), sowie einem Arbeitsspeicher und einer Ausgabeeinheit.

Ein PC arbeitet nach dem sogenannten **EVA-Prinzip** (**E**ingabe – **V**erarbeitung – **A**usgabe).

Aufbau eines PCs (Von-Neumann-Architektur)

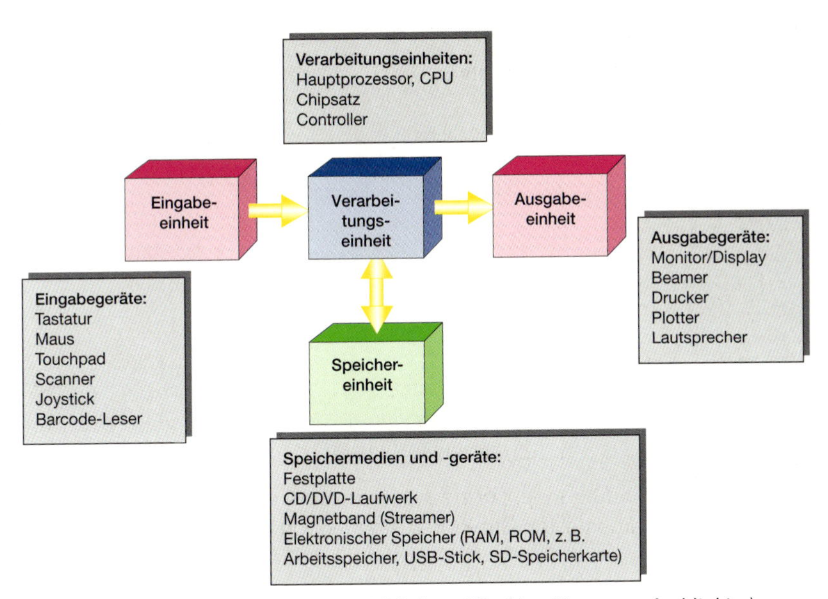

Bild 1.10: Grundlegendes Blockschaltbild eines PCs (Von-Neumann-Architektur)

Zwischen diesen Baugruppen müssen im Betrieb ständig Daten ausgetauscht werden:

- Der Prozessor wird Daten zur Bearbeitung von der Eingabeeinheit (z. B. der Tastatur) einlesen,
- er wird bei Bedarf Daten in den Speicher ablegen,
- er wird bei Bedarf Daten aus dem Speicher zurückholen, und
- der Prozessor wird das Ergebnis der Verarbeitung in der Regel zu einer Ausgabeeinheit (z. B. dem Monitor) senden.

Aus diesem Grunde müssen diese Einheiten elektrisch so verbunden werden, dass die Daten von jeder angeschlossenen Baugruppe zu einer beliebig anderen Einheit der Anlage übertragen werden können. Außerdem muss sichergestellt werden, dass alle Einheiten richtig angesteuert werden.

Bussystem

Um diese Anforderungen zu erfüllen, werden die Baugruppen eines PCs über elektrische Leitungen miteinander verbunden. Hierbei handelt es sich in vielen Fällen um sogenannte Bussysteme.

Parallelschaltung siehe Kap. 5.2.2

Unter einem **Bussystem** oder kurz **Bus** versteht man bei einem PC ein Bündel elektrischer Leitungen, an dem mehrere Baugruppen **parallel** angeschlossen sind.

Diese Definition charakterisiert, auf welche Weise die angeschlossenen Baugruppen miteinander verbunden sind, sie macht allerdings keine Aussage darüber, wie die elektrischen Signale auf diesen Leitungen transportiert werden!

Parallele und serielle Bussysteme siehe Kap. 1.3

Besteht ein Bus aus einer größeren Anzahl von Leitungen, auf denen zusammengehörende Signale (Bits) gleichzeitig übertragen werden, so spricht man von einer parallelen Übertragung und dementsprechend von einem parallelen Bussystem.

Besteht ein Bus lediglich aus zwei oder vier Leitungen, auf denen zusammengehörende Signale (Bits) hintereinander übertragen werden, so spricht man von einer seriellen Übertragung und dementsprechend von einem seriellen Bus.

Busstruktur eines PCs

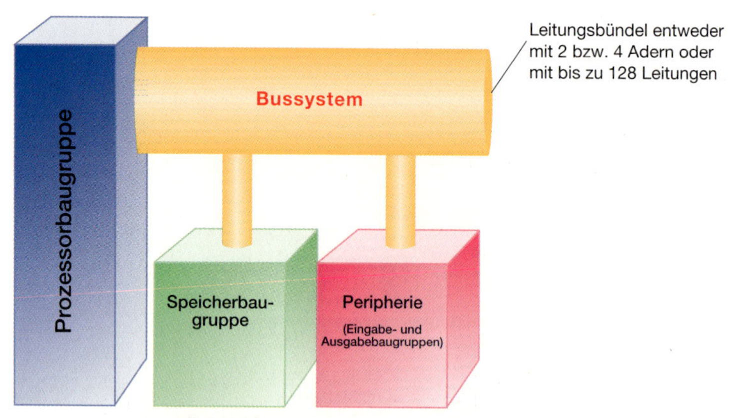

Bild 1.11: Systembus eines PCs

Neben den genannten Bussystemen werden Komponenten auch zunehmend über sogenannte Punkt-zu-Punkt-Verbindungen angeschlossen (z.B. PCIe, siehe Kap. 1.3.2).

In der Praxis besteht ein PC nicht nur aus den vier in Bild 1.10 dargestellten Funktionseinheiten, die lediglich ein grundsätzliches Minimalsystem darstellen. Um die heutigen Anforderungen an einen modernen Computer erfüllen zu können, sind weitere Bauteile, Komponenten und Baugruppen erforderlich. Insbesondere

- werden unterschiedliche Bussysteme verwendet, die sich u.a. in der Geschwindigkeit der zu übertragenden Daten unterscheiden (z.B. QPI, FSB, PCI-Bus, Speicherbus),
- wird der Prozessor bei seiner Arbeit durch Hilfsprozessoren unterstützt (z.B. Controller, „Chipsatz"),

- werden zur schnelleren Verarbeitung Zwischenspeicher eingesetzt (z.B. Cache),
- können mehrere Eingabegeräte angeschlossen sein (z. B. Tastatur und Maus),
- werden in der Regel mehrere Ausgabegeräte benötigt (z.B. Monitor und Drucker),
- werden zur dauerhaften Speicherung von Daten zusätzliche Speichereinrichtungen angeschlossen (z.B. Memory-Stick, Festplatte, DVD-Laufwerk),
- kann der PC durch Zusatzkarten, die auf entsprechende Steckplätze (Slots) gesetzt werden, an spezielle Aufgaben angepasst werden (z.B. Soundkarte, ISDN-Karte),
- sind für den reibungslosen Ablauf weitere elektronische Baugruppen erforderlich (z.B. zur Takterzeugung).

Berücksichtigt man diese Komponenten, so ergibt sich ein komplexeres Blockschaltbild eines PCs (Bild 1.12). Da man in der Lage ist, mehrere Millionen elektronischer Bauelemente (z.B. Widerstände, Transistoren) in einen einzigen Halbleiterchip zu integrieren, werden heutzutage in der Regel mehrere der dargestellten Funktionsblöcke – insbesondere die Controller – auf einem einzigen IC untergebracht. Der Hauptanteil der integrierten Schaltungen wird auf einer Trägerplatte (Hauptplatine) platziert.

Siehe auch Kap. 1.2.1

Erweitertes Blockschaltbild

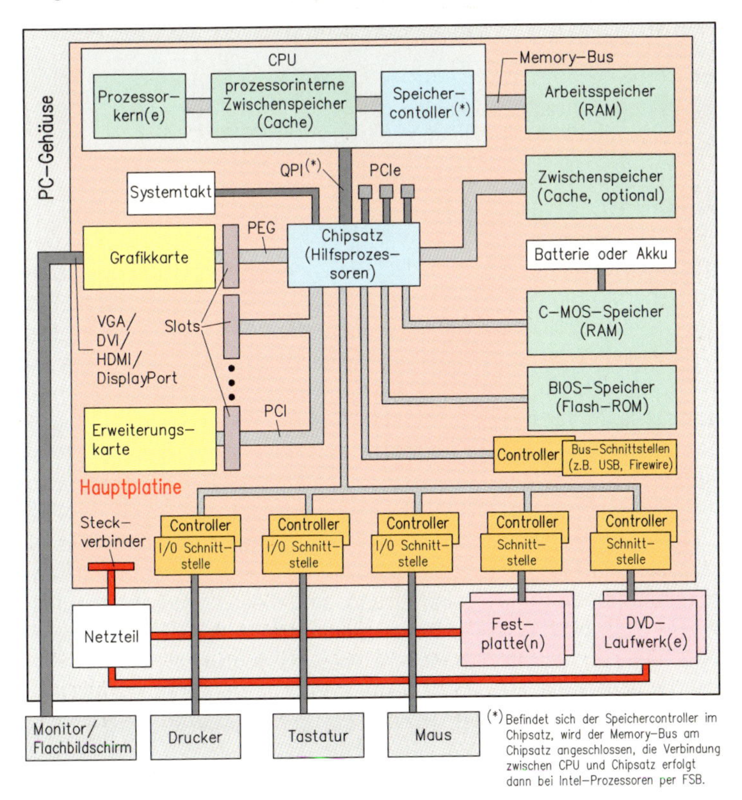

Bild 1.12: Erweitertes Blockschaltbild eines PCs

Die einzelnen Funktionsblöcke werden in den folgenden Kapiteln ausführlich dargestellt.

Aufgaben:

1. Nach welchen Kriterien lassen sich Computer einteilen?
2. Was versteht man allgemein unter einem Personal Computer?
3. Aus welchen Baugruppen besteht im einfachsten Fall ein PC?
4. Was versteht man unter einem „Barebone“?
5. Nennen Sie wesentliche Unterschiede, die zwischen einem Desktop-PC und einem Notebook bestehen.
6. Welche drei Betriebszustände sind bei Notebooks spezifiziert? Erläutern Sie die Unterschiede.
7. Bei welchen Computertypen werden sogenannte PC-Cards eingesetzt? Welche Kartentypen unterscheidet man?
8. Was versteht man unter einer ExpressCard? Nennen Sie wesentliche Eigenschaften.
9. Erläutern Sie die Unterschiede zwischen einem Tablet-PC und einem Pocket-PC.
10. Was bedeutet bei einem PC der Begriff Bussystem?
11. Welche Einrichtungen zur dauerhaften Speicherung von Daten gehören heutzutage standardmäßig zur Ausstattung eines PCs?
12. Erstellen Sie mithilfe eines entsprechenden Programms eine Tabelle, in der die typischen Komponenten eines PCs nach folgenden Kriterien aufgelistet werden:
    - Baugruppen auf der Hauptplatine
    - Komponenten innerhalb des Gehäuses
    - Externe Komponenten

    Erstellen Sie die Tabelle in einem ansprechenden Layout!

1.2 Die Hauptplatine des PCs

Mainboard
Motherboard

Der Hauptbestandteil eines PCs ist die Hauptplatine, auch **Motherboard** oder **Mainboard** genannt. Sie besteht aus einer Trägerplatte aus Kunstharz (Platine), auf der die elektronischen Bauteile (Widerstände, Kondensatoren, ICs, Steckverbinder usw.) angeordnet werden, die für die grundsätzliche Funktion eines PCs erforderlich sind. Die Trägerplatte enthält in mehreren Schichten (Layer) elektrisch leitfähige Bahnen, über die die entsprechenden Bauelemente miteinander verbunden sind und über die Daten in Form von elektrischen Strömen fließen können. Allgemein wird eine solche Platine auch als „gedruckte Leiterplatte“ (**P**rinted **C**ircuit **B**oard, **PCB**) bezeichnet. Diese Bezeichnung leitet sich aus den speziellen fotodrucktechnischen Verfahren ab, die beim Herstellungsprozess der Leiterbahnen angewendet werden. Da sehr viele elektrische Verbindungen untergebracht werden müssen, sind diese Leiterbahnen, die in der Regel aus Kupfer oder Silber bestehen, sehr dünn. Aufgrund dieser geringen Abmessungen sind sie mechanisch nur wenig belastbar.

PCB = Printed Circuit Board

Aufgrund neuer EU-Richtlinien (RoHS siehe Kap. 1.11.2) dürfen bei der Herstellung nur Materialien verwendet werden, die wenig umweltbelastend sind („Green Mainboard“).

Das **Mainboard** ist Träger der wichtigsten elektronischen Komponenten des PCs. Es muss ohne mechanische Verspannung in das PC-Gehäuse eingebaut werden, da sich ansonsten Mikrorisse in den Leiterbahnen bilden können, die eine einwandfreie Funktion verhindern.

Die Trägerplatinen unterliegen in ihrer Größe und ihrem prinzipiellen Aufbau einer Normung, um den Einbau in entsprechende Gehäuse zu ermöglichen.

Formfaktor

■ Die Normung von Motherboards wird als **Formfaktor** bezeichnet.

Am weitesten verbreitet bei den Desktop- und den Tower-PCs ist zurzeit der sogenannte **ATX**-Formfaktor (**A**dvanced **T**echnology E**x**tended). Der bereits seit längerem spezifizierte Nachfolgestandard **BTX** (**B**alanced **T**echnology e**X**tended) konnte sich auf dem Markt bislang nicht durchsetzen.
Bei den Netbooks findet man meist den **Mini-ITX-Formfaktor** (**ITX**: **I**ntegrated **T**echnology e**X**tended).
Der ATX-Formfaktor zeichnet sich insbesondere durch die folgenden Merkmale aus:

12" lies = 12 Zoll
1" = 2,542 cm

- Die Abmessungen des ATX-Boards betragen standardmäßig 12" × 9,6" (ca. 305 mm × 244 mm).
- Die Anordnung der Löcher zur Befestigung des Boards im PC-Gehäuse ist genau vorgegeben.
- Das Board ist in verschiedene Bereiche aufgeteilt. Innerhalb dieser Bereiche ist jeweils die maximal zulässige Höhe der vorhandenen Bauteile (ICs, Steckkarten, Lüfter, Kühlkörper, Anschlüsse) vorgegeben.
- Die Speicherbänke werden gegenüber dem veralteten **BAT**-Formfaktor (**B**aby **A**dvanced **T**echnology, Abmessungen 13" × 8,6") übersichtlicher platziert.
- Die Anordnung der Anschlüsse für die externen Schnittstellen (siehe Kap. 1.4) ist genormt und erfolgt in einem speziellen Bereich an einer Seite des Boards.
- Der ATX-Netzteileinschub besitzt genormte Abmessungen, Eigenschaften und Anschlüsse (siehe Kap. 1.7).
- Der Anschluss des Boards an das PC-Netzteil erfolgt mit einem verpolungssicheren Stecker. Die Pin-Anordnung des Anschlusssteckers ist genormt.

ATX-Spezifikationen

µATX-Board

Des Weiteren existiert ein spezieller **MicroATX**-Formfaktor (µATX), bei dem die Board-Abmessungen ca. 11,2" × 8,2" betragen. Diese kleineren ATX-Boards sind kostengünstiger herstellbar, da einige Komponenten anzahlmäßig reduziert wurden (z. B. weniger Erweiterungsslots, zum Teil auch geringerer Leistungsumfang des BIOS).
In der Regel befinden sich auf einem ATX-Board die folgenden Baugruppen bzw. Komponenten:

Mainboard-Komponenten

- Sockel für den Hauptprozessor (CPU)
- Chipsatz (Hilfsprozessoren)
- IC für das BIOS (ROM)
- Batterie (oder Akku), die bei Abschaltung vom 230-V-Netz die Energieversorgung der Systemuhr und des Speichers für die Systemeinstellungen übernimmt (C-MOS-Speicher)
- Hilfskomponenten (Support-Bausteine, z. B. Schwingquartz, Timer-IC als Taktgeber, Echtzeituhr, Controller)
- Steckplätze für den Hauptspeicher (RAM-Speicher, Arbeitsspeicher)
- Verschiedene Steckplätze für Erweiterungskarten (Slots)
- Verschiedene Schnittstellenanschlüsse (z. B. Tastatur, Maus, USB, Firewire, Audio, LAN, SATA, eSATA)

- Anschluss für die Spannungsversorgung des Mainboards
- Ggf. Jumper und/oder DIP-Schalter

Mainboard-hersteller

Mainboards werden von verschiedenen Herstellern angeboten. Trotz der ATX-Spezifikation unterscheiden sich die Boards der verschiedenen Hersteller sowohl in der Leistungsfähigkeit (z.B. Prozessor, Chipsatz) als auch in der Anzahl der verwendeten Komponenten (z.B. Slots, Schnittstellen). Auch die Anordnung einzelner Komponenten ist unterschiedlich, da der ATX-Standard in vielen Fällen lediglich vorgibt, *wie* einzelne Komponenten platziert werden müssen, aber nicht exakt, *wo* (Ausnahme: externe Schnittstellenanschlüsse). Hieraus resultieren gegebenenfalls auch geringfügige Größenunterschiede.
Zur eindeutigen Unterscheidung der vorhandenen Anschlüsse und Steckplätze sind diese farblich gekennzeichnet. Zu jedem Mainboard gehört deshalb ein Handbuch (Manual), in dem die Lage der einzelnen Komponenten bzw. Baugruppen dargestellt wird. Wie die Bilder 1.12 und 1.13 beispielhaft zeigen, findet man neben einer Draufsicht oft auch eine vereinfachte Layoutskizze mit den wichtigsten Elementen.

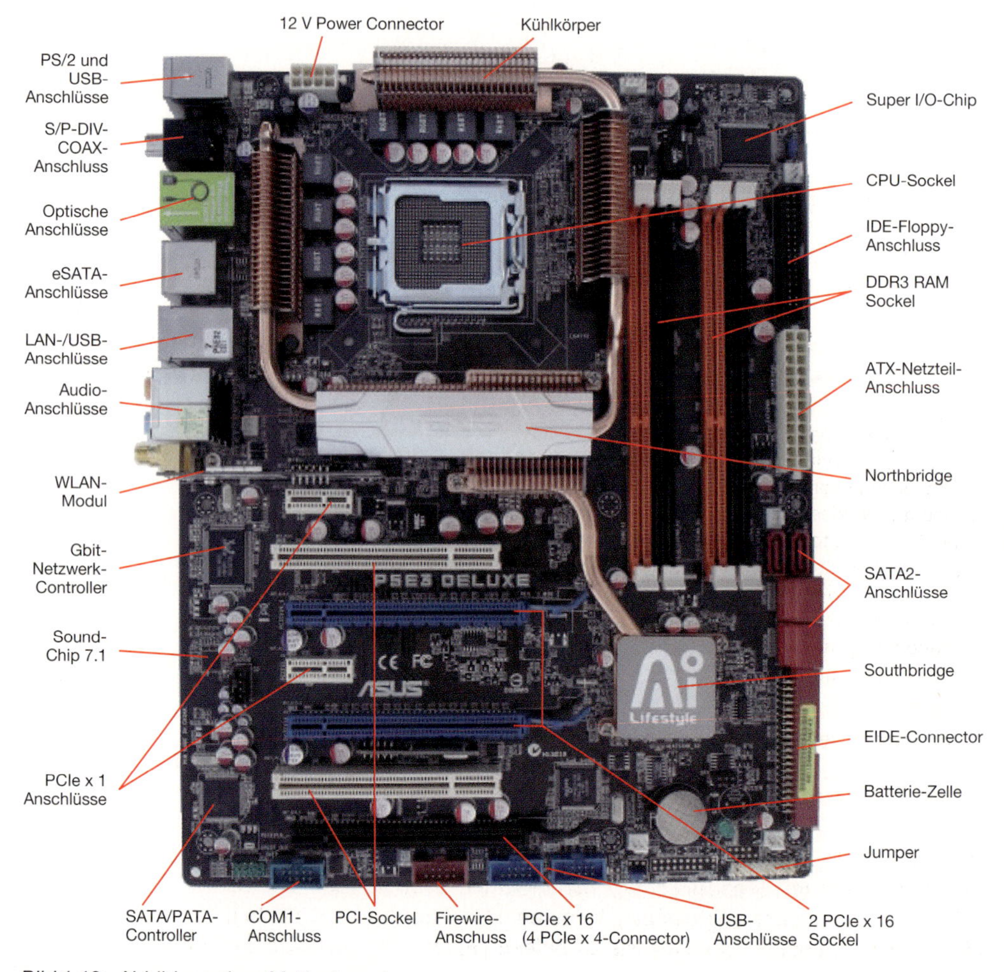

Bild 1.13: Abbildung eines Motherboards

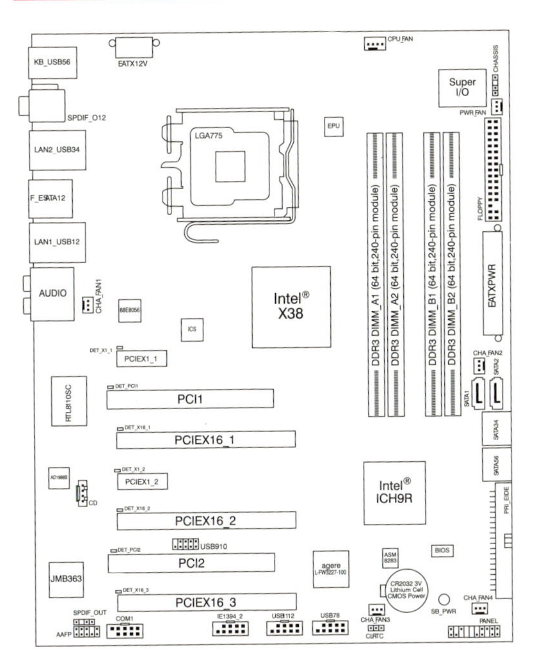

Bild 1.14: Vereinfachtes Layout eines Motherboards

Des Weiteren beinhaltet das Manual Warnhinweise über den Umgang mit den vorhandenen Komponenten. Diese sollte man beachten, da sonst an einzelnen Bauteilen Funktionsstörungen durch elektrostatische Einflüsse auftreten können.

Siehe Kap. 5.4.1

Umgang mit dem Mainboard

WARNING!

Computer motherboards contain very delicate integrated circuit chips. To protect them against damage from static electricity, you should follow some precautions whenever you work on your computer.

1. Unplug your computer when working on the inside.
2. Use a grounded wrist strap before handling computer components. If you do not have one, touch both of your hands to a safely grounded object or to a metal object, such as the power supply case.
3. Hold components by the edge and do not try to touch the chips, leads or connectors, or other components.
4. Place components on a grounded antistatic pad or on the bag that came with the component whenever the components are separated from the system.

Bild 1.15: Warnhinweise zum Umgang mit Motherboards

Der **BTX**-Formfaktor verbessert insbesondere die thermischen Eigenschaften von ATX-Boards durch eine effizientere Raumausnutzung und eine veränderte Luftzirkulation. Während bei ATX ursprünglich allein der Netzteillüfter für den Warmluft-Transport im Gehäuseinneren zuständig war, sind auf BTX-Boards verschiedene Kühlzonen vorgesehen, in deren Mittelpunkt ein separates, durch die Platine hindurch am Chassis zu befestigendes „Thermal Module" steht.

BTX = Balanced Technology eXtended

Thermal Module

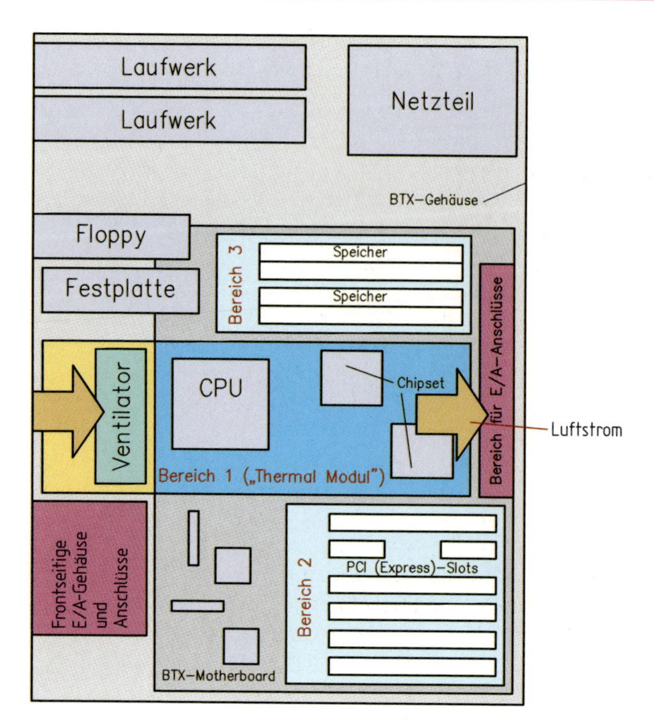

Bild 1.16: Prinzipieller Aufbau und Platzierung eines BTX-Boards

Dieses Kühlmodul – wohl meist eine Kombination aus einem großen Ventilator, einem Kühlkörper und einer geeigneten Luftführung – transportiert einen direkten Luftstrom mitten durch das Gehäuse (Bild 1.16 Bereich 1). Eine weitere Kühlzone wird durch die Anordnung der Slots für Erweiterungskarten geschaffen (Bereich 2). Die Speichermodule sind ebenfalls strömungsgünstiger angeordnet und stehen nicht mehr bremsend im Luftstrom (Bereich 3). Um diese Anordnungen besser realisieren zu können, sieht das BTX-Format gegenüber ATX geringfügig veränderte Maße vor.

Bezeichnung	Maße	Bemerkungen
BTX	325 × 267 mm	Standard-PC, Tower- oder Desktop-Gehäuse; Netzteilformat: modifizierte Spezifikation ATX12V mit 24-poligen Mainboardsteckern und separater 4-poliger 12-V-Direktverbindung zur CPU
microBTX (µBTX)	264 × 267 mm	Standard-PC, Tower- oder Desktop-Gehäuse; geringere Slotzahl
picoBTX (pBTX)	203 × 267 mm	Barebones, Netzteilformat CFX12V mit bis zu 275 W

Bild 1.17: BTX-Formfaktoren

Zur optimalen Ausnutzung sämtlicher Vorteile ist allerdings auch ein entsprechendes BTX-Gehäuse mit entsprechenden Luftein- und -austrittsöffnungen erforderlich.

Mini-ITX-Boards weisen mit 17 cm × 17 cm wesentlich kleinere Abmessungen als ein ATX-Board auf. Sie können jedoch in einem ATX-Gehäuse befestigt und von einem ATX-Netzteil über einen 20-poligen Normstecker (siehe Kap. 1.7) mit Energie versorgt werden.

Im Zuge der technischen Weiterentwicklung ist der Aufbau jedes Mainboards einem ständigen Wandel unterworfen. So wird beispielsweise die Anzahl elektronischer Einzelkomponenten auf künftigen Mainboards wesentlich kleiner werden, wohingegen die Integrationsdichte steigen wird. Des Weiteren ist abzusehen, dass sich die Normen der vorhandenen Slots und Steckverbindungen verändern werden.

Weitere aktuelle Informationen und Entwicklungen hierzu können entsprechenden Fachzeitschriften oder den Internetseiten der Anbieter entnommen werden.

1.2.1 Der Prozessor (Central Processing Unit, CPU)

Mikroprozessor

■ Der **Prozessor** – genauer der Hauptprozessor – stellt das Kernstück eines Personal Computers dar und ist damit die zentrale Verarbeitungseinheit des Rechners.

Er basiert auf der sogenannten Mikrochiptechnologie, bei der mehrere Millionen (!) Transistoren auf einem nur wenige Quadratzentimeter großen Trägermaterial – dem **Mikrochip –** angebracht werden. Deswegen wird er oft auch als **Mikroprozessor** bezeichnet.

Transistor

■ Ein **Transistor** ist ein grundlegendes elektronisches Bauelement, dessen elektrotechnische Eigenschaften in der gesamten IT-Technik von großer Bedeutung sind. Im Prozessor verwendet man Transistoren als schnelle elektronische Schalter, die elektrische Ströme ein- und ausschalten. Die geschalteten Ströme stellen binäre Signale (siehe Kap. 4.1.2) dar, auf deren Verarbeitung die gesamte digitale Datentechnik beruht.
Je komplexer das Anordnungsmuster der Transistoren auf dem Mikrochip ist, desto mehr Funktionen kann ein Prozessor ausüben. Mit jeder neu entwickelten Prozessorgeneration vergrößert sich die Anzahl der Transistoren auf dem Mikrochip und damit die Leistungsfähigkeit der Prozessoren.

Zum Schutz vor mechanischen Einflüssen ist der Mikrochip in einem Gehäuse untergebracht; der elektrische Anschluss erfolgt über nach außen geführte Kontakte.

Der Mikrochip, auf dem der eigentliche Prozessor untergebracht ist, wird auch als **Prozessor-Die** bezeichnet. Der Prozessor-Die ist wesentlich kleiner als die Prozessor-Platine, die die Unterseite des Prozessor-ICs mit den vorhandenen Kontakten bildet. Die mechanischen Abmessungen des ICs werden maßgeblich durch die Anzahl dieser Kontakte bestimmt.

Bild 1.18: Beispiel eines Prozessor-ICs (ohne Gehäuse)

1.2.1.1 Prozessor-Funktionsblöcke

Die verschiedenen Aufgabenbereiche eines Prozessors lassen sich mithilfe einzelner typischer Funktionsblöcke darstellen (Bild 1.19).

Grundlegende Funktionsblöcke eines Prozessors

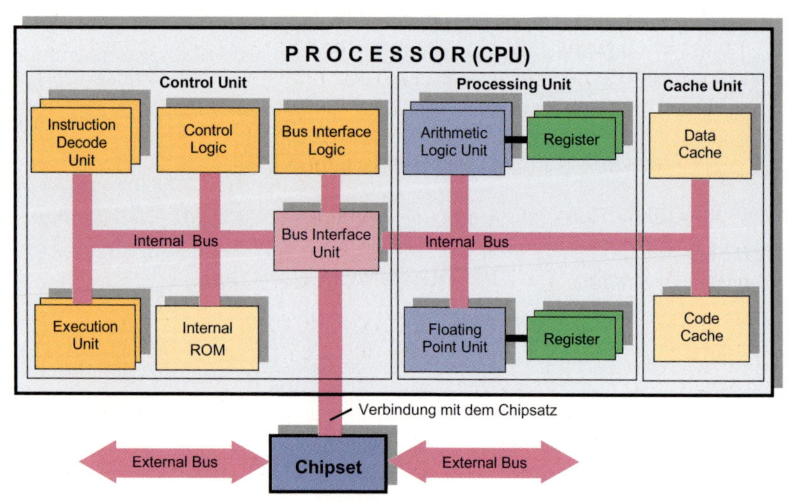

Bild 1.19: Grundstruktur eines Prozessors (CPU)

Funktionsblock	Funktion
Instruction Decode Unit (IDU)	**Befehlsdecoder**; „übersetzt“ die eingehenden Befehle, die dem Prozessor als Programm übergeben werden, anhand eines prozessorinternen ROMs in den sogenannten Mikrocode und übergibt sie der Ausführungseinheit
Execution Unit (EXU)	**Ausführungseinheit**; führt die im Mikrocode vorliegenden Befehle aus
Control Logic (COL)	**Kontrolleinheit**; steuert den Ablauf der Mikroprogramme
Internal ROM	**Interner ROM-Speicher**; beinhaltet die Mikroprogramme des Prozessors
Bus Interface Logic (BIL)	**Bussteuereinheit**; steuert und überwacht den internen Bus
Bus Interface Unit (BIU)	**Busschnittstelle**; Schnittstelle zwischen internem Prozessorbus und der Verbindung zum Chipsatz
Arithmetic Logic Unit (ALU)	**Arithmetisch logische Einheit**; führt arithmetische und logische Rechenoperationen aus
Floating Point Unit (FPU)	**Fließkomma-Rechner**; **Co-Prozessor**; führt Berechnungen mit Fließkommazahlen aus
Register (REG)	**Register-Speicher**; spezieller Speicher für Zwischenergebnisse
Data Cache (DC)	**Cache-Speicher**; schneller Zwischenspeicher für Daten
Code Cache (CC)	**Cache-Speicher**; schneller Zwischenspeicher für Befehle (muss nicht unbedingt getrennt vom Datencache sein)

Bild 1.20: Aufgaben der Prozessor-Funktionsblöcke

Das **Steuerwerk** (Control Unit) ist die umfangreichste Einheit des Prozessors, es steuert und kontrolliert sämtliche Vorgänge im PC.

Der **Befehlsdecoder** (IDU) benötigt für seine Arbeit unter Umständen eine längere Zeitspanne, als für die eigentliche Befehlsausführung erforderlich ist. Zur Geschwindigkeitssteigerung sind auf dem Prozessorchip deshalb oftmals mehrere parallel arbeitende IDUs integriert. Aus dem gleichen Grunde sind bei manchen Prozessoren die Ausführungseinheiten ebenfalls mehrfach vorhanden.

Das **Rechenwerk** (Processing Units) umfasst neben der **ALU** und der **FPU** jeweils spezielle **Register** zur Zwischenspeicherung von berechneten Daten. Die Registergröße kann 4, 8, 16, 32 oder 64 bit betragen. Ein spezielles Register der ALU ist der sogenannte **Akkumulator**, in dem das Ergebnis einer Rechenoperation abgelegt wird, um sofort wieder für die nächste Rechenoperation zur Verfügung zu stehen. Die ALU kann:

Beispiele für Register:
A: Akkumulator
MR: Multiplikator-Register
MBR: Memory Buffer Register
IR: Instruction Register
MAR: Memory Address Register
PC: Program Counter

- mathematische Berechnungen (z.B. Addition, Subtraktion, Multiplikation, Division) und
- logische Vergleiche (z.B. UND, ODER, NICHT) durchführen.

siehe Kap. 4.4.3.1

Erst durch die ALU ist die CPU in der Lage, Prüfungen auf Gleichheit, Ungleichheit und Größe durchzuführen und damit entsprechend den Anweisungen eines Programms zu arbeiten.
Obwohl die ALU die Grundrechenarten extrem schnell ausführen kann, ergeben sich bei der Bearbeitung sehr großer und sehr kleiner Zahlen zeitaufwendige Arbeitsschritte, da sie keine – bei solchen Zahlen erforderliche – Gleitkomma-Zahlendarstellung (auch Fließkomma-Darstellung oder Gleitkomma-Notation, engl.: Floating Point Notation, genannt) beherrscht.

Gleitkomma-Notation

Unter der **Gleitkomma-Notation** versteht man ein numerisches Format, das sich besonders für die Darstellung sehr großer und sehr kleiner Zahlen eignet. Es wird auch als Exponential-Schreibweise bezeichnet.

Die Speicherung und die Verarbeitung von Gleitkomma-Zahlen muss in zwei Teilen – Mantisse und Exponent genannt – erfolgen.

Gleitkomma-Zahlendarstellung

Beispiel:

195400000	$= 1954 \times 10^5$	entspricht	1954 E5
0,000000016	$= 16 \times 10^{-9}$	entspricht	16 E–9

Exponent

Mantisse

Mathematischer Co-Prozessor

Hierbei sind zusätzliche Register zur Zwischenspeicherung erforderlich, ohne die sich der Rechenaufwand erheblich vergrößert und die Rechengeschwindigkeit geringer wird. Zur Verarbeitung solcher Zahlen wird der Fließkomma-Prozessor (FPU) eingesetzt. Er wird auch als **Co-Prozessor** oder **arithmetischer Prozessor** bezeichnet. Dieser Co-Prozessor kann aufgrund seines speziellen Aufbaus numerische und mathematische Berechnungen deutlich schneller und mit höherer Genauigkeit ausführen als der Hauptprozessor. Ihm stehen die erforderlichen speziellen Register zur Verfügung, die **FPR** (Floating Point Register) genannt werden.

Ein Co-Prozessor ist bei rechenintensiven Programmen, wie beispielsweise CAD-, Animations- und Tabellenkalkulationsprogrammen, unbedingt erforderlich.

Der im Prozessorgehäuse vorhandene **Cache**-Speicher dient der Vergrößerung der Arbeitsgeschwindigkeit des Prozessors (siehe Kap. 1.2.3.5).

Die Darstellung in Bild 1.19 zeigt grundlegende Funktionsblöcke, anhand derer man sich erste Kenntnisse über den Aufbau eines Prozessors erarbeiten kann. Die Darstellung spiegelt aber nicht die wesentlich komplexeren Strukturen aktueller CPUs wieder. Diese lassen sich bei Bedarf jeweils aktuell auf den entsprechenden Internetseiten der Hersteller finden.

Von-Neumann-Architektur
Harvard-Architektur

Bei den aktuellen Prozessoren unterscheidet man grundsätzlich zwischen der **Von-Neumann-Architektur** (englischer Mathematiker) und der **Harvard-Architektur**.

Ein wesentlicher Unterschied zwischen beiden Strukturen besteht darin, dass bei dem Von-Neumann-Prinzip keine Trennung zwischen dem internen Speicher für Daten und für Programmcode besteht (Vorteil: einfachere Speicherverwaltung, effizientere Speicherausnutzung; Nachteil: insgesamt langsamer), bei der Harvard-Architektur jedoch grundsätzlich Programme und Daten in physikalisch voneinander getrennten Speicher- und Adressräumen abgelegt werden (Vorteil: höhere Leistungsfähigkeit durch Parallelzugriff auf Daten und Programmcode; Nachteil: höherer Verwaltungsaufwand).

Aktuelle Prozessoren basieren größtenteils auf dem Von-Neumann-Prinzip, jedoch findet man auch Mischformen beider Architekturen.

Im Laufe der Prozessorentwicklung wurden immer mehr Funktionen auf einem einzigen Microchip integriert. Neben den zentralen Funktionseinheiten (CPU, ALU, Register, Kontrolleinheiten) gehören hierzu auch zunehmend periphere Komponenten (Schnittstellen, Controller, Speicher).

Prozessorkern

■ Die zentralen Funktionseinheiten einer CPU werden als **Prozessorkern** (core) bezeichnet.

Die Komponenten des Prozessorkerns bestimmen maßgeblich die Eigenschaften und Leistungsmerkmale einer CPU. Zur vereinfachten Darstellung werden oft nicht die einzelnen Komponenten, sondern der gesamte Kern als Ganzes in einem einzigen Funktionsblock skizziert. Jeder Kerntyp benötigt zur Ansteuerung einen eigenen Befehlssatz. Die Kombination eines Kerntyps mit unterschiedlichen peripheren Funktionseinheiten (z. B. mit/ohne Speichercontroller, verschieden große Cachespeicher) auf dem gleichen Microchip führt zu Prozessorvarianten, die sich in ihrer Leistungsfähigkeit voneinander unterscheiden können.

■ Die peripheren Funktionseinheiten einer CPU, die sich auf demselben Microchip befinden, bilden den sogenannten **Uncore**-Bereich eines Prozessors.

Prozessorfamilie

Prozessoren mit gleichem Kern, aber unterschiedlichem Uncore-Bereich bilden eine **Prozessorfamilie.**

Zur Steigerung der Leistungsfähigkeit werden neben Einkern-Prozessoren zunehmend auch Mehrkernprozessoren eingesetzt.

Mehrkernprozessor

■ Ein **Mehrkernprozessor** besteht aus zwei, vier oder einer anderen Anzahl gleicher Kerne, die gemeinsam *auf einem einzigen Microchip* untergebracht sind.

Diese Kerne können gleichzeitig unterschiedliche Prozesse abarbeiten, sie können auch parallel einen einzigen Prozess ausführen.

Je nach Prozessortyp ergeben sich unter anderem folgende grundsätzliche Strukturen:

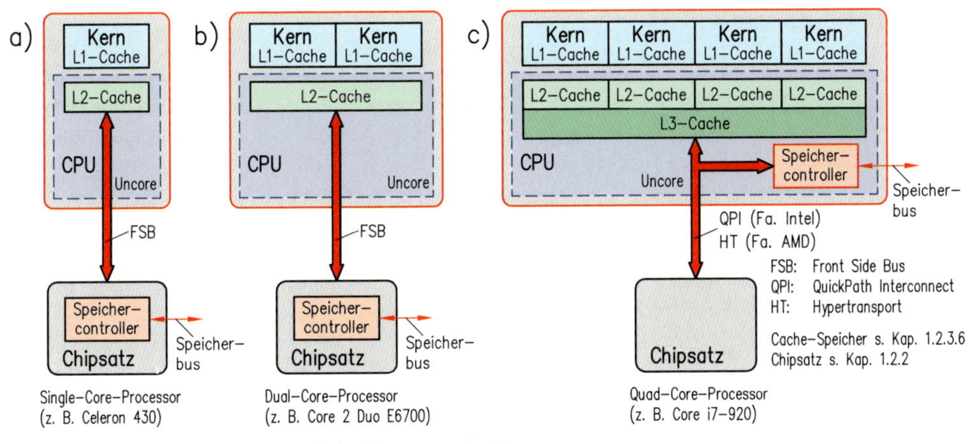

Bild 1.20a: Beispiele für grundsätzliche Prozessorstrukturen

Prozessortyp	Grundsätzliche Merkmale
a) Single-Core	– der L1-Cache ist im Kern integriert – die CPU verfügt zusätzlich über einen L2-Cache – die Verbindung zum Chipsatz erfolgt über den **FSB** (**F**ront **S**ide **B**us; Fa. Intel) – der Speichercontroller befindet sich im Chipsatz
b) Dual-Core	– jeder Kern verfügt über einen eigenen im Kern integrierten L1-Cache – die CPU verfügt zusätzlich über einen L2-Cache, auf den beide Kerne zugreifen können – die Verbindung zum Chipsatz erfolgt über den **FSB** (**F**ront **S**ide **B**us; Fa. Intel) – der Speichercontroller befindet sich im Chipsatz
c) Quad-Core	– jeder Kern verfügt über einen eigenen im Kern integrierten L1-Cache – jeder Kern verfügt zusätzlich über einen eigenen L2-Cache – die CPU verfügt über einen L3-Cache, auf den alle Kerne zugreifen können – die Verbindung zum Chipsatz erfolgt über das **QPI**-Interface (**Q**uick**P**ath **I**nterconnect; Fa. Intel) – der Speichercontroller ist in die CPU integriert (neu bei Intel)

Bild 1.20b: Erläuterung zu Bild 120a

Bei AMD-CPUs wird die Verbindung zwischen Prozessor und Chipsatz mit **Hypertransport** (**HT**, siehe Kap. 1.3.5) bezeichnet und bei allen aktuellen CPUs eingesetzt. Der Speichercontroller wird bei AMD bereits seit längerem in den CPU-Chip integriert.
Weitere charakteristische Unterscheidungsmerkmale bei den Prozessoren sind:

- Größe und Taktung des L2- und des L3-Caches
- Anzahl und Datenrate der unterstützten Speicherbusse (z.B. Dual-Channel, Triple-Channel)
- Integration weiterer Funktionseinheiten in den CPU-Chip (z.B. Grafikkern)

Können vorhandene Kerne auf einen implementierten, gemeinsamen Cache-Speicher zugreifen, muss für eine entsprechende Korrektheit der vorhandenen Cache-Daten gesorgt werden (Cache-Coherency).

1.2.1.2 Prozessor-Kenngrößen

Die Leistungsmerkmale eines Prozessors werden u. a. mit folgenden Begriffen beschrieben:

Kenngrößen von Prozessoren

- **CPU-Takt**
  Der CPU-Takt ist ein Maß für die Geschwindigkeit, mit der ein Prozessor arbeiten kann. Er wird gewöhnlich in Megahertz (MHz) oder Gigahertz (GHz) angegeben und ist im Prinzip die Frequenz, mit der ein Prozessor gemäß Herstellerangaben getaktet werden sollte.

- **FSB-Takt**
  Bei Intel-Prozessoren ohne integrierten Speichercontroller wird der Datentransport zwischen CPU und Arbeitsspeicher vom Chipsatz gesteuert und erfolgt über den **Front Side Bus** (FSB; Verbindung zwischen CPU und Chipsatz, siehe Kap. 1.2.2). Der FSB-Bustakt ist ein Maß für die Geschwindigkeit, mit der Daten über den Front Side Bus übertragen werden. Er ist kleiner als der CPU-Takt und wird in MHz angegeben.

Multiplikator

Der CPU-Takt und der FSB-Takt stehen in einem festen Frequenzverhältnis zueinander, welches über einen prozessorinternen Multiplikator festgelegt ist.

(*): „quad-pumped-Technologie“

Prozessor-Bezeichnung	FSB-Bezeichnung (FSB-Takt)	Multi-plikator	CPU-Takt in GHz (gerundete Werte!)
Celeron 420	FSB 800 (133 MHz) *	12	1,6
Core 2 Duo E6700	FSB 1066 (266 MHz) *	10	2,66
Core 2 Extreme QX9650	FSB 1333 (333 MHz) *	9	3,0

Bild 1.21: Beispiele für CPU-Takt, FSB-Takt und Multiplikator bei Intel-Prozessoren

Quad-Pumped-Technologie

Zu beachten ist, dass die tatsächliche Taktfrequenz des FSB nicht immer der in Fachzeitschriften angegebenen Frequenz entspricht, da mithilfe spezieller Verfahren die Datenmenge pro Takt vergrößert werden kann! So lässt sich beispielsweise durch die sogenannte „Quad-Pumped-Technologie“ (Marketingbezeichnung Fa. Intel) die Datenrate auf dem 266-MHz-FSB so weit erhöhen, dass man eine effektive Übertragungsrate wie mit einem mit 1066-MHz-getakteten FSB erzielt. Analog wird dann der mit 333 MHz getaktete FSB werbewirksam als 1333 MHz-FSB dargestellt. Bei Intel-Prozessoren mit integriertem Speichercontroller gibt es keinen FSB mehr. Stattdessen wird ein sogenannter **Referenztakt** angegeben. Dieser beträgt 133 MHz (Core i7). Speichercontroller und Kerne arbeiten mit unterschiedlichen Taktfrequenzen, die jeweils ein Vielfaches von 133 MHz sind. Bei einem Multiplikator von 24 ergibt sich beispielsweise ein CPU-Takt von 3,2 GHz (Core i7 Extreme).
Der CPU-Takt ist allerdings nicht mehr unbedingt eine aussagekräftige Größe für die Leistungsfähigkeit bzw. Schnelligkeit eines Prozessors, da die Bearbeitung einer Anweisung auch mehrere Takte dauern kann und sowohl von der Anzahl der vorhandenen Kerne sowie der in jedem Kern parallel arbeitenden Komponenten abhängt.

Aus diesem Grund werden bei Prozessor-Leistungsangaben häufig die folgenden Begriffe verwendet:

Leistungsangaben bei Prozessoren

- **MIPS**
  MIPS ist die Abkürzung für „Millions of Instructions per Second“, zu deutsch „Millionen Anweisungen pro Sekunde“. Sie gibt an, wie viele Anweisungen ein Prozessor durchschnittlich innerhalb einer Sekunde verarbeitet (zum Vergleich: Pentium III: 500; Core i7: >3000!).
- **MFLOPS**
  MFLOPS steht für „Million Floating Point Operations per Second“, zu deutsch „Millionen Gleitkomma-Operationen pro Sekunde“, und ist ein Maß für die durchschnittliche Rechenleistung eines Prozessors.
- **Cache-Größe**
  Um die Verarbeitungsgeschwindigkeit zu erhöhen, besitzen aktuelle Prozessoren integrierte Cache-Speicher. Für die Effizienz des Caches ist neben seiner Größe auch die Frequenz entscheidend, mit der er getaktet wird (siehe Kap.1.2.3.5).
- **Herstellungstechnologie**
  Spricht man im Zusammenhang mit Prozessoren von der Herstellungstechnologie, so ist damit stets die Größe der integrierten Transistoren und deren elektrischen Verbindungen gemeint. Kleinere Strukturen bedeuten höhere Integrationsdichte und damit größere Funktionalität auf gleichem Raum sowie kürzere Verbindungen und damit geringere Signallaufzeiten. Zurzeit lassen sich Strukturen in einer Größe bis 45 nm realisieren. Hierbei ergeben sich Prozessor-Dies zwischen 140 mm^2 bis 100 mm^2, wobei sich bis zu 800 Millionen Transistoren integrieren lassen (z. B. Nehalem, Core i7). Die nächsten Prozessorgenerationen liegen bei Strukturen von 32 nm bzw. 22 nm, wobei bei gleichen Chipgrößen mehr als 2 Milliarden Transistoren integriert werden können. Hierdurch lassen sich insbesondere auch wesentlich größere Cache-Speicher bis zu mehreren Megabytes realisieren. Allerdings steigt mit höherer Integrationsdichte auch die Wärmeentwicklung pro Flächeneinheit.

  1 nm = 10^{-9} m

  Cache-Speicher siehe Kap. 1.2.3.4
- **Architektur**
  Unter Architektur versteht man bei Mikroprozessoren das technische Prinzip bzw. das Verfahren, nach dem Daten und Programme verarbeitet werden. Man unterscheidet zwischen CISC-Prozessoren und RISC-Prozessoren.
  - **CISC** ist die Abkürzung für „**C**omplex **I**nstruction **S**et **C**omputing“ und bezeichnet Allround-Prozessoren, die einen umfassenden, komplexen Befehlssatz verarbeiten können. Die einzelnen Befehle können sehr mächtig sein, die Ausführung eines Befehls erfordert in der Regel mehrere Taktzyklen.

    CISC-Prozessor
  - **RISC** steht für „**R**educed **I**nstruction **S**et **C**omputing“ und bezeichnet Prozessoren, die nur einen verhältnismäßig kleinen, aber effizienten Befehlssatz verarbeiten können. Diese Befehle sind derart optimiert, dass sie sehr schnell – meist in einem einzigen Taktzyklus – ausgeführt werden können. Komplexe Befehle werden vor der eigentlichen Verarbeitung in entsprechend einfache Teile zerlegt. Hierdurch ist eine schnellere Verarbeitung möglich, für die Zerlegung sind jedoch zusätzliche Zwischenspeicher (Register) innerhalb des Prozessors erforderlich.

    RISC-Prozessor

1.2.1.3 Prozessor-Generationen

Die ersten PCs wurden von der Firma IBM (**I**nternational **B**usiness **M**achines) im Jahre 1981 auf den Markt gebracht. Da IBM keine eigenen Prozessoren produzierte, wurden die von der Firma Intel entwickelten Mikroprozessoren verwendet. Aufgrund der schnellen Verbreitung der PCs wurden diese Prozessoren sehr rasch zum Standard. Heute werden Prozessoren von verschiedenen Firmen hergestellt, Marktführer sind Intel und AMD.

Prozessorbezeichnungen

Die Bezeichnungen der einzelnen Prozessortypen erfolgte zunächst nur mit Ziffern (z. B. 286, 386, 486). Da sich diese jedoch nicht gesetzlich schützen ließen, verwendete Intel anschließend Buchstaben und Zahlenkombinationen (z. B. i486). Seit geraumer Zeit werden von allen Herstellern spezielle Produktbezeichnungen (z. B. Intel: Atom, Celeron, Core 2 Duo, Core 2 Quad, Core i7; AMD: Athlon, Phenom) verwendet, die – urheberrechtlich geschützt – von anderen Firmen dann nicht mehr verwendet werden dürfen.

Namenszusätze

Spezielle Namenszusätze weisen zusätzlich auf besondere Leistungsmerkmale hin (z. B. Intel: Core 2 Extreme, Core i7 Extreme Edition; AMD: Phenom II X4 Black Edition).

Quantispeed Rating

Da heute die Taktrate allein keine ausreichende Information mehr über die tatsächliche Leistungsfähigkeit eines Prozessors bietet, führte AMD nicht zuletzt aus Marketinggründen das sogenannte **„Quantispeed Rating"** zur Leistungsbezeichnung ein. Die Bezeichnung Athlon X2 **4800+** (Brisbane, Doppelkernprozessor) sollte beispielsweise suggerieren, dass dieser Prozessor mindestens so schnell wie ein mit 4800 MHz getakteter Konkurrenzprozessor arbeitet, obwohl er selbst „nur" mit 2500 MHz taktet.

Zwischenzeitlich verwendete AMD auch eine CPU-Kennzeichnung, die aus zwei Buchstaben, gefolgt von einem Bindestrich und einer vierziffrigen Modellnummer, bestand (z. B. **BE-2350**: 1. Buchstabe: Marktsegment, hier: Mittelklasse; 2. Buchstabe: Verlustleistungsklasse, hier < 65 W; 1. Ziffer Typenfamilie, hier Athlon; 2. bis 4. Ziffer: Typenbezeichnung). Bei aktuellen Athlon- bzw. Phenom-CPUs weist der Zusatz X2 bzw. X4 auf die Anzahl der Kerne hin, ansonsten erfolgt die Kennzeichnung lediglich mit einer nachfolgenden Modellnummer (z. B. Athlon X2 **7550**; Phenom X4 **920**).

Intels aktuelle Celeron-CPUs werden ebenfalls mit einer dreiziffrigen Modellnummer gekennzeichnet (z.B. Celeron 440).

Die Core 2 Duo/Core 2 Quad CPUs von Intel sind 64-Bit-Mikroprozessoren, die mit einer vierstelligen Modellnummer gekennzeichnet sind. Vorangesetzte Buchstaben geben Auskunft über die jeweilige Prozessorvariante (z. B. **E**: Desktop-Prozessor mit zwei Kernen; **Q**: Quad-Core-Prozessor; **X**: Extreme Edition; **QX**: Quad-Core Extreme; **L**: Mobile-Prozessor mit zwei Kernen).

Die nachfolgenden Prozessorgenerationen tragen die Bezeichnungen **Core i7**, **Core i5** bzw. **Core i3**, jeweils gefolgt von einer Modellnummer. Während die Core-2-Quad-Familie intern noch aus zwei separaten Dual-Core-Chips bestand, sitzen bei den Core-i7-Prozessoren nun vier Rechenkerne auf demselben Chip.

Zur exakten Bezeichnung eines Prozessors verwenden die Hersteller zusätzlich noch die Begriffe **Revision** und **Stepping**. Beide kennzeichnen Veränderungen an einem Prozessorkern.

- Als **Revision** bezeichnen Hersteller meist eine weitreichende Veränderung/Verbesserung an einem Prozessorkern, ohne dass dessen Basis-Funktionsumfang geändert wird (z. B. Ergänzen eines zusätzlichen Registers).
- Ein **Stepping** kennzeichnet mehr das grundsätzliche Überarbeiten eines Kerns zur Optimierung oder zur Beseitigung eines Fehlers.

Revisionen werden mit Buchstabenfolgen angegeben. Bei den Steppings werden Buchstaben- und Zahlenkombinationen verwendet, die meistens aufwärts gezählt werden (z. B. ist ein Prozessor mit Stepping A2 ein „älterer" Typ als der gleiche Prozessor mit Stepping B3; es gibt aber auch Abweichungen von dieser Regel!).
Das Stepping ist oftmals Teil der auf dem Gehäuse aufgedruckten, genauen Typenbezeichnung, bei Intel S-Spec-Code genannt (z. B. **S-Spec-Code** des Core i7 950: SLBEN).
Unabhängig von der späteren Bezeichnung werden aber bereits in der Entwicklungsphase spezielle „Codenamen" kreiert, die einen bestimmten technologischen Aufbau des Prozessorkerns und die damit verbundenen Leistungsmerkmale charakterisieren sollen (z. B. Intel: Conroe, Yorkfield, Penryn, Nehalem; AMD: Propu, Regor, Shanghai, Istanbul).
Prozessoren werden – abgesehen von wenigen Ausnahmen – nicht fest verlötet, sondern mit einem entsprechenden Sockel auf dem Motherboard befestigt. Im Laufe der Prozessorentwicklung kamen hierbei unterschiedliche Sockeltypen zum Einsatz. Die einzelnen Sockeltypen sind untereinander nicht kompatibel.

ZIF-Sockel

Die allgemeine Bezeichnung **ZIF**-Sockel (Zero Insertion Force) bei den Sockeln mit Pin-Fassungen drückt aus, dass zum Einsetzen des Prozessors in den Sockel kein Kraftaufwand erforderlich ist, der eingesetzte Chip wird nach dem Einsetzen lediglich mit einem kleinen Hebel arretiert, wobei die Kontakte der Fassungen jeweils gegen die einzelnen Pins gepresst werden. Hierbei werden die Pins mechanisch infolge sogenannter Scherkräfte belastet.

LGA = Land Grid Array

Die neueste Generation von Intel-Prozessoren besitzt keine Pins mehr, sondern an der Unterseite lediglich kleine Kontaktflächen. Die entsprechenden Gegenkontakte in den speziell hierfür entwickelten **LGA**-Sockeln bestehen aus winzigen Federn, auf die der Prozessor vorsichtig – d. h. ohne Berührung dieser Federchen mit den Fingern – gelegt und durch einen Rahmen angedrückt und arretiert wird. Vorteil dieser Konstruktion ist, dass zur Fixierung des Prozessors keine Scherkräfte mehr ausgeübt werden müssen. Außerdem wird das Problem beseitigt, dass die Kontaktbeinchen wie kleine Antennen wirken, was zu Schwierigkeiten bei der Steigerung der Taktfrequenzen führte. Die Ziffern hinter der Sockelbezeichnung LGA geben Auskunft über die Anzahl der Kontakte (z. B. LGA 1366).

(*): jeweils 32 kByte Daten und Code-Cache
(**): jeweils 64 KByte Daten und Code-Cache
(***): scheinbare Verdopplung der Kerne durch Hyperthreading

FSB: Front Side Bus
DMI: Direct Media Interface
QPI: QuickPath Interconnect
HT: Hypertransport

Hersteller	Prozessor-Bezeichnung und Codename	Kernzahl	CPU-Takt in GHz	Cache in KByte	Sockel	Chipsatzanbindung	Fertigungstechnik
Intel	Celeron 420 (Conroe)	1	1,6	L1: 1 x 64* L2: 1 x 512 L3: ---	LGA 775	FSB 800	65 nm
	Pentium E2160 (Conroe)	2	1,8	L1: 2 x 64* L2: 1 x 1024 L3: ---	LGA 775	FSB 800	65 nm
	Core 2 Duo E6700 (Conroe)	2	2,66	L1: 2 x 64* L2: 1 x 4096 L3: ---	LGA 775	FSB 1066	65 nm
	Core 2 Quad Q9550 (Yorkfield)	4	2,83	L1: 4 x 64* L2: 2 x 6144 L3: ---	LGA 775	FSB 1333	45 nm
	Core 2 Quad QX 9650 (Yorkfield)	4	3,0	L1: 4 x 64* L2: 2 x 6144 L3: ---	LGA 775	FSB 1333	45 nm
	Core i5-750	4	2,66	L1: 4 x 64* L2: 4 x 256 L3: 1 x 8192	LGA 1156	DMI	45 nm
	Core i7-975 (Bloomfield)	4 (8)***	3,3	L1: 4 x 64* L2: 4 x 256 L3: 1 x 8192	LGA 1366	QPI	45 nm
AMD	Athlon X2-7550 (Kuma)	2	2,5	L1: 2 x 128** L2: 2 x 512 L3: 1 x 2048	AM2+	HT 3.0	65 nm
	Phenom X4 9750 (Agena)	4	2,4	L1: 4 x 128** L2: 4 x 512 L3: 1 x 2048	AM2+	HT 3.0	65 nm
	Phenom II X4 910 (Deneb)	4	2,6	L1: 4 x 128** L2: 4 x 512 L3: 1 x 6144	AM3	HT 3.0	45 nm

Bild 1.22: Beispiele für Prozessor-Leistungsdaten und Sockeltypen

Die Zahl der Kontakte im LGA-1156- und im LGA-1366-Sockel steigt gegenüber dem seit längeren verwendeten LGA-775-Sockel deutlich an, da Intel bei seinen Core-i5- und Core-i7-Prozessoren den Speicher-Controller vom Chipsatz in die CPU verlagert hat. Darüber hinaus unterstützt der Core-i7-Prozessor ein dreikanaliges Speicherinterface, durch das ähnlich dem bisher üblichen Dual-Channel-Modus je drei identische Speichermodule parallel genutzt werden können; es ist jedoch auch möglich, nur zwei der Kanäle zu verwenden. Als Speichertyp kommt ausschließlich DDR3-RAM mit offiziell bis zu

133 MHz-Takt (DDR3-1066) zum Einsatz; ein alternativer Einsatz des günstigeren DDR2-RAM ist nicht mehr möglich. Die Kommunikation zur Northbridge erfolgt durch den sogenannten **QuickPath Interconnect** (QPI).
QPI überträgt bei einer maximalen Taktfrequenz von 3,2 GHz über 20 Aderpaare Daten mit bis zu 12,8 GByte/s. Da QPI im **Vollduplexbetrieb** (gleichzeitiger Datentransfer auf den Aderpaaren in beide Richtungen) arbeitet, ergibt sich eine theoretische Datenrate von bis zu 25,6 GByte/s zwischen CPU und Chipsatz. Wegen der verwendeten DDR-Übertragungstechnik (siehe Kap. 1.2.3.5) spricht Intel bei der 3,2-GHz-QPI-Frequenz von 6,4 Gigatransfers pro Sekunde (6,4 GT/s; theoretischer Wert, in der Praxis kleiner und vom CPU-Modell abhängig).
Der Core-i5-Prozessor unterstützt lediglich zwei Speicherkanäle (z. B. DDR3-1333), bietet darüber hinaus aber die Möglichkeit der direkten Anbindung einer PCIe-Grafikkarte (PCIe siehe Kap. 1.3.2).

a)

b)

Bild 1.23: Beispiele für Prozessor-Sockel, a) ZIF-Sockel, b) LGA-Sockel © Creative-Commons

Neue Bauformen von CPU-Sockeln werden erforderlich, sobald ein Prozessorhersteller weitere Funktionen in den Prozessorchip integriert.

1.2.1.4 Prozessor-Performance

Um eine Steigerung der Prozessor-Performance zu bewirken, werden unterschiedliche Maßnahmen eingesetzt:

- Größerer CPU-Takt
- Erhöhung der Kernzahl
- höherer FSB-Takt bzw. spezielle Anbindung an den Chipsatz (z. B. Intel: QuickPath Interconnect; AMD: Hypertransport)
- Vergrößerung der Anzahl der gleichzeitig ansprechbaren Speicherbusse
- Höhere Registerzahl
- Größere Anzahl parallel arbeitender Funktionsblöcke, dadurch schnellere Bearbeitung von Befehlen
- Verbesserte Herstellungstechnologie, dadurch Verkleinerung der internen Bauteile und Verringerung der Signallaufzeiten

- Integration von weiteren Funktionsblöcken (zusätzlich zu den grundlegenden Funktionseinheiten, vgl. Bild 1.19), die eine schnellere und effizientere Befehlsbearbeitung ermöglichen
- Einsatz von effizienten Verarbeitungskonzepten:
  SISD
  SIMD
  Anstelle der „klassischen" Arbeitsweise eines Prozessors, bei der zu jedem Zeitpunkt genau ein Befehl ausgeführt wird, der stets nur einen Datenwert bearbeitet (**SISD**: **S**ingle **I**nstruction **S**ingle **D**ata), besteht bei modernen Prozessoren die Möglichkeit, während eines Befehlszyklus mehrere Datenwerte zu verarbeiten (**SIMD**: **S**ingle **I**nstruction **M**ultiple **D**ata).

ISSE = Internet Streaming SIMD Extension

- Erweiterung des Befehlssatzes, den ein Prozessor bearbeiten kann (z.B. Core i7 mit SSE4.2-Befehlssatz)
- Implementierung von Spezialfunktionen (z.B. **Turbo Boost** beim Core i5 und Core i7: Automatisch ein um mehrere Multiplikatorstufen höherer Prozessortakt, wenn nicht alle Kerne voll ausgelastet sind)

Pipelining

- **Pipelining:**
  Hierunter versteht man eine Methode für das Holen und Decodieren von Befehlen, bei der sich zu jedem Zeitpunkt mehrere Programmbefehle auf verschiedenen Bearbeitungsstufen befinden. Im Idealfall steht dem Prozessor bereits der nächste decodierte Befehl für die Bearbeitung zur Verfügung, wenn die Bearbeitung des vorhergehenden gerade abgeschlossen ist. Auf diese Weise entstehen für den Prozessor keine Wartezeiten und die gesamte Verarbeitungszeit verkürzt sich. Hierzu sind zusätzliche Register innerhalb des Prozessors erforderlich.

Hyperthreading

- **Hyperthreading (HT):**
  Hierbei werden softwareseitig auf einem einzigen physikalisch vorhandenen Prozessor mehrere logische Kerne simuliert, so dass eine Anwendung auf diese Kerne verteilt werden kann und in mehreren Prozessen gleichzeitig bearbeitet wird. Hyperthreading kann auch bei Mehrkernprozessoren eingesetzt werden. Ein Betriebssystem, welches Hyperthreading unterstützt, erkennt dann sowohl die „echten" als auch die „virtuellen" Rechenwerke und muss dann die Rechenlast möglichst effizient auf mehrere parallel laufenden „Rechenfäden" (Threads) verteilen.

Ein Performance-Gewinn hängt jedoch nicht alleine vom Prozessor, sondern auch von anderen Komponenten (z.B. Chipsatz, Schreib-/Lese-Geschwindigkeit des Arbeitsspeichers, Übertragungsgeschwindigkeit der anderen Bussysteme) und von der verwendeten Software ab, die einen vorhandenen erweiterten Befehlssatz auch anzusprechen vermag.

Core-Spannung

Eine Taktsteigerung führt in der Regel auch zu einer höheren Verarbeitungsgeschwindigkeit. Je höher ein Prozessor getaktet wird, desto größer wird auch seine Verlustleistung, die in Form von Wärme abgeführt werden muss. Da bei Mehrkernprozessoren die Arbeit auf die einzelnen Kerne verteilt wird, ist die gleiche Verarbeitungsgeschwindigkeit wie bei einem Einkernprozessor auch bei niedrigeren Taktraten möglich. Hierdurch verringert sich die Verlustleistung eines Kerns.

Um diese Verlustleistung weiter zu verringern, arbeiten moderne Prozessoren zwar mit einer Versorgungsspannung von 3,3 V für den I/O-Bereich, jedoch wird der Prozessorkern mit einer geringeren Spannung versorgt. Beim Bootvorgang erkennt das BIOS (siehe Kap. 3.1) den vorhandenen Prozessor und stellt die erforderliche Corespannung in der Regel automatisch ein und überwacht diese im laufenden Betrieb.

Prozessor	I/O-Spannung	Corespannung
Celeron	3,3 V	1,75 V
Athlon X2 (Brisbane)	3,3 V	1,5 – 1,1 V („Cool'n'Quiet")
Core i5, Core i7	3,3 V	1,4 V–0,65 V (lastabhängig)
Core 2 Duo (Desktop)	3,3 V	1,36 V – 1,16 V
Core 2 Duo (Mobile)	3,3 V	1,25 V – 1,04 V (LV bis 0,8 V)

Core-Spannungen

LV: Low Voltage Version

Bild 1.24: Beispiele für I/O- und Core-Spannungen bei Prozessoren

Je nach Stromspartechnik wird die Corespannung sogar lastabhängig gesteuert und/oder einzelne Kern ganz oder teilweise abgeschaltet (z.B. Core i7). Die bei den einzelnen Prozessortypen eingesetzten Stromspartechniken unterscheiden sich in ihren Eigenschaften oft nur geringfügig voneinander, die Hersteller verwenden aus Marketinggründen jedoch teilweise verschiedene Bezeichnungen (z.B. AMD: Cool'n'Quiet, Optimized Power Management, Enhanced Power Now!; Intel: EIST **E**nhanced **I**ntel **S**peedStep **T**echnology).

EIST

■ Eine niedrige Corespannung verringert die Leistungsaufnahme und die Abwärme, und sie ermöglicht höhere CPU-Taktraten.

Bei EIST wird neben der Versorgungsspannung auch die Taktung in Abhängigkeit von der Prozessorauslastung verändert. Die hierbei eingestellten Kernspannungs- und Frequenzarbeitspunkte werden als **C-States** bezeichnet. Während eine Verringerung der Frequenz sich bei der Leistungsaufnahme der CPU nur gering auswirkt, geht die Kernspannung quadratisch in die Formel ein (siehe Kap. 5.1.5.4). Speziell bei den Mobilprozessoren führt der Einsatz von EIST zu einer hohen Arbeitsleistung bei einer vergleichsweise niedrigen Leistungsaufnahme (Thermal Design Power, siehe Kap. 1.2.1.5).

C-States

Leistungsaufnahme	Core 2 Duo L 7400	Core 2 Duo T 7400	Core 2 Duo E 8400	Phenom II X4 965	Core i5 750	Core i7 975	Atom Z 550
Max.	17 W	35 W	65 W	140 W	95 W	130 W	3 W
Min.	< 3 W	< 5 W	15 W	35 W	10 W	20 W	< 0,1 W

Bild 1.25: Vergleich von CPU-Verlustleistungen

Unter der Bezeichnung **Centrino 2** vermarktet Intel seine energiesparenden Prozessoren in Kombination mit speziellen Chipsätzen und WLAN-Modulen für den Einsatz in portablen Computern. In Notebooks kommen hierbei Doppelkernprozessoren der Prozessorfamilie Intel Core 2 Duo zum Einsatz, in Nettops werden Intel-Atom-Prozessoren verwendet. Spezielle LV-CPUs (LV: Low Voltage) kommen hierbei aufgrund ihrer geringen Wärmeentwicklung mit lediglich einer passiven Kühlung aus.

Centrino

Atom-Prozessoren verfügen über die Energiesparmechanismen von EIST hinaus zusätzlich über einen Zustand völliger Inaktivität, wodurch sich längere Akkulaufzeiten ergeben. Atom-CPUs sind in aller Regel fest mit dem Board verlötet, sodass ein nachträglicher Austausch nicht möglich ist.

Atom-Prozessor

Benchmark-Test

Um die Leistungsfähigkeit von Prozessoren (aber auch anderer Hardware und Software) miteinander zu vergleichen, werden sogenannte **Benchmark-Tests** („Maßstabs"-Tests) durchgeführt. Bei solchen Tests kommen Programme zum Einsatz, die die Fähigkeiten von Prozessoren feststellen – z. B. die Geschwindigkeit, mit der ein Prozessor Befehle ausführt oder Gleitkomma-Zahlen verarbeitet. Beim Test werden immer dieselben Daten verarbeitet, sodass durch einen Vergleich der Ergebnisse Rückschlüsse darauf gezogen werden können, wie hoch die jeweilige Leistungsfähigkeit auf einem bestimmten Gebiet ist. Die Entwicklung von aussagekräftigen, objektiven Benchmarks ist jedoch sehr schwierig, da verschiedene Hardware-Software-Kombinationen unter wechselnden Bedingungen stark divergierende Leistungswerte hervorrufen können. Nachdem ein Benchmark-Verfahren zum Standard geworden ist, kommt es auch häufig vor, dass die Herstellerfirma ein Produkt so modifiziert, dass es im Benchmark besser als das der Konkurrenz abschneidet, wobei jedoch die praxisrelevante Leistungsfähigkeit nicht unbedingt erhöht wird. Mit den besseren Benchmark-Ergebnissen wirbt aber die Herstellerfirma, um die Verkäufe anzukurbeln.

1.2.1.5 Prozessor-Kühlung

Bild 1.26: Prozessor-Kühlblock

Die Anforderungen an die Kühlung von Prozessoren sind ständig angestiegen, da durch steigende Taktfrequenzen, kleinere Halbleiterstrukturen und neue Prozessorgehäuse die maximal zulässige CPU-Temperatur sinkt! Deswegen ist – bis auf wenige Ausnahmen im Netbook-Bereich – zusätzlich zu dem obligatorischen Kühlkörper mit einem möglichst geringen Wärmewiderstand R_{th} (siehe Kap. 5.3.1.4) unbedingt ein Ventilator auf dem Prozessor erforderlich.

Diese Kühleinheit muss so dimensioniert sein, dass die von der CPU abgegebene Wärmeleistung hinreichend schnell abgeführt wird.

Wärmewiderstand R_{th} siehe Kap. 5.3.2.7

Als **Thermal Design Power** (TDP) wird vom Hersteller diejenige Verlustleistung angegeben, auf die das verwendete Kühlelement (Kühlkörper und Ventilator) sowie die PC-Gehäusebelüftung mindestens ausgelegt sein muss, damit der Prozessor unter Volllast seinen Temperatur-Grenzwert nicht überschreitet.

Die Thermal Design Power wird in Watt (W) angegeben (siehe Kap. 5.1.5.4). Wenn sich die Temperatur innerhalb des CPU-Chips unzulässig erhöht, wird die CPU-Leistung automatisch verringert oder der Prozessor schaltet sich sogar ab.
Ein Prozessor-Ventilator arbeitet mit einer 12-V-Versorgungsspannung und wird an die dafür vorgesehenen Kontakte auf dem Motherboard angeschlossen. Durch die Montage von Ventilator und Kühlkörper ist der eigentliche Prozessor-IC in der Regel nicht mehr zu sehen. Um sowohl die Geräuschentwicklung des Lüfters als auch seine Energieaufnahme möglichst gering zu halten, wird die Lüfterdrehzahl in Abhängigkeit von der Prozessortemperatur geregelt. Dazu muss die Regelungselektronik ein ausreichend präzises Temperatursignal

erhalten. Bei LGA-Mainboards ist hierzu die Möglichkeit vorgesehen, die Steuerung des Lüfters mit einem Kontrollsignal zu realisieren, welches mittels eines implementierten Messfühlers (Messdiode) direkt aus der aktuellen Prozessortemperatur gewonnen und mittels entsprechender Hardware-Monitoring-Schaltungen im Zusammenspiel mit dem BIOS verarbeitet wird. Dieses Signal (ein pulsweitenmoduliertes 25 kHz-Signal) steht dann an einem zusätzlichen Pin des Lüfteranschlusses am Mainboard zur Verfügung. Die sogenannten **PWM-Lüfter** verarbeiten dieses Signal und können auf diese Weise ihre Drehzahl temperaturabhängig regulieren.

PWM-Lüfter

Bei der Kühlermontage ist auf eine gute Wärmeleitung zwischen CPU-Gehäuse und dem Kühlerboden zu sorgen. Eine Verbesserung des Wärmetransports ist durch den Einsatz eines speziellen Wärmeleitmediums (TIM: Thermal Interface Material; Wärmeleitpaste) möglich. Teilweise werden auch so genannte **Headpipes** (siehe Kap. 5.3.1.4) eingesetzt. Systeme mit einer Flüssigkühlung werden ebenfalls angeboten.

1.2.2 Der Chipsatz

Chipsatz

■ Der **Chipsatz** verwaltet und koordiniert die anfallenden Daten zwischen dem Prozessor, dem Speicher, den verschiedenen Steckplätzen und den I/O-Schnittstellen. Der Chipsatz beeinflusst somit maßgeblich die Performance eines Systems.

Bei den meisten aktuellen Boards besteht der Chipsatz aus zwei ICs. Der Entwicklungstrend geht jedoch zur Einchip-Lösung, bei der ein Teil der Funktionseinheiten zusätzlich in den CPU-Chip implementiert werden. Hierdurch kann eine Geschwindigkeitssteigerung bei der Bearbeitung anstehender Aufgaben erreicht werden, da die Übertragungswege der Signale zwischen den Chipsatzkomponenten kürzer werden (z. B. bei Intel und AMD: Integration des Speichercontrollers in die CPU; bei Nvidia: Integration des Grafikcontrollers in den CPU-Chip).

Zu den Aufgaben eines Chipsatzes gehören generell:

Aufgaben des Chipsatzes

- die Verwaltung der verschiedenen Datenübertragungssysteme (z.B. PCI, PCIe, USB; vgl. Kap. 1.3) und Schnittstellen (z. B. PATA, SATA, LAN; vgl. Kap. 1.4),
- das Steuern der Datenflüsse von und zu den angeschlossenen Komponenten,
- die Abstimmung der unterschiedlichen Bustakte und Übertragungsraten.

Zur Verwaltung der unterschiedlichen Bussysteme sowie der angeschlossenen Komponenten verfügt der Chipsatz über Controller, die allgemein als **Bridges** bezeichnet werden, deren genaue Bezeichnungen jedoch bei den Chipherstellern in Abhängigkeit vom jeweiligen Funktionsumfang variieren.

Bezeichnung		Hersteller
Northbridge	**Southbridge**	VIA, SiS
Memory **C**ontroller **H**ub (**MCH**; Version mit integriertem Speichercontroller) **I**nput/**O**utput **H**ub (**IOH**; Version ohne integrierten Speichercontroller)	**I**nput/Output **C**ontroller **H**ub (**ICH**)	Intel
–	**P**latform **C**ontroller **H**ub (**PCH**; Einchip-Lösung in Kombination mit CPUs, bei denen Memory-Controller, Grafikkern und Grafik-anbindung im CPU-Uncore-Bereich integriert sind)	
Integrated **G**raphics **P**rocessor (**IGP**) bzw. **S**ystem **P**latform **P**rocessor (**SPP**)	**M**edia **C**ommunication **P**rocessor (**MCP**)	Nvidia

Bild 1.27: Beispiele für Bezeichnungen der Chipsatzkomponenten

Meist werden jedoch die Begriffe **Northbridge** und **Southbridge** verwendet.

PCIe siehe Kap. 1.3.2

Ebenso wie die Prozessoren unterliegen die Chipsätze einer ständigen technologischen Entwicklung. So ist bei der Betrachtung ihres prinzipiellen Aufbaus insbesondere zwischen den Chipsätzen mit bzw. ohne integrierten Speichercontroller zu unterscheiden.

Chipsatz mit integriertem Speichercontroller

Bei einem Chipsatz mit integriertem Speichercontroller regelt und kontrolliert die **Northbridge** (IC1) den Datentransport zwischen der CPU, dem Systemspeicher und der PCIe-Grafikkarte. Aufgrund seiner Wärmeentwicklung wird dieser IC in der Regel mit einem Kühlkörper versehen.

LPC: Low Pin Count Interface (66 MHz)

HDA: High Definition Audio, siehe Kap. 1.6.2

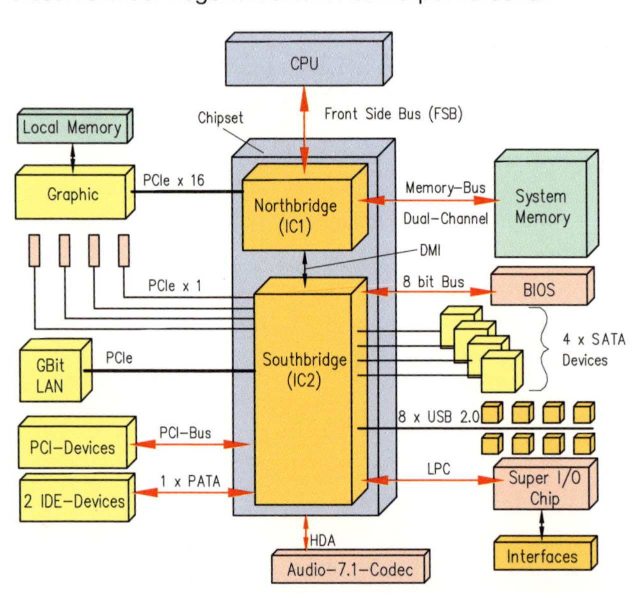

Bild 1.28: Prinzipieller Aufbau eines Chipsatzes mit integriertem Speichercontroller

- Der **PCIe-Anschluss für Grafikkarten** wird auch mit der Abkürzung **PEG** (**P**CI **E**xpress for **G**raphics) bezeichnet.

PEG

Die **Southbridge** (IC2) verwaltet den vorhandenen klassischen PCI-Bus, die internen IDE-Schnittstellen (PATA), die SATA-Schnittstellen sowie die über entsprechende I/O-Controller angeschlossenen externen Schnittststellen (z.B. USB, Firewire, eSATA). Je nach Chipsatz werden PCIe-Anschlüsse in unterschiedlicher Anzahl zur Verfügung gestellt (z.B. viermal PCIe x1 und einmal PCIe x4; siehe Kap. 1.3.2). Gegebenenfalls werden auch bis zu drei PCI-Devices unterstützt, die über entsprechende Slots angeschlossen werden können. Sofern ein Board auch noch über ein ISA-Slot verfügt, wird auch dieses von der Southbridge mithilfe einer speziellen PCI-to-ISA-Bridge verwaltet.
North- und Soutbridge werden bei Intel-Chipsätzen über die sogenannte **DMI-Schnittstelle** (**D**irect **M**edia **I**nterface) verbunden, die ähnlich wie eine PCIe-Verbindung arbeitet und Datenraten bis zu 2 GByte/s übertragen kann.

PCI: Kap. 1.3.1
IDE: Kap. 1.4.4
sonstige Schnittstellen: Kap. 1.4.6
PATA: Parallel-ATA
SATA: Serial-ATA
ISA siehe Kap. 1.3

Chipsatz ohne integrierten Speichercontroller

Bei einem Chipsatz ohne integrierten Speichercontoller wird der Arbeitsspeicher direkt an den CPU-Chip angeschlossen und von diesem verwaltet. Somit entfällt die Aufgabe der Northbridge, den Datenfluss auf dem Speicherbus zu steuern. Der Datentransport auf dem zugehörigen Speicherbus (Dual-Channel oder Triple-Channel) erfolgt durch die CPU. Dieser kann dadurch wesentlich schneller erfolgen als mit dem Umweg über die Northbridge (Bild 1.29), sodass sich die Latenzzeiten (Wartezeiten) der CPU verringern. Aufgrund dieser verringerten Wartezeiten benötigt eine CPU mit direkter Speicheranbindung auch wesentlich kleinere Cachespeicher, deren Aufgabe ja auch darin bestand, die Wartezeiten der CPU auf Daten vom Arbeitsspeicher, die über den Front Side Bus transportiert wurden, zu verkürzen.

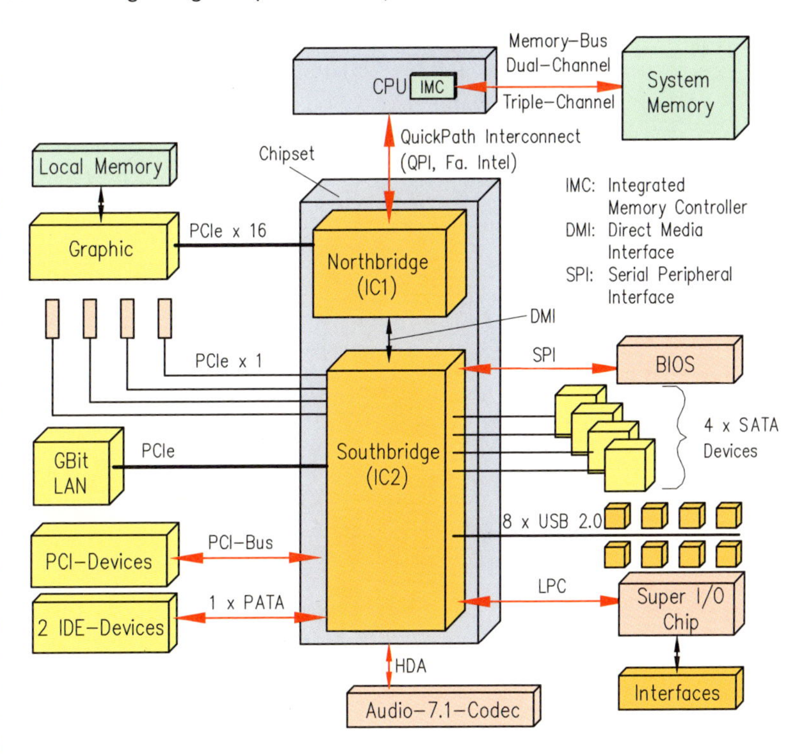

Bild 1.29: Chipsatz ohne integrierten Speichercontroller (Grundprinzip)

Die direkte Anbindung des Arbeitsspeichers an den in die CPU integrierten Speichercontroller wird bei AMD-Prozessoren bereits seit Längerem praktiziert. Die Verbindung zwischen CPU und Chipsatz wird hier mit **Hypertransport** (HT) bezeichnet.

Weitere Chipsatzentwicklungen

Eine andere Variante stellt eine Entwicklung dar, bei der neben dem Arbeitsspeicher auch die Grafikkarte direkt an die CPU angebunden wird (z. B. über einen PCIe 2.0 × 16-Slot). Hierdurch wird die Northbridge gänzlich überflüssig, der Chipsatz besteht nur noch aus einem einzigen integrierten Schaltkreis, der bei Intel dann die Bezeichnung **PCH** (**P**latform **C**ontroller **H**ub) trägt (z. B. bei Core i5-750 mit DMI-Schnittstelle zum PCH).

In einem weiteren Schritt wird Intel – nach dem Vorbild der Konkurrenz – neben dem Speichercontroller und der Anbindung einer separaten Grafikkarte zusätzlich auch einen Grafikprozessor (**GPU**: **G**raphic **P**rocessing **U**nit; Grafikkern, On-Board-Grafik) in das CPU-Gehäuse implementieren. Je nach Prozessortyp erfolgt nach Intels Vorstellungen die Verbindung zwischen PCH und CPU dann mittels **QPI** (bei Quad-Core High-End-Prozessoren gemäß Bild 1.29) oder über die bereits bekannte DMI-Schnittstelle (für den Consumer-Bereich, Bild 1.29a). Die bearbeiteten Grafikdaten werden über den separaten **Display Link** zum Chipsatz übertragen.

Dieser stellt dann lediglich einen entsprechenden Onboard-Anschluss (DVI, HDMI oder DisplayPort) bereit.

ONFI: Open NAND Flash Interface

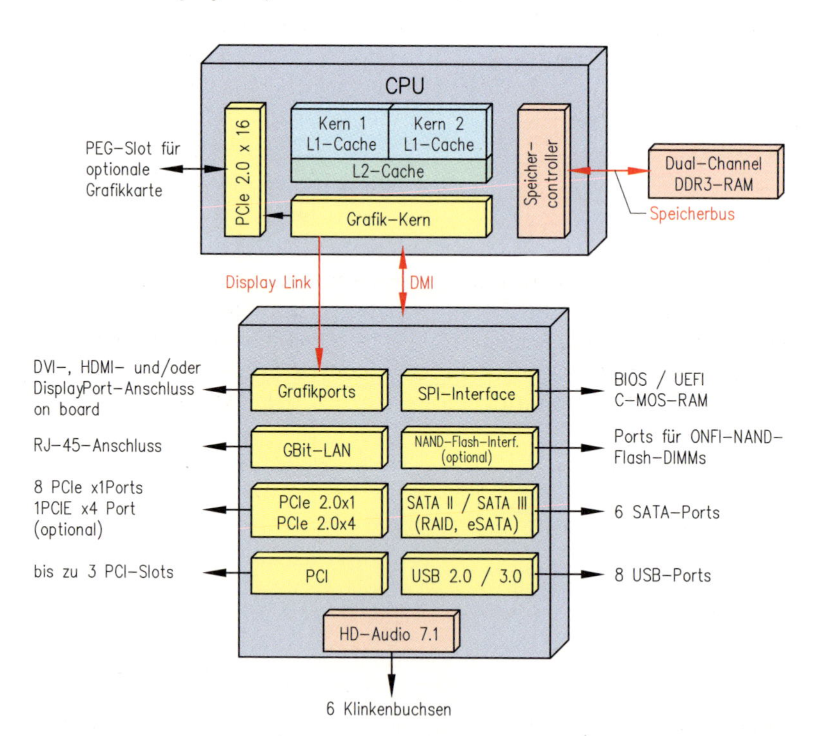

Bild 1.29a: PCH-Chipsatz und CPU mit Grafikkern (Grundprinzip, versionsabhängige Abweichungen möglich)

Die verwendbaren Dual-Core-CPUs mit integriertem Grafikkern (Nehalem-Kern, Codename Havendale, Sockel LGA 1160) sind vergleichsweise kostengünstig herstellbar und verfügen ebenfalls über eine PCIe 2.0 x 16-Schnittstelle (siehe Kap. 1.3.2) für den optionalen Anschluss einer externen Grafikkarte. Bei Nutzung dieses Anschlusses wird der Grafik-Kern der CPU automatisch abgeschaltet.

Bei den Konkurrenzprodukten (z.B. von VIA, SIS, AMD, Nvidia) weisen die PCIe-Chipsätze vergleichbare Eigenschaften auf, auch wenn die Anzahl anschließbarer Komponenten differiert oder die Bezeichnungen zum Teil verschieden sind.

Zusätzlich zu den genannten Standardfunktionen verfügen Chipsätze je nach Typ und Hersteller in der Regel noch über weitere Komponenten bzw. Funktionalitäten, wie z. B.

- die Unterstützung einer auf dem Mainboard implementierten Soundfunktion (Sound-on-board; HDA),
- einen integrierten Ethernet-Controller für den direkten LAN-Anschluss,
- sofern nicht in die CPU integriert, die Unterstützung eines On-Board implementierten Grafikchips. Dieser wird automatisch abgeschaltet, wenn eine zusätzliche Grafikkarte in den vorhandenen PEG-Slot gesteckt wird,
- einen integrierten Interrupt-Controller (**PIC**: **P**rogrammable **I**nterrupt **C**ontroller; siehe Kap. 3.6),
- die Echtzeituhr für die aktuelle Systemzeit (siehe Kap. 1.2.4),
- einen Speicher für die BIOS-Setup-Einstellungen (siehe Kap. 1.2.3.6),
- die Unterstützung von IDE-Raid (siehe Kap. 1.4.4),
- die Unterstützung einer V.90-Modem-Funktion für den direkten (analogen) Internetzugang (insbesondere bei Notebooks),
- die Unterstützung eines direkten breitbandigen Internetzugangs (z. B. DSL: Digital Subscriber Line; siehe Vernetzte IT-Systeme Kap. 3.7).

Übertakten

Die Taktraten der in einem PC vorhandenen Bussysteme sind im Allgemeinen unterschiedlich, müssen aber stets in einem festen Verhältnis zueinander stehen, um einen fehlerfreien Datenaustausch zu gewährleisten. Der Chipsatz regelt hierzu über entsprechende Multiplikatoren die verschiedenen Taktfrequenzen der angeschlossenen Busse. Diese werden über das BIOS verwaltet. Manchmal sind hierbei hohe Frequenzeinstellungen möglich, bei denen der Hersteller die einwandfreie Funktion nicht unter allen Umständen gewährleistet. Solche Einstellungen bezeichnet man als „Übertakten“ (Overclocking).

Genaue Informationen zu den Einstellungen sind dem Manual des Motherboards zu entnehmen.

Vom vorhandenen Chipsatz hängt ebenfalls ab, welche Art von Speicherbausteinen (z. B. DDR2-RAM, DDR3-RAM siehe Kap. 1.2.3.1) für den Arbeitsspeicher auf einem Mainboard eingesetzt werden können und welche Kapazität maximal unterstützt wird.

Chipsatz

■ Der **Chipsatz** ist fester Bestandteil des Motherboards und muss in seinen Eigenschaften und Leistungen stets an das entsprechende Board angepasst sein.

Aus diesem Grund ist der Chipsatz fest auf dem Board aufgelötet, und es ist nicht möglich, ein vorhandenes Board mit einem neu entwickelten Chipsatz zu bestücken.

Alle Hersteller verwenden ähnlich wie bei den Prozessoren für ihre Chipsätze zum Teil spezielle Codenamen. Von den Internetseiten der Hersteller lassen sich die Daten und Leistungsmerkmale der jeweils aktuellen Chipsätze herunterladen.

1.2.3 Elektronische Speicher

Definition „Speicher“

Im PC-Bereich versteht man allgemein unter einem Speicher ein Medium, welches der Aufbewahrung von Daten in computerlesbarer Form dient. Der Begriff „Speicher“ (Memory) wird im allgemeinen Sprachgebrauch vielfach gleichbedeutend mit dem Begriff „Speichermedium“ (Storage) verwendet. Dieser bezeichnet aber eigentlich mehr einen Datenträger wie z. B. die Festplatte.
Auf dem Motherboard und den ggf. vorhandenen Zusatzkarten wird der Speicher in Form von elektronischen **Halbleiterspeichern** verwirklicht.

Halbleiterspeicher siehe Kap. 5.1.3.4

- Der Begriff „Halbleiterspeicher“ resultiert aus dem zugrunde liegenden Werkstoff, aus dem diese Speicher gefertigt werden. **Halbleiter** (Semiconductors) sind chemische Elemente, deren elektrische Leitfähigkeit zwischen der eines Leiters und der eines Nichtleiters (Isolators) liegt. Die Bedeutung dieser Elemente für die gesamte Elektrotechnik liegt darin begründet, dass sich diese Leitfähigkeit durch einfache technische Maßnahmen gezielt verändern lässt. Zu den Halbleitern zählen beispielsweise die chemischen Elemente Silizium und Germanium.
  Im allgemeinen Sprachgebrauch werden alle elektronischen Bauelemente, die auf der Basis von solchen Halbleitermaterialien hergestellt werden, als „Halbleiter“ bezeichnet.

Je nach Technologie weisen die verwendeten elektronischen Speicher unterschiedliche Eigenschaften auf. Grundsätzlich unterscheidet man hierbei zwischen „nicht flüchtigen Speichern“ und „flüchtigen Speichern“ mit jeweils unterschiedlichen Spezifikationen (Bild 1.30).

- Als **nicht flüchtigen Speicher** (Non-Volatile Memory) bezeichnet man ein elektronisches Speicherelement, das Daten auch nach dem Abschalten der Spannungsversorgung dauerhaft speichern kann.
- Als **flüchtigen Speicher** (Volatile Memory) bezeichnet man ein elektronisches Speicherelement, das Daten nur speichern kann, solange eine Spannungsversorgung vorhanden ist. Nach dem Abschalten oder nach einer Unterbrechung der Spannungsversorgung sind alle gespeicherten Daten verloren.

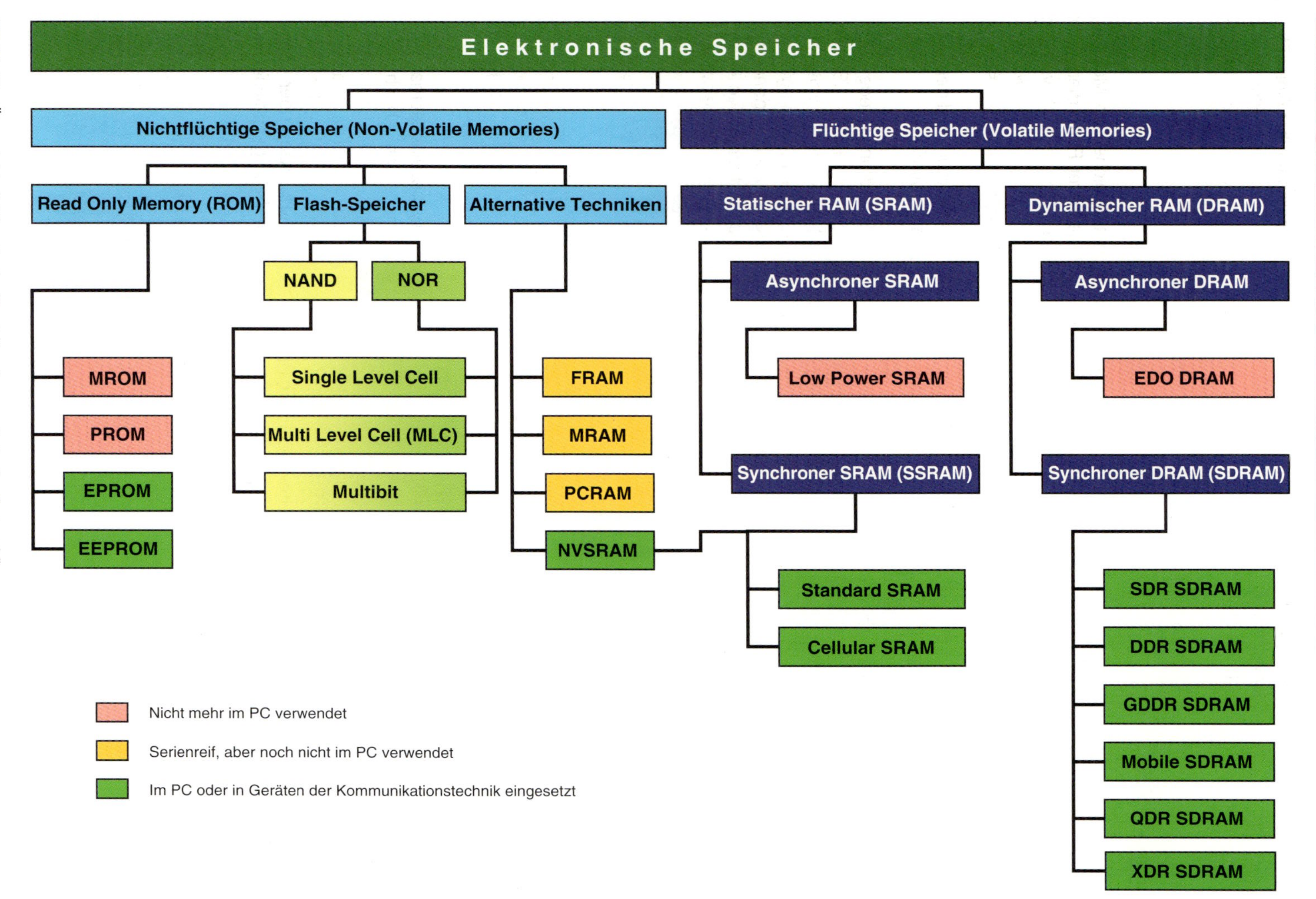

Bild 1.30: Übersicht elektronische Speicher (exemplarische Auswahl)

Ein Halbleiterspeicher besteht aus einer großen Anzahl von elektronischen Bauelementen, die mikroskopisch klein auf dem Halbleiterchip (Speicher-IC) angeordnet sind. Diese Bauelemente bilden einzelne **Speicherzellen**, in denen die Informationen binär (0 oder 1, siehe Kap. 4.1.1) abgelegt werden können. Die Größe eines Halbleiterspeichers wird auch Speicherkapazität genannt.

Speicherkapazität

- Die **Speicherkapazität** eines Halbleiterspeichers gibt die vorhandenen Speicherzellen in Byte an. Bei großen Kapazitätswerten erfolgt die Angabe auch in Kilobyte (kB), Megabyte (MB), Gigabyte (GB) oder Terabyte (TB).

Die verwendeten Buchstaben k (fälschlicherweise manchmal auch K), M, G und T sind sogenannte Dezimalpräfixe und stehen abkürzend für die Zahlen 10^3, 10^6, 10^9 und 10^{12}, werden also als Kurzschreibweise für Zehnerpotenzen verwendet. Da in der Informationstechnik aber nicht mit Zehnerpotenzen, sondern mit Zweierpotenzen gearbeitet wird, kommt man bei Kapazitätsangaben oft zu unterschiedlichen Ergebnissen (z. B. 64 kB: 64000 Byte oder 65536 Byte, da $2^{10} = 1024$). Um diese Mehrdeutigkeiten zu vermeiden, wurden von einem Normungsgremium die nur im Zusammenhang mit Zweierpotenzen zu verwendenden Einheitenvorsätze **Kibi** für 1024, **Mibi** für 1024^2, **Gibi** für 1024^3 und **Tebi** für 1024^4 definiert (z. B. 1 MiB = 1 MibiByte = 1024×1024 Byte = 1048576 Byte). Diese konnten sich bislang im IT-Bereich aber nicht durchsetzen.
Für den Einsatz von Halbleiterspeichern sind neben der Speicherkapazität auch die folgenden Kenngrößen von Bedeutung:

Kenngrößen von Halbleiterspeichern

- **Zugriffszeit** (Access Time)
Zeitspanne, die vom Anlegen der Adresse einer Speicherzelle bis zu dem Zeitpunkt vergeht, an dem die Daten von der Zelle zum Prozessor (oder umgekehrt) übertragen werden können

- **Datenrate**, Datentransferrate (Data Rate, Rata Transfer Rate)
Geschwindigkeit, mit der Daten in den bzw. aus dem Speicher gelesen werden können. Sie wird in Bytes pro Sekunde angegeben, ihre Größe hängt vom verwendeten Halbleiterspeicher, vom Bussystem und von der Zugriffsmethode (z. B. Pipeline Burst) ab.

1.2.3.1 Nicht flüchtige Speicher

ROM

Die ersten nicht flüchtigen Speicher, die entwickelt wurden, konnten technologisch bedingt lediglich ein einziges Mal mit Daten beschrieben werden. Danach waren die gespeicherten Daten nicht mehr veränderbar, sie konnten jedoch beliebig oft ausgelesen werden. Aus dieser Zeit stammt die Bezeichnung **ROM** (**R**ead **O**nly **M**emory), die bis heute als Oberbegriff für eine Vielzahl von nicht flüchtigen Speichern verwendet wird. Alternativ ist auch die Bezeichnung **Festwertspeicher** gebräuchlich. Die Abkürzung ROM wird ebenfalls in Verbindung mit optischen Speichermedien benutzt (z. B. CD-ROM, siehe Kap. 1.5.3).

Die Marktbedeutung von nicht flüchtigen Speichern hat in den letzten Jahren ständig zugenommen. Im Gegensatz zu früher existieren heute jedoch unterschiedliche technologische Ansätze für die Realisierung von nicht flüchtigen Speichern. Aus diesem Grunde wird an dieser Stelle zwischen „klassischen" ROM-Speichern, Flash-Speichern und alternativen Techniken unterschieden.

Read Only Memory (ROM)

Im Verlauf der technischen Entwicklung sind neben den ursprünglich nur lesbaren elektronischen ROM-Speichern dann auch solche entstanden, in die mehrfach Daten eingeschrieben werden können und die diese dann ebenfalls dauerhaft speichern können. Die entwickelten ROM-Speicher unterscheiden sich in der Art, wie sie beschrieben werden.

Abkürzung	Bezeichnung	Information
MROM	Masked Read Only Memory	**Festwertspeicher** Der Inhalt wird bei der Herstellung durch Verwendung einer speziellen Maske (bei der leitende Verbindungen an entsprechenden Stellen eingebrannt werden) programmiert und ist danach nicht mehr veränderbar. MROMs werden heute im PC nicht mehr verwendet.
PROM	Programmable Read Only Memory	**programmierbarer Festwertspeicher** Der Inhalt kann vom Anwender einmalig mithilfe eines speziellen Gerätes elektrisch programmiert werden. PROMs werden heute im PC nicht mehr verwendet.
EPROM	Erasable Programmable Read Only Memory	**löschbarer programmierbarer Festwertspeicher** Der Speicherinhalt kann durch Bestrahlung mit UV-Licht gelöscht werden. Hierzu hat der Speicherbaustein ein Fenster, welches zum Schutz vor unerwünschtem Löschen mit einer lichtundurchlässigen Folie überdeckt ist. Zum Programmieren muss der Baustein in ein spezielles Programmiergerät gesetzt werden. Dann wird zunächst die Adresse der gewünschten Speicherzelle angesprochen und anschließend eine relativ hohe Spannung (12,5 V oder 21 V) angelegt. Hierdurch verlagern sich in den Zellen Elektronen und es ergeben sich unterschiedliche Potenziale, die dann als logisch 0 oder 1 erkannt werden können. EPROMs sind heute nur noch im industriellen Bereich anzutreffen.
EEPROM (E^2PROM)	Electrical Erasble Programmable Read Only Memory	**elektrisch löschbarer programmierbarer Festwertspeicher** Der Speicherinhalt kann mit einem elektrischen Impuls byteweise gelöscht werden. Zum Löschen und Wiederbeschreiben muss der Baustein nicht aus der Schaltung entnommen werden. Der Vorgang nimmt relativ viel Zeit in Anspruch.

Bild 1.31: Auswahl verschiedener ROM-Typen

Flash-Speicher

Flash-Speicher stellen eine besondere Kategorie von EEPROMs dar. Im Gegensatz zu den klassischen EEPROMs lassen sich bei Flash-(EEPROM)-Speichern mehrere Bytes gleichzeitig löschen bzw. beschreiben, wodurch sich eine vergleichsweise höhere Datenrate ergibt.

MOS-FET = Metal-Oxide-Semiconductor Field Effect Transistor

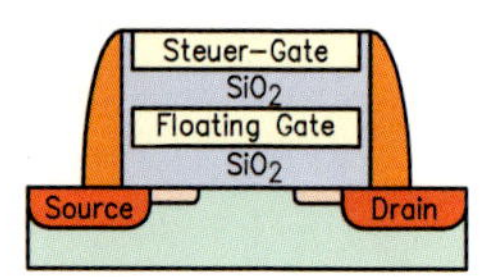

Bild 1.32: Prinzipieller Aufbau einer Flash-Speicherzelle

Bei den **Flash-Speichern** kommt eine Technologie zum Einsatz, die auf der Speicherung elektrischer Ladungen beruht. Jede Speicherzelle eines Flash-Speichers besteht aus einem speziellen Transistor-Typ (MOS-FET). Dieser Transistor hat drei elektrische Anschlüsse (Drain, Source, Steuer-Gate) sowie als Besonderheit im Inneren eine zusätzliche Zone, die als **Floating Gate** bezeichnet wird. In Abhängigkeit von der Polarität einer zwischen Steuer-Gate und Drain angelegten Spannung (ca. ± 20 V) lassen sich in das Floating Gate Elektronen einbringen oder daraus entfernen („Daten einlesen"). Hierdurch ändert sich die elektrische Leitfähigkeit zwischen dem Drain- und dem Source-Anschluss dauerhaft. Den beiden möglichen Zuständen „leitend" bzw. „nichtleitend" zwischen Drain und Source entspricht dann der „0"- bzw. „1"-Zustand eines Datenbits („Daten auslesen").
Um eine dauerhafte Datenspeicherung zu ermöglichen, muss ein Abfließen der in das Floating Gate eingebrachten Elektronen verhindert werden. Aus diesem Grund ist das Floating Gate mit einem hoch isolierenden Dielektrikum (SiO_2: Siliziumdioxid) umgeben. Auf diese Weise lassen sich Daten über zehn Jahre lang speichern!

Flash-Speicher lassen sich grundsätzlich in zwei Kategorien unterteilen, die sich in der Art der internen Verschaltung der Speicherzellen voneinander unterscheiden. Diese beiden Kategorien werden als NOR- oder NAND-Typen bezeichnet.
NOR-Typen sind Flash-Speicherzellen, die über mehrere Datenleitungen parallel geschaltet sind. NOR-Speicher werden blockweise beschrieben, jedoch ist bei diesem Typ der Lesezugriff wahlfrei auf jedes einzelne Byte möglich. Hierdurch ergeben sich wesentlich kürzere Zugriffszeiten, eine einfachere Gestaltung der Schnittstelle sowie eine weniger komplexe Steuerungssoftware als bei einem NAND-Typ. Allerdings benötigt dieser Speichertyp wegen der größeren Zahl der Datenleitungen mehr Platz und lässt rund zehnmal weniger Lösch-Schreib-Zyklen zu als ein NAND-Speicher.
NOR-Typen werden in Computern zur Speicherung des BIOS (siehe Kap. 3.1) verwendet, da ihre Bitfehlerhäufigkeit geringer ist und sie somit auch ohne zusätzliche Fehlerkorrekturfunktionen zuverlässig arbeiten. Darüber hinaus bieten sie das Merkmal **eXecute In Place** (XIP), das ist die Fähigkeit, gespeicherte Programme zu starten, ohne den Umweg des Einlesens in den Hauptspeicher des Rechners.

Flash-EEPROM

BIOS-Update

Die BIOS-Speicherung in einem NOR-Flash bietet gegenüber dem früher verwendeten EPROM den Vorteil, dass der Benutzer mit einem speziellen Programm die vorhandene BIOS-Version einfach und sicher aktualisieren kann, ohne den Baustein entnehmen zu müssen („Flashen des BIOS"); der Nachteil ist, dass durch Virenprogramme (siehe Kap. 2.9) unerwünschte Veränderungen ebenfalls möglich sind, wenn nicht entsprechende Vorsichtsmaßnahmen getroffen werden.
Bei den **NAND-Typen** sind die einzelnen Speicherzellen in größeren Blöcken hintereinandergeschaltet (typische Blockgröße: 16 KByte). Jeder Block ist an einer gemeinsamen Datenleitung angeschlossen. Durch die geringe Anzahl von Datenleitungen ergibt sich auf dem Speicherchip zwar eine besonders kompakte Bauweise (d.h. größere Speicherkapazität pro Quadratzentimeter Siliziumfläche), jedoch können Daten nur blockweise gelesen bzw. geschrieben werden (d.h. langsamere Zugriffszeiten und größerer Softwareaufwand zur Ansteuerung der Speicherzellen eines Blocks). Um einen Block neu be-

schreiben zu können, muss dieser erst durch Anlegen einer Spannung komplett gelöscht werden. Die bei diesem Typ herstellungsbedingte höhere Anzahl von defekten Blöcken („Bad Blocks") wird bereits zum Zeitpunkt der Auslieferung detektiert und markiert. Diese können dann nicht mehr für Speicherzwecke verwendet werden. Da auch im Laufe der Nutzung die Wahrscheinlichkeit hoch ist, dass weitere Blöcke unbrauchbar werden, ist ein ständiges „Bad-Block-Management" erforderlich, welches in der Regel ein auf dem Speicherchip integrierter Controller übernimmt.

NAND-Typen sind besonders für Anwendungen geeignet, bei denen große Datenmengen auf kleinstem Raum elektronisch gespeichert werden müssen. Hierzu zählen insbesondere MP3-Player, Handys und USB-Sticks. In Netbooks werden sie als Ersatz für eine handelsübliche Festplatte (siehe Kap. 1.5.1) als sogenanntes **Solid State Drive** (siehe Kap. 1.5.3) eingesetzt.

Des Weiteren sind sie als **Flash-Speicherkarten** ebenfalls in Digitalkameras, PDAs oder sonstigen elektronischen Geräten als austauschbare Speicher zu finden. Diese Speicherkarten gibt es in verschiedenen Spezifikationen, Bauformen und mit unterschiedlichen technischen Merkmalen (Bild 1.33).

Bezeichnung	**Modell**	**Größe in mm (B x H x T)**	**Anzahl Pins**	**Max. Datenrate**	**Beispiele**
CF **C**ompact-**F**lash	Typ I	42,8 × 36,4 × 3,3	50	133 MByte/s	
	Typ II	42,8 × 36,4 × 5,0	50	133 MByte/s	
SD **S**ecure **D**igital	Standard	24,0 × 32,0 × 2,1	9	25 MByte/s	
	SDHC	24,0 × 32,0 × 2,1	9	25 MByte/s	
	miniSD	21,5 × 20,0 × 1,4	11	25 MByte/s	
	miniSDHC	21,5 × 20,0 × 1,4	11	25 MByte/s	
	microSD	15,0 × 11,0 × 1,0	8	25 MByte/s	
MMC **M**ulti**M**edia **C**ard	Standard	24,0 × 32,0 × 1,4	7 bzw 13	2,3 MByte/s	
	MMC Plus	24,0 × 32,0 × 1,4	13	52 MByte/s	
	MMC Mobile	24,0 × 18,0 × 1,4	13	52 MByte/s	
	MMC Micro	14,0 × 12,0 × 1,1	10	26 MByte/s	
xD **Ex**treme **D**igital **P**icture Card	Standard	20,0 × 25,0 × 1,78	18	3–5 MByte/s	
	Typ M	20,0 × 25,0 × 1,78	18	2–4 MByte/s	
	Typ H	20,0 × 25,0 × 1,78	18	9–15 MByte/s	
Memory Stick	Standard	50,0 × 21,5 × 2,8	10	2,5 MByte/s	
	Pro	50,0 × 21,5 × 2,8	10	20 MByte/s	
	Pro Duo	31,0 × 20,0 × 1,6	10	20 MByte/s	
	Micro	12,5 × 15,0 × 1,2	10	20 MByte/s	

Bild 1.33: Übersicht gängiger Flash-Speicherkarten

Standardmäßig arbeiten alle genannten Karten mit einer Betriebsspannung von 3,3 V. Um die Energieaufnahme zu senken lassen sich einige SD- und MMC-Typen auch bei 1,8 V betreiben. Die angegebenen Übertragungsraten stellen lediglich theoretische Werte dar, die praktisch erreichten Werte sind bei allen Karten kleiner. Innerhalb einer Kartenfamilie gibt es jeweils Adapter, die kleinere Karten an die Slots der größeren anpassen.

Die **CF-Karte** war lange Zeit der Quasi-Standard für Digitalkameras. Aufgrund ihrer Abmessungen ist sie heute meist nur noch im Profibereich anzutreffen.

Die Standard-**SD-Karte** basiert auf dem FAT16-Dateisystem (siehe Kap. 3.2.4) und ermöglicht daher nur Speichergrößen bis zu 2 GByte. Der erweiterte Standard (**SDHC**: SD **H**igh **C**apacity) arbeitet mit FAT32 und ermöglicht damit auch Kapazitäten über 2 GByte. Alle anderen Kartentypen lassen sich neben FAT16 und FAT32 auch mit dem jeweils vom Betriebssystem verwendeten Dateisystem formatieren (z. B. NTFS).

Die **MMC-Karte** lässt sich trotz unterschiedlicher Dicke auch in einem SD-Slot betreiben, gegebenenfalls unter Einbuße ihrer vollen Datenübertragungsrate. Sie besitzt nur noch eine geringe Verbreitung.

Die **xD-Karte** verfügt – im Gegensatz zu sämtlichen anderen Kartentypen – über keinen integrierten Controller. Das Kartenmanagement muss hierbei vom Endgerät (z. B. Olympus-Kamera) übernommen werden. Gegenüber anderen Karten sind xD-Typen vergleichsweise teuer.

Der **Memory-Stick** ist ein Kartenformat der Firma Sony und wird auch nur in eigenen Produkten eingesetzt.

Zur Steigerung der Speicherkapazität werden insbesondere bei den NAND-Typen folgende Zellenkonzepte eingesetzt:

Bezeichnung	Eigenschaften
SLC **S**ingle **L**evel **C**ell	– pro Speicherzelle wird 1 Bit (0 oder 1) gespeichert – bis zu 100 000 Schreib-Lese-Zyklen – Standardstruktur bei den meisten Speicherzellen
MLC **M**ulti **L**evel **C**ell	– pro Speicherzelle werden 2 Bit (00, 01, 10 oder 11) oder 3 Bit (2^3 = 8 Zustände; 34 nm-Technik) gespeichert – bis zu 10 000 Schreib-Lese-Zyklen – die Speicherung erfolgt mithilfe von verschiedenen Spannungspegeln, die an die Zelle angelegt werden
Multibit	– pro Speicherzelle werden bis zu 4 Bit gespeichert – die Speicherung erfolgt mit bis zu vier in einer Speicherzelle untergebrachten „Floating Gates“ (siehe Bild 1.32), die jeweils einzeln über separate Steuer-Gates ansteuerbar sind – teuerer als MLC-Zellen wegen höherem Produktionsaufwand

Bild 1.33a: Zellenkonzepte bei Flash-Speichern

Mithilfe dieser Zellenkonzepte lassen sich auf einem einzigen Speicherchip mehrere Gigabyte Speicherkapazität realisieren. Die im Handel erhältlichen Speicherkapazitäten liegen je nach Kartentyp zwischen ein und acht GByte, teilweise verfügen Karten auch bereits über ein Speichervolumen im zweistelligen Gigabyte-Bereich. Die aktuellen Herstellerangebote lassen sich bei Bedarf im Internet recherchieren.

Viele Computer verfügen heute standardmäßig über einen oder mehrere Kartenslots. Darüber hinaus bieten eine Vielzahl von Herstellern externe Kartenlesegeräte an, die meist über sämtliche marktgängigen Slot-Typen verfügen. Die Lesegeräte können mit jedem Computer verbunden werden, der über einen USB-Anschluss (siehe Kap. 1.3.3) verfügt.

Es gibt auch Entwicklungen, die besten Eigenschaften von NAND- und NOR-Speicher (z.B. hohe Speicherkapazität und einfache Ansteuerung) in einem einzigen Flashspeicherchip zu kombinieren. Ein Beispiel dafür ist der sogenannte **One-NAND-Speicher** (Fa. Samsung), der auf der Basis von NAND-Multi-Level-Zellen mit NOR-Schnittstelle und integriertem SRAM-Puffer (schnelle Zugriffszeit, siehe unten) hergestellt wird.

Wo es auf die Integration unterschiedlicher Speichertypen auf extrem kleinem Raum ankommt, werden sogenannte **MCP-Speicher** (**M**ulti **C**hip **P**ackage Speicher) eingesetzt. Ein MCP besteht aus mehreren einzelnen Microchips unterschiedlicher Technologien, die sich im Gegensatz zur monolithischen Integration nicht einfach auf einem einzigen Chip platzieren lassen, die jedoch in einem gemeinsamen Gehäuse untergebracht sind (z.B. Handy: CPU, SRAM- und Flash-Speicher in einem IC).

■ Alternative nichtflüchtige Speicher

Als alternative nicht flüchtige Speicher sieht man Speichertypen an, die sich entweder noch in der Entwicklung befinden oder deren Entwicklung zwar bereits abgeschlossen ist, deren Praxistauglichkeit sich für den PC-Einsatz durch entsprechende Langzeittests aber noch zeigen muss. Andere Entwicklungen haben zwar bereits Marktreife erlangt, sind aber schlichtweg noch zu teuer für den Consumerbereich.

Das Ziel jegliche Forschungsarbeit ist hierbei die Entwicklung eines „universellen Speichertyps“ (Universal Memory), der die Vorteile eines nicht flüchtigen Speichers mit den Eigenschaften der etablierten flüchtigen Speichertechniken in sich vereint (z.B. schnelle Schreib-/Lesezugriffe, beliebig oft beschreibbar, geringe Energieaufnahme, hohe Packungsdichte).

Eine der geforderten Eigenschaften ist – im Unterschied zum Schreiben/Lesen in einer vorgegebenen Reihenfolge (Blockzugriff, sequenzieller Zugriff) – insbesondere auch die Fähigkeit, auf jede Speicherzelle einzeln und in beliebiger Reihenfolge zugreifen zu können.

■ Ein Speicher, bei dem der Zugriff auf jede Speicherzelle in beliebiger Reihenfolge und unabhängig von anderen Zellen erfolgen kann, wird als **„Speicher mit wahlfreiem Zugriff“** bezeichnet. Die englische Bezeichnung lautet **R**andom **A**ccess **M**emory; meist wird die Abkürzung **RAM** verwendet.

Zu den nicht flüchtigen RAM-Technologien, die die oben geforderten Eigenschaften miteinander kombinieren, gehören beispielsweise der NVSRAM und der BBSRAM.

In einem **NVSRAM** (**N**on-**V**olatile **S**tatic **R**andom **A**ccess **M**emory) ist jede SRAM-Speicherzelle mit einer nicht flüchtigen Zelle kombiniert. Ein NVSRAM verbindet damit die Geschwindigkeit eines schnellen SRAMs (siehe Kap. 1.2.3.2) mit den Vorteilen einer nicht flüchtigen Zelle. Als zusätzliches Bauelement benötigt ein NVSRAM lediglich einen externen Kondensator (siehe Kap. 5.4.2). Dieser wird nach dem Einschalten auf die Betriebsspan-

nung aufgeladen. Bei Ausfall der Versorgungsspannung liefert dieser Kondensator die nötige Energie, um die Daten aus den SRAM-Zellen in die nicht flüchtigen Speicherzellen zu übertragen.
Anders verhält es sich bei einem **BBSRAM** (**B**attery **B**acked-up SRAM): Hier bleiben die Daten in den SRAM-Zellen, die jedoch bei Ausfall der Betriebsspannung durch eine separate Lithiumzelle (siehe Kap. 5.3.1.3) versorgt werden. Die Stromaufnahme liegt hierbei im Bereich einiger Nano-Ampere!
Zu den derzeit innovativen Speichertypen zählen bei den nicht flüchtigen Speichern auch der **FRAM**, der **MRAM** und der **PRAM** (auch PCRAM).

Bezeichnung	Eigenschaften
FRAM Ferromagnetischer RAM, auch FeRAM	– Nicht flüchtiger Speicher, bei dem die Datenspeicherung mittels Polarisation (siehe Kap. 5.4.1.3) eines ferroelektrischen Materials erfolgt. – Die Polarisation des ferroelektrischen Materials (z. B. Blei-Zirkonium-Titanat, PZT) wird durch Anlegen eines externen elektrischen Feldes (siehe Kap. 5.4.1) hervorgerufen und bleibt auch nach Abschalten des externen Feldes erhalten. – Der Zellaufbau entspricht dem einer DRAM-Zelle (Kap. 1.2.3.2); anstelle eines konventionellen Kondensators wird ein Kondensator mit ferroelektrischem Dielektrikum verwendet. – Ein FRAM kann praktisch beliebig oft beschrieben und gelesen werden.
MRAM magnetoresistives RAM	– Nicht flüchtiger Speicher, bei dem logische Zustände nicht wie bei DRAMs als elektrische Ladung (siehe Kap. 5.1.1.1), sondern durch Änderung des elektrischen Widerstandes gespeichert werden. – Hierbei wird die Eigenschaft bestimmter Materialien ausgenutzt, ihren elektrischen Widerstand unter dem Einfluss magnetischer Felder zu ändern; diese Widerstandsänderung bleibt auch nach Abschalten des verursachenden Magnetfelds erhalten. – Ein MRAM kann praktisch beliebig oft beschrieben und gelesen werden.
PRAM, **PCRAM** Phase-Change RAM, Phasenwechselspeicher	– Nicht flüchtiger Speicher, bei dem zur Speicherung von logischen Zuständen ebenfalls die Änderung des elektrischen Widerstandes spezieller Materialien (Chalkogenid-Legierung) ausgenutzt wird. – Die Widerstandsänderung ergibt sich hierbei jeweils in Abhängigkeit vom Materialzustand: **Amorph**, d. h. hoher Widerstand, oder **kristallin**, d. h. geringer Widerstand des speziellen Materials. – Die Zustandsänderung wird durch einen Stromimpulse im μA-Bereich hervorgerufen und bleibt auch nach dem Abschalten des Stromimpulses erhalten.

Bild 1.33b: Alternative nichtflüchtige Speicher

1.2.3.2 Flüchtige Speicher

Die Speicherzellen der ersten flüchtigen Speicher, die im PC verwendet wurden, konnten im Gegensatz zu den damaligen ROMs sowohl in beliebiger Reihenfolge beschrieben als auch gelesen werden („Speicher mit wahlfreiem Zugriff"). Daher hatte sich schnell die Abkürzung **RAM** (**R**andom **A**ccess **M**emory) für flüchtige Speicher etabliert. Aus technischer Sicht ist diese Bezeichnung für flüchtige Speichern heute nicht mehr korrekt (siehe Kap. 1.2.3.1: FRAM, MRAM), wird im allgemeinen Sprachgebrauch jedoch noch oft so verwendet. Die Abkürzung RAM wird auch in Verbindung mit wieder beschreibbaren optischen Speichermedien benutzt (z. B. DVD-RAM, siehe Kap. 1.5.5).

Obwohl bei den flüchtigen Speichern ein Datenverlust bei Unterbrechung der Spannungsversorgung besteht, werden sie im PC nicht komplett durch Flash-Speicher ersetzt, da die derzeitigen flüchtigen (RAM)-Speicher wesentlich schneller beschrieben und gelesen werden können.
Ein RAM-Speicher-IC beinhaltet nicht nur die einzelnen Speicherzellen, sondern auch Komponenten, die ein Schreiben und Lesen der Speicherinhalte erst ermöglichen. In Bild 1.34 ist der prinzipielle Aufbau eines solchen Speicher-ICs dargestellt.

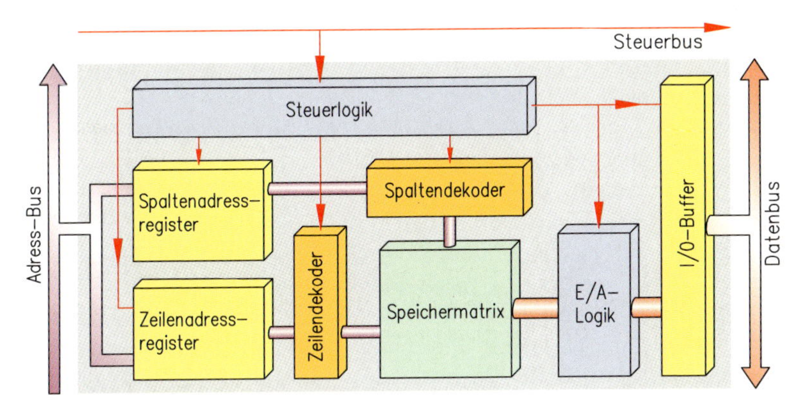

Bild 1.34: Prinzipieller Aufbau eines RAM-Speicherbausteins

Der Anschluss eines RAM-Speichers erfolgt über ein Bussystem (siehe Kap. 1.3). Die Steuerlogik kontrolliert sämtliche Vorgänge innerhalb des ICs und wertet die anliegenden Signale des Steuerbusses aus. Der eigentliche Speicherbereich ist matrizenförmig aufgebaut, wobei jede Speicherzelle mittels einer Zeilen- und einer Spaltenadresse eindeutig ansprechbar ist.
Die flüchtigen RAM-Speicher lassen sich in die beiden Gruppen **SRAM** und **DRAM** unterteilen.

SRAM (Static RAM; statisches RAM)

Die Speicherzelle eines statischen RAMs ist aus Flipflops aufgebaut, die aus einer Zusammenschaltung von logischen Gattern gebildet werden (siehe Kap. 4.4.4.1). Jedes Flipflop besteht aus 6 Transistoren (**6T-Speicherzelle**) und kann einen binären Zustand (0 oder 1) einnehmen. Für eine 8-Bit-Speicherzelle sind demnach 8 Flipflops erforderlich.

- Durch Anlegen eines kurzen Spannungsimpulses (z.B. 0 V oder 3 V) kann eine SRAM-Zelle einen binären Zustand (0 oder 1) einnehmen und diesen als Information so lange unverändert erhalten, wie die Betriebsspannung vorhanden ist.

Durch den Einsatz von Flipflops kann eine solche Speicherzelle zwar extrem schnell gelesen und beschrieben werden, jedoch ist für jede Speicherzelle wegen der großen Zahl an Transistoren relativ viel Platz auf dem Chip erforderlich.
SRAMs arbeiteten zunächst asynchron, d.h. die internen Funktionsabläufe des Speicherbausteins waren nicht mit dem Timing anderer Systemkomponenten synchronisiert. Hierdurch kam es bei der Übergabe von Daten an den Prozessor zu Wartezyklen (wait states).

Ein **Waitstate** ist eine Pause von einem oder mehreren Taktzyklen, während derer der Prozessor auf Daten von einem Ein-/Ausgabegerät oder vom Speicher wartet.

Ein Waitstate kann zwar vom Benutzer nicht wahrgenommen werden, die Summe der auftretenden Waitstates kann jedoch die Systemleistung erheblich beeinträchtigen.
Sofern noch in technischen Geräten verwendet, dominieren bei den asynchronen SRAMs derzeit die Low-Power-SRAMs, bei denen durch den Einsatz von **CMOS**-Transistoren (Complementary Metall Oxid Semiconductor; komplementäre Metall-Oxid-Halbleiter; spezielle Transistorart) der Energieverbrauch verringert wird.
Anders verhält es sich bei den sogenannten **SSRAM**-Bausteinen (**S**ynchronous **S**tatic **RAM**; synchrones statisches RAM), die heute standardmäßig in PCs verwendet werden. Diese arbeiten auch intern synchron zum Systemtakt, wodurch Wartezyklen aufgrund von Asynchronität entfallen.
Die Zugriffszeit bei SRAMs ist generell kürzer als bei DRAMs. Da jedoch die Integrationsdichte von Speicherzellen pro Flächeneinheit geringer ist als bei den DRAM-Typen und sie zudem kostenintensiver bei der Herstellung sind, werden sie meist nur als lokaler Speicher auf einem Chip (Registerspeicher) oder als Zwischenspeicher (Cachespeicher, siehe Kap. 1.2.3.4) mit vergleichsweise kleiner Speicherkapazität eingesetzt.
Eine speziell für Mobiltelefone entwickelte Speicherfamilie stellen die sogenannten **Cellular-SRAMs** dar. Sie sind anschlusskompatibel zu den momentan in Handys verwendeten SRAM-Bausteinen, weisen jedoch bei geringerer Leistungsaufnahme höhere Speicherkapazitäten auf.

DRAM (Dynamic RAM, dynamisches RAM)
Die Abkürzung DRAM wird als Oberbegriff für alle dynamisch arbeitenden RAM-Bausteine verwendet.
Eine DRAM-Speicherzelle besteht typischerweise aus einem Transistor und einem Kondensator (**1T/1C-Speicherzelle**). Die Informationsspeicherung in der Zelle erfolgt durch das Speichern elektrischer Ladungen im Kondensator (siehe Kap. 5.4.2), der Zugang wird über einen speziellen Transistor (**FET**: **F**eld-**E**ffekt-**T**ransistor) freigegeben oder gesperrt. Da der Kondensator jedoch ständig einen Teil seiner Ladung und somit seiner Information verliert, muss dieser in kurzen Abständen durch einen Spannungsimpuls aufgefrischt werden. Technisch erfolgt dieses Wiederaufladen durch einen Lesezugriff, in dem der Inhalt der Zelle gelesen, verstärkt und erneut geschrieben wird.

Bei einem DRAM muss der Speicherinhalt jeder Zelle in kurzen Abständen erneuert werden. Diesen Vorgang bezeichnet man als **Refresh**.

In dem dynamischen Vorgang des „Refreshings“ liegt die Ursache für die Bezeichnung dieses RAM-Typs. Eine solche Auffrischung ist bei heutigen Speichertypen nach ca. 30 ms erforderlich und wird Refreshzyklus genannt. Während der Refreshzeit einer Speicherzelle hat der Prozessor keine Zugriffsmöglichkeit auf die darin enthaltenen Daten. Der Refreshvorgang muss deshalb so ausgelegt sein, dass keine wesentlichen Verzögerungen für die Lese- und Schreibzyklen des Prozessors entstehen. Die meisten modernen DRAM-

Bausteine steuern ihren Refreshzyklus selbst über die eingebaute Steuerlogik (Self-Refresh). Für einen kompletten Refresh wird eine Zeit von ca. 15 s benötigt.
Asynchron arbeitende DRAM (z. B. EDO-DRAM, **E**xtended **D**ata **O**utput) haben in heutigen PCs keine Bedeutung mehr. Für hochintegrierte Speicher (z. B. Arbeitsspeicher) werden synchrone DRAMs eingesetzt, da sie preiswerter als SRAMs sind, pro Speicherzelle weniger Platz auf dem Chip benötigen und somit die Speicherkapazität pro Chipfläche größer ist.
Neben den klassischen DRAM für Arbeitsspeicher (z. B. **DDR3-SDRAM**) hat sich im Grafikbereich eine eigene DRAM-Klasse mit der Bezeichnung **SGRAM** (**S**ynchronous **G**raphic **RAM**) etabliert, die auf maximale Bandbreite und hohe Taktfrequenz ausgelegt ist (z. B. **GDDR4-SDRAM**, Datenbusbreite 256 bit, Taktfrequenz bis zu 2,5 GHz).
Eine weitere zunehmend an Bedeutung gewinnende Kategorie stellen die auf niedrige Leistungsaufnahme konzipierten Low-Power-SDRAM-Speicher dar (z. B. **Mobile SDRAM**). Diese sind beispielsweise in Laptops, Nettops, PDAs und Mobiltelefonen zu finden.
Aufgrund der erhöhten Taktraten und Geschwindigkeitssteigerungen bei den Prozessoren werden immer schnellere Zugriffszeiten auf die Speicherzellen erforderlich. Hieraus resultiert die Entwicklung von immer schnelleren dynamischen Speichertypen sowie der Einsatz von Optimierungsmethoden für den Zugriff (Bild 1.35).

Abkürzung	Bezeichnung	Information
SD-RAM; SDR-SDRAM, **kurz: SDR-RAM**	Synchronous Dynamic RAM; Single Date Rate SD-RAM	Dieser RAM-Typ ist in der Lage, Ein- und Ausgangssignale synchronisiert mit dem CPU-Takt zu handhaben; hierdurch entfallen unnötige Wartezyklen. Die Verarbeitung ist im BURST-Modus bei Busgeschwindigkeiten bis 200 MHz möglich. Die Bezeichnung „Single Data Rate" soll verdeutlichen, dass eine Datenübertragung jeweils nur auf jeder negativen Taktflanke erfolgt.
LP-SDRAM	Low Power SD-RAM	Auch als Mobile-RAM bezeichnet; speziell entwickelter SD-RAM für den mobilen Einsatz in Laptops und PDAs.
DDR-SDRAM bzw. kurz DDR-RAM	Double Data Rate SDRAM	Bei dieser Weiterentwicklung des SD-RAMs werden Daten auf der ansteigenden und der abfallenden Flanke eines Taktzyklus gelesen, wodurch sich die Datenrate gegenüber dem SDR-SDRAM verdoppelt.
DDR2-RAM **DDR3-RAM**	Double Data Rate-(SDRAM) II bzw. III	Weiterentwicklungen der DDR-RAM-Technologie mit höheren Datenraten (siehe Bild 1.38)
QDR-SDRAM	Quad Data Rate RAM	Weiterentwicklung des DDR-RAMs mit dedizierten Eingangs- und Ausgangsports, die gleichzeitig und unabhängig voneinander mit doppelter Datenrate arbeiten und so jeweils zwei Lese- und Schreibvorgänge pro Taktzyklus schaffen.
XDR-SDRAM	E**X**treme **D**ata **R**ate DRAM	Extrem schneller Speicher auf der Basis von **RD-RAM** (**R**ambus **D**ynamic **RAM**); der von der Firma Rambus Inc. entwickelte DRAM-Baustein ermöglicht durch eine spezielle Bus-Übertragungstechnik (paketorientierte parallele Datenübertragung über spezielle RAM-Busleitungen) sehr hohe Taktraten; XDR-RAM-Modelle sind teurer in der Herstellung als DDR-RAM-Speicher und werden nicht mehr von allen Chipsätzen unterstützt; Einsatz in Spielekonsolen, z. B. Playstation 3.

Bild 1.35: Verschiedene dynamische RAM-Typen

Die Zugriffszeit auf RAM-Speicherzellen wird wegen ihres matrixförmigen Aufbaus (zeilen- und spaltenförmige Anordnung) maßgeblich von folgenden Faktoren bestimmt:

- t_{CL}: **C**AS **L**atency (CAS: **C**olumn **A**ddress **S**trobe, Zeilenadresse)
  Nach der Übermittlung der Zeilen- und der Spaltenadresse einer Speicherzelle vergehen einige Taktzyklen, bis diese Informationen intern verarbeitet sind und der Inhalt der entsprechenden Speicherzelle an den Datenleitungen anliegt.
- t_{RCD}: **R**AS to **C**AS **D**elay (RAS: **R**ow **A**ddress **S**trobe; CAS: **C**olumn **A**ddress **S**trobe)
  Die Ansteuerung einer Speicherzelle erfolgt über eine Zeilen- und eine Spaltenadresse. Um Anschlüsse einzusparen, werden beide Adressen hintereinander über die gleichen Leitungen des Adressbusses übermittelt: zunächst die Zeilenadresse, dann die Spaltenadresse. Dieses mehrfache Ausnutzen der Adressleitungen bezeichnet man als **Multiplexbetrieb** (Multiplexing). Beide Adressen liegen einige Taktzyklen auseinander, um sie eindeutig voneinander unterscheiden zu können.
- t_{RP}: **R**ow **P**recharge Delay
  Bevor der nächste Schreib- oder Lesevorgang innerhalb einer Zeile beginnen kann (d.h. eine Zeile erneut aktiviert werden kann), benötigt der Baustein eine Erholzeit von einigen Takten.
- t_{RAS}: **R**ow –**A**ctive **S**trobe
  Nachdem eine Zelle in einer Zeile angesteuert wurde (d.h. aktiviert wurde), muss diese Zeile einige Taktzyklen aktiviert bleiben, bevor sie wieder deaktiviert werden kann, damit sich eindeutige Signalzustände einstellen können. Rein rechnerich ergibt sich die Zeitdauer t_{RAS} aus der Summe $t_{CL} + t_{RCD} + t_{RP}$.

Die zeitliche Verkürzung dieser Faktoren ist erklärtes Ziel bei jeder Speicherentwicklung. Aufgrund der endlichen Ausbreitungsgeschwindigkeit elektrischer Signale sowie der Reaktionszeit elektronischer Komponenten sind dieser Entwicklung allerdings physikalische Grenzen gesetzt.
Die genannten Faktoren werden von den Herstellern als geschwindigkeitsbestimmende Kenngrößen zusätzlich zur allgemeinen Speicherbezeichnung (z.B. PC 4300) angegeben, indem die Anzahl der jeweils erforderlichen Speichertaktzyklen spezifiziert wird (z.B. 5-3-4-12: 5 Taktzyklen für CAS Latency, 3 Taktzyklen für RAS to CAS Delay, 4 Taktzyklen für Row Precharge Delay, 12 Taktzyklen für Row Active Strobe).

Speicher-Timing

Die Einstellung der Faktoren CAS Latency, RAS to CAS Delay, Row Precharge Delay und Row Active Strobe bezeichnet man als **Speicher-Timing**.

Bei einigen Speichertypen werden auch nur die ersten drei Werte angegeben. Das Timing ist abhängig vom verwendeten Speichertyp und kann meist im BIOS-Setup unter dem Menüpunkt „Advanced – Chip Configuration“ eingestellt werden (siehe Kap. 3.1.3). Moderne BIOS-Versionen erkennen den vorhandenen Speichertyp und stellen das Timing automatisch ein. Eine Veränderung dieses Timings führt in der Regel zu unkontrollierten Systemabstürzen. Die Einstellung eines optimalen Speichertimings erfolgt automatisch bei der Einstellung des Parameters „RAM Configuration“ auf den Wert „By SPD“ (**S**erial **P**resence **D**etect;

im EEPROM vorhandene Informationen über Speicherbausteine). Die Verwendung von neuen Speichertypen mit zum Teil anderem Timing setzt voraus, dass dieses vom BIOS und vom Chipsatz des Motherboards unterstützt wird.

1.2.3.3 Arbeitsspeicher

Random Access Memory

Der Arbeitsspeicher wird auch **Hauptspeicher** genannt und ist neben dem Prozessor und dem Chipsatz ein weiterer leistungsbestimmender Bestandteil eines PCs. Er ist für das Speichern von Daten während der Bearbeitung zuständig, da der Prozessor diese nur begrenzt in seinen Registern und Zwischenspeichern festhalten kann. Die Größe des Hauptspeichers ist daher mit entscheidend dafür, welche Programme und welche Datenmengen verarbeitet werden können. Der Arbeitsspeicher besteht aus dynamischen RAM-Bausteinen (DRAMs).
Diese DRAM-Bausteine werden allerdings nicht als einzelne ICs, sondern als ganze Module auf dem Motherboard platziert.

Speichermodule

- Unter einem **Speichermodul** oder Speicherriegel versteht man eine kleine Leiterplatte, die mit oberflächenmontierten Speicher-ICs bestückt ist.

Die Module werden in die auf dem Motherboard vorgesehenen Slots gesteckt. Je nach Aufbau und verwendeter Technologie haben diese Module eine unterschiedliche Anzahl von Kontakten. Zu den am Markt bedeutendsten Speichermodul-Produzenten gehören die Firmen Samsung, Micron, Infineon und Hynix. Diese und weitere Firmen sind in der **JEDEC** vertreten, einem Konsortium, welches unter anderem die Spezifikationen von Speichermodulen entwickelt.

JEDEC = **J**oint **E**lectronic **D**evice **E**ngineering **C**ouncil

Single Inline Memory Module (SIMM)

Die ersten Speichermodule dieser Art waren 30-polige SIMMs mit einer Speicherbreite von 8 bit, die dann von den 72-poligen PS/2-SIMMs mit einer Speicherbreite von 32 bit abgelöst wurden. Beide Typen sind nicht mehr gebräuchlich und nur noch in alten PCs zu finden.

Dual Inline Memory Module (DIMM)

DIMM

DIMMs verfügen in der Regel über eine Datenbusbreite von 64 bit. Früher wurden diese Module mit SDR-RAM oder DDR-RAM bestückt, heute findet man nur noch Module mit DDR2-RAM bzw. DDR3-RAM. Trotz der gleichen Modulbezeichnung, die aus den beidseitig am Rand der Leiterplatte angebrachten Kontakten resultiert, sind diese Typen nicht kompatibel zueinander, da sie über eine unterschiedliche Anzahl von Anschlusskontakten verfügen, verschieden große Spannungsversorgungen benötigen und unterschiedliche Bustakte unterstützen (siehe Bild 1.38).
Die höhere Kontaktzahl bei den DDR2-RAMs resultiert aus der aufwendigeren und präziseren Taktsignalführung. Sie müssen außerdem zusätzlich terminiert werden. Hierzu wird die sogenannte „**On-Die-Terminierung** (ODT)" eingesetzt, eine Art elektronisch gesteuerte Terminierung direkt auf dem Chip. Durch diese und weitere übertragungstechnische Maßnahmen (z.B. Verwendung eines differenziellen Signals) wird eine Datenübertragung sowohl auf der positiven als auch auf der negativen Flanke des Taktsignals möglich.

Double Data Rate Transfer

- Das Prinzip der Datenübertragung auf der positiven und der negativen Flanke des Taktsignals bezeichnet man als **Double Data Rate Transfer**.

Die verschiedenen Grundprinzipien der Ansteuerung sowie die verwendeten Techniken der Datenübertragung bei SDR-, DDR- und DDR2-RAMs verdeutlicht Bild 1.36.

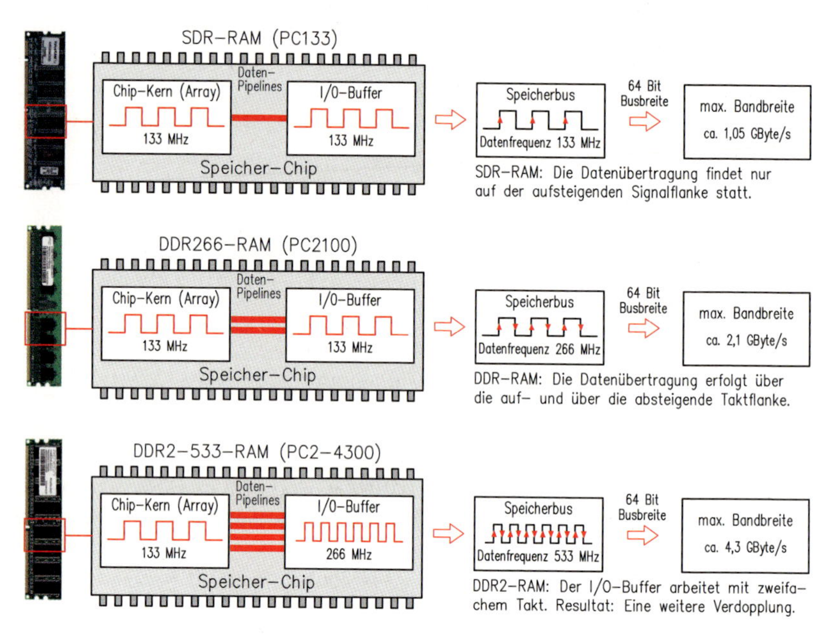

Bild 1.36: Visualisierung der Datenübertragung bei SDR- und DDR-RAM

Speicher	Grundprinzip und Technik
SDR-RAM	– Speichermatrix und I/O-Buffer sind über eine Datenpipeline miteinander verbunden. – Speichermatrix und I/O-Buffer werden gleich getaktet (im Beispiel: 133 MHz). – Der Speicherbus wird ebenfalls mit 133 MHz getaktet. – Bei einer Übertragung nur auf der ansteigenden Flanke ergibt sich eine Datenfrequenz von 133 MHz. – Bei einer Datenbusbreite von 64 bit beträgt die Bandbreite theoretisch ca. 1 GByte/s.
DDR-RAM	– Speichermatrix und I/O-Buffer sind über zwei Datenpipelines miteinander verbunden. – Speichermatrix und I/O-Buffer werden gleich getaktet (im Beispiel: 133 MHz). – Ber Speicherbus wird ebenfalls mit 133 MHz getaktet. – Bei einer Übertragung auf der ansteigenden und der abfallenden Flanke ergibt sich eine Datenfrequenz von 266 MHz. – Bei einer Datenbusbreite von 64 bit beträgt die Bandbreite theoretisch ca. 2,1 GByte/s.
DDR2-RAM	– Speichermatrix und I/O-Buffer sind über vier Datenpipelines miteinander verbunden. – Der I/O-Buffer wird doppelt so schnell getaktet wie die Speichermatrix. – Der Speicherbus wird ebenfalls mit 266 MHz getaktet oder es werden zwei Speicherkanäle mit jeweils 133 MHz verwendet. – Bei einer Übertragung auf der ansteigenden und der abfallenden Flanke ergibt sich insgesamt eine Datenfrequenz von 533 MHz. – Bei einer Datenbusbreite von 64 bit beträgt die Bandbreite theoretisch ca. 4,3 GByte/s.

Bild 1.37: Grundprinzipien der Datenübertragung bei SDR- und DDR-RAM

DDR2-RAMs werden auch auf Grafikkarten eingesetzt, häufig unter der Bezeichnung GDDR3. GDDR3-Speicher sind auf hohe Taktfrequenzen optimiert, besitzen jedoch den gleichen Aufbau wie DDR2-Speicher. Analog verhält es sich bei

den GDDR4-Speichern, die wie DDR3-Speicher über acht Datenpipelines verfügen. Die Verdopplung der Datenpipelines bei den DDR3-Speichern führt zu einer höheren Verarbeitungsgeschwindigkeit. Wegen höherer CAS-Latenz ergibt sich in der Praxis aber keine Geschwindigkeitsverdopplung gegenüber DDR2. Die Verwendung von Datenpipelines wird auch als **Prefetching** bezeichnet.
Demnach verfügt ein DDR2-RAM-Speicher über ein vierfach-Prefetch, ein DDR3-RAM über ein achtfach-Prefetch.

■ Small Outline DIMM (SO-DIMM)

Sonderformen

Eine Sonderform mit besonders kleinen Abmessungen stellen die SO-DIMMs dar, die speziell in Notebooks und Laptops eingesetzt werden. SO-DIMMs bestanden früher aus Standard-SDRAMs, deren Daten kontinuierlich aufgefrischt werden müssen. Zur Verringerung der Energieaufnahme werden zunehmend LP-SDRAMs (siehe Bild 1.36) verwendet. Diese auch als Mobile-RAMs bezeichneten Speicher arbeiten mit reduzierten Versorgungsspannungen, unterstützen einen „Deep Power Down Mode“ und verfügen über ein spezielles Refresh-Management (TCSR: Temperaturkompensierter Self-Refresh; PASR: partieller Array-Self-Refresh).

■ Rambus Inline Memory Modul (RIMM)

RIMM-Module

RIMM-Module sind grundsätzlich mit RD-RAM-Bausteinen (Rambus) ausgestattet. Diese besitzen zwar die gleiche Anzahl von Kontakten wie die Module mit DDR-SDRAMs, weisen jedoch eine andere Busstruktur mit einer speziellen Adressierungstechnik auf und sind deshalb nicht kompatibel zu diesen. Rambus-Speicher arbeiten nämlich lediglich mit 16 Datenleitungen, auf denen auf jeder Taktflanke Daten übertragen werden (Double Data Rate Transfer). Die Taktfrequenz des Speicherbusses liegt oberhalb von 400 MHz! Aufgrund der speziellen Architektur und der Adressierung (Rambus-Speichermodule sind in Serie geschaltet) müssen stets alle vorhandenen Speicherbänke belegt sein oder mit Dummy-Karten bestückt werden. RIMM-Module werden nicht mehr von allen Chipsätzen unterstützt. Daher findet man RD-RAM-Module bzw. deren Nachfolger XDR-RAM kaum in Consumer-PCs, sondern nur vereinzelt in Servern. Darüber hinaus werden XDR-RAMs jedoch in anderen Produkten der Elektronik eingesetzt (z. B. Spielekonsolen).

■ Die Anzahl der unterstützten Module und somit die maximale Speicherkapazität hängt vom verwendeten Chipsatz ab. Von diesem hängt weiterhin ab, ob auf einem Motherboard auch ein Mischbetrieb von verschiedenen RAM-Typen möglich ist.

■ Speicherorganisation und Geschwindigkeitsklassen

Die Speichermodule eines PCs können unterschiedlich organisiert sein:

- Ohne Paritätsprüfung
- Mit Paritätsprüfung
- Mit Fehlerkorrekturcode (ECC; **E**rror **C**orrection **C**ode)

Paritätsprüfung

Die Paritätsprüfung stellt eine Möglichkeit der Fehlerkontrolle dar. Arbeitet ein Computersystem mit Paritätsprüfung, benötigt es RAM-Bausteine, bei denen jeweils zu 8 Datenbits (1 Byte) zusätzlich ein **Paritätsbit** gespeichert werden kann. Man unterscheidet hierbei zwischen **gerader** und **ungerader Parität**. Bei gerader Parität wird das Paritätsbit auf „1“ gesetzt, wenn das zugehörige

Parität

Datenbyte eine ungerade Anzahl von Einsen enthält. Es wird auf „0“ gesetzt, wenn das zugehörige Byte eine gerade Anzahl von Einsen enthält. Bei ungerader Parität verhält es sich genau umgekehrt.

Paritätsbit

Mit einem **Paritätsbit** lässt sich erkennen, ob ein Fehler innerhalb eines Datenwortes eingetreten ist.

Eine Korrektur ist hierbei allerdings nicht möglich. Der Grund dafür ist, dass nicht erkennbar ist, welches der 8 Datenbits gegebenenfalls fehlerhaft übertragen wurde. Eine Fehlerkorrektur ist nur mit einem entsprechenden Fehlerkorrekturcode möglich, der durch die Verwendung von speziellen Algorithmen eine Fehlerorterkennung bewirkt. Ein solcher Fehlerkorrekturcode wird in erster Linie in High-End-PCs und Servern verwendet.

Bei manchen Rechnern lässt sich die Paritätskontrolle über entsprechende BIOS-Einstellungen zu- oder abschalten. Allerdings verzichten viele Hersteller aus Kostengründen bei den Speicher-ICs auf die Möglichkeit, zusätzlich ein Paritätsbit speichern zu können. Eine Paritätskontrolle kann bei solchen ICs natürlich nicht zugeschaltet werden. Die meisten Rechner, die keine Paritätskontrolle erfordern, können allerdings mit Speichermodulen arbeiten, die ein Paritätsbit aufweisen.

Speicherorganisationen

Geschwindigkeitsklassen

Durch den Einsatz spezieller Übertragungstechniken ist der Speicherbustakt nicht mehr die allein bestimmende Größe für die maximale Datentransferrate. Aus diesem Grund wird zusätzlich oftmals auch die sogenannte **Geschwindigkeitsklasse** angegeben, in der diese Übertragungstechniken Berücksichtigung finden.

Speichermodul	Anzahl der Anschlusspins	Anzahl Datenleitungen ohne EC	mit ECC	Spannung (Datenleitung)	Speicherbustakt	Geschwindigkeitsklasse
SDR-SDRAM	168	64	72	3,3 V	100 MHz 133 MHz	PC100 PC133
DDR-RAM	184	64	72	2,5 V 2,6 V (!)	100 MHz 133 MHz 166 MHz 200 MHz	DDR200 (PC1600) DDR266 (PC2100) DDR333 (PC2700) DDR400 (PC3200)
DDR2-RAM	240	64	72	1,8 V	100 MHz 133 MHz 166 MHz 200 MHz 266 MHz	DDR2-400 (PC3200) DDR2-533 (PC4300) DDR2-667 (PC5300) DDR2-800 (PC6400) DDR2-1066 (PC8500)
DDR3-RAM	240	64	72	1,5 V	100 MHz 133 MHz 166 MHz 200 MHz	DDR3-800 (PC6400) DDR3-1066 (PC8600) DDR3-1333 (PC10600) DDR3-1600 (PC12800)
RD-RAM	184	16	18	2,5 V	300 MHz 400 MHz	PC600 PC800

Bild 1.38: Eigenschaften und Geschwindigkeitsklassen von Speichermodulen

Bei einem DDR2-RAM mit einem Speicherbustakt von 200 MHz ergibt sich die maximale (theoretische) Übertragungsrate $v_{Ümax}$:

$$v_{Ümax} = \frac{\text{Datenbusbreite} \cdot \text{Geschwindigkeitsklasse}}{8} = \frac{64 \text{ bit} \cdot \mathbf{800} \text{ MHz}}{8} = 6{,}4 \text{ GByte/s}$$

Bei gleichem Bustakt ließen sich bei einem DDR3-Modul theoretisch 12,8 GByte/s übertragen.
Zu beachten und teilweise verwirrend ist allerdings, dass für ein solches Modul auch eine doppelte Bezeichnung – z. B. DDR2-800 (PC6400) – verwendet wird oder man manchmal auch nur die Bezeichnung PC6400 findet.

1.2.3.4 Cache-Speicher

Damit der Prozessor nicht bei jedem Zugriff auf den im Vergleich zur CPU langsam arbeitenden Hauptspeicher warten muss, werden zwischen CPU und Arbeitsspeicher verschiedene Zwischenspeicher geschaltet.

Cache-Speicher

- Der Speicher zwischen Arbeitsspeicher und Prozessorkern wird **Cache-Speicher** genannt.

Da es aber technisch schwierig ist, einen Cache-Speicher zu realisieren, der sehr groß und gleichzeitig sehr schnell ist, verwendet man mehrere hierarchisch hintereinander geschaltete Cache-Stufen (Cache-Level), die durchnummeriert werden. Die Stufe mit der niedrigsten Nummer bezeichnet hierbei den Cache mit der kürzesten Zugriffszeit. Durch diese Struktur wird der Zugriff des Prozessors auf den Hauptspeicher erheblich beschleunigt. Die schnellere Arbeitsweise wird dadurch ermöglicht, dass für diese Speicher schnelle statische RAM-Speicher verwendet werden. Außerdem werden diese Cache-Speicher meist direkt in den Prozessorchip integriert und arbeiten dann entweder mit dem vollen oder dem halben Prozessortakt. Alle Prozessoren verfügen heute über einen **First Level Cache** (L1-Cache) und einen **Second Level Cache** (L2-Cache). Erforderliche Daten gelangen dann vom Arbeitsspeicher (System Memory) zunächst in den Second Level Cache, von dort in den First Level Cache. Hier können sie dann ohne Wartezeit vom Prozessor zur Verarbeitung abgerufen werden. Mehrkernprozessoren verfügen meist auch über eine dritte integrierte Cachestufe, die dann als **Third Level Cache** (L3-Cache) bezeichnet wird. Bei Mehrkernprozessoren mit drei Cache-Level hat jeder Kern separate L1- und L2-Caches, der L3-Cache wird dann meist gemeinsam von allen Kernen genutzt (Bild 1.39).

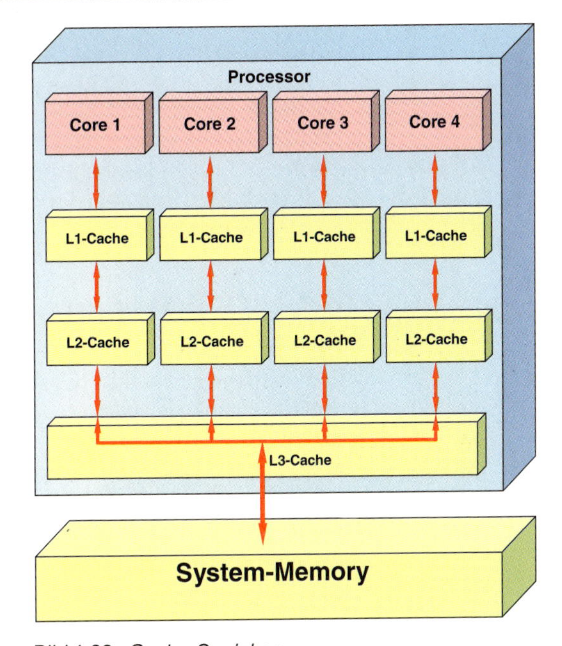

Bild 1.39: Cache-Speicher

First Level Cache (1st Level Cache)

L1-Cache

Dieser Cache hat eine prozessorabhängige Größe von 16 KByte bis 128 KByte pro Kern. Obwohl seine Speicherkapazität relativ klein bemessen ist, bewirkt der L1-Cache eine erhebliche Performancesteigerung, da er stets mit dem Prozessortakt arbeitet und er kernnah auf dem Chip platziert ist. Seine Zugriffszeit liegt bei ca. 3 ns. Wird zwischen Befehlscache und Datencache unterschieden, erfolgt bei einer Gesamtgröße von beispielsweise 128 KByte die Größenangabe oft in der Form 64 KByte + 64 KByte.

Second Level Cache (2nd Level Cache)

L2-Cache

Diese Cache-Stufe wird ebenfalls direkt in das Prozessorgehäuse integriert und möglichst nahe an den jeweiligen Kern platziert. Die Speicherkapazität ist prozessorabhängig, sie liegt in der Regel zwischen 512 kByte und 6 MByte. Dieser Cache wird in der Regel ebenfalls mit dem vollen Prozessortakt betrieben. Da diese Cache-Stufe aber etwas weiter vom jeweiligen Kern entfernt liegt, sind seine Zugriffszeiten geringfügig länger als beim L1-Cache (Zugriffszeit ca. 5 ns).

Third Level Cache (3rd Level Cache)

L3-Cache

Bei einer CPU mit einer dritten Cachestufe wird diese ebenfalls in das Prozessorgehäuse implementiert (z.B. Core i7). Dieser Cache weist je nach Prozessortyp eine Größe bis zu 8 MByte auf und taktet in der Regel geringfügig langsamer als der L2-Cache. Aufgrund seiner Größe muss dieser Speicher auf dem Chip etwas entfernter von den Prozessorkernen untergebracht werden (Zugriffszeit ca. 10–15 ns). Über den L3-Cache erfolgt dann nicht nur der Datenaustausch mit dem Arbeitsspeicher, sondern auch zwischen den vorhandenen Kernen (Bild 1.39).

Darüber hinaus unterscheidet man auch noch einen sogenannten **Software-Cache**. Hierunter versteht man das Zwischenspeichern von Daten mithilfe von speziellen Software-Programmen, die einen Teil des Arbeitsspeichers zum Puffern belegen.

1.2.3.5 CMOS-Speicher

Der CMOS-Speicher (CMOS: **C**omplementary **M**etal **O**xide **S**emiconductor; komplementärer Metalloxidhalbleiter) ist ein besonderer Speicherchip, in dem grundsätzliche Informationen über die (bei jedem System möglicherweise unterschiedliche) Systemkonfiguration abgelegt werden (d.h. mit welchen Controllern, Laufwerken, Festplatten, Bildschirmen usw. er bestückt ist), sofern hierfür kein separater Flash-Speicher implementiert ist. Diese Informationen benötigt der Computer für den Startvorgang. Im gleichen Chip ist meist auch die interne Systemuhr (**RTC**: **R**eal **T**ime **C**lock) untergebracht, weshalb dieser Chip in den Handbüchern dann auch als **RTC-RAM** bezeichnet wird.

Flash-Speicher siehe Kap. 1.2.3.1

Bei diesem Speicher-Chip handelt es sich um einen statischen RAM-Speicher mit einer sehr geringen Stromaufnahme. Ist der Rechner ausgeschaltet, wird die Stromversorgung durch eine eingebaute Primär- oder Sekundärzelle (vgl. Kap. 5.3.1.3) aufrechterhalten, sodass auch die Systemuhr weiterlaufen kann. Die Lebensdauer einer solchen Zelle beträgt je nach Zellenart ca. 5 bis 10 Jahre. Sind die Informationen des CMOS-Speichers verloren gegangen, gibt der Rechner beim Booten eine Fehlermeldung aus. Auch falsche Informationen im CMOS-Speicher können dazu führen, dass der Rechner

Bild 1.40: Batteriezelle

nicht mehr startet. Solche Informationen können beispielsweise durch ein Virenprogramm (siehe Kap. 2.7) verursacht werden. Unter Umständen ist dann auch der generelle Zugriff auf den CMOS-Speicher nicht mehr möglich. Oft kann in einem solchen Fall der gesamte Inhalt dieses Speichers mithilfe eines Jumpers oder eines Unterbrecherkontaktes gelöscht werden. Anschließend startet der Rechner dann mit vorhandenen nicht unbedingt optimalen Standardeinstellungen (siehe Kap. 3.1).

1.2.4 Sonstige Komponenten

Auf dem Motherboard befinden sich weitere Bausteine und Komponenten, die für die Funktion eines PCs erforderlich sind. Hierzu gehören:

Bezeichnung	Erläuterung
Controller (Controller)	Bausteine, über die angeschlossene Geräte auf andere Teilsysteme des Computers zugreifen können; Controller sind zum Teil bereits im Chipsatz integriert.
Taktgeber (Clock)	Elektronischer Schaltkreis, der eine stetige Folge von rechteckförmigen Impulsen (Clock Pulses, Timing Signals) erzeugt, die zur Verarbeitung von Daten und zur Synchronisation aller Operationen eines Computers erforderlich sind. Die Taktfrequenz wird mithilfe eines Quarzkristalls („Schwingquarz") konstant gehalten.
Echtzeituhr (Clock, **R**eal **T**ime **C**lock, RTC)	Akku- oder batteriegepufferter elektronischer Schaltkreis, der in einem PC Uhrzeit und Datum vorgibt (s. o.). Ein Nachlassen der Ganggenauigkeit kann ein erstes Anzeichen für eine zu geringe Akku- bzw. Batteriekapazität sein.
Timer (Timer)	Spezielle Schaltung (oder Software-Routine) zur Messung von Zeitintervallen; nicht identisch mit der Systemuhr, obwohl sich die Timerimpulse von der Taktfrequenz der Systemuhr ableiten.
Spannungswandler	Elektronische Schaltungen, meist in IC-Form, die die vom Netzteil gelieferten Spannungen direkt am „Verbraucher" in jeweils erforderliche Werte umwandeln, sodass keine langen Leitungen erforderlich sind.
Jumper (Jumper)	Kleine Steckbrücken, mit deren Hilfe sich insbesondere auf älteren Motherboards mechanisch Systemeinstellungen vornehmen oder Komponenten anschließen lassen (System Panel: Power LED, System Speaker, Reset); Informationen über vorhandene Jumper und deren Funktion sind dem Manual des Motherboards zu entnehmen.
DIP-Schalter (DIP Switch)	Meist mehrere kleine Kipp- oder Schiebeschalter in einem DIP-Gehäuse (**D**ual **I**nline **P**ackage; Standardgehäuse für integrierte Schaltungen, wird auch für Miniaturschalter verwendet) zur Einstellung von Systemparametern
Slots	Anschlussleisten, auf die sich Erweiterungskarten und Speichermodule stecken lassen. Hierdurch werden die erforderlichen elektrischen Verbindungen zwischen der Karte und dem Board hergestellt.

Bild 1.41: Sonstige Komponenten auf dem Motherboard

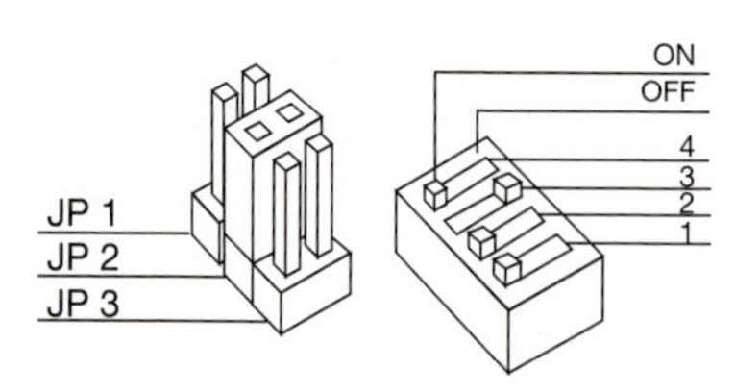

Bild 1.42: Jumper und DIP-Schalter

Bei den Controllern haben die DMA- und die Interrupt-Controller eine besondere Bedeutung, da sie für die Steuerung der Ressourcenverteilung zuständig sind (siehe Kap. 3.5).

siehe Kap. 4.2

Um Fehlfunktionen lokalisieren zu können, besitzen manche Boards eine optische Anzeige in Form von mehreren Leuchtdioden oder eine mehrstellige Ziffernanzeige. Jede Kombination aus leuchtenden und nichtleuchtenden Dioden stellt einen binären Fehlercode dar, dessen Bedeutung man in einer entsprechenden Fehlercode-Tabelle des Herstellers nachlesen kann. Mit einer Ziffernanzeige kann ein möglicher Fehler in dezimaler oder hexadezimaler Form angegeben werden.

Einige moderne Boards verfügen zusätzlich über einen **IDE-RAID-Controller** (siehe Kap.1.4.4) oder einen **SCSI-Controller** (siehe Kap. 1.4.5). Ein Board ohne IDE-RAID- und SCSI-Controller lässt sich bei Bedarf aber auch mithilfe einer entsprechenden Controller-Karte aufrüsten (siehe Kap. 1.6.4).

AGP: Accelerated Graphics Port

ISA: Industrial Standard Architecture

Derzeitige Boards sind mit PCI-Slots (siehe Kap. 1.3) und PCI-Express-Anschlüssen ausgestattet. Je nach Alter findet man auch Boards mit AGP-Slot und gegebenenfalls auch noch mit einem ISA-Slot. Die Slots entsprechen verschiedenen Standards und unterscheiden sich unter anderem in der Anzahl der Kontakte, d.h. sie sind nicht kompatibel zueinander.
Neben diesen Slots können sich diverse andere Anschlüsse auf einem Board befinden.

Wake-on-LAN
Wake-on-Ring

Der **WoL-Anschluss** auf dem Board unterstützt die **W**ake-**o**n-**L**AN-Funktion in Verbindung mit einer entsprechenden Netzwerkkarte (siehe Kap. 1.6.4); der **WoR-Anschluss** ermöglicht die Funktion **W**ake-**o**n-**R**ing, sofern dies von einer entsprechenden Modem- oder ISDN-Karte unterstützt wird (siehe Kap. 1.6.3).
Des Weiteren befindet sich ein Anschluss für die Spannungsversorgung (siehe Kap. 1.7) und verschiedene Schnittstellenanschlüsse (siehe Kap. 1.4) auf dem Board. Weitere Kontakte dienen beispielsweise zum Anschluss des im Gehäuse untergebrachten Lautsprechers, von optischen Anzeigen und dem **Reset-Taster**, mit dem ein Neustart des Computers ausgelöst werden kann (siehe Kap. 3.1).

ACPI

Hinter der Abkürzung ACPI (**A**dvanced **C**onfiguration and **P**ower **I**nterface) verbirgt sich eine Spezifikation, die den direkten Betriebssystemeingriff für die Konfiguration und das Powermanagement von PCs beschreibt. Auf dem Motherboard befinden sich hierzu separate Leitungen zur Überwachung angeschlossener Komponenten (ACPI-Bus). Neben dem Schutz vor thermischer Überlastung ermöglicht ACPI auch die Steuerung verschiedener Energiesparmodi, aus denen sich ein PC schneller in den arbeitsbereiten Zustand versetzen lässt als durch einen gewöhnlichen BOOT-Vorgang. Um dies zu realisieren, muss ein ACPI-fähiges Betriebssystem teilweise Aufgaben übernehmen, die sonst das System-BIOS erledigen würde.

Bootvorgang und BIOS siehe Kap. 3.1

Die ACPI-Spezifikation unterscheidet zwischen den folgenden Energiespar-Modi:

Modus	Wesentliche Merkmale
S0	System ist voll funktionsfähig (normaler Betriebszustand)
S1 POS: Power-on-Suspend	– CPU im „Schlafmodus“, d. h. er führt keine Anweisungen aus – Monitor ist aus – Speichermodule werden lediglich mit Energie versorgt, es erfolgen keine Zugriffe, lediglich ein erforderlicher „Refresh“ (siehe Kap. 1.2.3.2) in Selbststeuerung – Netzteil und PCI-Bus arbeiten normal – Vorteil: PC ist in kürzester Zeit wieder voll betriebsbereit
S2	Wie S1, jedoch zusätzlich CPU völlig spannungslos (wird wenig genutzt)
S3 STR: Suspend-to-RAM	– CPU verhält sich wie bei S1 – Das Mainboard erhält über die 5-V-Standby-Leitung (+5 VSB) Energie, um die RAMs im Self-Refresh mit Strom zu versorgen. Hierdurch wird der Inhalt des Arbeitsspeichers gesichert. – Ansonsten wird das System abgeschaltet (Soft-off).
S4 STD: Suspend-to-Disc	– Das Betriebssystem erstellt ein „Image“ des Arbeitsspeichers auf der Festplatte. – Danach wird das System komplett abgeschaltet (Soft-off ohne +5 VSB). – Bei einem Neustart wird ein kompletter Bootvorgang durchlaufen. – Vorteil: Der PC kann komplett vom Versorgungsnetz getrennt werden, bei einem Neustart kann der Anwender dort weiterarbeiten, wo er aufgehört hat.
S5	– sogenannter Soft-off-Modus – Der gesamte PC ist nahezu abgeschaltet, jedoch liefert das Netzteil Spannung und das System kann durch Betätigung des Einschalttasters (meist an der Gehäusefront) gestartet werden.

Bild 1.43: ACPI-Betriebsmodi

Um ACPI nutzen zu können, müssen alle Komponenten im System entsprechend aufeinander abgestimmt sein (z.B. ACPI-konformes Netzteil), das BIOS muss ACPI unterstützen und das Betriebssystem muss im ACPI-Modus installiert sein, was üblicherweise der Fall ist. Für jedes im System arbeitende Gerät muss ein ACPI-konformer Treiber installiert sein. Jeder ACPI-konforme PC verfügt zudem über entsprechende Interrupt-Mechanismen, die es ermöglichen, den PC bei externen Ereignissen wieder aus dem Sleep-Modus zu wecken (z.B. bei Ankunft eines Faxes).

Interrupt siehe Kap. 3.5

Einige Microsoft-Betriebssysteme (z.B. Windows XP, Vista, Windows 7) bieten dem Benutzer aber auch Stromsparoptionen an, die nicht zwingend auf der ACPI-Spezifikation basieren (z.B. der Hibernate-Modus).

Aufgaben:

Als Auszubildender in einem der IT-Berufe sind Sie bei einem Unternehmen angestellt, welches PC-Komponenten verkauft. Zum Geschäftsprofil der Firma gehört u. a. eine individuelle Kundenberatung und eine ausführliche Kundeninformation. Ein Kunde möchte ein neues Motherboard kaufen und wendet sich mit folgenden Fragen an Sie:

1. Was versteht man bei Mainboards eigentlich unter dem sogenannten „Formfaktor“?
2. Ein Mainboard ist gemäß dem sogenannten µATX-Formfaktor spezifiziert. Welche Abmessungen (in mm × mm) hat dieses Board?

3. Welche besonderen Merkmale weist ein BTX-Board gegenüber einem ATX-Board auf?
4. Welche Vorsichtsmaßnahmen sind beim Einbau eines Motherboards zu beachten (siehe z. B. Bild 1.15)?
5. Kann man die heutigen Motherboards zu einem späteren Zeitpunkt mit einem leistungsfähigeren Hauptprozessor aufrüsten? Worauf ist hierbei gegebenenfalls zu achten?
6. Was bedeuten eigentlich die Abkürzungen ZIF-Sockel und LGA-Sockel?
7. Lassen sich die Prozessoren verschiedener Hersteller grundsätzlich auf dem gleichen Sockel montieren? (Antwort mit Begründung!)
8. Wie wurden bzw. werden die verschiedenen Prozessorgenerationen von den Herstellerfirmen benannt und welche Bedeutung haben hierbei die Namenszusätze (z. B. MMX)?
9. Welche Kenngrößen eines Prozessors geben Auskunft über seine Leistungsfähigkeit?
10. Was versteht man unter einem Benchmark-Test?
11. Welche grundsätzlichen Funktionsblöcke beinhaltet ein Prozessor-IC und welche Aufgaben übernehmen diese?
12. Durch welche Maßnahmen lassen sich die Leistungsfähigkeiten von Prozessoren von Generation zu Generation verbessern?
13. Welcher Unterschied besteht zwischen einem CISC-Prozessor und einem RISC-Prozessor?
14. Was versteht man unter dem sogenannten Enhanced SpeedStep-Verfahren? Warum wird diese Technik bei CPUs eingesetzt?
15. Welche besonderen Merkmale besitzt ein PWM-Lüfter?
16. Welche Aufgaben hat eigentlich der Chipsatz?
17. Kann der Chipsatz zu einem späteren Zeitpunkt ausgetauscht werden? (Antwort mit Begründung!)
18. Welche verschiedenen Halbleiterspeicher gibt es in einem PC und welche Unterschiede bestehen bezüglich des Speicherverhaltens?
19. Was verbirgt sich hinter den Abkürzungen Flash-EEPROM, SRAM, DRAM, SDRAM und RDRAM?
20. Welche Arten von Flash-Speicherkarten gibt es? Welche Eigenschaften haben sie?
21. Was versteht man im Zusammenhang mit Speicherzellen unter einem Refresh?
22. Welche Kontrolle lässt sich bei Speicherbausteinen mit einer Paritätsprüfung durchführen?
23. Wodurch unterscheidet sich ein Cache-Speicher von dem normalen Arbeitsspeicher und welche Funktion hat er?
24. Welche Arten von Cache-Speichern unterscheidet man?
25. Welche Vorteile bietet die Platzierung des Cachespeichers auf dem CPU-Chip?
26. Welche Bedeutung hat der C-MOS-Speicher für den PC?
27. Welche Datenübertragungsraten ergeben sich theoretisch bei einem Speicherbustakt von 133 MHz bei einem SDR-SDRAM-Modul, einem DDR-SDRAM-Modul und einem DDR2-SDRAM-Modul?
28. Was versteht man unter dem sogenannten Speicher-Timing und wie ist die diesbezügliche Einstellung 2-3-3-8 im BIOS zu interpretieren?
29. Im Geräte-Manager von Windows-Betriebssystemen findet man häufig die Abkürzung ACPI. Was bedeutet sie und welche Funktionen werden hiermit beschrieben?

1.3 Bussysteme

Das Bussystem verbindet die verschiedenen Teile des Systems – Prozessor, Chipsatz, Controller, Arbeitsspeicher und Eingabe-Ausgabe-Ports – über elektrische Leitungen miteinander und ermöglicht ihnen so den Informationsaustausch. In Abhängigkeit von der Art der Informationsübertragung unterscheidet man parallele und serielle Bussysteme. Darüber hinaus werden zunehmend sogenannte „Punkt-zu-Punkt-Verbindungen" eingesetzt (Kap. 1.3.2).

Paralleler Bus

Paralleler Bus

Ein **paralleler Bus** liegt vor, wenn eine Gruppe zusammengehörender Bits (Datenwort) gleichzeitig über separate Leitungen übertragen werden können.

Datenwort
siehe Kap. 4.3.2

Ein paralleler Bus besteht in der Regel aus speziellen Gruppen von Leitungen, die unterschiedliche Arten von Informationen übertragen. Man unterscheidet:

- Datenbus (data bus)
- Adressbus (address bus)
- Steuerbus (control bus)

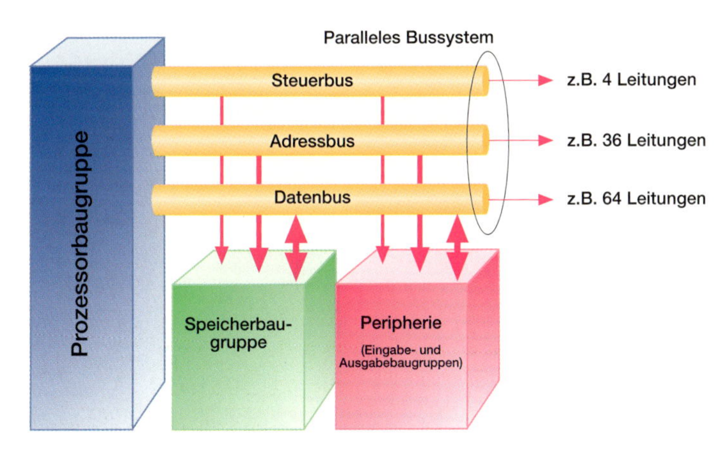

Bild 1.44: Prinzipielle Struktur eines parallelen Bussystems

Datenbus

Der Informationsaustausch über den **Datenbus** kann umso schneller vonstatten gehen, je mehr Leitungen vorhanden sind. Deshalb werden – in Abhängigkeit von den Leistungsmerkmalen des vorhandenen Prozessors – die Baugruppen meist mit 8, 16, 32, 64 oder 128 Datenleitungen verbunden. Bei 8 Datenleitungen können gleichzeitig 8 binäre Zustände (d. h. 8 bit) übertragen werden; man spricht deshalb auch von einer Datenbusbreite von **8 bit = 1 Byte**; bei 128 Leitungen liegt dementsprechend eine Busbreite von 128 bit bzw. 16 Byte vor.

Datenbusbreite

Die **Datenbusbreite** gibt an, wie viele Leitungen bei einem parallelen Bus gleichzeitig zur Übertragung von Daten zur Verfügung stehen. Je größer die Datenbusbreite ist, desto mehr Informationen können parallel übertragen werden. Bei einem parallelen Bus wird die **Datenübertragungsrate** in **KByte/s**, **MByte/s** oder **GByte/s** angegeben.

Wollen mehrere angeschlossene Geräte gleichzeitig Daten über diesen Datenbus übertragen, so muss die zur Verfügung stehende Übertragungsrate aufgeteilt werden!

Adressbus

Die Adressierung der Daten erfolgt hierbei über den **Adressbus.** Damit man in den Arbeitsspeicher Daten ablegen und auch wieder auslesen kann, muss **jeder Speicherplatz** mit einer Adresse versehen werden. Die Anzahl der Adressleitungen ist somit der entscheidende Faktor für die Anzahl der maximal adressierbaren Speicherplätze!

Die Anzahl n der maximal ansprechbaren Speicherplätze lässt sich berechnen mit der Gleichung

$$n = 2^A$$

n = Anzahl der adressierbaren 8-Bit-Speicherplätze
A = Anzahl der vorhandenen Adressleitungen (Adressbusbreite)
Die Anzahl A der erforderlichen Adressleitungen lässt sich berechnen mit der Gleichung:

$$A = \frac{\log n}{\log 2}$$

Hieraus resultiert der in Bild 1.45 dargestellte Zusammenhang:

Adressbusbreite	Maximal adressierbarer Speicher	Entspricht
20	1 048 576 Byte	1 MByte
24	16 777 216 Byte	16 MByte
32	4 294 967 296 Byte	4 GByte
36	68 719 476 736 Byte	64 GByte

Bild 1.45: Maximal adressierbarer Arbeitsspeicher

Steuerbus

Über den **Steuerbus** gibt der Prozessor einer angesprochenen Baugruppe bekannt, ob er von ihr Daten empfangen oder zu ihr senden will. Umfasst der Steuerbus beispielsweise vier parallele Leitungen, so steht für jeden möglichen Zugriff jeweils eine separate Steuerleitung zur Verfügung, über die das entsprechende Steuersignal an eine Baugruppe übertragen wird.

Mögliche Befehle des Steuerbusses

Kurzbezeichnung	Bezeichnung	Bedeutung
MEMR	**MEM**ory **R**ead	Prozessor will Daten aus einer Speicherzelle lesen
MEMW	**MEM**ory **W**rite	Prozessor will Daten in eine Speicherzelle schreiben
IOR	**I**n **O**ut **R**ead	Prozessor will Daten von einer Eingabebaugruppe lesen
IOW	**I**n **O**ut **W**rite	Prozessor will Daten zu einer Ausgabebaugruppe senden

Bild 1.46: Steuerbus mit vier Leitungen

In der Regel wird hierbei mit Signalpegeln entsprechend der **negativen Logik** (siehe Kap. 4.4.1.2) gearbeitet.

Um Leitungen einzusparen, kann auch ein zweiadriger Steuerbus eingesetzt werden. Hierbei wird dem gewünschten Zugriff dann eine entsprechende Pegelkombination auf den beiden Leitungen zugeordnet.

	Leitung 1	Leitung 2
MEMR	L	L
MEMW	H	L
IOR	L	H
IOW	H	H

Bild 1.47: Mögliche Pegelkombination auf einem zweiadrigen Steuerbus

Parallele Busstruktur eines PCs

Weitere Leitungseinsparung bietet der Einsatz eines Zeit-Multiplexverfahrens, bei dem beispielsweise auf den vorhandenen Datenleitungen nacheinander Adress-, Steuer- oder Datensignale übertragen werden.
Über den Adressbus und den Steuerbus werden Signale nur in *einer* Richtung gesendet: Der Prozessor gibt Adress- und Steuersignale aus, um damit eine Baugruppe oder eine Speicherzelle anzusprechen. Über den Datenbus müssen Daten in *beide* Richtungen bewegt werden können, allerdings zu unterschiedlichen Zeiten. Der Prozessor muss Daten einlesen können (von einer Eingabebaugruppe oder einer Speicherzelle) oder Daten ausgeben können (zu einer Ausgabebaugruppe oder einer Speicherzelle).

Bidirektionaler und unidirektionaler Bus

■ Der Datenbus ist ein **bidirektionaler Bus**, auf ihm werden Daten in **beiden** Richtungen bewegt. Der Adressbus und der Steuerbus arbeiten **unidirektional**, d. h. Signale werden nur in **einer** Richtung – vom Prozessor zu den angeschlossenen Baugruppen – gesendet.

Soll der Prozessor beispielsweise Daten von einer Eingabebaugruppe einlesen, so muss er dazu nacheinander die in dem dargestellten Diagramm aufgeführten Tätigkeiten ausführen.

Datenflussdiagramm

Ein solches Diagramm wird allgemein als **Flussdiagramm** (flow-chart) bezeichnet. Ein Flussdiagramm ist ein zeichnerisches Hilfsmittel zur Darstellung von logischen Zusammenhängen oder zur Veranschaulichung der Reihenfolge einzelner Prozessschritte. Zur Visualisierung werden genormte Symbole verwendet.

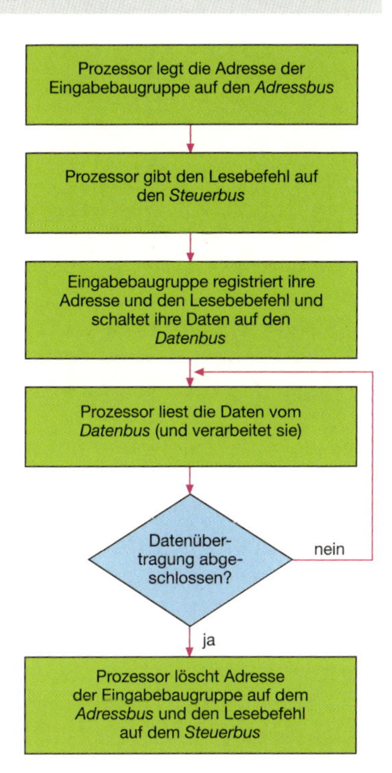

Bild 1.48: Ablauf des Datenflusses

Die Signalaktivität auf einem parallelen Bus lässt sich auch in Abhängigkeit vom anliegenden Takt visualisieren:

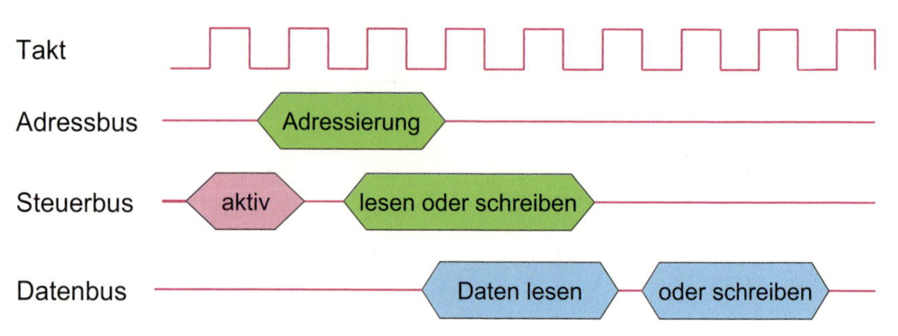

Bild 1.49: Signalaktivität auf einem parallelen Bus

Im Zuge des technischen Fortschritts der PCs wurden in der Vergangenheit unterschiedliche Konzepte für parallele Bussysteme entwickelt (z.B. MCA: Micro Channel Architecture Bus, VL: Vesa Local Bus). Mit Ausnahme des (E)ISA-Busses im industriellen Bereich haben diese heute keine Bedeutung mehr.

Busbezeichnung	Merkmale
ISA-Bus (**I**ndustry **S**tandard **A**rchitecture **Bus**)	1984 von IBM entwickelt; ursprünglich 8-Bit-Datenbus, 20-Bit-Adressbus, 4,77-MHz-Bustakt; Einsatz in XT-PCs Erweiterung für den AT-Standard auf 16-Bit-Datenbus, 24-Bit-Adressbus, 8-MHz-Bustakt XT-PC = Extended PC; AT-PC = Advanced Technology PC
EISA-Bus (**E**xtended **I**ndustry **S**tandard **Ar**chitecture **Bus**)	Erweiterung des ISA-Busses: 32-Bit-Datenbus, 24-Bit-Adressbus, Bustaktfrequenzen zwischen 8 MHz und 8,33 MHz; Einsatz bei 386er und 486er Prozessoren und bis heute im industriellen Bereich

Bild 1.50: ISA- und EISA-Bussysteme

Serieller Bus

Serieller Bus

Ein **serieller Bus** liegt vor, wenn eine Gruppe zusammengehörender Bits nacheinander auf einer Leitung übertragen werden. Eine solche Busverbindung wird auch als **Link** bezeichnet.

Link

Ein Link besteht entweder nur aus einem einzigen Adernpaar, über welches die Datenübertragung in beiden Richtungen erfolgt, oder aus zwei Adernpaaren, über die dann die Datenübertragung richtungsgetrennt erfolgt (bidirektional, voll-duplex). Sofern keine weiteren Leitungen vorhanden sind, erfolgt die erforderliche Übertragung der Adress-, Steuer- und Datensignale nacheinander auf derselben Leitung! Die Komponenten sind bei einem seriellen Bus zwar prinzipiell ebenfalls parallel angeschlossen, die einzelnen Komponenten „verarbeiten" aber stets nur diejenigen Daten, die per vorangegangener Adressierung für sie bestimmt sind. Die Signalaktivität bei einer Datenübertragung über eine serielle Busleitung (z. B.: Kupferdoppelader oder Lichtwellenleiter) sieht somit prinzipiell folgendermaßen aus:

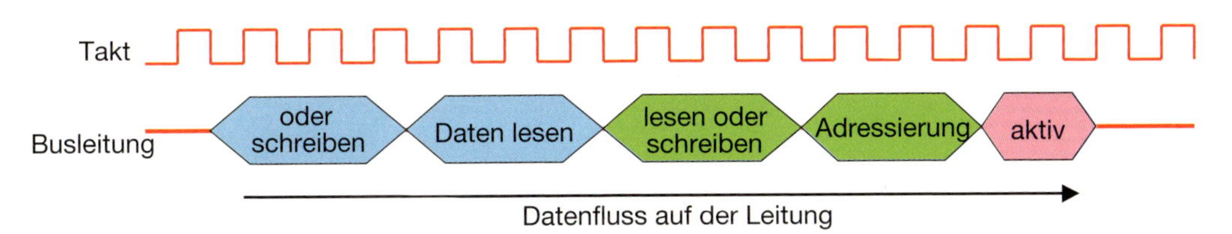

Bild 1.51: Signalaktivität auf einem seriellen Bus (Hinweis: Die Aktivitäten müssen von rechts nach links gelesen werden.)

Bei einem seriellen Bus wird die **Datenübertragungsrate** in **Kbit/s**, **Mbit/s** oder **Gbit/s** angegeben.

Parallele Links

Zur Erhöhung der Übertragungsrate lassen sich bei Bedarf je nach Spezifikation des seriellen Busses auch mehrere Links zusammenschalten, über die dann gleichzeitig, aber taktunabhängig voneinander Daten übertragen werden können. Hierbei entstehen keine Probleme wegen unterschiedlicher Signallaufzeiten auf den verschiedenen Leitungen, wie sie bei hohen Taktfrequenzen auf einem parallelen Bus auftreten können.

Aktuelle Bussysteme

Existierte früher in einem PC lediglich ein einziges Bussystem, an welches sämtliche Komponenten angeschlossen waren, so verfügen moderne PCs heutzutage über verschiedene Systeme mit unterschiedlichen Datenraten und mit speziell dem jeweiligen Aufgabenbereich angepassten Eigenschaften.

Busbezeichnung	Busart	Datentransport zwischen
FSB, Prozessorbus	parallel	CPU und Northbridge
Memory-Bus	parallel	RAM-Speicher und Speichercontroller (befindet sich in der Northbridge oder auf dem CPU-Chip)
PCI-Bus	parallel	PCI-Karten und Southbridge
USB	seriell	USB-Geräten und Southbridge (externer Bus)
Firewire (IEEE 1394)	seriell	Firewire-Geräten und Southbridge (externer Bus)

Bild 1.52: Bussysteme in einem PC

PCIe, 3GIO

Die Anpassung der vorhandenen Busse erfolgt über den auf dem Motherboard vorhandenen Chipsatz (siehe Bild 1.28). Für den Anschluss von Erweiterungskarten bzw. für den Anschluss zusätzlicher externer Geräte haben zurzeit der PCI-Bus, USB und Firewire die größte Bedeutung. Eine Weiterentwicklung von PCI wird unter der Bezeichnung PCI Express (PCIe) vermarktet (ursprüngliche Bezeichnung bei Intel: 3GIO, Third Generation Input Output). Hierbei handelt es sich jedoch nicht um einen seriellen oder parallelen Bus der dargestellten Art, sondern um geschaltete Punkt-zu-Punkt-Verbindungen (siehe Kap. 1.3.2).

1.3.1 PCI-Bus

Bridge-Struktur

Der PCI-Bus (**P**eripheral **C**omponent **I**nterconnect Bus) wurde 1992 von der Firma Intel entwickelt und in Verbindung mit dem Pentium-Prozessor vermarktet. Beim PCI-Bus handelt es sich nicht einfach um ein neues Leitungssystem, vielmehr kann er als CPU-unabhängiges paralleles Bussystem zur Verbindung aller relevanten PC-Komponenten mit „Brücken" zu anderen Bussystemen verstanden werden. Die Verbindung des PCI-Busses zur CPU erfolgt über die Southbridge und die Northbridge des Chipsatzes. Diese sorgen für eine Anpassung der unterschiedlichen Taktfrequenzen und setzen die Schreib- und Leseanforderungen der CPU für den PCI-Bus um. Durch die hierdurch bewirkte Entkopplung kann der Prozessor unabhängig Berechnungen ausführen, während beispielsweise gleichzeitig Daten von einer Erweiterungskarte zum Arbeitsspeicher übertragen werden. Die Ankopplung anderer Bussysteme an den PCI-Bus erfolgt entweder intern im Chipsatz (z. B. PCI-to-ISA-Bridge) oder über externe Bridges. Auf diese Weise lassen sich auch Bussysteme ankoppeln, die für einen Standard-PC im Allgemeinen nicht üblich sind (PCI-to-xyz-Bridge).

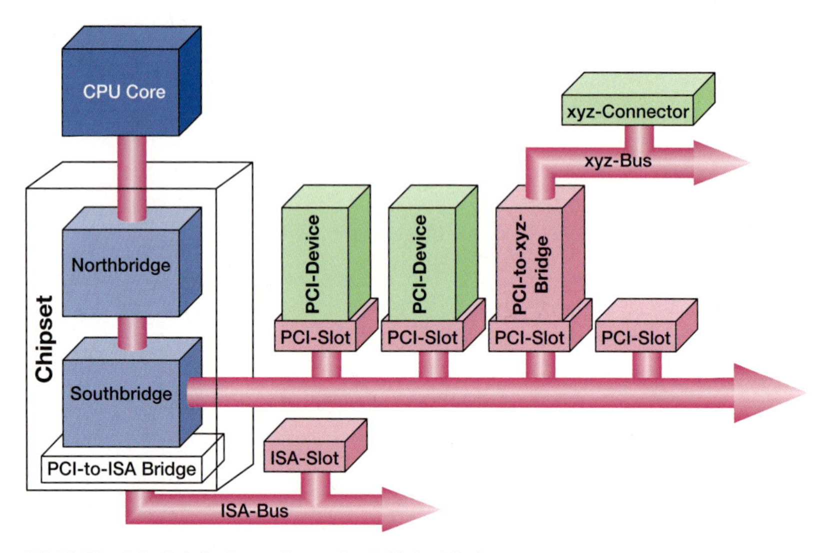

Bild 1.53: Prinzipielle Darstellung der PCI-Architektur

Bus-Belastung

Aufgrund seiner Spezifikation können maximal zehn „Geräte“ (Devices) an einen PCI-Bus angeschlossen werden. Hierbei ist zu beachten, dass interne Bridges und jedes unbestückte Slot jeweils als *ein* Device zählen. Wird ein Slot mit einer Erweiterungskarte bestückt, so stellt die Karte ein separates Device dar; ein bestückter Slot muss also als zwei Devices gezählt werden! Ursache hierfür ist die kapazitive Belastung, die durch jedes Device verursacht wird. Die kapazitive Belastung des Busses darf nicht größer als 100 pF sein, jeder Slot und jede aufgesteckte Karte wirken aber jeweils wie eine Kapazität von ca. 10 pF (vgl. Kap. 5.5.2.1). Somit sind zunächst maximal vier Slots möglich, die Anzahl kann mithilfe einer PCI-to-PCI-Bridge jedoch erhöht werden. Bei Boards mit mehr als vier PCI-Slots ist eine solche Bridge bereits im Chipsatz enthalten.
Der PCI-Bus unterstützt sowohl Bus-Mastering als auch die Autokonfiguration der eingesetzten Adapter.

Plug-and-Play

- Mit **Bus-Mastering** bezeichnet man einen Vorgang, bei dem der Prozessor zeitweilig die Kontrolle über den Bus an eine Adapterkarte abgibt, um so andere Arbeiten schneller ausführen zu können.
  Die **Autokonfiguration** eingesetzter Adapter wird als **Plug-and-Play** (PnP) bezeichnet.

Es können alle PCI-Erweiterungseinheiten wie z.B. SCSI- oder LAN-Adapter angeschlossen werden. Aufgrund der Entkopplung durch den Chipsatz arbeitet der Bus prozessorunabhängig mit 5 V oder 3,3 V Versorgungsspannung und unterstützt das sogenannte Power-Management.

PCI-Revisionen

Bei einer Adressbusbreite von 32 bit existiert der PCI-Bus in unterschiedlichen Spezifikationen (auch Revisionen genannt), d.h. Versionen, die sich geringfügig voneinander unterscheiden.

Bezeichnung	Datenbusbreite	Bustakt	Datenrate	Versorgungsspannung
PCI 1.0	32 bit	33 MHz	132 MByte/s	5 V
PCI 2.0	64 bit	33 MHz	266 MByte/s	5 V
PCI 2.3	64 bit	66 MHz	533 MByte/s	3,3 V
PCI-X 2.0	64 bit	133 MHz	1 GB/s	3,3 V/1,5 V

Bild 1.54: Verschiedene PCI-Spezifikationen

In der Praxis werden die angegebenen maximalen Datenraten nicht erreicht, da sich alle am Bus angeschlossenen Geräte die zur Verfügung stehende Übertragungskapazität teilen und hierbei jeweils die Zugriffsrechte neu aushandeln müssen (Protokoll-Overhead). Im Laufe der Zeit wurden verschiedene PCI-Steckplätze spezifiziert, die zueinander nur eingeschränkt kompatibel sind.

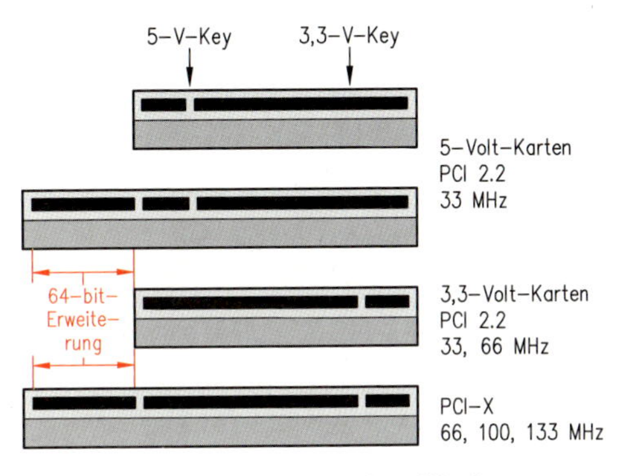

Bild 1.55: Verschiedene PCI-Spezifikationen

Multiplexverfahren siehe Vernetzte IT-Systeme Kap. 4.1.7

Der PCI-Bus arbeitet mit einem Daten- und Adressbus im Zeit-Multiplexverfahren, bei dem Daten- und Adressinformationen zeitlich nacheinander auf den gleichen Leitungen übertragen werden. Hierdurch werden Leitungen eingespart und die Anzahl der Anschlusspins der Erweiterungskarten gering gehalten.

1.3.2 PCI-Express

PCIe

Statt eines konventionellen Bussystems, bei dem sämtliche Komponenten parallel an ein gemeinsames Übertragungsmedium angeschlossen sind und sich die zur Verfügung stehenden Übertragungsbandbreite teilen müssen, baut bei **PCI Express** (PCIe) ein im Chipsatz integrierter Switch (elektronischer Schalter) jeweils separat geschaltete Verbindungen bedarfsorientiert zwischen den angeschlossenen PCIe-Devices auf.

- Bei PCI Express werden bedarforientiert sogenannte Punkt-zu-Punkt-Verbindungen zwischen je zwei PCIe-Geräten geschaltet.

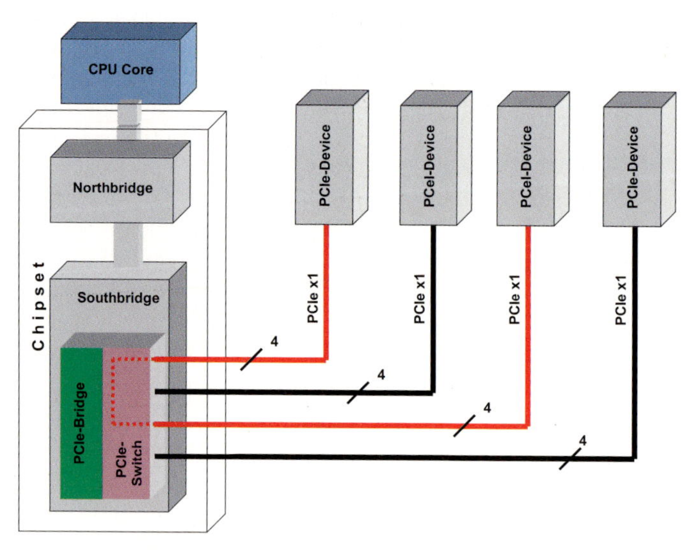

Bild 1.56: Prinzipielle Darstellung der PCIe-Architektur

PCIe stellt somit kein paralleles Bussystem wie PCI mehr dar. Die Namensverwandtschaft zum parallel arbeitenden PCI-Bus resultiert lediglich aus der softwaremäßigen Kompatibilität zwischen beiden Systemen. Während bei PCI sämtliche Komponenten parallel an den gleichen Busleitungen angeschlossen waren, stellt ein PCIe-Chipsatz für jedes Device (Erweiterungskarte, Endgerät) einen separaten Anschluss (PCIe-Port, PCIe-Slot) bereit. PCI- und PCIe-Slots sind nicht kompatibel zueinander. Die Datenübertragung zu einem angeschlossenen PCIe-Gerät (End-Point) erfolgt dann seriell über die angeschlossene Leitung. Gesendete und empfangene Daten werden hierbei gleichzeitig auf unterschiedlichen Aderpaaren übertragen (Vollduplex). Die Adern sind gegeneinander abgeschirmt, aber nicht miteinander verdrillt (d. h. kein Twisted-Pair-Kabel)! Die PCIe-Steckverbindung ermöglicht auch die Energieversorgung eines angeschlossenen Gerätes.

Twisted Pair siehe Vernetzte IT-Systeme Kap. 4.1.1

PCIe-Lane

- Die aus einem Sende- und einem Empfangskanal bestehende Punkt-zu-Punkt-Verbindung wird bei PCIe als **Lane** bezeichnet (Kurzschreibweise: PCIe x1).

Das Herstellerkonsortium **PCI-SIG** (PCI-**S**pecial **I**nterest **G**roup – www.pcisig.com) hat seit der Einführung von PCIe im Jahre 2004 verschiedene PCIe-Spezifikationen verabschiedet, die zueinander abwärtskompatibel sind und sich bei gleichen Steckverbindern hauptsächlich in ihrer Datentransferrate voneinander unterscheiden.

Version	Taktfrequenz	Theor. Übertragungsrate pro Lane	Nettotransferrate pro Lane (max.)
PCIe 1.0	1,25 GHz	2,5 Gbit/s	250 MByte/s
PCIe 2.0	2,5 GHz	5 Gbit/s	500 MByte/s
PCIe 3.0	4 GHz	8 Gbit/s	1 GByte/s

Bild 1.56a: Hauptspezifikationen bei PCIe

Die Übertragungsrate einer Lane wird alternativ auch in Gigatransfers pro Sekunde (GT/s) angegeben (z. B. PCIe 3.0: 8 GT/s). Zugunsten einer besseren Energiebilanz erfolgt die Taktung bei PCIe 3.0 nicht wie ursprünglich vorgesehen mit 5 GHz, sondern mit 4 GHz.
Bei allen Versionen lassen sich auch mehrere Lanes zu einem Link bündeln, sodass auch höhere Datenraten erzielt werden können. Auf diese Weise lässt sich die jeweils bereitgestellte Übertragungskapazität bedarfsorientiert skalieren.

Gigatransfer

■ Unter der **Skalierbarkeit** der Übertragungskapazität versteht man die bedarforientierte Zuordnung von Datentransferraten ohne aufwendige Änderung von Hardware-Grundfunktionen.

In einem Link können 1, 2, 4, 8, 16 oder 32 Lanes gebündelt werden. Der PCIe 1.0 × 16-Anschluss für eine PCIe-Grafikkarte (PEG, siehe Kap. 1.2.2) besteht somit aus 16 Lanes und ermöglicht eine Datenrate von bis zu jeweils 4 GByte/s pro Übertragungsrichtung. Bei 16 Lanes sind insgesamt 64 Datenleitungen erforderlich. Abhängig von der Anzahl der Lanes in einem Link sind jeweils spezielle Steckverbindungen erforderlich (z.B. PCIe × 1, PCIe × 4, PCIe × 8, PCIe × 16). PCIe-Slots sind untereinander abwärtskompatibel, d. h. eine PCIe × 1-Karte kann auch in einem PCIe × 4-Slot gesteckt werden. Die übrig gebliebenen 3 Lanes werden dann nicht genutzt. Aufgrund der Verdopplung der Datenrate einer Lane genügt dann beim Standard PCIe 2.0 für die gleich große Übertragungsrate ein PCIe × 8 Anschluss für die Grafikkarte. Hierdurch werden die Steckverbinder kleiner und lassen sich kostengünstiger herstellen.

Leitungscodes siehe Vernetzte IT-Systeme Kap. 4.1.8

■ Bei einem PCIe-Link wird der zu übertragende Datenstrom auf die im Link vorhandenen Lanes verteilt, unabhängig voneinander übertragen und am anderen Ende automatisch wieder zusammengesetzt.

Der Einsatz der Switch-Technologie ermöglicht zudem die gleichzeitige und unabhängige Nutzung mehrerer Punkt-zu-Punkt-Verbindungen zwischen jeweils verschiedenen Geräten mit der vollen Bandbreite, die dann nur von der Anzahl der jeweils enthaltenen Lanes abhängig ist.
Die Verbindung zu nicht-PCIe-fähigen Devices (z. B. Standard-PCI-Erweiterungskarten, Arbeitsspeicher) erfolgt über entsprechende Bridges zur Protokollanpassung (ExB-Bridge: Express Base-Bridge).

Switch-Technologie

Für die Übertragung wird bis einschließlich der Spezifikation 2.1 ein 8B/10B-Leitungscode verwendet. Hierbei wird 1 Byte (8 bit: 8B) in einen sogenannten „Character“ – bestehend aus 10 bit (10B) – so umcodiert, dass weder innerhalb eines Characters noch im Übergang zwischen zwei Charactern mehr als 5 gleiche Bits in Folge (0 oder 1) entstehen. Hierdurch erhält man die für eine Übertragung erforderliche Gleichstromfreiheit; gleichzeitig ergeben sich hinreichend viele Impulsflanken innerhalb des Datenstroms, aus denen sich der Takt sicher rückgewinnen lässt, sodass keine zusätzliche Taktleitung erforderlich ist. Ab PCIe 3.0 wird die Gleichspannungsfreiheit durch den Einsatz von sogenannten PLL-Bausteinen (Phase Locked Loop) realisiert. Hierdurch kann man auf die 10-Bit-Leitungscodierung verzichten und erhält eine größere Nutzdatenrate

siehe Vernetzte IT-Systeme Kap. 4.1.9

(geringerer Overhead). Die Datenübertragung erfolgt in allen Fällen mit differenziellen Signalen mit geringem Spannungshub (LVDS: Low Voltage Differential Signaling, siehe Kap. 1.4.5). Diese Art der Signalübertragung wird u. a. auch bei Hypertransport (Kap. 1.3.5), Serial ATA (Kap. 1.4.4) und Firewire 800 (Kap. 1.3.4) eingesetzt.

ASI-SIG: Advanced Switching Interface-Special Interrest Group; www.asi-sig.com

Die Netzwerk-Variante **PCI-Express AS** (**A**dvanced **S**witching) verwendet die gleichen Kabel, Treiber und Grundprotokolle, hat aber ein eigenes Protokoll für die Verbindung von gleichrangigen (peer-to-peer)Netzteilnehmern. Hiermit wird der sogenannte „Multi-Host-Betrieb“ möglich. Diese Entwicklung steht unter der Obhut der ASI-SIG.

1.3.3 USB

Freier Standard

Die Abkürzung USB steht für **U**niversal **S**erial **B**us (universeller serieller Bus) und bezeichnet einen von einem Firmenkonsortium (Compaq, Hewlett-Packard, IBM, Microsoft, NEC u.a.) 1994 neu entwickelten Standard für den Anschluss externer Geräte an einen seriellen digitalen Bus. Bei USB handelt es sich um einen sogenannten freien Standard, das heißt alle Spezifikationen sind frei verfügbar und somit für die Herstellung und Vermarktung von USB-Produkten ohne Lizenzgebühren anwendbar.

Mbit/s oder Mbps: **M**ega**b**it **p**ro **S**ekunde

USB-Übertragungsraten

USB ist in verschiedenen Versionen verfügbar, die sich in der jeweils unterstützten Datenrate unterscheiden. In den Versionen 1.0 bzw. 1.1 werden die Übertragungsraten 1,5 Mbit/s (**Low-Speed-Modus**) und 12 Mbit/s (**Full-Speed-Modus**) unterstützt, in der Version 2.0 lassen sich bis zu 480 Mbit/s (**High-Speed-Modus**) übertragen. Die Version 3.0 kann unter Verwendung zusätzlicher Leitungen und anderer Stecker bis zu 5 Gbit/s übertragen (**Super-Speed-Modus**; siehe unten). Bei der Entwicklung von USB hat man bewusst einen Low-Speed- und einen Full-Speed-Modus vorgesehen, um jedem angeschlossenen Gerät eine adäquate Übertragungsbandbreite zur Verfügung stellen zu können. Der gleichzeitige Betrieb von Geräten mit verschiedenen Datenübertragungsraten ist möglich.

Polling-Bus
Host
Hub

Bei USB handelt es sich um einen sogenannten **Polling-Bus**. Hierbei gehen zunächst sämtliche Aktivitäten vom PC aus, der als **USB-Host** fungiert. Dieser fragt in regelmäßigen Abständen alle angeschlossenen Geräte nach ihrem jeweiligen Status ab. Die Geräte werden über **Hubs** angeschlossen.

- Der Hauptcomputer in einem System von PCs, Terminals und anderen Endgeräten, die über Kommunikationsleitungen verbunden sind, wird als **Host** bezeichnet.

- Ein Gerät, das Kommunikationsleitungen an einer zentralen Stelle bündelt und eine elektrische Verbindung zu angeschlossenen Geräten herstellt, bezeichnet man als **Hub**. Die Anschlüsse an einem Hub werden **Ports** genannt.

USB-taugliche Hubs und Endgeräte werden mit einem speziellen Symbol gekennzeichnet und müssen ein standardisiertes Interface zur Verfügung stellen, welches u.a. die folgenden Merkmale besitzt:

USB-Symbol

- Unterstützung des USB-Protokolls
- Reaktion auf standardisierte USB-Operationen (z.B. Konfiguration oder Reset)
- Bereitstellung von Informationen über die jeweils implementierten Funktionen

Bild 1.57: Kennzeichnung von USB-Geräten

USB-Topologie

Da USB eine 7-Bit-Adressierung verwendet, lassen sich insgesamt bis zu 127 Geräte (Devices) anschließen, z.B. externe DVD-Laufwerke, Drucker, Monitore, Scanner, digitale Kameras, Spiele-Adapter, Modems sowie Maus und Tastatur. Die Topologie von USB entspricht in etwa einem sternförmigen System, welches in einzelne Ebenen aufgeteilt ist.

■ Der Begriff **Topologie** (Topology) bezeichnet die Art der Leitungsführung, in der die Geräte miteinander verbunden werden.

An der Spitze steht der PC als USB-Host, der in der Regel bereits über mehrere USB-Anschlüsse verfügt, somit also auch die Funktion eines Hubs erfüllt (1. Ebene).

■ Ein PC, der als USB-Host fungiert und der über mehrere USB-Ports für den direkten Anschluss externer USB-Geräte verfügt, wird auch als **Root Hub** bezeichnet.

Root Hub
USB-Nodes
USB-Compound Devices

An einen PC mit insgesamt vier USB-Ports lassen sich demnach bis zu vier USB-Devices – Endgeräte oder Hubs – anschließen, die dann die nächste Ebene bilden (2. Ebene). Reine Endgeräte werden auch als **Knoten** (Nodes) bezeichnet. Es gibt aber auch spezielle **Multifunktionsgeräte** (Compound Devices), an die sich dann wiederum weitere Endgeräte anschließen lassen. Diese Multifunktionsgeräte erscheinen dem Host wie ein Hub mit mehreren permanent angeschlossenen Knoten.

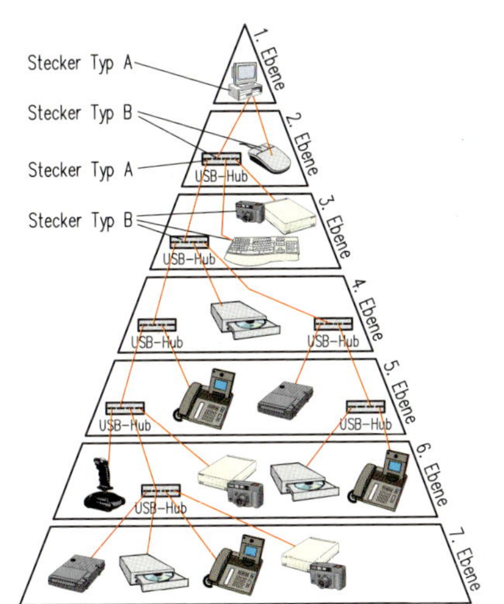

Bild 1.58: Topologie des USBs

An die Hubs der 2. Ebene können weitere Endgeräte oder Hubs angeschlossen werden, die dann die nächste Ebene bilden. Auf diese Weise sind bis zu sieben Ebenen möglich. Eine größere Anzahl von Ebenen verursacht Übertragungsprobleme u.a. bedingt durch Laufzeiteffekte. Der Universal Serial Bus weist somit eine sternförmige Struktur auf, bei der die Hubs jeweils die Verbindungen schalten. Während des laufenden Betriebs können Geräte hinzugefügt oder

abgetrennt werden („Hot Plugging"), die dann automatisch erkannt und initialisiert werden („Plug and Play").
Alle USB-Geräte besitzen hierfür eine fest verdrahtete Hardware-Erkennung – bestehend aus Herstellerangaben, Seriennummer und Produkterkennung – um den Bus nach einem Reset oder dem Neustart korrekt initialisieren zu können.
Dazu gehören auch Informationen bezüglich der Geräteklasse, Art der Stromversorgung und mögliche Übertragungsbandbreiten. Während der Initialisierung spricht der Host ebenenweise alle Knoten an und weist jedem Gerät eine eindeutige ID (User **ID**entification) zu.

USB-Kabel

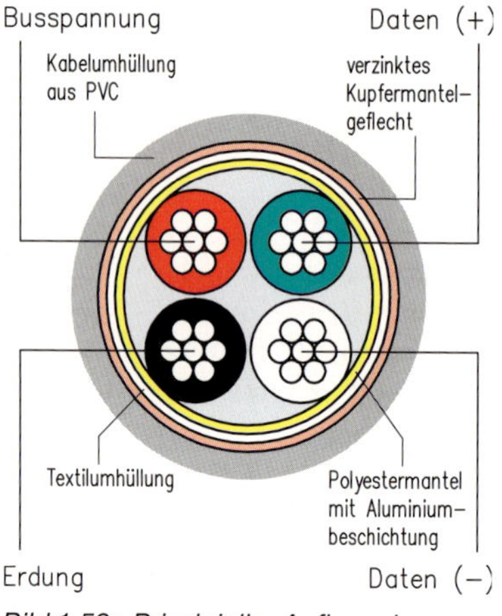

Bild 1.59: Prinzipieller Aufbau eines USB-2.0-Kabels

Wegen der Abwärtskompatibilität von USB-2.0-Geräten können an diese auch Geräte der USB-Spezifikation 1.0 angeschlossen werden. Umgekehrt ist dies nicht möglich, da die Signalspannung der Version 2.0 lediglich 0,6 V beträgt gegenüber 3 V bei der Version 1.0.
Die Verbindung der Geräte erfolgt über vieradrige Kabel, zwei Adern für den bidirektionalen Datenverkehr und zwei Adern für eine begrenzte Energieversorgung angeschlossener Geräte durch den Host. Über die beiden Versorgungsleitungen können bei einer Spannung von 5 V Geräte bis zu einer Stromaufnahme von insgesamt 500 mA vom Host fremdgespeist werden, sodass auch Geräte ohne eigene Stromversorgung am USB betrieben werden können.

USB-Geräteklassen

Zur Unterscheidung angeschlossener Geräte mit unterschiedlicher Stromaufnahme dient die Einteilung in **Geräteklassen**.

Geräteklasse	Bezeichnung	Stromversorgung	Leitungen	Beispiel
bus-powered	low-powered	Bis zu 100 mA über Buskabel	< 3 m; auch ungeschirmte Kabel möglich	Tastatur, Maus, Joystick
	high-powered	Zwischen 200 mA und 500 mA über Buskabel	< 5 m; verdrillte Adern, möglichst geschirmt	Digicam
self-powered		Eigene Stromversorgung	< 5 m; verdrillte Adern, geschirmt	Drucker, Scanner, Lautsprecher

Bild 1.60: Geräteklassen bei USB 2.0

Induktion siehe Kap. 5.5.1.4

Die in der Spezifikation angegebenen maximalen Kabellängen sollten nicht überschritten werden, da es ansonsten leicht zu Induktionsstörungen kommen kann.

Bei den USB-2.0-Steckern bzw. -Buchsen unterscheidet man die beiden Varianten Typ A und Typ B.

USB-Stecker und -Buchsen

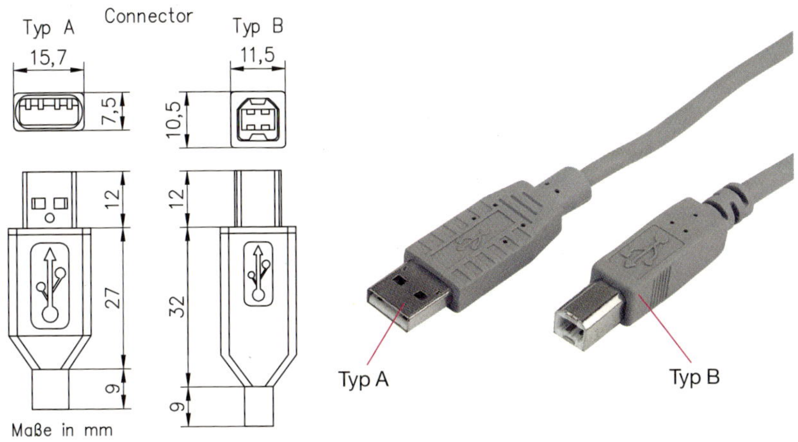

Bild 1.61: USB-Steckervarianten

Bild 1.62: USB-Link-Kabel

Beide sind mechanisch inkompatibel, sodass eine Verwechslung beim Anschluss nicht möglich ist. Der breite Typ-A-Stecker wird immer in Richtung zum Host, der quadratische Typ-B-Stecker wird immer in Richtung Peripheriegerät verwendet (siehe Bild 1.61). Hierdurch wird die Verschaltung in einer geschlossenen Schleife verhindert. Mithilfe eines speziellen USB-Link-Kabels, welches über eine entsprechende Anpassungsschaltung in der Kabelmitte verfügt, ist allerdings auch die direkte Verbindung zweier Host-PCs möglich.

USB-Link-Kabel

Bei Geräten mit kleinen Abmessungen werden auch spezielle verkleinerte USB-2.0-Stecker und -Buchsen eingesetzt. Bei allen Stecker-Ausführungen sind die beiden Kontaktzungen für die Spannungsversorgung länger als die beiden Kontakte für die Signalleitungen. Hierdurch wird sichergestellt, dass beim Einstecken während des laufenden Betriebes die Versorgungsspannung für das Gerät geringfügig eher anliegt als die zu verarbeitenden Daten. Innerhalb dieser kurzen Zeitspanne kann die Geräteelektronik dann jeweils die erforderlichen Betriebswerte annehmen bevor anliegende Daten verarbeitet werden.

Des Weiteren gibt es **Wireless-USB**-Produkte, die insbesondere bei den sogenannten HID-Anwendungen, also Tastaturen, Mäusen und Gamepads für Spielekonsolen Anwendung finden. Eine drahtlose USB-Strecke besteht aus einem entsprechenden Sender, der in einen USB-Anschluss eingesteckt wird, und einem USB-Transceiver im angeschlossenen Gerät. Aus der Sicht des Rechners verhält sich die Funkstrecke wie ein USB-Kabel. Die Funkübertragung (Datenrate 1 Mbit/s, ISM-Band 2,4 GHz, Reichweite 10 m, Frequenzsprungverfahren mit 79 Kanälen) ist ähnlich der bei Bluetooth, allerdings mit einem erheblich einfacheren Protokoll.

HID = **H**uman **I**nterface **D**evices

ISM, Frequenzsprungverfahren, Bluetooth siehe Kap. 1.4.7

Die Daten werden bei USB seriell in Paketen von maximal 1 024 Bytes übertragen, jedes Paket beginnt mit einem Header.

Header

Als **Header** bezeichnet man den Datenbereich am Anfang eines Paketes (Informationskopf), der Informationen über die Ursprungs- und die Zieladresse, Paket-ID-Nummer sowie ggf. zur Steuerung und zur Fehlerkorrektur enthält.

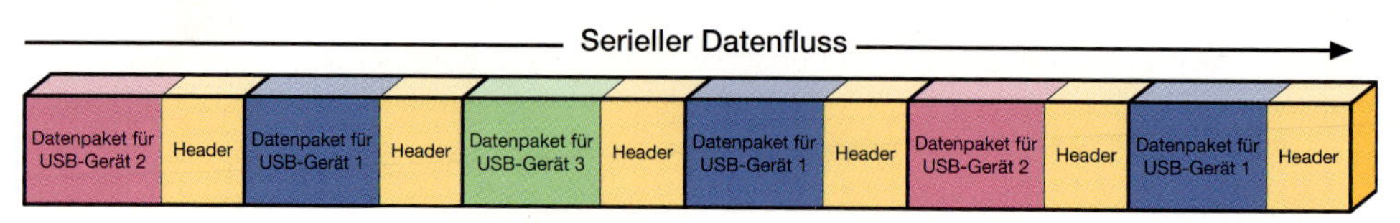

Bild 1.63: Serieller Datenfluss bei USB (Grundprinzip)

Die Reihenfolge der Datenpakete ist bedarfsorientiert, d.h. müssen z.B. große Datenmengen zu USB-Gerät 1 übertragen werden, erfolgt die Übertragung zu diesem Ziel in kürzeren Intervallen bzw. größeren Paketen als zu anderen Zielen (Bild 1.63).

Betrachtet man die Art der Datenübertragung genauer, so lassen sich verschiedene Datentransfer-Modi unterscheiden. Aufgrund des unterschiedlich großen Protokollaufwandes verringern sich jeweils die angegebenen maximalen Datenraten (1,5 Mbit/s, 12 Mbit/s, 480 Mbit/s).

Tranfermodus	Verwendung, Eigenschaften	Max. Netto-Bitraten
Control-Modus	Konfiguration nach Anschluss eines neuen Gerätes, Kontrolle und Steuerung, ID-Zuweisung	Low-Speed = 184 Kbit/s Full-Speed: 6,5 Mbit/s High-Speed: 124 Mbit/s
Interrupt-Modus	Übertragung von kleinen Datenmengen (bis zu 64 Byte bei High-Speed- und 8 Byte bei Low-Speed-Geräten) in gerätespezifisch festgelegten Intervallen; protokollmäßig kontinuierlich garantierte Bereitstellung entsprechender Übertragungskapazitäten; Fehlerkorrektur vorhanden Beispiel: Maus, Tastatur	Low-Speed: 64 Kbit/s Full-Speed: 500 Kbit/s High-Speed: 192 Mbit/s
Bulk-Modus	Übertragung von großen, sporadisch anfallenden zeitunkritischen Datenmengen; protokollmäßig nur dann Bereitstellung von Übertragungskapazität, wenn diese entsprechend zur Verfügung stehen, ggf. Wartezeit erforderlich; Fehlerkorrektur vorhanden Beispiel: Scanner, Drucker	Low-Speed: – Full-Speed: 9,6 Mbit/s High-Speed: 416 Mbit/s
Isochron-Modus	High-Speed- und Low-Speed-Datenübertragung in Realzeit; protokollmäßig garantierte feste Übertragungsrate; Überprüfung vorhandener Übertragungskapazitäten bereits bei Anforderung eines Gerätes Beispiel: Mikrofon, Kamera	Low-Speed: – Full-Speed: 8 Mbit/s High-Speed: 192 Mbit/s

Bild 1.64: Transfermodi bei USB 2.0

Zur Übertragung wird ein spezieller NRZ-Code verwendet, dem zur Synchronisation ein Taktsignal hinzugefügt ist.
Aufgrund der universellen Einsatzmöglichkeiten und der höheren Übertragungsgeschwindigkeit hat USB die bislang vorhandenen Standardschnittstellen (z. B. serielle und parallele Schnittstellen) weitestgehend ersetzt.

NRZ = Non Return to Zero

siehe Vernetzte IT-Systeme Kap. 4.1.8

USB-OTG

USB-OTG (**O**n-**T**he-**G**o) stellt eine Erweiterung des USB-2.0-Standards dar und spezifiziert eine neue USB-Geräteklasse, die untereinander ohne einen zwischengeschalteten PC als Steuergerät (Host) Daten austauschen kann. Durch eine implementierte Protokollergänzung verfügen OTG-Geräte selber über die Fähigkeit, begrenzt die Rolle eines Hosts zu übernehmen.

Ein USB-Gerät mit begrenzter Übernahme von Host-Eigenschaften wird als **Dual-Role-Gerät** bezeichnet.

Der OTG-Standard führt einen kompakten Mini-A- und einen Mini-B-Stecker sowie eine Mini-AB-Steckdose ein, die zueinander kompatibel sind. Wenn die beiden Dual-Role-Geräte miteinander verbunden werden, übernimmt das Gerät, das den Mini-A-Stecker erhält, automatisch die (begrenzte) Hostfunktion. Da diese Funktion bei OTG-Geräten beliebig tauschbar ist, muss sich der Benutzer keine Gedanken über das richtige Anstecken von Kabeln machen.

USB 3.0

Der Standard USB 3.0 bietet eine Erhöhung der Datenrate auf bis zu 5 Gbit/s (**Super-Speed-Modus**; theoretischer Wert). Hierzu sind jedoch zusätzliche Aderpaare und somit auch neue Steckverbindungen erforderlich. Die Datenübertragung im Super-Speed-Modus erfolgt richtungsgetrennt mit differenziellen Signalen über zwei getrennte Aderpaare im Vollduplex. Ein USB 3.0-spezifiziertes Kabel besteht somit insgesamt aus 8 Leitungen (4 Aderpaare). Aus Gründen der Abwärtskompatibilität zu USB 2.0 erweitert man die Kontaktzahl des alten Typ-A-Steckers um weitere fünf Anschlüsse (TX+, TX–, RX+, RX– und Masse; Bild 164a). Somit passen alte und neue Typ-A-Stecker mechanisch zusammen. Bei dem alten Typ-B-Stecker hingegen fehlt der Platz für zusätzliche Kontakte, dieser bekommt daher einen Anbau, der so gestaltet ist, dass der alte Typ-B-Stecker in die neue Buchse passt, aber nicht der neue Typ-B-Stecker in die alte Buchse (Bild 164b).

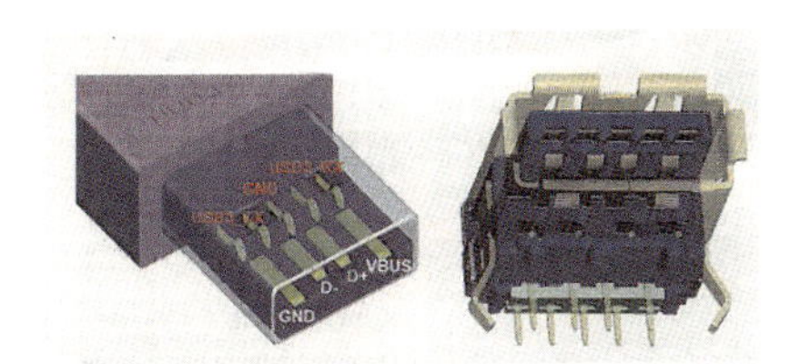

Bild 1.64a: USB 3.0 Typ A-Anschluss

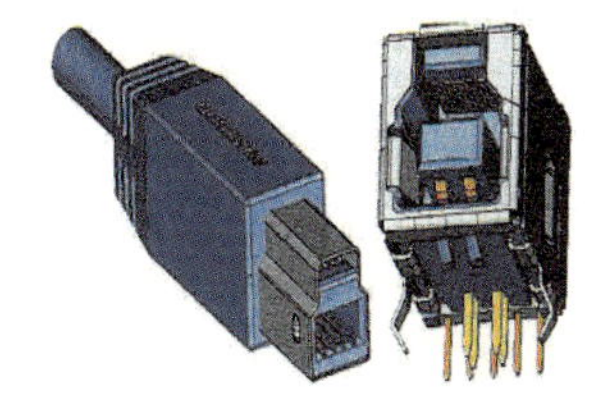

Bild 164b: USB 3.0 Typ-B-Anschluss

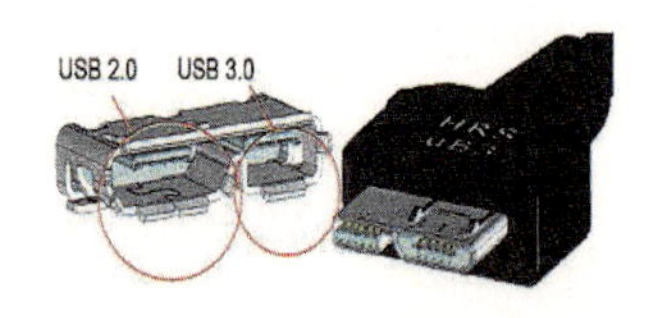

Bild 164c: USB 3.0 Mini-Version Typ

Auch die alten, in Kleingeräten (Kamera, PDA usw.) verwendeten Mini-Versionen des Typ-B-Steckers bieten keinen Platz für neue Pins und erhalten einen Anbau (Bild 164c).

Die neuen Stecker verfügen auch über reservierte Flächen, die später optische Verbindungen ermöglichen sollen.
Wegen der bestehenden Unterschiede bei der Datenübertragung zwischen USB 2.0 und USB 3.0 (USB 2.0: ein Aderpaar für beide Richtungen; USB 3.0: getrennte Aderpaare für beide Richtungen) müssen auch die Übertragungsmodi (z.B. High-Speed und Super-Speed) getrennt verwaltet werden. Hierzu sind spezielle USB 3.0 Hubs erforderlich, die jeweils aus einem USB 2.0-Controller zur Verwaltung der alten und einem USB 3.0-Controller zur Verwaltung der neuen Anschlüsse bestehen. Ein gleichzeitiger Betrieb im High-Speed- und im Super-Speed-Modus ist aber nicht möglich. Super-Speed-Geräte dürfen im Low-Power-Modus bis zu 150 mA und im High-Power-Modus bis zu 900 mA ziehen (vgl. Bild 1.60).

1.3.4 Firewire

Firewire hat sich als Kurzbezeichnung für ein Bussystem etabliert, das ursprünglich auf die Entwicklung eines seriellen Busses für eine schnelle Datenübertragung der Firma Apple in den 80er-Jahren zurückgeht. Durch den Zusammenschluss verschiedener namhafter Hersteller der Computer- und der Audio-/Video-Industrie (z.B. Adaptec, AMD, Apple, IBM, Microsoft, Philips, Sony, TI, JVC, Yamaha u.a.) wurde diese Entwicklung modifiziert und führte 1995 zur Veröffentlichung des primären Firewire-Standards, dessen Originalbezeichnung **IEEE 1394–1995** lautet.

IEEE

IEEE ist die Abkürzung für **I**nstitute of **E**lectrical and **E**lectronics **E**ngineers, eine Vereinigung von amerikanischen Elektro- und Elektronikingenieuren, die für viele Standards in Hardware und Software verantwortlich ist.

i-Link

Anstelle von Firewire verwendet Sony für diesen Standard aus Marketinggründen die firmeneigene und lizenzgeschützte Bezeichnung **i-Link**.
Der Bus-Standard IEEE 1394 weist folgende allgemeine Spezifikationen auf:

- Frei zugänglicher Standard, d.h. für Hersteller von Firewire-Geräten fallen grundsätzlich keine Lizenzgebühren an (Ausnahme: Produktion bestimmter erforderlicher ICs, für die Sony die Lizenzen hat)
- Rein digital arbeitendes, bidirektionales Bussystem
- Direkte Kommunikationsmöglichkeit zwischen zwei Geräten, kein Host-PC erforderlich
- Plug-and-Play-fähig, somit sind keine IRQ- bzw. DMA-Einstellungen beim Einsatz neuer Geräte notwendig
- Hot-Plugging, d.h. während des laufenden Betriebes lassen sich Geräte hinzufügen oder entfernen
- Gleichzeitiger Betrieb von langsamen und schnellen Geräten an einem Bus möglich
- In begrenztem Umfang Fremdspeisung über Anschlusskabel möglich, hierdurch sind auch Geräte ohne eigene Energieversorgung anschließbar

IRQ = Interrupt Request
DMA = Direct Memory Access
siehe Kap. 3.6

Um den Entwicklungsfortschritt auch in der Bezeichnung zu verdeutlichen, unterscheidet man heute zwischen dem älteren Firewire-Standard IEEE 1394**a** und dem neuen Standard IEEE 1394**b** (Firewire 2).

Firewire 1
Firewire 2

Grundsätzlich weist Firewire bei beiden Spezifikationen eine Baumstruktur auf, bei der die Geräte (Nodes) in einem oder mehreren Strängen hintereinander geschaltet werden.

Das Hintereinanderschalten von Firewire-Geräten bezeichnet man als **Daisy Chaining**. Die Verbindungsstränge zwischen Firewire-Geräten werden **Hops** genannt.

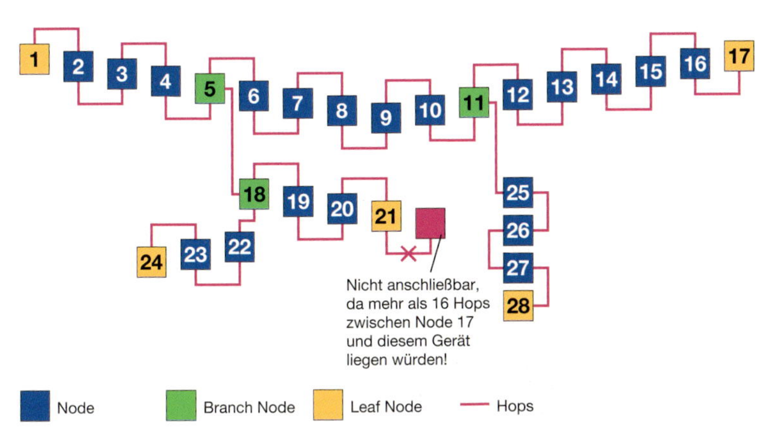

Bild 1.65: Baumstruktur bei Firewire

In der Regel verfügt jedes Firewire-Gerät über zwei Ports, einen Eingang und einen Ausgang. Insgesamt dürfen höchstens 16 Hops zwischen zwei beliebigen Nodes liegen. Die Begrenzung der Anzahl möglicher Hops resultiert aus den endlichen Signallaufzeiten. Die Leitungslänge zwischen zwei Geräten ist aufgrund der physikalischen Eigenschaften der Leitungen (siehe Kap. 5.3.2) auf jeweils 4,5 m begrenzt, wodurch sich beim IEEE-1394a-Standard eine maximale überbrückbare Gesamtdistanz von 72 m ergibt. Verfügen Geräte über mehr als zwei Ports, sind Verzweigungen möglich, jedoch sind Schleifen zwischen den Geräten nicht erlaubt. Die Datenübertragung zwischen zwei Knoten ist auch dann möglich, wenn dazwischenliegende Knoten nicht in Betrieb sind.

siehe Vernetzte IT-Systeme Kap. 4.1.2

Firewire verwendet eine 6-Bit-Adressierung für die Nodes (Node-ID), somit sind bis zu 63 Geräte anschließbar. Einige der Nodes werden speziell bezeichnet:

Bezeichnung	Beschreibung
Root Node	Gerät, das die Funktion des Bus-Managers übernommen hat; der Busmanager sammelt Informationen über die Bustopologie und die Eigenschaften aller angeschlossenen Knoten.
Branch Node	Gerät, an dem sich ein Strang aufteilt
Leaf Node	Gerät am Ende eines Stranges

Bild 1.66: Spezielle Geräte-Bezeichnungen bei Firewire

Peer-to-Peer siehe Vernetzte IT-Systeme Kap. 1.2.2

Für die Flexibilität der Firewire-Struktur ist von Vorteil, dass kein Host-PC erforderlich ist. Grundsätzlich kann jeder Knoten die Funktion des Bus-Managers übernehmen. Im Gegensatz zu USB sind somit echte Peer-to-Peer-Verbindungen möglich, das heißt, zwei Geräte können direkt miteinander verbunden werden und Daten austauschen (z. B. digitaler Videorekorder und digitaler Camcorder).

TP = Twisted Pair siehe Vernetzte IT-Systeme Kap. 4.1.1.2

Entsprechend dem IEEE-1394-Standard kann die Verbindung der Geräte entweder über Kupferkabel oder Lichtwellenleiter erfolgen. Bei der Verwendung von Kupferkabeln stehen zwei Varianten zur Verfügung. Die vieradrige Ausführung enthält zwei TP-Kabel, jeweils ein Paar für die Daten- und ein Paar für die Steuersignale. Die sechsadrige Ausführung enthält zusätzlich ein Adernpaar für eine externe Energieversorgung angeschlossener Geräte ohne eigenes Netzteil oder Batterie.

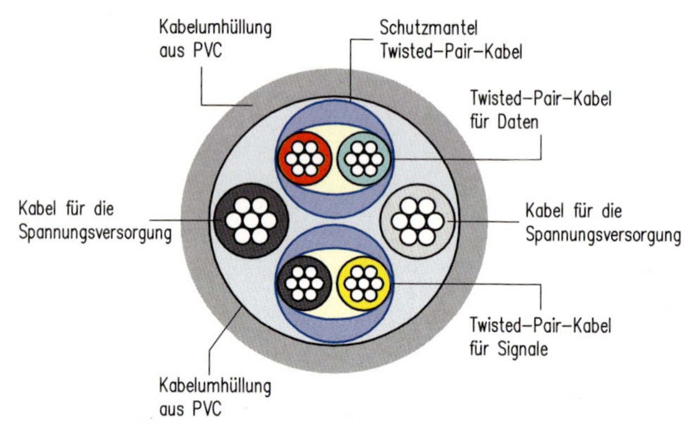

Bild 1.67: Aufbau eines 6-adrigen Firewire-Kabels

Gemäß Spezifikation ist hierbei eine Spannungsversorgung von 8 V–40 V bei einem maximalen Strom von 1,5 A möglich.
Für die verschiedenen Kabel existieren auch unterschiedliche Steckertypen, jeweils mit vier bzw. sechs Anschlusspins. Zusätzlich gibt es noch einen sogenannten Cardbus-Stecker für den direkten Anschluss eines Laptops über den PC-Card-Slot (frühere Bezeichnung: PCMCIA-Slot). Alle Verbindungsstecker können innerhalb eines Systems gemischt verwendet werden, sofern die Geräte über entsprechende Anschlüsse verfügen.

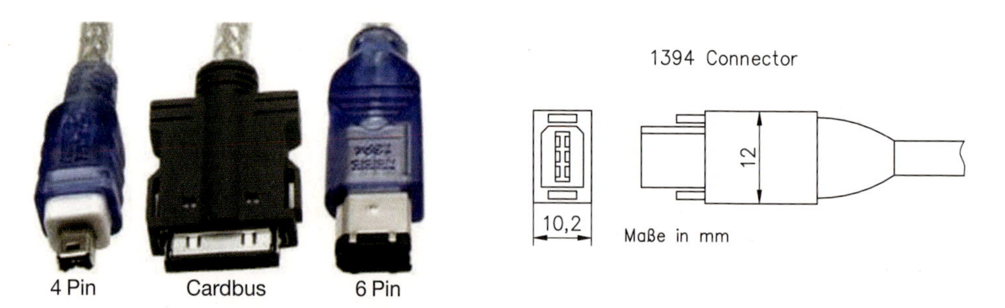

Bild 1.68: Firewire-Anschlussstecker für Kupferkabel

Firewire 1 (IEEE 1394a) sieht Übertragungsraten von 100, 200 und 400 Mbit/s über Kupferkabel vor. Bei Firewire 2 (IEEE 1394b) ist eine Vergrößerung der Übertragungsrate bis zu 3,2 Gbit/s bei überbrückbaren Strecken bis zu 100 m zwischen zwei Geräten unter Einsatz von Glasfaserleitungen (POF: Plastic Optical Fibre) möglich.

Firewire-Schnittstelle

In der IEEE-1394-Spezifikation werden zwei Datentransfer-Modi definiert:

Tranfermodus	Verwendung, Eigenschaften
Asynchroner Modus	Bedarfsorientierte Datenübertragung bei Aufteilung der vorhandenen Bandbreite auf die vorhandenen Geräte, jedoch keine Bandbreiten-Garantie für die einzelnen Geräte, somit ggf. Wartezeiten bei der Datenübertragung möglich, wenn der Bus ausgelastet ist.
Isochroner Modus	Reservierung einer bestimmten Bandbreite für ein Gerät und somit eine Garantie für die Übertragung einer bestimmten Datenmenge innerhalb eines bestimmten Zeitintervalls. Die Reservierung und die Verwaltung erfolgt durch einen Knoten, der die Funktion des sogenannten **IRM** (**I**sochronous **R**esource **M**anager) übernimmt. Meist hat diese Aufgabe der Root Node.

Bild 1.69: Datentransfer-Modi bei Firewire

Bei jedem Hinzufügen oder Entfernen eines Knotens wird der Bus neu initialisiert. Dieser Prozess erfolgt nach genau festgelegten Protokollstrukturen. Vereinfacht dargestellt wird hierbei zunächst die aktuelle Baumstruktur ermittelt und jedem Knoten eine ID zugewiesen. Die Steuerung übernimmt einer der zentral liegenden Knoten, der dann als Root Node fungiert. Anschließend erhält jedes Gerät die Möglichkeit, Informationen über die eigene Konfiguration – wie zum Beispiel Anforderung an die Energieversorgung, Standard-Transfermodus, Übertragungsgeschwindigkeit – an alle anderen Knoten zu übermitteln. Diese Informationen werden vom Root Node ausgewertet. Anhand dieser Daten werden die Zugangsberechtigungen zum Bus für die einzelnen Geräte festgelegt. Bei der Zuteilung von Übertragungsbandbreiten werden isochrone Geräte bevorzugt gegenüber den asynchron arbeitenden Geräten behandelt.

Initialisierungsprozess

1.3.5 Vergleich der Bussysteme

FSB, Memory-Bus sowie der PCI-Bus basieren auf einer parallelen Busstruktur, die sich in der Vergangenheit als einfach und wirtschaftlich erwiesen hat. Aufgrund der immer höheren erforderlichen Übertragungsraten stoßen parallele Bussysteme aber in vielerlei Hinsicht an ihre Grenzen:

- Der parallele Bus wird von allen angeschlossenen Einheiten (CPU, Speicher, Peripheriegeräte) gemeinsam – jeweils als Punkt-zu-Punkt-Verbindung – genutzt. Hierbei kann es zu Überlastungen und damit zu Wartezeiten kommen, die das System verlangsamen.
- Die Zunahme der Busbreite vergrößert die Anzahl der Leiterbahnen sowie ggf. der Anschlusskontakte von Steckkarten und führt damit zu einem erhöhten Platzbedarf auf den Platinen.
- Physikalische und elektrische Phänomene (z.B. frequenzabhängige Leiterbahnwiderstände, Laufzeitunterschiede zwischen Bussignalen) erfordern ein ausgereiftes und damit teueres Leiterplatten-Layout und begrenzen die mögliche Buslänge, die in der Regel auf wenige Zentimeter beschränkt ist.

Siehe Kap. 5 Grundkenntnisse der Elektrotechnik

Während die aufgeführten parallelen Busstandards einen gemeinsam genutzten Bus vorsehen, handelt es sich bei den seriellen Standards USB und Firewire um „vernetzte“ Konzepte. Diese besitzen einige Vorteile gegenüber den parallelen Architekturen:

- Es werden sowohl Punkt-zu-Punkt- als auch Punkt-zu-Mehrpunkt-Verbindungen unterstützt.

Pipes

- Anstelle von 32 bis 128 bit breiten Bussystemen mit der dafür erforderlichen Anzahl von physikalisch vorhandenen Leitungen treten serielle „Kanäle“ – auch **Pipes** genannt –, die durch den Einsatz von Multiplextechniken gleichzeitig von verschiedenen Geräten genutzt werden können und die über zwei bzw. vier Leitungen übertragen werden.
- Entfernungen bis zu einigen Metern lassen sich problemlos überbrücken.

RAS-Konzept

- Serielle Systeme zeigen eine hohe Zuverlässigkeit und Redundanz durch Umsetzung des sogenannten **RAS-Konzepts**.

RAS steht für **R**eliability, **A**vailability und **S**erviceability (Zuverlässigkeit, Verfügbarkeit und Wartungsfreundlichkeit) und beschreibt das Anforderungsprofil für moderne Übertragungssysteme.

siehe Vernetzte IT-Systeme Kap. 1 und Kap. 3

PCI-Express überträgt die seit langem bereits in lokalen Netzen und in der Weitverkehrstechnik eingesetzte Switching-Technologie auf die Verbindung von On-Board-Komponenten in einem PC. Mit dieser Technik lassen sich die bei hohen Frequenzen in parallelen Übertragungssystemen auftretenden Probleme umgehen. Die erforderlichen kleineren und kompakteren Anschlussstecker sind preiswerter herstellbar und benötigen weniger Platz auf dem Board.
Die folgende Tabelle fasst wesentliche Leistungsmerkmale der vorgestellten Bussysteme zusammen.

	ISA	EISA	PCI	PCIe	USB	Firewire
Übertragungsverfahren	Parallel	Parallel	Parallel	Seriell, Punkt-zu-Punkt	Seriell	Seriell
Datenbusbreite	16 bit	32 bit 64 bit	32 bit 64 bit	–	–	–
Adressbusbreite	24 bit	24 bit	32 bit	–	–	–
Bustakt	8,33 MHz	8,33 MHz	33 MHz 66 MHz 133 MHz	1,25 GHz	–	–
Datentransfer	8,33 MByte/s	33 MByte/s	132 MByte/s 266 MByte/s 533 MByte/s 1 GByte/s	5 Gbit/s, skalierbar bis 160 Gbit/s (PCIe 2.0)	1,5 Mbit/s 12 Mbit/s 480 Mbit/s 5 Gbit/s (USB 3.0)	200 Mbit/s 400 Mbit/s 800 Mbit/s 3,2 Gbit/s
max. Steckplätze/ Geräte	8	8	4 (erweiterbar mit Bridges)	1 Gerät pro Anschluss	127	63
Busmasterfähig	nein	ja	ja	–	–	–
Hot-Plugging	nein	nein	nein	ja	ja	ja

Entsprechend allgemeiner Konvention werden in der Tabelle Übertragungsraten bei paralleler Übertragung in MByte/s (Megabyte pro Sekunde), bei serieller Übertragung in Mbit/s (Megabit pro Sekunde) angegeben.

Bild 1.70: Zusammenfassender Vergleich verschiedener Bussysteme

Neben den bislang aufgeführten Bustechniken werden auch die folgenden Technologien in unterschiedlichen Bereichen der PC-Technik für den schnellen Datentransport eingesetzt.

Bezeichnung	**Hub Interface**	**Hypertransport**	**RapidIO**	**InfiniBand**	**QuickPath Interconnect**
Entwickler	Intel	AMD	Motorola	Intel	Intel
Datenleitungen pro Link	16	2, 4, 8, 16 oder 32	8	4	20
Transfer pro Link (theoretisch)	8,5 Gbit/s	HT 1.0: bis ca. 50 Gbit/s HT 2.0: bis ca. 90 Gbit/s HT 3.0: bis ca. 165 Gbit/s	16 Gbit/s	2,3 Gbit/s	QPI 1.0: bis ca. 200 Gbit/s
Taktfrequenz	66 MHz	HT 1.0: 0,2 bis 0,8 GHz HT 2.0: 0,2 bis 1,4 GHz HT 3.0: 0,2 bis 2,6 GHz	3,125 GHz	1,25 GHz	2,4–3,2 GHz
Einsatz	Chip-to-Chip-Verbindungen	Chip-to-Chip-Verbindungen	Industrielle PC-Systeme	CPU-Clusterbildung	Chip-to-Chip-Verbindung

Bild 1.71: Weitere aktuelle Übertragungstechnologien

Aufgaben:

1. Erläutern Sie die prinzipiellen Unterschiede zwischen einem parallelen und einem seriellen Bus.
2. Aus welchen grundsätzlichen Leitungsgruppen besteht ein paralleler Bus?
3. Welcher Unterschied besteht zwischen einem unidirektionalen und einem bidirektionalen Bus?
4. Begründen Sie, warum serielle Bussysteme bei hohen Taktfrequenzen Vorteile gegenüber parallelen Bussystemen aufweisen.
5. In einem PC sollen Daten aus dem Arbeitsspeicher an ein Ausgabegerät übertragen werden. Visualisieren Sie diesen Prozess mithilfe eines einfachen Flow-Charts (sofern möglich mit einem Computerprogramm, vgl. Bild 1.48).
6. Welche Datenbusbreiten können moderne Prozessoren verarbeiten?
7. Über einen Datenbus müssen 2,6 GB an Nutzdaten übertragen werden. Welche Zeit würde hierfür theoretisch unter Zugrundelegung der im Kapitel angegebenen maximalen Übertragungsraten benötigt:

   a) bei einem PCI 1.0 Bus
   b) bei einem PCI 2.3 Bus
   c) bei USB 2.0
   d) bei Firewire 2
   e) bei PCIe × 16
8. Ein Prozessor kann maximal 64 GB Speicher adressieren.

   a) Wie viele Adressleitungen sind hierzu erforderlich?
   b) Berechnen Sie exakt, wie viele Bytes Speicherkapazität ein 64 GB Speicher hat.

9. Ein Kunde hat in einem Fachbuch gelesen, dass entsprechend seiner Spezifikation an einen PCI-Bus maximal vier Erweiterungskarten angeschlossen werden können. Zu seiner Verwunderung verfügt sein PC jedoch über fünf PCI-Steckplätze. Erklären Sie Ihm den Sachverhalt.
10. Erläutern Sie die grundsätzlichen Unterschiede zwischen PCI und PCI-Express!
11. Was versteht man unter einem „Twisted-Pair-Kabel“ und welche PC-Busse verwenden diese Kabelart?
12. Welche Bedeutung hat das abgebildete Symbol?
13. Was versteht man unter einem „Hub“?
14. Begründen Sie, warum das Buskabel bei USB terminiert werden muss.
15. Wie viele Geräte lassen sich bei USB maximal an einem Strang anschließen? Woraus resultiert diese Begrenzung der Anzahl?
16. An einem USB sind Geräte angeschlossen, die in gleichen Zeitintervallen unterschiedlich große Datenmengen übertragen müssen (z. B. Tastatur und Bildschirm). Auf welche Weise ist der Datenfluss organisiert, damit jedes Gerät seiner Funktion entsprechende Datenmengen übertragen kann?
17. Was versteht man unter USB-OTG?
18. Die Leitungslängen bei USB und bei Firewire sind entsprechend der jeweiligen Spezifikationen begrenzt. Begründen Sie diese Tatsache mithilfe elektrotechnischer Gesetzmäßigkeiten.
19. Aus welchem Grund verwendet man bei USB zwei unterschiedliche Steckertypen?
20. Vergleichen Sie die technischen Merkmale und Einsatzbereiche von PCIe mit den Verbindungstechnologien Hypertransport, RapidIO und InfiniBand. Führen Sie ggf. eine Internetrecherche durch.

1.4 Schnittstellen

Der Begriff Schnittstelle (Interface) wird sehr häufig in verschiedenen Zusammenhängen mit unterschiedlichen Bedeutungen verwendet:

- Umgangssprachlich formuliert man: Die Tastatur stelle die Schnittstelle zwischen Mensch und Computer dar.
- In der Programmierung bezeichnet man als Schnittstelle beispielsweise die verschiedenen Ebenen der Routinen, die zwischen einer Anwendung und der Hardware existieren (Softwareschnittstelle).
- Die Platinen, Stecker und anderen Bauelemente, die Teile des Computers miteinander verbinden, stellen eine hardwaremäßige Schnittstelle dar und ermöglichen so eine Informationsübertragung von einer Stelle zu einer anderen (Hardwareschnittstelle).

Definition Schnittstelle

Allgemein versteht man unter einer **Schnittstelle** einen Punkt, an dem eine Verbindung zwischen zwei Elementen hergestellt wird, damit sie miteinander arbeiten können.

Standardisierte Schnittstellen

Standardisierte Schnittstellen ermöglichen herstellerunabhängige Verbindungen zwischen Computer, Drucker, Festplatten sowie anderen Komponenten. Um Steckplätze zu sparen, sind auf modernen Motherboards eine Reihe von Schnittstellen meist direkt integriert. Sie sind entweder auf der Rückseite des

Rechnergehäuses über entsprechende Anschlüsse zugänglich (Bild 1.72) oder innerhalb des Gehäuses direkt mit dem entsprechenden Gerät verbunden (z. B. Festplatte, DVD). Die ATX-Spezifikation (siehe Kap. 1.2) schreibt exakt vor, wie die außen zugänglichen Anschlüsse der externen Schnittstellen auf dem Motherboard zu platzieren sind. Die BTX-Vorgaben unterscheiden sich hiervon nur unwesentlich (etwas schmalere, dafür aber längere Anschlussleiste).

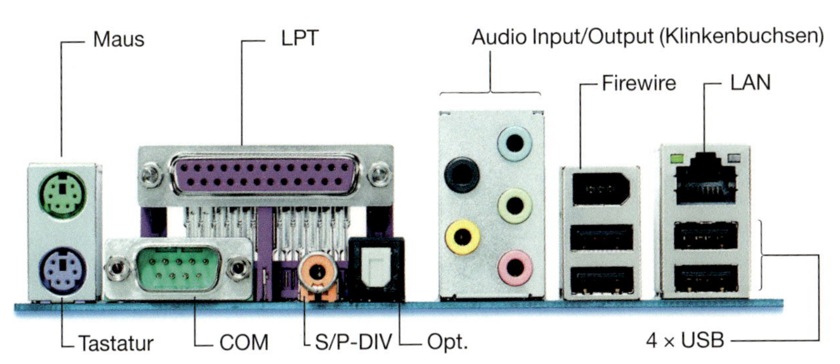

Opt.: optische Schnittstelle

Bild 1.72: Schnittstellenanschlüsse gemäß ATX-Standard (Beispiel)

Je nach Funktionsumfang können die vorhandenen Klinkenbuchsen softwaregesteuert auch multifunktional verwendet werden (z. B. Mic, Line in, Line out oder Lautsprecherausgänge für ein 5.1-Soundsystem). Die Palette der Anschlüsse erweitert sich, wenn entsprechende weitere Funktionen On-Board vorhanden sind wie z. B. eine ISDN-Schnittstelle. Zusätzlich bieten einige PC-Hersteller auch Schnittstellen an der Frontseite des Gehäuses an (z. B. USB, Firewire, Slots für Flash-Speicherkarten).
Die Überwachung der einzelnen Schnittstellen und teilweise die Ansteuerung der daran angeschlossenen Komponenten übernimmt ein entsprechender Controller.

Controller

■ Ein **Controller** ist eine Gerätekomponente, über die der Computer auf angeschlossene Geräte oder umgekehrt ein angeschlossenes Gerät auf Subsysteme des PCs zugreifen kann.

Schnittstellenerweiterung

Ist eine Schnittstelle erforderlich, die standardmäßig nicht zur Verfügung steht, so kann diese mittels eines Adapters in einem Steckplatz ergänzt werden (z. B. SCSI-Adapter).

Adapter

■ Ein **Adapter** ist eine Steckkarte für einen PC, die es ermöglicht, Peripheriegeräte zu nutzen, für die standardmäßig nicht die notwendigen Buchsen, Ports und Platinen vorhanden sind. Eine einzige Steckkarte kann dabei über mehrere integrierte Anschlüsse verfügen.

Systemressourcen

Ebenso wie Speicherbausteine benötigt jede Schnittstelle eine eindeutige logische Adresse, unter der sie vom Prozessor angesprochen werden kann. Eine solche Adresse wird in der Regel standardmäßig vergeben. Andererseits muss ein an eine Schnittstelle angeschlossenes Gerät die Möglichkeit haben, den Arbeitsprozess des Prozessors zu unterbrechen, um beispielsweise Daten anzufordern. Eine solche Anforderung erfolgt über einen entsprechend zugewiesenen **IRQ** (**I**nterrupt **Req**uest; vgl. Kap. 3.5).

1.4.1 Serielle Schnittstelle (Serial Interface)

UART

Bei der seriellen Schnittstelle werden die Daten- und Steuerbits sequenziell über einen Kanal gesendet. Die im PC intern parallel anliegenden Datenbits werden vor der Übertragung durch einen speziellen Baustein, den **UART** (**Uni**versal **A**synchronous **R**eceiver-**T**ransmitter), in serielle Daten, empfangene Daten dementsprechend in parallele Daten umgewandelt. Zusätzlich fügt der UART den Daten Kontrollinformationen zu und sorgt dafür, dass das Kommunikationsprotokoll korrekt initialisiert und angewendet wird.

RS-232-Schnittstelle

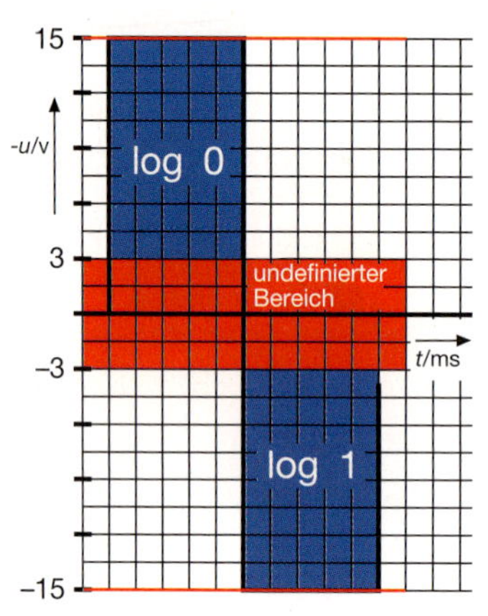

Bild 1.73: Spannungen auf der Datenleitung

Die serielle Schnittstelle des PCs basiert auf dem **RS-232C-Standard** (**RS**: **R**ecommended **S**tandard; **C**: dritte Version), der von der EIA (**E**lectrical **I**ndustries **A**ssociation) entwickelt wurde. Dieser Standard definiert die spezifischen Leitungen und Signaleigenschaften, die von angeschlossenen seriellen Kommunikations-Controllern zu verwenden sind, und stellt damit eine einheitliche Grundlage für die Übertragung serieller Daten zwischen unterschiedlichen Geräten dar. Ihm entsprechen die internationalen Normen V.24 und V.28 bzw. die DIN 66020.

Schnittstellenpegel

Die Signalpegel dieser Schnittstelle unterscheiden sich von den üblichen Logikpegeln in einem PC.

Bei einem Spannungsbereich von ±15 V werden Datensignale größer als +3 V als logisch 0 und Datensignale kleiner als –3 V als logisch 1 erkannt. Spannungen zwischen ±3 V sind nicht definiert. Aufgrund des großen Spannungsbereichs können die Leitungslängen bis zu 15 m betragen.
RS-232-Anschlüsse sind ursprünglich 25-polig. Hiervon werden im Computerbereich gewöhnlich nur neun Leitungen benutzt. Eine jeweilige Anpassung ist mittels Aufstecken eines entsprechenden Adapters möglich. Die Bezeichnungen der Anschlüsse lauten im Allgemeinen DB-9P (9-polig) oder DB-25S (25-polig); P steht für Plug (Stecker = männlich), S steht für Socket (Steckdose = weiblich).

Serielle Schnittstelle

■ Bei der **seriellen Schnittstelle** werden die Sende- und Empfangsdaten auf zwei verschiedenen Adern des Verbindungskabels übertragen. Die übrigen Adern dienen zur Steuerung und Signalisierung.

COM = Abkürzung für **Com**munication

Früher stellten Motherboards zwei serielle Schnittstellen On-Board zur Verfügung, die mit **COM 1** und **COM 2** bezeichnet wurden. Diese hatten standardmäßig die Einstellungen:

Schnittstellen-adressen

Schnittstelle	IRQ	Adresse
COM 1	4	$03F8_{hex}$
COM 2	3	$02F8_{hex}$

Hexadezimalzahlen siehe Kap. 4.2.3

Bild 1.74: Standardeinstellungen serieller Schnittstellen

Anstatt der seriellen Schnittstelle wird zunehmend der USB-Anschluss verwendet, weshalb aktuelle Boards meist nur noch über einen einzigen seriellen Anschluss verfügen.

1.4.2 Parallele Schnittstelle (Parallel Interface)

Bei der parallelen Schnittstelle werden mehrere Daten- und Steuersignale über ein Kabel mit einer entsprechenden Anzahl paralleler Leitungen gleichzeitig übertragen. Sie wird auch – nach dem gleichnamigen Druckerhersteller – **Centronics-Schnittstelle** genannt.

Centronics-Schnittstelle

- Die **Centronics-Schnittstelle** umfasst acht Adern für die parallele Datenübertragung sowie neun zusätzliche Adern für Takt- und Steuersignale sowie für Status-Informationen.

Rechnerseitig wird hierbei eine 25-polige Steckverbindung, auf der Geräteseite eine 36-polige sogenannte **Amphenol-Buchse** verwendet, bei der jede Datenleitung und jede Steuerleitung gesondert durch eine Masseleitung abgeschirmt werden.

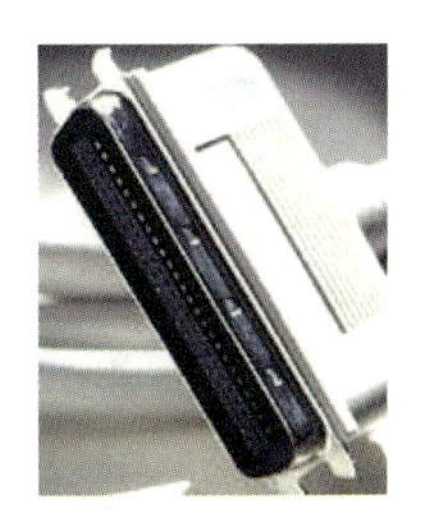

Bild 1.75: Amphenol-Buchse

Die Centronics-Schnittstelle arbeitet mit TTL-Pegeln (vgl. Kap. 4.1), die Länge der Leitung zwischen Computer und angeschlossenem Gerät sollte möglichst nicht mehr als zwei Meter betragen.

LPT

Im PC-Bereich trugen parallele Schnittstellen die Bezeichnung **LPT** (**L**ine **P**rint **T**erminal) und wurden standardmäßig folgendermaßen konfiguriert:

Schnittstellen-adressen

Schnittstelle	IRQ	Adresse
LPT 1	7	0378_{hex}
LPT 2	5	0278_{hex}

Bild 1.76: Standardeinstellungen paralleler Schnittstellen

Moderne Boards stellen zunehmend keine parallelen Schnittstellen mehr zur Verfügung, der Anschluss entsprechender Geräte erfolgt nur noch über USB.

1.4.3 Tastatur- und Maus-Schnittstellen

PS/2-Anschlüsse

Die Tastatur und die Maus werden bei vielen Motherboards jeweils über eine separate Buchse angeschlossen. Bei beiden Buchsen handelt es sich um einen runden 6-poligen, von IBM etablierten Anschluss mit der Bezeichnung **PS/2**. Um eine Verwechslung beider PS/2-Anschlüsse zu vermeiden, werden sie mit einem Maus- bzw. Tastatursymbol versehen und zusätzlich farblich verschieden gekennzeichnet (siehe Bild 1.72). Die Tastatur arbeitet standardmäßig mit IRQ 1, die PS/2-Maus mit IRQ 12. Verfügt ein Board über

Pin	PS/2-Stecker-Anschlussbelegung
1	data
2	no connect
3	ground
4	5 V DC
5	clock
6	no connect

Bild 1.77: Anschlussbelegung PS/2-Stecker

keine PS/2-Anschlüsse mehr, so werden Tastatur und Maus ebenfalls über USB bzw. Wireless-USB angeschlossen.

1.4.4 IDE-Schnittstelle

IDE ist die Abkürzung für **I**ntegrated **D**evice **E**lectronics. Hierbei handelt es sich um eine parallele Schnittstelle für Festplatten (HD: Hard Disc), bei der sich die Controller-Elektronik in den Laufwerken selbst befindet. Dadurch ist keine separate Adapterkarte erforderlich. Allerdings handelt es sich bei IDE nicht um eine einheitlich standardisierte Schnittstelle, vielmehr wurden die Spezifikationen mehrfach erweitert, um den jeweiligen Ansprüchen gerecht zu werden (siehe Bild 1.79).

EIDE-Standard

Bei dem erweiterten **EIDE**–Standard (**E**nhanced **IDE**, kurz auch nur mit IDE bezeichnet) können an einem (E)IDE-Slot auf dem Motherboard bis zu zwei Festplatten angeschlossen werden. Moderne Boards unterstützen höchsten noch einen EIDE-Port für zwei PATA-Laufwerke (siehe Kap. ATA-Spezifikationen).
Die Verbindung zu den angeschlossenen Geräten erfolgte zunächst mit 40-poligen Flachbandkabeln (Bild 1.78), dann mit 80-poligen Flachbandkabeln, wobei die zusätzlichen Adern lediglich zur Abschirmung dienen, um ein Übersprechen von Signalen auf benachbarte Leitungen zu unterdrücken. Später wurden dann auch Rundkabel eingesetzt, die eine verbesserte Luftzirkulation im Gehäuseinneren ermöglichten.

L1 = max. 18 inch
L2 = min. 5 inch
L3 = max. 6 inch

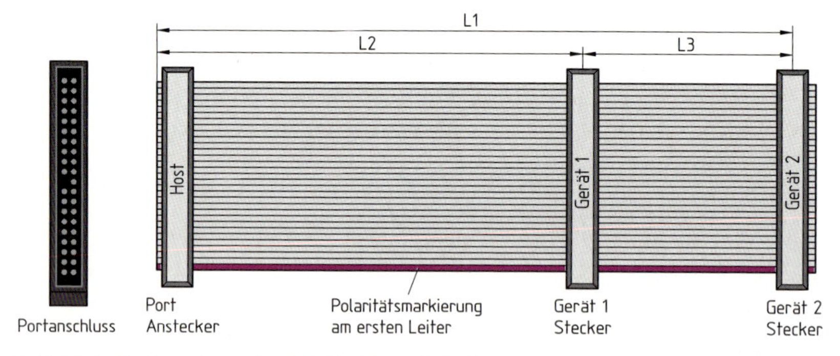

Bild 1.78: Portanschluss, (E)IDE-Flachbandkabel

Die Kabel sind fertig konfektioniert erhältlich, da aus übertragungstechnischen Gründen bestimmte Abstände der Stecker eingehalten werden sollen. Sowohl die Gerätestecker als auch die Anschlussstecker für den (E)IDE-Slot auf dem Motherboard (Port-Anschluss) sind mit einem mechanischen Verpolungsschutz ausgestattet. Des Weiteren ist Leitung 1 farbig markiert.
Obwohl an einem Kabel zwei Geräte anschließbar sind, steht pro Kabel lediglich ein einziger „Übertragungskanal" zur Verfügung. Auf einem solchen Kanal kann jeweils nur ein Gerät aktiv sein, sodass das andere Gerät gegebenenfalls warten muss. Zwei an einem Kabel angeschlossene Geräte beeinflussen sich gegenseitig, da ein Gerät stets die Steuerung des anderen übernimmt.

Master-Slave-Struktur

- Sind zwei (E)IDE-Geräte an einem gemeinsamen Port angeschlossen, bezeichnet man das steuernde Gerät als **Master** und das gesteuerte als **Slave**.

Cable Select

Beim Anschluss von beispielsweise zwei Festplatten an einem Kabel ist demzufolge darauf zu achten, dass die eine Platte als Master und die andere als Slave gejumpert ist. Alternativ lässt sich auch die Einstellung „Cable Select" jumpern, wodurch eine automatische Zuweisung der Master- und Slavefunktion erfolgt. Das Cable-Select-Signal (CSEL-Signal) liegt am ersten Stecker vom Host gesehen an Pin 28 an (Slave), am zweiten Stecker jedoch nicht (Master). Ohne richtige Jumperung oder Verwendung von Cable Select werden Gerätekonflikte auftreten. Nachteilig ist, dass die Datenübertragung für beide Geräte auf dem Kanal lediglich so schnell ist, wie das langsamere der Geräte zulässt!
Der (E)IDE-Controller, der direkt im Chipsatz des Rechners integriert ist, fungiert eigentlich nicht mehr als Controller für die angeschlossenen Geräte, sondern nur noch als „Host-Adapter", der Festplatte(n) bzw. Laufwerk(e) mit dem Bus des PCs verbindet.

ATA-Spezifikationen

Als Synonym für IDE wird auch der Begriff **ATA**-n (**A**dvanced **T**echnology **At**tachment) verwendet, wobei **n** eine kennzeichnende Ziffer für die jeweilige Erweiterung darstellt. Bei einer Datenbusbreite von jeweils 16 bit unterscheiden sich die einzelnen Spezifikationen u. a. durch die Art des Zugriffs, die maximal unterstützten Festplattengrößen, die Zykluszeit und die Datentransferrate.

Zykluszeit

Als **Zykluszeit** bezeichnet man bei IDE-Platten die Zeitdauer, die für die Übertragung eines 16-Bit-Datenwortes erforderlich ist.

(E)IDE-Spezifikation	Zykluszeit	Max. Übertragungsrate
PIO-Mode 0 (ATA-1)	600 ns	3,3 MByte/s
PIO-Mode 1 (ATA-1)	380 ns	5,2 MByte/s
PIO-Mode 2 (ATA-1)	240 ns	8,3 MByte/s
PIO-Mode 3 (ATA-2)	180 ns	11,1 MByte/s
DMA-Mode 0 (ATA-3)	960 ns	16,6 MByte/s
DMA-Mode 1 (ATA-3)	480 ns	25 MByte/s
Ultra DMA/33 (ATA-3)	120 ns	33 MByte/s
Ultra DMA/66	60 ns	66 MByte/s
Ultra DMA/100	40 ns	100 MByte/s
Ultra DMA/133	30 ns	133 MByte/s

Bild 1.79: Übertragungsraten verschiedener EIDE-Spezifikationen

PIO-Modus
DMA-Zugriff

PIO ist die Abkürzung für **P**rogrammable **I**nput **O**utput, der jeweilige Modus bezeichnet die Art der unterstützten Datenübertragung (z. B. Burst-Datenübertragung). Die Datenübertragung zwischen Controller und dem Hauptspeicher erfolgt hierbei über die I/O-Ports des Controllers. Sämtliche Datenzugriffe werden vom Hauptprozessor gesteuert. DMA steht für **D**irect **M**emory **A**ccess. Hierunter versteht man einen Speicherzugriff, der ohne Mitwirkung des Prozessors abläuft. Der Festplatten-Controller überträgt Daten mithilfe eines eigenen Busmaster-DMA-Controllers über den PCI-Bus in den Speicher, wodurch höhere Übertragungsraten möglich sind.

ATAPI-Standard

Eine Weiterentwicklung der IDE-Schnittstelle führte dazu, dass neben Festplatten auch andere Geräte angeschlossen werden können. Hierzu wurde das sogenannte **ATAPI**-Protokoll (**ATA** **P**acket **I**nterface) entwickelt. Sämtliche Geräte (z.B. CD-ROM-Laufwerke, CD-Brenner, DVD-Laufwerke), die den ATAPI-Standard unterstützen, können problemlos an einer IDE-Schnittstelle betrieben werden.
Zur Abgrenzung gegenüber neuen technischen Entwicklungen wird die ursprüngliche IDE-Schnittstelle zunehmend auch mit **PATA** (Parallel-ATA) bezeichnet.

Serial-ATA

Anstelle von PATA unterstützen die Mainboards mehr und mehr seriell arbeitende ATA-Schnittstellen (Kurzbezeichnung: **SATA** oder S-ATA; **S**erial **A**dvanced **T**echnology **A**ttachment). Die Geräte werden hierbei jeweils über separate Leitungen an den Controller auf dem Board angeschlossen. SATA-Schnittstellen weisen unter anderem die folgenden Eigenschaften auf:

SATA-I-Anschluss

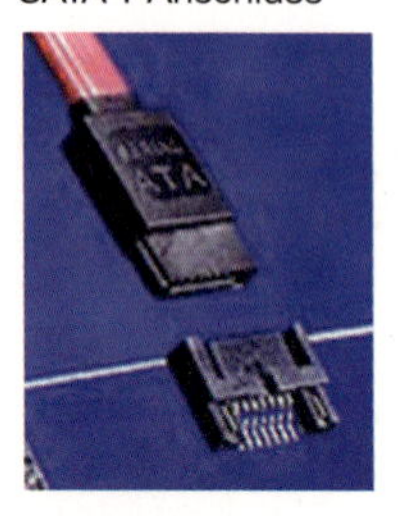

- Datenübertragung mit differenziellen Signalen (±250 mV, im Gegensatz zu +5 V bei Parallel-ATA) auf zwei nicht verdrillten Signalleitungen mit speziellen Abschirmungsmaßnahmen (drei Masseanschlüsse erforderlich)
- Kabellängen bis zu 100 cm (im Gegensatz zu PATA mit 46 cm)
- wesentlich kleinerer Anschlussstecker für das Datenkabel als bei Parallel-ATA (Verkleinerung der Hardware und damit kostengünstiger), jedoch verschiedene, abwärtskompatible Steckerformen bei SATA-I und SATA-II
- kein Bussystem mit Master und Slave sondern eine bedarfsorientierte geschaltete Punkt-zu-Punkt-Verbindung
- Hot-Plugging-fähig (ausgenommen die Systemplatte)

SATA-II-Anschluss

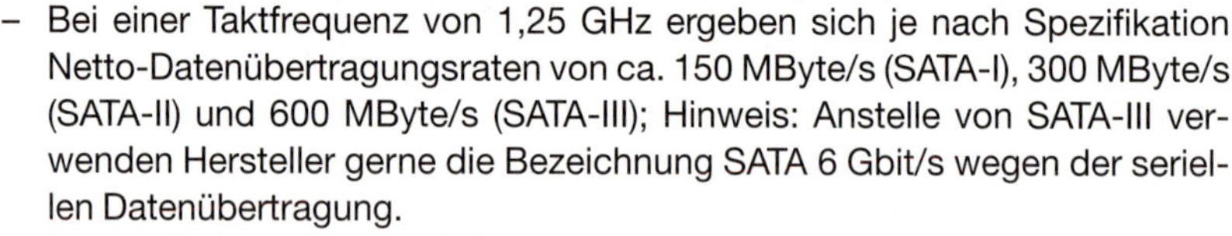

- Bei einer Taktfrequenz von 1,25 GHz ergeben sich je nach Spezifikation Netto-Datenübertragungsraten von ca. 150 MByte/s (SATA-I), 300 MByte/s (SATA-II) und 600 MByte/s (SATA-III); Hinweis: Anstelle von SATA-III verwenden Hersteller gerne die Bezeichnung SATA 6 Gbit/s wegen der seriellen Datenübertragung.
- kompatibel zu den parallelen ATA-Standards durch Emulation von PIO- und DMA-Modes sowie von Master-Slave-Verhalten

SATA-II-konforme Stecker ermöglichen im Gegensatz zu SATA-I auch eine sicherere mechanische Verbindung für den Anschluss von Geräten.

NCQ siehe Kap. 1.5.1.2

SATA-II bietet auch neue Möglichkeiten zur Einbindung von Festplatten. Neben NCQ (**N**ative **C**ommand **Q**ueuing), einem Verfahren zur Verkürzung von Schreib-/Lesekopfbewegungen beim optimierenden Umsortieren, lassen sich auch relativ einfach sogenannte RAID-Arrays (siehe unten) aufbauen.

eSATA

Während der SATA-Standard für den Anschluss von Geräten innerhalb des PCs geschaffen wurde, dient **eSATA** (**e**xternal **SATA**) dem Anschluss externer Geräte. Der eSATA-Standard definiert hierzu unter anderem die speziellen, gegen elektromagnetische Störungen abgeschirmten Leitungen und Stecker, die für den Einsatz außerhalb eines schirmenden Gehäuses erforderlich sind. Eine Weiterentwicklung stellt hierbei der Standard **eSATAp** (Power-over-eSATA) dar, bei dem ähnlich wie bei USB eine begrenzte Energieversorgung angeschlossener Kleingeräte (z.B. Memory-Card, Festplatte) möglich ist. Die verwendete Anschlusstechnik ist hierbei sowohl zu SATA als auch zu USB kompatibel. Teilweise verfügen PCs daher auch über Anschlussbuchsen, in denen sowohl ein USB-Gerät als auch ein eSATA-Gerät betrieben werden kann.

IDE-RAID

RAID

RAID ist die Abkürzung für **R**edundant **A**rray of **I**ndependent **D**isks (redundante Reihe unabhängiger Platten) und bezeichnet Verfahren zur Datenspeicherung, bei denen die Daten zusammen mit Fehlerkorrekturcodes auf verschiedenen Festplattenlaufwerken verteilt gespeichert werden.

Mithilfe eines auf dem Board befindlichen RAID-Controllers lassen sich vorhandene PATA- oder SATA-Festplatten zu einem RAID-System (RAID-Array) zusammenschalten, sodass man nicht unbedingt auf teure SCSI-Systeme (siehe unten) zurückgreifen muss, um die Festplattenkapazität oder die Datensicherheit zu erhöhen. Motherboards mit IDE-RAID-Controller verfügen über zusätzliche Anschlüsse für die entsprechende Anzahl von Festplatten.

RAID Level

Bei RAID gibt es verschiedene Möglichkeiten, wie die vorhandenen Festplatten zusammenarbeiten. Diese unterscheiden sich in der Art der Datenverteilung, der Zugriffsgeschwindigkeit und der Systemkosten und werden als **RAID Level** bezeichnet.

Bezeichnung	Beschreibung	Eigenschaften
RAID Level 0 (Data Striping)	– Zerlegung von Daten in Blöcke (Stripes), die dann gleichmäßig verteilt auf den eingebundenen Platten gespeichert werden – sogenannter Striping-Faktor ist Maß für die Größe der Blöcke (Standardwert: 64 KByte)	– Mindestens zwei Festplatten erforderlich – Vergrößerung der Datentransferrate, da während der Positionierzeit einer Platte von einer anderen bereits gelesen (geschrieben) werden kann – Alle eingebundenen Platten müssen gleich große Kapazität aufweisen – Keine Erhöhung der Datensicherheit, da Datenverlust auf einer Platte Verlust der gesamten Datei bedeutet
RAID Level 1 (Drive Mirroring)	– Daten werden komplett auf eine Platte geschrieben – Sämtliche Daten werden vollständig auf eine zweite Platte gespiegelt.	– Mindestens zwei Festplatten erforderlich – Bei Ausfall einer Platte gehen keine Daten verloren, sofern man noch auf die gespiegelten Daten zugreifen kann – Die Speicherkapazität für die Nutzdaten auf einer Platte reduziert sich aufgrund der erforderlichen redundanten Informationen (bis zu 50 %!), dadurch erhöhte Kosten
RAID Level 10 (lies: eins-null, nicht zehn!)	– Kombination von RAID Level 0 und RAID Level 1, d. h. blockweise Verteilung der Daten auf mindestens zwei Platten sowie Spiegelung jeder Datenplatte	– Mindestens vier Festplatten erforderlich – Verbindung des schnellen Datenzugriffs von Level 0 mit der Erhöhung der Datensicherheit von Level 1
RAID Level 2	– Zerlegung von Daten in Blöcken, die auf verschiedenen Laufwerken gespeichert werden – Zusätzlich mehrere Laufwerke mit fehlerkorrigierenden Codes (ECC-Laufwerke; ECC: **E**rror **C**orrection **C**ode)	– Sehr hohe Datensicherheit – Datenrekonstruktion auch bei Laufwerksausfall – Vergleichsweise langsamer Datenzugriff – Erhöhte Kosten aufgrund der Anzahl der erforderlichen Laufwerke – In der Praxis nicht mehr eingesetzt
RAID Level 3	– Wie RAID Level 2, jedoch nur mit einem einzigen zusätzlichen Laufwerk zur Fehlerkorrektur (Parity-Laufwerk)	– Mindestens drei Festplatten erforderlich – Erhöhte Datensicherheit – Langsamer Schreib-/Lese-Zugriff (Flaschenhals: Parity-Laufwerk) – In der Praxis nur noch wenig eingesetzt

Bezeichnung	Beschreibung	Eigenschaften
RAID Level 4	– Wie RAID Level 3, jedoch mit größeren Blöcken	– Mindestens drei Festplatten erforderlich – Geringfügig schneller als RAID Level 3
RAID Level 5	– Zerlegung von Nutzdaten in Blöcke und Speicherung auf verschiedenen Festplatten – Keine zusätzliche Platte als Parity-Laufwerk, sondern gleichzeitig Speicherung zugehöriger Parity-Informationen auf jeder Platte mit Nutzdaten	– Mindestens drei Festplatten erforderlich – Hohe Datensicherheit bei geringeren Kosten als bei RAID Level 2 – Verringerung der Speicherkapazität für die Nutzdaten auf jeder Platte (bis zu 20 %)
RAID Level 6	– Wie RAID Level 5, durch entsprechende Datenverteilung können bis zu 2 Platten ausfallen ohne dass Datenverlust entsteht	– mindestens 4 Platten erforderlich – Höhere Datensicherheit, aber teurer als RAID 5

Bild 1.80: RAID-Level

Alternativ lässt sich RAID auch mit einer eingebauten RAID-Adapterkarte realisieren (siehe Kap. 1.6.5).

1.4.5 SCSI

SCSI-Bus
BIOS
Siehe Kap. 3.1

SCSI ist die Abkürzung für **S**mall **C**omputer **S**ystem **I**nterface. Hierbei handelt es sich ursprünglich um eine standardisierte bidirektionale parallele Schnittstelle, über die Peripheriegeräte an den PC angeschlossen werden können. Dem aktuellen Entwicklungstrend folgend existieren heute aber auch seriell arbeitende SCSI-Varianten (siehe Kap. 1.4.5.4).
Das ursprüngliche parallel arbeitende SCSI war auch nicht mit der früher bei PCs vorhandenen parallelen Schnittstelle vergleichbar, vielmehr handelte es sich eigentlich um ein *systemunabhängiges Bussystem,* welches – im Gegensatz zum PCI-Bus – nicht auf einem Board fest implementiert war. Die Ankopplung an das Computersystem erfolgte durch einen sogenannten Host-Adapter, der entweder als Steckkarte zur Verfügung stand oder bereits in das Motherboard integriert war. Er übernahm die übergeordnete Verwaltung der an ihm angeschlossenen SCSI-Geräte, wobei er gleichzeitig als gleichwertiges SCSI-Gerät fungierte. Fälschlicherweise wird er oft mit den SCSI-Controllern gleichgesetzt, die Bestandteil eines jeden SCSI-Gerätes sind und die für die „lokale" Verwaltung des jeweiligen Gerätes zuständig sind. Durch den Host-Adapter ist der PC innerhalb des SCSI-Bussystems quasi selbst zu einem SCSI-Gerät geworden, das genauso wie jedes andere SCSI-Gerät am Bus angesprochen werden kann. Die meisten Host-Adapter bieten sowohl Anschlüsse für interne als auch für externe Geräte. Über externe Anschlüsse ist es auch möglich, mehrere PCs miteinander zu koppeln. Verfügt der Host-Adapter über ein eigenes BIOS, ergeben sich unabhängig vom BIOS des PCs vielfältige Möglichkeiten zur Konfiguration des SCSI-Systems.
Im Gegensatz zur hierarchischen Struktur der IDE-Schnittstelle (Master-Slave) ist beim SCSI jedes angeschlossene Gerät gleichrangig, d.h. kann sowohl anfordernde Einheit als auch ausführende Einheit sein.

Allgemein bezeichnet man eine Struktur, bei der alle angeschlossenen Geräte gleichrangig sind, als **Peer-to-Peer-Anordnung**.
Bei SCSI nennt man eine anfordernde Einheit **Initiator** und eine ausführende Einheit **Target**.

Ein funktionierendes System muss mindestens einen Initiator und ein Target enthalten.

SCSI-Spezifikationen

SCSI existiert in verschiedenen, parallel arbeitenden Spezifikationen (SCSI 1, SCSI 2, SCSI 3), die dann nochmals durch zusätzliche Bezeichnungen (Fast, Ultra, Wide) gegeneinander abgegrenzt werden. Zwischen den einzelnen Spezifikationen existiert zwar protokollmäßig eine Abwärtskompatibilität, sodass sich auch alte SCSI-1-Festplatten an einem SCSI-3-Host-Adapter betreiben lassen, jedoch ist zu beachten, dass es unterschiedliche Übertragungsverfahren gibt, die elektrisch inkompatibel sind. Man unterscheidet:

SCSI-Buspegel

- **S**ingle **E**nded Transmission (**SE**): unsymmetrische Übertragung
- **L**ow **V**oltage **D**ifferential (**LVD**): symmetrische (differenzielle) Übertragung mit niedrigen Spannungspegeln
- **H**igh **V**oltage **D**ifferential (**HVD**): symmetrische (differenzielle) Übertragung mit hohen Spannungspegeln

Bei der unsymmetrischen Übertragung liegt auf jeder Signalleitung entsprechend dem logischen Wert (0 oder 1) die dazugehörende Spannung (+5 V oder 0 V) gegenüber dem Bezugspotenzial an. Bei der symmetrischen Übertragung arbeitet man mit dem doppelten Spannungshub (z. B. bei LVD: +5 V oder –5 V) auf zwei Leitungen ohne Bezugspotenzial.

LOG 0: hier logisch 0

LOG 1: hier logisch 1

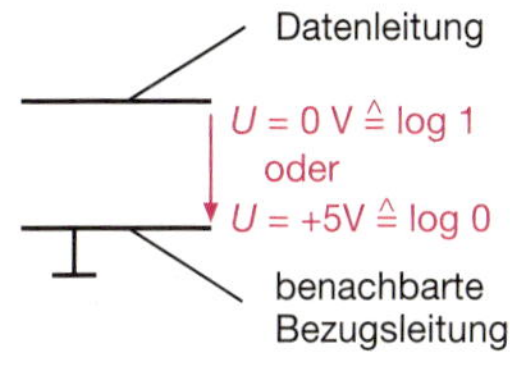

Bild 1.81: Unsymmetrische Übertragung

Datenleitung
+ 5 V
log 1
U = +10 V
– 5 V
benachbarte
Bezugsleitung
Datenleitung
– 5 V
log 0
U = –10 V
+ 5 V
benachbarte
Bezugsleitung

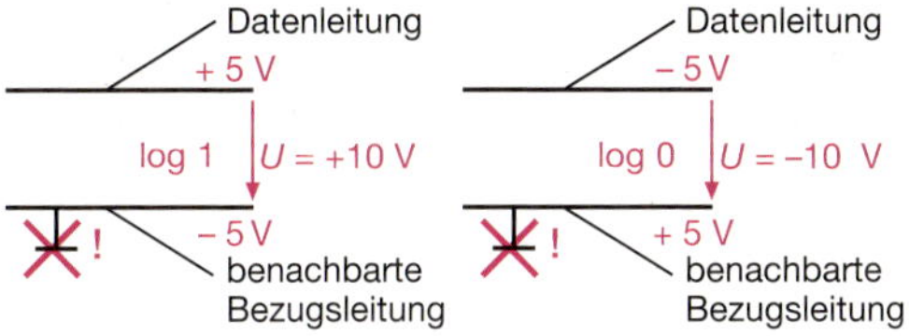

Bild 1.82: Symmetrische Übertragung (LVD)

Aufgrund der geringeren Störanfälligkeit lassen sich mit den differenziellen Verfahren größere Entfernungen überbrücken. Die geringere Störanfälligkeit resultiert daraus, dass bei der symmetrischen Übertragung eine äußere Störung gleichermaßen auf beide Leitungen wirkt und sich im Empfänger dann gegenseitig auslöscht. Da der technische Aufwand gegenüber LVD höher ist, hat sich HVD in der Praxis weniger durchgesetzt.

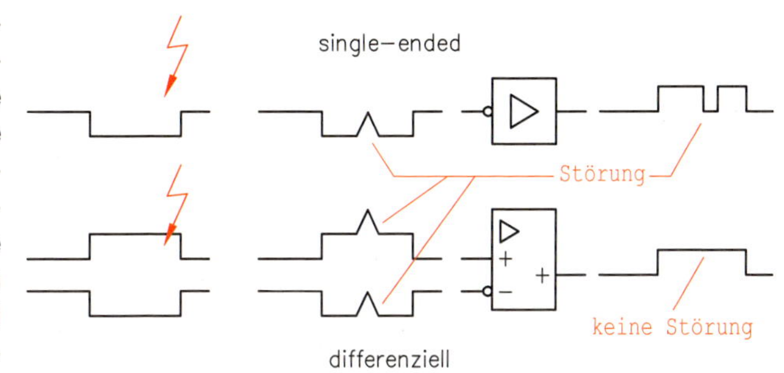

Bild 1.83: Vergleich der Störanfälligkeit

Bild 1.84 fasst die wesentlichen Kenngrößen einiger SCSI-Spezifikationen zusammen.

	Spezifikation	Daten-Busbreite	Bustakt	Max. Übertragungsrate	Stecker-Verbindung	Max. Kabellänge	Max. Gerätezahl
SCSI 1	Standard	8 bit	5 MHz	5 MByte/s	50-polig	6 m (SE)	8
SCSI 2	Fast	8 bit	10 MHz	10 MByte/s	50-polig	3 m (SE) 12 m (LVD) 25 m (HVD)	8
SCSI 2	Fast-Wide	16 bit	10 MHz	20 MByte/s	68-polig	3 m (SE) 12 m (LVD) 25 m (HVD)	16
SCSI 2	Ultra-Wide	16 bit	20 MHz	40 MByte/s	68-polig	1,5 m (SE) 12 m (LVD) 25 m (HVD)	16
SCSI 2	Ultra-2-Wide	16 bit	40 MHz	80 MByte/s	68-polig	12 m (LVD)	16
SCSI 3	Ultra-3-Wide 160	16 bit	40 MHz	160 MByte/s	68-polig	12 m (LVD)	16
SCSI 3	Ultra-3-Wide 320	16 bit	40 MHz	320 MByte/s	68-polig	12 m (LVD)	16

Bild 1.84: Wesentliche Kenngrößen einiger paralleler SCSI-Spezifikationen

Der 8 bit breite SCSI-Bus wird auch als **Narrow SCSI** bezeichnet. Zu beachten ist, dass der SCSI-Host-Adapter ebenfalls als Gerät zählt und sich somit die Anzahl der anschließbaren Geräte um eins verringert. SCSI-1 unterstützte primär nur Festplatten und Diskettenlaufwerke, während die nachfolgenden Spezifikationen den Anschluss beliebiger SCSI-Geräte ermöglichten (CD-Laufwerke, DVD-Laufwerke, Scanner, Streamer usw.). Diese Erweiterung war problemlos möglich, da es sich bei SCSI um eine Kombination aus Hardwareschnittstelle (normierte Steckverbindungen) und Softwareschnittstelle (normiertes Übertragungsprotokoll) handelt. Aufgrund der Anzahl der anschließbaren Geräte lässt sich im Gegensatz zu IDE mit SCSI ohne weitere Adapter ein RAID-System realisieren. Allerdings liegen die Preise von SCSI-Festplatten weit über denen von IDE-Festplatten gleicher Kapazität.

1.4.5.1 SCSI-Kabel

SCSI-Anschlusskabel

Beim herkömmlichen SCSI werden alle Geräte durch ein einziges Kabel parallel miteinander verbunden. Die Verbindung muss stets geradlinig erfolgen, d.h. der SCSI-Bus hat genau zwei Enden, Y-Abzweiger oder T-Verbindungsstücke sind nicht erlaubt. Ebenso dürfen keine losen Kabelenden hinter einem angeschlossenen Gerät überstehen, da hierdurch auf dem Kabel Signalreflexionen entstehen können, die den Busbetrieb stören. Die Leitungen müssen am Ende entweder passiv mit Widerständen oder aktiv mit einer Stromquelle abgeschlossen werden. Der Vorteil der aktiven Terminierung liegt darin, dass die Spannungspegel auf den Leitungen lastunabhängig sind. Die Terminierung kann auch durch das letzte am SCSI-Kabel angeschlossene Gerät erfolgen. Hierzu muss an diesem Gerät der TERMPWR-Jumper gesetzt werden. An den anderen am SCSI-Kabel befindlichen Geräten dürfen die Terminierungswiderstände hingegen nicht aktiv sein!

Die Spannungsversorgung der aktiven Terminatoren erfolgt am SCSI-Bus einheitlich durch eines der angeschlossenen Geräte über eine entsprechende Leitung mit der Bezeichnung TERMPW.

Terminierung

SCSI-Kabel müssen zur Vermeidung von Reflexionen und Störungen durch Übersprechen auf den Leitungen gewissen Anforderungen genügen, wie z. B. einem definierten **Wellenwiderstand** – einer der maßgeblichen Kenngrößen einer elektrischen Leitung. Zum Einsatz kommen bei Parallel-SCSI folgende Kabeltypen:

Wellenwiderstand siehe Vernetzte IT-Systeme Kap. 4.1.1

Kabeltyp	Verbindung	Anwendung
A-Kabel	50-polig	8 bit Datenbreite, Standard-SCSI, single ended
B-Kabel	68-polig	16 bit Datenbreite, SCSI-2, single ended
P-Kabel	68-polig	16 bit Datenbreite, SCSI-3, differenziell
Q-Kabel	68-polig	16 bit Datenbreite, SCSI-3, differenziell

Bild 1.85: SCSI-Kabelarten

Hierbei werden im Gehäuseinneren Flachkabel und zur Verbindung externer Geräte Rundkabel verwendet. Zur Anpassung der verwendeten unterschiedlichen Steckertypen (50-poliger Standardstecker, 68-poliger Standardstecker, Mini-Sub-D-50-poliger Stecker, 68-poliger VHD-Stecker usw.) gibt es eine Vielzahl von Schnittstellenadaptern. Je nach Umsetzung sind hierbei Performanceverluste unvermeidbar (z. B. von 68-polig SCSI 3 auf 50-polig SCSI 1).

1.4.5.2 SCSI-Geräteklassen

Alle SCSI-Geräte werden in Geräteklassen eingeordnet, wobei jede Geräteklasse mit einem einheitlichen Befehlssatz angesprochen wird.
Zur Identifizierung der am SCSI-Bus angeschlossenen Geräte wird eine binär kodierte eindeutige Identifikationsnummer (SCSI-ID) vergeben, die mit einer Priorität verknüpft ist. Diese ist erforderlich, wenn mehrere Geräte gleichzeitig den Bus benutzen wollen. Das Gerät mit der höheren Priorität wird bevorzugt. Der Host-Adapter erhält üblicherweise die ID 7. Die ID-Nummer ist unabhängig von der Positionierung am SCSI-Bus, d.h. der Anschlusspunkt des Gerätes kann frei gewählt werden. Die Zuweisung der ID erfolgt entweder durch die Software oder mittels Jumper. Moderne Host-Adapter und SCSI-Festplatten bieten auch die automatische Vergabe dieser ID (SCAM: **S**CSI **C**onfigured **A**uto**M**atically). Hierzu muss zunächst bei allen Geräten die ID Nr. 6 eingestellt werden, beim Bootvorgang verteilt der Host-Adapter dann selbstständig die ID-Nummern.

Geräteklasse	Bezeichnung
0	All Device Types
1	Direct-Access Devices
2	Sequential-Access Devices
3	Printer Devices
4	Processor Devices
5	Write-Once Devices
6	CD-ROM Devices
7	Scanner Devices
8	Optical Memory Devices
9	Medium-Changer Devices
10	Communication Devices

Bild 1.86: SCSI-Geräteklassen

Priorität	ID
1	7
2	6
3	5
4	4
5	3
6	2
7	1
8	0
9	15
10	14
11	13
12	12
13	11
14	10
15	9
16	8

Bild 1.87: Prioritäten und IDs

1.4.5.3 SCSI-Protokoll

Asynchrone und synchrone Datenübertragung

Die Kommunikation auf dem parallelen SCSI-Bus findet ohne Umweg über den (PCI)-Systembus statt, belegt also keinerlei System-Ressourcen. Man unterscheidet **asynchrone** und **synchrone Datenübertragung**. Bei der asynchronen Methode wird jedes übertragene Byte vom Target quittiert, bevor ein weiteres folgt. Jeder Verbindungsaufbau zwischen zwei SCSI-Geräten beginnt grundsätzlich im asynchronen Modus! In diesem Modus wird zwischen Initiator und Target verhandelt, ob und mit welchen Parametern eine synchrone Datenübertragung stattfinden soll. Der synchrone Modus kann nur bei der Nutzdatenübertragung angewendet werden und ist etwa doppelt so schnell wie der asynchrone Modus. Nutzdaten sind grundsätzlich Daten, die nicht zur Steuerung des Busses dienen. Die Anzahl der Bytes, die hierbei zusammenhängend übertragen werden sollen, sowie die dafür benötigte Zeit werden im Voraus vereinbart und anschließend an einem Stück quittiert.
Die Datenübertragung auf dem SCSI-Bus erfolgt in verschiedenen Phasen:

SCSI-Bus-Phasen

- **Bus Free Phase** Der Bus ist frei und wartet auf Aktionen angeschlossener SCSI-Geräte.
- **Arbitration Phase** SCSI-Einheiten versuchen, den Bus zu belegen, indem sie ihre ID auf die entsprechende Leitung des freien Busses legen. Die Verfügung über den Bus erhält das Gerät mit der höchsten Priorität. Dieses Gerät wird dann zum Initiator.
- **Selection Phase** Der Initiator wählt das erforderliche Target aus, indem er dessen ID auf den Bus legt. Das entsprechende Target quittiert den Ruf.
- **Message Phase** Die Message-Phase dient zur Verbindungs- und Zeitabschnittssteuerung und wird je nach Übertragungsrichtung Message-In (vom Target zum Initiator) oder Message-Out (vom Initiator zum Target) genannt.
- **Command Phase** In der Command-Phase (Befehlszeitabschnitt) werden SCSI-Kommandos vom Initiator zum Target übertragen.
- **Data Phase** In der Data-Phase (Datenzeitabschnitt) werden Anwenderdaten über den Bus transportiert. Je nach Übertragungsrichtung wird wie bei der Message-Phase zwischen Data-In und Data-Out unterschieden. Nur die Data-Phase arbeitet im synchronen Modus!
- **Status Phase** In der Status-Phase (Zustandsmeldungszeitabschnitt) werden Statusinformationen vom Target zurückgegeben (z.B. Fehlermeldungen). Nach dieser kann nur eine Message-In-Phase folgen.
- **Reselection Phase** Die Reselection-Phase tritt ein, falls ein Indikator eine zunächst aufgebaute Verbindung zu einem Target getrennt hat (Disconnect) und diese nun wieder aufgebaut werden soll (Reconnect). Hierdurch kann beispielsweise der Bus zwischenzeitlich für andere Aktivitäten freigegeben werden, falls beispielsweise ein Target angeforderte Daten erst nach einer Wartezeit liefern kann (z.B. bei der Positionierzeit eines Bandlaufwerks).

Der prinzipielle Ablauf des Verbindungsaufbaus zwischen zwei SCSI-Geräten wird in dem folgenden Flow-Chart dargestellt:

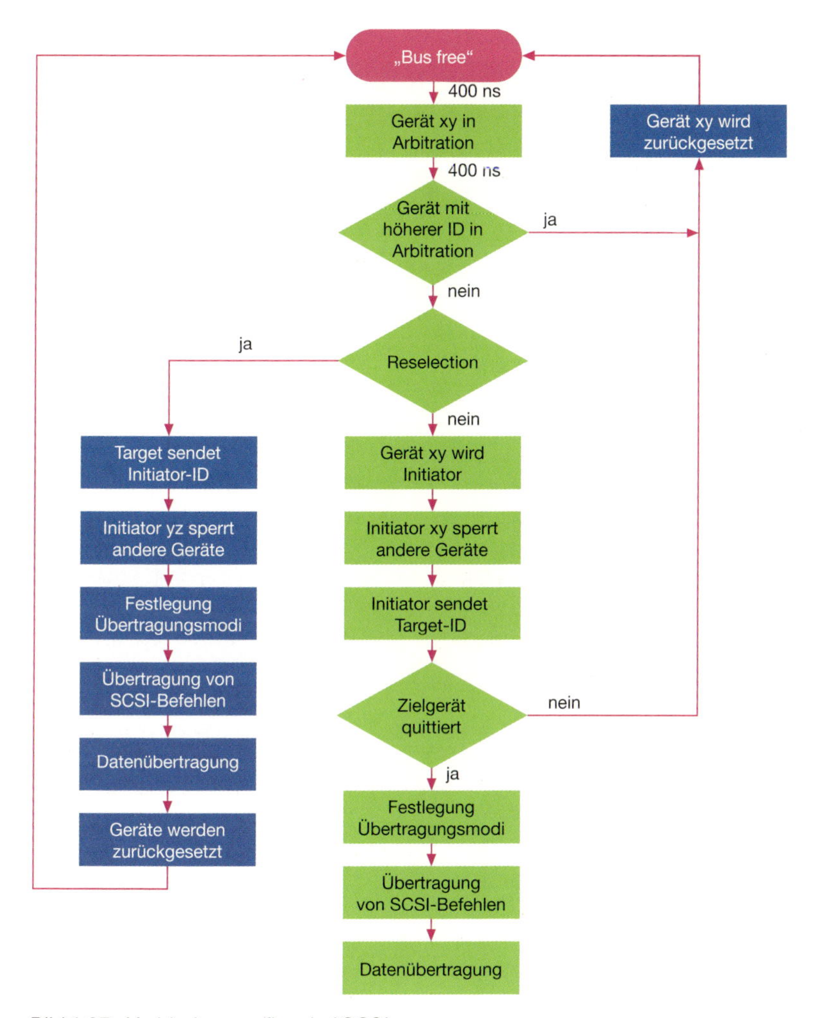

Bild 1.87: Verbindungsaufbau bei SCSI

1.4.5.4 Serial Attached SCSI

Serial Attached SCSI

Auch bei SCSI ist die Entwicklung ähnlich wie bei Serial-ATA in Richtung serieller Übertragungs- und Anschlusstechniken gegangen. Dies führte zur Entwicklung von **SAS** (**S**erial **A**ttached **S**CSI). SAS verwendet im Gegensatz zu seinem parallel arbeitenden Vorgänger Punkt-zu-Punkt-Verbindungen zwischen angeschlossenen SAS-Geräten. Die Daten werden je nach Spezifikation seriell mit bis zu 3 Gbit/s (SAS I), 6 Gbit/s (SAS II) oder 12 Gbit/s (SAS III) übertragen. Nach Abzug der bei einer seriellen Übertragung erforderlichen Protokollinformationen (Protocol overhead) resultieren hieraus Nettobitraten von ca. 300 MByte/s, 600 MByte/s bzw. 1200 MByte/s. Wegen der Punkt-zu-Punkt-Verkabelung entfallen die beim parallelen Anschluss erforderlichen

Terminierungswiderstände und die Vergabe von SCSI-IDs, da bei SAS die Adressen eigenständig ausgehandelt werden (**SSP**: **S**AS-**S**CSI-**P**rotocol, serielle Variante des SCSI-Protokolls). Die Spannungen auf den Datenleitungen sind geringfügig höher als bei SATA (SAS: symmetrische differenzielle Signale auf getrennten Sende- und Empfangsadern, jeweils ca. ±500 mV; SATA: ca. ±250 mV), wodurch sich die Übertragungssicherheit vergrößert. SAS-Stecker und Buchsen sind ähnlich wie SATA-Steckverbindungen aufgebaut. SAS-Festplatten verfügen oft über zwei Steckverbinder zur Vergrößerung des Datendurchsatzes bei Betrieb an einem einzigen Host oder zum gleichzeitigen Anschluss an zwei verschiedene Host-Adapter, die dann gleichzeitig und unabhängig voneinander auf die Festplatte zugreifen können (**Dual-Porting**). SAS ist vornehmlich für den Einsatz in Servern gedacht.

1.4.6 Sonstige Schnittstellen

Weitere Anschlussmöglichkeiten bieten spezielle Schnittstellen, die entweder optional in das Motherboard integriert sind oder über Adapterkarten hinzugefügt werden können.

Bezeichnung		Erläuterung
IEC-Bus-Interface	International Electrotechnical Commission Bus Interface	Parallele Schnittstelle zur Verbindung von elektronischen Mess- und Prüfgeräten mit dem PC zur automatischen Messdatenerfassung; wird mithilfe einer Adapterkarte realisiert. Bei dem IEC-Bus handelt es sich um einen Mehrzweckbus (GPIB: General-Purpose Interface Bus), der generell für den Austausch von Informationen zwischen Computern und industriellen Anlagen entwickelt wurde; er entspricht der Norm IEEE 488.
IR	Infra-Red	Infrarot-Schnittstelle für den kabellosen Anschluss eines Gerätes mit einem entsprechenden Infrarot-Sender-/Empfänger (z. B. Laptop, PDA). Die Normen für die Infrarot-Kommunikation zwischen Computern und Peripheriegeräten wurden von der IrDA (**I**nfra**r**ed **D**ata **A**ssociation), einer Branchenorganisation für Anbieter von Computern und IR-Komponenten, festgelegt. Der derzeitige Standard sieht vor, dass die Geräte nicht weit voneinander entfernt und speziell ausgerichtet sein müssen, um eine Kommunikation zu ermöglichen.
MIDI	Musical Instrumental Digital Interface	Optional On-Board oder auf der Soundkarte; standardisierte serielle Schnittstelle zur Verbindung von MIDI-fähigen Synthesizern und Musikinstrumenten mit dem PC; kann auch für den Anschluss eines Joysticks verwendet werden. Der MIDI-Standard beschreibt sowohl die Hardware als auch die Codierung von Klangereignissen sowie deren Übertragung zwischen den MIDI-Geräten.
PCMCIA	Personal Computer Memory Card International Association	Alte Bezeichnung für den PC-Card-Slot, einen Steckplatz für die Aufnahme von sogenannten PC-Cards, die der Funktionserweiterung speziell bei Laptops dienen; siehe Kap. 1.1
AGP	Accelerated Graphics Port	Slot auf dem Mainboard für die Grafikkarte; Vorgänger des PEG-Slots, nur noch bei älteren Boards zu finden
PEG	PCI-Express for Graphics	PCIe-Anschluss für Grafikkarte; siehe Kap. 1.3.2

Bild 1.88: Weitere PC-Schnittstellen

Die Schnittstellen bzw. Anschlüsse für die im PC verwendeten Bussysteme wurden bereits in Kap. 1.3 dargestellt.

1.4.7 Bluetooth

Der Anschluss eines Peripheriegerätes an den PC mit einem Verbindungskabel weist eine Vielzahl von Nachteilen auf. Aus diesem Grund werden neben Infrarot und Wireless-USB (siehe Kap. 1.3.3) zunehmend auch andere kabellose Anschlusstechniken eingesetzt. Hierzu zählt insbesondere die Bluetooth-Technologie.

Bluetooth

Bluetooth bezeichnet einen Standard in der Nahbereichs-Funktechnik, mit der beliebige elektronische Geräte ohne Kabelverbindung in einem festgelegten Frequenzbereich miteinander kommunizieren können.

Mithilfe dieser Technik lassen sich aber nicht nur Peripheriegeräte an einen PC anschließen, sondern auch PCs untereinander vernetzen. Die Bluetooth-Technik besteht im Wesentlichen aus einem prozessorgesteuerten Sende- und Empfangsmodul mit sehr kleinen Maßen. Somit lassen sich auch Geräte mit relativ kleinen Abmessungen mit dieser Technologie ausstatten und miteinander vernetzen.

Bild 1.89: Bluetooth-Sende- und -Empfangsmodule

Piconetz

Ein **Bluetooth-Netz** kann aus bis zu acht verschiedenen Bluetooth-fähigen Geräten bestehen (Spezifikation 1.0 bzw. 1.1). Ein solches Netz wird als **Piconetz** bezeichnet.

Zu den Vorteilen dieser Technik zählen:

- Aufbau kabelloser Verbindungen zwischen PCs und sämlichen Peripheriegeräten (z.B. Tastatur, Maus, Drucker, Mobiltelefon; WPAN: Wireless Personal Area Network)
- Verringerung der Anzahl der Geräteschnittstellen bei einem PC und damit verbunden eine Reduktion der Produktionskosten
- Keine Anschaffung zusätzlicher spezieller Kabel
- Schnelle Einrichtung von Ad-hoc-Verbindungen
- Automatische und unbeaufsichtigte Kommunikation zwischen zwei Geräten

Zwischen den Geräten eines solchen Piconetzes sind Punkt-zu-Punkt- und Punkt-zu-Mehrpunkt-Verbindungen möglich. In einem solchen Netz sind zunächst alle Geräte gleichberechtigt. Jedes bluetoothfähige Gerät ist über eine 48-Bit-Adresse entsprechend dem IEEE-802.15-Standard identifizierbar. Möchte ein Gerät 1 in Kommunikation mit einem Gerät 2 treten, so übernimmt Gerät 1 die sogenannte **Masterfunktion** und steuert den Datenaustausch. Die Kommunikation zwischen den Geräten im Sende-/Empfangsbereich eines Piconetzes kann nach der Vergabe einer 3-Bit-MAC-Adresse erfolgen.

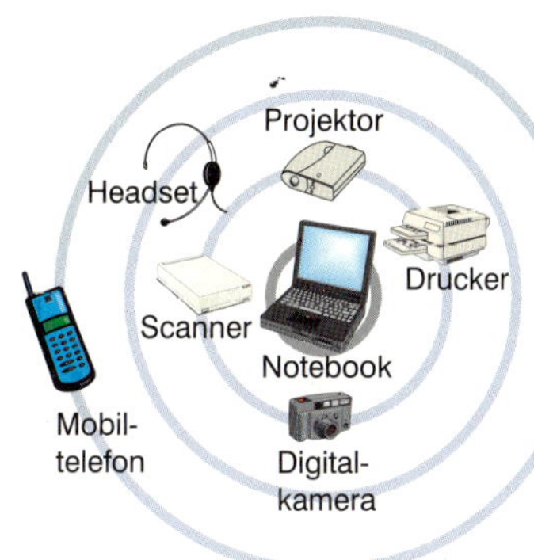

Bild 1.90: Piconetz

IEEE = Institute of Electrical and Electronics Engineers

MAC: Media Access Control; Zugriffskontrollebene

Kenngröße	Eigenschaft
Sendeleistung	Klasse I: 100 mW, Klasse II: 2,5 mW, Klasse III: 1 mW
Reichweite	Klasse I: ≤ 100 m, Klasse II: ≤ 10 m, Klasse III: ≤ 2,5 m jeweils ohne Sichtkontakt; bei Version 2.0 auch größere Reichweiten möglich
Stromaufnahme	max. 0,3 mA (Stand-by-Mode) max. 30 mA (Sendebetrieb)
Datenrate	max. 1 Mbit/s (theoretisch), bei Version 2.0 bis zu 3 Mbit/s
Betriebsarten:	
Datenübertragung symmetrisch	ca. 430 Kbit/s in beide Richtungen
Datenübertragung asymmetrisch	ca. 720 Kbit/s in die eine und ca. 57 Kbit/s in die andere Richtung
Sprachübertragung	64 Kbit/s in beide Richtungen
Frequenzbereich	2,408–2,48 GHz (ISM-Band, lizenzfrei)
Modulationsverfahren	GFSK: **G**auss **F**requency **S**hift **K**eying; Frequenzsprungverfahren, bei dem 79 Kanäle in 1-MHz-Abständen zur Verfügung stehen, zwischen denen bis zu 1600 Mal pro Sekunde hin- und hergesprungen wird
Übertragungssicherheit	– Fehlerkorrektur durch FEC (**F**orward **E**rror **C**orrection) – Empfangsquittierung durch ARQ (**A**utomatic **R**epeat Re**q**uest)
Sonstiges	– Zulässige Grenzwerte für die Belastung durch Hochfrequenz werden eingehalten – Keine störenden Auswirkungen auf andere Telekommunikationseinrichtungen

www.bluetooth.de

ISM-Band = **I**ndustrial-, **S**cientific- and **M**edical-Band

Frequency Hopping siehe Vernetzte IT-Systeme Kap. 4.1.7.5

Bild 1.91: Technische Daten von Bluetooth

Ein Gerät kann gleichzeitig Teil mehrerer Piconetze sein. Hierbei können die Teilnehmer von bis zu zehn Piconetzen untereinander in Kontakt treten.

Scatternetz

Mehrere Piconetze zusammengefasst nennt man auch ein **Scatternetz**.

Die einzelnen Piconetze lassen sich durch unterschiedliche Hopping-Kanalfolgen unterscheiden. Geräte innerhalb eines Piconetzes müssen die gleichen Kanalfolgen aufweisen, d.h. sie müssen sich auf den jeweiligen Master synchronisieren.

EDR = Enhanced Data Rate

Die Bluetooth-Spezifikation 2.0+EDR sieht neben einer erhöhten Übertragungssicherheit, einer einfacheren Bedienung und der Abwärtskompatibilität zu den vorhandenen Bluetooth-Standards 1.0 und 1.1 die folgenden Verbesserungen vor:

- Datenrate bis zu 3 Mbit/s (netto ca. 2 Mbit/s)
- Erweiterung der Piconetzkapazität auf bis zu 255 Geräte
- Multi-Cast-Betrieb, d.h. es lassen sich Gerätegruppen auf einmal adressieren
- größere Reichweite (bei 1 mW bis zu 100 m)
- geringerer Energieverbrauch (z.B. für Bluetoothsensoren, die mehrere Jahre mit einer einzigen Batterie laufen)

Die erweiterte Spezifikation 2.1+EDR unterstützt zusätzliche Leistungsmerkmale wie zum Beispiel **SSP** (**S**ecure **S**imple **P**airing: Vereinfachtes und sichereres Verfahren zur eindeutigen Erkennung des jeweiligen Kommunikationspartners) und **QoS** (**Q**uality **of** **S**ervice: Erfüllung der gestellten Anforderungen an die Dienstgüte, z. B. zuverlässiger Verbindungsaufbau, fehlerfreie Informationsübertragung).

■ Aufgaben:

1. Was versteht man im PC-Bereich unter einer Schnittstelle?
2. Über welche Arten von Schnittstellen verfügt ein PC standardmäßig?
3. Eine spezielle Komponente eines PCs wird als UART bezeichnet. Was bedeutet diese Abkürzung und welche Funktion hat diese Komponente?
4. Ein Peripheriegerät soll an eine auf dem RS-232C-Standard basierende Schnittstelle angeschlossen werden. Welche Schnittstellenpegel muss dieses Gerät verarbeiten können?
5. Welche Bezeichnungen tragen serielle Schnittstellen im PC-Bereich und welche Ressourcen belegen sie standardmäßig?
6. Wie werden parallele Schnittstellen bei einem PC bezeichnet und mit welchen Spannungspegeln arbeiten sie?
7. Wie viele Festplatten lassen sich entsprechend dem (E)IDE-Standard an einen PC anschließen? Wie erfolgt der Anschluss und was ist bei der Konfiguration zu beachten?
8. In einer Anzeige bietet ein Hersteller als Restposten eine (E)IDE-Festplatte mit der Spezifikation Ultra DMA/133 an. Erläutern Sie die Bedeutung dieser Angabe.
9. Nennen Sie die Unterschiede, die Serial-ATA gegenüber den klassischen ATA-Spezifikationen besitzt.
10. Was bedeutet die Abkürzung RAID? Welche Vorteile bietet der Einsatz eines IDE-RAID-Controllers auf dem Board gegenüber einem herkömmlichen IDE-Controller?
11. Was versteht man bei SCSI unter einem Initiator und einem Target?
12. Begründen Sie mithilfe der Grundlagen der Elektrotechnik, warum die Leitungen des SCSI-Busses terminiert werden müssen. Wie kann eine solche Terminierung in der Praxis erfolgen?
13. Wie viele Geräte lassen sich an einen SCSI-Bus anschließen?
14. Aus welchem Grund wird die sogenannte SCSI-ID vergeben?
15. Erläutern Sie den Unterschied zwischen der symmetrischen und der unsymmetrischen Datenübertragung bei SCSI.
16. Beschreiben Sie die Vorgänge auf dem SCSI-Bus während der Arbitration-Phase.
17. Was versteht man unter einer IrDA-Schnittstelle?
18. Sie erhalten den Auftrag, einen Kunden über die unterschiedlichen Spezifikationen von SCSI-Schnittstellen zu informieren. Bereiten Sie sich auf dieses Kundengespräch vor und führen Sie es in Form eines Rollenspiels mit zwei Personen durch. Beachten Sie die bei einem solchen Gespräch anzuwendenden Gesprächstechniken.
19. a) Erläutern Sie die Eigenschaften und den Einsatzbereich von Bluetooth.
    b) Was verbirgt sich hinter der Bezeichnung Bluetooth-EDR? Erläutern Sie die technischen Erweiterungen.

1.5 Laufwerke und Speichermedien

Der Begriff Laufwerk bezeichnet im Bereich der PC-Technik ein elektromechanisches Gerät, welches in der Lage ist, auf einem entsprechenden Träger Daten dauerhaft zu speichern und/oder zu lesen. Abhängig von der technischen Art des Speicherns unterscheidet man:

- Magnetische Laufwerke (Speichermedium, z. B. Festplatte, Magnetband)
- Optische Laufwerke (Speichermedium, z. B. CD, DVD, BD)

Laufwerksschacht

Laufwerke für den PC werden in der Regel in einem **Laufwerksschacht** (Drive Bay), einer quaderförmigen Aussparung an der Frontplatte des PC-Gehäuses, als Einschubgerät fest montiert. Der Laufwerksschacht verfügt hierzu über vorbereitete Löcher für die Befestigung.
Wie alle mechanischen Geräte unterliegen Laufwerke einem natürlichen Verschleiß. Erklärtes Ziel bei der Entwicklung und der Fertigung ist neben der Verwendung umweltfreundlicher und recyclebarer Materialien eine möglichst lange Betriebsdauer und damit eine hohe Zuverlässigkeit im praktischen Betrieb.

MTBF

Unter der Bezeichnung **MTBF** (**M**ean **T**ime **B**etween **F**ailures) geben Hersteller die durchschnittliche Zeit an, die wahrscheinlich vergehen wird, bis ein Laufwerk ausfällt. Sie wird meist in Stunden angegeben.

Flashkarten-Laufwerk

Gelegentlich findet man auch die Bezeichnung „Flashkarten-Laufwerk". Hierbei handelt es sich aber eigentlich nicht um ein Laufwerk, sondern um eine Schnittstelle für das Lesen und Beschreiben von Flashkarten (siehe Kap. 1.2.3.1). Diese Schnittstelle wird in der Regel intern über einen USB-Port verwaltet und erscheint im Browser lediglich mit einer Laufwerksbezeichnung.

1.5.1 Festplattenlaufwerk

HDD
HD

Unter einem **Festplattenlaufwerk** (**H**ard **D**isk **D**rive, **HDD**) versteht man ein Gerät, welches sich in einem staubdichten Gehäuse befindet und nichtflexible Platten enthält, auf denen Daten magnetisch gespeichert werden können.
Für Festplattenlaufwerke hat sich auch der vereinfachende Begriff **Festplatte** (**H**ard **D**isk, **HD**) eingebürgert.

Die meist aus Aluminium bestehenden Platten sind zum Zweck der Speicherung mit einem magnetisierbaren Material beschichtet.
Auf einer Festplatte können Daten dauerhaft gespeichert werden, d.h. sie gehen auch nach Abschalten der Versorgungsspannung nicht verloren.
Festplattenlaufwerke werden heutzutage meist in einem 3,5-Zoll-Einschub-Gehäuse in einem PC eingebaut, in Laptops findet man auch 1,8-, 2- oder 2,5-Zoll-Laufwerke. Darüber hinaus existiert ein Markt für Minifestplatten, die eine Speicherkapazität bis zu 5 GByte haben und die Größe einer Compact-Flash-Karte besitzen.

Neben dem Einsatz im PC findet man zunehmend auch Festplatten in digitalen Videorekordern teilweise in Kombination mit einem DVD-Laufwerk. Festplatten mit 400 GByte Speicherkapazität reichen bei europäischer DVB-Ausstrahlung für ca. 400 Stunden Aufzeichnung, mit der Einführung von HDTV werden daraus nur noch 40 Stunden. Zur Speicherung und Archivierung von umfangreichen Datenmengen werden daher auch externe Festplatten verwendet, die sich per USB oder eSATA an einen PC oder ein Wiedergabegerät anschließen lassen. Die Speicherkapazität reicht hier bis in den Terabytebereich.

DVB = Digital Video Broadcast
siehe Vernetzte IT-Systeme Kap. 3.5

1.5.1.1 Prinzipieller Aufbau

Die in PCs verwendeten Festplattenlaufwerke enthalten in der Regel zwei bis vier beidseitig beschreibbare Platten, die auf einer Drehachse montiert sind. Bei Großrechnern verwendete Laufwerke können bis zu zwölf einzelne Platten beinhalten. Eine Festplatte kann wiederholt gelesen, gelöscht und erneut beschrieben werden. Jede Seite einer Platte verfügt hierzu über einen eigenen Schreib-Lese-Kopf. Ein Schreib-Lese-Kopf ist im Prinzip eine winzige Spule, der Schreib- bzw. Lese-Vorgang basiert auf dem Elektromagnetismus bzw. der elektromagnetischen Induktion (Kap. 5.5 ff.). Alle Köpfe sind auf einem gemeinsamen Kopfträger montiert, der mechanisch mithilfe eines Schrittmotors über die Plattenoberfläche bewegt und positioniert wird. Der Kopfträger wird auch **Zugriffskamm** genannt.

Schreib-Lese-Kopf

Bild 1.92: Aufbau eines Festplattenlaufwerks

Die Platten werden durch das versiegelte Gehäuse gegen Staub geschützt. So kann der Kopf mit 10 bis 25 nm Abstand von der Oberfläche einer Platte bewegt werden, die sich – angetrieben von einem Motor – in der Regel konstant mit 5400 U/min bis 15000 U/min dreht. Aus diesem Grund können mehr Daten gespeichert und es kann schneller auf diese Daten zugegriffen werden, als dies bei den früher verwendeten Disketten (dünne, transportable Kunststoffscheibe mit einer magnetisierbaren Oberfläche, die sich in einer Schutzhülle befindet) möglich war. Allerdings bewirken höhere Drehzahlen auch eine größere Wärmeentwicklung. Die Schreib-Lese-Köpfe schweben auf einem dünnen Luftkissen über der Plattenoberfläche, welches durch die Rotation der Platten erzeugt wird. Sie dürfen die Platten nicht berühren, um nicht durch den sogenannten **Headcrash** die Plattenoberfläche zu zerstören. Beim Abschalten werden die Köpfe in einen eigens dafür vorgesehenen Bereich nahe der Drehachse gesteuert. Dies regelt

1 nm = 10^{-9} Meter

Festplattendrehzahl

Headcrash

eine Elektronik, die auf das Abschalten der Stromversorgung reagiert und die Bewegungsenergie der Platten zum Positionieren der Köpfe benutzt.
Durch die Drehbewegung der Platten entstehen aufgrund von Reibungseffekten elektrostatische Ladungen. Würden diese sich plötzlich entladen, könnte dies zu Schäden innerhalb des Festplattengehäuses führen. Um dies zu verhindern, ist an der Laufwerksachse eine kleine Feder befestigt, die mit dem Gehäuse verbunden ist und als Erdungsleiter dient.

1.5.1.2 Anschluss von Festplatten

Laufwerkstandards

Im Festplattengehäuse ist auch die Elektronik zur Steuerung der Positionierung der Köpfe und der Plattencontroller untergebracht. Bei den Einschub-Gehäusen befinden sich auf der Rückseite die Anschlüsse für die Stromversorgung und für das Datenkabel. Die früher verwendeten PATA-Laufwerke sind hierbei ausnahmslos von den aktuelleren SATA-Laufwerken verdrängt worden und finden sich nur noch in älteren PCs. SCSI-Laufwerke werden aufgrund der höheren Anschaffungskosten im Consumerbereich eher weniger eingesetzt und sind mehr in Servern zu finden.

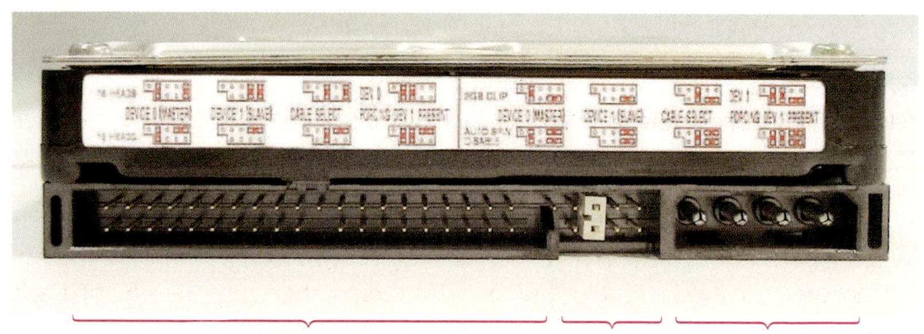

Bild 1.93: Anschlüsse an einem PATA-Festplattenlaufwerk

Laufwerksgrößen

Es gibt auch spezielle 5,25-Zoll-Einschubrahmen, in die man von vorne ohne weitere Hilfsmittel sogenannte **Wechselplatten** einschieben kann. Diese Wechselplatten verfügen an der Rückseite über eine Kontaktleiste, die die elektrischen Verbindungen mit dem PC herstellt. Alternativ lassen sich auch externe Festplatten über eine eSATA-Schnittstelle oder einen USB-Port anschließen.

Cable Select

siehe Kap. 1.4.4

Terminierung

Während die Buchse bzw. der Stecker für die Energieversorgung bei PATA- und SCSI-Laufwerken einheitlich genormt sind (siehe Kap. 1.7), erfolgt der Anschluss der Datenleitungen entsprechend der Spezifikation des verwendeten Laufwerktyps (PATA, SATA oder SCSI, siehe Kap. 1.4.4 und 1.4.5). Bei PATA-Festplatten befinden sich zusätzlich Jumper (Drive Select Jumper) auf der Gehäuserückseite, mit denen man festlegen kann, ob die Festplatte als Master oder als Slave arbeiten soll oder ob Cable Select aktiviert sein soll. Das Master-Laufwerk übernimmt jeweils die Steuerung des zweiten Laufwerks, dessen interner Controller abgeschaltet wird. Die Kombination von Festplatten verschiedener Hersteller kann sich hierbei in manchen Fällen als problematisch erweisen und zu Datenverlusten führen! Beim nachträglichen Einbau einer Festplatte ist zu beachten, dass diese nur mit dem passenden Controller auf

dem Motherboard arbeiten kann. So lässt sich beispielsweise eine PATA-Festplatte nicht an einem SCSI-Host-Adapter betreiben! Des Weiteren müssen die Einstellungen des BIOS zur Festplatte passen.
Das Datenkabel bei SATA-Platten ist 7-adrig, die Energieversorgung erfolgt über einen 15-poligen Anschluss (3,3 V; 5 V; 12 V). Der Grund für die größere Anzahl der Kontakte ist die Hot-Plugging-Fähigkeit, die für jede der drei Spannungen jeweils auch einen längeren „Pre-Charge"-Anschluss mit längeren Kontaktzungen erfordert, die beim Stecken den ersten Kontakt herstellen (Staggered Contacts, siehe Bild 1.130).

Bild 1.94: Anschlüsse bei SATA © Creative Commons

SATA-II-Platten unterstützen das sogenannte Native Command Queuing (NCQ). Hierunter versteht man die Fähigkeit einer Festplatte, mehrere Kommandos entgegenzunehmen und diese in einer Warteschlange (Queue) zu verwalten. Anstatt diese Kommandos nur in der Eingangsreihenfolge abzuarbeiten, können diese so sortiert werden, dass die Köpfe möglichst kurze Wege zurücklegen. NCQ-fähige Platten können von sich aus den Hostadapter ansprechen und so aktiv auf den Hauptspeicher zugreifen (First Party DMA). Voraussetzung für NCQ ist neben der Platte auch ein Host-Adapter mit dieser Fähigkeit. SCSI-Platten verfügen bereits seit längerem über diese Fähigkeit, die hier mit Tagged Command Queuing (TCQ) bezeichnet wird. Als Softwareschnittstelle für SATA-Adapter hat Intel das **Advanced Host Controller Interface** (AHCI) spezifiziert.

NCQ

AHCI

1.5.1.3 Kenngrößen von Festplatten

Um Daten auf einer Festplatte dauerhaft speichern zu können, müssen die Plattenoberflächen zunächst vorbereitet werden. Hierzu werden diese in Zylinder, Spuren, Sektoren und Cluster eingeteilt. Dieser Vorgang, den man allgemein als **Formatieren** bezeichnet, wird vom verwendeten Betriebssystem gesteuert und in Kap. 3.2.1 ausführlich dargestellt.

Formatieren

Speicherkapazität (Memory Size)

Die Speicherkapazität einer Festplatte wird oft als „Bruttokapazität" angegeben. Nach der Formatierung ist diese Kapazität jedoch nicht mehr in vollem Umfang nutzbar, da für die interne Organisation der Festplatte Daten auf einer ihrer Oberfläche gespeichert werden, die dann für den Anwender nicht mehr zur Verfügung steht. Heutige 3,5"-Festplatten können bis zu 500 GByte pro Scheibe speichern. Diese großen Speicherkapazitäten werden bei gleichen geometrischen Abmessungen unter anderem dadurch möglich, dass die

Kapazitätsangaben

einzelnen magnetisierbaren Bereiche bei modernen Festplatten nicht mehr horizontal in Drehrichtung, sondern senkrecht dazu angeordnet sind. Hierdurch lassen sich die Bits wesentlich dichter packen. Dieses Aufzeichnungsverfahren wird **Perpendicular Recording** genannt.

a) herkömmliche, waagerechte Anordnung magnetischer Bereiche

b) senkrechte Anordnung magnetischer Bereiche (Perpendicular Recording)

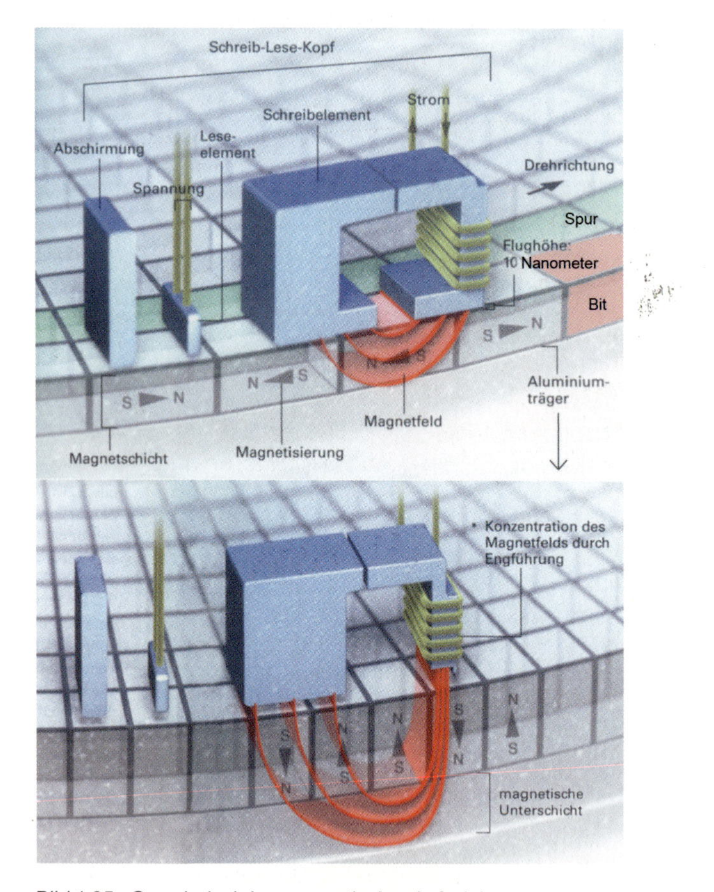

Bild 1.95: Grundprinzipien magnetischer Aufzeichnung

Der Einsatz von Laufwerks-Verschlüsselungssoftware (z.B: TrueCrypt, PGP Whole Disc Encryption, DiskCryptor) erhöht zwar die Sicherheit gegen unbefugten Datenzugriff, reduziert jedoch die Systemperformance, da jeder Zugriff zunächst einen Ver- bzw. Entschlüsselungsvorgang auslöst. Aufgrund von Beschränkungen durch das BIOS des Motherboards bzw. das verwendete Betriebssystem wird die vorhandene Festplattenkapazität im praktischen Betrieb manchmal unterteilt (vgl. Kap. 3.2.3 ff.).

Zugriffszeit (Access Time)

Die Zugriffszeit ist ein gängiges Maß für die Geschwindigkeit, mit der eine Festplatte arbeitet. Sie setzt sich aus den folgenden Faktoren zusammen:

Zugriffszeit

- der Reaktionszeit der Laufwerkselektronik, d.h. der Zeit für die Bearbeitung der zur Positionierung erforderlichen BIOS-Systemroutinen (Controller-Overhead),

- der Suchzeit, d.h. der Zeitspanne, die für die Positionierung des Schreib-Lese-Kopfes auf die gewünschte Spur erforderlich ist,
- der Latenzzeit, d.h. der Zeit, die gewartet werden muss, damit die gewünschten Daten auf der Spur unter dem Schreib-Lese-Kopf erscheinen,
- der Zeit, die für das Lesen der gewünschten Daten erforderlich ist.

Da die Suchzeit und die Latenzzeit maßgeblich von Start- und Zielposition des Schreib-Lese-Kopfes abhängen, wird in der Praxis stets ein Mittelwert angegeben (mittlere Zugriffszeit). Typische Werte liegen zwischen 4 ms und 20 ms.

Spurwechselzeit (Track to Track Time)

Beim Lesen von stark fragmentierten Dateien muss überdurchschnittlich oft die Spurlage gewechselt werden. Hier ist die sogenannte Spurwechselzeit von Bedeutung, die angibt, wie viel Zeit für den Wechsel zwischen zwei benachbarten Spuren erforderlich ist.

Datentransferrate (Data Transfer Rate)

Die Datentransferrate gibt Aufschluss über die für die Datenübertragung erforderliche Zeit. Sie wird in Megabit pro Sekunde (Mbit/s) oder Megabyte pro Sekunde (MByte/s) angegeben und hängt eng mit der Drehgeschwindigkeit der Platten zusammen. Begrenzt wird sie von der verwendeten Schnittstelle und deren Spezifikation (vgl. Kap. 1.4). Allerdings werden die theoretisch möglichen maximalen Übertragungsraten der Schnittstelle in der Praxis nicht erreicht. Bei „langsamen“ Festplatten liegt dieser Wert bei ca. zwei MByte/s, bei „schnellen“ Platten ergeben sich Werte oberhalb von vier MByte/s.

1.5.1.4 Handhabung von Festplatten

Im Umgang mit Festplatten sind grundsätzlich folgende Dinge zu beachten:

Handhabung von Festplatten

1. Da die Speicherung der Daten magnetisch erfolgt, können diese Daten natürlich auch durch die Einwirkung eines magnetischen Feldes unbrauchbar werden. Zwar sind die Platten selbst durch das Gehäuse gegenüber äußeren magnetischen Einflüssen geschützt, dennoch sollte man Festplatten nicht dauerhaft starken magnetischen Feldern aussetzen.
2. Die magnetisierbaren Platten rotieren innerhalb des Gehäuses mit einer hohen Drehzahl. Die Lagerung dieser Platten wird also mechanisch stark beansprucht und unterliegt einem natürlichen Verschleiß. Um diesen Verschleiß so gering wie möglich zu halten, ist die vom Hersteller vorgegebene Einbaulage zu beachten.
3. Das wiederholte „Hochfahren“ und „Herunterfahren“ von Festplatten erhöhen sowohl den mechanischen Verschleiß der Lager als auch den der Schreib-Lese-Köpfe, da diese dann jeweils in der dafür vorgesehenen Zone „landen“ (siehe oben). Insofern sollte der mittels Power-Management mögliche Stand-By-Modus, bei dem das Laufwerk nach einer voreingestellten Zeit ohne Befehlseingabe abgeschaltet wird, nicht zu kurz gewählt werden.
4. Platten und Lager reagieren empfindlich auf mechanische Einflüsse. Aus diesem Grund sollten Erschütterungen während des Betriebes möglichst vermieden werden.

1.5.2 Solid State Laufwerk

SSD

Ein **Solid State Laufwerk** (**SSD**: **S**olid **S**tate **D**rive oder **S**olid **S**tate **D**isc) ist ein elektronisches, nicht flüchtiges Speichermedium, das nur aus Halbleiter-Speicherchips aufgebaut ist. Es kann wie ein herkömmliches Laufwerk angesprochen werden kann.

Die Bezeichnung Laufwerk (Drive) ist insofern irreführend, da es ohne rotierende Scheibe oder sonstige bewegliche Mechanik arbeitet. Dadurch ist es absolut unempfindlich gegenüber mechanischen Stößen (hohe Schocktoleranz) und besonders geeignet für den Einsatz in portablen Geräten. Es lässt sich wie eine konventionelle Festplatte einbauen und an eine SATA-Schnittstelle anschließen (bei kleinen Gehäuseabmessungen über Micro-SATA-Stecker).
Da ein SSD im Gegensatz zur Festplatte nicht erst mechanisch einen Schreib-Lesekopf zu den Daten fahren muss, sondern nur einzelne Leitungen aktiviert, kann es auch wesentlich schneller auf Daten zugreifen (*Lesezugriff*). Allerdings erfolgen *Schreibzugriffe* langsamer als bei Festplatten, da die in der Regel verwendeten Flashspeicher vorher erst einen zusätzlichen Löschvorgang erfordern, der stets blockweise durchzuführen ist (siehe Kap. 1.2.3.1). Um diesen Vorgang zu beschleunigen, verfügen SSD meist über einen integrierten DRAM-Pufferspeicher (DRAM-Cache: 16 MByte bis 128 MByte). In diesem Cache werden Schreibzugriffe entgegengenommen, in einer Warteschlange sortiert (NCQ: Native Command Queuing) und anschließend intelligent auf die einzelnen Blöcke verteilt.
Solid State Drives verwenden bis auf wenige Ausnahmen NAND-Flash-Speicherchips, hierbei kommen sowohl SLC-NAND als auch MLC-NAND zum Einsatz (siehe Kap. 1.2.3.1). Damit ein SSD aufgrund der begrenzten Anzahl der Schreibvorgänge (10.000 bis 100.000) nicht frühzeitig ausfällt, sorgt der eingebaute Controller mit einer ausgeklügelten Logik dafür, dass Schreibzugriffe gleichmäßig verteilt über das gesamte Laufwerk erfolgen (**Wear-Leveling**).

Device Initiated Power Management

Durch das implementierte **D**evice **I**nitiated **P**ower **M**anagement (**DIPM**) ist ein SSD zudem in der Lage, in Zeiten fehlender Zugriffe die Schnittstellenelektronik abzuschalten und so ihren Energieverbrauch drastisch zu reduzieren (< 3 W). Wegen ihres niedrigen Energieverbrauchs werden sie gerne als Alternative zu einer herkömmlichen Festplatte z. B. in Nettops eingesetzt. Allerdings sind ihre derzeit erhältlichen Speicherkapazitäten gegenüber denen von Festplatten vergleichsweise gering bzw. bei gleicher Größe teurer. Im Consumerbereich werden Kapazitätswerte bis ca. 256 GByte angeboten, im industriellen Bereich liegen die Werte auch höher. SSDs arbeiten in der Regel mit 5 V Betriebsspannung, teilweise auch mit 3,3 V. Ihre Schreibgeschwindigkeit liegt in der Praxis je nach Typ zwischen 20 und 100 MByte/s, die mittlere Zugriffszeit liegt zwischen 5 und 20 ms.
Ein Solid State Drive lässt sich auch mit einem herkömmlichen Festplattenlaufwerk kombinieren. Hierbei übernimmt das SSD (mit DRAM-Cache) die schnelle Zwischenspeicherung vor der abschließenden Speicherung auf der Festplatte.

Hybridlaufwerk

Die Kombination eines Solid State Drives mit einer herkömmlichen Festplatte in einem gemeinsamen Gehäuse wird als **Hybridlaufwerk** bezeichnet.

Auf dem Markt sind auch „Laufwerke" erhältlich, die in einem Gehäuse mehrere wechselbare SDHC-Flash-Speicherkarten über einen speziellen

Controller-Chip zu einem RAID-0-Verbund (siehe Kap. 1.4.4) zusammenfassen. Dadurch können sie als eine einzige große Flash-Disk im System angesprochen werden.

1.5.3 Optische Laufwerke

Die Bezeichnung optisches Laufwerk basiert auf dem optischen Verfahren, mit dem die Daten auf dem Speichermedium gelesen oder gegebenenfalls auch geschrieben werden. Als Speichermedien dienen dünne Scheiben aus Polykarbonat, einem Kunststoff, der preiswert herstellbar ist und der Licht mit einem bestimmten Brechungsindex (η = 1,55; d.h. Licht wird in einem bestimmten Winkel gebrochen) ablenkt. In dieses Grundsubstrat werden beim Schreiben die binären Daten mittels verschiedener technischer Verfahren so eingebrannt, dass sich Bereiche mit unterschiedlichem Reflexionsverhalten ergeben. Die Oberfläche wird mit einer Lackschicht versiegelt.

Berechnungsindex

In Abhängigkeit vom verwendeten Speichermedium unterscheidet man CD-Laufwerke, DVD-Laufwerke und BD-Laufwerke.

CD
DVD
BD

- **CD** steht für **C**ompact **D**isc und bezeichnet ein optisches Speichermedium für digitale Daten, welches ursprünglich nur für die Wiedergabe von Audio-Daten entwickelt wurde.
- **DVD** ist die Abkürzung für „**D**igital **V**ersatile **D**isc“ (vielseitige digitale Disk), wird oft aber auch als „**D**igital **V**ideo **D**isc“ bezeichnet.
- **BD** steht für **B**lu-Ray **D**isk und bezeichnet den technischen Nachfolger der DVD, der insbesondere die Speicherung von Videos/Filmen in höchster Qualität (HD-Qualität; HD: High Definition) mit den hierzu erforderlichen hohen Speicherkapazitäten ermöglicht.

Das Lesen der Daten erfolgt bei allen Laufwerksarten mit einem vom Prinzip her gleichartig aufgebauten optischen Abtastmechanismus, der im Wesentlichen aus einer intensiven Lichtquelle – z. B. einem Laser mit ca. 0,5 mW Leistung –, Fokussierlinsen und einer Fotodiode besteht.

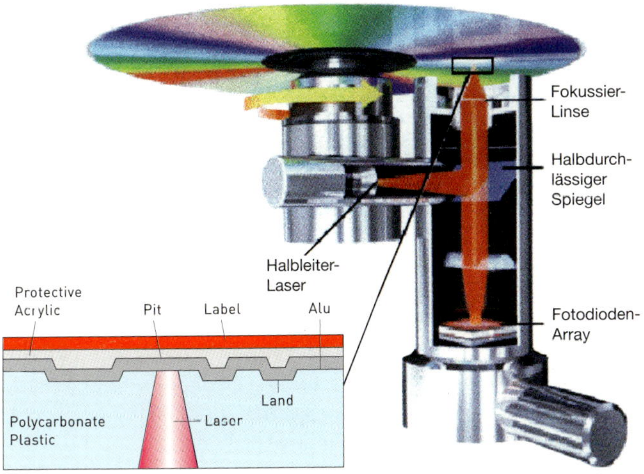

Bild 1.96: Prinzip des Abtastmechanismus bei einem optischen Laufwerk

CD/DVD/BD-Lesevorgang

Diese Anordnung befindet sich auf einem beweglichen Träger, der sich – angetrieben von einem kleinen Motor – während des Lesevorgangs radial von innen nach außen bewegt. Die binären Daten sind bei nicht wiederbeschreibbaren Datenträgern als kleine Vertiefungen (Pit) oder Erhöhungen (Land) in das Grundsubstrat (Polycarbonat) eingebrannt und mit einer lichtreflektierenden Aluminiumschicht (Alu) überzogen. Aufgrund der Rotation des Speichermediums werden diese Lands und Pits unter der Optik vorbeigezogen.
Der Lesevorgang erfolgt in Bild 1.96 von unten durch das Grundsubstrat, die Oberseite ist mit einem kennzeichnenden Aufdruck versehen (Label). Das von den Lands und Pits unterschiedlich reflektierte Licht eines Lasers wandelt die Fotodiode zurück in elektrische Signale. Die Regenbogenfarben, die man manchmal beim Betrachten der Unterseite in weißem Licht beobachtet, entstehen durch die Streuung des Lichts an den Pits. Bei den optischen Speichermedien ist wie bei Festplatten ein direkter wahlfreier Zugang auf die gespeicherten Daten möglich, da die Leseoptik frei positionierbar ist. Die Steuerung erfolgt durch die Elektronik des jeweiligen Laufwerks. Die Kunststoffscheibe rotiert lediglich, wenn ein Lesevorgang stattfinden soll. Der Zugriff wird durch eine LED signalisiert.

Die Daten werden in der Regel in Form einer durchgehenden Spirale von innen nach außen aufgebracht. Diese Spirale ist in einzelne Sektoren unterteilt, die neben den Nutzdaten zusätzlich Paritätsbits zur Fehlerortbestimmung und zur Fehlerkorrektur enthalten. Mehrere Sektoren werden zu einer „Spur" (Track) zusammengefasst. Die Datendichte (Anzahl der Pits und Lands pro Längeneinheit) ist am Innenrand genauso groß wie am Außenrand. Um beim Lesevorgang den Datendurchsatz konstant zu halten, ist die Umlaufgeschwindigkeit in Abhängigkeit von der Position des Lesekopfes konstant zu halten. Technisch wird dies als „konstante Lineargeschwindigkeit" (engl.: **C**onstant **L**inear **V**elocity, **CLV**) bezeichnet.

Umlaufgeschwindigkeit

Das **Lesen** eines optischen Mediums erfolgt von innen nach außen. Hierbei wird die Drehzahl kontinuierlich kleiner, um pro Zeiteinheit eine konstante Strecke abtasten zu können.

Anders verhält sich ein sogenanntes **CAV**-Laufwerk (**C**onstant **A**ngular **V**elocity, konstante Winkelgeschwindigkeit). Ein CAV-Laufwerk weist eine konstante Umdrehungsgeschwindigkeit auf, was dazu führt, dass die Datenübertragungsrate variiert und von innen nach außen größer wird. Obwohl die Abtastung bei CDs-, DVDs und BDs prinzipiell gleichartig verläuft, unterscheiden sich die auf den jeweiligen Datenträgern aufgebrachten Datenstrukturen in ihrer Größe erheblich voneinander. Um diese Strukturen lesen zu können, werden in den jeweiligen Laufwerken Laser mit unterschiedlicher Wellenlänge eingesetzt. Je kleiner die Wellenlänge, desto feinere Strukturen lassen sich erkennen. Hierdurch ergeben sich bei gleicher Größe des Datenträgers (Standarddurchmesser: 12 cm) auch unterschiedlich große Speicherkapazitäten. Die HD-DVD bzw. die Blu-Ray-Disc stellen hierbei jeweils von unterschiedlichen Firmen betriebene Weiterentwicklungen der DVD dar (siehe Kap. 1.5.6). Allerdings wurden die Entwicklungsarbeiten an der HD-DVD inzwischen eingestellt, da die meisten namhaften Video-Produktionsfirmen das Blu-Ray-Format für ihre Produkte einsetzen.

	CD	DVD	BD
	1,2 mm substrate Spur-abstand	0,6 mm substrate	0,1 mm cover layer
Spurabstand	1,6 µm	0,74 µm	0,32 µm
Größe Land/Pit	0,83 µm	0,4 µm	0,15 µm
Wellenlänge des Lasers	780 nm (rot)	650 nm (rot)	405 nm (blau)
Speicherkapazität	650 MB–900 MB, siehe Kap. 1.5.4	1,4 GB–17 GB, siehe Kap. 1.5.5	25 GB siehe Kap. 1.5.6
Dicke	1,2 mm	1,2 mm	1,2 mm
Gewicht ca.	20 g	20 g	20 g

Bild 1.97: Datenstrukturen im Vergleich

Der technische Aufbau der Laufwerke ist ansonsten nahezu identisch. Sie werden in einem 5,25-Einschub in das PC-Gehäuse eingebaut und an eine SATA-Schnittstelle angeschlossen. Die Stromversorgung erfolgt über ein separates Kabel. Für den Einbau in Laptops existieren spezielle Slim-Line-Gehäuse.

Bei allen optischen Laufwerken des Consumerbereichs erfolgt das Einlegen des Speichermediums mittels einer Schublade, die von einem Motor geöffnet und geschlossen wird. Um Beschädigungen zu vermeiden, ist beim Einlegen des Mediums zu beachten, dass dieses korrekt in der dafür vorgesehenen Vertiefung liegt.

Eine BD benötigt im Gegensatz zur CD/DVD einen kurzwelligen blauen Laser und kann daher nicht mit dem langwelligen roten Laser eines CD/DVD-Laufwerks gelesen werden. Erst die Kombination eines roten Lasers mit einem blauen Laser in einem sogenannten **Combo-Laufwerk** ermöglicht das Lesen von CD/DVD- und BD-Speichermedien. Heutige CD/DVD-Laufwerke unterstützen fast jedes CD/DVD-Dateiformat und können Medien unterschiedlicher Technologien lesen.

Multireadfähigkeit

■ Ein optisches Laufwerk, das unterschiedliche CD/DVD-Formate und CDs/DVDs verschiedener Technologien lesen kann, wird als **multireadfähig** bezeichnet.

CD/DVD beschreiben

Mit einer analog aufgebauten Vorrichtung, wie in Bild 1.96 dargestellt, lassen sich in einem CD/DVD-Rekorder auch entsprechende Datenträger beschreiben. Hierbei sind jedoch in Abhängigkeit vom verwendeten Datenträger höhere Leistungen des Laserstrahls (6 mW–12 mW) sowie unterschiedliche Fokussierungen (Single Layer, Double Layer) erforderlich.

- **CD/DVD-Rekorder** werden auch als **CD/DVD-Brenner** bezeichnet. Jeder CD/DVD-Brenner kann auch als normales CD/DVD-Laufwerk arbeiten.

Multiformat

Double-Layer-Technik

Im Handel befindliche DVD-Rekorder sind auch in der Lage, CDs und DVDs mit unterschiedlichen Spezifikationen (Disc-Formate) zu brennen. Sie werden daher auch als **multi-formatfähig** bezeichnet. Der Einbau eines separaten CD-Laufwerks in einen PC ist somit nicht mehr erforderlich. Die neuen Brenner-Generationen unterstützen ebenfalls auch zweilagige Rohlinge (DL: Double-Layer-Technologie).

ADIP-Information

Damit ein Multi-Format-Rekorder die Brenn- und Abspielparameter jeweils richtig einstellen kann, muss er das eingelegte Medium eindeutig erkennen können. Aus diesem Grund ist jeder CD/DVD-Rohling mit den sogenannten **ADIP-Informationen** (**A**ddress **I**n **P**regroove) versehen, denen das Laufwerk diese Informationen entnehmen kann. Kann ein Rekorder diese in einem inneren Kreisring aufgebrachten Informationen nicht erkennen, ist ein Brennen des Rohlings in der Regel nicht mehr möglich.

Die Leistungsfähigkeit eines CD/DVD-Rekorders wird jedoch nicht nur von der Hardware, sondern auch von der verwendeten Software maßgeblich beeinflusst. Folgende Dinge sollten beachtet werden:

Schreibgeschwindigkeit
Je höher die Schreibgeschwindigkeit, desto schneller verläuft der Aufzeichnungsprozess, desto größer wird jedoch auch die Wahrscheinlichkeit von Fehlern. Die Schreibgeschwindigkeit sollte vom Benutzer eingestellt werden können. Während des Schreibvorgangs werden die Daten zunächst zwischengespeichert (gepuffert). Ist dieser Pufferspeicher leer (**Buffer-Underrun**), wird der Schreibvorgang unterbrochen, bis wieder genügend Daten im Puffer sind. Dann wird der Vorgang an der gleichen Stelle fortgesetzt. Bei höheren Brenngeschwindigkeiten steigt die Gefahr von Schreibfehlern.

Singlesession

Schreibmethode
Beim Kopiervorgang wird eine DVD üblicherweise in einem einzigen Vorgang beschrieben (**Singlesession**). Ist dieser Vorgang abgeschlossen, d. h. wurde ein Lead-In- und ein Lead-Out-Bereich auf die DVD geschrieben, ist ein weiteres Beschreiben nicht möglich, auch wenn die gesamte Speicherkapazität noch nicht ausgenutzt wurde.

- Der **Lead-In-Bereich** ist der Startbereich einer CD/DVD, in dem u. a. das Inhaltsverzeichnis (**TOC: Table Of Content**) geschrieben wird.
- Der **Lead-Out-Bereich** signalisiert dem Laufwerk das Ende einer CD/DVD.
- Das Beschreiben einer CD/DVD in einer einzigen Session wird auch als **Disc At Once** (DAO) bezeichnet.

Multisession

Eine andere Schreibmethode wird als **Multisession** bezeichnet. Solange die Speicherkapazität der CD/DVD ausreicht, besteht hierbei die Möglichkeit des mehrfachen Startens des Schreibvorgangs und damit ein Anhängen von Daten in verschiedenen Sitzungen. Hierbei wird jeweils ein eigenes Lead-In/Lead-Out geschrieben, allerdings werden diese jeweils miteinander verbunden, sodass der Eindruck eines einzigen großen Verzeichnisses entsteht. Aufgrund der hohen Speicherkapazität bei einer DVD erfolgt das Beschreiben in der Regel als Multisession-Sitzung.

1.5.4 CD-Technologien

Im Zusammenhang mit CD-Speichermedien werden eine Reihe von Abkürzungen und Begriffen verwendet, die teilweise die Eigenschaften des Speichermediums näher beschreiben, sich aber auch auf die Eigenschaften der Laufwerke, die CD-Formate oder die verwendeten Techniken beziehen:

- **CD-DA** **C**ompact **D**isc-**D**igital **A**udio;
  bezeichnet allgemein eine digitale Audio-CD; maximale Wiedergabezeit ca. 70–80 min.
- **CD-ROM** **C**ompact **D**isc-**R**ead **O**nly **M**emory;
  bezeichnet allgemein einen optischen Datenträger, der nur gelesen, aber nicht beschrieben werden kann; Speicherkapazität 650–800 MByte;
  kann sich auch auf das entsprechende Laufwerk beziehen;
- **CD-R** **C**ompact **D**isc-**R**ecordable;
  eine Form einer CD-ROM, die mit einem CD/DVD-Recorder **einmal** beschrieben werden kann; Speicherkapazität 650–900 MByte. Bei gleichen Abmessungen unterscheidet sich der Aufbau einer CD-R von dem einer normalen CD-ROM. Durch die Laserbestrahlung des CD-Recorders verändert sich bei der CD-R die Lichtdurchlässigkeit einer zusätzlich eingebrachten organischen Schicht dauerhaft, sodass sich beim Lesen unterschiedliche Reflexionen ergeben. Der Schreibvorgang erfolgt mit einem Infrarot-Laser, sodass eine solche CD beispielsweise nach längerer Sonneneinstrahlung unbrauchbar werden kann.
- **CD-RW** **C**ompact **D**isc-**R**e**W**ritable;
  bezeichnet Speichermedien und Laufwerke, die ein **mehrfaches** Beschreiben ermöglichen; Speicherkapazität 650–800 MByte. Bei der CD-RW wird das **Phasenänderungs-Aufzeichnungs-Verfahren** (Phase-Change Recording) angewendet, bei dem das Reflexionsvermögen von mikroskopisch kleinen metallischen Kristallen mithilfe eines konzentrierten Laserstrahls verändert wird. Dieser Vorgang ist reversibel und kann bis zu 1000-mal durchgeführt werden. Aufgrund dieses Aufzeichnungsverfahrens ist bei einer CD-RW der Reflexionsgrad wesentlich geringer als bei einer CD-R.
- **CD+RW** **C**ompact **D**isc-**R**e**W**ritable;
  analoge Eigenschaften wie CD-RW, jedoch andere Formatierung, daher nicht kompatibel
- **CD-I** **C**ompact **D**isc-**I**nteractive;
  bezeichnet einen hardware- und softwarebezogenen Standard für optische Discs. Hierzu gehören Leistungsmerkmale wie Darstellung und Auflösung von Bildern, Animation, Spezialeffekte und Audio.

- **CD-MO** **C**ompact **D**isc-**M**agneto **O**ptical;
bezeichnet eine Laufwerkstechnologie, bei der auf speziellen Speichermedien mithilfe magnetisch-optischer Verfahren (mittels Laser eingebrannte Pits werden magnetisch „ausgerichtet") Daten gespeichert werden. Eine MO-Disc ist sektorweise mehrfach löschbar und wiederbeschreibbar. Die maximale Speicherkapazität liegt bei 2,6 GByte auf 3,5 Zoll Medien.
- **CD-WORM** oder **CD-WO** **C**ompact **D**isc-**W**rite **O**nce **R**ead **M**any;
eine spezielle Bauart eines optischen Datenträgers, bei der nach einmaliger Aufzeichnung keine Änderung der Daten möglich ist, Lesezugriffe jedoch unbegrenzt erfolgen können; im Gegensatz zu CD-R/RW unempfindlich gegenüber UV-Licht.
- **Photo-CD** Bezeichnet ein Digitalisierungsstandard der Firma Kodak, der es ermöglicht, Bilder von 35-mm-Filmen, Negative, Dias und gescannte Bilder auf CD zu speichern. Diese lassen sich dann mit entsprechender Software nachbearbeiten.

Übertragungs-geschwindigkeiten bei CD-ROM

Die Datentransferrate eines CD/DVD-ROM-Laufwerks hängt von der Drehzahl der Disk ab und wird stets als Faktor zum Datendurchsatz eines Audio-CD-Laufwerks angegeben.
Die Datentransferrate eines CD/DVD-Rekorders liegt beim Lesen einer CD in der gleichen Größenordnung wie bei einem CD/DVD-ROM-Laufwerk, beim Brennvorgang ist sie allerdings jeweils geringer und hängt auch vom verwendet Medium ab. Aus diesem Grund werden bei CD/DVD-Brennern stets die Werte für das Lesen, das Schreiben einer CD/DVD-R und das Schreiben einer CD/DVD-RW angegeben (z. B. 48x, 32x, 16x).

Geschwindigkeit	maximale Datentransferrate
1-fach (Audio CD)	150 KByte/s
32-fach (32x)	4 800 KByte/s
48-fach (48x)	7 200 KByte/s
50-fach (50x)	7 500 KByte/s
52-fach (52x)	7 800 KByte/s
58-fach (58x)	8 700 KByte/s

Bild 1.98: Datentransferrate von CD-ROM-Laufwerken

Multi-Level Recording

ML-Recording

Bei den mit normalen Verfahren hergestellten CDs wird der Laserstrahl an den Lands und Pits mehr oder weniger stark reflektiert, sodass sich zwei Helligkeitsstufen dedektieren lassen. Ein neues Verfahren mit der Bezeichnung **Multi-Level Recording** erkennt statt nur zwei nun acht Helligkeitsstufen aufgrund der Tatsache, dass sich nun 3 bit ($2^3 = 8$) in einem Bereich speichern lassen, der bisher nur 1 bit (hell/dunkel) aufnehmen konnte. Mit diesem Verfahren lassen sich zwei GByte auf einer CD speichern. Wiederbeschreibbare Medien lassen sich mit bis zu 30-facher Geschwindigkeit aufnehmen. Die Wellenlänge des Laserlichts und die Optik unterscheiden sich nicht von normalen CD-Rekordern, lediglich die Verarbeitungslogik muss das ausgelesene Signal interpretieren können. Allerdings sind für das ML-Recording spezielle Medien erforderlich, die die acht unterschiedlichen Reflexionsgrade abbilden können. Diese Medien sind in den herkömmlichen Geräten nicht lesbar, ML-Geräte können jedoch konventionelle CDs lesen und beschreiben.
Die unterschiedlichen CD-Formate sowie deren Eigenschaften und Spezifikationen sind in speziellen „Büchern" (Books) dokumentiert, die anhand der Farbe des Umschlags bezeichnet werden.

Bezeichnung	Inhalt
Red Book (1980)	Grundlage für alle CD-Formate z. B. bzgl. geometrischer Abmessungen; legt einen einheitlichen Standard für Audio-CDs fest (z. B. 16 bit Stereo, 44,1 kHz Samplingrate); dadurch kann jede Audio-CD in allen Audio-CD-Playern, aber auch in jedem CD-ROM-Laufwerk abgespielt werden.
Yellow Book (1983)	Beschreibt – basierend auf dem Red Book – das Format der CD-ROM. Damit können Computerdaten auf einer CD gespeichert werden; beschreibt die plattformübergreifende Norm ISO 9660. Die Spezifikation XA (Extended Yellow Book Standard) beschreibt Standards für das Mischen von Audio-Informationen und PC-Daten und bietet so die Grundlage für moderne Multimedia-Anwendungen.
Green Book (1993)	Beinhaltet Spezifikationen der CD-I; dieses Format ermöglicht die Speicherung von Ton-, Bild-, Video- und sonstiger Daten auf einer CD (erweiterter ISO-9660-Standard). Der Standard umfasst Methoden zur Codierung, Komprimierung, Dekomprimierung und Anzeige der gespeicherten Informationen.
Orange Book (1988–2000)	Beschreibt die Spezifikation der CD-MO, der CD-WO und der CD-R. Außerdem wird die sogenannte Multisession-Fähigkeit definiert, die das Speichern in mehreren Sitzungen ermöglicht. Als weitere Ergänzung wird auch die CD-RW spezifiziert.
White Book (1995)	Definiert den Standard von Video-CDs; die Speicherung erfolgt entsprechend der MPEG-1-Norm. CDs gemäß dieser Norm können sowohl von CD-I-Playern als auch von CD-ROM-Laufwerken gelesen werden (Erweiterung des Green Books).
Blue Book (1995)	Definiert eine Spezifikation, bei der Audio- und Datenspuren getrennt voneinander sind. Hierdurch ist ein Betrieb sowohl in einem Hi-Fi-CD-Player (für die Audiospuren) als auch in einem CD-ROM-Laufwerk (für die Datenspuren) möglich.

Bild 1.99: Dokumentation von CD-Spezifikationen

Wie alle Datenträger legen auch bei CDs vorgegebene logische Strukturen fest, wie Dateien und Verzeichnisse organisiert und den vorhandenen physikalischen Sektoren zuzuordnen sind. Dieses Dateisystem ist in der **ISO 9660** spezifiziert (Yellow Book: z. B. Dateinamen und Suffix in der Form 8.3; keine Zugriffsrechte speicherbar) und wurde mehrfach ergänzt und erweitert (z. B. **Joliet**: max. 64 Zeichen pro Dateiname, 8 Verzeichnisebenen; **RockRidge**: Unix-Spezifikationen, unter Windows nicht lesbar; **hfs**: Macintosh-Spezifikationen).

Der Wunsch nach einem einheitlichen für alle Plattformen lesbaren Dateisystem führte zur Entwicklung von **UDF** (**U**niversal **D**isc **F**ormat). Dieses Dateisystem kann nicht nur bei CDs, sondern auch bei DVDs verwendet werden.

Universal Disc Format

1.5.5 DVD-Technologien

Neben der Verkleinerung der Datenstrukturen (siehe Bild 1.97) wird bei einer DVD die Vergrößerung der Speicherkapazität gegenüber der CD auch durch den Einsatz folgender technischer Verfahren bewirkt:

- Verbesserung des Fehlerkorrekturverfahrens
- Einsatz von Kompressionsverfahren (MPEG)
- Laserabtastung bei kürzeren Wellenlängen (bei Blu-Ray: 405 nm)
- Datenaufzeichnung auf zwei untereinanderliegenden Informationsschichten (Layer), die durch eine lichtdurchlässige 40 µm dicke Schicht voneinander getrennt sind (einseitige doppellagige DVD)

– Datenaufzeichnung auf beiden Seiten der DVD (zweiseitige doppellagige DVD)

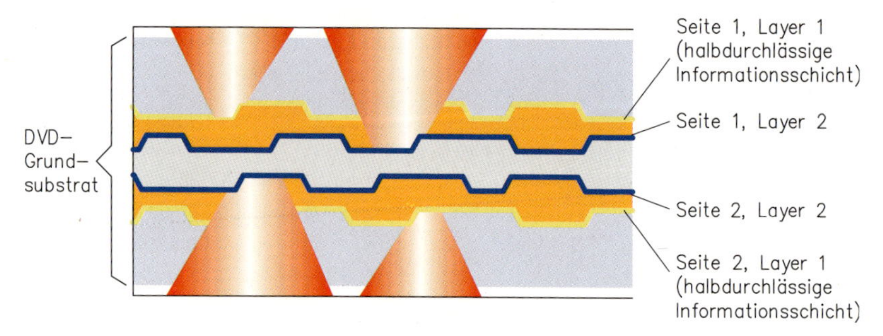

Bild 1.100: Prinzipieller Aufbau einer zweiseitigen doppellagigen DVD

In Bild 1.100 sind zur Verdeutlichung des Abtastmechanismus vier Laserstrahlen dargestellt, in der Praxis erfolgt die Abtastung nur mit einem einzigen Laserstrahl von einer Seite, sodass die DVD zur Wiedergabe der Informationen von Seite 2 im Abspielgerät gewendet werden muss. Zweiseitig bespielte DVDs können somit nicht mit einem Label versehen werden
Während der Verlauf der ersten Spur (Layer 1) auf jeder Seite spiralförmig von innen nach außen führt, existieren jeweils für die zweite Spur (Layer 2) zwei Alternativen:

- **PTP (Parallel Track Path)**
Die zweite Spur verläuft jeweils parallel zur ersten, sodass während des Lesevorgangs ein Springen zwischen den Spuren möglich ist (z.B. zur Wahl verschiedener Kameraperspektiven).

- **OTP (Opposite Track Path)**
Die zweite Spur fängt dort an, wo die erste jeweils aufhört, d.h. sie wird von außen nach innen gelesen. Lange Filme können auf diese Weise ohne Unterbrechung abgespielt werden, da der Laser nicht erst zur Mitte zurückfahren muss.

DVDs unterscheiden sich in ihrer Größe und hinsichtlich ihrer Kapazität:

DVD-Speicherkapazitäten

Bezeichnung	Durchmesser	Kapazität	Aufzeichnung
DVD-1	8 cm	1,4 GByte	einseitig, eine Informationsschicht
DVD-2	8 cm	2,7 GByte	einseitig, zwei Informationsschichten
DVD-3	8 cm	2,9 GByte	doppelseitig, je eine Informationsschicht
DVD-4	8 cm	5,3 GByte	doppelseitig, je zwei Informationsschichten
DVD-5	12 cm	4,7 GByte	einseitig, eine Informationsschicht
DVD-9	12 cm	8,5 GByte	einseitig, zwei Informationsschichten
DVD-10	12 cm	9,4 GByte	zweiseitig, eine Informationsschicht
DVD-14	12 cm	13,2 GByte	halb DVD-5, halb DVD-9
DVD-18	12 cm	17 GByte	zweiseitig, je zwei Informationsschichten

Bild 1.101: DVD-Größen und -Speicherkapazitäten

Wie bei den CDs gibt es auch bei den DVDs unterschiedliche Formate, die in mit Buchstaben bezeichneten „Büchern“ (Books) definiert sind.

Bezeichnung	DVD-Format Inhalte
Book A	**DVD-ROM** Grundlage aller weiteren Bücher, definiert allgemeine Eigenschaften einer DVD (Größe, Aufbau, Kapazitäten); Spezifikation des verwendeten Dateisystems (UDF: Universal Disc Format), des Modulationsverfahrens (EFM plus: Eight to Fourteen Modulation), des Fehlerkorrekturverfahrens (RSPC: Reed Solomon Product Code)
Book B	**DVD-Video** Gleiche logische und physikalische Formate wie DVD-ROM; zusätzlich Spezifikationen der Video- und Audioformate: Komprimierungsverfahren (MPEG1 oder MPEG2); 9 parallele Video- und 8 parallele Audiospuren; dadurch Wiedergabe unterschiedlicher Sprachversionen und/oder Untertitel möglich; ohne Spulen direkter Zugriff auf jede Filmszene; interaktives Eingreifen in Handlungsabläufe möglich (z. B. Lernprogramme), Wechsel der Kameraperspektive, variable Wiedergabegeschwindigkeit usw.
Book C	**DVD-Audio** Spezifikation von Audioformaten analog zu Book B; höhere Auflösung als bei einer CD (statt 16 bit/44,1 kHz jetzt bis zu 24 bit/192 kHz), Qualitätsstufen von Mono bis Sourround Sound; Spieldauer bis 74 min. pro Seite; zusätzlich die Audioformate Dolby Digital, MPEG-Audio, DTS
Book D	**DVD-R** Spezifikation der DVD-R, der in einem entsprechenden Rekorder **einmal** beschreibbaren DVD; Speicherkapazität zurzeit bis 4,7 GByte (einseitig, einschichtig)
Book E	**DVD-RAM** Spezifikation des in einem entsprechenden DVD-RAM-Laufwerk **mehrfach** überschreibbaren DVD-Typs; Aufnahmekapazität zurzeit bis 4,7 GByte; aufgrund der hohen Schreib- und Lesegeschwindigkeit ist die **gleichzeitige** Aufnahme und zeitversetzte Wiedergabe möglich! Bis 100 000-mal wiederbeschreibbar! Aufzeichnung in kreisförmigen Spuren, dadurch professionelle exakte Schnitttechnik bei Filmen (selektives Löschen, Verschieben usw.) möglich, allerdings inkompatibel zu DVD-R und DVD-RW-Medien.
Book F	**DVD-RW** Weiterentwicklung der DVD-R; erster bis zu 1 000-mal wiederbeschreibbarer DVD-Typ; spiralförmig geführte Spur, in Abhängigkeit vom gewählten Aufnahmeformat (DVD-Video-Format oder Video-Recording-Format) unterschiedliche Editiermöglichkeiten; mit dem PC beschriebene DVD-RWs sind aufgrund des unterschiedlichen Reflexionsverhaltens nicht von jedem DVD-ROM-Laufwerk lesbar.
Book G	**DVD+RW** Zweiter bis zu 1 000-mal wiederbeschreibbarer DVD-Typ; spiralförmig geführte Spur, lineare Aufzeichnung, d. h. Filmpassagen lassen sich zwar herausschneiden, aber nicht in der Reihenfolge verändern; nicht kompatibel zu den anderen DVD-Formaten! Inzwischen sind allerdings multireadfähige DVD-Geräte auf dem Markt, die neben DVD+RW auch die anderen DVD-Formate lesen können.

Bild 1.102: DVD-Formate

Eine DVD ist sowohl zur Speicherung von Computerdaten als auch von Audio- und Videodaten mit ihren typisch hohen Datenvolumen geeignet (z. B. Kinofilme). Da sich die Daten aufgrund der digitalen Speicherung schnell und vor allem verlustfrei vervielfältigen lassen, verwendet die Industrie verschiedene Verfahren, um eine unerwünschte Verbreitung einzuschränken:

Regionalcode

Gerätecode	Bereich
Code 0	ohne Einschränkung
Code 1	USA, Kanada
Code 2	Europa, Japan, Südafrika, mittlerer Osten, Ägypten
Code 3	Hongkong, Südost-Asien, Ostasien
Code 4	Mittel- u. Südamerika, Australien, Neuseeland, Pazif. Inseln
Code 5	Indien, Afrika, Nord-Korea, Mongolei, GUS-Staaten
Code 6	China

Bild 1.103: DVD-Regionalcodes

- Durch die Verwendung sogenannter **Regionalcodes** sind DVD-Videos nicht beliebig austauschbar, sondern nur in einem DVD-Player abspielbar, dessen Code mit dem auf der DVD übereinstimmt.
- Durch die Verwendung von **Kopierschutzverfahren** werden DVDs so codiert, dass keine oder nur eine begrenzte Anzahl von Kopien möglich ist.

Verfahren	Beschreibung
ACPS	**Analog Copy Protection System (Macrovision)** Analoges Verschlüsselungssystem, bei dem den Bilddaten zusätzliche Signale beigefügt werden, die auf dem Bildschirm nicht sichtbar sind, die aber eine einwandfreie Aufnahme von Bild und Ton auf einem Videorekorder verhindern.
CSS	**Content Scrambling System** Codierung der Daten auf einer DVD mit einem 40 bit langen Schlüssel; die Decodierung übernimmt der Player selbst. Hierzu verwendet er einen zugewiesenen Master-Key, der in Verbindung mit Entschlüsselungsinformationen, die sich in einem geschützten Bereich der DVD befinden, ein Abspielen der DVD ermöglichen.
DCPS	**Digital Copy Protection System** Hardwaremäßiger Kopierschutz zwischen digital arbeitenden Geräten, arbeitet in Verbindung mit CGMS
CGMS	**Copy Generation Management System** Informationen auf der DVD, welche Teile wie oft kopiert werden dürfen; diese Informationen werden dem analogen und dem digitalen Signal beigemischt.
AACS	**Advanced Access Content System** Bei Blu-Ray-Geräten eingesetztes Verfahren, mit dem der Anbieter – insbesondere die Filmindustrie – nicht nur Kopien verbieten, sondern in Verbindung mit BD+ auch die Abspielmodalitäten kontrollieren kann. Mittels eines speziellen Rechtesystems (DRM: Digital Rights Management) soll bestimmt werden können, auf welchen Geräten das Abspielen möglich ist, nach welcher Zeit oder nach wie vielen Abspielvorgängen eine Wiedergabe verweigert wird. BD+ bezeichnet eine kleine virtuelle Maschine (BDSVM: Blu-Ray Disc Secure Virtual Machine), die in Blu-Ray-Geräten implementiert ist und auf dem **SPDC**-Konzept (**S**elf-**P**rotecting **D**igital **C**ontent) basiert. Die VM erkennt unerlaubte Veränderungen an der Hardware oder der Software eines Players. Jeder lizensierte Player muss hierzu einen Erkennungsschlüssel bereitstellen. Nur nach Erkennung und Verifizierung eines legalen Schlüssels lassen sich vorhandene Dateien entschlüsseln.

Verfahren	Beschreibung
HDCP	**High-bandwidth Digital Content Protection** Von Intel entwickeltes Verschlüsselungssystem für HDMI und DVI zur geschützten Übertragung von Audio- und Videodaten, das auch bei HDTV und Blu-Ray-DVD zum Einsatz kommt. Die Verschlüsselung basiert auf einem kryptografischen Verfahren, bei dem über einen 56 bit langen Schlüssel die Authentizität des Verbindungspartners in einer Wiedergabekette (z. B. DVD-Laufwerk, TFT-Bildschirm, Audio-Verstärker) überprüft wird. Jeder Hersteller beteiligter Geräte muss diese bei der Digital Protection LLC zertifizieren lassen, um eine ID zu erhalten, damit eine Übertragung/Wiedergabe in HD-Qualität überhaupt möglich ist. Diese ID ist die Basis einer bei jeder Verbindung neu verschlüsselten Übertragung. Eine Übertragung/Wiedergabe von Inhalten ist nicht bzw. nur eingeschränkt möglich, wenn eines der beteiligten Geräte HDCP nicht unterstützt. HDCP-verschlüsselte Informationen lassen sich, wenn überhaupt, nur in analoger PAL-Qualität (siehe Kap. 1.9.1.3) aufzeichnen.

Bild 1.104: DVD-Kopierschutzverfahren

Des Weiteren versucht man, mit einem sogenannten Wasserzeichen zu arbeiten. Hierunter versteht man auf Wiedergabegeräten nicht sichtbare Zusatzinformationen, die aber von Aufnahmegeräten erkannt werden und eine Aufnahme oder Kopie verhindern sollen.

Bei den DVD-Brennern ist zwischen der standardmäßigen Single-Layer- und der modernen **Double-Layer-Technik** (z. B. DVD+R DL) zu unterscheiden. Die beiden Aufnahmeschichten einer DVD+R DL bestehen aus organischen Farbstoffen, in die mit einem Laser unterschiedlich lange Markierungen eingebrannt werden. Hinter dem unteren Layer 1 befindet sich eine halbtransparente Reflexionsschicht, die 50 % des Laserlichts durchlässt, sodass auch die darunterliegende 2. Schicht (Layer 2) bei anderer Fokussierung des Lasers beschrieben werden kann. Der Brennvorgang startet zunächst im Innenbereich der unteren Schicht. Am Außenrand wechselt er dann auf den zweiten Layer und endet dann wieder am Innenring.

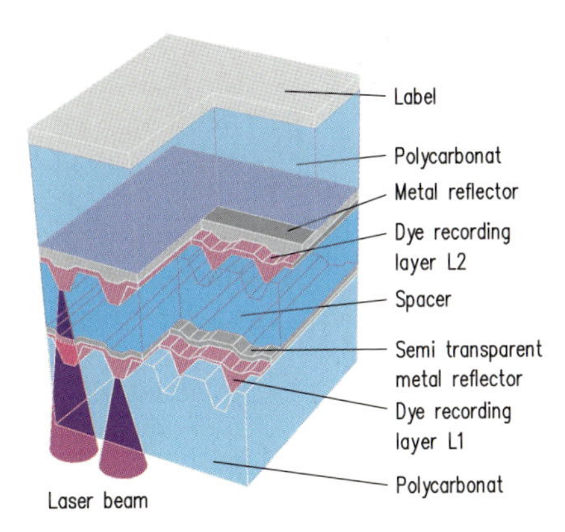

Bild 1.105: Aufbau einer Double-Layer-DVD

1.5.6 Blu-Ray-Technologien

Blu-Ray-Disc

Bei prinzipiell gleichem Aufbau und gleicher Funktionalität wie ein DVD-Laufwerk verwendet ein **Blu-Ray-Laufwerk** einen blauen Laser mit einer Wellenlänge von 405 nm und ein Objektiv mit einer kleineren Blendenöffnung. Beides bewirkt eine kleinere Fokussierung des Laserstrahls. Damit kann ein Blu-Ray-Laufwerk wesentlich kleinere Strukturen erkennen und wesentlich größere Datenmengen speichern als ein normales DVD-Laufwerk (siehe Bild 1.97). Dies führt zu einer Aufnahmekapazität von ca. 25 GByte pro Layer sowie zu einer Datentransferrate in der Größenordnung von 36 MByte/s. Durch das Aufbringen mehrerer Layer lässt sich die Kapazität weiter steigern (Spezifikation von BDXL: bis zu 100 GB auf 3 Layern; bis zu 128 GB auf 4 Layern).

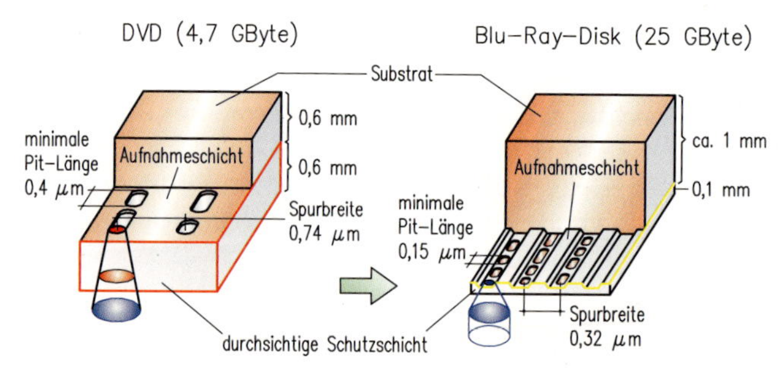

Bild 1.106: Unterschied zwischen DVD- und Blu-Ray-Disc

Im Gegensatz zur DVD, bei der sich die Aufnahmeschicht zwischen zwei jeweils 0,6 mm dicken Kunststoff-Scheiben befindet, ist die Aufnahmeschicht der Blu-Ray-Disc auf ein 1,1 mm dickes Substrat aufgebracht und wird lediglich von einer 0,1 mm dicken Deckschicht gegen Kratzer geschützt. Da der Laserstrahl hierbei einen kürzeren Weg durch die Schutzschicht hat, verringert sich die Wahrscheinlichkeit optischer Fehler (Streuungs- oder Brechungseffekte), die den Strahlengang des Lasers stören könnten.

Durch den Einsatz sogenannter Pick-up-Heads, die mit einem blauen (405 nm), einem roten (650 nm) und einem infraroten (780 nm) Laser ausgestattet sind, können Blu-Ray-Laufwerke auch CDs und DVDs auslesen, sodass die Abwärtskompatibilität gegeben ist. Verfügbar sind auch die wiederbeschreibbaren Discs BD-R und BD-RW. Kombi-Brenner für alle drei Formate sind dann in gleicher Weise mit drei Laserdioden entsprechender Leistung aufgebaut. Eine Blu-Ray Disc ermöglicht die Speicherung eines Films in HD-Qualität (1920 × 1080 Bildpunkte, im Gegensatz zu den bei DVD üblichen 720 × 576 Bildpunkten). Darüber hinaus lässt sich der mehrkanalige Kinoton verlustfrei und in mehreren Sprachen speichern (Dolby ThrueHD, DTS-HD Master Audio, siehe Kap.1.6.2). Ein Bildschirmmenü lässt sich bei laufendem Film einblenden, parallel zum laufenden Film kann auch ein zweites Video eingeblendet werden (Bild-in-Bild-Funktion).

1.5.7 Sonstige Laufwerke

Neben den standardmäßig in PCs eingebauten Laufwerken gibt es eine Vielzahl von anderen Laufwerkstypen mit unterschiedlichen Eigenschaften. Viele dieser Laufwerke haben aber aufgrund der rasanten Entwicklung alternativer Speichermedien mit hohen Speicherkapazitäten (z.B. Flash-Speicherkarten) an Bedeutung verloren. Sie werden daher nicht mehr in PCs verwendet (z.B. ZIP-Laufwerk).

Streamer

Ein Streamer ist ein Bandlaufwerk zum Lesen und Beschreiben von Magnetbändern. Ein Magnetband ist ein dünner Kunststoffstreifen (Polyester), der mit magnetischem Material beschichtet ist und so die Aufzeichnung von Daten ermöglicht. Da ein Magnetband ein in Längsrichtung fortlaufendes Speichermedium darstellt und der Schreib-Lese-Kopf nicht zu einer bestimmten Stelle auf dem Band „springen“ kann, ohne das Band zunächst dorthin vorzuspulen, muss ein Magnetband sequenziell gelesen oder beschrieben werden – im Gegensatz zum wahlfreien Zugriff bei Festplatten.
Bei den Streamern gibt es verschiedene Aufzeichnungsverfahren (z.B. QIC, TRAVAN, DAT), die nicht alle kompatibel zueinander sind. Streamer werden zur Datenarchivierung eingesetzt.

UDO-Laufwerk
Die **Ultra Density Optical** (UDO) ist eine optische Speicherdisc, die ähnlich wie Blu-Ray mit einem blauen Laser mit 405 nm Wellenlänge arbeitet. Die Medien, die sich geschützt in einer Cartridge befinden, speichern zweiseitig bis zu 30 GByte. Das Format ist speziell für die Langzeitarchivierung ausgelegt (bis 50 Jahre).

1.5.8 Lebensdauer von Speichermedien

Wie alle Produkte unterliegen auch Trägermaterialien digitaler Speichermedien natürlichen Alterungsprozessen. Im Gegensatz zum Papier, auf dem jahrhundertelang Daten gesammelt und archiviert wurden, kann man den elektronischen Datenträgern diesen Alterungsprozess jedoch nicht ansehen. Hierin liegt die Gefahr von Datenverlusten verborgen, die entstehen, wenn man nicht rechtzeitig eine neue Kopie anfertigt.
Die Langzeit-Haltbarkeit von Datenträgern hängt von verschiedenen Faktoren ab:

- Fertigungsqualität
- Chemische und mechanische Stabilität der Datenschicht
- Mechanische Stabilität und Verschleiß des Datenträger-Grundmaterials
- Verschmutzung
- Handhabung

Bei magnetischen Datenträgern sind Remanenz und Koerzitivkraft (Kap. 5.5) die wichtigsten Eigenschaften der Aufzeichnungsschicht. Röntgenstrahlen und Durchleuchtungen auf Flughäfen üben keinen Einfluss auf diese Kenngrößen aus. Beide Größen werden allerdings bei Lagertemperaturen oberhalb 20 °C negativ beeinflusst. Ebenso verkürzen chemische Vorgänge wie etwa Korrosion und Hydrolyse die Speichereigenschaften.

Einfluss von Sauerstoff bzw. Wasser

Vergleich der Lebensdauer

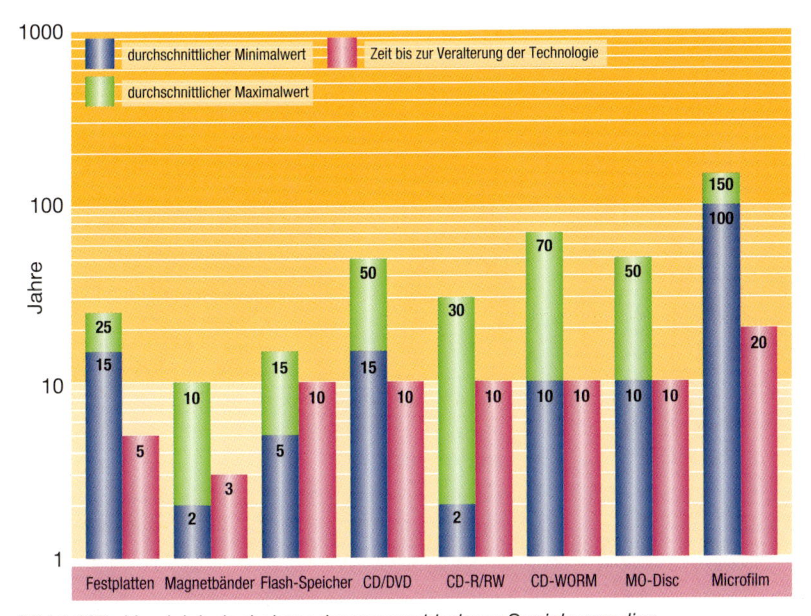

Bild 1.107: Vergleich der Lebensdauer verschiedener Speichermedien

Im Vergleich zum Microfilm haben mit Ausnahme der CD-WORM alle Speichermedien eine vergleichsweise kurze Lebensdauer. Die Darstellung zeigt allerdings, dass die Festplatte zurzeit immer noch das langlebigste magnetische Speichermedium ist. Allerdings werden Magnetbänder trotz kürzerer Lebensdauer in der Praxis immer noch am meisten verwendet. Dies hängt in erster Linie mit dem Preis zusammen: Ein GByte Speichervolumen auf einem Band kostet zurzeit ca. 2,50 EUR, während der Preis für die gleiche Speicherkapazität auf einer magneto-optischen Disk bei ca. 15,00 EUR (Stand bei Drucklegung) liegt.
Ein weiteres Problem stellt die Veralterung von verwendeten Technologien dar. Standards von heute sind das Opfer des technischen Fortschritts von morgen und werden durch neue Entwicklungen ersetzt (z. B. 5,25-Zoll-Diskettenlaufwerke).

Aufgaben:

1. Auf welchem Grundprinzip basiert die Speicherung von Daten auf einer Festplatte? Welcher Unterschied bezüglich des Speicherverhaltens besteht zu einem Halbleiterspeicher?
2. Ein Kunde interessiert sich für den technischen Vorgang des Schreibens und Lesens auf einer Festplatte. Erläutern Sie ihm die Prozesse mithilfe elektrotechnischer Grundgesetze.
3. Was versteht man unter dem sogenannten Headcrash und welche Folgen können hierdurch entstehen?
4. Mit welchen Drehzahlen rotieren moderne Festplattenlaufwerke? Welche Probleme können sich ergeben, wenn diese Drehzahlen erhöht werden?
5. Wie viele SCSI-Festplattenlaufwerke lassen sich an einer entsprechenden Schnittstelle betreiben?
6. Welche Kenngrößen beschreiben maßgeblich die Eigenschaften einer Festplatte?
7. Welche Hinweise sollte man einem Kunden für die Handhabung von Festplatten grundsätzlich geben?
8. Was versteht man bei einer CD/DVD unter einem Pit und einem Land?
9. In einer Anzeige wird ein multiformatfähiger DVD-Brenner 16x/4x/4x, CD 32x/24x angeboten. Welche Informationen enthalten diese Angaben?
10. Ein Kunde möchte sich über die Technik des Lesevorgangs einer CD/DVD informieren. Erklären Sie ihm diesen Vorgang.
11. Ein Auszubildender in einem IT-Beruf hat in einem Artikel über optische Laufwerke die Bezeichnung CLV (Constant Linear Velocity) gelesen, diesen Begriff jedoch nicht verstanden. Erklären Sie ihm den Zusammenhang.
12. In welcher speziellen Weise werden CD-Spezifikationen dokumentiert?
13. Aus welchem Grund kann eine normale CD/DVD nur einmal, eine CD/DVD-RW jedoch mehrfach beschrieben werden?
14. Was versteht man unter dem sogenannten „Buffer-Underrun“?
15. Welche Möglichkeit bietet sich beim Beschreiben, wenn ein DVD-Rekorder in Verbindung mit der entsprechenden Software multisessionfähig ist?
16. Welche Techniken werden im Zusammenhang mit einer DVD mit den Abkürzungen PTP und OTP bezeichnet?

17. Welche Speicherkapazitäten lassen sich mit einer DVD realisieren und durch welche Maßnahmen werden diese ermöglicht?
18. Erläutern Sie die unterschiedlichen Maßnahmen, die seitens der Industrie eingesetzt werden, um eine unerwünschte Verbreitung von DVDs zu verhindern.
19. Wie lange lassen sich Daten auf den verschiedenen Speichermedien archivieren? Nach welchen Gesichtspunkten erfolgt in der Regel die Auswahl eines Speichermediums zur Archivierung?
20. Welche Speicherkapazitäten sind bei einer Blu-Ray-Disc realisierbar? Durch welche technischen Maßnahmen werden diese Kapazitäten erzielt?

1.6 Erweiterungskarten (Expansion Boards)

Typische Erweiterungskarten

Erweiterungskarten sind Leiterplatten, die über einen freien Erweiterungssteckplatz (Expansion Slot) mit dem Systembus oder direkt mit dem Chipsatz des Computers verbunden werden, um diesen mit zusätzlichen Funktionen oder Ressourcen auszustatten. Die Erweiterungskarte muss hierbei zu dem jeweiligen PC-Bus bzw. Chipsatzanschluss kompatibel sein, d. h. eine PCI-Erweiterungskarte kann beispielsweise nur an einem PCI-Bus betrieben werden und eine SCSI-Karte nur an einer entsprechenden SCSI-Schnittstelle. Sofern die entsprechenden Funktionalitäten gar nicht oder nicht in der gewünschten Qualität „On-Board“ zur Verfügung gestellt werden, zählen zu den typischen Erweiterungskarten insbesondere Grafikkarten, Soundkarten, ISDN-Karten, Netzwerkkarten, TV/Video-Karten oder zusätzliche Controllerkarten (z. B. SCSI).

PC-Cards, ExpressCard siehe Kap. 1

Bei Notebooks und anderen portablen Computern sind die Erweiterungskarten in Form von **PC-Cards** oder als **ExpressCard** ausgeführt. Dabei handelt es sich um Einschübe in der Größe einer Scheckkarte, die sich in das Notebook einstecken lassen.

1.6.1 Grafikkarten

Textmodus
Grafikmodus
Auflösung

Die Grafikkarte hat die Aufgabe, die visuellen Daten des Prozessors so aufzubereiten, dass sie der angeschlossene Monitor darstellen kann. Grafikkarten können im sogenannten **Textmodus** oder im **Grafikmodus** betrieben werden. Im Textmodus werden Buchstaben, Zahlen und andere Textzeichen als Ganzes dargestellt, d. h. stets als eine zusammengehörende Ansammlung von Bildpunkten, die nicht veränderbar sind. Im Grafikmodus ist es möglich, jeden einzelnen Bildpunkt separat anzusteuern, sodass auch grafische Darstellungen möglich sind (deshalb der Name Grafikmodus!). Betriebssysteme mit grafischer Benutzeroberfläche arbeiten grundsätzlich im Grafikmodus.
Ein wesentliches Gütekriterium stellt hierbei die Auflösung der Grafikkarte dar.

Pixel

- Die **Auflösung einer Grafikkarte** bezeichnet die maximale Anzahl von Bildpunkten, die einzeln angesteuert und auf dem Bildschirm dargestellt werden können. Diese Bildpunkte werden auch **Pixel** genannt.

Die Auflösung wird in der Form **1024 × 768** angegeben und bedeutet bei diesem Zahlenbeispiel, dass die Grafikkarte 1024 Pixel horizontal (nebeneinander) und 768 Pixel vertikal (untereinander) ansteuern kann. Hierbei ist zu beachten, dass die Auflösung einer Grafikkarte zunächst nichts mit der Anzahl der Bildpunkte (RGB-Tripel; siehe Kap. 1.9.1) eines Monitors zu tun hat! In der Praxis sollten die Auflösungen von Grafikkarte und Monitor allerdings aufeinander abgestimmt sein.

1.6.1.1 VGA-Karten

Auflösung	spezielle Bezeichnung
640 × 480	VGA
800 × 600	SVGA
1024 × 768	XGA
1152 × 870	(Macintosh)
1280 × 1024	SXGA
1600 × 1200	UXGA
1920 × 1200	UXGA+
2048 × 1536	QXGA
2560 × 1600	WQXGA
2560 × 2048	QSXGA

Bild 1.108: Mögliche Auflösungen von VGA-Karten

VGA-Karten (Video Graphics Array) sind derzeit am weitesten verbreitet. Neben Standard-VGA mit 640 × 480 darstellbaren Bildpunkten bieten moderne Karten eine breite Palette verschiedener einstellbarer Auflösungen und Farbtiefen an und verfügen über spezielle Eigenschaften zur Bilddarstellung (s. u.).
Neben einem eigenen BIOS haben diese Karten hierzu auch eigene Treibersoftware. Zur Anpassung an die ursprüngliche BIOS-Schnittstelle für die Grafikkarte wurde von der **„Video Electronics Standards Association“** (VESA) der **VBE-Standard** (VESA BIOS Extension) geschaffen. Dieser Standard ermöglicht die eingeschränkte Nutzung der verbesserten Leistungseigenschaften einer VGA-Karte auch ohne die mitgelieferte Treibersoftware, was insbesondere nach einem Systemabsturz hilfreich sein kann.
Die VGA-Karten der verschiedenen Hersteller weisen Unterschiede in ihrem Aufbau aus, jedoch lassen sich einige grundsätzliche Komponenten benennen. Zu diesen Komponenten gehören die dargestellten grundsätzlichen Funktionseinheiten:

Funktionseinheiten einer Grafikkarte

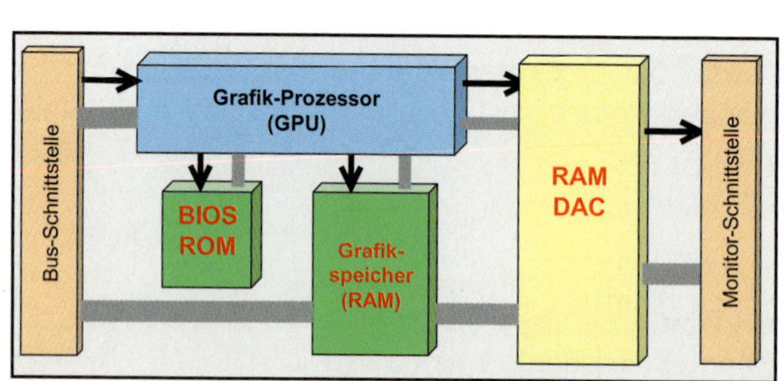

Bild 1.109: Prinzipieller Aufbau einer VGA-Videokarte

- Die Leistungsfähigkeit einer Grafikkarte hängt im Wesentlichen von den Eigenschaften des Grafik-Prozessors, der Größe des Grafikspeichers, der Leistungsfähigkeit des RAM-DACs sowie der mitgelieferten Software ab.

Bus-Schnittstelle (Bus Interface)

Über die Bus-Schnittstelle werden die darzustellenden Informationen einschließlich der notwendigen Steuersignale digital an die Grafikkarte übermittelt. Ursprünglich wurden VGA-Karten mit PCI-Bus-Schnittstelle angeboten, heutige VGA-Karten verwenden den **PEG-Anschluss** (siehe Kap. 1.2.2 und

1.3.2). Spezielle Mainboards bieten auch die Möglichkeit, zwei hierfür taugliche Grafikkarten gleichzeitig an zwei speziellen PEG-Slots zu betreiben, um die Grafikleistung zu erhöhen. Diese Kopplungstechnik wird bei Nvidia als **Scalable Link Interface (SLI)** und bei ATI als **Crossfire** bezeichnet.

Scalable Link Interface
Crossfire

BIOS-ROM

Grafikkarten verfügen über ein eigenes BIOS-ROM, in dem grundlegende Informationen über die Karteneigenschaften sowie Daten enthalten sind, die einen grundsätzlichen Bildaufbau beim Systemstart ermöglichen, bevor vorhandene Software-Grafiktreiber aktiv werden können.

Grafikprozessor

Um die heutigen Anforderungen an die Darstellungsqualität und die Darstellungsgeschwindigkeit zu erfüllen, setzt man spezielle Grafikprozessoren ein, welche die Bildberechnungen durchführen und so den Hauptprozessor entlasten. Insbesondere animierte 3-D-Darstellungen sind sehr rechenintensive Vorgänge und erfordern spezielle Funktionalitäten, die in diesen Grafikprozessoren implementiert sind (siehe Kap. 1.6.1.2).

ASCII-Code
siehe Kap. 4.3.5

Der Prozessor einer Grafikkarte wird als **Graphic Processing Unit (GPU)** oder auch als **Grafik-Chipsatz** bezeichnet.

Grafik-Chipsatz

Aufgrund seiner hohen Verlustleistung (Größenordnung 130 W bei High-End-Grafikkarten) muss der Grafikprozessor genauso wie die CPU passiv oder aktiv gekühlt werden. Die GPU-Taktfrequenz liegt zwischen 700 MHz und 900 MHz.

Grafikspeicher (Graphic Storage)

Der Grafikspeicher dient zur Ablage der im Grafikprozessor verarbeiteten Bildinformationen. In ihm befindet sich nach der Bearbeitung durch den Grafikprozessor in digitaler Form quasi ein Abbild des Monitorbildes.
Die Größe des Grafikspeichers bestimmt die maximale Auflösung und die Farbtiefe. Die **Farbtiefe** gibt an, wie viele Bit für die Speicherung eines Bildpunktes zur Verfügung stehen.

Für die Speichergröße gilt prinzipiell:
Speicherbedarf = horizontale Auflösung × vertikale Auflösung × Farbtiefe

Speichergröße
Video-RAM

Hieraus ergibt sich der folgende Zusammenhang:

Auflösung	Farbtiefe in Bit	Anzahl Farben	Grafikspeicher	
			Theoretisch	Praktisch
640 × 480	15	32768	562 KByte	1 MByte
800 × 600	24	16777216	1,4 MByte	2 MByte
1024 × 768	16	65536	1,5 MByte	2 MByte
1024 × 768	32	4294967304	3 MByte	4 MByte
1280 × 1024	16	65536	2,5 MByte	4 MByte
1280 × 1024	24	16777216	3,75 MByte	8 MByte

Bild 1.110: Zusammenhang zwischen Auflösung, Farbtiefe und Speicherbedarf

In der Praxis verfügen Grafikkarten über einen wesentlich größeren Grafikspeicher (z. B. 512 MByte). Erforderlich ist diese Speichergröße aber lediglich für Berechnungen bei animierten 3-D-Darstellungen mit ihren möglichst realitätsnahen Darstellungen.
Je größer die Anzahl der darstellbaren Farben, desto realistischer werden die Farbverläufe und damit die Darstellung auf dem Bildschirm. Für bestimmte Farbtiefen haben sich eigenständige Namen eingebürgert:

Bezeichnung	Farbtiefe	Information
Hi Color	16	Für jedes Pixel stehen 16 bit an Farbinformation zur Verfügung. Der Anteil der Rot/Grün/Blau-Information ist hierbei verschieden groß, da die Farbempfindlichkeit des menschlichen Auges für Grün am höchsten und für Blau am niedrigsten ist.
True Color	32	Für jedes Pixel stehen 32 bit für die Farbinformation zur Verfügung, jeweils 8 bit für Rot, Grün und Blau, sowie zusätzlich 8 bit für die Transparenz. Die erreichbare Anzahl verschiedener Farben liegt höher, als das menschliche Auge zu unterscheiden vermag.
Deep Color	48	Maximale Bitzahl, die bei HDMI 1.4 für die Übertragung von Bildinformationen pro Pixel zur Verfügung stehen (in der Praxis werden bis zu 36 bit verwendet); die hiermit mögliche Anzahl darstellbarer Farben kann vom menschlichen Auge nicht mehr unterschieden werden.

Bild 1.111: Bezeichnungen von Farbtiefen

GDDR-Speicher

Im Gegensatz zum klassischen Arbeitsspeicher des PCs, der mit einer Datenbusbreite von standardmäßig 64 bit arbeitet, beträgt die Datenbusbreite beim Grafikspeicher bis zu 256 bit und arbeitet mit einer Taktfrequenz, die je nach Kartentyp zwischen 800 MHz und 1000 MHz liegt. Die verwendeten Speichermodule tragen die Bezeichnung GDDR-Speicher. Hierbei handelt es sich um Abwandlungen von DDR-SDRAM, die durch geringe Zugriffszeiten auf hohe Taktfrequenzen optimiert werden (z. B. entspricht GDDR4 dem Aufbau eines DDR3-SDRAMs).

RAM-DAC

D/A-Converter, DAC

Die Abkürzung DAC steht für Digital Analog Converter. Er erzeugt aus den digitalen Steuer-, Synchronisierungs- und Bildschirminformationen pixelweise die analogen Signale, die zur Ansteuerung eines Monitors erforderlich sind. Zur Darstellung von Farben verfügt der RAM-DAC über eine sogenannte **Farb-Indextabelle** (Color Look-Up Table). Die Farb-Indextabelle ist eine Liste im RAM-DAC einer Grafikkarte, in der die den digitalen Daten entsprechenden Farbwerte enthalten sind. Diese Werte stimmen mit den einzelnen auf dem Monitor darstellbaren Farben überein.

Pixelfrequenz

- Die Leistungsfähigkeit des RAM-DACs wird als **Pixelfrequenz** bezeichnet und in MHz angegeben.

Die Pixelfrequenz sollte möglichst groß sein, je höher diese Frequenz ist, desto größer ist die Auflösung und desto schärfer erscheint das Monitorbild. Ein RAM-DAC ist nur erforderlich, wenn die Bildinformationen analog zum Bildschirm übertragen werden. Er wird nicht benötigt, wenn zum Beispiel ein TFT-Flachbildschirm über DVI oder HDMI direkt digital angesteuert wird (siehe unten).

Monitor-Schnittstelle (Monitor Interface)

Über die Monitor-Schnittstelle wird die Verbindung zum Bild-Ausgabegerät hergestellt. Je nach Preisklasse verfügen Grafikkarten über eine oder mehrere Ausgangsschnittstellen.

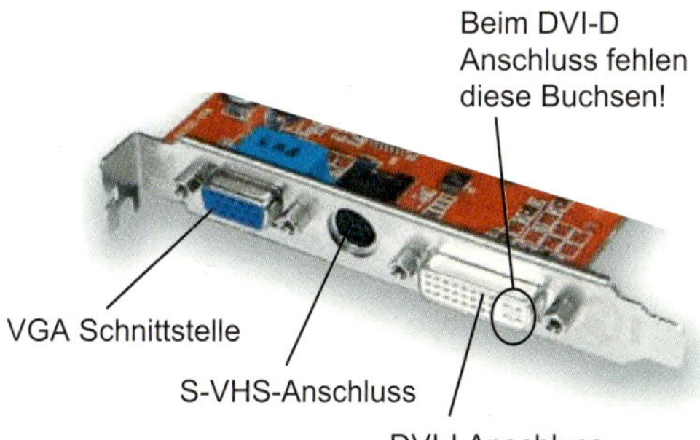

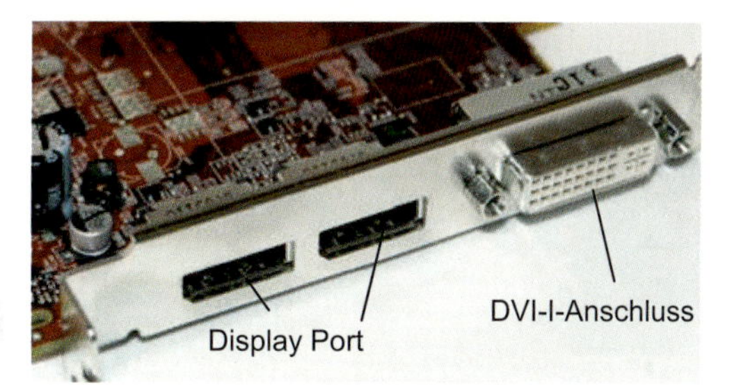

Bild 1.112: Schnittstellen einer Grafikkarte

Für die Ansteuerung eines Monitors sind analoge Signale erforderlich (siehe Kap. 1.9.1). Diese werden an der VGA-Schnittstelle bereitgestellt.

VGA-Schnittstelle

5 1
10 6
15 11

Pin	Belegung	Pin	Belegung
1	R-Video	9	(kein Pin)
2	G-Video	10	Sync-GND
3	B-Video	11	ID-Bit
4	ID-Bit	12	ID-Bit
5	NC	13	H-Sync
6	R-GND	14	V-Sync
7	G-GND	15	ID-Bit
8	B-GND		

R, G, B = Rot, Grün, Blau
NC = No Connect
GND = Ground, Masse
H-Sync = Horizontale Synchronisation
V-Sync = Vertikale Synchonisation

Bild 1.113: 15-poliger VGA-Anschluss (weiblich) mit Anschlussbelegung

- Der **VGA-Ausgang** einer Grafikkarte ist eine analoge Schnittstelle für den Anschluss herkömmlicher Monitore.

VGA = **V**ideo **G**raphics **A**rray

Bei vielen Grafikkarten wird diese Anschlussbuchse allerdings eingespart; die für einen Monitor erforderlichen analogen Signale werden dann mit einem Adapterstecker an der DVI-Schnittstelle abgegriffen (siehe unten).

DVI, HDMI und DisplayPort

Im Gegensatz zu den Monitoren arbeiten Flachdisplays intern digital (siehe Kap. 1.9.3). Damit sie sich an den analogen VGA-Ausgang einer Grafikkarte anschließen lassen, benötigen sie am Eingang entsprechende A/D-Wandler. Diese wandeln die analogen VGA-Signale intern wieder in digitale Signale um. Damit wird jedoch die analoge Übertragung zu einem technischen Umweg, der zudem noch verlustbehaftet und störanfällig ist. Diese Problematik wird durch den **DVI-Ausgang** umgangen.

DVI = **D**igital **V**isual **I**nterface
DDWG = **D**igital **D**isplay **W**orking **G**roup
www.ddwg.org

Der DVI-Standard wurde 1999 von der DDWG-Arbeitsgruppe, zu der Firmen wie Compaq, HP, IBM, Intel, NEC und Fujitsu zählten, veröffentlicht. Dieser Standard spezifiziert eine kombinierte digitale und analoge Schnittstelle mit den folgenden Eigenschaften:

Links siehe Kap. 1.3

DVI-Leistungsmerkmale

- Passend für alle Arten von Rechnern, Monitoren und Displays, unabhängig von der Technologie und der Pixelauflösung
- Serielle Übertragung der Daten über maximal 2 Links (bei Nutzung der digitalen Schnittstelle)
- Übertragungsbandbreite bei digitaler Single-Link-Verbindung bis 165 MHz (maximal 1920 × 1200 Pixel bei 60 Hz), bei digitaler Dual-Link-Verbindung bis 330 MHz (maximal 2048 × 1536 Pixel bei 80 Hz)
- Hohe Resistenz gegenüber von außen einwirkenden elektromagnetischen Störungen durch spezielles Übertragungsverfahren (TMDS: **T**ransition **M**inimized **D**ifferential **S**ignaling; speziell codierte Signale mit differenziellen Spannungen von ±3,3 V über abgeschirmte Leitungen)
- Geeignet für lange Kabelverbindungen
- Plug-and-Play-fähig
- Selbsttätige Erkennung der jeweiligen Monitoreigenschaften während des laufenden Betriebes (Hot Plug Detection, Monitor Feature Detection)
- Unverwechselbarer eigener Steckverbinder in unterschiedlichen Varianten (z. B: DVI-D 24-Pin Digital-Stecker; DVI-I 24 + 4 Pin Digital/Analog-Kombistecker, siehe Bild 1.114), wobei im digitalen Single-Link-Modus 18 und im Dual-Link-Modus 24 Steckkontakte verwendet werden
- Kostengünstige Herstellung

Der **DVI-Ausgang** einer Grafikkarte ist eine kombinierte analoge und digitale Schnittstelle für den Anschluss von Video-Displays, unabhängig von der verwendeten Darstellungstechnologie.

An den DVI-Ausgang angeschlossene Flachbildschirme werden direkt digital angesteuert, sofern sie selbst über einen entsprechenden DVI-Eingang verfügen. Monitore mit DVI-Eingang hingegen erhalten die erforderlichen analogen Signale über separate Anschlusspins des DVI-Steckers. Sofern sie lediglich über einen VGA-Anschluss verfügen, können sie auch mithilfe eines entsprechenden Adapter-Steckers an der DVI-Buchse der Grafikkarte angeschlossen werden. Der DVI-Anschluss kann somit als VGA-kompatibel bezeichnet werden.

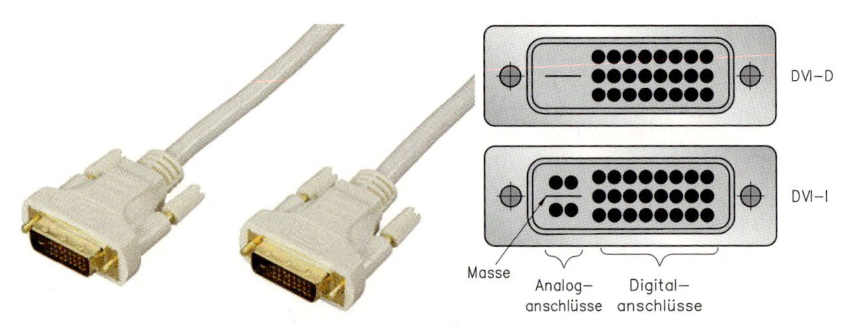

Bild 1.114: DVI-Anschlüsse

Des Weiteren verfügen manche Grafikkarten auch über einen S-VHS-Anschluss, einen Composite-Anschluss (z.B. koaxialer Videoanschluss) oder speziell HF-geschützte BNC-Anschlüsse (siehe Kap.1.9.1.2).

Neben der DVI-Schnittstellentechnik bieten viele Grafikkarten auch den im TV/Videobereich etablierten **HDMI-Standard** an, der sowohl Videodaten als auch Audiodaten digital mit hoher Qualität in einem gemeinsamen Kabel über eine einzige 19-polige Miniatur-Steckverbindung (siehe Bild 1.115b) überträgt. HDMI arbeitet ohne Datenkompression und weist keinen systembedingten Qualitätsverlust auf, da beispielsweise keine Analog-Digital- oder Digital-Analog-Wandlung erforderlich ist. Die Samplingrate von Audiodaten liegt zwischen 32 und 192 kHz, es können bis zu 8 Audiokanäle übertragen werden (z.B. 7.1-Soundsystem, siehe Kap. 1.6.2). Weitere Merkmale sind in Bild 1.115a zusammengefasst:

HDMI: High Definition Multimedia Interface

HDMI-Organisation: Hitachi, Masushita, Philips, Sony, Toshiba

www.hdmi.org

Version	1.0	1.4
Erscheinungsjahr	2002	2009
Frequenz	165 MHz	340 MHz
Anzahl Links (max.)	3	3
Datenrate pro Link (max.; Werte gerundet)	1,3 Gbit/s	2,7 Gbit/s
Farbtiefe (max.)	24 bit	48 bit
Audioformate (siehe Kap. 1.6.2)	8 Kanal PCM Dolby Digital DTS MPEG	8 Kanal PCM Dolby Digital Plus DTS, DTS-HD MPEG True-HD

Bild 1.115a: HDMI-Kennwerte

Aus Gründen der Übersichtlichkeit sind nur die Daten der ersten und der derzeit aktuellen Version angegeben. Jeder Link überträgt die Daten seriell. Die Übertragung erfolgt gleichzeitig und unabhängig voneinander. Die Spezifikationen definieren Leitungslängen bis zu 15 m, mit einem Signalrepeater kann diese Länge verdoppelt werden. Je nach Version weisen die verwendeten Stecker geringfügig abweichende Abmessungen auf. Mittels Adapter wird die Abwärtskompatibilität unter den einzelnen Versionen und zu DVI sichergestellt.

Alle Versionen verwenden das gleiche Übertragungsverfahren (TMDS) und das gleiche Kopierschutzverfahren (HDCP, siehe Kap. 1.5.5).

Eine Weiterentwicklung des ursprünglichen HDMI-Standards stellt die Spezifikationen 1.4 dar. HDMI 1.4 verdoppelt die Videobandbreite bis auf ca. 340 MHz, womit Datenraten bis ca. 10 GByte/s möglich sind. Die Farbtiefe wird von bisher 24 bit auf bis zu 48 bit vergrößert. Eine Bildwiederholrate bis zu 120 Hz wird möglich. Des Weiteren werden die neue digitalen Audioformate: Dolby TrueHD und DTS-HD Master Audio (siehe Kap. 1.6.2) unterstützt. Der geringfügig kleinere HDMI-1.4-Stecker ist abwärtskompatibel zum bestehenden HDMI-Stecksystem und dient auch zum Anschluss kleiner portabler Geräte.

DisplayPort

Speziell für den PC-Bereich hat die VESA 2007 einen neuen Verbindungsstandard mit der Bezeichnung **DisplayPort (DP)** spezifiziert, der ein digitales Übertragungsverfahren für Bild- und Tonsignale sowie die zugehörigen Stecker, Buchsen und Kabel definiert. Der DisplayPort zeichnet sich durch folgende Merkmale aus:

- 20 poliger flacher Verbindungsstecker mit mechanischer Verriegelung (bei HDMI nicht vorhanden)
- Bruttoübertragungsrate eines unidirektionalen Kanals (**Main Link**: Punkt-zu-Punkt-Verbindung, ähnlich wie bei PCIe) mit bis zu 2,7 Gbit/s (Version 1.1); erweiterbar auf bis zu 5,4 Gbit/s (Version 2.0)
- Voneinander unabhängige serielle Signalübertragung auf bis zu 4 Main Links mit einer maximalen Brutto-Übertragungsrate bis zu 10,8 Gbit/s
- Pro Main Link ein Leitungspaar; Leitungslänge bei Nutzung eines Links bis 10 m, bei voller Bandbreite mit 4 Links maximal 2 Meter
- Überwindung größerer Strecken durch den Einsatz aktiver **DP-Repeater**; zur Energieversorgung der Repeater steht an Pin 20 des DisplayPorts eine Versorgungsspannung von 3,3 V mit ca. 500 mA zur Verfügung
- Im Datenstrom lassen sich optional bis zu acht 24-Bit-Audiokanäle mit einer maximalen Sampling-Rate von 192 KHz übertragen
- Übertragung von Display-Spezifikationsdaten über einen zusätzlichen universellen Hilfskanal (AUX-Channel, Display Data Channel DDC; ca. 1 MBit/s)
- Zusätzlich Hotplug-Detect-Signal
- Unterstützung des mit HDMI eingeführte Kopierschutzverfahren HDCP 1.3 (siehe Kap. 1.5.5)
- Datenübertragung mit störunanfälligen differenziellen Signalen (TMDS: Tranistion-Minimized Differenzial Signaling) mit kleinen Spannungspegeln (200–600 mV), deren Größe in Abhängigkeit von der jeweiligen Leitungslänge für eine störungsfreie Übertragung dynamisch festgelegt wird
- Anschlussmöglichkeit mehrerer Displays ohne zusätzliche Splitterboxen zur Aufteilung des Signals
- Mittels entsprechender passiver Adapter kompatibel zu DVI und HDMI; allerdings müssen die Chipsätze der Grafikkarten wegen unterschiedlicher Übertragungsverfahren bzw. Signalpegel diese Normen auch unterstützen (Dual- bzw. Triple-Mode-Display-Engines: Im DVI bzw. HDMI-Modus übertragen dann drei DisplayPort Links die RGB-Farbsignale und der vierte Link das Taktsignal

Bild 1.115b: Vergleich der Anschlusssteckssysteme

1.6.1.2 3D-Darstellung

Optische Tiefe

Unter dem Begriff **3D** versteht man die Fähigkeit von Grafikkarten, durch entsprechende Aufbereitung der Bildschirminformationen einen dreidimensionalen optischen Eindruck eines Bildes auf dem Monitor zu erzeugen. Man spricht in diesem Zusammenhang auch von der optischen Tiefe dargestellter Gegenstände. Je nach verwendeter Software lassen sich Gegenstände stufenlos um verschiedene Achsen drehen oder es entsteht der Eindruck, als ob man sich in Räumen oder Gängen bewegen kann (virtuelle Welten). Um einen möglichst plastischen Eindruck zu gewinnen, sind extrem viele Rechenoperationen in kürzester Zeit erforderlich, da sich für jeden neuen Blickwinkel die räumliche Tiefe eines Objektes ändert. Zur Durchführung dieser Berechnungen sind größere Grafikspeicher erforderlich als in Bild 1.110 angegeben.
Bei 3D-Darstellungen wird die dritte Dimension (z-Achse) durch Rendering auf dem eigentlich zweidimensionalen Bildschirm erzeugt.

Rendering

■ Unter **Rendering** versteht man Mittel der perspektivischen Darstellung zur Erzeugung eines realitätsnahen Abbildes von Objekten.

Textur

Rendering verwendet mathematische Methoden, um die Positionen von Lichtquellen in Relation zu einem Objekt zu beschreiben und Effekte wie Aufhellungen, Schattierungen und Farbveränderungen zu berechnen, die durch das Licht hervorgerufen würden. Um Oberflächen plastisch und „stofflich“ aussehen zu lassen, werden diese mit einer **Textur** versehen. Hierzu wird zunächst eine Oberfläche mithilfe eines virtuellen „Drahtgitters“ realisiert.

Bild 1.116: 3D-Darstellung eines Objekts

Dieses Drahtgitter bildet kleine dreieckige Teilflächen (Polygone), denen dann bestimmte Attribute (Farbe, Helligkeit, Schattierung usw.) zugeordnet werden. Dieses Verfahren wird als **Texture Mapping** bezeichnet. Dreieckige Flächenelemente verwendet man, da diese vom Prozessor am schnellsten berechnet werden können und sich nahezu jede Oberfläche beliebig genau in Dreiecke auflösen lässt. Zu den rechenintensiven Darstellungsverfahren bei realitätsnahen 3D-Darstellungen zählen unter anderem auch:

Bezeichnung	Eigenschaften
Raytracing	Berechnung von Farbe und Intensität eines Bildpunktes unter Berücksichtigung von Transparenz, Reflexion und Absorption von Lichtstrahlen
Alpha-Blending	Effekt zur Simulation durchsichtig erscheinender Objekte (z.B. Wasseroberflächen)
Specular Highlights	Darstellung von Lichtstrahlen auf metallischen Oberflächen (Glanzlichter-Effekt)
Fogging	Eine Art Nebeleffekt zur Erhöhung der Tiefenwirkung
Environment-Mapping	Spiegelungseffekte der Umwelt an einem reflektierenden 3D-Objekt
Bump-Mapping	Erzeugung von Schattierungen und Spiegelungen
Anti-Aliasing	Methoden zur Kantenglättung um z.B. den sogenannten Treppeneffekt zu unterdrücken
Mip-Mapping	Eine Art Lupeneffekt; nähert man sich einem Objekt, werden zusätzliche Details sichtbar.
Chroma-Keying	Ersetzen von Bildbereichen eines Farbtons durch ein separat aufgenommenes Bild; früher als „Blue-Box" bekannt, heute mit jedem Farbton möglich

Bild 1.117: Beispiele für rechenintensive 3D-Effekte

Um all diese Effekte in möglichst kurzer Zeit realisieren zu können, benötigen Grafikprozessoren sogenannte **3D-Beschleuniger**. Hierzu gehören die bereits von der CPU bekannte **Daten-Pipelines** (3D-Pipeline, Render-Pipeline) und die **Shader-Einheiten** (Shader Units, Shader ALUs). Man unterscheidet **Pixel-Shader** (Berechnung der dynamischen Veränderung von Bildpunkten und Pixelfarben zur realistischen Darstellung von Oberflächen, z.B. bei wechselndem Lichteinfall), **Vertex-Shader** (Berechnung der dynamischen Veränderungen von Objekten, z.B. Form und Position bei Abstandsänderung) und **Geometry-Shader** (Berechnung von Polygonveränderungen, z.B. bei Änderung des Blickwinkels). Je nach Leistungsklasse verfügt eine GPU über bis zu 320 Shader-Einheiten, die mit einem Shadertakt zwischen 600 MHz und 1600 MHz arbeiten.

1.6.1.3 GDI, DirectX, OpenGL

Windows-Grafikschnittstellen

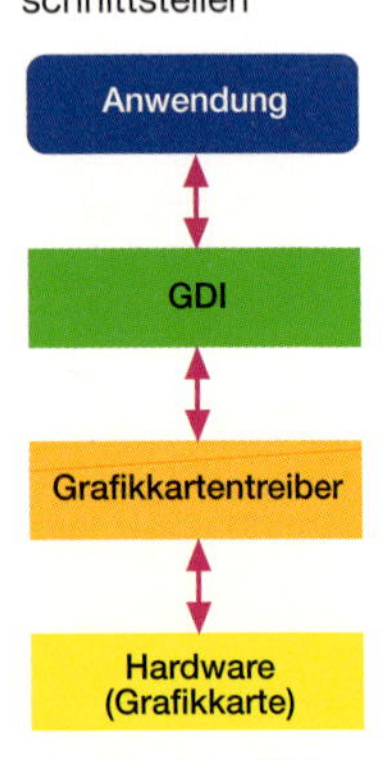

Bild 1.118: GDI-Schnittstelle von Windows

GDI ist die Abkürzung für **Graphical Device Interface** und bezeichnet die Grafikschnittstelle von Windows (Softwareschnittstelle). Über diese Schnittstelle werden **alle** Zugriffe von einem unter Windows laufenden Programm auf die Grafikkarte gesteuert. Ein direkter Zugriff auf die Hardware der Grafikkarte durch ein Anwendungsprogramm ist somit nicht mehr möglich. **GDI+** ist der Nachfolger von GDI, das ab Windows Vista nicht mehr unterstützt wird und bietet nicht nur eine Hardware-unabhängige Grafikschnittstelle, sondern auch eine komplette Oberfläche zur Gestaltung von grafischen und textorientierten Programmen. Die Verbindung zwischen dieser definierten Schnittstelle und der Grafik-Hardware wird durch einen entsprechenden Treiber des Herstellers der Grafikkarte geschaffen. Hierdurch können die Fähigkeiten einer Grafikkarte auch unter Windows voll ausgeschöpft werden.

Der Vorteil von GDI/GDI+ ist, dass der Anwender die Grafikausgabe unter Windows seinen Vorstellungen beliebig anpassen kann. So kann beispielsweise ein Fenster verschoben, verkleinert oder vergrößert werden, die Auflösung oder die Farbtiefe verändert werden, ohne dass dies ein Anwendungsprogramm beeinflusst. Nachteilig wirkt sich unter Umständen der durch GDI/GDI+ verursachte Geschwindigkeitsverlust bei der Darstellung aus.

DirectX ist eine hardwarenahe, aber dennoch Hardware-unabhängige Schnittstelle zur Implementierung von Multimedia-Applikationen unter Windows-Betriebssystemen und bei Spielekonsolen (**API**: **A**pplication **P**rogramming **I**nterface). Bei der Entwicklung dieser Schnittstelle stand zunächst eine möglichst hohe Geschwindigkeit bei 2D- und 3D-Grafiken (insbesondere bei Spielen) im Vordergrund. Diese Geschwindigkeitssteigerung wird bei Windows-Systemen dadurch erreicht, dass eine Anwendung an GDI vorbei direkt auf die Hardware der Grafikkarte zugreifen kann. Heute decken die DirectX-Softwarepakete nahezu den gesamten Multimediabereich ab (z.B. DirectX Graphics, DirectSound, DirectShow).
Eine Anwendung bedient sich hierbei der von DirectX bereitgestellten Funktionen. Diese Funktionen greifen auf die vom Hersteller der Grafikkarte entwickelten Treiber zurück (was unter Umständen auch zu Kompatibiltätsproblemen führen kann). Ein solcher Treiber wird als **Hardware Abstraction Layer** (**HAL**) bezeichnet. Allerdings ist es auch möglich und manchmal auch nötig, beide Schnittstellen in einem Programm parallel zu nutzen.

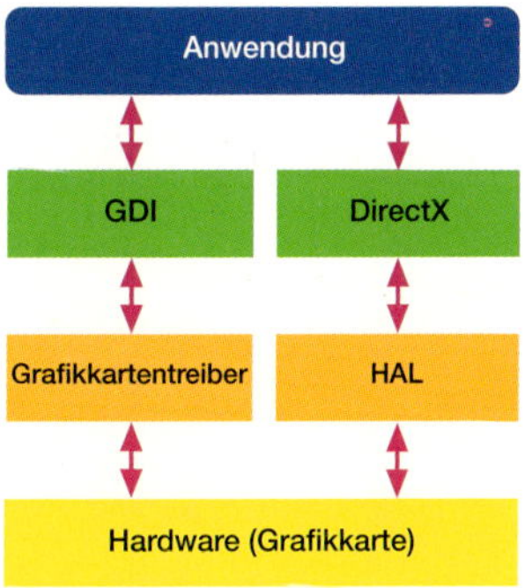

Anwendung
GDI | DirectX
Grafikkartentreiber | HAL
Hardware (Grafikkarte)

Bild 1.119: DirectX-Schnittstelle bei Windows

Bei **OpenGL** (**Open G**raphics **L**ibrary) handelt es sich um eine plattformunabhängige Programmierschnittstelle mit vergleichsweise einfachen Grafikbefehlen (Figuren, Linien, Kreise usw.), die speziell im professionellen 3D-Grafikbereich zum Einsatz kommt. OpenGL ist heute fester Bestandteil jedes Grafikkartentreibers und wird meist automatisch mitinstalliert. Es wirkt grafikbeschleunigend, da es beispielsweise mit einem einzigen Befehl einer Vielzahl von Polygonen einmalig eine bestimmte Eigenschaft zuweisen kann (z.B. eine bestimmte Farbe). Diese wird so lange beibehalten, bis der entsprechende Zustand geändert wird. Eine rechenintensive Zuweisung der Eigenschaft an jedes einzelne Polygon ist dadurch nicht erforderlich. Dieses Konzept wird neuerdings auch bei Direct3D verfolgt.

1.6.2 Soundkarte (Sound Board, Sound Card)

Eine Soundkarte ist eine Erweiterungskarte, die der Wiedergabe und der Aufnahme von Audiosignalen dient. Seitdem der On-Board-HD-Audio-Sound direkt vom System unterstützt wird und die 5.1-Ausgabe sowie ein optischer Digitalausgang zur Standardausstattung von Mainboards gehören, haben Soundkarten an Bedeutung verloren. Die Hersteller haben sich deshalb auf Spezialfunktionen konzentriert, mit denen sich Raumklangeffekte noch natürlicher realisieren lassen. Eine Soundkarte besteht prinzipiell aus den folgenden Komponenten:

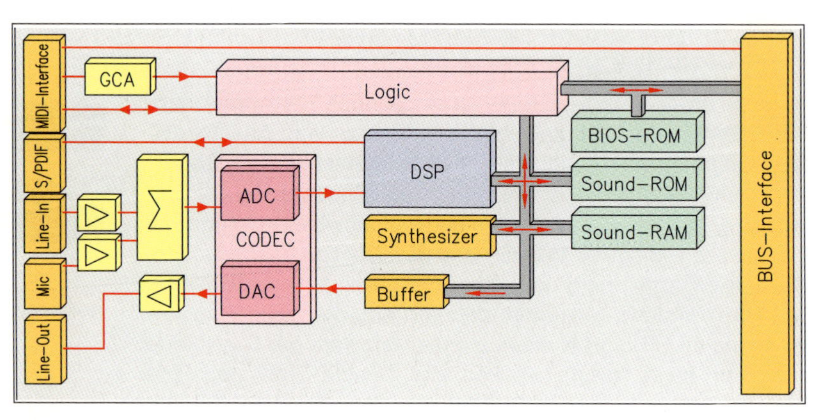

Bild 1.120: Prinzipieller Aufbau einer Soundkarte

Anschlüsse

Jede Karte verfügt über eine Vielzahl von Anschlüssen.

Soundkarten-anschlüsse
GCA
S/PDIF

Farbe	Bezeichnung	Beschreibung
rosa	**Mic** (Eingang)	3,5 mm Klinkenbuchse für ein Monomikrofon; alternativ auch als Cinch-Buchse
blau	**Line-In/Aux** (Eingang)	3,5 mm Klinkenbuchse für die Aufnahme analoger Mono/Stereo-Signale (Eingang), alternativ auch Cinch-Buchse
grün	**Line-Out** (Ausgang)	3,5 mm Klinkenbuchse für die Wiedergabe analoger Stereo-Signale für Kopfhörer oder Frontlautsprecher (Front-Speaker); alternativ auch als Cinch-Buchse
schwarz	**Line-Out** (Ausgang)	3,5 mm Klinkenbuchse für die Wiedergabe analoger Stereo-Signale für Rücklautsprecher (Rear-Speaker); alternativ auch als Cinch-Buchse
silber	**Line-Out** (Ausgang)	3,5 mm Klinkenbuchse für die Wiedergabe analoger Stereo-Signale für Seitenlautsprecher (Side-Speaker); alternativ auch als Cinch-Buchse
orange	**Line-Out** (Ausgang)	3,5 mm Klinkenbuchse für die Wiedergabe analoger Signale für den Centerlautsprecher (Center Speaker) und den Tiefbass-Lautsprecher (Subwoofer); alternativ auch als Cinch-Buchse
	MIDI Gameport	**M**usical **I**nstrumental **D**igital **I**nterface; optionaler 15-poliger Anschluss für – MIDI-fähige Musikinstrumente (z. B: Keyboard) – Joystick (Gameport); Digitalisierung analoger Eingangssignale durch den integrierten **Game Control Adapter** (GCA)

orange	**S/PDIF**	**S**ony/**P**hilips **D**igital **I**nterface **F**ormat; digitaler Anschluss für Aufnahme und Wiedergabe; entweder koaxial über Kupferkabel oder optisch über Glasfaserkabel
	HDMI	**H**igh **D**efinition **M**ultimedia **I**nterface (optional vorhanden) Übertragung von 7.1-Soundkanälen (nur Auswertung von Audiosignalen)

Bild 1.121: Anschlüsse einer Soundkarte und internationale Farbkennzeichnung

Bei modernen PCs lassen sich die vorhandenen Klinken- bzw. Cinchbuchsen oft auch multifunktional nutzen: Per Software wird festgelegt, ob die Buchse als Eingang oder Ausgang fungiert. Feste Bezeichnungen sind daher meist nicht mehr aufgedruckt, die Buchsen sind lediglich farblich gekennzeichnet (siehe Bild 1.72). Bei manchen PCs befinden sich einige Anschlussbuchsen sowohl an der Rückseite als auch an der Frontseite des Gehäuses.

CODEC

CODEC ist allgemein die Abkürzung für **Co**der-**Dec**oder und vereint in diesem Fall die Funktionen eines **Analog-Digital-Wandlers** (ADC: **A**nalog-**D**igital **C**oder) und eines **Digital-Analog-Wandlers** (DAC: **D**igital-**A**nalog **C**oder) in einem Baustein. Dieser wandelt die analogen Signale der Audio-Eingänge in digitale Daten bzw. setzt digitale Daten vor der Ausgabe (z.B. an einen Verstärker) wieder in analoge Signale um. Die Wiedergabequalität einer Soundkarte entspricht heute meist der eines Audio-CD-Players. Um diese Qualität zu erzielen, sind Soundkarten mindestens mit 16-Bit-A/D-Wandlern ausgestattet und arbeiten mit Abtastfrequenzen (Sampling Rates) von 44,1 kHz. Die im höheren Preissegment angebotenen High-End-Soundkarten bieten je nach Typ auch Sampling-Raten von 48 kHz, 96 kHz und 192 kHz bei Klirrfaktoren unter 0,009 %. Der Klirrfaktor ist ein Maß für die unerwünschte Verfälschung einer Signalform, die sich bei der Verarbeitung ergibt. Einen Klirrfaktor kleiner als 0,1 % kann das menschliche Ohr in der Regel nicht mehr wahrnehmen.

ADC

DAC

- Die **Abtastfrequenz des CODECs** bestimmt maßgeblich die Klangqualität einer Soundkarte.

Sampling Rate

Soundpuffer (Sound Buffer)

Hierbei handelt es sich um einen Bereich zum Speichern des binären Abbildes von Klangfolgen, die an ein angeschlossenes Lautsprechersystem eines PCs ausgegeben werden. Die digitalen Klänge werden auch Samples genannt.

Synthesizer

Ein Synthesizer ist ein Chip, der in der Lage ist, digitale Eingangsdaten, die beispielsweise in einem ROM-Speicher abgelegt sind, in Klänge umzuwandeln. Wurde z.B. ein Klavierton digitalisiert und im Speicher abgelegt, kann der Synthesizer ihn verwenden, um andere klavierähnliche Töne zu erzeugen.

Bei der Klangerzeugung unterscheidet man zwei klassische Verfahren:

Methoden der Klangerzeugung

- **FM-Synthese** FM steht für Frequenzmodulation; bei diesem Verfahren werden Musikinstrumente durch Überlagerung von mehreren Sinuswellen unterschiedlicher Frequenz und Amplitude nachgeahmt (Fourier-Synthese).
- **Wavetable-Synthese** Bei diesem Verfahren werden aufgezeichnete und in einem ROM gespeicherte Samples als Grundlage zur Erzeugung von beliebigen Klängen verwendet. Eine Reihe von Sounds wurden auf diese Weise entwickelt und existieren fertig in Bibliotheken, den sogenannten Soundbanks. Diese werden in einem RAM gespeichert und können als Grundlage eigener Neuentwicklungen dienen.

DSP

Digitaler Signalprozessor

DSP ist die Abkürzung für **D**igital **S**ignal **P**rocessor und bezeichnet allgemein einen Prozessor, der speziell für die Verarbeitung von digitalen Signalströmen geeignet ist. Im Zusammenhang mit der Soundkarte ist ein spezieller Prozessor zur Verarbeitung von Audioinformationen gemeint. Ein solcher DSP ist in der Lage, in Kombination mit einem **Software-Synthesizer** (d.h. einer Software, die einen Synthesizer simuliert) beliebige akustische Signale (Töne, Klänge, Geräusche) mit unterschiedlichen Verfahren zu erzeugen.

Digitalisierte Klänge benötigen sehr viel Speicherkapazität S_K. Der Bedarf in Byte eines digitalisierten Signals errechnet sich zu

Speicherbedarf für Sounds

$$S_K = \frac{\text{Abtastfrequenz} \times \text{Kanalzahl} \times \text{Auflösung} \times \text{Zeitdauer}}{8}$$

Die Kanalzahl beträgt bei Mono 1 und bei Stereo 2; die Auflösung bezeichnet die Bitbreite der Codierung; die Zeitdauer gibt an, wie lange die Aufzeichnung dauert.

Komprimierungsverfahren MP3

Der Speicherbedarf lässt sich durch spezielle Komprimierungsverfahren ohne Qualitätsverluste erheblich reduzieren. Neben dem klassischen Verfahren der **adaptiven Delta-Puls-Code-Modulation** (**A**daptive **D**elta **P**ulse **C**ode **M**odulation, ADPCM), wodurch eine Datenreduktion um den Faktor 4 möglich ist, wird standardmäßig das Audio-Format **MPEG**-1 Audio Layer 3 (**M**oving **P**ictures **E**xperts **G**roup) eingesetzt. Dieses Verfahren ermöglicht Kompressionen mit dem Faktor 12, ist besser bekannt unter der Bezeichnung **MP3** und wird u.a. im Internet zur Übertragung von Musikdateien verwendet.
Im Lieferumfang einer Soundkarte ist meist auch Treibersoftware enthalten. Allerdings werden Soundkarten in der Regel von allen aktuellen Betriebssystemen direkt unterstützt, so dass zusätzliche Treiber nicht unbedingt erforderlich sind. Aktuelle Soundkarten benötigen einen PCIe × 1-Anschluss (siehe Kap. 1.3.2), alternativ werden auch „externe" Soundkarten für den USB-Anschluss oder den ExpressCard-Anschluss angeboten.

Soundverfahren

Neben Stereo unterstützen Soundkarten unterschiedliche Soundverfahren zur Schaffung einer möglichst realitätsnahen Audioumgebung mit einem räumlichen Klangeindruck (3D-Klang) .

Räumliche Klangeindrücke

- **Räumliche Klangeindrücke** entstehen durch Laufzeit- und Intensitätsunterschiede bei der Wahrnehmung von Schallwellen, die von Audioquellen „gesendet" und von den menschlichen Ohren „empfangen" werden.

Anhand dieser wahrgenommenen Informationen lassen sich Richtung und Entfernung im Raum einschätzen, wobei für den Klangeindruck zusätzlich die Größe und die Beschaffenheit der Umgebung eine Rolle spielen. Zur Erzeugung eines solchen Eindrucks werden unterschiedliche technische Verfahren eingesetzt.

Bezeichnung	**Eigenschaften**
Stereo	2 Kanäle/2 Lautsprecher (vorne rechts/vorne links)
Dolby Surround	2 Kanäle/4 Lautsprecher (2 vorne rechts/vorne links, zusätzlich 2 Lautsprecher hinten rechts/hinten links, auf die über einen analogen Decoder das „Surroundsignal" gelegt wird, das aus der Zusammenlegung und der zeitlichen Verzögerung beider Kanäle gebildet wird.
Dolby Pro Logic Dolby Pro Logic II	2 Kanäle/4 Lautsprecher (vorne rechts, vorne links, Mitte, Surround); d.h. 4 Wiedergabekanäle, die in 2 Aufnahmekanälen codiert sind; analoger Pro Logic-Decoder erforderlich im Gegensatz zu Pro Logic mit einer Bandbreitenbegrenzung auf 7 kHz im Surroundkanal wird bei Pro Logic II der gesamte hörbare Frequenzbereich (20–20000 Hz) im Surroundkanal wiedergegeben und es bestehen erweiterte Klangeinstellungsmöglichkeiten zur Anpassung an die Raumakustik
Dolby Digital (AC-3), Dolby Digital Plus	6 Kanäle/6 Lautsprecher (vorne rechts, vorne links, Mitte, hinten rechts, hinten links), zusätzlich aktiver Subwoofer (LFE: **L**ow **F**requency **E**ffect); auch als 5.1-Kanalsystem bezeichnet; digitaler Dolby-Decoder erforderlich. Dolby Digital Plus unterstützt bis zu 14 Kanäle mit einer Auflösung von 24 bit Auflösung und einer Abtastfrequenz von 96 kHz; Verwendung bei Blu-Ray
DTS	**D**igital **T**heater **S**oundsystem 6-kanaliges (5.1)-Tonaufzeichnungsformat bei Kinofilmen und Soundtracks auf DVD; als Erweiterung auch mit 8 Kanälen als 7.1-System erhältlich; verbesserte Klangqualität gegenüber Dolby Digital durch niedrigere Kompressions- und höhere Datenrate; digitaler DTS-Decoder erforderlich
DTS-HD Master Audio Dolby TrueHD	Konkurrierende, speziell für Blu-Ray-Disc entwickelte 8-kanalige digitale Audioformate; bei Datenraten bis zu 24 Mbit/s werden 8 echte Soundkanäle (7.1- Soundsystem) ohne Datenreduktion verarbeitet; für den Einsatz von Dolby TrueHD ist mindestens HDMI 1.3 erforderlich

Bild 1.122: Soundverfahren

Zur Verarbeitung und zur Umwandlung der einzelnen Soundverfahren sind jeweils entsprechende Encoder/Decoder-Chips erforderlich. Wiedergabeprobleme entstehen unter Umständen durch veraltete oder fehlende Software (Soundtreiber).

AC-3: Adaptive Transform Coder 3

Nachteilig bei den genannten Soundverfahren ist, dass sie jeweils nur Audiosignale wiedergeben können, die auch in der entsprechenden Form aufgenommen wurden. Bei PC-Spielen aber ändert sich oftmals das Audiosignal dynamisch mit den Aktionen, sodass ein Audiosignal jedes Mal neu berechnet werden müsste. Aus diesem Grund kommen bei Spielen vornehmlich Verfahren zum Einsatz, die sich programmtechnisch leicht in ein Spiel integrieren lassen (z.B. EAX: **E**nvironmental **A**udio; Entwicklung von Creative, ermittelt beispielsweise dynamisch den Abstand des Spielers zu einer Audioquelle im virtuellen Raum).

EAX

In Abhängigkeit von der verwendeten Soundkarte werden eines oder mehrere der genannten Soundverfahren unterstützt. Die derzeitigen On-Board verwendeten Soundchips erfüllen den von Intel definierten Standard **High-Definition Audio** (HD-Audio), der den alten Standard AC97 abgelöst hat.

Dieser Standard formuliert jedoch lediglich Mindestanforderungen an einen Soundchip für die Umwandlung von digitalen in analoge Signale und sagt nichts über die tatsächlichen Fähigkeiten eines Chips aus.
HD-Audio-konforme Chips müssen mindestens Stereo-Signale mit 192 kHz in einer 32-Bit-Qualität liefern können. Darüber hinaus sollen sie bis zu acht Audiokanäle mit jeweils 96 kHz in 32-Bit-Qualität unterstützen. Die tatsächlich nutzbaren Leistungsmerkmale hängen allerdings vom jeweiligen Mainboard ab.

1.6.3 ISDN-Karte

ISDN

ISDN ist die Abkürzung für **I**ntegrated **S**ervices **D**igital **N**etwork und bezeichnet ein weltweites digitales Kommunikationsnetzwerk, das aus verschiedenen Telefon- und Datendiensten entwickelt wurde. ISDN nutzt die bereits aus dem analogen Fernsprechnetz vorhandenen Leitungen zur Verbindung der DIVO (digitale Ortsvermittlungsstelle) mit dem Endteilnehmer. Diese besteht i. Allg. aus einer zweiadrigen Anschlussleitung, die auch als a/b-Adern bezeichnet werden. Um einen PC mittels einer ISDN-Karte an das ISDN-Netz anschließen zu können, benötigt man zunächst einen entsprechenden ISDN-Anschluss. Dieser besteht aus dem Netzabschluss (NT: **N**etwork **T**ermination), der als Übergang zwischen dem öffentlichen Netz und der Teilnehmerinstallation angesehen werden kann.

NT

Der **NT** nimmt eine Anpassung der Signale der zweiadrigen Anschlussleitung (U_{K0}-Schnittstelle) und des vieradrigen S_0-Busses (S_0-Schnittstelle; Kundenseite) vor.

IAE

Um die Netzseite elektrisch von der Kundenseite zu trennen und unerwünschte Einflüsse der Kundenseite auf das Netz zu verhindern (z.B. Kurzschluss an einem Endgerät), erfolgt die Ankopplung des NT an das Netz mithilfe von Übertragern (Kap. 5.5.1.6).
Bis zu acht ISDN-fähige Geräte können dann über parallel am S_0-Bus liegende Anschlussdosen (IAE: **I**nformationstechnische **A**nschluss**e**inheit) installiert werden. Die Installation erfolgt über sogenannte (8-polige) Western-Stecker, die auch unter der Bezeichnung RJ-45 bekannt sind.

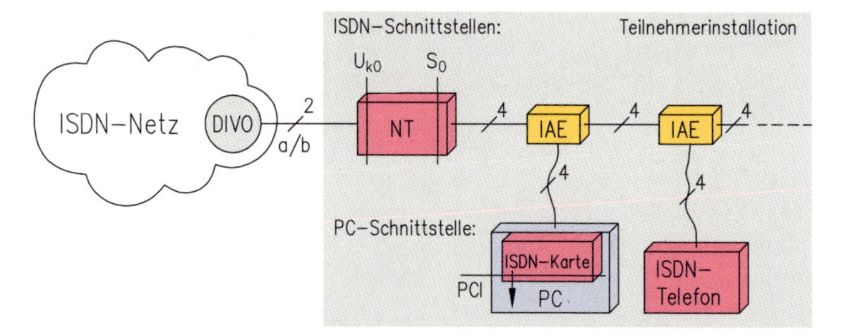

Bild 1.123: ISDN-Schnittstellen und mögliche Anschlusskonfiguration eines PCs

TK-Anlage = **Tele**-**k**ommunikationstechnische Anlage

Alternativ kann an den NT auch eine TK-Anlage angeschlossen werden, die dann je nach Leistungsfähigkeit einen oder mehrere interne S_0-Busse zur Verfügung stellt. Pro S_0-Bus können dann jeweils acht Endgeräte angeschaltet werden. Hierbei sind kostenfreie Internverbindungen möglich.

Der standardmäßige ISDN-Anschluss (Basisanschluss) stellt mit oder ohne TK-Anlage über die a/b-Adern zwei Nutzkanäle (B-Kanäle) zum ISDN-Netz zur Verfügung, über die gleichzeitig und unabhängig voneinander jeweils Daten mit einer Übertragungsrate von 64 Kbit/s übertragen werden können. Die Steuerung und Überwachung erfolgt über den sogenannten D-Kanal (Übertragungsrate: 16 Kbit/s). Diese Kanalstruktur (2B + 1-D-Kanal) liegt bei Anschluss einer TK-Anlage jeweils auch auf den internen S_0-Bussen vor.

Basisanschluss siehe Vernetzte IT-Systeme Kap. 3.2.3

Da sich die Anschlusstechniken, die Signalkodierungen und auch die eingesetzten Übertragungsprotokolle bei PCs von denen des ISDN-Netzes (DSS1: D-Kanal-Protokoll bei Euro-ISDN) unterscheiden, kann ein PC über seine vorhandenen Schnittstellen nicht direkt mit dem ISDN-Netz kommunizieren.

ISDN-Karte

■ Die **ISDN-Karte** ermöglicht eine Anpassung der Signale des PC-Busses an die S_0-Schnittstelle und stellt entsprechende Treiberkomponenten zur Verfügung.

Nach der Anmeldung bei einem Internet-Provider ist mit der ISDN-Karte und der entsprechenden Software prinzipiell auch der Internetzugang möglich. Allerdings ist ein solcher Zugang wegen der vergleichsweise niedrigen Übertragungsrate heute genauso wenig attraktiv wie der Internetanschluss über ein analoges **Modem** (**Mo**dulator-**Dem**odulator: Gerät zur Anpassung digitaler PC-Signale an einen analogen Telefonanschluss; Datenrate: 56 Kbit/s bidirektional). Aus diesem Grund sind solche Anschlussmöglichkeiten auch nur noch bei einigen Notebooks zu finden. Standardmäßig erfolgt heute ein Internetzugang über einen DSL-Anschluss.

DSL-Anschlusstechniken siehe Vernetzte IT-Systeme Kap. 3.7

Digital **S**ubscriber **L**ine (DSL)	Breitbandanschlüsse zum Internet (DSL-fähige Netzwerkkarte erforderlich): **ADSL (Asymmetrical DSL):** – Datenübertragung über die vorhandene Kupferdoppelader des ISDN-Anschlusses – gleichzeitig und unabhängig vom ISDN-Anschluss nutzbar – asymmetrischer Zugang mit großer Downstream- und kleiner Upstream-Datenrate – je nach Angebot bis zu 25 Mbit/s downstream möglich (ADSL 2+); upstream theoretisch bis maximal 1 024 Kbit/s – zusätzlich zum NT sind erforderlich **Splitter** und **DSL-Modem** sowie ein Netzwerkanschluss beim anzuschließenden Gerät (meist bereits „On-Board“ vorhanden, sonst mit einer Netzwerkkarte nachrüstbar, s. u.) – Vermarktung auch unter der Bezeichnung T-DSL (Deutsche Telekom AG) **VDSL (Very High Bit Rate DSL):** – symmetrischer Zugang mit gleicher Up- und Downstream-Datenrate – bis zu 100 Mbit/s gleichzeitig in beide Übertragungsrichtungen über eine Kupferdoppelader bei einer Leitungslänge bis maximal 350 m – PC-Anschluss über eine entsprechende Netzwerkkarte **In der Praxis sind alle Datenraten entfernungsabhängig!**
DSL via Satellit	– Erforderliche Hardware: Satellitenschüssel, PC-Empfangskarte nach dem **DVB-Standard** (**D**igital **V**ideo-**B**roadcasting), herkömmlicher Internetanschluss für den Rückkanal (upstream) – Unabhängig von der Entfernung sehr hohe Datenraten downstream möglich (> 100 Mbit/s)

Bild 1.124: DSL-Anschlussvarianten

1.6.4 Netzwerkkarte (Network Adapter)

Netzwerke

Unter einem Netzwerk versteht man eine Gruppe von Computern und angeschlossenen Geräten, die durch Kommunikationseinrichtungen miteinander verbunden sind. Netzwerke existieren in verschiedenen Größenordnungen und Ausdehnungen. Beispielsweise können Netzwerk-Verbindungen zeitlich begrenzt über einen sehr weiträumigen geografischen Bereich verteilt sein (z.B. per DSL; s.o.) oder permanent innerhalb eines Raumes eingerichtet werden (lokales Netz). In einem solchen lokalen Netzwerk arbeiten dann Computer, Drucker und andere Geräte zusammen, die Verbindung erfolgt über entsprechende stationäre Netzwerkkabel. Als Netzwerkkabel kommen unterschiedliche Leitungstypen (Twisted-Pair-Leitung, Glasfaser) mit verschiedenen Übertragungsraten zur Anwendung. Zum Anschluss eines Gerätes an ein solches Netzwerk ist jeweils ein Netzwerkanschluss erforderlich (aktueller Anschlussstandard: RJ-45-Buchse). Dieser wird entweder bereits „On-Board“ bereitgestellt oder kann mittels einer Netzwerkkarte nachgerüstet werden.

Netzwerkkabel siehe Vernetzte IT-Systeme Kap. 4.1.1.2

Nic

Eine Netzwerkkarte wird auch als NIC (**N**etwork **I**nterface **C**ard) bezeichnet. Sie hat die Aufgabe, die zu übertragenden Daten an das jeweilige Übertragungsmedium anzupassen.
Der Betrieb eines PCs innerhalb unterschiedlicher Netzwerkkonfigurationen wird im Aufbauband „Vernetzte IT-Systeme“ ausführlich dargestellt.

1.6.5 Sonstige Karten

Neben den genannten Karten gibt es für viele Anwendungen spezielle Erweiterungskarten.

1.6.5.1 RAID-Adapterkarte

RAID siehe Kap. 1.4.4

Sofern ein Motherboard über keinen RAID-Controller On-Board verfügt, lässt sich diese Funktionalität auch über eine entsprechende Steckkarte implementieren. RAID-Adapterkarten sind als SCSI- oder als IDE-Version (SATA) erhältlich. Die Anzahl der an eine SCSI-RAID-Karte anschließbaren Festplatten hängt von der vorliegenden SCSI-Spezifikation ab (siehe Kap. 1.4.5).
IDE-RAID-Adapterkarten sind preisgünstiger als SCSI-Adapter und stellen je nach Ausführung zwei bis acht Anschlüsse für Festplatten zur Verfügung. Die angeschlossenen Festplatten lassen sich zu einem RAID-Verbund verschalten, alternativ ist auch das Zusammenfassen zu einem großen „Laufwerk“ möglich. Für das Betriebssystem verhält sich ein solches Laufwerk dann wie eine einzelne Festplatte.
Adapterkarten mit eigenem Prozessor melden sich beim Booten mit einem separaten BIOS, in dessen Setup sich alle für die Verwaltung eines RAID-Arrays erforderlichen Funktionen finden. Karten ohne eigenen Prozessor stellen lediglich die Anschlüsse zur Verfügung, die RAID-Funktionen werden mittels Treiber implementiert.

1.6.5.2 PC-Messkarte

PC-Messkarten

Mithilfe einer PC-Messkarte lässt sich ein PC als Messgerät für fast jede physikalische Größe nutzen, wie zum Beispiel Spannung, Strom, Widerstand, Frequenz, Leistung, Temperatur, Luftdruck, Windstärke usw. Eine solche Karte besteht grundsätzlich aus einem Analog- und einem Digitalteil.
Sofern es sich um nichtelektrische Größen handelt, müssen diese zunächst mit entsprechenden vorgeschalteten Wandlern in elektrische Signale umgewandelt werden. Die analogen Signale werden an einen der vorhandenen Eingänge gelegt, verstärkt (oder abgeschwächt) und mithilfe einer Sample-and-Hold-Schaltung (S/H) abgetastet und fixiert. Mithilfe eines Multiplexers (vgl. Kap. 4.4.3.3) werden die Signale dann zusammengefasst und mit einem A/D-Wandler in ein Digitalsignal umgewandelt. Dieses kann dann vom PC verarbeitet werden. Mit entsprechender Software kann man sich die Messergebnisse in Form eines auf dem Bildschirm dargestellten Messgerätes (z.B. eines Oszilloskops) ausgeben lassen. Neben reinen Überwachungs- und Messfunktionen sind über entsprechende Verbindungen auch Regelprozesse durchführbar.

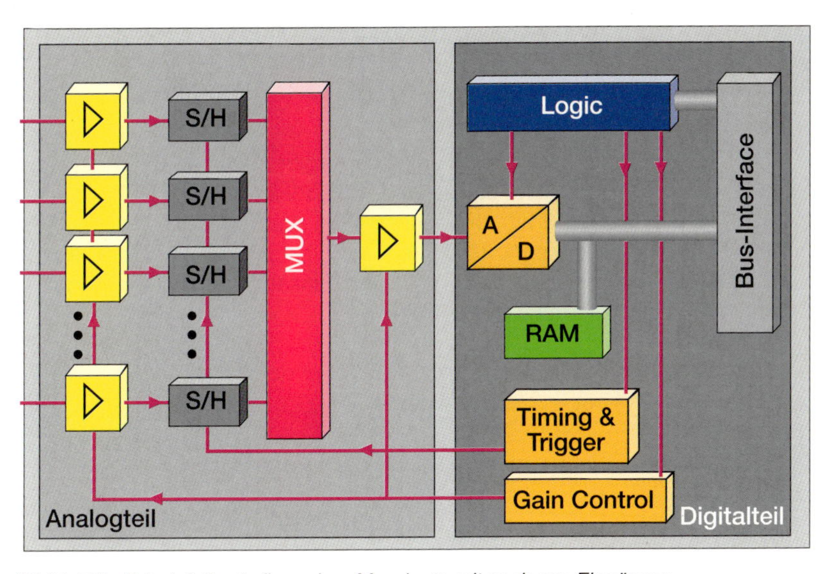

Bild 1.125: Prinzipieller Aufbau einer Messkarte mit analogen Eingängen

1.6.5.3 TV/Video-Karten

Eine TV/Videokarte ermöglicht einerseits den Empfang von Radio- und Fernsehprogrammen sowie deren Wiedergabe mithilfe von Sound- und Grafikkarte, andererseits aber auch deren Aufzeichnung auf die Festplatte sowie die technische Nachbearbeitung mittels entsprechender Software.

FBAS = **F**arb-**B**ild-**A**ustast-**S**ynchronsignal; genormtes analoges Übertragungssignal der Fernsehtechnik

Der Empfang erfolgt mithilfe eines auf der Karte befindlichen Tuners, der sich zum Schutz vor elektromagnetischen Störungen unter einem Abschirmblech befindet. Der Tuner demoduliert das am Antenneneingang anliegende analoge FBAS-Signal, welches anschließend von einem A/D-Wandler-Chip in eine PC-lesbare Form gebracht wird. Hierzu ist ein entsprechendes Tuner-Programm erforderlich, welches oft auch über Decoder-Funktionen zur Entschlüsselung codierter Sender verfügt. Die meisten TV-Karten verfügen auch über einen oder mehrere Video-Eingänge, mit deren Hilfe Videosignale digitalisiert oder Digitalkameras angeschlossen werden können.

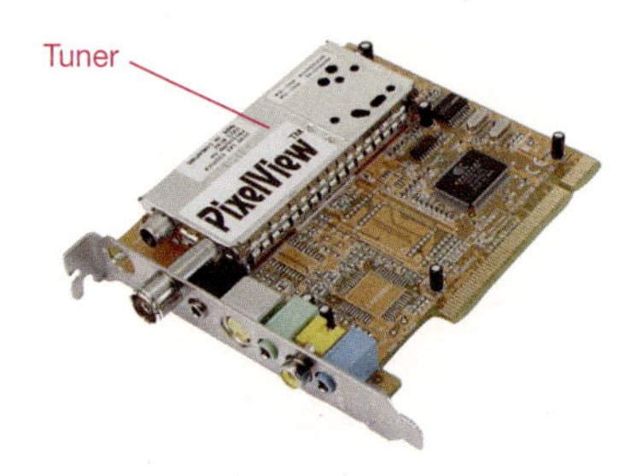

Bild 1.126: Tuner der TV-Karte

PAL = **P**hase **A**lternation **L**ine; europäische analoge Fernsehnorm

Da ein Fernseher mit 576 sichtbaren Zeilen (PAL-Norm: brutto 625 Zeilen) eine geringere Auflösung als ein PC-Monitor hat, wird das Fernsehbild von der Grafikkarte auf Monitormaße skaliert (Overlay-Verfahren), sodass quasi auch ein Vollbildmodus möglich ist. TV-Empfänger für den PC sind auch als Sticks für den USB-Anschluss erhältlich (z. B. DVB-T-Empfänger, siehe Vernetzte IT-Systeme).

Digitale Fernsehnormen:
SDTV = **S**tandard **D**efinition **TV**
HDTV = **H**igh **D**efinition **TV**

Bei der Übertragung analoger Fernsehbilder ergibt sich eine Datenrate von ca. 160 Mbit/s (**PAL**: 25 Bilder pro Sekunde mit 720 Bildpunkten in 576 Zeilen bei einer Farbtiefe von 16 bit), bei den digitalen Standards ist die Datenrate größer (**SDTV**: ca. 270 Mbit/s, **HDTV**: ca. 1,5 Gbit/s), sodass eine Speicherung längerer Bildsequenzen nur durch den Einsatz einer entsprechenden Komprimierung möglich ist.

MPEG = **M**oving **P**ictures **E**xperts **G**roup

Die Abkürzung **MPEG** bezeichnet einen verwendeten Standard zur Komprimierung von Audio- und Videodaten.

Die MPEG-Norm besteht aus vier Teilen, die auch als Layer bezeichnet werden:

- **Systems (Layer 1)**
  Beschreibt den Aufbau der zusammengefügten Audio- und Videoinformationen in Verbindung mit programmbegleitenden Zusatz- und Steuerinformationen

MPEG-Layer

- **Video (Layer 2)**
  Beschreibt die eingesetzten Komprimierungsverfahren für die Bildinformationen

MP3

- **Audio (Layer 3)**
  Beschreibt die in der Norm enthaltenen Verfahren zur Komprimierung von Audiosignalen; besser bekannt unter der Bezeichnung MP3
- **Compliance (Layer 4)**
  Beschreibt die verwendeten Testverfahren für die komprimierten Datenströme

Inzwischen gibt es unterschiedliche MPEG-Spezifikationen:

Bezeichnung	Eigenschaften
MPEG 1	Erster Standard; Komprimierung von audiovisuellen Daten bei Datenraten bis ca. 1,5 Mbit/s; Anwendung: Video-CD
MPEG 2	Erweiterung von MPEG 1 mit universelleren Eigenschaften und größeren Datenraten (4–80 Mbit/s); dient als Grundlage verschiedener anderer Standards; Codierung eines oder mehrerer Audio- und Video-Datenströme sowie von PC-Daten; geeignet für Speicherung und Übertragung; Unterstützung von Verschlüsselungssystemen; Anwendung: Datenreduktion von Fernsehnormen einschließlich HDTV, DVD
MPEG 4	Komprimierung und Codierung zur objektorientierten audiovisuellen Multimediakommunikation; Ergänzung der Bilddaten durch zusätzlich abrufbare Informationen; hoher Komprimierungsfaktor; Anwendung: Basistechnik für Bildtelefonie und Videokonferenz über ISDN-Leitungen, DVD
MPEG-4-AAC-Plus ... AAC: Advanced Audio Coding	Spezielle MPEG-4-Codierung durch Kombination von AAC als Kern-Codec plus den Zusatztechnologien **SBR** (**S**pectral **B**and **R**eplication) und/oder **PS** (**P**arametric **S**tereo). Hierdurch wird bereits bei einer Datenrate von 32 Kbit/s eine Audioqualität erreicht, die der eines 96 Kbit/s-Datenstromes entspricht. Anwendung: 3G-Mobilfunkkommunikation, Musikdownload, IP-basierte Übertragung von Rundfunk und TV

Bild 1.127: MPEG-Spezifikationen

Aufgaben:

1. Welcher Unterschied besteht bei Grafikkarten zwischen dem Textmodus und dem Grafikmodus?
2. Was versteht man unter der Auflösung einer Grafikkarte?
3. Welche Komponenten bestimmen maßgeblich die Leistungsfähigkeit einer Grafikkarte?
4. Welche Größe (theoretisch und praktisch) sollte der Speicher einer Grafikkarte bei einer TrueColor-Darstellung mit einer Auflösung von 1024 × 768 in der Praxis mindestens haben? Wie viele Farben lassen sich darstellen?
5. Welche Übertragungsraten sind theoretisch bei einer PEG-(PCI × 16-)Karte möglich?
6. Was versteht man im Zusammenhang mit Grafikkarten unter einem Shader? Wozu wird er eingesetzt?
7. Erklären Sie einem Kunden, warum 3D-Darstellungen wesentlich mehr Rechenleistung erfordern als 2D-Darstellungen.
8. Ein Kunde kauft bei Ihnen eine neue Grafikkarte, die zusätzlich zum VGA-Ausgang auch über einen DVI-I-Anschluss verfügt. Erläutern Sie ihm die technischen Merkmale beider Schnittstellen. Welche bildgebenden Geräte lassen sich jeweils anschließen?
9. Was bedeutet der Begriff „Textur Mapping“?
10. Alpha-Blending und Anti-Aliasing bezeichnen rechenintensive Effekte bei der 3D-Darstellung. Erläutern Sie, was man unter diesen beiden Begriffen versteht.
11. Über welche Anschlüsse verfügt in der Regel eine Soundkarte?
12. Aus welchen Komponenten besteht ein CODEC und welche Funktionen haben diese bei einer Soundkarte?
13. Welche Methoden werden bei Soundkarten zur Klangerzeugung eingesetzt? Erklären Sie die Unterschiede.

14. Welche Speicherkapazität ist für die Speicherung eines Musikstückes von 10 min. Dauer in CD-Qualität (Stereo, Sample-Rate 44,1 kHz, Auflösung 16 bit) ohne Komprimierung erforderlich?
15. Erläutern Sie die verschiedenen Soundverfahren, die Soundkarten zur Schaffung eines 3D-Klangeindrucks unterstützen.
16. Welche Funktionen erfüllt eine ISDN-Karte?
17. Nennen Sie Alternativen zum ISDN-Anschluss, um einen PC mit dem Internet zu verbinden. Vergleichen Sie die möglichen Datenraten.
18. Wie viele ISDN-Geräte lassen sich maximal an einem S_0-Bus anschließen? Mit wie vielen Geräten lässt sich bei einem Basisanschluss gleichzeitig eine Verbindung zu einem anderen ISDN-Teilnehmer aufbauen?
19. Erläutern Sie mithilfe der elektrotechnischen Grundlagen, warum der Tuner einer TV-Karte mit einer Blechhülle umgeben ist.
20. Was versteht man unter der Bezeichnung MPEG? Erläutern Sie die verschiedenen Spezifikationen.

1.7 Netzteil

Netzteileinschub

Die Spannungsversorgung eines PCs erfolgt in der Regel aus dem 230-V-Energieversorgungsnetz, an welches der Rechner über eine entsprechende Leitung an eine Schutzkontakt-Steckdose (siehe Kap. 5.6.2) angeschlossen wird. Die Umwandlung der 50-Hz-Netzwechselspannung (AC: Alternate Current) in die erforderlichen Gleichspannungen (DC: Direct Current) erfolgt mittels eines Netzteileinschubs. In der Regel sind diese Netzteileinschübe für den internationalen Einsatz ausgelegt, d.h. sie besitzen eine Umschaltmöglichkeit von 230 V/50 Hz auf 110 V/60 Hz. PC-Netzteile werden grundsätzlich in einem allseits geschlossenen Metallgehäuse geliefert.

Bild 1.128: PC-Netzteileinschub (Beispiel)

Das Metallgehäuse ist mit dem Anschluss des Schutzleiters verbunden und verhindert ein Berühren spannungführender Teile. An der Rückseite dieses Gehäuses befindet sich ein Schalter, mit dem das Netzteil komplett von der 230 V-Versorgungsspannung getrennt werden kann. Mit dem an der Frontseite des PCs angebrachten Ein/Aus-Taster lässt sich der PC zwar ein- und ausschalten (Bootvorgang siehe Kap. 3.1), jedoch ist das Netzteil nach dem Abschalten durch diesen Taster noch in Betrieb und nimmt eine geringe Ruheleistung auf. Das Öffnen dieses Gehäuses ist nur einer Elektrofachkraft gemäß VDE 0100 (wie z.B. dem IT-Systemelektroniker) erlaubt, wobei die Sicherheitsvorschriften zu beachten sind (siehe Kap. 5.8.2).

Ein PC-Netzteil arbeitet nach dem Grundprinzip eines Schaltnetzteils, d.h. die Netzwechselspannung wird nach einem besonderen Verfahren in eine niedrigere Spannung umgewandelt, gleichgerichtet und stabilisiert (siehe Kap. 5.3.1.3).

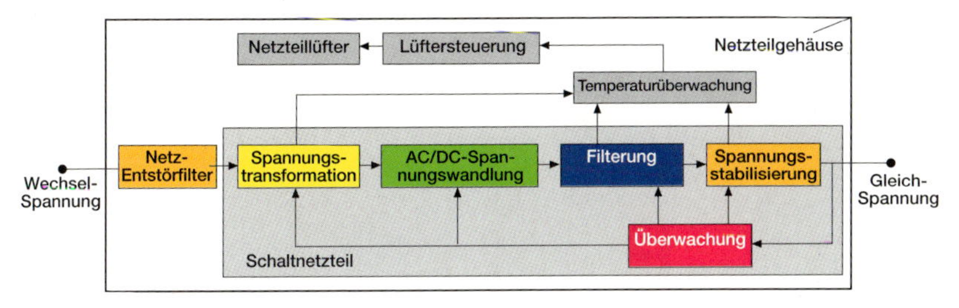

Bild 1.129: Prinzipieller Aufbau des PC-Netzteils

Anschlussstecker

Netzteilstecker

Ein ATX-Motherboard (siehe Kap. 1.1) lässt sich nur an ein spezielles ATX-Netzteil über einen verpolungssicheren 24-poligen Stecker anschließen (aktueller ATX12V-2.2-Standard bzw. EPS12V-Server-Standard, vorher 20-poliger Stecker). Der ATX-Stecker wird mit der entsprechenden Buchsenleiste auf dem jeweiligen Motherboard verbunden und versorgt das Board mit sämtlichen erforderlichen Betriebsspannungen (siehe Bild 1.131). Hierbei dient die Parallelschaltung mehrerer Leitungen mit dem gleichen Spannungswert (z.B. Pin 1 und 2) dazu, die Strombelastung pro Leitung gering zu halten (vgl. Kap. 5.1.2.2). Gemäß ATX-Spezifikation darf beispielsweise die Strombelastung einer 12-V-Leitung maximal 20 A betragen. Darüber hinaus fordert die Spezifikation neuerdings auch zwei unabhängig voneinander arbeitende 12-V-Schienen (zwei Anschlüsse, in denen jeweils unabhängig voneinander 12 V bereitgestellt wird).

Neben der Bereitstellung der erforderlichen Spannungen dienen einige der Leitungen auch zur Überwachung (z.B. Pin 8, 11, 14) dieser Werte. Bei einigen Boards ist ein zusätzlicher Stecker zur Energieversorgung des Prozessors erforderlich (12 V Power Connector).

Darüber hinaus stellen Netzteile intern standardmäßig eine Reihe verschiedener Anschlusskabel zur Verfügung, die an ihrem Ende mit unterschiedlichen Steckern versehen sind (Bild 1.131) und der Energieversorgung angeschlossener Geräte dienen (z.B. Festplattenlaufwerk, DVD-Laufwerk). Diese Leitungen sind üblicherweise fest mit dem Netzteil verbunden und werden als Kabelbaum aus dem Netzteilgehäuse herausgeführt. Eventuell fehlende Anschlussstecker lassen sich mittels Adapter nachrüsten (z.B. für SATA-Laufwerke, siehe Bild 1.95). Einige Hersteller bieten alternativ auch Netzteile mit verschiedenen internen Buchsen an, bei denen dann die Anschlusskabel mit den passenden Gerätesteckern bedarfsorientiert angeschlossen werden können (siehe Bild 1.128 rechts).

Pin	Bezeichnung	Funktion
1	V33	3,3 V
2	V33	3,3 V
3	V33pc	3,3 V pre-charge
4	GND	Masse
5	GND	Masse
6	GND	Masse
7	V5pc	5 V pre-charge
8	V5	5 V
9	V5	5 V
10	GND	Masse
11		Staggered Spin-up/ Activity LED
12	GND	Masse
13	V12pc	12 V pre-charge
14	V12	12 V
15	V12	12 V

Bild 1.130: Pin-Belegung SATA-Energieversorgungsstecker (siehe Bild 1.94)

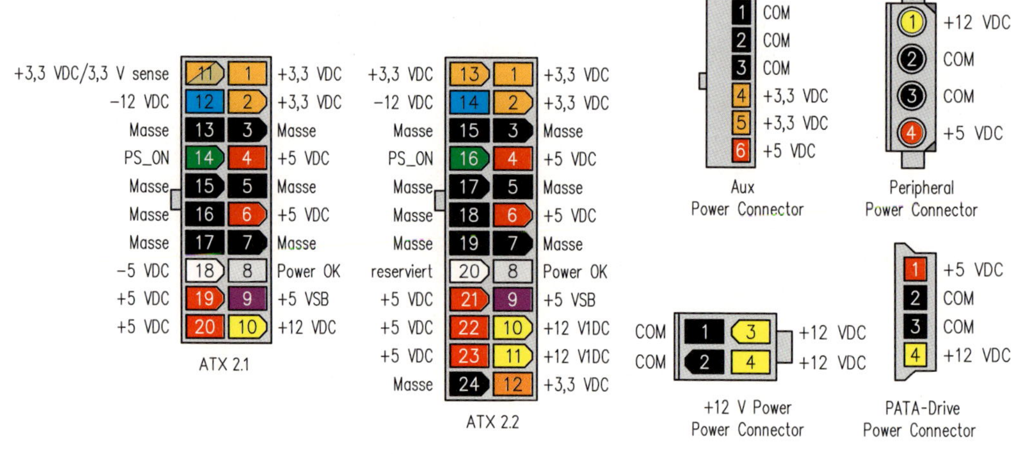

Bild 1.131: Bauformen von ATX-Netzteilsteckern

Leistungsanforderungen

Netzteildimensionierung

Das Netzteil muss entsprechend der zu erwartenden Leistungsaufnahme der angeschlossenen Komponenten dimensioniert sein. Hierbei sind Leistungsreserven für spätere Erweiterungen (z. B. nachträglicher Einbau einer Grafikkarte) zu berücksichtigen. Die Leistungsaufnahmen sind bei den einzelnen Komponenten recht unterschiedlich.

Komponente	Mittlere Leistungsaufnahme ca.
Motherboard	25 W
Prozessor	40–120 W (typabhängig)
Festplattenlaufwerk	15 W
CD/DVD-Laufwerk	25 W (bei Schreib-Lesezugriffen)
Arbeitsspeicher	0,5 W – 2 W
Grafikkarte	50–130 W (typabhängig)

Bild 1.132: Mittlere Leistungsaufnahme einzelner Komponenten

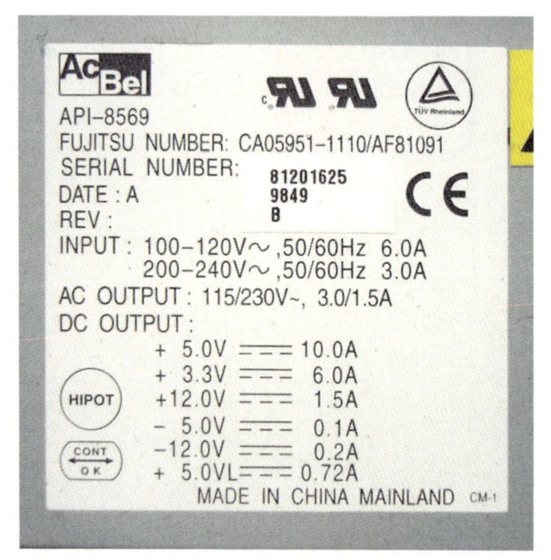

Bild 1.133: Typenschild eines PC-Netzteils

Üblicherweise beträgt die Nennleistung heutiger Einschübe 450–900 W. Bei einigen Netzteilen wird neben den einzelnen Strombelastbarkeiten auf dem Typenschild auch die sogenannte „**Combined Power**" angegeben. Dies deutet darauf hin, dass eine oder mehrere Spannungen von einer gemeinsamen Trafowicklung abgegriffen werden. In einem solchen Fall können nicht alle Ausgänge mit ihren einzeln angegebenen Maximalströmen bzw. den daraus resultierenden Maximalleistungen belastet werden, sondern in der Summe lediglich mit dem als Combined Power angegebenen Wert.

Bei einer praxisgerechten Dimensionierung soll das Netzteil im Mittel bis 80 % seiner Nennleistung abgeben.

Unterbrechungsfreie Stromversorgung

Nachteilig ist, dass bei einem Stromausfall sämtliche nicht dauerhaft gespeicherte Daten verloren gehen. Um dieses zu verhindern, bietet die Industrie sogenannte **u**nterbrechungsfreie **S**trom**v**ersorgungen (USV; Peripheral Power Supply, Uninterruptible Power Supply) an. Hierunter versteht man eine Zusatzstromversorgung für einen Computer oder ein Gerät, welche die Energieversorgung bei einem Stromausfall so lange übernimmt (z.B. mithilfe eines Energiespeichers), bis alle Daten gesichert sind (siehe Kap. 5.3.1.3).

Aufgaben:

1. Mit welchen Spannungen muss ein ATX-Motherboard versorgt werden?
2. Welche Spannungen benötigt ein SATA-DVD-Laufwerk?
3. Ein PC wird nachträglich mit einem zweiten DVD-Laufwerk und einem weiteren Festplattenlaufwerk ausgestattet. Um welchen Wert vergrößert sich die Belastung des Netzteils (Worst-Case-Betrachtung)?
4. In einem Fachaufsatz über Netzteileinschübe finden Sie wiederholt die Abkürzung AC/DC. Welche konkrete Bedeutung hat diese Abkürzung? Welche Eigenschaft des Netzteils wird hiermit beschrieben?
5. Ein Kunde legt Ihnen einen ATX-Netzteileinschub vor, den er aus seinem PC ausgebaut hat. Er behauptet, dass dieses Netzteil keine Gleichspannung abgibt, da kein daran angeschlossenes Gerät funktioniert. Mit welchen Messgeräten lässt sich diese Aussage prüfen? Welche Einstellungen sind an diesen Messgeräten vor der Messung ggf. vorzunehmen? Beschreiben Sie mit eigenen Worten den Messvorgang und die Ergebnisse, die bei einem intakten Netzteileinschub zu erwarten sind!

1.8 Eingabegeräte (Input Devices)

Zu den Eingabegeräten zählen alle Peripheriegeräte, mit denen der Benutzer Eingaben in ein Computersystem vornehmen kann. Man unterscheidet mechanische Eingabegeräte wie beispielsweise **Tastatur, Maus** oder **Joystick** und optische Eingabegeräte wie z. B. **Barcode-Leser** oder **Scanner**. Manche Peripheriegeräte können sowohl als Eingabe- als auch als Ausgabegerät dienen (z.B. Touch-Screen). Im Folgenden werden die wichtigsten Eingabegeräte kurz dargestellt.

1.8.1 Tastatur (Keyboard)

MF-2-Tastatur

Die Tastatur ist ein reines Eingabegerät und stellt das gebräuchlichste Verbindungsglied zwischen dem PC und dem Benutzer dar. Standardmäßig hat sich bei PCs die sogenannte MF-2-Tastatur (**MF**: **M**ulti-**F**unktions-Tastatur) durchgesetzt.

Die MF-2-Tastatur umfasst insgesamt 102 Tasten (AT-Standard), die in die vier Bereiche **alphanumerischer Tastenblock, Ziffernblock, Cursorsteuerung** und **Funktionstasten** unterteilt sind.

Tastaturlayouts

Oben rechts befinden sich drei LED-Anzeigen, welche die Aktivierung bestimmter Tastaturfunktionen anzeigen. Das Tastaturlayout des alphanumerischen Blocks unterscheidet sich im deutschen Sprachraum **(QWERTZ-Tastatur)** von der international üblichen Tastatur **(QWERTY-Tastatur).** Die

Bezeichnungen resultieren aus der Anordnung der linken sechs Zeichentasten in der oberen Reihe der Buchstabentasten.

Beim QWERTZ-Tastatur-Layout ist für die richtige Verarbeitung aller Buchstaben ein entsprechend deutscher Tastaturtreiber erforderlich.

Bild 1.134a: Standard MF-2-Tastatur

Sondertasten

Neben den standardmäßig auf jeder handelsüblichen Schreibmaschine zu findenden Tasten hat die PC-Tastatur eine Reihe von zusätzlichen Tasten, deren einzelne Bedeutung und unterschiedlichen Bezeichnungen in der folgenden Tabelle zusammengefasst sind.

Taste	Alternative Bezeichnung	Funktion
Esc	ESCAPE	Dient häufig zum Verlassen von Programmen
⭾	TAB	Tabulatortaste zum Setzen von Tabulatorsprüngen (z. B. in Textverarbeitungen) oder Springen durch Eingabemasken oder Menüs; keine Bedeutung unter DOS
⇩	CAPS LOCK	Feststelltaste; nach Betätigung werden alle Buchstaben groß geschieben, die Aktivierung wird durch die mittlere Leuchtdiode signalisiert. Die Funktion wird deaktiviert durch Betätigung der Umschalttaste.
⇧	SHIFT Taste	Umschalttaste, die bei **gleichzeitiger** Betätigung einer anderen Taste eine Funktion hat (Großschreibung von Buchstaben; Sonderfunktionen in Abhängigkeit von der verwendeten Software). Die Taste ist doppelt vorhanden.
Strg	CRTL; CONT; CONTROL	Steuerungstaste, die bei **gleichzeitiger** Betätigung einer anderen Taste eine Funktion hat. Diese hängt von der verwendeten Software ab. Die Taste ist doppelt vorhanden.
Alt		Steuerungstaste, die bei **gleichzeitiger** Betätigung einer anderen Taste eine Funktion hat. Bei vielen Programmen kann mithilfe der Alt-Taste und den Ziffern auf dem Ziffernblock der ASCII-Code der einzelnen Zeichen eingegeben werden.
Alt Gr		Steuerungstaste, die bei **gleichzeitiger** Betätigung einer Taste mit einem **1. Aufdruck** (z. B. **µ, {, [** ~) den Zugriff auf dieses Zeichen erlaubt. Andere mögliche Funktionen hängen von der verwendeten Software ab.
↵	ENTER; CARRIAGE RETURN	Steuerungstaste, mit der dem Betriebssystem mitgeteilt wird, dass ein eingegebener Befehl auszuführen ist; bei Standardsoftware Befehl zum Zeilensprung. Die Enter-Taste im Ziffernblock hat die gleiche Funktion.
←	BACKSPACE	Löscht das zuletzt eingegebene Zeichen

Taste	Alternative Bezeichnung	Funktion
Druck	HARDCOPY; PRTSCR	Druckt unter DOS den aktuellen Bildschirminhalt auf dem betriebsbereiten Drucker aus. Unter Windows wird bei gleichzeitiger Betätigung der Tastenkombination Alt + Druck der Bildschirminhalt des gerade aktuellen Fensters in die Zwischenablage kopiert (**Screenshot**).
Rollen⇩	SCROLL LOCK	Die Aktivierung wird durch die rechte Leuchtdiode signalisiert. Die Deaktivierung erfolgt durch nochmalige Betätigung der Taste.
Pause	Untbr.	Ermöglicht bei manchen Programmen die Unterbrechung eines laufenden Vorgangs.
Einfg		Wechselt zwischen dem **Überschreibmodus** und dem **Einfügemodus**. Der Einfügemodus bewirkt, dass alle eingegebenen Zeichen an der aktuellen Cursorposition eingefügt werden. Dieser Modus bleibt bis zur Deaktivierung durch erneutes Betätigen erhalten. Normalerweise keine Signalisierung des eingestellten Modus durch LED; bei manchen Anwenderprogrammen (z. B. Word) wird in der Statuszeile die Anzeige **ÜB** aktiviert bzw. deaktiviert.
Entf	DEL; DELETE; Lösch	Löscht das Zeichen hinter der aktuellen Cursorposition; bei Standardsoftware können auch mehrere vorher markierte Zeichen gelöscht werden. Die Funktion ist auch im Ziffernblock vorhanden.
Pos1	ANF; HOME	Platziert den Cursor bei Standardsoftware in die erste Spalte der aktuellen Zeile. Die Funktion ist auch im Ziffernblock enthalten.
Ende	END	Platziert den Cursor bei Standardsoftware hinter das letzte Zeichen der aktuellen Zeile. Die Funktion ist auch im Ziffernblock enthalten.
Bild ↑	PgUp	Ermöglicht in vielen Programmen das Blättern von einer Bildschirmseite nach oben. Die Funktion ist auch im Ziffernblock enthalten.
Bild ↓	PgDn	Ermöglicht in vielen Programmen das Blättern von einer Bildschirmseite nach unten. Die Funktion ist auch im Ziffernblock enthalten.
Num⇩	NUM-LOCK	Schaltet zwischen der Doppelbelegung des Ziffernblocks um. Ist die Ziffernfunktion aktiviert, wird dies durch die Leuchtdiode signalisiert (LED an).

Bild 1.134b: Bedeutung spezieller Tasten

Mithilfe der Cursortasten lässt sich der Cursor jeweils ein Zeichen nach oben, nach unten, nach links oder nach rechts verschieben. Diese Funktionen sind auch im Cursorblock enthalten, wenn die NUM-LED aus ist.

Funktionstasten

Die **Funktionstasten** F1 bis F12 werden in Abhängigkeit von der verwendeten Software dazu benutzt, komplexe Funktionen auszuführen. Die Zuordnung von Funktionen ist bei den einzelnen Programmen jedoch nicht einheitlich; manche Programme bieten auch die Möglichkeit, einer Funktionstaste eine gewünschte Funktion zuzuordnen.

Windows-Tastatur

Neben der MF-2-Tastatur werden auch Tastaturen mit zusätzlichen Tasten angeboten (z. B. spezielle Windows-Tasten oder weitere Tasten für Sonderfunktionen). Des Weiteren sind auf dem Markt eine Vielzahl von Tastaturen mit **ergonomischer Tastenanordnung** (leicht abgewinkelte Tasten jeweils für die linke und rechte Hand) erhältlich.

Tastaturanschluss

Der Anschluss der Tastatur erfolgt über die PS/2-Schnittstelle (siehe Kap. 1.4.3), den USB-Anschluss (siehe Kap. 1.3.3) sowie kabellos über Wireless-USB oder Bluetooth.

Controller, Puffer

In der Tastatur befindet sich ein **Tastatur-Controller** (Keyboard Controller), der die Information bei Betätigung einer Taste auswertet. Durch die matrizenförmige Anordnung der Tasten in Zeilen und Spalten mit jeweils darunter angeordneten Kontakten kann jede Taste eindeutig erkannt werden. Jeder Taste ist ein eindeutiger Zeichencode zugeordnet (ASCII-Code, siehe Kap. 4.3.5). Versehen mit einem Startbit, einem Paritätsbit und einem Stopbit wird dieser Code seriell in den **Tastaturpuffer** (Keyboard Buffer, Type-Ahead Buffer) – einen kleinen reservierten Bereich im Systemspeicher – geschrieben. Dieser Puffer wird verwendet, um die bereits eingegebenen, aber noch nicht verarbeiteten Zeichen zwischenzuspeichern. Die Übertragung erfolgt nach Auslösen eines Hardware-Interrupts (IRQ1; siehe Kap. 3.5).

Tastatureinstellungen

Durch die Verwendung eines eigenen Controllers können auch serielle Daten zur Tastatur geschickt werden. Hierdurch lässt sich beispielsweise die Tastatur-**Anschlaggeschwindigkeit**, die **Wiederholrate** einer gedrückt gehaltenen Taste (ca. zwei bis 25 Zeichen pro Sekunde) oder die **Ansprechverzögerung** (ca. 250 ms bis 1 s) einstellen.

1.8.2 Maus (Mouse)

Die Maus ist ebenfalls ein Eingabegerät zur Kommunikation mit dem PC. Eine Eingabe ist allerdings nur mit betriebsbereitem Monitor kontrollierbar, da die Befehlseingabe durch Platzieren des Mauszeigers auf ein dargestelltes Befehlsfeld und Klicken mit einer Maustaste erfolgt.

Aufbau und Funktion einer Maus

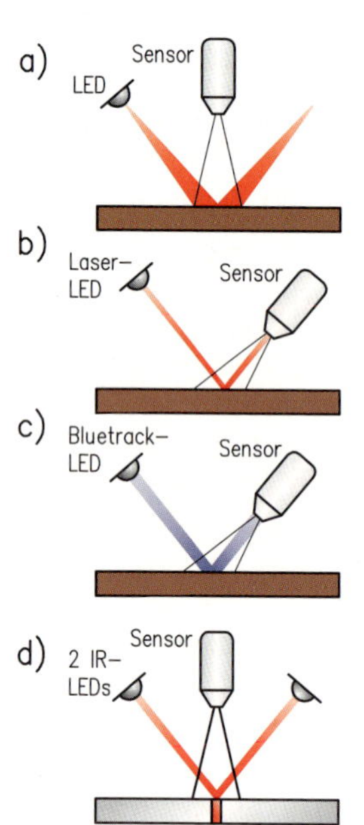

Bild 1.135: Abtastmechanismen optischer Mäuse (Grundprinzip)

Zu den grundlegenden Merkmalen einer Maus gehören das Gehäuse mit einer planen Grundfläche und einem Aufbau, der die Bedienung mit einer Hand gestattet, zwei oder drei Tasten auf der Oberseite sowie eine Einrichtung zum Erfassen der Bewegungsrichtung an der Unterseite. Die Bewegungserfassung erfolgte zunächst mechanisch mithilfe einer Kugel, die bei jeder Mausbewegung auf einer Unterlage rollte. Anstelle von mechanischen Mäusen werden heute fast ausnahmslos optische Mäuse verwendet. An der Unterseite einer optischen Maus befindet sich eine LED (Light Emitting Diode), die Licht in Richtung der Unterlage abstrahlt. Ein Sensor an der Unterseite der Maus empfängt das von der Oberfläche der Unterlage reflektierte Licht und wertet die bei Bewegung auftretenden Unterschiede der reflektierten Strahlen aus. Die auf verspiegelten oder durchsichtigen Glasoberflächen bestehenden Probleme der Bewegungserkennung bei herkömmlichen optischen Mäusen (mit Standard-Rot-LED oder Laserdiode, Bild 1.135a und b) werden durch

unterschiedliche Technologien verringert (z.B. Bild 1.135c: **BlueTrack-Technik**: Verwendung einer breitstreuenden, kurzwelligen blauen LED; Bild 1.135d: **Darkfield-Technik**: 2 Infrarot-LEDs, die polarisiertes Licht abgeben; Polarisation siehe Kap. 1.9.3).
Durch das Verschieben der Maus wird ein Bildschirmcurser bewegt, dessen Aussehen sich je nach Anwendung und Position verändern kann.

Mausempfindlichkeit

■ Die Beziehung zwischen der Mausbewegung auf dem Mauspad und der Bewegung des Bildschirmcursors bezeichnet man als **Mausempfindlichkeit** (Mouse Sensitivity).

Die Mausempfindlichkeit lässt sich bei den meisten Anwendungsprogrammen individuell anpassen. Unter einer **Mausspur** (Mouse Trails) versteht man hierbei eine schattenähnliche Spur, die auf dem Bildschirm während einer Mausbewegung angezeigt wird.
Optional kann eine Zweitastenmaus auch über ein sogenanntes **Scrollrad** verfügen, mit dem man in den verschiedensten Applikationen durch einfaches Drehen einen vertikalen Bilddurchlauf steuern kann und mit dem man wie mit einer Taste bei Klick bestimmte vorprogrammierte Funktionen ausführen kann.

Relatives Zeigegerät

■ Die Maus ist ein **relatives Zeigegerät**, da es keine definierten Grenzen für die Mausbewegungen auf dem Mauspad gibt und ihre Lage auf einer Fläche nicht direkt auf dem Bildschirm abgebildet wird.

So kann man beispielsweise die Maus hochheben und an einer anderen Stelle wieder aufsetzen, ohne dass sich die Lage des Bildschirmzeigers verändert, da ja keine Bewegung (Rollen der Kugel in der Maus) stattgefunden hat. Zur Auswahl von Elementen oder Befehlen auf dem Bildschirm drückt der Benutzer eine der Maustasten, um einen „Mausklick“ zu erzeugen.

Anschluss einer Maus

Der Anschluss der Maus erfolgt an der entsprechenden PS/2-Schnittstelle, an den USB oder drahtlos per Bluetooth. Voraussetzung für das Arbeiten mit der Maus ist ein Programm mit einer grafischen Benutzeroberfläche und einer entsprechenden Software (Maustreiber), welche die Bewegungen der Maus erfasst und in entsprechende Befehle umsetzt. Unter Windows wird eine Maus in der Regel automatisch erkannt und eingebunden.

1.8.3 Joystick (Joystick)

Relatives Zeigegerät

Der Joystick ist ein Zeigegerät, das vor allem für Computerspiele verwendet wird, jedoch auch für andere Aufgaben geeignet ist. Ein Joystick besteht aus einem Grundgehäuse und einem senkrechten Hebel, den der Benutzer in alle Richtungen bewegen kann, um ein Objekt auf dem Bildschirm zu steuern. Im Grundgehäuse und auf dem Hebel können Steuerknöpfe angeordnet sein. Die Knöpfe aktivieren verschiedene Software-Merkmale – im Allgemeinen produzieren sie Ereignisse auf dem Bildschirm. Bei einem Joystick handelt es sich in der Regel um ein **relatives Zeigegerät**, das ein Objekt auf dem Bildschirm verschiebt, wenn man den Hebel bewegt und die Bewegung des Objekts stoppt, sobald der Hebel losgelassen wird.

Der Anschuss eines Joysticks erfolgt entweder über einen speziellen Anschluss (Gameport), der sich am Slotblech mancher Soundkarten (siehe Kap. 1.6.2) befindet, oder direkt über einen USB-Port.
Insbesondere bei Spielekonsolen wird der Joystick heute oft durch einen **Gamecontroller** (Gamepad) ersetzt, der mit beiden Händen gehalten wird und neben einem Steuerkreuz zur Richtungswahl eine Reihe von Aktionstasten enthält, die spieleabhängig unterschiedlich belegt sind.

1.8.4 Barcode-Leser (Barcode Scanner)

Ein Barcode ist ein spezieller Identifizierungscode, der in Form von vertikalen Balken unterschiedlicher Breite auf den meisten Handelsgütern aufgedruckt ist und für die schnelle, fehlerfreie Eingabe in vielen Einrichtungen eingesetzt wird.

Barcode

- Der Barcode stellt binäre Informationen mithilfe einer Strichkodierung dar, die sich mit einem optischen Scanner lesen lassen.

EAN

Im Code können sowohl Ziffern als auch Buchstaben enthalten sein; einige Codes verwenden eine integrierte Prüfsumme und sind in beiden Richtungen lesbar. Ein bekannter Barcode ist der **EAN** (siehe Kap. 4.3.6).

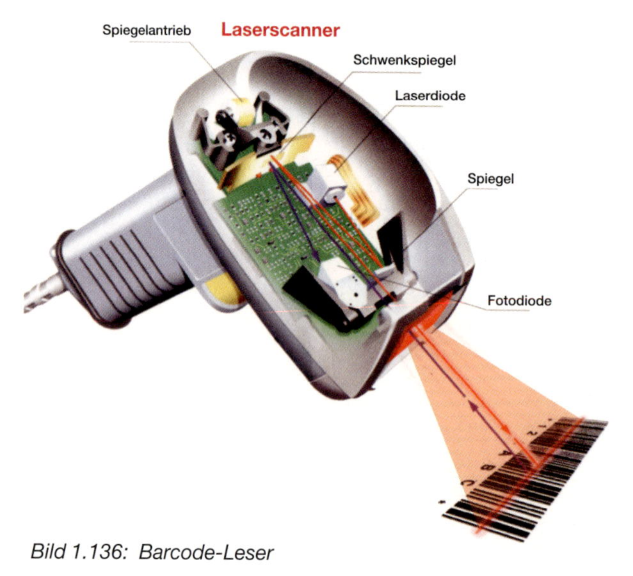

Bild 1.136: Barcode-Leser

Ein Barcode-Leser ist ein optisches Gerät, das mithilfe eines Laserstrahls Barcodes lesen und interpretieren kann. Der Laserstrahl wird auf das Papier gerichtet und erfasst die Codierung. Die vertikalen Balken des Codes reflektieren den Strahl anders als das Papier, auf dem sie angebracht sind. Das reflektierte Signal wird mithilfe lichtempfindlicher Bauelemente aufgenommen und die Muster aus hellen und dunklen (oder farbigen) Stellen in digitale Signale umgesetzt, die dann unabhängig von der Leserichtung von einem Rechner korrekt weiterverarbeitet werden können.

RFID

Zunehmend an Bedeutung gewinnen in vielen Bereichen automatische Identifikationsverfahren, die langfristig die heutigen Barcodesysteme ablösen werden. Hierbei hat sich die RFID-Technologie aufgrund ihrer geringen Kosten, ihrer Wirtschaftlichkeit und der geringen Größe der Bauteile durchgesetzt (siehe Kap. 4.3.7).

1.8.5 Scanner (Scanner)

Scannertypen

Unter einem Scanner (Abtaster) versteht man ein optisches Eingabegerät, mit dem es möglich ist, Texte und Abbildungen von einer gedruckten Vorlage zur Weiterverarbeitung in einen Rechner zu übernehmen. Es gibt eine Reihe unterschiedlicher Scannertypen, die sich im Wesentlichen durch das Prinzip unterscheiden, wie die einzuscannende Vorlage befestigt bzw. transportiert wird.
Beim **Flachbettscanner** wird die Vorlage mit der bedruckten Seite nach unten auf einer Glasoberfläche fixiert, und der Abtastmechanismus bewegt sich, angetrieben von einem kleinen Schrittmotor, unter der Glasoberfläche über die Vorlage.
Der **Einzugscanner**, der z. B. bei Faxgeräten eingesetzt wird, zieht das Papier ein und bewegt es über einen stationären Scanmechanismus.
Der **Handscanner** wird vom Benutzer über eine Vorlage bewegt, es können in der Regel Bilder oder Texte bis zu einer Breite von ca. 10 cm eingescannt werden.

Kaltlichtröhre

In allen Fällen wird die Vorlage von einer Lichtquelle beleuchtet. Dieses Licht wird in Abhängigkeit der Farbgestaltung der Vorlage unterschiedlich reflektiert und von lichtempfindlichen Sensoren aufgenommen. Früher wurden als Lichtquelle in der Regel sogenannte **Kaltlichtröhren** (**CCFL**: **C**old **C**athode **F**luorescent **L**amp) verwendet. Stattdessen werden heute fast ausschließlich platzsparende **LEDs** (**L**ight **E**mitting **D**iodes) eingesetzt.

CCD

■ Die Aufzeichnung der reflektierten Lichtwerte erfolgt bei Scannern mit winzigen lichtempfindlichen Elementen, den sogenannten **CCDs** (**C**harged **C**oupled **D**evices).

Diese CCDs erzeugen entsprechend der auftreffenden Lichtstärke elektrische Ladungen, die dann weiterverarbeitet werden können. Meist sind diese CCDs in einer geraden Reihe angeordnet und erfassen eine Vorlage zeilenweise. Durch den Einsatz optischer Umlenksysteme (Spiegel) und Linsen – wie etwa beim Flachbettscanner – werden störende Einflüsse (z. B. Streulicht) möglichst gering gehalten.

Single Pass Scanner

Um mit diesen CCDs eine Vorlage farbig aufnehmen zu können, müssen entsprechend dem additiven Farbdarstellungsverfahren (siehe Kap. 1.9.1.3) die drei Grundfarben Rot, Grün und Blau separat erfasst werden. Moderne Scanner ermöglichen dies in einem einzigen Scan-Durchgang (**Single Pass Scanner**). Sie besitzen hierzu drei Reihen mit CCDs, die jeweils mit einem Rot-, Grün- und Blaufilter maskiert sind. Die Größe der elektrischen Ladungen, die die CCDs beim Belichtungsvorgang aufnehmen, entspricht jeweils einem bestimmten Farbwert.

Flachbettscanner

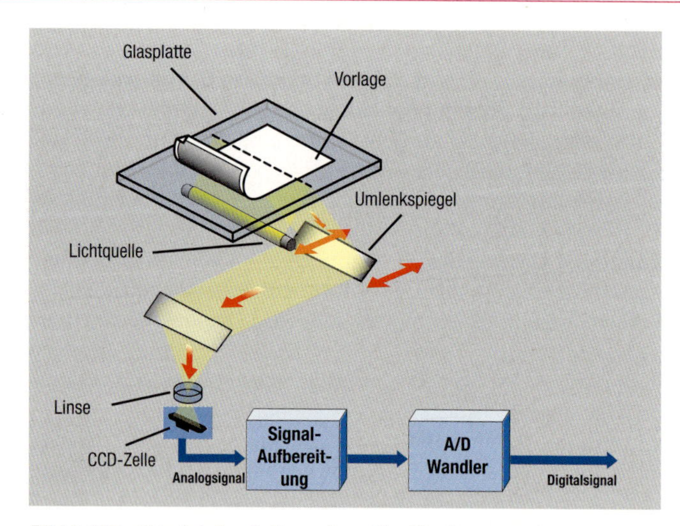

Bild 1.137: Prinzipieller Aufbau eines Flachbettscanners

CIS-Scanner

CMOS = Complementary Metal Oxid Semiconductor

LED = Light Emitting Diode

Anstelle der lichtempfindlichen CCDs werden alternativ CMOS-Bildsensoren eingesetzt, bei denen die Belichtung mit roten, grünen und blauen LEDs erfolgt. Der Scanner benötigt keine Aufwärmphase, da die LEDs sofort betriebsbereit sind. Diese mit der Abkürzung **CIS** (**C**ompact **I**mage **S**ensor) bezeichnete Technologie bietet neben der geringeren Bauhöhe des Scanners auch einen niedrigeren Stromverbrauch durch die LEDs. Hierdurch kann der Scanner seinen gesamten Energiebedarf aus der USB-Schnittstelle des PCs beziehen, ein separates Netzteil ist nicht erforderlich.

In beiden Fällen werden die analogen „Farbwertsignale" anschließend in ein Digitalsignal umgewandelt, welches vom PC verarbeitet werden kann. Eingescannte Vorlagen liegen als Bitmap-Grafik mit entsprechend großem Speicherbedarf vor.

Bitmap-Grafik

Pixel-Grafik

Eine **Bitmap-Grafik** speichert für jeden darstellbaren Punkt die Koordinaten und den Farbwert. Aus diesem Grund benötigt sie ein großes Speichervolumen. Sie wird auch als **Pixelgrafik** bezeichnet.

Um eingescannte Texte mit einem handelsüblichen Textverarbeitungsprogramm weiterverarbeiten zu können, muss eine Umwandlung der alphanumerischen Zeichen und Satzzeichen in editierbare Textzeichen erfolgen.

OCR-Programm

Die Umwandlung eines eingescannten Textes in eine editierbare Textvorlage erfolgt mithilfe eines optischen **Zeichenerkennungsprogramms** (OCR; **O**ptical **C**haracter **R**ecognition).

Diese Umwandlung erfolgt mithilfe von **Mustervergleichsverfahren**. Aufgrund der Vielzahl unterschiedlicher Schriftarten und Schriftattribute (z. B. Fett- und Kursivschrift) bestehen jedoch häufig große Unterschiede in der Gestaltung der Zeichen, so dass eine absolut fehlerfreie Zeichenerkennung (Character Recognition) in der Regel nicht möglich ist. Grafische Darstellungen oder Bilder (Fotos) können mit entsprechenden Programmen (z. B. Microsoft Photo Editor, Corel Draw) bearbeitet werden.

Die Genauigkeit, mit der eine Vorlage eingescannt werden kann, hängt von der **Auflösung** des Scanners ab. Sie wird – wie bei den Druckern – in **Dots per Inch** (dpi), in **Pixel pro Millimeter** (ppm) oder **Pixel per Inch** (ppi) angegeben.

Scanner-auflösungen

Die genannten Auflösungen sind typische Werte und hängen nicht zuletzt vom Gerätepreis ab. Ein Leistungsvergleich nur anhand einer angegebenen, aber nicht näher bezeichneten Auflösung gestaltet sich in der Praxis oftmals schwierig, da die **tatsächliche physikalische Auflösung** durch entsprechende Interpolationsverfahren (mathematische Verfahren zur Berechnung von Zwischenwerten) zu einer **scheinbar vorhandenen Auflösung** vergrößert werden kann. Durch diese Verfahren lassen sich beispielsweise „Treppeneffekte" reduzieren. Scanner werden meist an einen USB-Port angeschlossen.

Scannerart	Auflösung
Handscanner	300 bis 500 dpi
Einzugscanner	200 bis 600 dpi
Flachbettscanner	600 bis 3200 dpi
Flachbett-Diascanner	1200 bis 5000 dpi

Bild 1.138: Scannerarten mit typischen Auflösungen

Mit dem Ziel, eine einheitliche Software-Schnittstelle für Scanner zu entwickeln, wurde ein Standard mit der Bezeichnung TWAIN (**T**echnology **W**ithout **A**n **I**nteresting **N**ame) geschaffen. Moderne Scanner (und auch Digitalkameras) werden fast ausnahmslos über den TWAIN-Standard angesteuert. Auf diese Weise ist eine weitestgehend problemlose Integration der Geräte in die meisten Bildbearbeitungsprogramme möglich.

TWAIN-Standard

1.8.6 Sonstige Eingabegeräte

Neben der bisher genannten Peripherie gibt es noch weitere Eingabegeräte:

Trackball

Der Trackball ist ein stationäres Zeigegerät, welches aus einer Kugel besteht, die auf zwei Rollen gelagert ist. Die Rollen sind im rechten Winkel zueinander angeordnet und wandeln eine Bewegung der Kugel in vertikale und horizontale Bewegungen auf dem Bildschirm um. Die Kugel wird mit der Handfläche bewegt. Ein Trackball verfügt in der Regel auch über eine oder zwei Tasten zum Auslösen von Aktionen.

Mousepad/Touchpad

Das Mousepad bzw. Trackpad ist ein Zeigegerät, das aus einer kleinen, flachen, berührungsempfindlichen Sensorfläche besteht. Der Mauszeiger auf dem Bildschirm kann verschoben werden, indem man mit dem Finger oder einem Stift über die Oberfläche des Pads fährt. Durch Tippen mit dem Finger auf dem Pad wird eine Funktion wie bei Betätigen einer Maustaste durchgeführt. Vorrichtungen dieser Art finden sich meist bei tragbaren Computern.

Digitizer

Digitizer bzw. Grafiktabletts bestehen aus einer ebenen Fläche mit Sensoren, welche die Position eines speziellen Stiftes aufnehmen, mit dem man die Fläche berührt. Hierbei ist die Position des Stiftes innerhalb eines definierten Bewegungsbereichs immer mit einer vordefinierten Bildschirmposition verknüpft, d.h. bei Grafiktabletts handelt es sich um **absolute Zeigegeräte**. Zusätzlich hat ein Digitizer auch Schaltflächen, bei deren Berührung vordefinierte Aktionen ausgelöst werden.

Absolutes Zeigegerät

Digicam

Bei einer Digitalkamera (Digicam) gelangt das einfallende Licht über eine Blende und über eine oder mehrere Linsen auf den lichtempfindlichen CCD-Chip (siehe Kap. 1.8.5). Dieser wandelt das Licht pixelweise in elektrische Signale, die vom nachfolgenden A/D-Wandler digitalisiert werden. Die Daten werden temporär in einem Zwischenspeicher abgelegt. Durch entsprechende Bildverarbeitungssoftware wird die Bildqualität überprüft, ggf. automatische Korrekturen der Einstellung vorgenommen, Pixel-Fehler beseitigt und die Daten komprimiert. Anschließend werden die Daten am eingebauten LCD-Display (siehe Kap. 1.9.3) angezeigt, auf die integrierte Speicherkarte (siehe Kap. 1.2.3.1) geschrieben oder direkt über die eingebaute Schnittstelle (Interface) ausgegeben.

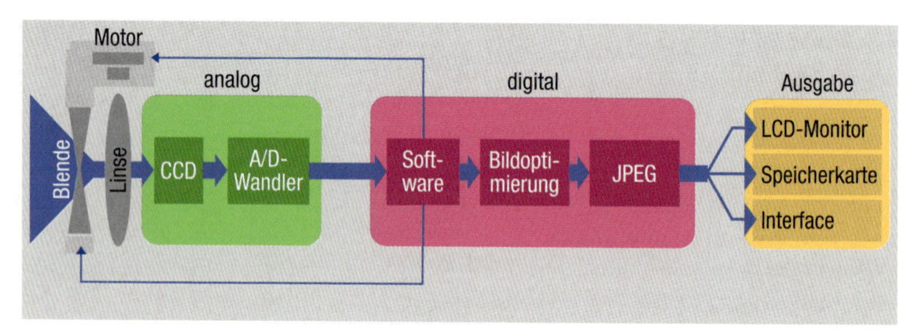

Bild 1.139: Prinzipieller Aufbau einer Digitalkamera

Qualitätsbestimmende Größen einer Digitalkamera sind die Pixelzahl, die Größe der lichtempfindlichen Aufnahmefläche des CCD-Chips (typische Größe in Kompaktkameras 5,8 mm × 4,3 mm) und die Farbauflösung (Farbtiefe). Je kleiner ein Pixel ist, desto lichtunempfindlicher wird er. Eine anschließende elektronische Verstärkung des Signals ist dann meist mit Qualitätseinbußen verbunden („Rauschen“). Mit einer Digicam lassen sich auch kleine Videosequenzen aufnehmen. Je nach Preisklasse sind hierbei auch Aufnahmen in HD-Qualität möglich. Die maximale Aufnahmedauer wird wegen der hierbei auftretenden Datenmenge maßgeblich von der Kapazität der vorhandenen Speicherkarte eingeschränkt.

Die Übertragung der Bildinformation zum PC erfolgt entweder direkt über die eingebaute Schnittstelle (z. B. Firewire, USB, siehe Kap. 1.3.3) oder durch Einstecken der Speicherkarte der Kamera in ein entsprechendes Speicherkarten-Lesegerät des PCs.

Webcam

Eine Webcam ist von der ursprünglichen Bedeutung her eine Kamera, mit der man Bilder oder Videosequenzen direkt auf eine Seite des World Wide Web übertragen kann. Darüber hinaus lässt sich eine Webcam mit entsprechender Software auch für Videokonferenzen oder zur Aufnahme von Videos nutzen. Die Auflösung einer Webcam ist in der Regel gering (z. B. 640 × 480 Pixel); oft dient sie lediglich als preiswerter Ersatz für eine CCD-Kamera (Digicam). Ein Qualitätsmerkmal ist auch die Anzahl der Bilder pro Sekunde, die aufgenommen werden können. Ihr Anschluss erfolgt meist über USB, in wenigen Fällen auch über Firewire.

Aufgaben:

1. Welcher Unterschied besteht zwischen einer QWERTZ-Tastatur und einer QWERTY-Tastatur?
2. Welche Funktion hat unter Windows [Alt] + [Druck]?
3. Mit welcher Tastenkombination kann man das bei E-Mail-Adressen erforderliche Zeichen @ erzeugen?
4. Welche Änderung ergibt sich bei einem Textverarbeitungsprogramm durch Betätigen der [Einfg]-Taste?
5. Ein Kunde fragt beim Kauf eines Windows-Betriebssystems und einer neuen MF-2-Tastatur danach, welche Tastatureinstellungen für die Eingabe möglich sind und wie eine solche Einstellung erfolgen kann. Welche Informationen geben Sie ihm?
6. Welcher Unterschied besteht zwischen einem relativen Zeigegerät und einem absoluten Zeigegerät?
7. Was versteht man unter der Mausempfindlichkeit?
8. Was versteht man unter einem EAN-Code? Wo findet dieser Code Verwendung? Welche Vorteile ergeben sich durch die Nutzung dieses Codes?
9. Ein Kunde interessiert sich für Scanner und fragt nach der Bedeutung der Bezeichnung Single-Pass-Scanner.
10. Welche Funktion erfüllt ein sogenanntes OCR-Programm?
11. Was versteht man unter der Scannerauflösung und wie wird sie angegeben? Welche typischen Werte erreichen moderne Scannertypen? Worauf ist bei der Beurteilung dieses Wertes zu achten?
12. Was versteht man unter dem TWAIN-Standard?
13. Wie können die Bilder einer Digicam gespeichert werden? Auf welche Weise lassen sie sich in den PC übertragen?

1.9 Bildgebende Komponenten

Die von der Grafikkarte eines Computers erzeugten Signale werden mithilfe bildgebender Systeme visuell dargestellt. Hierbei setzt man unterschiedliche Darstellungstechniken ein:

Video-Displays

- **Monitore** (Monitors), die wie bei Fernsehgeräten zur eigentlichen Bilderzeugung eine luftleere Röhre verwenden
- **Flachdisplays** (Flat-Panel Displays), die je nach verwendeter Technologie zur Bilderzeugung unterschiedliche physikalische Phänomene verwenden (z. B. Flüssigkristalle, Elektrolumineszenz, Plasma)

Für die über den Arbeitsplatz hinausgehende Darstellung werden zu Präsentationszwecken auch sogenannte **Beamer** eingesetzt. Die klassischen Monitore sind heutzutage in allen Bereichen fast vollständig von den moderneren Flachbildschirmen verdrängt worden. Die Röhrentechnik bietet aber nach wie vor einige darstellungstechnische Vorteile gegenüber den Flachdisplays. Daher werden sie hier noch aufgeführt.

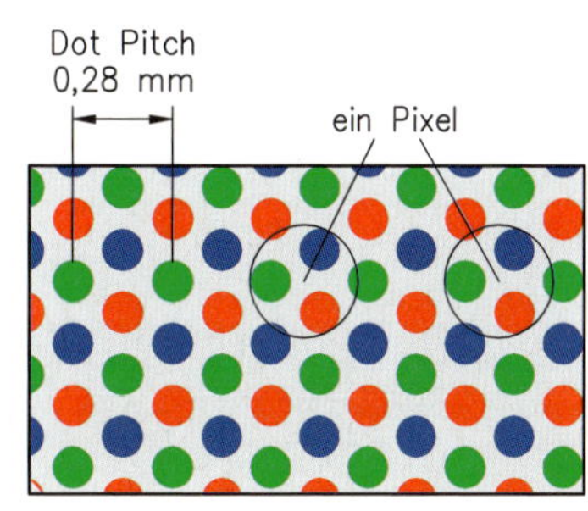

Bild 1.140: Dot Pitch und Pixel

Trotz der unterschiedlichen Techniken, die zur Darstellung eingesetzt werden, gibt es auch einige technikübergreifende Parameter, die einen Vergleich der bildgebenden Systeme ermöglichen. Hierzu zählen:

Bezeichnung	Erläuterung
Bildseitenverhältnis, kurz: Seitenverhältnis	Angabe des Verhältnisses von Bildschirmbreite zu Bildschirmhöhe; wird meist als Zahlenwertbruch ohne Einheit angegeben, manchmal auch auf 1 normiert; typische Werte sind: 4:3 (lies: vier zu drei; klassischer Fernseher); normiert: 1,33:1 16:9 (Breitbildformat Fernseher, DVB, HDTV); normiert: 1,77:1 16:10 (Breitbildformat Notebooks); normiert: 1,6:1
Bildschirmgröße, Displaygröße	Angabe der Bildschirmdiagonalen in Zoll; die Bildschirmdiagonale ist der Abstand zweier sich diagonal gegenüber liegenden Ecken eines Bildschirms; die alleinige Angabe der Bildschirmdiagonale ist nur dann sinnvoll nutzbar, wenn das Bildseitenverhältnis bekannt ist; zwischen der Bildschirmdiagonale *d*, der Bildbreite *b* und der Bildhöhe *h* gilt folgender Zusammenhang: $d^2 = b^2 + h^2$ (Satz des Pythagoras)
Pixelabstand (Dot Pitch)	Die Leuchtpunkte eines Bildschirms werden auch als Pixel bezeichnet. Sie bestehen bei einem Farbbildschirm aus einem Farbtripel (3 Bildpunkte der Farben Rot, Grün, Blau; siehe Kap. 1.9.1.3). Der Pixelabstand beschreibt den Abstand zwischen den Mittelpunkten zweier benachbarter Punkte gleicher Farbe (Bild 1.140); der Pixelabstand bildet die Grenze der Auflösung eines Bildschirms.
Auflösung	**Physikalische Auflösung:** Maximale Zahl der physikalisch vorhandenen Farbtripelpunkte; wird als Zahlenpaar „Anzahl der waagerechten Bildpunkte × Anzahl der senkrechten Bildpunkte" angegeben **Logische Auflösung:** Anzahl der waagerechten und senkrechten Bildpunkte, die von der Grafikkarte einzeln angesteuert werden können; in der Regel sind verschiedene Wertepaare möglich (siehe Kap. 1.6.1); die Zahl der physikalisch vorhandenen Bildpunkte eines Bildschirms entspricht der maximal möglichen logischen Auflösung.
Leuchtdichte	Helligkeit eines Bildes, wird in der Einheit Candela pro Quadratmeter (cd/m²) angegeben; bei Monitoren wird stattdessen die Bezeichnung **Luminanz** verwendet. Bei einem Beamer wird auch der Lichtstrom (Strahlungsleistung) in Lumen (lm) angegeben.
Kontrast	Quotient aus dem größten erreichbaren Helligkeitswert (Weißwert) und dem geringsten erreichbaren Helligkeitswert (Schwarzwert) eines Bildpunktes; wird als Verhältnis angegeben (z.B. 300 : 1)
Ausleuchtung	Gleichmäßigkeit der Bildhelligkeit als Quotient aus der Helligkeit des hellsten Bildpunktes zu der des dunkelsten Bildpunktes bei einem definierten Testbild mit konstanten Helligkeitswerten; Angabe in %
Bildgeometrie	Zusammenfassung aller Geometriefehler bei der Darstellung von definierten Testbildern (z.B. Kissenverzerrungen, abgerundete Ecken, Ellipsen statt Kreise); Prüfprogramme als Shareware erhältlich

Bild 1.141: Allgemeine Kenngrößen bildgebender Systeme

1.9.1 Monitor

Bei einem Monitor wird zur Bilderzeugung eine sogenannte Kathodenstrahlröhre (**C**atode **R**ay **T**ube, **CRT**) verwendet. Aufgrund der englischen Bezeichnung dieser bilderzeugenden Strahlenröhre werden die Monitore auch **CRT-Monitore** genannt. Eine Kathodenstrahlröhre besteht aus einer Vakuumröhre, in die eine oder mehrere Elektronenkanonen eingebaut sind. Jede Elektronenkanone erzeugt einen horizontalen Elektronenstrahl, der auf der Vorderseite der Röhre – dem Bildschirm – auftrifft. Die Innenfläche des Schirms ist mit einer Phosphorschicht versehen, die durch das Auftreffen der Elektronen zum Leuchten gebracht wird. Hierbei entsteht neben sichtbarem Licht auch Röntgenstrahlung. Jeder der Elektronenstrahlen bewegt sich zeilenweise von oben nach unten. Diese Bewegung wird durch zwei Ablenkeinheiten gesteuert, die magnetische Felder erzeugen. Auf diese Weise wird das gesamte Bild etwa 75- bis 100-mal pro Sekunde durch den Elektronenstrahl neu aufgebaut. Eine zu geringe Bildwiederholfrequenz nimmt das Auge als Flimmern wahr. Je höher die Aufprallgeschwindigkeit der Elektronen ist, desto heller leuchtet die Phosphorschicht am Aufprallpunkt und desto größer ist die Nachleuchtdauer. Zur Erhöhung dieser Aufprallgeschwindigkeit werden die Elektronen im vorderen Teil der Bildröhre mithilfe eines elektrischen Feldes in Richtung des Bildschirms beschleunigt. Die zur Erzeugung dieses Feldes erforderliche elektrische Spannung beträgt einige Kilovolt!

Kathodenstrahlröhre

Kraftwirkung magnetischer Felder siehe Kap. 5.4.1

Das Schirmbild selbst setzt sich aus einzelnen Phosphor-Leuchtpunkten zusammen. Jeder Leuchtpunkt besteht bei einem Monochrom-Monitor aus einem Punkt, bei einem Farbmonitor aus drei eng beieinander liegenden Teilpunkten mit den Grundfarben Rot, Grün und Blau (Farbtripel, Pixel).
Die Schärfe des Bildes wird durch die Anzahl der Pixel auf dem Schirm bestimmt. Damit die Elektronenstrahlen auch jeweils das richtige Farbtripel treffen, wird hinter dem Schirm entweder eine **Lochmaske**, eine **Schlitzmaske** oder eine **Streifenmaske** eingesetzt.

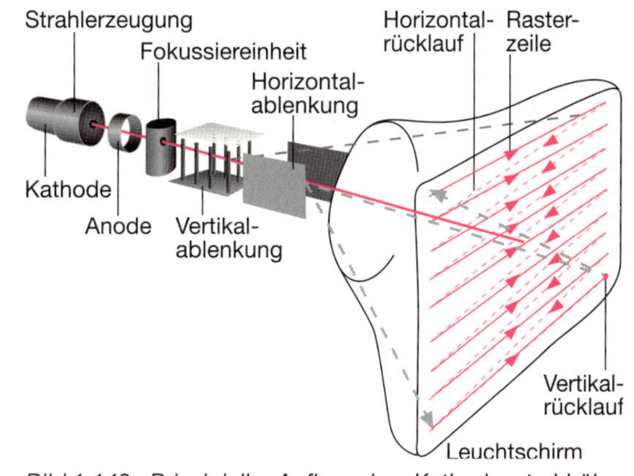

Bild 1.142: Prinzipieller Aufbau einer Kathodenstrahlröhre

Lochmaske

Eine Lochmaske besteht aus einem dünnen Metallgitter, welches in einem Abstand von etwa 20 mm hinter dem Bildschirm angebracht ist. Die Maske besitzt genauso viele Löcher, wie Farbtripel auf dem Bildschirm vorhanden sind. Die drei zusammengehörenden Elektronenstrahlen müssen stets gemeinsam durch jeweils dasselbe Loch auf das zugehörige Leuchttripel treffen. Zur besseren Unterscheidung sind die Elektronenstrahlen in den Bildern 1.143 und 1.144 Rot, Grün und Blau eingezeichnet. In Wirklichkeit haben diese Elektronenstrahlen keine Farbe, die Farberzeugung erfolgt wie oben beschrieben erst durch das Auftreffen der Elektronen auf die entsprechenden Phosphorschichten auf der Rückseite der Mattscheibe. Die Strahlen müssen zur Vermeidung von Verzerrungen

Lochmaske

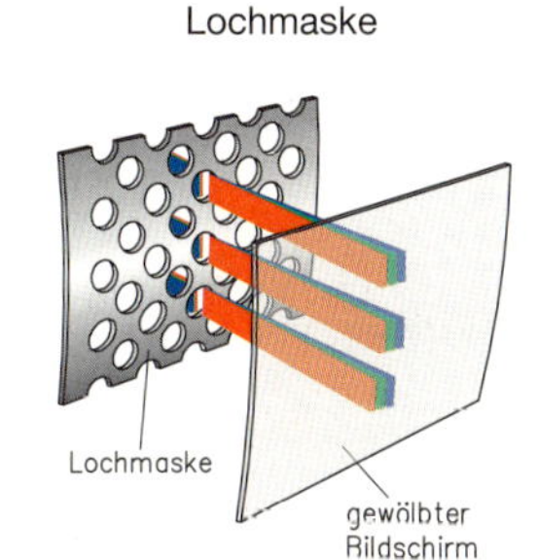

Bild 1.143: Lochmaske

senkrecht auf jeden Punkt der Mattscheibe treffen, die aus diesem Grunde gewölbt ist. Zur Verringerung der vertikalen Wölbung kann die Maske statt aus runden Löchern auch aus schmalen senkrechten Schlitzen bestehen. Man spricht dann von einer **Schlitzmaske**.

Streifenmaske

Streifenmaske

Die Streifenmaske besteht aus einem dünnen Metallgitter, in welches durchgehende vertikale Schlitze eingeätzt sind. Die Transparenz dieses Gitters ist ca. 30 % größer als die einer Lochmaske und führt daher zu einem wesentlich helleren und brillanteren Bild. Bildröhren mit Streifenmaske sind auch unter dem Namen **Trinitron-Röhren** bekannt.

Trinitron-Röhre

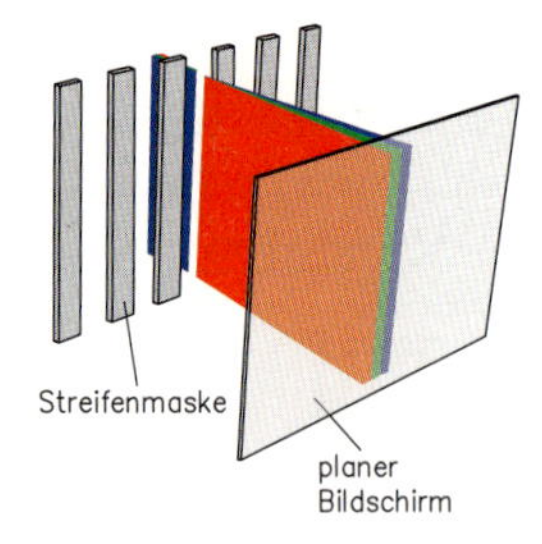

Bild 1.144: Streifenmaske

Die Leuchtschicht besteht hierbei aus durchgehenden senkrechten Streifen mit rot, grün und blau leuchtenden Elementen. Eine Wölbung der Mattscheibe zur Vermeidung von Verzerrungen ist hierbei nicht erforderlich. Zur Befestigung befinden sich zwei waagerechte Haltedrähte auf der Maske, die bei weißem Hintergrund als dünne schwarze Linien sichtbar werden. Der Bildaufbau erfolgt hierbei ebenfalls zeilenweise, die vergrößerte, sich scheinbar über die gesamte Bildhöhe erstreckende Darstellung eines Farbtripels in Bild 1.144 erfolgt lediglich zur Verdeutlichung des Unterschieds zur Lochmaske.

1.9.1.1 Monitor-Kennwerte

Bei der Angabe der **Bildschirmgröße** ist bei CRT-Monitoren zu beachten, dass der angegebene Wert der Diagonalen der Bildschirmröhre entspricht, nicht jedoch dem des sichtbaren Bereiches! Dieser ist stets kleiner, da nicht der gesamte Bereich einer Bildröhre zur Darstellung benutzt wird (starke Verzerrungen an den Rändern). Typische Werte sind hierbei 17 Zoll oder 19 Zoll. CRT-Monitore können ohne Qualitätsverlust mit verschiedenen logischen Auflösungen arbeiten.

Multiscan-Monitor

Einen Monitor, der in der Lage ist, sich ohne Qualitätsverlust verschiedenen Bildschirmauflösungen anzupassen, bezeichnet man als **Multiscan-Monitor** (Multiscan Monitor).

Lochmasken-abstand
Streifenabstand

Zwar wird bei einem CRT-Monitor das Bild zeilenweise und nicht pixelweise aufgebaut, dennoch wird der Dot Pitch angegeben, der hier von den nebeneinanderliegenden Öffnungen der Loch- bzw. der Streifenmaske bestimmt wird. Im Zusammenhang mit CRT-Monitoren spricht man allerdings weniger vom Pixelabstand, sondern eher vom **Lochmaskenabstand** bzw. **Streifenabstand**, dessen typischer Wert zwischen 0,31 mm und 0,25 mm liegt.
Zu den speziellen Kennwerten von CRT-Monitoren gehören außerdem:

Bildwiederholfrequenz (Refresh Rate)

Vertikalfrequenz

Die Bildwiederholfrequenz (**Vertikalfrequenz**) gibt die Anzahl der Bilder an, die pro Sekunde dargestellt werden. Sie wird in Hertz (Hz) angegeben und auch vertikale Bandbreite genannt. Je höher diese Frequenz liegt, desto ruhiger und flimmerfreier erscheint das Bild. Als ergonomisch notwendig gilt derzeit mindestens 85 Hz.

Zeilenfrequenz (Horizontal Frequency)

Die Zeilenfrequenz (**Horizontalfrequenz**) gibt an, wie viele Zeilen der Elektronenstrahl des Monitors pro Sekunde schreiben kann. Sie wird in Kilohertz (kHz) angegeben und liegt – abhängig von der Bildwiederholfrequenz und der Auflösung – zwischen 30 kHz und 120 kHz.

Horizontalfrequenz

Videobandbreite (Video Bandwidth)

Die Videobandbreite bezeichnet die Grenzfrequenz des Videoverstärkers im Monitor und wird in Kilohertz angegeben. Sie kann als Maß für die Datenübertragungskapazität dieses Verstärkers angesehen werden. Je größer die Bildschirmauflösung und die Bildwiederholfrequenz gewählt wurde, desto mehr Informationen muss der Videoverstärker verarbeiten und desto höher muss diese Grenzfrequenz liegen.
Bei Monitoren gilt für die Videobandbreite **theoretisch** folgender Zusammenhang:

Grenzfrequenz

Videobandbreite = Auflösung × Bildwiederholfrequenz

Da es sich bei der Videobandbreite jedoch um eine Grenzfrequenz handelt, bei der (per Definition) die Amplitude des Signals bereits auf 70 % des maximal möglichen Wertes gesunken ist, sollte der Wert der Videobandbreite in der Praxis mindestens um den Faktor $\sqrt{2}$ höher liegen. Die meisten Hersteller machen in ihren Unterlagen durch die Angabe „–3 dB“ hinter dem Wert der Videobandbreite deutlich, dass es sich hierbei um eine Grenzfrequenz handelt! Die Abkürzung dB steht für Dezibel, der Wert –3 dB entspricht dem Amplitudenabfall auf 70 %.

Darstellungsmodus

Bei Monitoren unterscheidet man zwischen dem **Interlaced-Modus**, der mit dem Buchstaben „i“ gekennzeichnet wird, und dem **Non-Interlaced-Modus**, der auch als **Progressiv-Modus** bezeichnet und mit dem Buchstaben „p“ gekennzeichnet wird. Beim Progressiv-Modus werden alle Zeilen nacheinander geschrieben, beim Interlaced-Modus wird bei einem Bildaufbau lediglich jede zweite Zeile geschrieben. Die Angabe „1080p“ bedeutet beispielsweise, dass bei einer Auflösung von 1920 × 1080 (HDTV) der Elektronenstrahl sämtliche 1080 Zeilen nacheinander in einem einzigen Bilddurchlauf darstellt. Bei hohen Auflösungen erfordert der Progressiv-Modus eine höhere Horizontalfrequenz, auch ein Qualitätsmerkmal eines Monitors.
Kann ein Monitor diese nicht erbringen, so schaltet er in den Interlaced-Modus. Hierbei werden hintereinander zwei Halbbilder aufgebaut, indem jeweils nur jede zweite Zeile dargestellt wird (1080i). Aufgrund der Trägheit des menschlichen Auges ist der Wechsel nicht zu erkennen, jedoch kann es bei größeren hellen Flächen zu einem Flackern kommen. Dies führt langfristig zu einer Ermüdung der Augen.
CRT-Monitore müssen bestimmten Qualitäts- und Sicherheitsstandards genügen, um auf dem Markt zugelassen zu werden. Die Erfüllung dieser Standards wird durch entsprechende Prüfsiegel auf dem Monitor dokumentiert (siehe Kap. 1.11).
Ein moderner Qualitätsmonitor verfügt heutzutage über eine eigene Prozessorsteuerung mit menügeführter Programmierung. Er ist in der Lage, in einem weiten Bereich von horizontalen und vertikalen Frequenzen zu arbeiten, und

Interlaced-Modus (i), Progressiv-Modus (p)

HDTV: High Definition-TV

kann sich selbständig auf die Synchronisationsraten des Videosignals einstellen (Multisync-Monitor, Multi-Frequenz-Monitor).

Zusammenhänge zwischen den Kenngrößen

Die Zusammenhänge zwischen den einzelnen Kenngrößen sollen durch Beispiele verdeutlicht werden:

1. Ein 17-Zoll-Monitor hat einen sichtbaren Bildschirmbereich von 317 mm × 238 mm. Bei einem Lochabstand von 0,28 mm ergibt sich eine maximale horizontale Auflösung von 317 mm : 0,28 mm = 1 132. Die maximale vertikale Auflösung beträgt 238 mm : 0,28 mm = 850. Der Lochmaskenabstand ist folglich für eine Auflösung von 1 024 × 768 geeignet, für eine Auflösung von 1 280 × 1 024 jedoch zu groß!
2. Bei einer Auflösung von 1 024 × 768 und einer Bildwiederholfrequenz von 72 Hz muss die Bandbreite des Videoverstärkers theoretisch 1 024 × 768 × 72 Hz = 56,6 MHz betragen. Der tatsächliche Wert sollte jedoch mindestens bei 56,6 MHz × $\sqrt{2}$ = 80 MHz liegen.
3. Bei einer Auflösung von 1 024 × 768 und einer Bildwiederholfrequenz von 72 Hz ergibt sich theoretisch eine erforderliche Horizontalfrequenz von 768 × 72 Hz = 55,3 kHz. In der Praxis liegt dieser Wert höher (z.B. 58,6 kHz). Die Gründe hierfür sind:
   - Die Horizontalfrequenzen werden in der Regel durch Teilung der Frequenz eines Schwingquarzes gewonnen. Hierbei ergeben sich feststehende Teilverhältnisse (einfaches Zahlenbeispiel: 15 MHz ⇒ 3,75 MHz ⇒ 937,5 kHz ⇒ 234,38 kHz ⇒ 58,6 kHz usw.), deren Werte nicht unbedingt den theoretisch erforderlichen Frequenzen entsprechen.
   - Zusätzlich zu den „sichtbaren" Zeilen (im Beispiel also 768 Zeilen) können als Ausgleich auch nicht sichtbare Zeilen am oberen und unteren Bildrand geschrieben werden.

1.9.1.2 Anschlüsse

Preiswertere Monitore haben ein festes Datenanschlusskabel, teurere verfügen über schraubbare Anschlussbuchsen. Für die Kopplung des Monitors an die Grafikkarte gibt es neben dem DVI-Anschluss (siehe Kap. 1.6.1.1) die beiden Anschlusssysteme **BNC** (**B**ayonet **N**ut **C**oupling) und **D-Sub**.

Bild 1.145a: BNC-Stecker

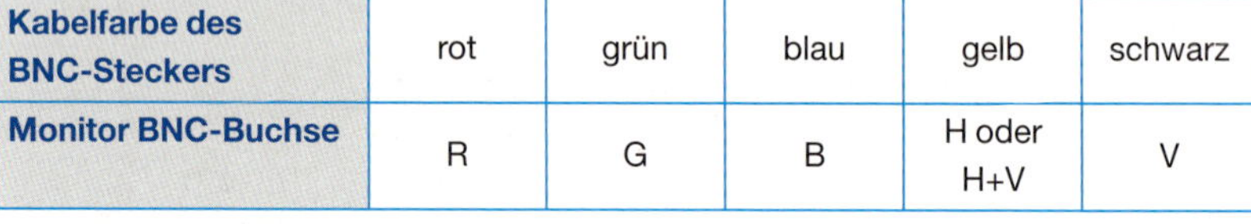

Kabelfarbe des BNC-Steckers	rot	grün	blau	gelb	schwarz
Monitor BNC-Buchse	R	G	B	H oder H+V	V

Bild 1.145: Kennzeichnungen bei Monitor-Steckverbindungen. V: Vertikalsynchronisation; H: Horizontalsynchronisation

Ein **CRT-Monitor** wird mit **analogen Signalen** angesteuert.

Bei BNC handelt es sich um eine Steckverbindung für Koaxialkabel, bei der ein Stecker in eine Buchse geführt wird und durch eine anschließende Drehbewegung um 90 Grad im Uhrzeigersinn arretiert wird. Diese Art der Verbindung ist besonders HF-tauglich (HF: **H**igh **F**requency; hochfrequenztauglich) und sollte insbesondere bei hochauflösenden Monitoren verwendet werden, da hierdurch Signalveränderungen auf der Leitung (Reflexionen und Verzerrungen) und die damit verbundenen Qualitätsverluste des Bildes verringert werden. Je nach Grafikkarte gibt es Kabel mit drei, vier oder fünf BNC-Anschlüssen. Der korrekte Anschluss des Kabels ist dem Handbuch der Grafikkarte zu entnehmen. Standardmäßig liegt die angegebene Kennzeichnung vor (Bild 1.145). Bei Monitoren mit BNC-Anschlüssen handelt es sich in der Regel um Multiscan-Monitore.

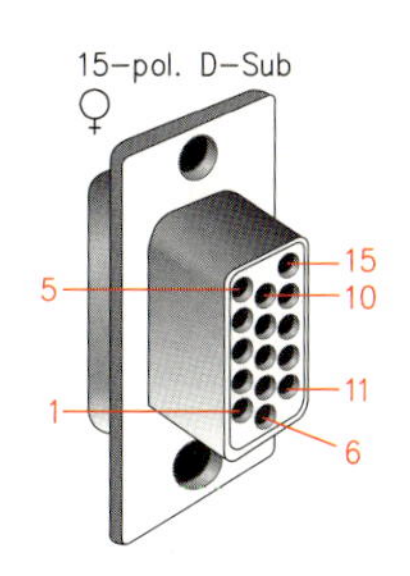

Bild 1.146: D-Sub-Steckverbindung

Die Steckverbindung D-Sub ist eine 15-polige Buchse, bei der die Anschlüsse in drei Reihen angeordnet sind (Bild 1.146).
Aufgrund des Zusammenwachsens von PC-Technik und Unterhaltungsindustrie (Audio und Video) ergeben sich auch Überschneidungen bezüglich der Anschlusstechniken. Neben kompatiblen Anschlüssen für die Bildübertragung werden auch solche für den Transfer von Audiodaten erforderlich.
Hierzu hat man sich auf den **HDMI-Standard** geeinigt. Diese Anschlusstechnik basiert auf dem DVI-Stecker, unterstützt aber gleichzeitig auch bis zu 8-Kanal-Digital-Audio-Übertragungen (siehe Kap. 1.6.1).

HDMI = **H**igh **D**efinition **M**ultimedia **I**nterface

1.9.1.3 Farbdarstellungsverfahren

RGB-Verfahren

Im Zusammenhang mit der Bilderzeugung werden Monitore vielfach auch durch die Bezeichnung **RGB-Monitor** näher spezifiziert. Sie resultiert aus den drei bei der Bilderzeugung benutzten Grundfarben **R**ot, **G**rün und **B**lau. Mischt man diese Farben mit unterschiedlichen Intensitäten, so lassen sich sämtliche vom menschlichen Auge wahrnehmbaren Farben realisieren. Die Farbe Weiß entsteht durch Mischung aus intensivem Rot, intensivem Grün und intensivem Blau.

Bilderzeugung

- Die **Bilderzeugung** bei einem RGB-Monitor erfolgt nach dem sogenannten **additiven Farbmischverfahren** aus den drei Grundfarben Rot, Grün und Blau.

Bei diesem additiven Verfahren handelt es sich um ein Farbmodell zur Beschreibung von Farben, die durch farbiges Licht erzeugt werden. Die Farbe „Schwarz" würde sich bei diesem Modell durch Mischen der drei Grundfarben mit der Intensität Null ergeben. In der Praxis werden die lichterzeugenden Elektronenstrahlen abgeschaltet, sodass der Bildschirm dunkel bleibt. Das additive Farbmodell lässt sich nicht bei lichtabsorbierenden Körperfarben, wie dies etwa bei Druckfarben der Fall ist, anwenden (siehe Kap. 1.10.6).
Zu beachten ist, dass die Bezeichnung RGB-Monitor nicht nur im Zusammenhang mit der Bilderzeugung, sondern auch mit der Signalübertragung verwendet wird.

Bild 1.147: Additives Farbmodell

In Verbindung mit der Signalübertragung bezeichnet man einen Monitor, bei dem die drei Farb- und die Synchronisationssignale über separate Leitungen übertragen werden, als **RGB-Monitor,** während ein Monitor, bei dem alle co-

RGB-Monitor

dierten Video-Informationen (einschließlich der Farbe und der horizontalen sowie vertikalen Synchronisation) über eine einzige Leitung transportiert werden, **Composite-Monitor** genannt wird (z.B. Videokabel, Antennenkabel). Für den Betrieb von Fernsehgeräten und Videorekordern ist beispielsweise ein Composite-Videosignal nach dem **PAL**-Standard (**P**hase **A**lternation **L**ine; zurzeit verwendete analoge deutsche Fernsehnorm) erforderlich. Betrachtet man die Signalübertragung, liefert ein RGB-Monitor in der Regel schärfere und klarere Bilder als ein Composite-Monitor.

Composite-Monitor

1.9.2 Touch-Screen (Touch Screen)

Unter einem Touch-Screen versteht man einen **Monitor** oder einen **Flachbildschirm mit einer sensitiven Bildschirmoberfläche**.

Berührempfindlicher Bildschirm

Durch die Berührung der Bildschirmoberfläche kann der Benutzer eine Auswahl treffen oder einen Cursor verschieben. Sensorbildschirme arbeiten nach jeweils einem der aufgeführten physikalischen Prinzipien, um den Punkt zu bestimmen, an dem man sie berührt:

Widerstandsprinzip

Die Oberfläche des Bildschirms ist mit einem leitfähigen Material beschichtet, das sich – gehalten von winzigen Abstandshaltern – in geringem Abstand von einer zweiten leitfähigen Schicht befindet. Zwischen beiden Schichten liegt eine geringe elektrische Spannung. Werden die leitenden Schichten durch eine Berührung der Bildschirmoberfläche zusammengedrückt, ergibt sich an dieser Stelle eine Widerstandsveränderung, deren Koordinaten von einer Steuerelektronik ausgewertet werden. Ein mit dieser Technik arbeitender Bildschirm wird auch als **resistiver Touchscreen** bezeichnet.

1. Abdeckscheibe aus Polyester mit kratzfester Beschichtung
2. leitfähige Beschichtung
3. Abstandhalter
4. leitfähige Beschichtung
5. Glasplatte
6. Braun'sche Röhre / Flüssigkristallbildschirm

Bild 1.148: Koordinatenbestimmung nach dem Widerstandsprinzip

Kapazitätsprinzip

Eine Glasplatte wird auf beiden Seiten mit einem leitfähigen Material beschichtet, die Außenseite zusätzlich mit einem Kratzschutz versehen. Die innere Schicht dient der Abschirmung. Ein Gitter aus senkrecht zueinander angeordneten Elektroden erzeugt ein homogenes elektrisches Feld auf der äußeren leitfähigen Schicht. Prinzipiell entspricht diese Anordnung einem Kondensator. Berührt ein Finger den Bildschirm, so verändert sich an dieser Stelle die Kapazität dieses Kondensators. Eine Auswerteelektronik ermittelt die Koordinaten des Berührpunktes. Nachteilig ist, dass bei herkömmlichen kapazitiven Bildschirmen eine Bedienung weder mit Handschuhen noch mit anderen Gegenständen (z.B. Stiften) möglich ist, da hierbei der Einfluss auf das elektrische Feld zu gering ist.

Kondensator u. elektrisches Feld siehe Kap. 5.4

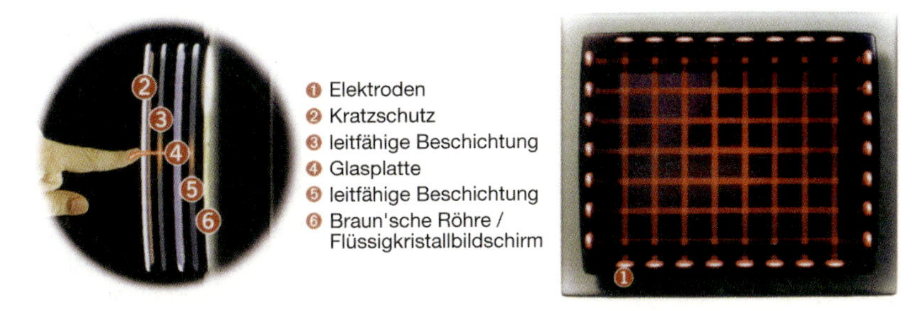

Bild 1.149: Koordinatenbestimmung nach dem Kapazitätsprinzip

Energie-Absorptionsprinzip

Die Bildschirmoberfläche besteht aus einer unbeschichteten Glasplatte. Ein Generator erzeugt Oberflächenwellen (Frequenz z.B. 5 MHz), die durch die an den Bildschirmecken angeordneten Wandler in stehende Wellen umgewandelt werden. Berührt ein Gegenstand die Glasoberfläche, wird an dieser Stelle ein Teil der Wellenenergie absorbiert. Die Wandler erfassen diese Veränderung, und die Auswerteelektronik bestimmt die Koordinaten des Berührpunktes. Die Bedienung ist mit einem beliebigen Gegenstand möglich, es ist aber stets eine Berührung erforderlich, eine bloße Annäherung reicht nicht aus.

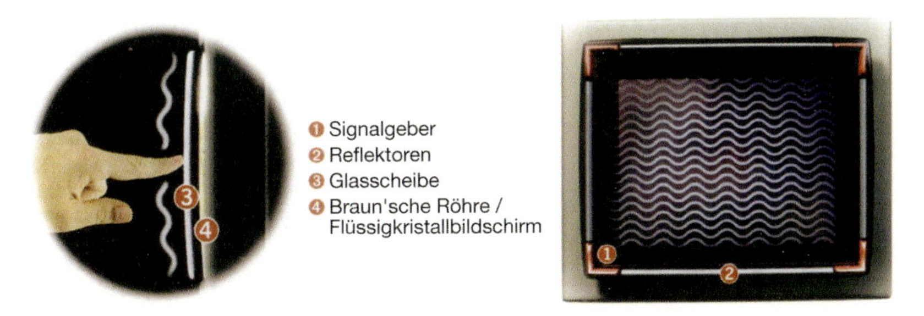

Bild 1.150: Koordinatenbestimmung nach Absorptionsprinzip

Unterbrecherprinzip

Entlang zweier Bildschirmränder befinden sich winzige Infrarot-Leuchtdioden, auf den jeweils gegenüberliegenden Seitenrändern sind lichtempfindli-

che Fototransistoren angeordnet. Die Leuchtdioden erzeugen ein Gitter aus unsichtbarem Infrarotlicht auf der Bildschirmoberfläche. Bei Berührung wird dieses Lichtgitter an einer Stelle unterbrochen.
Die genannten Prinzipien werden auch bei Flachdisplays angewendet und weisen die folgenden Eigenschaften auf:

Bezeichnung	Eigenschaften
Widerstandsprinzip	Ältestes Verfahren, weit verbreitet, preiswert, Funktion bei mechanischem Druck durch Finger und andere Gegenstände
Kapazitätsprinzip	Neueres Verfahren, erfordert Berührung mit leitfähigem Gegenstand (z.B. Finger), kein mechanischer Druck erforderlich
Energieabsorptions-prinzip	Teures Verfahren, zur Aufnahme bzw. Veränderung der Schallwellenenergie ist ein weicher Gegenstand erforderlich (z.B. Finger, Radiergummi).
Unterbrecherprinzip	Relativ teuer, beliebige Gegenstände zur Unterbrechung des Infrarotlichtes verwendbar

Bild 1.150a: Eigenschaften der verwendeten Verfahren

Multi-Touch-Screen

Während ein herkömmlicher Touch-Screen lediglich einen einzigen Berührungspunkt eindeutig lokalisieren kann, kann ein **Multi-Touch-Screen** gleichzeitig mehrere Berührungen erkennen und auswerten. Dadurch sind wesentlich komplexere Bedienvorgänge möglich. So ist beispielsweise das Zoomen (Vergrößern oder Verkleinern einer Darstellung) möglich, indem man zwei Finger auf der Bildschirmoberfläche aufeinander zu oder voneinander weg bewegt (z.B. beim iPhone). Wesentlich umfangreichere Bedienvorgänge ermöglicht die Microsoft-Entwicklung **Surface**, quasi ein als Tisch konzipierter großer sensitiver Bildschirm, auf dem von mehreren Personen mit ihren Händen gleichzeitig und unabhängig voneinander allein durch Berühren der Oberfläche die unterschiedlichsten Funktionen ausgeführt werden können. Hierbei kommt eine Kombination aus den oben aufgeführten kapazitiven und optischen Technologien zum Einsatz.

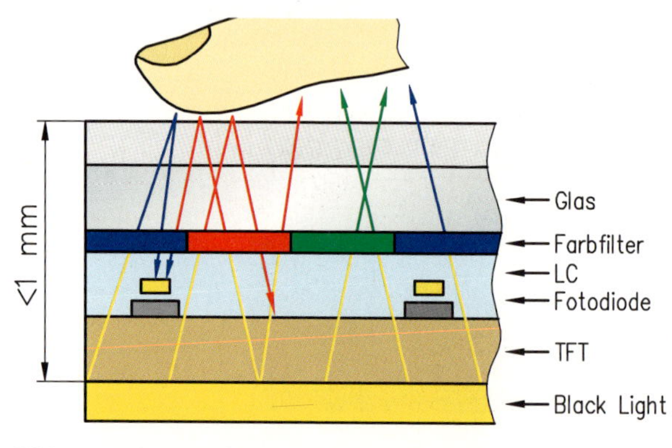

Bild 1.151: Grundprinzip der CG-Technologie

Eine völlig andere Entwicklung in der Multi-Touch-Technik stellt die sogenannte **Continuous-Grain-Technologie** (CG-Technologie) dar. Hierunter versteht man eine neu entwickelte Fertigungstechnologie, die es ermöglicht, elektronische Schaltungen auf Siliziumbasis auf einem glasförmigen Trägermaterial aufzubringen. Hierdurch ist es insbesondere bei Flachdisplays möglich, dass die einzelnen Pixel gleichzeitig eine Sensorfunktion bekommen. Das von einem oder mehreren Pixeln abgestrahlte Licht wird an einem Finger auf der Glasoberfläche reflektiert und vom implementierten Fotosensor aufgefangen

(Bild 1.151). Der Fotosensor generiert einen Spannungsimpuls, der zu Steuerungszwecken verwendet werden kann.
Ein zusätzliches Aufbringen einer sensitiven Oberfläche ist nicht mehr erforderlich! Mit dieser Technologie sind neben der Touch-Funktion auch noch andere Funktionen denkbar (z. B. automatische Helligkeitssteuerung; Einsatz der Oberfläche als Scanner; Nutzeridentifizierung anhand des Fingerabdrucks).
Sobald sich auch komplexe Schaltkreise, Speicher und Zusatzfunktionen direkt auf der Anzeigeoberfläche unterbringen lassen, werden sich künftig Flachdisplays mit vollständigen Computereigenschaften herstellen lassen.

1.9.3 LCD und TFT

LCD ist die Abkürzung für **Liquid Crystal Display**. Hiermit werden allgemein Flachbildschirme bezeichnet, die zur Bilddarstellung die physikalischen Eigenschaften von sogenannten Flüssigkristallen nutzen.
TFT ist die Abkürzung für **T**hin **F**ilm **T**ransistor. Hiermit werden diejenigen Flachbildschirme bezeichnet, bei denen die Ansteuerung der Flüssigkristalle mithilfe spezieller Transistoren erfolgt, die direkt hinter der Bildschirmoberfläche angebracht wird.

Als Flüssigkristalle bezeichnet man spezielle stäbchenförmig angeordnete Moleküle mit der besonderen Eigenschaft, dass sie unter bestimmten Voraussetzungen schichtweise die gleiche räumliche Orientierung aufweisen (sogenannte nematische Phase) und sich diese Orientierung durch ein anliegendes elektrisches Feld verändern lässt. Da einfallendes Licht an diesen Molekülen gebrochen wird, kann man durch Veränderung der elektrischen Feldstärke das Brechungsverhalten steuern. Hierbei ist zur Bilderzeugung polarisiertes Licht erforderlich.

Flüssigkristalle
Elektrisches Feld
siehe Kap. 5.4.1

Polarisation von Licht

Physikalisch kann Licht als elektromagnetische Welle betrachtet werden. Eine Lichtquelle sendet üblicherweise nicht-polarisiertes Licht aus, d. h. Licht, bestehend aus Wellen, deren Schwingungsebenen räumlich beliebig verteilt sind.
Im Gegensatz dazu besteht polarisiertes Licht nur aus Wellen mit einer einzigen Schwingungsebene. Mithilfe eines Polarisationsfilters kann man aus einer Quelle Lichtwellen herausfiltern, die nur eine einzige Schwingungsebene haben. Dieses Licht nutzt man bei LCD-Anzeigen.

Polarisation

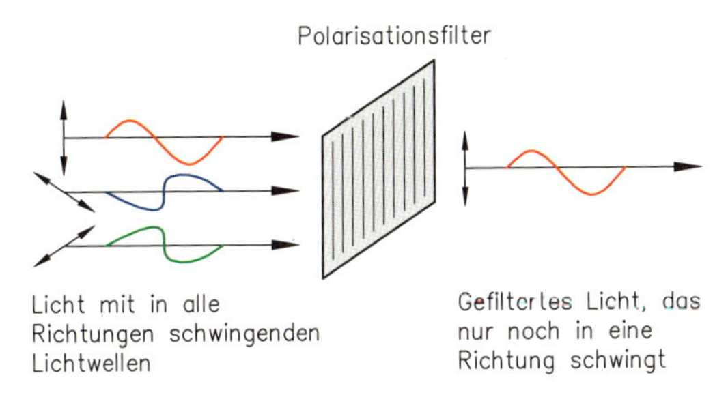

Bild 1.152: Prinzip der Polarisation

Polarisationsfilter

Ein Polarisationsfilter lässt nur Schwingungen einer einzigen Schwingungsebene durch.

LC-Display

LCD-Anzeige

Prinzipiell besteht ein LCD-Anzeigeelement aus mehreren Schichten mit Flüssigkristallen, die sich zwischen zwei dünnen Glasplatten befinden, und zwei Polarisationsfiltern, deren Polarisationsebenen um 90° gegeneinander gedreht sind.

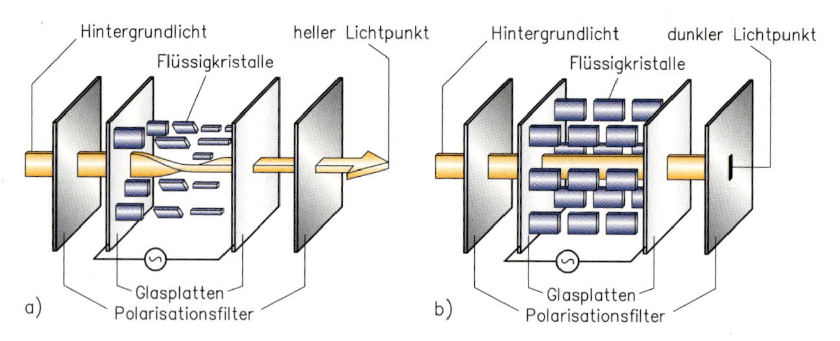

Bild 1.153: Prinzipieller Aufbau einer LCD-Zelle

Ohne eine anliegende Spannung zwischen den Glasplatten wird einfallendes Licht von dem linken Filter polarisiert, an den Kristallen um 90° gebrochen und von dem rechten Filter durchgelassen. Der Betrachter sieht einen hellen Lichtpunkt (Bild 1.153 a). Bei Anlegen einer Spannung wird einfallendes Licht zunächst wieder polarisiert, jedoch an den nun anders ausgerichteten Flüssigkristallen nicht gebrochen. Dieses Licht kann den rechten Filter nicht durchdringen, es entsteht ein dunkler Lichtpunkt (Bild 1.153 b).

Subtraktives Farbmodell siehe Kap. 1.10.6

Ein gesamtes LC-Display besteht aus einer matrizenförmigen (d.h. zeilen- und spaltenförmigen) Anordnung von einzelnen in Bild 1.153 dargestellten LCD-Elementen. Ein Display mit einer Auflösung von 800 × 600 Bildpunkten besteht demnach aus insgesamt 480 000 Elementen, die einzeln über Leiterbahnen angesteuert werden können (Passiv-Matrix-Display). Die Ansteuerung eines Bildpunktes erfolgt in der Praxis allerdings nicht mit einer Gleichspannung, sondern mit einer rechteckförmigen Wechselspannung! Durch Variation des Tastverhältnisses und der Frequenz, mit der ein Bildpunkt geschaltet wird, lassen sich verschiedene Graustufen realisieren. Durch die Verwendung von drei untereinander liegenden Flüssigkristallschichten für die drei Grundfarben entsprechend dem **subtraktiven Farbmodell** (Kap. 1.10.6) lassen sich hiermit auch Farb-LCD-Anzeigen herstellen.

Twist

Die Drehung des Lichts durch die Flüssigkristalle wird auch als **Twist** bezeichnet.

Durch besondere technische Verfahren lässt sich dieser Twist und damit die Darstellungsqualität (Lichtausbeute, Kontrast) verbessern.

Abkürzung	Name	Information
TN-LCD	**T**wisted **N**ematic LCD	Erste LCD-Generation, Schwarz-Weiß-Darstellung und Graustufen, geringe Lichtausbeute, geringer Kontrast, geringe Kosten
STN-LCD	**S**upertwisted **N**ematic LCD	Aufgrund des größeren Twist Steigerung des Kontrasts; Schwarz-Weiß- und Farbdarstellung, jedoch Farbunreinheiten, schmaler Betrachtungswinkel
DSTN-LCD	**D**ouble **S**uper**t**wisted **N**ematic LCD	Großer Kontrast, keine Farbunreinheiten, schmaler Betrachtungswinkel
FSTN-LCD	**F**ilm **S**uper**t**wisted **N**enatic LCD	Dünnerer Aufbau gegenüber DSTN-LCD, schmaler Betrachtungswinkel

Bild 1.154: Verschiedene LCD-Entwicklungen

Nachteilig bei allen LC-Displays ist der relativ schmale Betrachtungswinkel, der durch das von den Polarisationsfiltern gebündelte Licht, das sich nicht nach allen Seiten gleichmäßig ausbreiten kann, verursacht wird.

TFT-Display

Das Problem des schmalen Betrachtungswinkels lässt sich mit einem TFT-Display umgehen. Hierbei befinden sich in jedem Anzeigeelement Transistoren als aktive Verstärker, die das steuernde Feld dort gezielt ein- und ausschalten und damit die jeweilige Lichtdurchlässigkeit verändern (Aktiv-Matrix-Display). Diese Transistoren sind in einer Art Film direkt auf der Glasoberfläche angebracht und werden als **Thin-Film-Transistoren** (**TFT**) bezeichnet.

Bei Farb-TFT-Displays werden pro Bildpunkt drei Transistoren benötigt, d.h. ein Farb-Display mit 800 × 600 Bildpunkten erfordert 1 440 000 Transistoren, von denen eigentlich keiner ausfallen darf. Um die Ausschussrate gering zu halten, verwenden einige Hersteller mehr als drei Transistoren pro Bildpunkt. Ein defekter Transistor kann so von einem Reservetransistor ersetzt werden. Die Farbdarstellung erfolgt wie bei einem CRT-Monitor durch **additive Mischung** der drei Grundfarben Rot, Grün und Blau (Farbtripel). Durch die Transistoransteuerung einzelner Pixel können einmal eingestellte Lichtintensitäten in konstanter Stärke wiedergegeben werden.

TFT-Displays liefern ein flimmerfreies Bild. Sie werden pixelweise angesteuert und benötigen für diese Ansteuerung ein **digitales Signal**.

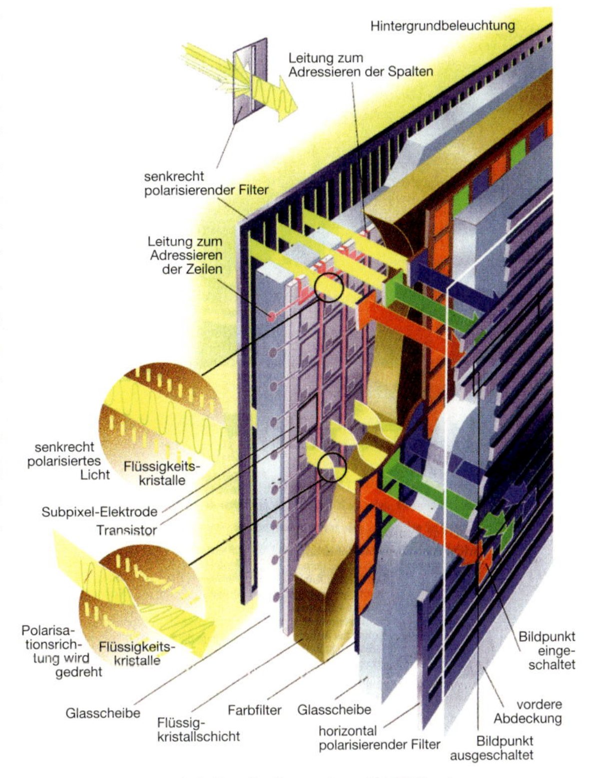

Bild 1.155: Prinzipieller Aufbau eines TFT-Displays

In der Praxis werden bei TFT-Panels verschiedene Techniken zur Vergrößerung des Blickwinkels eingesetzt:

Bezeichnung	Eigenschaften
Standard-TFT	Blickwinkel bis ca. 90 Grad, kostengünstig, Reaktionszeit ca. 30 ms
TN + Film (**T**wisted **N**ematic + Film)	Blickwinkel bis ca. 140 Grad durch Verwendung einer speziellen filmartigen Oberfläche, kostengünstig, Reaktionszeit ≤ 30 ms, geringer Kontrast
IPS (**I**n-**P**lane **S**witching) bzw. Super-TFT (Hitachi)	Durch spezielle Mechanismen bei der Ausrichtung der Flüssigkristalle Blickwinkel bis ca. 170 Grad, Reaktionszeit ≤ 25 ms, allerdings stärkere Hintergrundbeleuchtung erforderlich
MVA (**M**ulti Domain **V**ertical **A**lignment) (Fujitsu)	Durch spezielle Form der TFT-Zellen Blickwinkel bis 160 Grad, Reaktionszeit ≤ 20 ms, vergleichsweise teuer; Verbesserung der Eigenschaften durch zusätzlichen Einsatz von ADF (**A**utomatic **D**omain **F**ormation); mit dieser Technik wird die Ausrichtung der Moleküle bei großen Panels besser steuerbar
ASV (**A**dvanced **S**uper **V**iew Technology) (Sharp)	Kombination aus Transmissionstechnologie (Back Light) und Reflexionstechnologie (passive Beleuchtung durch Umgebungslicht), durch sternförmige Neigung der Flüssigkristalle Blickwinkel bis 170 Grad, Reaktionszeit ≤ 20 ms

Bild 1.156: Spezielle TFT-Techniken zur Blickwinkelvergrößerung

Back Light

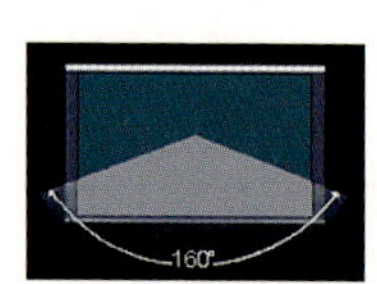

Unabhängig von der verwendeten Technologie benötigen alle LC- bzw. TFT-Displays Fremdlicht zur Darstellung. Dieses wird entweder durch eine implementierte Hintergrundbeleuchtung (Back Light; Kaltlichtröhre) erzeugt (bei TFT), oder es wird einfallendes Fremdlicht (Sonnenlicht) reflektiert (Beispiel: Taschenrechner). Ein Display, welches beide Darstellungsverfahren in Kombination verwendet, wird als **transflektives Display** bezeichnet (Beispiel: PDA).

Displays, die Fremdlicht zur Darstellung benötigen, werden **passive Displays** genannt.

Zu beachten ist, dass der Begriff „passiv" hier im Zusammenhang mit der Lichterzeugung verwendet wird, bei der Bezeichnung „Passiv-Matrix-Display" jedoch im Zusammenhang mit der Steuerung der Lichtdurchlässigkeit. Die Hintergrundbeleuchtung stellt insbesondere bei batteriebetriebenen IT-Geräten eine zusätzliche Belastung für die vorhandene Energiequelle dar. Aus diesem Grund werden anstelle der ineffizienten Kaltlichtröhren zunehmend energiesparende LEDs als Hintergrundbeleuchtung eingesetzt. Die Bildwiederholfrequenzen bei Flachdisplays sind niedriger als bei einem CRT-Monitor und stellen kein Qualitätskriterium dar, da die Ansteuerung pixelweise durch bedarfsorientiertes Anlegen einer Spannung erfolgt und nicht zeilenweise unter Ausnutzung des Nachleuchteffektes der Phosphorpigmentierung der Schirmoberfläche.

Displaygrößen

Anders als bei herkömmlichen CRT–Monitoren entspricht bei allen LC–Displays die angegebene Bildschirm-Diagonale dem tatsächlich sichtbaren Bild. In der Praxis findet man bei PCs Bildschirmdiagonalen ab 17 Zoll. Ein 17-Zoll-TFT-Display entspricht hierbei etwa der sichtbaren Bilddiagonalen eines 19-Zoll-CRT-Monitors.

Neben den klassischen Displaygrößen mit einem Seitenverhältnis von 4:3 werden zunehmend auch Displays im Breitformat angeboten, die sowohl PC- als auch HDTV-tauglich sind. Diese Breitbild-Flachbildschirme verfügen beispielsweise über eine Auflösung von 1920 × 1200 (WUXGA) bei einer sichtbaren Bildgröße von 495 mm × 309 mm (Seitenverhältnis 16:10; Bildschirmdiagonale 584 mm). Hiermit ist zwar die Wiedergabe von Breitwand-Kinofilmen in HDTV-Qualität möglich, jedoch können sich aufgrund von erforderlichen Interpolationsmechanismen bei der Darstellung von PC-Schriften und Symbolen Probleme ergeben, da sich im Unterschied zum Monitor mit einem LC- bzw. TFT-Display nur mit derjenigen Auflösung sinnvoll arbeiten lässt, die vom Hersteller durch die festverdrahtete Pixelmatrix vorgegeben ist. Bei einer anderen Auflösung würden einzelne Bildpunkte einfach ausgeschaltet werden (Interpolation), wodurch sich die Bildqualität verschlechtert. Die Reaktionsgeschwindigkeit ist bei allen LC-Anzeigen temperaturabhängig: Je geringer die Temperatur, desto langsamer reagiert das Display.

HDTV =
High Definition TV
mit einer Auflösung
von 1200 × 1080
(1080p)
p = progressiv

Auf einem Display lassen sich auch dreidimensionale Darstellungen realisieren. Für die Wahrnehmung eines räumlichen Eindrucks sind hierbei für das menschliche Gehirn zwingend zwei getrennte Bilder in leicht versetztem Abstand erforderlich, eines für das linke und eines für das rechte Auge. Durch den Einsatz verschiedener Techniken, die primär auf der Filterung oder der Erzeugung sogenannter stereoskopischer Halbbilder beruhen, kann dieser Effekt erzeugt werden.

Das älteste Verfahren basiert hierbei auf dem Einsatz einer **Farbfilterbrille** (z. B. Rot für das linke und Cyan für das rechte Auge). Bei entsprechender Einfärbung der wechselweise auf dem Bildschirm dargestellten Halbbilder entsteht für den Betrachter ein räumlicher Eindruck, allerdings mit dem Nachteil einer gewissen Farbverfälschung.

Im PC-Bereich werden auch sogenannte **Shutterbrillen** verwendet. Hierbei handelt es sich um zwei steuerbare LCD-Gläser, die wechselweise durchsichtig und undurchsichtig geschaltet werden. Die Umschaltung erfolgt synchron zum Takt des Displaybildes, auf dem nacheinander und mit leichter perspektivischer Verschiebung jeweils das Bild für das linke und das rechte Auge dargestellt wird. Die Bildwechselfrequenz des Displays sollte mindestens 100 Hz betragen, da sich verfahrensabhängig die Bildfrequenz pro Auge halbiert und sich ansonsten gegebenenfalls Flimmereffekte ergeben.

Projeziert man hingegen stereoskopische Bilder auf einer Leinwand mit wechselweise polarisiertem Licht und verwendet zur Betrachtung eine **Polarisationsbrille**, so kann ein Auge jeweils nur dasjenige Bild sehen, welches vom Polarisationsfilter durchgelassen wird. Der räumliche Eindruck weist keinerlei Farbverfälschungen auf. Das Erzeugen polarisierter Bilder erfolgt im kommerziellen Bereich mit unterschiedlichen Verfahren (z. B. XPanD, RealID, Dolby Digital 3D). Die Polarisationsbrille muss jeweils an das verwendete Verfahren angepasst sein.

Ein **Head Mounted Display** (HMD) wird ebenfalls wie eine Brille aufgesetzt. Es besitzt jedoch keine Polarisationswirkung, sondern es handelt sich quasi um zwei Kleinst-Displays, die unmittelbar vor dem Auge angebracht werden. Durch die Augennähe lässt sich ein relativ groß erscheinendes Bild auf die Netzhaut des Betrachters projizieren, bei Aufnahmen mit einer Stereokamera auch in 3D. Ein HMD ermöglicht so insbesondere bei den immer kleiner werdenden Geräten der Unterhaltungsindustrie mit ihren winzigen Displays eine groß erscheinende portable Darstellung.

Der Einsatz einer sogenannten **Parallaxen-Barriere** innerhalb eines Displays ermöglicht eine dreidimensionale Ansicht auch ohne eine zusätzliche Spezialbrille.
Hierbei wird der 3-D-Effekt durch Belegen der Hintergrundbeleuchtung mit einem Streifenraster (Parallax-Barriere) realisiert. Im 3-D-Modus wird die Parallax-Barriere eingeschaltet, damit dem linken und dem rechten Auge jeweils ein unterschiedliches Lichtsignal zur Verfügung gestellt wird.

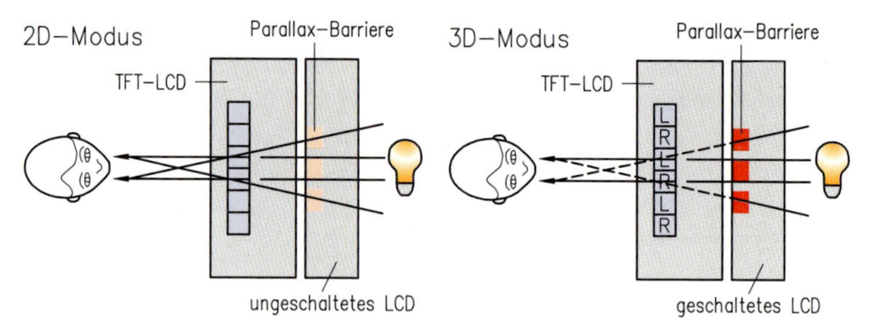

Bild 1.157: Funktionsprinzip 3D-TFT-Bildschirm mit Parallaxen-Barriere

Auf diese Weise lässt sich bei entsprechender Ansteuerung der Pixel bei einer Bildschirmauflösung von 1024 × 768 Bildpunkten ein dreidimensionales Bild mit einer Auflösung von 512 × 768 Bildpunkten darstellen.

1.9.4 Organisches Display

Organische Displays

Elektrolumineszenz

Organische Displays sind Flachbildschirme, deren bildgebende Eigenschaften auf der Basis der Elektrolumineszenz organischer Materialien beruhen.
Unter **Elektrolumineszenz** versteht man die durch das Anlegen eines elektrischen Feldes hervorgerufene Emission von Licht.

OLED

Die Basis dieser Displays bilden sogenannte organische Leuchtdioden (**OLED**: **O**rganic **L**ight **E**mitting **D**iode), die prinzipiell wie die bereits seit langem in der Technik eingesetzten anorganischen Leuchtdioden (LED) funktionieren. OLEDs weisen allerdings einen komplexeren Aufbau auf. Als lichtemittierende Substanzen werden organische Polymere eingesetzt. Jede OLED-Zelle eines Panels wird einzeln angesteuert.

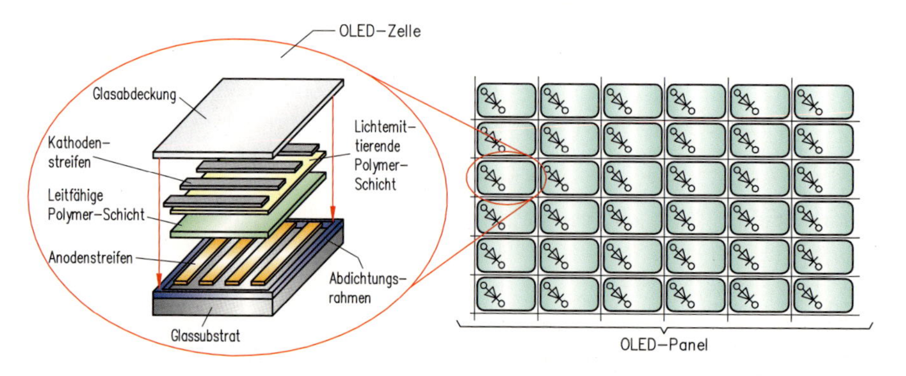

Bild 1.158: Prinzipieller Aufbau einer OLED-Zelle und eines OLED-Panels

OLED-Panels besitzen gravierende Vorteile gegenüber den LED-, LCD- und TFT-Displays:

- Extrem dünn herstellbar (Aufbaudicke 200 µm, mit Folienmantel < 1 mm!)
- Biegsam
- Keine Hintergrundbeleuchtung erforderlich
- Große Leuchtstärken
- Geringe Energieaufnahme
- Keine Wärmeentwicklung („kaltes" Licht)
- Großer Betrachtungswinkel (allseitig bis 170 Grad)
- Geringe Reaktionszeit, d. h. geeignet zur Darstellung von Bewegtbildern

In Abhängigkeit vom Herstellungsprozess und den verwendeten Materialien haben sich unter dem Oberbegriff OLED unterschiedliche Bezeichnungen etabliert, z. B. SM-OLED (Small Molecule OLED), AM-OLED (Active Matrix-OLED). Zum Schutz der feuchteempfindlichen organischen Substanzen müssen alle OLEDs mit einer absolut luftdichten Folienummantelung versehen werden.

1.9.5 Plasma-Bildschirm

Bei der Plasma-Technologie besteht quasi jeder Lichtpunkt aus einer winzigen Zelle, in der sich Xenon-Gas befindet. Bei Ansteuerung einer Zelle über angebrachte Elektroden kommt es zu Entladungsprozessen, bei denen das Xenon-Gas ultraviolettes Licht abgibt. Dieses UV-Licht regt seinerseits eine Phosphorschicht auf der Bildschirmrückseite zum Leuchten an. Wie beim CRT-Monitor erfolgt die Farbdarstellung nach dem additiven Farbmischverfahren. Jeder Bildpunkt besteht also aus einem RGB-Farbtripel, d.h. aus drei winzigen Xenon-Zellen mit jeweils einer rot, grün und blau pigmentierten Phosphorschicht auf der Bildschirmrückseite.

PDP = Plasma Display Panel

Im Gegensatz zum RGB-Monitor erfolgt kein zeilenförmiger Bildaufbau, vielmehr werden bei einem Plasma-Display sämtliche Bildpunkte gleichzeitig angesteuert. Hierdurch ergibt sich ein sehr helles, äußerst scharfes, verzerrungs- und flimmerfreies Bild. Da Plasmadisplays keine Elektronen auf die Bildschirmrückseite schießen, entsteht auch keine Röntgenstrahlung.
Allerdings nimmt die Helligkeit der drei Grundfarben unterschiedlich schnell ab, sodass die Bilder im Laufe der Zeit rot- bis gelbstichig werden. Durch spezielle Ansteuerverfahren mit Überwachung der Helligkeitswerte der Bildpunkte eines Pixels und einem automatischen Abgleich lässt sich diesem Effekt entgegenwirken.
In Bild 1.160 sind einige Eigenschaften der vorgestellten Technologien zusammengefasst dargestellt.

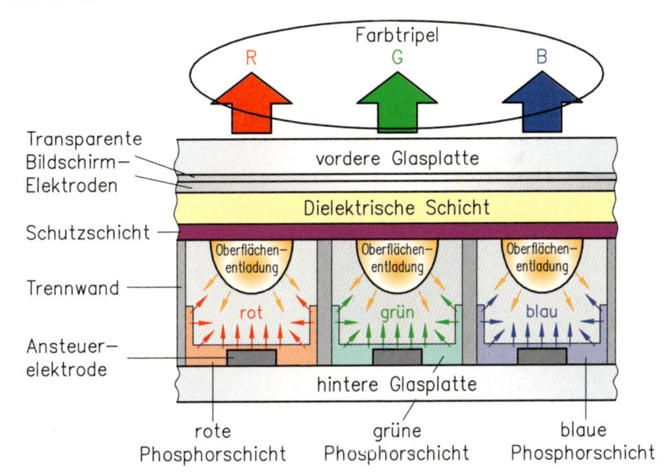

Bild 1.159: Prinzipieller Aufbau einer RGB-Plasma-Zelle

Eigenschaft	CRT	LCD	TFT	OLED	Plasma
Größe u. Gewicht	große Tiefe, schwer	flach, geringes Gewicht	flach, geringes Gewicht	extrem dünn, sehr leicht	flach, schwer
Bilddiagonale (typ.)	PC: bis 24 Zoll TV: bis 42 Zoll	bis 15,1 Zoll und Sondergrößen	bis 24 Zoll und Sondergrößen	zurzeit nur kleine Displays	wie CRT und Sondergrößen
Funktion	aktiv	passiv	passiv	aktiv	aktiv
Ansteuerung	analog	digital	digital	digital	digital
Auflösung	variabel	fest	fest	fest	fest
Blickwinkel	170°	90°–120°	100°–170°	170°	170°
Kontrast	350 : 1–700 : 1	ca. 200 : 1	200 : 1–600 : 1	> 100 : 1	bis 3000 : 1
Helligkeit	80–150 cd/m²	ca. 200 cd/m²	200 bis 500 cd/m²	300–10000 cd/m²	300 cd/m²
Schalt- bzw. Ansprechzeit	< 1 ms	100–500 ms (temperaturabh.)	2–25 ms (temperaturabh.)	40 ns	< 1 ms
Leistungsaufnahme	100–250 W	< 5 W	5–30 W	< 1 W	200–300 W
Umgebungstemperatur (typ.)	0 °C–40 °C	0 °C–50 °C	-10 °C–50 °C	-50 °C–80 °C	0 °C–45 °C
Bildverzerrungen	Kissenverzerrung, Linearitätsprobleme, Geometriefehler, Konvergenzprobleme	keine	keine	keine	keine
Sonstiges	störanfällig gegenüber el.-magn. Feldern, Helligkeit, Kontrast und Farbsättigung weitläufig einstellbar	plane Bildoberfläche, defekte Bildpunkte möglich, eingeschränkter Betrachtungswinkel, keine Strahlungsemissionen	plane Bildoberfläche, defekte Bildpunkte möglich, keine Strahlungsemissionen	biegsame Bildoberfläche, keine Strahlungsemissionen, große Bildhelligkeit, brillante Ausleuchtung, Lebensdauer zurzeit < 50 000 Std.	plane Bildoberfläche, keine Strahlungsemissionen, sehr hohe Auflösungen möglich, gute Ausleuchtung, zusätzlicher Lüfter erforderlich, teure Technologie

Aktiv: selbstleuchtend
Passiv: Fremdlicht erforderlich

Bild 1.160: Kurzvergleich der Technologien

Um einen besseren Vergleich der Eigenschaften von elektrooptischen Anzeigen zu ermöglichen, wurde der ISO-Standard 9241 novelliert. In diesem Standard sind die ergonomischen Anforderungen und die anzuwendenden Messverfahren für elektronische visuelle Anzeigen unabhängig von der verwendeten Technologie zusammengefasst und beschrieben.

1.9.6 Sonstige Darstellungstechnologien

Neben den genannten Technologien kommen bei den Flachbildschirmen weitere Techniken zum Einsatz, die im Folgenden kurz vorgestellt werden.

- **ELD (Elektrolumineszenz-Display)**
  EL-Displays sind ca 0,1 mm flache, aktiv leuchtende Bauelemente. Der Leuchtstoff ist eingebettet zwischen zwei durchsichtigen Isolatoren. Legt man an diese eine Spannung, emittiert der Leuchtstoff Licht.
  Einsatzbereich: PDAs, Handhelds, Smartphones
  Vorteil: sehr robust, unempfindlich gegen Feuchtigkeit und Sauerstoffeinwirkung
  Nachteil: Vergleichsweise hoher Energieverbrauch

- **FED (Field-Emission-Display)**
  FEDs werden auch als Surface Conduction Electron Emitter Display (SED) bezeichnet. Die Funktionsweise eines FED ähnelt der einer CRT-Bildröhre. Allerdings erfolgt die Elektronenemission nicht durch eine zentral angeordnete Strahlkanone, vielmehr besteht ein SED aus einer Glasplatte, auf der sich für jedes darzustellende Pixel jeweils eine spezielle Elektrode befindet, die Elektronen emittieren kann. Auf einer gegenüberliegenden Glasplatte, die nur wenige µm entfernt ist, sind Punkte aus einer fluoreszierenden Substanz aufgebracht, die beim Auftreffen von jeweils emittierten Elektronen zum Leuchten angeregt werden. FEDs sind dünner als LCDs herstellbar, da sie keine Hintergrundbeleuchtung brauchen. Die erzielbare Leuchtdichte ist doppelt so groß wie bei Plasmadisplays.
  Einsatzbereich: PC- und Großbildschirme

- **SPD (Smart-Paper-Display)**
  Das Prinzip des Smart-Paper-Displays (alternative Bezeichnung: **E-Paper-Display**, „elektronisches Papier") besteht darin, dass Millionen winziger Kügelchen (Durchmesser 50 µm bis 100 µm) in einer ölartigen Substanz schwimmen, die in einer wabenartig aufgebauten, dünnen, transparenten Silikonfolie eingeschweißt ist. Die Kügelchen sind auf der einen Seite schwarz und auf der anderen Seite weiß eingefärbt und elektrisch polarisiert. Werden sie einem elektrischen Feld ausgesetzt, richten sie sich entsprechend aus, die Oberfläche wird – je nach Polung des Feldes – entweder schwarz oder weiß. Die Ausrichtung bleibt auch nach Entfernen des elektrischen Feldes erhalten. Eine Energiezufuhr ist nur zum Ändern der dargestellten Informationen erforderlich. Das Display kann aufgerollt werden, herausgezogen kann es dann größer sein als das Gerät selbst, welches mit einem solchen Display ausgestattet ist. Mit einer entsprechenden Anordnung farbiger Kügelchen sind künftig auch Farbdarstellungen möglich.

Elektrische Polarisation siehe Kap. 5.4.1.3

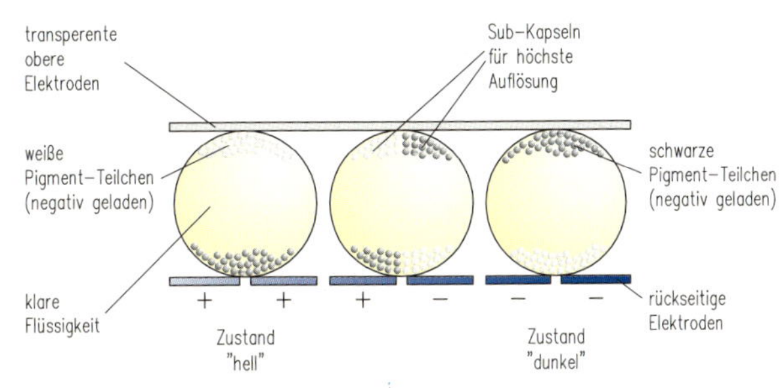

1.9.7 Beamer

Beamer

Ein **Beamer** ist ein Video-Großbildprojektor für die Darstellung eines Monitor- oder Fernsehbildes auf einer Leinwand.

Zur Projektion werden verschiedene Prinzipien eingesetzt.

Projektionsprinzip	Merkmale
Röhrenprojektion	Projektor mit drei Röhren in den Grundfarben Rot, Grün und Blau, die ihr Licht getrennt auf die Projektionsfläche werfen; aus der Überlagerung der drei Lichtstrahlen ergibt sich die farbige Darstellung des Bildes; analoge Ansteuerung, zeilenweiser Bildaufbau
LCD/TFT-Panel Technologie	Ein LCD/TFT-Panel wird von hinten mit einer starken Lichtquelle angestrahlt; die Lichtdurchlässigkeit wird pixelweise gesteuert, der Einsatz von RGB-Farbfiltern liefert eine farbige Darstellung; digitale Ansteuerung
LCoS-Panel, D-ILA Projektor	**L**iquid **C**rystal **on** **S**ilicon Prinzipiell wie ein TFT-Panel aufgebaut, jedoch wird das Panel nicht von hinten von einem Lichtstrahl durchleuchtet und ändert seine Lichtdurchlässigkeit, sondern es wird von vorne angestrahlt und ändert je nach Ansteuerung sein Reflexionsverhalten, RGB-Farbfilter liefert eine farbige Darstellung; das reflektierte Licht wird über Linsen gebündelt und auf einer Leinwand projiziert; digitale Ansteuerung; alternative Bezeichnung D-ILA (**D**irect-Driven **I**mage **L**ight **A**mplifier; Fa. JVC): sehr große Helligkeit durch Einsatz einer Xenon-Lampe, vergleichsweise teuer, nur für professionellen Einsatz geeignet
DMD-Panel Technologie	**D**igital **M**icromirror **D**evice Spezielles Verfahren, bei dem – vereinfacht dargestellt – winzige Spiegel (14 × 16 µm) beweglich auf einem Chip platziert sind; die Spiegel reflektieren die mittels RGB-Filter aufbereitete Farbinformation, die dann über eine Linse auf die Leinwand projiziert wird. Es sind jeweils nur diejenigen Mikrospiegel in Richtung Leinwand gerichtet, die gerade die vom RGB-Filter durchgelassene Farbe projezieren sollen.

Bild 1.161: Beamer-Technologien

Aufgrund ihrer Größe, ihrem Gewicht und ihrer vergleichsweise geringen Helligkeit sind Röhrenprojektoren für den Einsatz mit PCs weniger geeignet. Zurzeit werden meist LCD/TFT-Panel-Projektoren eingesetzt. Der prinzipielle Aufbau eines solchen Panels ist im Folgenden dargestellt.

LCD/TFT-Panel

Dichroitischer Spiegel = Semitransparenter Spiegel, der Licht eines bestimmten Frequenzbereiches reflektiert, während er für andere Lichtfrequenzen durchlässig ist.

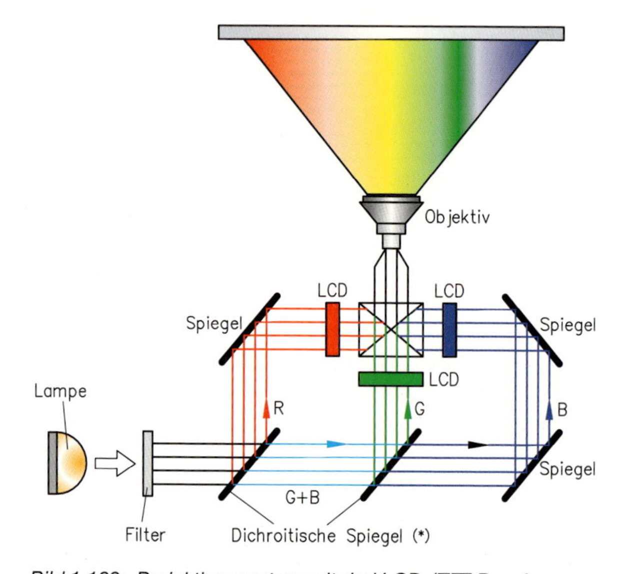

Bild 1.162: Projektionssystem mit drei LCD-/TFT-Panels

Das weiße Licht einer Lampe wird mit zwei dichroitischen Filtern in die drei Farbkomponenten Rot, Grün und Blau aufgeteilt. Nach dem Durchleuchten der jeweiligen LCD/TFT-Matrix werden alle drei Grundfarben in einem dichroitischen Prisma wieder zusammengeführt und über eine Linse auf die Leinwand projiziert. Einfachere Systeme arbeiten auch mit einem einzigen LCD/TFT-Panel mit integrierten Farbfiltern, wobei die Darstellungsqualität (z.B. Kontrast, Farbintensität) schlechter ist. Die Helligkeit der Darstellung hängt von der Lichtleistung der verwendeten Lichtquelle ab. Diese wird in **ANSI-Lumen** angegeben. Bei Werten oberhalb von 1500 ANSI-Lumen ist in der Regel kein Abdunkeln des Raumes erforderlich.

Neben den TFT-Projektoren hat seit 1996 die **DLP-Technologie** zunehmend an Bedeutung gewonnen. Sie wird eingesetzt in den Bereichen Daten- und Video-Projektoren (Beamer), DLP-Fernseher und digitales Kino (DLP Cinema). Ihr Kernstück ist eine DMD-Baugruppe, ein halbleiterbasiertes Lichtschalter-Array mit einzeln adressierbaren Mikrospiegeln.

DLP = **D**igital **L**ight **P**rocessing

Ein **DMD** besteht je nach geforderter Auflösung aus Hunderttausenden beweglicher Mikrospiegel, die durch darunterliegende CMOS-Speicherzellen gesteuert werden. Die Spiegel sind so aufgebaut, dass sie sich in eine Position von +10° oder −10° – je nach dem binären Zustand der CMOS-Zellen – schwenken lassen. Wird ein Spannungspuls an die Zelle gesandt, so bleibt jeder Spiegel entweder in seiner Stellung oder er kippt sehr schnell in die entgegengesetzte Lage, je nach den Daten in der entsprechenden Speicherzelle.

DMD = **D**igital **M**irror **D**evice

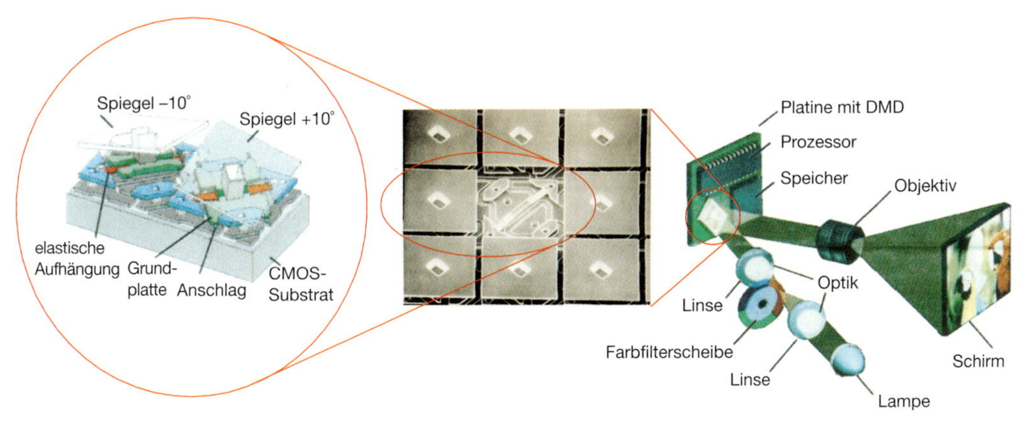

Bild 1.163: Aufbau eines DLP-Panels

DLP-Projektoren ermöglichen eine präzise Wiedergabe von bis zu 16,7 Millionen Farben durch den Einsatz einer digitalen Farbkontrolle von den Eingangsdaten bis zur Projektion. Infolge der geringen Pixelabstände (µm-Bereich) ergibt sich keine erkennbare Linienstruktur. DLP-Projektoren haben aufgrund ihrer geringen Größe und ihres niedrigen Gewichts gegenüber TFT-Projektoren Vorteile, was sie insbesondere für den mobilen Einsatz geeignet macht. Allerdings benötigen diese Panels eine hohe Rechenleistung zur Steuerung der bis zu 2,4 Millionen Spiegel.

In Zukunft werden auch Laserprojektoren eingesetzt werden, die wie beim Fernsehschirm das Bild zeilenweise mit hoher Geschwindigkeit auf die Leinwand projizieren. Aufgrund der besonderen physikalischen Eigenschaften

Laserprojektoren

von Laserlicht ergibt sich hierbei auch auf unebenen Projektionsflächen ein in allen Bereichen scharfes Bild.

Aufgaben:

1. Beschreiben Sie das Grundprinzip der Bilderzeugung bei einem CRT-Monitor!
2. Was versteht man bei einem Monitor unter einem Pixel?
3. Welche Unterschiede bestehen zwischen einer normalen Bildschirmröhre und einer Trinitron-Röhre? Woran lässt sich eine Trinitron-Röhre am Bildschirm erkennen?
4. Bei Video-Displays unterscheidet man zwischen der logischen und der physikalischen Auflösung. Beschreiben Sie den Unterschied!
5. Aus welchem Grund ist bei Monitoren der Non-Interlaced-Modus dem Interlaced-Modus vorzuziehen? Worauf sollte man deswegen beim Kauf eines Monitors achten?
6. Die Grafikkarte eines Kunden kann eine maximale Auflösung von 1280 × 1024 Bildpunkten liefern. Welche Information geben Sie diesem Kunden auf die Frage, ob sein Monitor mit den technischen Daten 17-Zoll-Monitor, Dot Pitch 0,26 mm, Bildschirmbereich 317 mm × 238 mm diese Auflösung darstellen kann?
7. Welche Anschlusssysteme gibt es, einen Monitor mit einer Grafikkarte zu verbinden? Nennen Sie Vor- und Nachteile!
8. Welcher Unterschied besteht in Bezug auf die Signalübertragung zwischen einem RGB-Monitor und einem Composite-Monitor?
9. Welche Prinzipien liegen der Bilderzeugung bei einem LCD-Display zugrunde?
10. Welche Vorteile bietet ein Flachdisplay gegenüber einem Monitor?
11. Ein Kunde fragt nach der Bildschirmgröße eines 19-Zoll-RGB-Monitors und dem Größenunterschied zu einem 19-Zoll-TFT-Flachdisplay. Welche Antworten geben Sie ihm?
12. Ein Kunde hat sich über Laptops informiert und hierbei die Abkürzungen TFT, IPS und MVA gelesen. Da ihm diese Abkürzungen unbekannt sind, möchte er von Ihnen technische Informationen und eine Beratung. Welche Auskünfte geben Sie ihm?
13. Die neuesten Displayanzeigen werden in OLED-Technik gefertigt. Erläutern Sie die Bedeutung dieser Abkürzung. Nennen Sie Vorteile dieser Technik gegenüber anderen bildgebenden Komponenten.
14. Erläutern Sie die Funktionsweise eines Plasma-Bildschirms.
15. Für die Großprojektion werden Beamer mit TFT-Panel-Technologie oder DMD-Panel-Technologie eingesetzt. Beschreiben Sie beide Darstellungsverfahren.

1.10 Drucker

Unterscheidung von Druckern

Drucker gehören zur Peripherie einer Datenverarbeitungsanlage und dienen der Ausgabe von Texten und Grafiken auf Papier. Sie werden in vielen verschiedenen Ausführungen und für jeden gewünschten Einsatzbereich hergestellt, eine Unterscheidung ist nach verschiedenen Gesichtspunkten möglich:

Monochrom- oder Farbdrucker

Ob ein Drucker monochrom oder farbig drucken kann, hängt nicht vom Druckverfahren, sondern von der Anzahl der vorhandenen Farbträger (z. B. Farbband, Tintenpatronen) ab.

Impact- oder Non-Impact-Drucker

Bei Impact-Druckern erfolgt der Zeichendruck aufgrund eines mechanischen Anschlags, bei Non-Impact-Druckern werden die Zeichen nicht mechanisch gedruckt (Impact, engl.: Aufprall).

Typendrucker oder Matrixdrucker

Unter dem Begriff Type versteht man in der Drucktechnik die Zeichen, aus denen gedruckter Text besteht, bzw. den gesamten druckbaren Zeichensatz (Typeface) in einer gegebenen Größe und einem gegebenen Stil. Beim Typendruck wird das darzustellende Zeichen zeilenweise als Ganzes gedruckt, beim Matrixdrucker wird das Zeichen punktweise aufgebaut.

Matrixdruck

Im PC-Bereich haben Typendrucker nur eine geringe Bedeutung, da sie nicht grafikfähig sind.

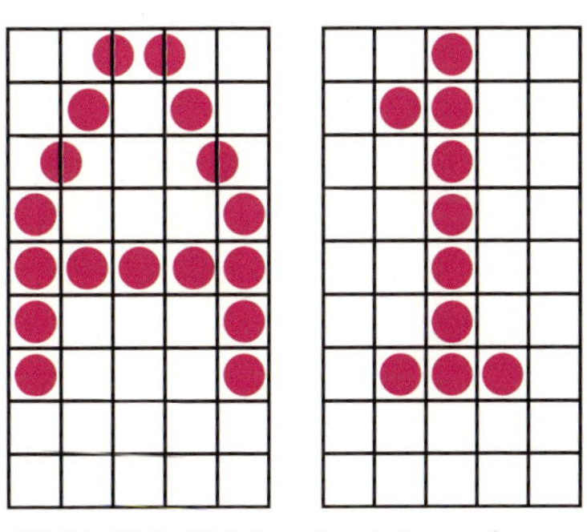

Bild 1.164: Zeichendarstellung eines Matrixdruckers

GDI- oder PCL-Drucker

GDI- oder **Host-Based-Drucker** verfügen lediglich über eine reduzierte Elektronik (keinen leistungsstarken Druckerprozessor, geringeren Speicher) und sind daher preiswert herstellbar. Die erforderlichen Rasterberechnungen für den Druckvorgang erfolgen durch die CPU des PCs, die – unabhängig von der Auflösung der Vorlage – stets nur die für das Druckwerk nötige Datenmenge als direkte Druckerbefehle sendet. Die Leistungsfähigkeit hängt von dem in das Betriebssystem eingebundenen Druckertreiber ab.

GDI: Graphics Device Interface
PCL: Printer Command Language

PCL-Drucker werden mit einer entsprechenden Druckersprache angesteuert. Sie verfügen über einen leistungsstarken Druckprozessor und einen größeren internen Speicher und nehmen die erforderlichen Berechnungen selbst vor, entlasten also die CPU. Die verwendeten PCL-Versionen sind jeweils abwärtskompatibel, d.h. ein PCL6-fähiger Drucker kann auch mit PCL3 betrieben werden, allerdings nur mit den Leistungsmerkmalen, die PCL3 bietet.

Druckverfahren

Das Druckverfahren beschreibt, wie das zu druckende Zeichen auf das Papier gebracht wird. Die Einteilung nach dem Druckverfahren ist die gebräuchlichste Unterteilung. Die zurzeit aktuellen Druckverfahren werden im folgenden Abschnitt näher erläutert.

Drucker lassen sich nach verschiedenen Merkmalen voneinander unterscheiden. Diese Unterscheidung sagt nichts über die Qualität eines Druckers aus.

Neben Geräten mit reiner Druckerfunktion gibt es auch Multifunktionsgeräte, die zusätzlich als Fax, als Fotokopierer und sogar als Scanner arbeiten.

1.10.1 Nadeldrucker (Wire Pin Printer)

Bei einem Nadeldrucker sind im Druckkopf mehrere Nadeln senkrecht untereinander angeordnet. Jede Nadel wird einzeln und unabhängig von den anderen Nadeln angesteuert. Beim Druckvorgang schlagen diese Nadeln – bewegt durch einen Elektromagneten – mechanisch auf ein Farbband, das sich zwischen den Nadelspitzen und dem Papier befindet. Durch diesen Vorgang werden kleine Punkte auf dem Papier erzeugt. Untereinanderliegende Druckpunkte werden hierbei gleichzeitig angebracht.

Druckvorgang Nadeldrucker

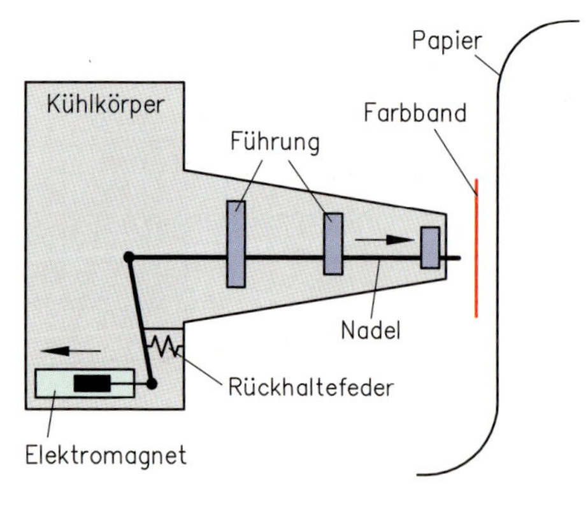

Bild 1.165: Druckkopf eines Nadeldruckers

Danach bewegt sich der Druckkopf mechanisch angetrieben einige zehntel Millimeter horizontal über das Papier und setzt eine weitere Reihe von Punkten. Die einzelnen Pünktchen liegen so eng zusammen, dass sich aufgrund der nur begrenzten Wahrnehmungsfähigkeit des menschlichen Auges im Allgemeinen zusammenhängende Strukturen ergeben. Der Nadeldrucker gehört also zur Klasse der Matrixdrucker (Dot Matrix Printer; Line Matrix Printer). Je mehr Nadeln der Druckkopf enthält, desto enger können die Punkte untereinander gesetzt werden. Aufgrund der geometrischen Abmessungen der Nadeln ist ihre Anzahl nach oben jedoch begrenzt. Standardmäßig werden heutzutage Drucker mit mindestens 24 Nadeln angeboten.

Druckqualität

Die Druckqualität eines **Nadeldruckers** hängt maßgeblich von der Anzahl der Nadeln im Druckkopf ab.

Da ein Nadeldrucker Zeichen aus einzelnen Punkten zusammensetzt und jede Nadel einzeln angesteuert werden kann, ist er grundsätzlich auch in der Lage, Grafiken auszudrucken. Nadeldrucker werden als Monochrom- oder Farbdrucker hergestellt; die Farbdrucker arbeiten mit einem Farbband, das über vier Farbstreifen verfügt.

Der Vorteil des Nadeldruckers gegenüber allen anderen Druckerarten ist die Fähigkeit, aufgrund des mechanischen Anschlagens der Nadeln auf das Papier auch Durchschläge erzeugen zu können. Der Druck ist auf jede Art von Papier möglich. Allerdings ist der Druckvorgang stets mit einer hohen Lärmbelästigung verbunden.

1.10.2 Tintenstrahldrucker (Ink Jet Printer)

Druckvorgang
Tintenstrahldrucker
Papierqualität

Der Druckkopf eines Tintenstrahldruckers besteht im Wesentlichen aus einem Tintenbehälter und vielen untereinander angeordneten Düsen, die mit dem Vorratsbehälter über kleine Kanülen miteinander in Verbindung stehen. Der Tintenstrahldrucker arbeitet also auch nach dem Matrixprinzip. Das Druckbild wird erzeugt, indem die Düsen kleinste Tintentropfen auf das Papier spritzen, d.h. es handelt sich um einen anschlagfreien Drucker, der gesamte Druckkopf wird lediglich auf einem „Schlitten" fast berührungsfrei über das Papier bewegt. Die Düsen sind viel kleiner als die Nadelspitzen eines Nadeldruckers, sodass sie wesentlich dichter zusammenliegen. Hierdurch können die einzelnen Tröpfchen wesentlich enger gesetzt werden. Da die Tinte von dem Papier aufgesogen wird, hängt die Qualität des Drucks nicht unerheblich von der Qualität des verwendeten Papiers ab. Für eine hohe Qualität insbesondere beim Drucken von Grafiken oder Bildern ist zum Teil Spezialpapier erforderlich.

Tintenstrahldrucke weisen überdies den Nachteil auf, dass die gedruckten Farben unter dem Einfluss des Sonnenlichtes mit der Zeit verblassen.

Farbstabilität

- Der Begriff **Farbstabilität** charakterisiert die Veränderung von gedruckten Bildern unter dem Einfluss von Tageslicht bei der Aufbewahrung hinter Glas.

Als absolut farbstabil gilt ein Bild, das sich in einem Zeitraum von 50 Jahren für den Menschen nicht wahrnehmbar verändert. Hierbei spielt die Beschaffenheit der Tinte eine erhebliche Rolle (z. B. wasserlösliche Farbstofftinte, pigmentierte Tinte). Aus den vergleichsweise hohen Preisen für Tintenpatronen refinanzieren die meisten Druckerhersteller ihre jeweiligen Entwicklungskosten, da die Druckerpreise künstlich niedrig gehalten werden.
Das Herausschleudern der Tinte aus dem Druckkopf wird durch Anwendung unterschiedlicher Techniken bewirkt:

Piezoverfahren

Piezoelektrischer Effekt

Bei diesem Verfahren nutzt man die besonderen Eigenschaften von sogenannten Piezokristallen aus. Hierunter versteht man Materialien, deren äußere Abmessungen sich bei Anlegen einer elektrischen Spannung geringfügig verändern (piezoelektrischer Effekt). Aufgrund der Konstruktion der verwendeten Piezoröhrchen im Druckerkopf bewirkt das Anlegen einer elektrischen Spannung, dass sich das Piezoröhrchen zusammenzieht. Der (Luft-)Druck vor der Düse ist damit niedriger als im Inneren des Röhrchen. Hierdurch wird ein winziges Tröpfchen Tinte aus der Öffnung gepresst. Dieses Verfahren wird auch als **Unterdruckverfahren** oder als **Drop-on-Demand-Verfahren** bezeichnet.

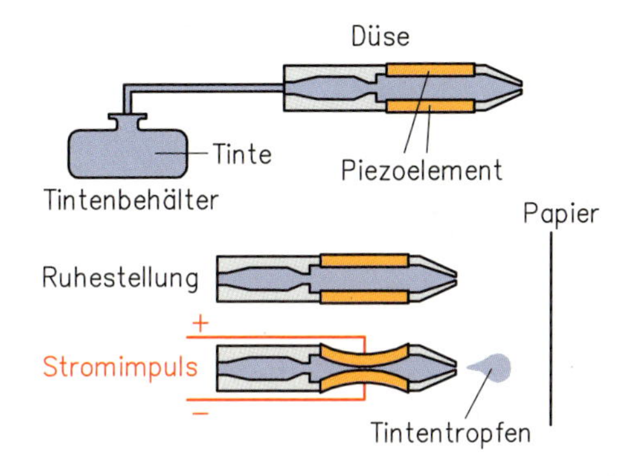

Bild 1.166: Grundprinzip des Piezo-Verfahrens

Bubble-Jet-Verfahren

Blasenstrahlprinzip

Dieses Verfahren kann folgendermaßen veranschaulicht werden:

Hinter jeder düsenförmigen Öffnung, die über eine Kanüle mit dem Tintenbehälter verbunden ist, befindet sich eine Art elektrischer Widerstand, der durch Anlegen einer elektrischen Spannung bis über 500 °C erhitzt werden kann. Aufgrund dieser Erwärmung dehnt sich die Tinte aus. Im Bereich der Düse bildet sich ein Tropfen, der durch den im Inneren entstandenen Druck auf das Papier gespritzt wird. Dieses Verfahren wird auch **Blasenstrahlprinzip** genannt.

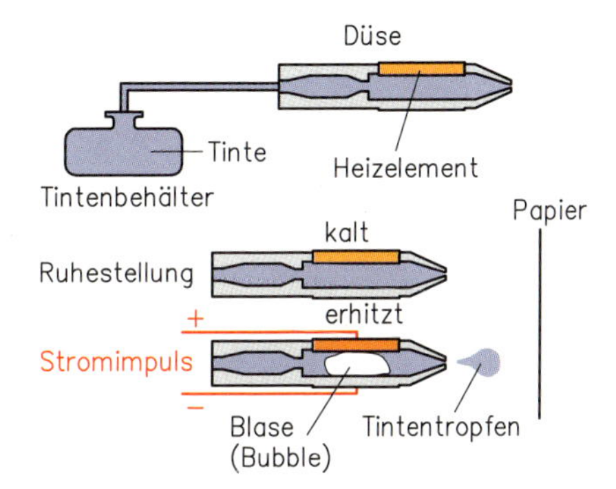

Bild 1.167: Grundprinzip des Bubble-Jet-Verfahrens

- Beim Piezo-Druckverfahren ist der Verschleiß des Druckkopfes geringer als beim Bubble-Jet-Verfahren.

Anzahl der Druckköpfe

Der monochrome Tintenstrahldrucker arbeitet mit einem einzigen Druckkopf, der Farbtintenstrahldrucker hat mehrere Druckköpfe nebeneinander angeordnet, die jeweils mit verschiedenfarbiger Tinte gefüllt sind. Jeder Druckkopf verfügt über eigene Düsen. In der Regel findet man hier – integriert in einem Gehäuse – drei farbige Druckköpfe und einen Druckkopf für Schwarz. Auf welche Weise hierdurch vielfarbige Drucke erzeugt werden können, wird im Abschnitt „Technik des Farbdrucks" näher erläutert.

Festtintendrucker/Wachsdrucker

Beim Festtintendrucker wird keine flüssige Tinte verwendet, sondern Wachsfarbstifte. Diese werden sukzessive bei einer spezifischen Temperatur abgeschmolzen und in Behältern bei ca. 90 °C bereitgehalten. Beim Druckvorgang wird aus diesen Behältern bedarfsorientiert Tinte auf das Druckmedium gesprüht, wo sie unmittelbar nach dem Auftreffen erstarrt.

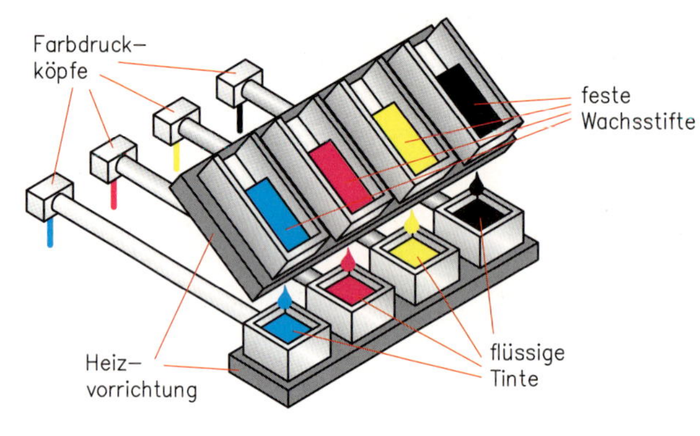

Bild 1.168: Grundprinzip Festtintendrucker

Anschließend wird das Papier unter hohem Druck zwischen zwei Rollen hindurchgeführt, die die Farbe auf das Medium pressen (Kaltfixierung, Cold Fusing). Dieses Verfahren ist insbesondere für den fotorealistischen Druck geeignet, da die Wachsfarbe nur zu einem geringen Teil vom Papier aufgesogen wird und sich eine durchgehende matt glänzende Farboberfläche bildet. Allerdings ist dieses Verfahren vergleichsweise teuer.

Phasenwechselverfahren

Das **Festtintenverfahren** wird auch als **Phasenwechselverfahren** bezeichnet, weil das Farbmedium während des Druckvorgangs seinen Aggregatzustand (fest – flüssig – fest) wechselt.

1.10.3 Thermografische Drucker (Thermal Printer)

Bei den thermografischen Druckern werden mithilfe von Heizelementen im Druckkopf Farben erhitzt, die sich entweder direkt auf entsprechendem Spezialpapier (Thermopapier) oder auf Farbträgern befinden. Man unterscheidet:

Thermodrucker

Thermopapier

Beim einfachen Thermodrucker (Thermal Printer) besteht der Druckkopf ähnlich wie bei einem Nadeldrucker aus einer Anzahl von Stiften. Diese Stifte schlagen allerdings nicht durch ein Farbband auf das Papier, sondern werden aufgeheizt und anschließend kurz mit dem Spezialpapier (Thermopapier) in Kontakt gebracht (anschlagfreier Drucker). Aufgrund der Wärmeeinwirkung hinterlassen sie eine Verfärbung auf der Beschichtung des Thermopapiers. Weder das Drucken auf normalem Papier noch ein Farbdruck ist mit diesem Verfahren möglich.

Thermotransferdrucker

Subtraktives Farbmischverfahren siehe Kap. 1.10.6

Thermotransferdrucker arbeiten nach dem Prinzip der subtraktiven Farbmischung. Hierbei wird anschlagslos mit einem speziellen Thermo-Farbband auf Polyesterbasis gearbeitet. Winzige Heizelemente im Druckkopf erwärmen die wachsartigen Farben auf dem Farbband, die sich dann von dem Trägerband lösen und auf das Papier übertragen. Da sich die einzelnen Farbpartikel auf dem Papier vermischen, entsteht ein stufenloser Farbverlauf. Es ist kein Spezialpapier erforderlich.

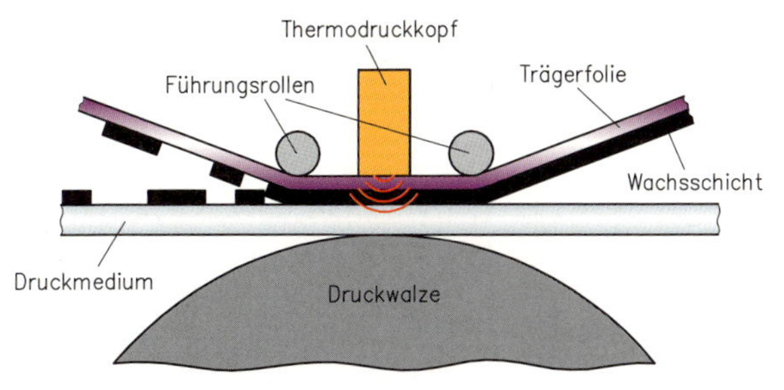

Bild 1.169: Grundprinzip Thermotransferdruck

Thermosublimationsdrucker (Thermal Sublimation Printer)

Der Thermosublimationsdrucker arbeitet ähnlich wie der Thermotransferdrucker, jedoch wird das Farbwachs mithilfe von Heizelementen so stark erhitzt, dass es den flüssigen Zustand überspringt und vom festen sofort in den gasförmigen Zustand wechselt. In diesem Zustand diffundiert es in das Spezialpapier. Jedes Heizelement des Druckkopfes kann bis zu 256 unterschiedliche Temperaturen erzeugen; die von der Trägerfolie abgeschmolzene Farbe wird umso intensiver übertragen, je höher die Temperatur ist. Auf diese Weise lassen sich bis zu 256 Farbintensitätsstufen auf dem Papier und damit eine hohe Farbqualität erzeugen. Diese Qualität wird allerdings mit hohen Kosten für Spezialpapier und Farbträger erkauft. Aus diesem Grunde finden diese Drucker zurzeit im privaten PC-Bereich weniger Verwendung.

Thermosublimationsverfahren

Der **Thermosublimationsdrucker** ist in der Lage, fotorealistische Bilder hoher Qualität zu erzeugen.

1.10.4 Laserdrucker (Laser Printer)

Laserdrucker gehören zur Kategorie der elektrofotografischen Drucker (Electrophotographic Printer) und arbeiten wie Fotokopierer nach einem elektrofotografischen Verfahren. Bei diesem Verfahren macht man sich die elektrostatische Kraftwirkung elektrisch geladener Komponenten zunutze (vgl. Kap. 5.4.1.1).

Innerhalb des Druckers befindet sich eine fotoempfindliche Trommel, die elektrisch (negativ) aufgeladen wird. Auf diese Trommel wird mithilfe eines Laserstrahls, der von einem Spiegelsystem zeilenweise über die rotierende Trommel gelenkt wird, ein Abbild der zu druckenden Zeichen geschrieben („Belichten"). An denjenigen Stellen, an denen später keine Druckzeichen entstehen sollen, wird der Laserstrahl abgeschaltet beziehungsweise unterbrochen. An allen Auftreffpunkten des **Lasers** (**L**ight **A**mplification by **S**timulated **E**mission of **R**adiation) wird die elektrische Ladung der Trommel neutralisiert. Nur an diesen Stellen kann der Toner, der mit der gleichen Polarität aufgeladen wird wie die Trommel und der im weiteren Verlauf des Druckvorgangs auf die Trommel aufgetragen wird, haften bleiben. An allen anderen Stellen wird der Toner abgestoßen. Auf diese Weise entsteht auf der Trommel ein unsichtbares elektrisches Abbild des zu druckenden Blattes (Elektrofotografie).

Belichten

Laser

Elektrofotografie

> Laserdrucker werden auch als **Seitendrucker** (Page Printer) bezeichnet, da sie das komplette Abbild einer zu druckenden Seite auf die Bildtrommel projizieren.

Der Toner besteht aus einer Art sehr feinem Tintenpulver. Das zu bedruckende Papier wird ebenfalls elektrostatisch aufgeladen, jedoch mit entgegengesetzter Polarität zur Ladung der Trommel. Da entgegengesetzt geladene Teilchen einander anziehende Kräfte ausüben, überträgt sich der Toner auf das Papier, das an der Trommel vorbeigerollt wird („Entwickeln"). Durch anschließende Hitzeeinwirkung wird der Toner schließlich auf dem Papier dauerhaft fixiert („Fixieren"). Eine DIN-A4-Seite kann auf diese Weise in kürzester Zeit bedruckt werden. Nach jedem Druckvorgang wird die Trommel automatisch von Tonerresten gereinigt.

Entwickeln

Fixieren

Laserdrucker

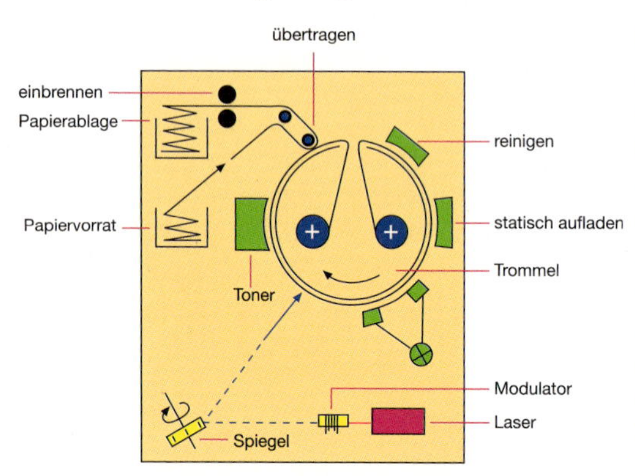

Bild 1.170: Prinzipieller Aufbau eines Laserdruckers

Farblaserdrucker arbeiten nach dem subtraktiven CMYK-Farbmischverfahren. Um eine Seite farbig zu drucken, müssen die dargestellten Arbeitsschritte viermal durchlaufen werden. Hierbei sind auch vier unterschiedliche elektrostatische Potenziale nötig, da das gleiche Potenzial eine bereits aufgebrachte Tonerschicht wieder zerstören würde (Direct-to-Drum-Verfahren).

Andere Farblaserdrucker verwenden zwei Bildtrommeln. Hierbei werden alle vier Auszüge nacheinander auf einer Bildtrommel erzeugt, auf die zweite übertragen und von dort zusammen zu Papier gebracht.

Elektrofotografische Drucker

Laserdrucker gehören zu den qualitativ hochwertigsten Druckern, sie zeichnen sich neben einer gestochen scharfen Druckqualität und hohen Druckgeschwindigkeiten auch durch hervorragende Grafikfähigkeiten aus.
Der beschriebene elektrofotografische Effekt lässt sich außer mit einem Laserstrahl auch mit anderen Lichtquellen realisieren. Zu den elektrofotografischen Druckern gehören dementsprechend auch die **LED-Drucker**, die **LCD-Drucker** und die **Ionenbeschuss-Drucker** (Ion-Deposition Printer).

1.10.5 Druckerkenngrößen und Leistungsmerkmale

Die Hersteller beschreiben die Eigenschaften ihrer Drucker mit Kenngrößen, von deren Qualität letztlich der Verkaufspreis abhängt. Beim Kauf eines neuen Druckers sind für den Anwender aber neben dem reinen Anschaffungspreis auch die Folgekosten zu beachten. Diese hängen immer vom jeweiligen Druckertyp ab. Neben der Kostenfrage sollte man vor dem Kauf aber ebenfalls über den Anwendungszweck nachdenken. Ein Drucker, der nur für den Textausdruck verwendet wird, muss sicherlich anderen Anforderungen genügen als ein Drucker, der zur fotorealistischen Darstellung von Bildern dienen soll.

Druckgeschwindigkeit

Die Druckgeschwindigkeit gibt an, wie schnell ein Drucker ein Blatt bedrucken kann. Sie wird entweder in Zeichen pro Sekunde (cps: caps per second) oder Anzahl der (DIN-A4-)Blätter pro Minute (ppm: pages per minute) oder pro Sekunde (pps: pages per second) angegeben.

Druckgeschwindigkeit in
cps
ppm
pps

Druckerauflösung

Vergleichbar mit der Darstellung auf einem Bildschirm kann man unabhängig vom Druckverfahren ein kleinstes, auf dem Papier druckbares Element definieren. Hierfür wird allgemein der Begriff **Druckpunkt** verwendet. Unter der Auflösung eines Bildes versteht man bei Druckern die Anzahl der zur Verfügung stehenden Druckpunkte pro Längeneinheit. Die Angabe erfolgt in **dpi** (dpi: dots per inch; übersetzt: Punkte pro Zoll; 1 inch = 2,54 cm). Je größer die Anzahl der Druckpunkte pro inch ist, desto besser ist die Qualität des Ausdrucks.

Druckpunkt

dpi

Bei allen gängigen Druckertypen ist die Wahl bestimmter vorgegebener Auflösungen möglich und kann vom Anwender nach Bedarf eingestellt werden. Grundsätzlich kann man stets die höchste Auflösung verwenden, die der Drucker zu leisten vermag. Allerdings sollte man wissen, dass sich bei hoher Auflösung die Druckgeschwindigkeit verlangsamen kann und der Verbrauch des Farbträgers (Farbband, Druckertinte, Toner) höher als bei niedrigerer Auflösung ist. Typische Auflösungen gängiger Druckertypen sind zurzeit:

Druckertyp	Auflösung	Typische Anwendung
Nadeldrucker	125–150 dpi 300 dpi (abhängig von der Anzahl der Nadeln)	Geringe Anforderungen; Konzeptausdrucke, je nach Auflösung Textverarbeitung bis hin zu einfachen Grafiken
Tintenstrahldrucker	600 × 600 dpi 720 × 720 dpi 1440 × 720 dpi 2280 × 1440 dpi 4800 × 1200 dpi (Fa. HP)	In Abhängigkeit von der eingestellten Auflösung (und der verwendeten Papierqualität!) mittlere bis hohe Anforderungen Konzeptausdruck bis hochwertige Grafiken
Laserdrucker	2400 × 600 dpi 720 × 720 dpi 4800 × 720 dpi	Hohe Anforderungen; Texte, Grafiken, fotorealistische Bilder

Bild 1.171: Typische Auflösungen verschiedener Druckertypen

Rasterweite

Eine weitere kennzeichnende Größe ist bei Druckern die Rasterweite. Sie wird in Linien pro inch angegeben (lpi: lines per inch) und erhält ihre Bedeutung dadurch, dass zur Darstellung verschiedener Graustufen entweder die einzelnen Druckpunkte mehr oder weniger eng gesetzt werden oder die Größe von angrenzenden schwarzen und weißen Bereichen verändert wird. Diese Art der Darstellung bezeichnet man als **Halbtonverfahren**. Die Wahrnehmung unterschiedlicher Graustufen bei der Färbung von Flächen entsteht durch das begrenzte Auflösungsvermögen des Auges. Bei der Darstellung von Farben wird ähnlich verfahren.

Darstellung von Graustufen

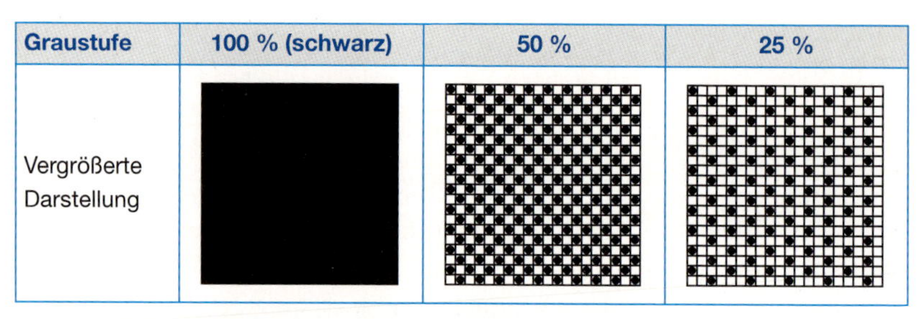

Graustufe	100 % (schwarz)	50 %	25 %
Vergrößerte Darstellung			

Bild 1.172: Prinzipielle Darstellung von Graustufen

In der folgenden Tabelle sind die typischen Merkmale der wichtigsten Druckertypen kurz zusammengefasst.

	Nadeldrucker	Tintenstrahldrucker	Laserdrucker
Druckgeschwindigkeit	– Eine bis vier Seiten pro Minute	– Je nach Druckverfahren (monochrom oder farbig) drei bis zehn Seiten pro Minute	– Je nach Typ fünf bis 40 (DIN A4) Seiten pro Minute
Vorteile	– Niedriger Anschaffungspreis – Geringe Verbrauchskosten (Farbband) – Kann Durchschläge erzeugen – Dokumentenecht – Kann Endlospapier bearbeiten	– Günstiger Anschaffungspreis – Folgekosten bei reinem Textdruck gering – Geräuscharmes Drucken	– Hohe Druckqualität – Sehr leiser Druckvorgang – Dokumentenechter Druck
Nachteile	– Sehr lautes Druckgeräusch – Langsame Druckgeschwindigkeit	– Ausdrucke nicht licht- und wasserecht – Unrentabel bei Seitendrucken mit hoher Seitenfärbung (z. B. Bilder) – Für hohe Druckqualität Spezialpapier erforderlich – Beim Bubble-Jet-Verfahren größerer Verschleiß des Druckkopfes als beim Piezoverfahren	– Vergleichsweise hoher Anschaffungspreis (insbesondere bei Farbdruckern) – Hoher Wartungsaufwand
Ursache der Folgekosten	– Drucker-Farbband	– Tintenpatrone – Spezialpapier	– Tonerkartusche – Bildtrommel
Umweltaspekte	– Umweltfreundlich	– Umweltfreundlich	– Tonerkartusche muss entsorgt werden – Zum Teil Ozonentwicklung (aufgrund der elektrostatischen Aufladungen)

Bild 1.173: Merkmale der wichtigsten Druckertypen

Drucker wurden früher an der parallelen Schnittstelle, heute jedoch üblicherweise an einem USB-Anschluss betrieben. Um einen Drucker betreiben zu können, bedarf es stets eines entsprechenden Druckertreibers (Printer Driver). Dieser muss sowohl den jeweiligen Drucker als auch die vorhandene Software unterstützen. Im Lieferumfang der gängigen Betriebssysteme sind Treiber für die meisten handelsüblichen Drucker enthalten. Allerdings bieten die von den Druckerherstellern mitgelieferten Treiber teilweise eine größere Auswahl bei den möglichen Einstellungen.

USB siehe Kap. 1.3.3

Im Zusammenhang mit Druckern treten oft auch die folgenden Begriffe auf:

■ Druckmodus (Print Mode)

Dieser Begriff bezeichnet allgemein das Ausgabeformat eines Druckers. Der Druckmodus legt die Ausrichtung (Hoch- oder Querformat), die Druckqualität und die Größe des Ausdrucks fest. Matrixdrucker unterstützen folgende Druckqualitäten: Entwurf, Letter-Qualität (LQ) oder Near-Letter-Qualität (NLQ). Einige Drucker können sowohl Standardtext (ASCII) als auch eine Seitenbeschreibungssprache (z. B. PostScript) interpretieren.

Druckqualitäten

■ PostScript

Die Tatsache, dass jeder Drucker seinen eigenen speziellen Druckertreiber benötigt, kann beispielsweise unter Windows dazu führen, dass Texte, die auf zwei PC-Systemen mit unterschiedlichen Druckern ausgegeben werden, verschieden aussehen (z. B. unterschiedlicher Seitenumbruch). **PostScript** ist eine Seitenbeschreibungssprache, die das Seitenlayout mit standardisierten Befehlen steuert, die auf jedem PostScript-fähigen Drucker zum gleichen Ausdruck führen. PostScript verfügt über flexible Schriftfunktionen, eine hochqualitative Grafikausgabe und in Verbindung mit **Display-PostScript** eine absolute WYSIWYG-Qualität (**W**hat **Y**ou **S**ee **I**s **W**hat **Y**ou **G**et). Diese Qualitätsstufe lässt sich ansonsten nur schwer realisieren, wenn man für die Darstellung auf Bildschirm und Drucker unterschiedliche Methoden anwendet.

WYSIWYG-Qualität

■ Drucker-Spooler (Print Spooler)

Der Drucker-Spooler ist ein Programm, das einen Druckjob auf dem Weg zum Drucker abfängt und ihn stattdessen im Speicher ablegt. Dort verbleibt der Druckjob so lange, bis ihn der Drucker ausführen kann. Der Begriff Spooler steht für „**S**imultaneous **P**eripheral **O**perations **On**line".

Spooler

■ Druckpuffer (Print Buffer)

Der Druckpuffer ist ein Speicherbereich, in dem Druckausgaben vorübergehend abgelegt werden, bis sie der Drucker verarbeiten kann. Die Einrichtung eines Druckpuffers kann im Hauptspeicher (RAM) des Computers, im Drucker selbst, in einer separaten Einheit zwischen dem Computer und dem Drucker oder auf einer Diskette erfolgen. Unabhängig von seiner Lokalisierung besteht die Funktion eines Druckpuffers darin, die Druckausgaben vom Computer mit hoher Geschwindigkeit zu übernehmen und sie an den Drucker, der eine wesentlich geringere Geschwindigkeit erfordert, weiterzuleiten. Dadurch kann der Computer in dieser Zeit andere Aufgaben übernehmen.

1.10.6 Farbdruckverfahren

Eine farbige Darstellung, beispielsweise ein Farbfoto, beinhaltet in der Regel eine große Anzahl vieler verschiedener Farben. Beim Drucken ist es nicht möglich, für jede dieser Farben einen entsprechenden Farbträger – je nach Druckertyp Farbband, Tintenpatrone oder Toner – bereitzustellen. Aus diesem Grund wendet man Verfahren an, mit deren Hilfe es möglich ist, durch Kombination einiger weniger Grundfarben alle anderen Farben zu realisieren.

Mischverfahren

Bild 1.174: *Subtraktives Farbmodell*

Bei Monitoren wird hierzu bekanntlich das RGB-Verfahren, ein additives Mischverfahren, angewendet (vgl. Kap. 1.9.1.3). Das additive Farbmischverfahren kann in der Technik nur dann angewendet werden, wenn Licht direkt, d.h. ohne Reflexion durch einen Gegenstand, in das Auge gelangt, wie dies beim Monitor der Fall ist. Für Darstellungen, die nicht selbst lichterzeugend sind, sondern bei denen das Licht erst durch Reflexion ins Auge gelangt, wie beispielsweise Farben, die auf Papier aufgebracht sind, muss ein **subtraktives Farbverfahren** verwendet werden.

Grundfarben

Bei diesem Verfahren werden die Grundfarben **C**yan, **M**agenta und **Y**ellow (Gelb) verwendet. Aus den drei Anfangsbuchstaben dieser Farben leitet sich die Kurzbezeichnung **CMY-Verfahren** ab.

CMY-Verfahren

Beim **CMY-Farbmischverfahren** können sämtliche Farben durch Mischen der drei Grundfarben Cyan, Magenta und Gelb hergestellt werden.

Die Zusammenhänge lassen sich am Farb-Einheitswürfel veranschaulichen (Bild 1.175), mathematisch handelt es sich hierbei um ein räumliches XYZ-Koordinatensystem.

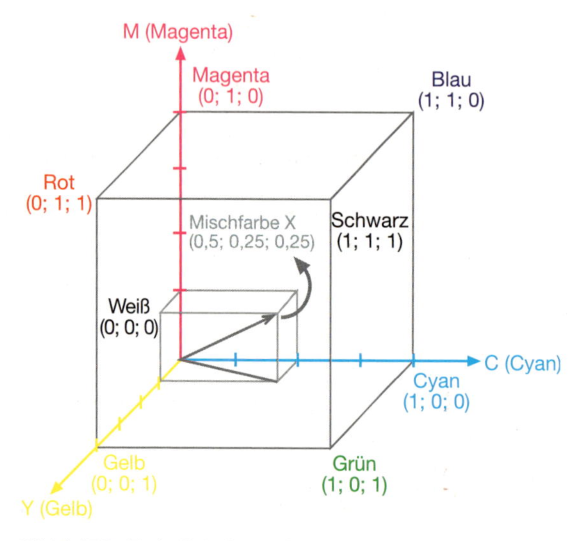

Bild 1.175: *Farb-Einheitswürfel für das CMY-Farbmischverfahren*

Auf den Koordinatenachsen sind die drei Grundfarben Cyan, Magenta und Gelb aufgetragen. Je weiter man sich auf einer dieser Achsen vom Koordinatenursprung entfernt, desto intensiver wird der entsprechende Farbanteil. Die größte mögliche Intensität einer Farbe ist im Einheitswürfel bei dem Wert 1 erreicht. Mischt man beispielsweise nur die Farben Cyan (1; 0; 0) und Magenta (0; 1; 0) mit jeweils größtmöglicher Intensität, entsteht die Farbe Blau (1; 1; 0), die Mischung von Magenta (0; 1; 0) und Gelb (0; 0; 1) ergibt Rot (0; 1; 1). Die Mischfarbe X entsteht beispielsweise durch Kombination aller drei Grundfarben mit den Intensitäten 0,5; 0,25; 0,25.

Vorteilhaft bei diesem Farbmodell ist, dass Weiß – die natürliche Farbe des Papiers – entsteht, wenn die drei Grundfarben die Intensität Null (0; 0; 0) aufweisen (d.h. nicht vorhanden sind). Wie viele verschiedene Farben – man spricht auch von Farbnuancen – realisiert werden können, ist abhängig von der Anzahl der möglichen Abstufungen (Intensitäten) der drei Grundfarben. In Bild 1.175 sind zur Veranschaulichung lediglich vier Stufen pro Farbe auf den Koordinatenachsen eingetragen. Bild 1.176 stellt den Zusammenhang zwischen der Anzahl der einzelnen Farbstufen und der Anzahl der darstellbaren Farbnuancen dar:

Anzahl der Farbnuancen

Anzahl der Stufen			**Anzahl der Farbnuancen**
Cyan	**Magenta**	**Gelb**	
4	4	4	64
8	8	8	512
16	16	16	4 096
32	32	32	32 768
64	64	64	262 144
128	128	128	2 097 152
256	256	256	16 777 216

Bild 1.176: Mögliche Anzahl von darstellbaren Farbnuancen

Werden alle drei Farben mit jeweils hohen Farbanteilen gemischt, entsteht als Farbeindruck für den Betrachter die Farbe Schwarz (1; 1; 1). In der Praxis stehen die drei Grundfarben allerdings nicht 100 % rein zur Verfügung. Die Folge ist, dass kein 100 %iges Schwarz mehr erzeugt werden kann und dass die Anzahl der druckbaren Farben eingeschränkt ist. Da bei diesem Verfahren das Erzeugen der Farbe Schwarz zudem einen extrem hohen Farbverbrauch zur Folge hat, wird Schwarz nicht durch Mischen der drei Grundfarben, sondern durch eine „echte" schwarze Druckfarbe erzeugt. Dieses Verfahren bezeichnet man als **CMYK-Verfahren**. Der Buchstabe „K" steht hierbei für die Farbe Schwarz (blac**k**).

CMYK-Verfahren

- Bei Farbdruckern wird das **CMYK-Farbmischverfahren** verwendet. Dieses Farbmischsystem wird auch als Vierfarb-Druckverfahren bezeichnet und findet ebenfalls in der professionellen Druckereitechnik Anwendung.

Zur Verbesserung des Farbeindrucks insbesondere bei der Wiedergabe von Fotos werden zunehmend auch Drucker angeboten, die über mehr als drei Grundfarben verfügen.
Aufgrund der verwendeten Drucktechnik sind Thermosublimationsdrucker in der Lage, bis zu 256 verschiedene Farbnuancen (Abstufungen) pro Grundfarbe zu drucken. Bei den Tintenstrahldruckern müssen die Farben erst mithilfe spezieller Verfahren aufbereitet werden, da diese Drucker – technologisch bedingt– keine Abstufungen der drei Grundfarben hervorbringen können.

Dithering-Verfahren

Um für den Betrachter den Eindruck von Farbnuancen entstehen zu lassen, werden vergleichbare Verfahren wie bei der Darstellung von Graustufen (siehe Kap. 1.10.5) angewendet. Durch eine geschickte Anordnung einzelner, aus den drei Grundfarben bestehender Farbpunkte entsteht der Eindruck einer bestimmten Farbnuance. Dieses Verfahren bezeichnet man als **Dithering**. Das entstehende Punkteraster besitzt je nach verwendeter Technik entweder ein festes oder ein variables Verteilungsmuster. Die entsprechenden Farbeindrücke entstehen, weil das menschliche Auge nur eine begrenzte Empfindlichkeit hat, die dazu führt, dass der Farbeindruck über eine gewisse Fläche gemittelt wird.

Je feiner die Verteilung von Farbpunkten in einem Bildbereich ist, desto besser lassen sich Farbübergänge drucken und umso mehr Farbnuancen lassen sich darstellen. Die Feinheit der Verteilung der Farbpunkte wird nach unten durch die maximale Druckerauflösung begrenzt.

Farbdrucker, die nicht in der Lage sind, Halbtöne mit fließenden Farbstufungen zu erzeugen, simulieren Zwischentöne mithilfe des **Dithering-Verfahrens**.

Die zu den Druckern gehörenden Treiber ermöglichen in der Regel die Einstellung unterschiedlicher Halbton- und Dithering-Verfahren. Durch Ausprobieren kann man die jeweils beste Einstellung ermitteln. Allerdings wird diese Einstellung von manchen Softwareprogrammen während des Druckvorgangs überschrieben, sodass sich auch nach einer manuellen Umstellung keine Änderung in der Qualität des Ausdrucks einstellt.

Anpassung RGB–CMYK

In der Praxis macht man oft die Erfahrung, dass ein Bild auf dem Monitor andere Farbtöne aufweist als das gleiche Bild ausgedruckt. Ursache hierfür ist eine ungenaue Anpassung der beiden verwendeten Farbmodelle RGB und CMYK. Über spezielle Einstellungen des Druckertreibers lassen sich die Farbdrucke der Bildschirmdarstellung anpassen; eine 100 %ige Übereinstimmung ist allerdings auch von der verwendeten Papierqualität abhängig. Allgemein bezeichnet man eine solche Einstellungsmöglichkeit als **Farbmanagement** (Color Management).

Farbmanagement

Mit dem Begriff **Farbmanagement** bezeichnet man allgemein ein Verfahren, mit dem auf unterschiedlichen Ausgabegeräten exakt die gleichen Farbtöne dargestellt werden.

Im vorliegenden Fall muss eine exakte Konvertierung der RGB-Farbdaten des Monitors in die entsprechenden CMYK-Ausgabedaten des Druckers erfolgen.

1.10.7 Plotter (Plotter)

Ein **Plotter** ist ein Gerät, mit dem sich Diagramme, Zeichnungen und andere vektororientierte Grafiken zeichnen lassen.

Während Drucker in der Regel nur die Papiergrößen DIN A4 oder DIN A3 bedrucken können, lassen sich mit Plottern auch wesentlich größere Papierformate (z. B. DIN A0) bearbeiten.

Plottereigenschaften

Im Gegensatz zu Druckern, bei denen Grafiken vielfach durch Anordnung einzelner Bildpunkte entstehen (Bildrasterung), zeichnet ein Plotter kontinuierliche Linien. Hierdurch werden keine „Treppenstufeneffekte“ erzeugt, womit der Plotter für die Ausgabe von Grafiken im technischen Bereich prädestiniert ist (z. B. Stromlaufpläne, Gebäudegrundrisse).

Plotter sind in der Lage, kontinuierliche Linien zu zeichnen.

Für reine Schriftdarstellungen sind sie weniger geeignet, da jedes Zeichen gemalt werden muss und die Ausgabegeschwindigkeit hierdurch sehr klein wird.

Plotterstifte

Plotter arbeiten entweder mit Stiften (z. B. Stifte mit speziellen Stahlkugelspitzen, Faserschreiber oder Gasdruckminen) oder elektrostatischen Ladungen in Verbindung mit Toner (elektrostatischer Plotter). Stiftplotter zeichnen mit einem oder mehreren farbigen Stiften auf Papier oder Transparentfolien. Elektrostatische Plotter bringen zunächst ein Muster aus elektrostatisch geladenen Bereichen auf das Papier, auf welches dann Toner geleitet wird, der anschließend durch Hitze fixiert wird. Gegenüber Stiftplottern arbeiten elektrostatische Plotter bis zu 50-mal schneller, sind aber auch wesentlich teurer. Farbige elektrostatische Plotter produzieren Bilder über mehrere Schritte mit Cyan, Magenta, Gelb und Schwarz.

Plotterarten

Nach der Art der Papierbehandlung unterscheidet man drei grundlegende Plottertypen: Flachbett-, Trommel- und Rollenplotter.

Flachbettplotter halten das Papier ruhig und bewegen den Stift, der sich auf einem Schlitten befindet, mithilfe von Schrittmotoren entlang der X- und Y-Achsen. Ein eigener Elektromagnet senkt den Stift erst dann auf die Papieroberfläche, wenn gezeichnet werden soll.

Trommelplotter rollen das Papier über einen Zylinder. Der Stift bewegt sich entlang einer Achse, während sich die Trommel mit dem darauf befestigten Papier entlang einer anderen Achse dreht. Trommelplotter sind besonders für große Ausdrucksformate geeignet.

Rollenplotter stellen eine Kombination aus Flachbett- und Trommelplotter dar. Der Stift bewegt sich hier entlang einer Achse und das Papier wird durch kleine Rollen vor- und zurücktransportiert.

Aufgaben:

1. Nach welchen Gesichtspunkten lassen sich Drucker einteilen?
2. Als Auszubildender in einem der IT-Berufe sollen Sie künftig auch im Verkauf eingesetzt werden. Ihr Ausbilder möchte sich über Ihren Kenntnisstand über Drucker informieren und fragt Sie nach den verschiedenen Druckertypen, den verwendeten Druckverfahren, den Vor- und Nachteilen der jeweiligen Verfahren und welche Empfehlungen Sie Kunden geben würden. Welche Auskünfte geben Sie ihm?
3. Was versteht man unter der Druckerauflösung und wie wird sie angegeben?
4. Auf welche Weise lassen sich bei einem S/W-Tintenstrahldrucker verschiedene Graustufen darstellen?
5. Woraus leitet sich die Abkürzung CMYK ab?
6. Aus welchem Grund sind Thermosublimationsdrucker besser für die Darstellung fotorealistischer Bilder geeignet als Farb-Tintenstrahldrucker?
7. Was versteht man unter der sogenannten Farbstabilität?
8. Ein Kunde möchte sich über den Druckvorgang bei einem Laserdrucker informieren. Welche Auskünfte geben Sie ihm?
9. Was versteht man unter einem PostScript-fähigen Drucker?
10. Aus welchem Grund lässt sich das RGB-Verfahren bei Druckern nicht anwenden?
11. Bei vielen Druckertreibern lässt sich das sogenannte Dithering einstellen. Was versteht man unter diesem Begriff?
12. In welchen Bereichen werden vornehmlich Plotter eingesetzt? Welche Vorteile bietet ein Plotter gegenüber einem Drucker?

1.11 Ergonomie, Umweltverträglichkeit und Prüfsiegel

Für den gesamten IT-Bereich gilt, dass alle Maßnahmen zur Arbeitssicherheit und zum Gesundheitsschutz sowie zur Entsorgung und zum Recycling von EDV-Geräten einen hohen Stellenwert für die gesamte Produktbewertung besitzen. Die Einhaltung von Normen und die Vergabe von Prüfzertifikaten gelten als entscheidende Produkteigenschaften für Hersteller wie für Anwender. Seit einigen Jahren gibt es die „Green IT"-Bewegung, die sich im weitesten Sinne um die Entwicklung und Verbreitung umweltfreundlicher und ressourenschonender IT-Produkte kümmert.

1.11.1 Ergonomie am Arbeitsplatz

BildscharbV

Mit der Veröffentlichung der Verordnung über Sicherheit und Gesundheitsschutz bei der Arbeit an Bildschirmgeräten, kurz Bildschirmarbeitsverordnung (BildscharbV), wurde 1996 eine entsprechende EU-Richtlinie in nationales Recht umgesetzt. In allgemeiner Form legt diese Verordnung die Grundlagen für Anforderungen an Bildschirmarbeit fest. Neu für Bildschirmarbeit war die Verpflichtung zur Überprüfung der Arbeits-, Sicherheits- und Gesundheitsbedingungen hinsichtlich Sehvermögen, körperlicher Probleme und psychischer Belastung. Das bedingt eine Arbeitsplatzanalyse aller Bildschirmarbeitsplätze in Bezug auf Sitzposition, Anordnung von Ein- und Ausgabegeräten, Lärmemission, Lichtverhältnisse, Blend- und Flimmerfreiheit.

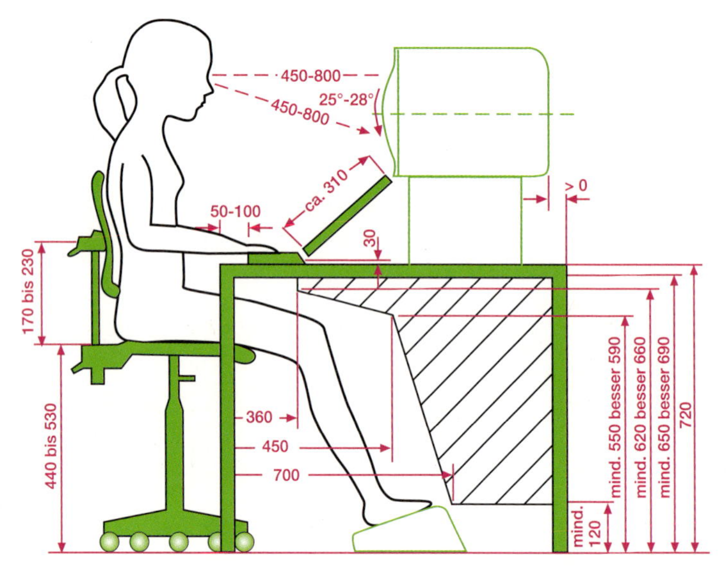

Bild 1.177: Sitzposition am Bildschirmarbeitsplatz nach DIN 33402 (Maße in mm)

Büromöbel mit guten Benutzermerkmalen sollten den Anforderungen der **TCO'04 Office Furniture** entsprechen. Das Prüflabel der Schwedischen Angestelltengewerkschaft ist ein Qualitäts- und Umweltgütesiegel für Bürostühle und höhenverstellbare, elektrisch gesteuerte Bürotische mit exakt spezifizierten Anforderungen in den Bereichen Ergonomie, Ökologie und Emissionen (Strahlung und Magnetfelder sowie chemische Emissionen). Nach Messung des Berufgenossenschaftlichen Instituts für Arbeitsschutz in St. Augustin dünsten sowohl herkömmliche Röhrenmonitore als auch neue Flachbildschirme nach dem Neukauf giftiges Phenol aus, das im Verdacht steht, das Erbgut zu schädigen und Krebs zu erregen. Weiterführende Informationen liefern z. B. das Sozialnetz Hessen www.ergo-online.de sowie die Bundesanstalt für Arbeitsschutz und Arbeitsmedizin (BAuA) www.baua.de.

EMV = elektromagnetische Verträglichkeit

Ein wesentlicher Beitrag zur Ergonomie am Arbeitsplatz besteht in der Verwendung emissionsfreier bzw. emissionsarmer Arbeitsmittel. Mindestgrenzwerte sind in nationalen und internationalen Richtlinien wie z. B. denen zur Elektromagnetischen Verträglichkeit (EMV) festgeschrieben (vgl. Kap. 5.5.3). Danach muss jeder Personal Computer der Produktnorm für Störemission EN 55022, der Grundnorm für Störbeeinflussung EN 50082–1 sowie der als Niederspannungsrichtlinie bezeichneten Norm EN 60950 entsprechen.

ISO-Norm

Die **ISO (International Organization for Standardization = Internationaler Normenausschuss)** hat mit der Norm ISO 9241-x die Bildqualitätsanforderungen für Monitore und deren Design festgelegt. Hiernach müssen bestimmte Bedingungen für Entspiegelung, Flimmerfreiheit, Kontrast, Sichtabstand, Zeichenbreite, -höhe und -gleichmäßigkeit erfüllt werden.
Auch bei der Entwicklung von neuer Software spielt der Ergonomie-Faktor eine bedeutende Rolle.

Software-Ergonomie

■ Ziel der Software-Ergonomie ist die Anpassung der Eigenschaften eines Dialogsystems an die geistigen und physischen Eigenschaften der damit arbeitenden Menschen.

Der Ergonomieanspruch erfordert eine benutzerfreundliche Auslegung von Software wie z. B.:

- Software soll so gestaltet sein, dass der Anwender bei der Erledigung von Arbeitsaufgaben unterstützt und nicht unnötig belastet wird.
- Software soll selbstbeschreibend sein, d. h. dem Anwender bei Bedarf Einsatzzweck und Leistungsumfang erläutern.
- Software soll vom Anwender so weit als möglich steuerbar und individuell anpassbar sein.
- Software soll den Erwartungen des Anwenders entsprechend reagieren.
- Software soll fehlerrobust sein, d. h. fehlerhafte Eingaben sollten nicht zu Systemabbrüchen führen und mit minimalem Korrekturaufwand rückgängig gemacht werden können.
- Die auf dem Bildschirm dargestellten Informationen sollen eindeutig und einheitlich gegliedert sein. Dazu zählen u. a. leicht erkennbare Symbole, Icons und Buttons sowie die Hervorhebung wichtiger Informationen.

Regelmäßiges und langes Arbeiten am Computerbildschirm führt mit der Zeit zu Augenbeschwerden. Werden anfängliche Symptome wie Brennen, Jucken, erhöhte Lichtempfindlichkeit usw. nicht beachtet, können ernsthafte gesundheitliche Schäden an den Augen entstehen. Laut Statistik haben rund ein Drittel aller PC-Nutzer Probleme mit ihren Augen. US-Mediziner sprechen inzwischen vom **„Office-Eye-Syndrome"**. Daher gehören regelmäßige Entspannungspausen für die Augen als Vorbeugungsmaßnahme zur Bildschirmarbeit dazu. Die Empfehlungen des Deutschen Grünen Kreuzes hierzu lauten: Alle zehn bis fünfzehn Minuten aus dem Fenster schauen und blinzeln. Auch Gähnen hilft den Augen, denn dabei wird nicht nur die Gesichtsmuskulatur entspannt, sondern auch die Sauerstoffversorgung im Sehzentrum verbessert sowie die Tränenproduktion angeregt.

1.11.2 Recycling und Umweltschutz

Wertstoffe

Außer auf Ergonomie und Arbeitssicherheit achten viele Hardwarehersteller zunehmend auf den Einsatz von umweltverträglichen Werkstoffen und die Möglichkeit, wertvolle Rohstoffe – sogenannte Wertstoffe – wiederzuverwenden. Dies gilt prinzipiell für alle Arten von elektronischen Geräten, die von spezialisierten Recyclingfirmen wieder in ihre Ausgangsmaterialien zerlegt werden können.
Dennoch werden Notebooks nach wie vor unter Verwendung toxischer Materialien gebaut. Das wurde von Greenpeace bei einem neuerlichen Test (2007) festgestellt. Danach ist der Weg zum giftfreien Notebook noch ziemlich lang. Zwar haben die Hersteller von Notebooks in den letzten Jahren einige der gefährlichsten Stoffe aus der Produktion herausgehalten, es werden jedoch weiterhin andere gesundheitsgefährdende Stoffe wie zum Beispiel PVC, bromhaltige Flammschutzmittel und Phthalate in den meisten tragbaren PCs verbaut. Insbesondere Bromide kommen noch in etwa 40 Prozent der Komponenten vor. Teilweise machen sie sogar bis zu zehn Prozent des Gesamtgewichts eines Bauteils aus. (Phthalate sind Weichmacher, die eine hormonähnliche Wirkung haben und bei Männern zu Unfruchtbarkeit und bei Nachkommen zu Missbildungen führen sollen.) Laut Greenpeace gäbe es jedoch für jedes mit gefährlichen Stoffen belastete Bauteil eine vergleichbare Komponente ohne riskante Materialien.

Das Recycling-Symbol weist auf Produkte oder Komponenten hin, die eine besondere Entsorgung erfordern. Auf diese Weise gekennzeichnete Artikel dürfen nicht einfach in den Hausmüll geworfen werden. Dazu zählen insbesondere schwermetallhaltige Batterien und Akkumulatoren (kurz: Akkus).

Die Batterieverordnung von 1998 regelt die umweltgerechte Entsorgung von Batterien. Daneben ist der ZVEI (**Z**entral**v**erband der **E**lektrotechnik- und Elektronik**i**ndustrie e.V.) Gründungsmitglied der Stiftung GRS (**G**emeinsames **R**ücknahme**s**ystem Batterien). GRS organisiert bundesweit alle Serviceleistungen von der Abholung und Sortierung bis zur Verwertung oder fachgerechten Beseitigung verbrauchter Gerätebatterien.

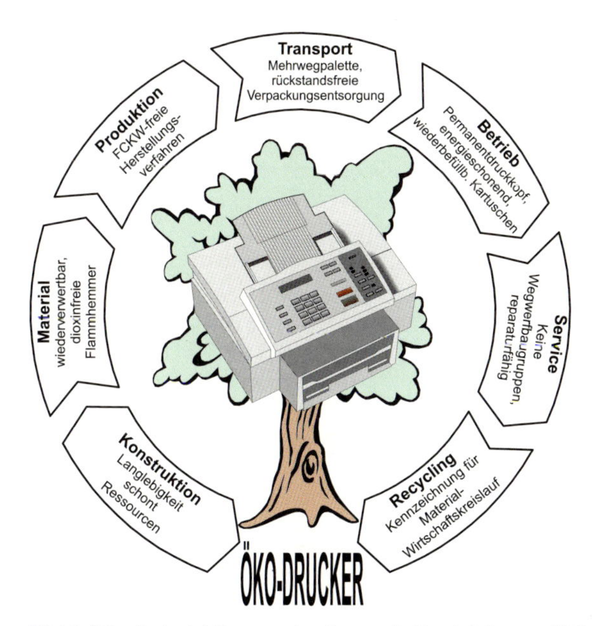

Bild 1.178: Beispiel für umweltschonende Produktion und Wiederverwertung

Refill-Service

So selbstverständlich, wie Altpapier, Batterien, Glas oder Alttextilien recycelt werden, ist es möglich, leere Tintenpatronen und Tonerkartuschen dem Kreislauf der Wiederverwertung zuzuführen. Die leeren Kunststoffkartuschen, die meist noch Farbrückstände aufweisen, gehören auf keinen Fall in die Restmülltonne. Sie würden bei der Müllverbrennung unnötig die Umwelt belasten. Außerdem kann das „Leergut" erneut befüllt und so dem Verbraucher wieder zur Verfügung gestellt werden. Viele Hersteller bieten einen entsprechenden Refill-Service an.

Sondermüll

- Leere Toner-Kartuschen und Tintenpatronen gehören ebenso wie Akkus und Batterien nicht in den Hausmüll. Mittlerweile haben die meisten Städte und Gemeinden oder regionale Abfallentsorger für diese Form von Sondermüll Altstoffsammelzentren eingerichtet.

CD-Recycling

Gleiches gilt für CD-ROMs und DVDs. Viele dieser Silberscheiben haben keine oder nur eine geringe Nutzungsdauer und landen danach im Müll. Eigentlich schade – schließlich bestehen CDs und DVDs aus hochwertigen Materialien. Sie enthalten 99 % Polycarbonat – einen Kunststoff, dem neben guten optischen Qualitäten auch hervorragende mechanische Eigenschaften zugeschrieben werden. Das im Recycling-Prozess gewonnene Polykarbonat wird entweder eingeschmolzen und als 30 %ige Beigabe wieder zu CD-Rohlingen verarbeitet oder mit anderen Kunststoffen und Farbe vermischt zu neuen Produkten wie z.B. Computergehäusen oder Armaturentafeln verarbeitet.

Silberner Kreislauf

- Nicht mehr benötigte CDs und DVDs gehören in den „silbernen Kreislauf".

Im Übrigen sind die Hersteller und Vertreiber von Transport- und Verkaufsverpackungen verpflichtet, alle Verpackungsmaterialien zurückzunehmen und zu verwerten bzw. wiederzuverwenden.

WEEE Executing Forum

Auf Initiative des „WEEE Executing Forums“ haben die Mitgliedsstaaten der EU und das Europäische Parlament im Jahr 2003 neue Richtlinien zur Entsorgung von Altgeräten sowie zur Bleisubstitution bei Neugeräten festgelegt:

WEEE = Waste Electrical and Electronic Equipment

RoHS = Restrictions of Hazardous Substances in electrical and electronic equipment

- WEEE-Direktive: Elektro- und Elektronik-Altgeräte-Richtlinie (WEEE = **W**aste **E**lectrical and **E**lectronic **E**quipment)
- RoHS-Direktive: Richtlinie zur Beschränkung der Verwendung bestimmter gefährlicher Stoffe in Elektro- und Elektronikgeräten (RoHS = **R**estrictions **o**f **H**azardous **S**ubstances in Electrical and Electronic Equipment)

WEEE-Richtlinie

Die WEEE-Richtlinie sieht vor, dass die Hersteller und Importeure von Elektro- und Elektronikgeräten den Transport der entsprechenden Altgeräte aus privaten Haushalten – sowohl die Rücknahme als auch die Entsorgung – finanzieren müssen. Ein Hersteller im Sinne der Richtlinie ist allerdings nicht nur derjenige, der Elektrogeräte herstellt und verkauft, sondern auch derjenige, der Geräte anderer Anbieter unter seinem Markennamen weiterverkauft oder gewerblich in einen Mitgliedsstaat der EU ein- oder ausführt (Importeur). Zur Identifizierung der Hersteller/Importeure haben die Mitgliedsstaaten ein Herstellerregister einzurichten. Den Hersteller/Importeur trifft darüber hinaus eine Kennzeichnungspflicht seiner Produkte. Neue Elektro- und Elektronikgeräte müssen mit dem Symbol der durchgestrichenen Mülltonne gekennzeichnet werden.
Seit dem 13. August 2005 sind Gerätehersteller verantwortlich für die Rücknahme und Entsorgung von Altgeräten.

ElektroG

Damit gekoppelt ist das neue Gesetz über das Inverkehrbringen, die Rücknahme und die umweltverträgliche Entsorgung von Elektro- und Elektronikgeräten (Elektro- und Elektronikgerätegesetz – ElektroG), das in Deutschland insbesondere die Entsorgung und Verwertung von Elektro- und Elektronikgeräten regelt. Deutlich stärker als bisher sind die Hersteller, Importeure (und unter Umständen auch die Wiederverkäufer) solcher Produkte verantwortlich für den gesamten Lebenszyklus der von ihnen produzierten und in Verkehr gebrachten Geräte. Sie müssen diese sowohl von gewerblichen als auch (über die öffentlich-rechtlichen Entsorgungsträger) von privaten Kunden auf eigene Kosten zurücknehmen bzw. entsorgen lassen. Über nachzuweisende Sicherheitsleistungen soll zukünftig vermieden werden, dass nach der Insolvenz eines Herstellers oder Importeurs der Staat für die Entsorgung der bis dahin verkauften Geräte aufkommen muss.

Zusätzlich beschränkt das Elektrogesetz (ElektroG) den Anteil bestimmter gefährlicher Stoffe, wie beispielsweise Blei oder Quecksilber, in neu konzipierten und produzierten Geräten.
Insgesamt verfolgt das Elektrogesetz drei zentrale Ziele:

- Vermeidung von Elektro- und Elektronikschrott,
- Reduzierung von Abfallmengen durch Wiederverwendung und Sammel-/Verwertungsquoten,
- Verringerung des Schadstoffgehalts in Elektro- und Elektronikgeräten.

Sammelmenge

Bis spätestens 31.12.2006 musste eine Sammelmenge von mindestens 4 kg getrennt gesammelter Elektro- und Elektronikaltgeräte (EAG) aus privaten Haushalten pro Einwohner und Jahr erreicht werden. Die EU-Institutionen Parlament, Rat und Kommission sollen bis zum 31.12.2008, basierend auf Erfahrungswerten, ein neues verbindliches Sammelziel für EAG, etwa in Form eines Prozentsatzes der verkauften Elektro- und Elektronikgeräte, festlegen.

RoHS-Richtlinie
Bleiablösung

Die RoHS-Richtlinie verbietet den Einsatz von Blei (sog. Bleiablösung), Cadmium, Chrom VI, Quecksilber und den Flammenhemmern PBB und PBDE in Elektro- und Elektronikgeräten. Damit finden die kontroversen Diskussionen zwischen den EU-Organen und der Wirtschaft ein vorläufiges Ende. Blei und andere gefährliche Stoffe dürfen (von wenigen Ausnahmen abgesehen) definitiv nicht mehr ab dem 01.07.2006 eingesetzt werden. Mehr Informationen dazu liefern die Internetseiten des FED (**F**achverband **E**lektronik-**D**esign e.V.) unter www.fed.de, des ZVEI (**Z**entral**v**erband der **E**lektrotechnik- und Elektronikindustrie e.V.) unter www.zvei.org und die Seite www.elektrogesetz.de.

1.11.3 Prüfsiegel

Verbraucherinitiative
label-online

Immer mehr Prüfsiegel auf technischen Produkten sollen den Verbraucher über spezielle Produkteigenschaften informieren. Eine Gruppe der Berliner Verbraucherinitiativen will dabei helfen, einen objektiven Überblick über die verschiedenen Siegel und Label zu bekommen. Nach Angaben der Initiative finden sich unter der Internetadresse www.label-online.de Informationen zur Vergabe der Siegel, zu Vergabekriterien sowie Urteile über Siegel aus Verbrauchersicht.

Bild 1.179: Beispiele für Prüfsiegel mit verschiedenen nationalen und internationalen Zertifikaten

Die große Zahl von Prüfsiegeln (engl.: test marks) auf Hard- und Software versucht die Qualitätsmerkmale von technischen Geräten zu beschreiben und sicherzustellen. Sie soll Käufern wie Anwendern wichtige Hinweise liefern in Bezug auf Arbeitssicherheit, Ergonomie und Umweltverträglichkeit. Zu den bekanntesten Prüfsiegeln – insbesondere für Monitore – gehören die nachfolgenden Prüflabel.

Blauer Engel

Der Blaue Engel ist die erste und älteste umweltschutzbezogene Kennzeichnung der Welt für Produkte und Dienstleistungen. Er wurde 1978 auf Initiative des Bundesministers des Inneren und durch den Beschluss der Umweltminister des Bundes und der Länder ins Leben gerufen. Seitdem ist er ein marktkonformes Instrument der Umweltpolitik, mit dem auf freiwilliger Basis die positiven Eigenschaften von Angeboten gekennzeichnet werden können. Der Blaue Engel wird durch folgende vier Institutionen getragen:

RAL = Deutsches Institut für Gütesicherung und Kennzeichnung e.V., ehemals Reichs-Ausschuss für Lieferbedingungen

- Das Jury-Umweltzeichen ist ein unabhängiges Beschlussgremium mit Vertretern aus Umwelt- und Verbraucherverbänden, Gewerkschaften, Industrie, Handel, Handwerk, Kommunen, Wissenschaft, Medien, Kirchen und Bundesländern.
- Das Bundesministerium für Umwelt, Naturschutz und Reaktorsicherheit ist Zeicheninhaber und informiert regelmäßig über die Entscheidungen der Jury-Umweltzeichen.
- Das Umweltbundesamt fungiert mit dem Fachgebiet „Umweltkennzeichnung, Umweltdeklaration, Umweltfreundliche Beschaffung" als Geschäftsstelle der Jury Umweltzeichen und entwickelt die fachlichen Kriterien der Vergabegrundlagen des Blauen Engel.
- Die RAL gGmbH ist die Zeichenvergabestelle.

Weitere Informationen zum Gütesiegel „Blauer Engel" erhält man unter www.blauer-engel.de.

CCC-Zertifikat

Seit dem 1. August 2003 ist in China das neue System der Pflichtzertifizierung obligatorisch. Zertifizierungspflichtige Waren ohne entsprechende Zertifikate oder Sondergenehmigungen können seitdem nicht mehr in die Volksrepublik eingeführt, in den Handel gebracht oder genutzt werden. CCC steht für China Compulsory Certificate (Chinesisches Pflicht-Zertifikat). Das CCC-Zeichen wird zur differenzierten Betrachtung der Zertifizierung durch die Zusätze für elektromagnetische Verträglichkeit CCC(EMC) und CCC(S&E) sowie für Feuerschutz CCC(F) erweitert.

CE-Zeichen

Die CE-Kennzeichnung (Conformité Européenne; so viel wie „Übereinstimmung mit EU-Richtlinien") ist eine Kennzeichnung nach EU-Recht für bestimmte Produkte in Zusammenhang mit der Produktsicherheit. Hersteller, die ihre Produkte in der Europäischen Union in Verkehr bringen, sei es als Import oder innerhalb der EU produzierte Ware, sind gesetzlich dazu verpflichtet, dieses Zeichen vor dem Inverkehrbringen auf ihren Erzeugnissen anzubringen, sofern dies in den relevanten Richtlinien gefordert ist. Doch nur mit der Anbringung ist es nicht getan.

Der Hersteller hat die Forderungen aller Richtlinien, die auf sein Produkt anzuwenden sind, einzuhalten. Für die Herstellung von Computern und Peripheriegeräten gelten die Richtlinien der **E**lektro**m**agnetischen **V**erträglichkeit (89/336/EWG), kurz EMV, und für die Gerätesicherheit die Niederspannungsrichtlinie (73/23/EWG) mit ihren jeweiligen Änderungen. Prüfungen zur Erfüllung der Schutzziele der Richtlinien erfolgen in der Regel auf Basis europäisch harmonisierter Normen.

EMV = elektromagnetische Verträglichkeit

Wichtig bei der EMV sind zwei Tatsachen: Einerseits darf das Gerät keine elektromagnetischen Störungen in seiner Umwelt erzeugen, andererseits soll es gegen äußere Störeinflüsse ausreichend geschützt sein. In der Niederspannungsrichtlinie ist die Einhaltung der elektrischen und mechanischen Gerätesicherheit und auch der Brandschutz gefordert. Eine besondere Bedeutung bekommen hier Lasergeräte, z.B. DVD-Laufwerke. Die Regulierungsbehörde für Post und Telekommunikation, kurz **RegTP**, kontrolliert regelmäßig durch Stichproben im Markt die Einhaltung der Richtlinien.

RegTP

- Die CE-Kennzeichnung ist ausschließlich für die staatliche Marktüberwachung gedacht. Das CE-Zeichen ist weder ein Gütesiegel noch eine Sicherheitskennzeichnung wie beispielsweise die VDE-Kennzeichnung.

CE-Konformitätszeichen

Die Richtlinien werden von den Mitgliedsstaaten der EU in nationale Gesetze umgewandelt, die dann für alle Hersteller verbindlich sind. Bereits vorhandene nationale Vorschriften wie Sicherheitsvorschriften werden den EU-Richtlinien angepasst. In Deutschland ist das CE-Zeichen seit dem 01. Januar 1996 Pflicht.

Das CE-Konformitätszeichen wird durch den Hersteller auf einem Produkt nur einmal angebracht, auch wenn für das Produkt mehrere Richtlinien zur Anwendung kommen. Dazu gibt der Hersteller eine EU-Konformitätserklärung ab. Das CE-Zeichen muss einem definierten Raster entsprechen und eine Mindesthöhe von 5 mm besitzen.

Konformitätserklärung

KEYMARK – der neue Schlüssel für Europa

Seit dem Januar 2002 kann der Verbraucher seine Einkäufe in Europa in einer einheitlichen Währung tätigen. Er kann nun aber auch sicher sein, dass alle mit der KEYMARK gekennzeichneten Produkte einheitlichen europäischen Qualitätsstandards entsprechen. Auf Empfehlung des Europäischen Rates zur Verbesserung der Verbraucherschutzinteressen und um der Verunsicherung von Verbrauchern durch eine Zeichenvielfalt entgegenzuwirken, haben die europäischen Normungsorganisationen CEN und CENELEC ein europäisch vereinheitlichtes Verfahren für die Kennzeichnung von genormten Produkten geschaffen.

CEN = European Committee for Standardization

Die KEYMARK ist das europäische Zertifizierungszeichen, das die Übereinstimmung von Produkten mit europäischen Normen dokumentiert. Während die CE-Kennzeichnung primär die Einhaltung gesetzlicher Mindeststandards anzeigt, bietet die KEYMARK dem Verbraucher einen echten Mehrwert: Die geprüfte und zertifizierte Einhaltung einheitlicher europäischer Qualitätsstandards. Die für bestimmte Produkte gesetzlich geforderte CE-Kennzeichnung kann damit in sinnvoller Weise ergänzt werden.

CENELEC = European Committee for Electrotechnical Standardization

Herstellungskontrolle nach EN ISO 9001

Ein Produkt darf nur dann mit der KEYMARK gekennzeichnet werden, wenn es zuvor durch neutrale, unabhängige und kompetente Stellen geprüft und zertifiziert wurde. Werksbesichtigung und Typprüfung stellen neben der regelmäßigen Überwachung wichtige Elemente des Verfahrens zur Vergabe der KEYMARK dar. Darüber hinaus muss der Hersteller eine produktbezogene Herstellungskontrolle unter Berücksichtigung der Elemente der Normenreihe EN ISO 9001 durchführen. Dieses Qualitätssystem unterliegt einer jährlichen Überwachung und wird durch eine mindestens alle zwei Jahre stattfindende Produktprüfung ergänzt.

DIN CERTO = Zertifizierungsorganisation des Deutschen Instituts für Normung (DIN)

Am Verfahren teilnehmende Prüf-, Überwachungs- und Zertifizierungsstellen müssen eine Akkreditierung nachweisen und vom CEN-Zertifizierungsrat bevollmächtigt sein, die KEYMARK zu vergeben. In seinem Auftrag erteilen die nationalen CEN-Mitgliedsorganisationen (Normungsinstitute) und angeschlossene Mitglieder Lizenzen zur Vergabe der KEYMARK. In Deutschland wird diese Aufgabe von DIN CERTCO im Auftrag des DIN Deutsches Institut für Normung e.V. wahrgenommen. Um das Vertrauen in die KEYMARK zu stärken, wird diese nur in Verbindung mit Zeichen bestehender nationaler Zertifizierungssysteme erteilt, die auf der Konformität mit europäischen Normen beruhen. In Deutschland wird die KEYMARK beispielsweise zusammen mit dem bekannten Zertifizierungszeichen „DIN-geprüft“ vergeben.

ENEC-Verfahren und ENEC-Zeichen

Auf Initiative von europäischen Herstellerverbänden haben europäische Prüf- und Zertifizierungsstellen vereinbart, die Sicherheitsanforderungen von elektrotechnischen Produkten europaweit einheitlich zu beurteilen. So entstanden das ENEC-Verfahren und das ENEC-Zeichen.
Das ENEC-Zeichen ist für eine Vielzahl von elektrotechnischen Produkten erhältlich. Es steht für die Konformität mit den europäischen Sicherheitsnormen und wird von einer am ENEC-Verfahren teilnehmenden Zertifizierungsstelle erteilt. ENEC-zugelassene Produkte werden auf der ENEC-Website (www.enec.com) aufgelistet.
Mit dem ENEC-Zeichen gekennzeichnete Produkte unterliegen zusätzlich einer jährlichen Fertigungsüberwachung, die sicherstellen soll, dass die Produkte auch nach der Zulassung den geprüften Anforderungen entsprechen.
Alle ENEC-Zertifizierungsstellen haben sich verpflichtet, das ENEC-Zeichen so zu akzeptieren, als hätten sie es selbst erteilt. Das ENEC-Zeichen macht somit immer mehr nationale Prüfzeichen überflüssig.

Energy Star

Der EPA Energy Star (www.eu-energystar.org/de) bescheinigt Geräten der Informationstechnik, dass sie die Stromsparkriterien der amerikanischen Umweltschutzbehörde EPA (Environmental Protection Agency) erfüllen. Demnach muss ein eingeschaltetes Gerät seinen Stromverbrauch nach einiger Zeit selbstständig reduzieren (Stand-by-Modus). In diesem Modus darf der Energieverbrauch eines PCs als Beispiel einen festgesetzten Wert nicht überschreiten. Den Energy Star darf jeder Hersteller benutzen, der glaubt, dass sein Gerät diesen Standard erfüllt. Es genügt eine Mitteilung an die EPA, eine Prüfung erfolgt jedoch nicht. Seit 2002 wird der Energy Star für Bürogeräte offiziell in der EU eingesetzt.

Die wichtigsten Energy-Star-Kriterien für Bildschirme sind:

- Energieverbrauch im Ruhezustand < 15 Watt
- Energieverbrauch im „Tiefschlafmodus“ < 8 Watt

■ ERGONOMIE GEPRÜFT

Das Label ERGONOMIE GEPRÜFT wird für Büromöbel, Bildschirme und Software vergeben. Einem Monitor bescheinigt es elektrische Sicherheit (GS-Zeichen) und die Erfüllung ergonomischer Anforderungen nach der Norm DIN EN ISO 9241 Teile 3 und 8 (visuelle Anzeigen und Farbdarstellungen) sowie weitere Kriterien wie Leuchtdichte oder Gleichmäßigkeit der Zeichendarstellung.

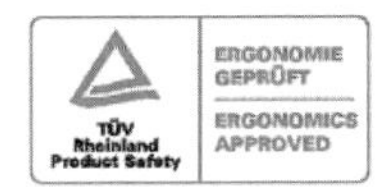

TÜV Rheinland

■ Das Prüfsiegel ERGONOMIE GEPRÜFT vergibt der TÜV Rheinland nur nach einer eingehenden Prüfung.

Bezüglich der Einhaltung von Software-Ergonomie müssen bestimmte Merkmale wie Dialogführung, Benutzerführung, Menüs usw. der DIN EN ISO 9241, Teile 10 bis 17, entsprechen.

■ ETL Listed Mark

Intertek ist ein globaler Marktführer in der Prüfung, Inspektion und Zertifizierung elektrischer und elektronischer Produkte. Das ETL-Listed-Zeichen von Intertek ist das zweitgrößte Sicherheitsprüfsiegel auf dem nordamerikanischen Markt. Es dient als Nachweis der Einhaltung der relevanten Normen in den USA und Kanada, z. B. UL, CSA, NEC, NFPA, NSF, ANSI.
Mit der ETL Listed Mark gekennzeichnete Produkte halten somit die grundlegenden Sicherheitsanforderungen ein. Zur Aufrechterhaltung der Zulassung müssen die Hersteller zusätzliche fertigungsbegleitende Prüfungen durchführen. Die betreffenden Fertigungsstätten werden regelmäßig überwacht. Weitere Informationen finden sich unter www.intertek-etlsemko.com.

■ GS-Zeichen

Das GS-Zeichen (Geprüfte Sicherheit) bescheinigt einem Produkt elektrische und mechanische Sicherheit sowie die Einhaltung von Brandschutzbestimmungen. Es bestätigt außerdem, dass die Sicherheitsregeln für Bildschirmarbeitsplätze der Berufsgenossenschaft (ZH 1/618, VBG 104) eingehalten werden. Diese Prüfplakette wird vom TÜV, dem VDE oder den Berufsgenossenschaften vergeben. Sie bescheinigt z. B. einem Monitor, dass er die Normen zur Sicherheit der Informationstechnik EN 60950, der Sicherheitsregeln für Bildschirmarbeitsplätze im Bürobereich ZH 1/618 und der Ergonomie gemäß ISO 9241-3, Teile 3 und 8 erfüllt. Die Anforderungen werden immer wieder aktualisiert. Auf Geräten der IT-Technik findet man das GS-Zeichen auch in Verbindung mit der SGS-Produktkennzeichnung, ein weiteres Gütesiegel zur Kennzeichnung der elektrischen Sicherheit (www.de.sgs.com).

VDE-GS

Das nationale Sicherheitszeichen wird im Rahmen des deutschen Gerätesicherheitsgesetzes vom neutralen und unabhängigen Prüf- und Zertifizierungsinstitut des Verbandes der Elektrotechnik Elektronik Informationstechnik e.V. (VDE) vergeben. Der Hersteller dokumentiert damit nicht nur, dass seine Geräte vom VDE geprüft wurden und den nationalen Sicherheitsstandards sowie den sicherheitstechnischen Anforderungen der Niederspannungsrichtlinie genügen, sondern auch die Überwachung seiner Fertigungsstätte sowie der genehmigten Produkte durch den VDE. Weitere Informationen erhält man unter www.vde.de.

TÜV-GS

Im Rahmen der Prüfung zur Erlangung des GS-Prüfzeichens werden die Systeme vom RWTÜV bezüglich der sicherheitstechnischen Anforderung der Niederspannungsrichtlinie kontrolliert. Zusätzlich stellt das GS-Zeichen die ergonomischen Anforderungen sicher, die an ein PC-System gestellt werden.

NUTEK

Das Energiespar-Label NUTEK (schwedisches Institut für Industrie- und Technikentwicklung) verlangt nach Standard 803299, dass sich ein Monitor in zwei Stufen abschaltet, wenn er länger nicht benutzt wird. Die Zeitspanne kann eingestellt werden. Im Energiesparmodus (Suspend Mode) liegt der Verbrauch unter 15 Watt. Er kann innerhalb einer Erholungszeit von drei Sekunden wieder hochfahren. Die zweite Sparstufe (Power Off Mode) startet nach spätestens 70 Minuten; der Monitor darf dann nicht mehr als 5 Watt an Leistung aufnehmen. Wer als Hersteller das NUTEK-Etikett haben will, muss selbst auf der Basis eines vorgegebenen Kriterienkatalogs Tests durchführen und ein Testprotokoll an die NUTEK schicken. Kontrollen finden nicht statt.

S-Zeichen

Das S-Zeichen ist ein europäisches Prüfzeichen und wird von Intertek ETL SEMKO zertifiziert. Der Buchstabe S steht für Sicherheit in fast allen europäischen Sprachen: Safety, Sicherheit, Sécurité, Seguridad, Säkerhet, Salvezza etc.

Produkte, die das S-Zeichen tragen, entsprechen allen anwendbaren Anforderungen der zutreffenden europäischen Sicherheitsnormen. Zusätzliche Fertigungsüberwachungen stellen sicher, dass die Produkte auch nach der Zulassung den geprüften Anforderungen entsprechen.

Das S-Zeichen unterstützt die Hersteller zusätzlich bei der gesetzlich geforderten CE-Kennzeichnung und EG-Konformitätserklärung. Produkte, die das S-Zeichen tragen, erfüllen alle grundlegenden Sicherheitsanforderungen der EG-Richtlinien. Das S-Zeichen hilft somit Herstellern und Händlern bei der Einhaltung der gesetzlichen Anforderungen und gibt den Anwendern die Gewissheit, ein sicheres Produkt erhalten zu haben.

TCO

TCO = Tjänstemännens Central Organisation

Hinter dem Kürzel TCO verbirgt sich ein Zusammenschluss der gewerblichen Beschäftigten Schwedens (Tjänstemännens Central Organisation, www.tco.se). Nicht zu verwechseln mit Total Cost of Ownership (TCO). Dieses Tool macht z. B. die gesamten Kosten eines IT-Arbeitsplatzes transparent. Die TCO als Zentralorganisation für Angestellte und Beamte ist vergleichbar mit den deutschen Berufsgenossenschaften. Sie hat es sich zur Aufgabe gemacht, Richtlinien zur Bewahrung der Gesundheit der Arbeitnehmer im EDV-Umfeld zu etablieren. Hierin hat die TCO bereits seit 1986 Erfahrung gesammelt – damals veröffentlichte sie den „Screen Checker“ – eine einfache Checkliste, mit deren Hilfe Arbeitnehmer die Qualität von Monitoren und Terminals selbst beurteilen konnten. Aufbauend auf den Vorgaben vom MPR I und MPR II – als Empfehlung für Grenzwerte herausgegeben vom schwedischen staatlichen Mess- und Prüfrat, einem Institut der schwedischen Regierung – wurden dann in den Jahren 1992 und 1995 die Standards TCO’92 und TCO’95 veröffentlicht. Während die TCO’95 sich von der TCO’92 im Wesentlichen in produktions- und umwelttechnischen Details unterscheidet, geht die Norm TCO’99 in puncto Ergonomie deutlich weiter. Dieses mittlerweile globale Qualitäts- und Umweltgütesiegel gilt sowohl für Monitore als auch für Computer, Notebooks, Drucker und Tastaturen mit exakt spezifizierten Anforderungen in den Bereichen Ergonomie, Energieverbrauch, Emissionen (Strahlung) und Ökologie. Die von der TCO’95 gesetzten Standards werden dabei entsprechend dem Stand von Technik, Arbeitsmedizin und Arbeitswissenschaft zum Vorteil von Anwendern und Umwelt weiter verschärft und ergänzt.

Anforderungsbereiche der TCO’99

Die Anforderungen von TCO’99 lassen sich aufgliedern in die vier Bereiche:

- Ergonomie
- Emissionen (Abstrahlung)
- Energieverbrauch
- Ökologie

Anforderungen der TCO'99 im Überblick:

Flimmerfreiheit
Die Bildwiederholfrequenz von mindestens 85 Hz muss bei der für die Bildschirmgröße typischen Auflösung betragen (z. B. 1024 × 768 Bildpunkte für 17-Zoll-Bildschirme). Die Bildwiederholfrequenz muss leicht einstellbar sein.

Flackerfreiheit
Bildverschiebungen durch Flackern bei CRT-Bildschirmen dürfen maximal 0,1 mm betragen.

Gleichmäßige Leuchtdichte über den gesamten Bildschirm
Der Wert wurde verschärft auf ≦ 1,5 : 1 für CRT-Bildschirme und auf ≦ 1,7 : 1 für Flachbildschirme.

Leuchtdichtekontrast
Der Wert für den Leuchtdichtekontrast wurde verbessert. Die Messung der Kontrastanforderungen muss jetzt über 81 % der Bildschirmfläche (vorher 64 %) betragen.

Kontrast bei Flachbildschirmen
Die Kontrastanforderungen müssen auch bei einem Blickwinkel von bis zu 30° abweichend von der Senkrechten erfüllt sein.

Reflektion des Bildschirmgehäuses
Der Reflektionsgrad der Bildumrahmung muss mindestens 20 % betragen (dunkle Bildschirmgehäuse sowie Trauerränder der Bildanzeige sind nicht mehr erlaubt).

Lärmemission
Bei Bildschirmen mit Ventilator sind wie bei Systemeinheiten Vorschriften zur Lärmabgabe obligatorisch.

Farbtemperatur
Anforderungen bezüglich der Abweichungen bei der Farbtemperatur und der Einheitlichkeit der angezeigten Farben haben sich erhöht.

Magnetische Felder
Magnetische Felder in der Umgebung von CRT-Bildschirmen dürfen keine Störungen und keine Beeinträchtigungen der Bildqualität (z. B. Flackern) hervorrufen.

Energieverbrauchswerte
Die Energieverbrauchswerte wurden im Stand-by-Modus von 30 Watt auf max. 15 Watt halbiert, im abgeschalteten Zustand auf max. 5 Watt.

Rückkehrzeiten beim Restart vom Energiesparmodus
Nach dem Stand-by-Modus soll die Rückkehrzeit für Bildschirme maximal drei Sekunden und für Systemeinheiten max. fünf Sekunden betragen.

Energiedeklaration
Jedem Gerät muss eine Energiedeklaration bezüglich des Energieverbrauchs in allen Betriebsarten beigefügt werden, ebenso eine Bedienungsanleitung in der Landessprache, wie der Energiesparmodus zu aktivieren ist.

Recyclingfähigkeit
Es sollen nur wenige Kunststoffarten verwendet werden und diese nicht vermischt in einzelnen Bauteilen (ab 100 g Gewicht). Alle Kunststoffarten (einschließlich Angaben zur Verwendung von Flammschutzmitteln) müssen deklariert werden.

Verbot der Metallisierung von Plastikgehäusen
Weder an Innen- noch Außenseiten von Kunststoffgehäusen dürfen Metallisierungen vorgenommen werden.

Recycling beim Hersteller
Hersteller müssen mindestens einen Vertrag mit einer Recycling-Firma für Elektronikschrott abgeschlossen haben.

Zentraler Bestandteil der TCO'99 ist die weitere Verbesserung der Sehergonomie. Können Zeichen am Bildschirm nicht scharf genug wahrgenommen werden, sind zusätzliche körperliche Anstrengungen erforderlich. Dies strapaziert nicht nur die Augen, sondern führt häufig auch zu Beschwerden im Rücken oder im Hals-Nacken-Bereich. Die TCO hält daher eine weitere Verbesserung der Sehergonomie für erforderlich, auch um bei Positionswechseln oder beim dynamischen Sitzen ein gleichmäßig gutes Sehen zu gewährleisten.

Seh-Ergonomie

Dynamisches Sitzen

Bereits TCO'95 umfasste restriktive Vorschriften, um elektrostatische Felder, elektromagnetische Wechselfelder und Röntgenstrahlen zu vermeiden. Diese werden für TCO'99 beibehalten, lediglich die Testmethoden werden strikter gefasst. Neu hinzugekommen ist eine Anforderung hinsichtlich des Einflusses magnetischer Störfelder durch andere elektrische Geräte.

Raumklima

Die Reduzierung des Energieverbrauchs bei informationstechnischen Geräten wird von der TCO als die zentrale Umweltanforderung angesehen. Eine Verbesserung bringt nicht nur der Umwelt, sondern auch den Nutzern direkte Vorteile. Hoher Energieverbrauch heißt bei informationstechnischen Geräten gleichzeitig hohe Wärmeabgabe, in der Folge häufig Raumkühlung durch Klimaanlagen und damit oft schlechte Raumluftqualität. Eine Abschaltautomatik war bereits durch TCO'95 und TCO'92 gefordert, durch TCO'99 werden die bisherigen Verbrauchswerte im Stand-by und im abgeschalteten Zustand halbiert. Neu sind auch Zeitvorgaben für den Restart vom Stand-by-Modus in den Normalbetrieb.

Bedingt durch die kurze Lebensdauer der Geräte und die begrenzte Wiederverwertung der Bauteile ist eine Verringerung der Umweltbelastung dringend nötig. Bereits durch TCO'95 war daher eine breite Palette von Umweltanforderungen eingeführt worden. So dürfen bei Herstellung und Endmontage von Computern, Bildschirmen, Festplatten, Laufwerken und Grafikkarten kein FCKW (Freone) und keine chlorierten Lösungsmittel verwendet werden, ebenso keine bromhaltigen oder chlorierten Flammschutzmittel in den verwendeten Plastikteilen (ab 25 g Gewicht). Außerdem müssen Hersteller bei der Beantragung von TCO'99 ein betriebliches Umweltleitbild einschließlich der organisatorischen Umsetzung gegenüber der TCO nachweisen.

FCKW = Fluor-Chlor-Kohlenwasserstoffe

TCO'01 Mobile Phone

Ein Gütesiegel für handelsübliche Mobiltelefone, das Strahlung, Benutzerfreundlichkeit und Umweltfreundlichkeit umfasst. Zu den Zertifizierungskriterien zählen u.a. gute Kommunikationseigenschaften, eine einfache Anwendbarkeit, z.B. Tastengröße, Gestaltung des Displays oder das Material des Gehäuses, um Kontaktallergien zu vermeiden. Weiter kommen strenge Anforderungen im Hinblick auf die Verbreitung umweltschädlicher Stoffe bei der Herstellung und Wiederverwertung zur Anwendung. Gegenwärtig gibt es noch keine Mobiltelefone mit TCO-Gütesiegel.

TCO'03 DISPLAYS

TCO'03 ist die neueste Normierung der schwedischen Organisation TCO Development, einer Tochtergesellschaft der TCO, des schwedischen Gewerkschaftsdachverbands für Angestellte und Beamte (www.tcodevelopment.com). Die technischen Anforderungen dieser neuen Norm sind wenig spektakulär, sie spiegeln eher den Status quo wider. Die Zertifizierung nach TCO'03 umfasst – wie bei TCO'99 – die Bereiche Ergonomie, Energie, Emission (Abstrahlung) und Ökologie.

TCO = Tjänstemännens Central Organisation

In der TCO'03 werden insbesondere Monitore unter ergonomischen und ökologischen Gesichtspunkten bewertet. TC0'03 Displays bestehen aus zwei Normen – einer für CRT-Bildschirme und einer für Flachbildschirme. TCO'03 Displays ist eine verbesserte und strengere Version der Monitornorm TCO'99.

TFT-Monitore

Die Auflösung von TFT-Monitoren mit 17 bis 19 Zoll Bildschirmdiagonale muss mindestens 1280 × 1024 Bildpunkte betragen. Für TFT-Displays ab 21 Zoll Diagonale verlangt TCO'03 mindestens 1600 × 1200 Bildpunkte. Die Mindestanforderung an die Leuchtstärke wurde von bisher 125 auf jetzt 150 Candela pro Quadratmeter für TFT-Bildschirme heraufgesetzt. Neu für TFT-Monitore ist die zwingende Vorgabe zweier vordefinierter Farbtemperaturen und eine diesbezügliche Wahlmöglichkeit durch den Anwender. Ebenfalls neu aufgenommen wurde ein mindestens zu erfüllender Farbraum. Zudem müssen TFT-Bildschirme nach TCO'03 in der Höhe verstellbar sein oder alternativ zumindest eine Befestigungsmöglichkeit nach VESA-Standard bieten (www.vesa.org).

Die ursprüngliche Anforderung, dass der Monitor ein helles Gehäuse haben sollte, da dies als augenfreundlicher gilt, wurde im Oktober 2005 aufgegeben. Allerdings schreibt das TCO Development zur Farbe des Rahmens: „Denken Sie daran, wie der Raum aussieht, in dem der Monitor stehen soll. Wählen Sie einen Monitor mit einer neutralen Farbe in Bezug auf die Licht- und Beleuchtungsverhältnisse in seiner Umgebung. Der Monitorrahmen sollte nicht zu dunkel oder zu hell im Vergleich zu der Wand hinter dem Monitor sein."

Um eine entspannte Kopfhaltung zu ermöglichen, sollte die Blicklinie um etwa 35° aus der Waagerechten abgesenkt werden und einen annähernd rechten Winkel mit der Bildschirmoberfläche bilden. Dies erfordert, dass der Bildschirm in der Neigung verstellbar ist und dass der Winkel der Draufsicht verändert werden kann. Außerdem ist es wichtig, dass die Sicht von allen Seiten auf den Bildschirm eine hohe Qualität aufweist.

Ein nach diesen Anforderungen geprüfter Bildschirm bietet dem Benutzer bzw. der Benutzerin eine gute Bildqualität und Bildschärfe sowie eine hervorragende Farbwiedergabe. Zudem steht das Prüfsiegel für geringe elektrische und magnetische Wechselfelder und eine geringe Geräuschentwicklung. Der Hersteller muss durch Produktion gemäß ISO 14001 oder EMAS (Eco-Management and Audit Scheme) ein klares Umweltprofil nachweisen. Dazu gehört die Minimierung von Schwermetallen und Flammschutzmitteln. Der Kunde ist darüber zu informieren, wo er seinen Bildschirm zur Rückgewinnung hinbringen kann. Monitore mit dem TCO'03-Siegel verbrauchen auch weniger Energie.

Eco-Management

Deutlich verschärft wurden bei TCO'03 die ökologischen Gesichtspunkte, die Fertigung und Recycling sowie die verwendeten Materialien betreffen. Hier müssen nun die Unternehmen höhere Auflagen erfüllen: Einschränkung bzw. Verbot von umweltschädlichen Stoffen wie Cadmium, Quecksilber, Blei sowie bromierte und chlorierte, Flammen hemmende Mittel in Farben, Lacken, Lötzinn, Kabeln, Bildröhren und Gehäusen. Während der Demontage und Wiederverwertung von LCD-Displays stellt Quecksilber im Backlight das größte ökologische Problem dar. Hier sind die Anforderungen so gestellt, dass die Lampen beim Recyclingprozess einfach demontierbar und separat zu entsorgen sind.

An dieser Stelle sei darauf hingewiesen, dass die TCO'03-Norm keine Aussagen über die Qualität von Displays macht. Hierzu wird parallel noch die ISO 13406 benötigt, welche unter anderem die Pixelfehlerklassen festlegt. Die Zertifizierung eines Produktes erfolgt in der Regel durch unabhängige Institute und zusätzliche Stichprobenkontrollen der TCO. Die Zertifizierung nach TCO'03 hat am 2. Januar 2003 begonnen.

Die Tätigkeiten von TCO Development werden vollständig durch die von den Herstellern zu entrichtenden Zertifizierungsgebühren finanziert. Dies stimmt mit jener Praxis überein, derer sich auch andere sogenannte unabhängige Umweltgütesiegel (BIO-Gütesiegel, EU-Blume usw.) und Sicherheitskennzeichnungen wie z. B. das TÜV-Siegel oder Interteks ETL SEMKO bedienen.

■ TCO'05 DESKTOPS

Hierbei handelt es sich um ein Gütesiegel für stationäre Computer für den professionellen Gebrauch sowie den fortgeschrittenen Heimanwender. Nach TCO'05 Desktops zertifizierte Computer zeichnen sich durch einen sehr geringen Energieverbrauch, einen äußerst niedrigen Lärmpegel und geringe elektrische und magnetische Felder aus und erfüllen strenge Anforderungen auch im Hinblick auf die Verbreitung umweltschädlicher Stoffe bei Herstellung und Wiederverwertung. Computer mit dem Gütesiegel TCO'05 verfügen außerdem über eine Grafikkarte, die eine hohe Bildqualität entsprechend TCO'05 Displays garantiert.

■ TCO'06 MEDIA DISPLAYS

Dieses TCO-Gütesiegel wird für die Zertifizierung von Multimediabildschirmen verwendet und garantiert folgende Eigenschaften:

Ergonomie

Im Vergleich zu früheren Versionen erhöhte Anforderungen an das Monitorbild, um eine hohe Bildqualität und Farbwiedergabe zu garantieren. Ein Gütesiegel für Monitore, die sich besonders gut für die Darstellung beweglicher Bilder und Filme eignen. Nach TCO'06 Media Display zertifizierte Monitore zeichnen sich insbesondere durch eine kurze Ansprechzeit und einen hohen Schwarzwert im Bild aus. Diese Bildschirme eignen sich u. a. besonders gut für Überwachungsaufgaben, Computerspiele oder für die Wiedergabe von Filmen und Fernsehprogrammen. Darüber hinaus erfüllen Monitore mit dem Gütesiegel TCO'06 Media Displays die gleichen strengen Anforderungen betreffend visueller Ergonomie, Energieverbrauch und der Umweltbelastung bei Herstellung und Wiederverwertung wie TCO'03 Displays zertifizierte Monitore.

EMAS

Der Bildschirmhersteller muss nach ISO 14001 oder EMAS zertifiziert sein. EMAS ist ein freiwilliges Umweltmanagementsystem innerhalb der Europäischen Union. Die Abkürzung EMAS steht hierbei für „eco-management and audit scheme" (www.emas.gv.at). Des Weiteren muss eine reduzierte Emission von bromierten und chlorierten Flammschutzmitteln und Schwermetallen in die Natur (erfüllt auch die RoHS-Richtlinie vom 1. Juli 2006) sichergestellt werden. Der Monitor ist voll recyclebar, was die Materialtrennung und Materialwiedergewinnung erleichtert.

RoHS

TCO'07 Headsets

Nach TCO'07 zertifizierte Headsets schützen den Anwender vor gefährlichen Impulstönen und verfügen über eine gut funktionierende Lautstärkenregelung. Außerdem garantiert dieses Gütesiegel eine lange Lebensdauer, gute Ergonomie und Anwenderfreundlichkeit. Bei kabellosen Headsets werden außerdem hohe Anforderungen an die Erreichung niedriger SAR-Werte (Spezifische Absorptionsrate) gestellt. Sämtliche Arten von Headsets unterliegen zudem auch strengen Anforderungen im Hinblick auf die Verbreitung umweltschädlicher Stoffe bei der Herstellung und Wiederverwertung.

SAR-Wert

TÜV ECO-Kreis

Die Vergabekriterien des Gütesiegels ECO-Kreis werden jährlich durch den TÜV Rheinland Berlin/Brandenburg überarbeitet und den neuesten Entwicklungen bezüglich Ergonomie und Ökologie angepasst. Das Label können neben PCs auch Notebooks, Laptops, Monitore einschließlich TFTs und Tastaturen erhalten. Die Vergabe und Kontrolle des Gütesiegels erfolgen durch akkreditierte Prüflaboratorien.

Der TÜV ECO-Kreis gilt als bislang strengstes Prüfzeichen.

Ziele sind die Schonung von Ressourcen und Umwelt sowie die Informationen über Einhaltung der technischen Sicherheit, Ergonomie und Umweltanforderungen.
Das Prüfzeichen ECO-Kreis wird an IT-Geräte vergeben, die in besonderer Weise Ressourcen und Umwelt schonen sowie den Anforderungen in Sachen technischer Sicherheit und Ergonomie in allen Belangen entsprechen. Diese Vorgaben enthalten im Einzelnen folgende Angaben:

Sicherheit

Vergabekriterien

Die Anforderungen an die elektrische und mechanische Sicherheit von Bürogeräten sind in der Norm EN 60950 festgelegt. Der Hersteller eines Gerätes muss die Konformität mit dieser Norm durch Vorlage eines gültigen Prüfberichtes einer akkreditierten Prüfstelle nachweisen.

Ergonomie

BildschArbV

Die Bildschirmarbeitsverordnung stellt grundlegende Anforderungen an die Systemkomponenten eines Bildschirmarbeitsplatzes. Die internationale Normenreihe ISO 9241 präzisiert diese ergonomischen Anforderungen. Bildschirmgeräte müssen über die gesetzlichen Mindestanforderungen hinaus eine hohe Bildqualität gemäß ISO 9241-3 und ISO 9241-8 aufweisen sowie zusätzliche Gütekriterien der Informationsdarstellung erfüllen.
Sie müssen die Grenzwerte für niederfrequente elektromagnetische Felder nach der MPR II (MPR 1990:8, MPR 1990:10) einhalten. Personalcomputer müssen in Verbindung mit einem Bildschirmgerät die Fähigkeit nachweisen, die Anforderungen an die Bildqualität gemäß ISO 9241-3 und ISO 9241-8 einzuhalten. Tastaturen müssen die ergonomischen Anforderungen der ISO/DIS 9241-4 erfüllen und gemäß DIN 2137 konstruiert sein. Sie müssen gemäß MPR II eine elektrostatische Ableitung aufweisen.
Die Bedienungsanleitungen der Geräte müssen gut verständlich und in Anlehnung an DIN 8418 gestaltet sein. Der Hersteller muss diese Anforderungen durch die Vorlage entsprechender Prüfberichte einer akkreditierten Prüfstelle nachweisen.

Betriebsgeräusche

Geräuschemission

Die Geräuschemission (Schallleistungspegel) eines Personalcomputers darf im Leerlaufbetrieb nicht größer als 48 dB(A) sein und darf im Arbeitsbetrieb, beim Zugriff auf die Festplatte und Diskette, 55 dB(A) nicht überschreiten, gemessen nach DIN EN 27779. Der Nachweis muss durch ein Prüfprotokoll einer unabhängigen Prüfstelle erfolgen. Tastaturen dürfen während der Dateneingabe eine Geräuschemission (Schallleistungspegel) von 55 dB(A), gemessen nach DIN EN 27779, nicht überschreiten.

Bedienungsanleitung

Bedienungsanleitung

Die Bedienungsanleitung muss gemäß den Anforderungen der DIN 8418 gestaltet sein.

1.11.4 Reduktion der Energiekosten

Ein wesentlicher Beitrag zum Umweltschutz liegt in der Reduzierung der Energiekosten. Viele Bürogeräte sind richtige Energiefresser, insbesondere dann, wenn sie im Stand-by-Betrieb mehr Strom verbrauchen als im eingeschalteten Zustand. Viele Faxgeräte zum Beispiel benötigen 99 Prozent der Energie in der Betriebsbereitschaft und nur ein Prozent bei der Datenübermittlung. Auch bei vielen Druckern ist das ein Problem. Sie haben häufig keinen richtigen Ausschaltknopf, weil sie permanent auf einen Druckbefehl warten, ansonsten arbeiten sie im sogenannten Sleep modus und verbrauchen unnötigerweise Energie. Für Drucker, Faxe und Monitore eignen sich spezielle Vorschaltgeräte, die angeschlossene Verbraucher sofort wieder einschalten, wenn Daten gesendet werden. So bleibt zum Beispiel auch das Fax im nicht aktivierten Zustand empfangsbereit.

ASEW

Die jährlichen Leerlaufstromverluste für Bürogeräte summieren sich laut einer Untersuchung des Umweltbundesamtes in Deutschland auf ca. 6,5 Mrd. kWh, das sind 1,4 % des Gesamtstromverbrauchs. Allein dadurch werden jährlich 4,6 Mio. t des Treibhausgases Kohlendioxid emittiert. Die Kosten für diesen Leerlauf liegen bei ca. 800 Millionen EUR. Die ASEW (**A**rbeitsgemeinschaft für **s**parsame **E**nergie- und **W**asserverwendung) hat hierzu ein Fallbeispiel erstellt. Danach lassen sich die jährlichen Energiekosten um bis zu 70 % senken.

GED = Gemeinschaft Energielabel Deutschland

No-Energy®

Daher sollte schon bei der Auswahl auf einen niedrigen Stand-by-Verbrauch geachtet werden. Eine Orientierung gibt z.B. auch das Signet der GED (www.energielabel.de). Leider klebt das rot-blaue Energie-Logo bisher nur auf wenigen Geräten. Als Orientierung gilt: Der Stand-by-Verbrauch sollte unter einem Watt (< 1 W) liegen. Das ist technisch inzwischen problemlos machbar. Die Aktion bietet bereits seit 2000 dem „Stromklau" Paroli. Seit 2004 vergibt die von UBA (Umweltbundesamt) und vzbv (Verbraucherzentrale Bundesverband) unterstützte Aktion in Kooperation mit AudioVideoFoto-BILD und Computer-BILD die Stromsparerplakette für besonders effiziente Geräte der Unterhaltungselektronik. Auch Computerfachzeitschriften berücksichtigen in ihren Tests das Problem der Leerlaufverluste und heben Strom sparende Geräte der Computertechnik mit der erweiterten Stromsparerplakette hervor.

Leerlaufverluste verursachen nach Berechnungen des UBA jedes Jahr in deutschen Haushalten und Büros Kosten in Höhe von etwa vier Milliarden EUR. Das entspricht einem Anteil von 4,4 Prozent am Gesamtstromverbrauch in Deutschland.
Daher fordert der No-Energy-Verbund Folgendes:

- Jedes Elektro- und Elektronikgerät muss einen Netzschalter haben, der leicht zugänglich, gut sichtbar und eindeutig gekennzeichnet ist.
- Ein damit ausgeschaltetes Gerät darf keinen Strom verbrauchen.
- In Bereitschaft nimmt das Gerät weniger als 1 Watt an Leistung auf.

Aufgaben:

1. In welchem Jahr wurde die Bildschirmarbeitsverordnung (BildschArbV) in nationales Recht umgesetzt und welche Maßnahmen werden hierin beschrieben?
2. Nennen Sie wichtige ergonomische Gesichtspunkte, nach denen benutzerfreundliche Software ausgelegt werden sollte.
3. In welchem Zusammenhang spricht man von dem „Silbernen Kreislauf"?
4. Wozu dient die 2003 beschlossene WEEE-Richtlinie?
5. Ein Kunde möchte einen Monitor kaufen, der den Kriterien der TCO'03-Norm entspricht. Erläutern Sie ihm, welche Anforderungsbereiche durch dieses Label erfasst werden!
6. Welche Bedeutung hat das abgebildete Zeichen, das in der Regel beim Rechnerstart in dieser oder ähnlicher Form auf dem Bildschirm erscheint?
7. Auf manchen Geräten ist sowohl das GS-Zeichen als auch das CE-Zeichen zu finden. Formulieren Sie mit eigenen Worten die jeweilige Bedeutung und begründen Sie, warum eines der Zeichen alleine nicht ausreicht.
8. Welches der im Kapitel 1.11.3 genannten Prüfzeichen legt die zurzeit strengsten Maßstäbe an?
9. In welchen Fällen spricht man von elektromagnetischer Verträglichkeit (EMV) und welche Prüfsiegel bestätigen das Erfüllen der gestellten Anforderungen?
10. Aus welchen Gründen sollten zukünftig nur noch Geräte produziert werden, die das Prüfsiegel „Blauer Engel" besitzen?
11. Welches der neueren TCO-Siegel gilt als Nachfolger der maßgeblichen TCO'99?
12. Welche wesentlichen Punkte werden durch das ElektroG geregelt?
13. Optimiert man den Energieverbrauch der wichtigsten Bürogeräte in einem typischen Büro mit 20 Computerarbeitsplätzen hinsichtlich des Energieverbrauchs, so sind Einsparungen von rund 70 % der elektrischen Energie, d. h. rund 9500 kWh möglich. Welchen Betrag könnte man bei einem angenommenen Strompreis von nur 0,21 EUR/kWh pro Jahr einsparen?

2 Software

Der Begriff **Software** ist eine aus dem Englischen stammende Bezeichnung, die im allgemeinen Sinne synonym mit dem Begriff Computerprogramme verwendet wird. Eine Software kann beispielsweise Anweisungen enthalten, die dafür sorgen, dass die Hardware, also der Rechner, bestimmte Funktionen ausführt. Anhand der Art der durchzuführenden Aufgaben lässt sich Software in verschiedene Kategorien einteilen. Die Hauptkategorien umfassen einerseits die Betriebssysteme (Systemsoftware), die die Arbeiten des Computers steuern, und andererseits die Anwendungssoftware, die eine Vielzahl von Aufgaben übernimmt, die Menschen mit einem Computer erledigen wollen.

2.1 Softwarearten

Systemsoftware

Anwendungssoftware

Die Systemsoftware leistet alle grundlegenden Dienste wie die Verwaltung der Festplattendateien oder die Ansteuerung des Bildschirmes, während die Anwendungssoftware Programme zur Textverarbeitung, zum Datenbankmanagement, zur Bearbeitung von grafischen Darstellungen u.a.m. beinhaltet. Darüber hinaus können weitere Klassifizierungen vorgenommen werden, je nachdem, welche Akzente gesetzt werden. So unterscheidet man zwischen systemnaher Software, kommerzieller Software, Unterhaltungssoftware oder Programmiersprachen.

Softwarearten						
Systemsoftware				**Anwendungssoftware**		
Betriebssysteme	Diagnose- und Servicetools	Netzwerk- und Kommunikationsprogramme	Programmiersprachen	Standardsoftware (Office-Programme)	Branchenspezifische Software	Unterhaltungssoftware (Multimedia- und Spielprogramme)

Bild 2.1: Beispiele für unterschiedliche Softwarearten

Office-Pakete

MS Office 2007

Neben der Einteilung in anwendungsbezogene Kategorien wie z.B. Büro-, Kommunikations- oder Simulationssoftware unterscheidet man Softwareprodukte auch nach der Art, wie sie im Handel verteilt und vertrieben wird. Zu den verbreitetsten Softwareprogrammen zählen sogenannte Office-Pakete, die eine Sammlung von Standardanwendungen für die alltägliche Büroarbeit beinhalten. Dazu zählen Programme für Textverarbeitung, Tabellenkalkulation und Datenbankprogrammierung. Sie werden meist noch ergänzt durch E-Mail- und Internetanwendungen und ein Präsentationsprogramm. Insbesondere neuere Office-Versionen entwickeln sich zunehmend zu Dokumenten-Managementsystemen.

Immer entscheidender wird die Frage nach einem zukunftssicheren Dateiformat, das von beliebigen Büroprogrammen geöffnet und gespeichert werden kann. Hier bilden die fünf Hersteller eine Front gegen Microsoft: Das Format der Wahl ist OpenDocument, nicht aber der Dateityp von Office 2007, genannt Office Open XML. Für den User bedeutet das: Derzeit gelingt der Datenaustausch am besten mit den traditionellen Formaten wie DOC, XLS etc. Die neuen Dateitypen DOCX, XLSX etc. erfordern den Importfilter für OpenOffice.org. Dieser soll in Version 3.0 der Büro-Suite eingebaut werden und findet sich dann mit Sicherheit auch in den übrigen Office-Paketen.

Bild 2.2: Konkurrenzprodukte zu Microsoft Office

Die aktuelle Version für Windows-Rechner ist Office 2007 in der Version 12.0. Sie wurde zeitgleich mit dem neuen Betriebssystem Windows Vista ausgeliefert. Für Firmenkunden ist diese Version seit dem 30. November 2006 erhältlich, für Endverbraucher seit dem 29. Januar 2007. Ziel des neuen Office-Pakets ist es, die Bedienung der Office-Programme benutzerfreundlicher zu gestalten. Statt der von Version zu Version umfangreicher und somit auch unübersichtlicher gewordenen Menüs und Werkzeugleisten (in Office 2003 waren es insgesamt 31) werden die Schaltflächen auf einer Multifunktionsleiste, „Fluent Ribbon" genannt, angeordnet und dabei in Gruppen zusammengefasst, die den verschiedenen Aufgabenbereichen, wie z. B. Schreiben, Formatieren, Überprüfen, entsprechen. Das voreingestellte Dateiformat basiert nun auf OpenXML. Zudem wurde ein neues Exportformat namens XPS eingeführt, das Ähnlichkeiten zu PDF aufweist. Office 2007 setzt als Betriebssystem Windows XP SP2, Windows Vista oder Windows Server 2003 voraus, Windows 2000 wird erstmals nicht mehr unterstützt.

Fluent Ribbon

Bild 2.3: Arbeitsoberfläche von Word 2007 mit Multifunktionsleiste „RibbonX oder Fluent Ribbon"

Schülerversionen

Seit Office XP (Win) bzw. Office X (Mac) gib es zusätzlich eine günstige SSL-Version (Schüler, Studierende und Lehrkräfte), die Word, PowerPoint, Excel und Outlook bzw. Entourage enthält. Diese wurde mit der Version 2007 auf alle Privatanwender ausgeweitet und beinhaltet in der Windows-Version OneNote statt Outlook. Die Mail-Funktion wird von Vista Mail übernommen. Office Word 2007 unterstützt jetzt z.B. den Export einer Datei in die folgenden Formate:

- **PDF (Portable Document Format)**
  PDF ist ein elektronisches Dateiformat mit festem Layout, das die Dokumentformatierung beibehält und eine gemeinsame Nutzung von Dateien ermöglicht. Das PDF-Format gewährleistet, dass bei der Online-Anzeige oder beim Drucken einer Datei exakt das vorgesehene Format beibehalten wird und dass Daten in der Datei nicht ohne Weiteres geändert werden können. Das PDF-Format ist ebenfalls nützlich für Dokumente, die mithilfe von kommerziellen Druckmethoden vervielfältigt werden.
- **XPS (XML Paper Specification)**
  XPS ist ein elektronisches Dateiformat, das die Dokumentformatierung beibehält und die gemeinsame Nutzung von Dateien ermöglicht. Das XPS-Format gewährleistet, dass bei der Online-Anzeige oder beim Drucken einer Datei exakt das vorgesehene Format beibehalten wird und dass Daten in der Datei nicht ohne Weiteres geändert werden können.

OEM-Ware

Die Programme eines Office-Pakets werden in der Regel auch einzeln angeboten, können aber im Paket zu einem besonders günstigen Preis erworben werden. Häufig werden Office-Pakete in Verbindung mit einem Rechner als „Bundle" (gebündeltes Angebot aus Hard- und Software) verkauft. Dabei handelt es sich meist um OEM-Ware (OEM = **O**riginal **E**quipment **M**anufacturer). OEM-Versionen von Standard-Software sind im Allgemeinen identisch mit dem Original, kosten aber deutlich weniger.

Freeware

Unter Standardsoftware versteht man Fertigprogramme („Programme von der Stange") sowie Paket-Software, die hauptsächlich durch den Einzelhandel und durch Internetshops vertrieben wird. Daneben existieren zahlreiche Programme aus dem Bereich Freeware bzw. Public Domain (frei benutzbare Software), die von den Entwicklern meist kostenlos zur Verfügung gestellt werden.

2.1.1 Public Domain Software

Public Domain

In der nachfolgenden Übersicht sind Spezifikationen für verschiedene Softwarearten insbesondere aus dem Public-Domain-Bereich aufgelistet.

- **Cardware**
  Frei nutzbare Software, bei der sich der Autor über eine Rückmeldung des Nutzers via Postkarte freut.
- **Crippleware**
  Demo-Version einer Software, bei der bestimmte Funktionen (z.B. Speichern) ausgeklammert sind. Der Programmentwickler will zum einen sein Programm vorstellen, ansonsten aber verhindern, dass es unkontrolliert kopiert wird. Eine Vollversion gibt es nur bei Registrierung und Entrichten einer Lizenzgebühr.

- **Firmware**
  Fest eingebaute Befehlsdaten zur Steuerung einer Festplatte oder anderer Geräte wie Scanner, Grafikkarte o. ä., die in einem Chip – z. B. Flash-ROM oder EEPROM – gespeichert sind. Diese Daten können in der Regel über kostenlose Upgrades geändert werden.
- **Freeware**
  Voll funktionsfähige Software, die kostenlos ohne Lizenz- bzw. Registrierungsgebühren abgegeben wird und beliebig kopiert und weitergegeben werden darf. Das Urheberrecht verbleibt jedoch bei den Autoren, von denen keine Funktionsgarantie oder Haftung für eventuelle Schäden übernommen wird.
- **Mailware**
  Frei verfügbare Software, bei der sich der Autor über eine Rückmeldung des Nutzers via E-Mail freut.
- **Malware**
  Software, die primär schädliche Auswirkungen für den User hat, wie z. B. Software-Viren, Würmer oder Trojanische Pferde.
- **Middleware**
  Software mit Schnittstellencharakter, die das Zusammenspiel von Hard- und Softwarekomponenten gewährleistet. Für den Anwender ist sie in der Regel unsichtbar, wenn verschiedene Anwendungen, Computer- oder Betriebssysteme z. B. mit Servertechniken verbunden werden.
- **Open Source**
  Software, deren Quellcode veröffentlicht wurde und an dem freie Programmierer arbeiten können.
- **Public Domain**
  Programme, bei denen der Autor ganz oder teilweise auf seine Rechte des Urheberschutzes verzichtet. Solche Programme sind kostenlos kopierbar und einsetzbar.
- **Shareware**
  Software, die von den Entwicklern den Interessenten für eine gewisse Zeit nach dem Try- and Buy-Prinzip probeweise zur Verfügung gestellt wird und danach gegen Bezahlung einer Gebühr weiter verwendet werden darf. Oft sind diese Programme nach ihrer Probezeit nur eingeschränkt nutzbar.
- **Trialware**
  Software, die man vor dem Kauf erst einmal – meist mit eingeschränkten Funktionen – testen kann.
- **Vapourware**
  Software, die entweder gar nicht auf den Markt kommt oder erst sehr viel später als angekündigt erscheint.

Zur Kategorie Software gehören auch die digitalisierten Informationen und Daten, die vom Anwender erstellt und bearbeitet sowie z. B. per Datenfernübertragung verschickt werden. Die benutzten Anwendungsprogramme erstellen Datendateien in ihrem jeweiligen Datenformat, das meist durch eine entsprechende Dateinamenserweiterung (Extension) gekennzeichnet wird.

■ Unter Software versteht man die Summe aller digital speicherbaren Programme und Nutzerdaten wie Texte, Bilder, Musik usw.

2.1.2 Urheberschutz

Der Branchenverband Business Software Alliance beziffert den wirtschaftlichen Schaden durch Raubkopien für das Jahr 2004 auf 1,8 Milliarden EUR allein in der Bundesrepublik Deutschland. Der globale Anteil an Softwarepiraterie beträgt derzeit 35 % und hat einen Wert von insgesamt 33 Milliarden Dollar. Der Begriff „Softwarepiraterie“ bezeichnet das illegale Kopieren und Weitergeben von Software – ganz gleich, ob dies für den privaten oder den gewerblichen Gebrauch geschieht. Das illegale Kopieren von Software verstößt gegen den Urheberschutz und wird mit hohen Geldstrafen und Freiheitsentzug geahndet.

Softwarepiraterie

Das Urheberrecht basiert auf der allgemeinen Erklärung der Menschrechte. Danach hat jeder das Recht auf Schutz der geistigen und materiellen Interessen, die ihm als Entwickler (Urheber) von Ideen und Werken der Wissenschaft, Literatur oder Kunst erwachsen.
So gesehen basiert das Urheberrecht auf drei politischen Ebenen:

- Internationale Ebene (Menschenrechtskonvention, Welturheberrechtsabkommen)
- Europäische Ebene (EU-Urheberrechtsrichtlinie, Softwarerichtlinie)
- Deutsche Ebene (Urheberrechtsgesetz)

Software gilt allgemein als kulturelle Geistesschöpfung und ist per Gesetz (UrhG) urheberrechtlich geschützt. Das Urheberrecht räumt einem Urheber, dem Schöpfer eines Werkes, das ausschließliche Recht ein, über sein Werk zu bestimmen. Es schützt den Urheber in Bezug auf das Werk in seinem Persönlichkeitsrecht (geistiges Eigentum) und seinen wirtschaftlichen Interessen. Das Urheberrecht gehört in Deutschland zum gewerblichen Rechtsschutz und damit zum Privatrecht.

UrhG = Urheberrechtsgesetz

In Europa setzen EU-Richtlinien den Rahmen, der durch nationales Recht ausgefüllt werden muss. In Deutschland gilt seit September 2003 ein novelliertes Urheberrecht („Gesetz zur Regelung des Urheberrechts in der Informationsgesellschaft“), das unter anderem die Umgehung von wirksamem Kopierschutz für kommerzielle aber private Zwecke unter Strafe stellt. Die letzte Änderung des Urheberrechtsgesetzes erfolgte im November 2006.
Die Europäische Union hat zahlreiche Richtlinien erlassen, um das Urheberrecht europaweit zu vereinheitlichen. Dazu gehören unter anderem

- die Richtlinie zur Harmonisierung der Schutzdauer des Urheberrechts und bestimmter verwandter Schutzrechte, nach der der Urheberrechtsschutz erst 70 Jahre nach dem Tod des Urhebers endet,
- die Urheberrechtsrichtlinie (Richtlinie 2001/29/EG), in der die europäischen Rechtsvorschriften zum Urheberrecht an das digitale Zeitalter angeglichen werden. Außerdem werden internationale Vorgaben durch Verträge der World Intellectual Property Organization umgesetzt. (Die WIPO ist eine Teilorganisation der UNO und verfolgt das Ziel, Rechte an immateriellen Gütern weltweit zu fördern und zu sichern.)

WIPO

Um der Softwarepiraterie und anderen Formen illegaler Verwendung entgegenzuwirken, gehen viele Softwarefirmen mittlerweile dazu über, von ihren Kunden eine Produktaktivierung in Form einer Code-Kontrolle zu verlangen.

EULA = End User Licence Agreement

Der durch die Übermittlung des Product-Keys geschlossene Endbenutzer-Lizenzvertrag (EULA) ist ein rechtsgültiger Vertrag zwischen dem Endkunden (entweder als natürlicher oder als juristischer Person) und dem Softwarehersteller für das dem EULA beiliegende Softwareprodukt.

2.1.3 Rechnerabhängige Strukturen

Das Prinzip, sowohl ausführbare Programme als auch die damit zu bearbeitenden Daten im gleichen Arbeitsspeicher des Rechners abzulegen, geht auf eine Idee von John von Neumann, einem amerikanischen Mathematiker ungarischer Herkunft (1903–1957) zurück.

Von-Neumann-Prinzip

Von Neumann entwickelte 1946 ein Rechnerkonzept, welches universell sowohl für einfache technische, für kommerzielle, als auch für wissenschaftliche Anforderungen genutzt werden konnte. Das nach John von Neumann benannte Konzept wurde ständig weiterentwickelt, sodass die Wurzeln der meisten heutigen Rechner das Von-Neumann'sche Prinzip beinhalten. Eine grundlegende Neuerung der Von-Neumann-Architektur besteht in der weitestgehenden Trennung von Hardware und dem Einsatzgebiet des Rechners. Der universelle Von-Neumann-Rechner besitzt eine feste Hardwarearchitektur.

Alle klassischen Mikrocomputer-Systeme wie auch der PC sind nach dem **Von-Neumann-Prinzip** aufgebaut.

Stored Program Machine

Der Rechner wird durch eine Bearbeitungsvorschrift, das Programm, an die jeweilige Aufgabenstellung angepasst. Dieses Programm wird vor der eigentlichen Datenverarbeitung in den Speicher des Rechners geladen und kann für die gleiche Aufgabenstellung wiederholt verwendet werden. Diese Eigenschaft hat zu dem Namen „Stored Program Machine“ geführt. Ohne dieses Programm ist der Rechner nicht arbeitsfähig!

Weitere wesentliche Bestandteile des Von-Neumann-Prinzips sind:

- Alle Daten und Programmbestandteile werden in demselben Speicher abgelegt. Sie können nur durch die Reihenfolge unterschieden werden.
- Der Speicher ist in gleich große Zellen unterteilt, welche über ihre Adressen eindeutig referenzierbar sind (z. B. Speicherverwaltung).
- Befehle, die im Programm nacheinander folgen, werden ihrer Reihenfolge im Programm entsprechend im Speicher abgelegt. Das Abarbeiten eines neuen Befehls wird durch die Erhöhung des Befehlszählers initiiert.
- Durch Sprungbefehle kann von der Bearbeitung der Befehle in ihrer gespeicherten Reihenfolge abgewichen werden.
- Es sind mindestens folgende Befehlstypen vorhanden:
  - Arithmetische Befehle: Addition, Multiplikation ...
  - Logische Befehle: UND, ODER, NICHT ...
  - Transportbefehle: MOVE
  - Ein-/Ausgabebefehle
  - Bedingte Sprungbefehle: GOTO
  - Verzweigungen: IF ... THEN ... ELSE

Harvard-Architektur

Im Gegensatz dazu sind bei der sogenannten Harvard-Architektur Instruktionen und Daten in getrennten Speichern untergebracht. Der Prozessor besitzt getrennte Busse für Instruktions- und Datenzugriffe, wodurch ein überlappender Betriebsmodus realisiert wird, d.h. die nächste Instruktion kann bereits abgeholt werden, während noch Daten in den Speicher geschrieben werden. Allerdings ist der Aufwand für die Realisierung einer Harvard-Architektur beträchtlich. Sie findet heute wieder Anwendung in speziellen Grafik-Chips.

2.2 Systemsoftware

Alle Anwendungsprogramme, die auf einem Rechner ausgeführt werden – ob Software zur Textverarbeitung, zur Datenbankverwaltung, zur Bildbearbeitung oder zur Datenkommunikation – haben eines gemeinsam: Sie benötigen für ihre Ausführung ein Basisprogramm, das eine Reihe wichtiger Funktionen (Systemdienste) zur Verfügung stellt. Zu diesen Funktionen zählen z.B. die Verwaltung des Arbeitsspeichers, die Steuerung der Dateneingabe und -ausgabe sowie die Kontrolle über verwendete Programme und Dateien.

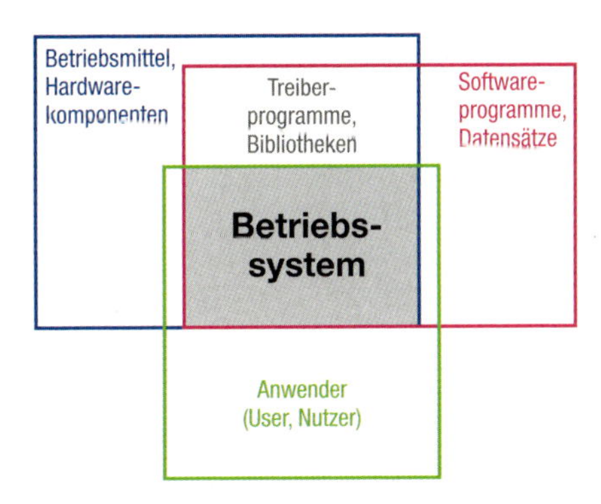

Bild 2.4: Das Betriebssystem als Vermittler zwischen Hardware, Software und Anwender

Die Software, die diese Dienste bereitstellt, wird als Betriebssystem (BS) oder engl. Operating System (OS) bezeichnet. Viele dieser Dienste laufen im Hintergrund ab und werden vom Anwender meist nicht wahrgenommen. Dennoch sind sie für eine fehlerfreie Datenverarbeitung – ebenso wie die zahlreichen Treiberprogramme – unverzichtbar. Das Betriebssystem ermöglicht es dem Anwender, Programme auf unterschiedlicher Hardware laufen zu lassen.

BS = Betriebssystem

OS = Operating System

Im angloamerikanischen Sprachgebrauch wird ein Betriebssystem folgendermaßen beschrieben:

- An operating system is the software that breathes life into a computer.

Nach DIN 44300 wird ein Betriebssystem wie folgt beschrieben:

DIN 44300

- Die Programme eines digitalen Rechensystems, die zusammen mit den Eigenschaften der Rechenanlage die Grundlage der möglichen Betriebsarten des digitalen Rechensystems bilden und insbesondere die Abwicklung von Programmen steuern und überwachen.

Diese Norm besteht aus neun Teilen, in denen Grundbegriffe und übergeordnete Begriffe der Informationsverarbeitung definiert werden. Da weitere Teile dieser Norm aus dem Jahr 1988 stammen und die Begriffe der Informationsverarbeitung nicht aktualisiert wurden, ist diese Norm in weiten Teilen veraltet. Als Ergebnis aus dieser Definition lässt sich zusammenfassen:

Das Betriebssystem ist die Gesamtheit der Programme eines Rechnersystems, welche die Betriebssteuerung erledigen und die den Benutzeraufträgen zugängliche Umgebung bereitstellen.

Ein Betriebssystem hat danach folgende grundlegende Aufgaben:

- Verbergen der Komplexität der Maschine vor dem Anwender (Abstraktion)
- Bereitstellen einer Benutzerschnittstelle wie Kommandointerpreter, Shell oder Desktop
- Zusammenarbeit der Zentraleinheit (CPU) mit den verwendeten Hardwarebausteinen und Peripheriegeräten (z. B. Tastatur, Maus, Drucker usw.) gewährleisten
- Bereitstellen einer normierten Programmierschnittstelle (API), ggf. auch Compiler, Linker, Editor
- Verwaltung der Ressourcen der Maschine; dazu zählen Prozessor(en), Arbeitsspeicher, Hintergrundspeicher (Platte, Band etc.), Geräte (Terminal, Drucker, Plotter etc.), Rechenzeit usw.
- Störungsfreie Ausführung von Anwenderprogrammen inkl. der sicheren Verwaltung und Speicherung von Dateien
- Verfolgung von Schutzstrategien, z. B. gegen Systemabstürze
- Koordination von Prozessen und Programmabläufen

In der Arbeit des Softwareanwenders sind die realen Rechnerkomponenten nicht sichtbar. Daher spricht man von der Abstraktion des Maschinebegriffes, die sich in drei Stufen vollzieht:

Reale Maschine = Zentraleinheit + Geräte (Hardware)
Abstrakte Maschine = Reale Maschine + Betriebssystem
Benutzermaschine = Abstrakte Maschine + Anwendungsprogramme

Virtuelle Maschine

Das Betriebssystem bietet dem Anwender eine virtuelle Maschine an, welche die reale Hardware unsichtbar macht.

BIOS = Basic Input Output System

Oft vermischen sich die Ebenen. So ist ein Teil des Betriebssystems moderner Rechner als BIOS-Basissystem (**B**asic **I**nput/**O**utput **S**ystem) für die Ansteuerung der Hardware in einem Festwertspeicher (EPROM, EEPROM etc.) fest auf dem Mainboard des PCs eingebaut.

Dialogprinzip

Alle heute verwendeten Betriebssysteme gehören zur vierten Generation (ab ca. 1975). Sie arbeiten alle nach dem Dialogprinzip. Zunächst erfolgte der Dialog im Textmodus über Tastatur und Textbildschirm. Später wurden grafische Benutzeroberflächen entwickelt wie z B. GEM von Digital Research, Apple OS auf Lisa und Macintosh, Windows von Microsoft und X unter UNIX.

Es gibt für den PC unterschiedliche Betriebssysteme, aber für alle gilt in gleicher Weise: Nach dem Einschalten des Rechners müssen sie als Erstes in den Arbeitsspeicher geladen werden. Dieser Vorgang wird als Hochfahren oder Booten bezeichnet (vgl. Kap. 3.1).

Modularer Aufbau

Moderne Betriebssysteme wie auch viele Anwendungsprogramme sind modular aufgebaut. Sie bestehen nicht wie früher aus einer einzelnen ausführbaren Programmdatei (COM- oder EXE-Datei), sondern greifen bei Bedarf auf installierte Programmbibliotheken (DLL-Dateien = **D**ynamic **L**ink **L**ibrary) und virtuelle Gerätetreiber (wie VDD.VXD = **V**irtual **D**isplay **D**river für den Bildschirm) zurück.

■ Alle Betriebssysteme enthalten zahlreiche Zusatzprogramme (Tools = Werkzeuge) für die Bearbeitung spezieller Aufgaben und Dienste.

Tools = Werkzeuge

Dazu gehört auch das Überprüfen, Formatieren und Defragmentieren von Speichermedien. Jedes Betriebssystem besteht aus einer Sammlung von Programmen, die die Steuerung des PCs und die Sicherheit der Daten gewährleisten.
Betriebssysteme können ganz unterschiedlich aufgebaut sein, was teils in der Entwicklung der Prozessortechnologie, teils in den unterschiedlichen Anwendungsanforderungen begründet ist. Je leistungsfähiger die Hardwarekomponenten sind, umso anspruchsvoller und benutzerfreundlicher kann die Systemsoftware ausfallen. Trotz der möglichen Bandbreite zwischen Minimalsystem und höchstem Bedienkomfort haben alle Betriebssysteme folgende Aufgaben zu erledigen:

- Hochfahren bzw. Booten des Rechnersystems
- Anpassung und Steuerung der verwendeten Hardware und Peripheriegeräte
- Erkennen und Abfangen von Fehlersituationen
- Verwalten des Arbeitsspeichers und des Dateiensystems (Filesystem)
- Vernetzung mit anderen Systemen (z. B. Intranet oder Internet)
- Bereitstellen von Dienst- und Diagnoseprogrammen zur Systempflege
- Überwachung der Ausführung von Anwendungsprogrammen
- Bereitstellen von Funktionsbibliotheken für Programmierer
- Verantwortung für Datensicherheit

Betriebssysteme lassen sich nach unterschiedlichen Kriterien klassifizieren:

a) Kassifizierung nach der Betriebsart des Rechnersystems
   - Stapelverarbeitungs-Betriebssysteme (Batch Processing)
     Frühe Betriebssysteme erlaubten nur den Stapelbetrieb (Lochkarten etc.) und auch heutige Systeme besitzen vielfach die Möglichkeit, Programmabfolgen automatisch zu bearbeiten (z. B. Batch-Dateien bei DOS, Shell-Scripte bei UNIX usw.).

     Batch-Betrieb
   - Dialogbetrieb-Betriebssysteme (Interactive Processing, Dialog Processing)
     Der Benutzer bedient den Rechner im Dialog mittels Bildschirm, Tastatur, Maus usw. Die Bedienoberfläche kann textorientiert oder grafisch sein.

     Dialogbetrieb
   - Netzwerk-Betriebssysteme (Network Processing)
     Sie erlauben die Einbindung des Computers in ein Computernetz und so die Nutzung von Ressourcen anderer Computer. Dabei unterscheidet man zwischen Client-Server-Betrieb, bei dem Arbeitsplatzrechner auf einen Server zugreifen, und Peer-to-Peer-Netzen, bei denen jeder Rechner sowohl Serverdienste anbietet als auch als Client fungiert.

     Netzwerkbetrieb
   - Realzeit-Betriebssysteme (Realtime Processing)
     Hier spielt, neben anderen Faktoren, die Verarbeitungszeit eine Rolle.

     Echtzeitbetrieb
   - Universelle Betriebssysteme
     Diese Betriebssysteme erfüllen mehrere der oben aufgeführten Kriterien.

b) Klassifizierung nach der Anzahl der gleichzeitig laufenden Programme:
In dieser Klassifikation kommt der Begriff „Task“ vor. Alternativ kann der deutsche Begriff „Prozess“ Verwendung finden. Aus Anwendersicht kann an dieser Stelle auch der Begriff „Aufgabe“ bzw. „Auftrag“ verwendet werden.

Singletasking

- Einzelprogrammbetrieb (Singletasking)
  Ein einziges Programm läuft jeweils zu einem bestimmten Zeitpunkt. Mehrere Programme werden nacheinander ausgeführt.
- Mehrprogrammbetrieb (Multitasking)

Multitasking

  Mehrere Programme werden gleichzeitig (bei mehreren CPUs) oder zeitlich verschachtelt, also quasi-parallel, bearbeitet.
  Beim Multitasking werden mehrere Anwendungen scheinbar gleichzeitig ausgeführt. Für die Abarbeitung von unterschiedlichen Aufgaben (Tasks) werden diese durch den sogenannten Scheduler in Threads eingeteilt. Threads sind die kleinsten Einheiten eines Programms, die zur Bearbeitung in die CPU geleitet und im schnellen Wechsel durch den Prozessor abgearbeitet werden. Mehrere Threads ergeben einen Prozess.

Thread

■ Durch Multitasking wird die Rechenleistung der CPU erhöht.

Echtes Multitasking ist in der Regel nur mit mehreren Prozessoren und solchen der jüngsten Generation möglich, da sonst keine zwei Threads gleichzeitig ausgeführt werden können. Jedoch kann durch den Einsatz von leistungsfähigen Prozessoren die Fähigkeit des schnellen und kontrollierten Wechsels zwischen den Threads näherungsweise als echtes Multitasking bezeichnet werden.

Präemptives Multitasking

Bei Multitaskingprozessen unterscheidet man zwischen präemptivem (engl.: preemptive) und kooperativem Multitasking. Im ersteren Fall (präemptiv) behält das Betriebssystem die Kontrolle über den Prozessor und die Abarbeitung der Tasks (Zeit und Reihenfolge). Alle Prozesse bekommen einen separaten Speicherraum zugewiesen, erhalten aber nicht die Kontrolle über den Prozessor. So kann auch bei einem Fehler nicht das gesamte Betriebssystem zum Absturz gebracht werden. Im zweiten Fall (kooperativ) müssen sich die Programme die Arbeitszeit des Prozessors teilen. Dabei behalten die Programme selbst die Kontrolle über den Prozessor und können somit andere Programme blockieren. Bei fehlerhaften Programmen kann das gesamte System abstürzen.

c) Klassifizierung nach der Anzahl der gleichzeitig am Computer arbeitenden Benutzer:

Singleuser Mode

- Einzelbenutzerbetrieb (Singleuser Mode)
  Der Computer steht nur einem einzigen Benutzer zur Verfügung.

Multiuser Mode

- Mehrbenutzerbetrieb (Multiuser Mode)
  Mehrere Benutzer teilen sich die Computerleistung. Sie sind über Terminals oder Netzwerkverbindungen mit dem Computer verbunden.

Prinzipiell lassen sich Betriebssysteme nach den Kategorien Benutzerzahl, Programmzahl und Prozessorzahl folgendermaßen klassifizieren:

■ Singleuser-System ⇔ Multiuser-System
Singletasking-System ⇔ Multitasking-System
Singleprozessor-System ⇔ Multiprozessor-System

d) Klassifizierung nach der Anzahl der verwalteten Prozessoren bzw. Rechner: Es geht jedoch nicht darum, wie viele Prozessoren allgemein in einem Rechner verwendet werden, sondern wie viele *Universalprozessoren* für die Verarbeitung der Daten zur Verfügung stehen. Damit ist gemeint, dass es in einem modernen Rechner mindestens einen Hauptprozessor (CPU, **C**entral **P**rocessing **U**nit) gibt. Ihn bezeichnet man allgemein als den Prozessor. Aber auch der PC enthält unter Umständen weitere, etwas im Verborgenen wirkende Prozessoren, z. B. den Grafikprozessor, der spezielle Eigenschaften und auch einen eigenen Befehlssatz besitzt. Auch auf dem Controller für die SCSI-Schnittstelle sitzt oft ein eigener Prozessor und auch die Ein- und Ausgabe kann über eigene Prozessoren abgewickelt werden. Somit ergeben sich nachfolgende Unterscheidungsmerkmale:

Universalprozessor

- Ein-Prozessor-Betriebssystem
  Die meisten Rechner, die auf der Von-Neumann-Architektur aufgebaut sind, verfügen über nur einen Universalprozessor. Aus diesem Grund unterstützen auch die meisten Betriebssysteme für diesen Anwendungsbereich nur einen Prozessor.

Ein-Prozessor-OS

- Mehr-Prozessor-Betriebssystem
  Für diese Klassifizierung der Betriebssysteme ist noch keine Aussage über die Kopplung der einzelnen Prozessoren getroffen worden. Auch gibt es keinen quantitativen Hinweis auf die Anzahl der Prozessoren, nur dass mehr als ein Prozessor vorhanden ist. Für die Realisierung der Betriebssysteme für die Mehr-Prozessorsysteme gibt es zwei Vorgehensweisen:
  - Jedem Prozessor wird durch das Betriebssystem eine eigene Aufgabe zugeteilt, d. h. es können zu jedem Zeitpunkt nur so viel Aufgaben bearbeitet werden, wie Prozessoren zur Verfügung stehen. Es entstehen Koordinierungsprobleme, wenn die Anzahl der Aufgaben nicht gleich der Anzahl verfügbarer Prozessoren ist.
  - Jede Aufgabe kann prinzipiell jedem Prozessor zugeordnet werden, die Verteilung der Aufgaben zu den Prozessoren ist nicht an die Bedingung gebunden, dass die Anzahl der Aufgaben gleich der Anzahl der Prozessoren ist. Sind mehr Aufgaben zu bearbeiten, als Prozessoren vorhanden sind, so bearbeitet ein Prozessor mehrere Aufgaben „quasiparallel“. Sind mehr Prozessoren als Aufgaben vorhanden, dann bearbeiten mehrere Prozessoren die gleiche Aufgabe.

Mehr-Prozessor-OS

Moderne Prozessoren unterstützen die von Intel entwickelte Hyperthreading-Technologie (HTT), die bewirkt, dass ein Prozessor Softwareprogrammen gegenüber als zwei Prozessoren erscheint. Im Ergebnis können die Programme effizienter ausgeführt werden. In den Multitasking-Umgebungen von heute wird die Leistung verbessert und eine höhere Reaktionsgeschwindigkeit des Systems erreicht, da der Prozessor Threads, also Programmanweisungen, parallel ausführen kann. Rechner mit dieser Systemarchitektur erhalten mehr Performance durch verbesserte Übertragungsraten und Antwortzeiten, wie sie für die Verarbeitung anspruchsvoller Anwendungen wie bei 3-D-Visualisierung oder Betriebssystemen zukünftiger Generation erforderlich sind.

HTT = Hyperthreading Technologie

Das Betriebssystem kann dabei seinerseits auch auf mehrere Prozessoren verteilt sein. Man spricht dann von „verteilten Betriebssystemen“.

Verteiltes OS

Systemaufgaben

Alle Betriebssystemarten haben die gleichen typischen Systemaufgaben wie
- Prozessverwaltung (Process Management)
- Dateiverwaltung (File Management)
- Speicherverwaltung (Memory Management)
  I/O-Geräteverwaltung (I/O-Device Management)

Je nach Zugriff auf diese Komponenten lassen sich Betriebssystemarchitekturen in das Schalen- und das Client-Server-Modell unterteilen.

2.2.1 Schalen- oder Schichtenmodell

Schalenmodell
Schichtenaufbau

Moderne Betriebssystemarchitekturen verwenden zur logischen Strukturierung das mehrstufige Schalen- oder Schichtenmodell. Die unterste Schale beinhaltet alle hardwareabhängigen Teile des Betriebssystems. Dazu gehört auch die Verarbeitung von Interrupts (IRQ, vergl. Kap. 3.5). Auf diese Weise ist es möglich, ein Betriebssystem leicht an unterschiedliche Rechnerausstattungen anzupassen. Die nächste Schicht enthält alle grundlegenden Ein-/Ausgabe-Dienste für Plattenspeicher und Peripheriegeräte. Die darauffolgende Schicht behandelt Kommunikations- und Netzwerkdienste, Dateien und Dateisysteme (vgl. auch OSI-Schichtenmodell im Bd. 1141: „Vernetzte IT-Systeme"). Weitere Schichten können je nach Anforderung folgen. Ein Betriebssystem besitzt also drei oder mehr logische Schichten.

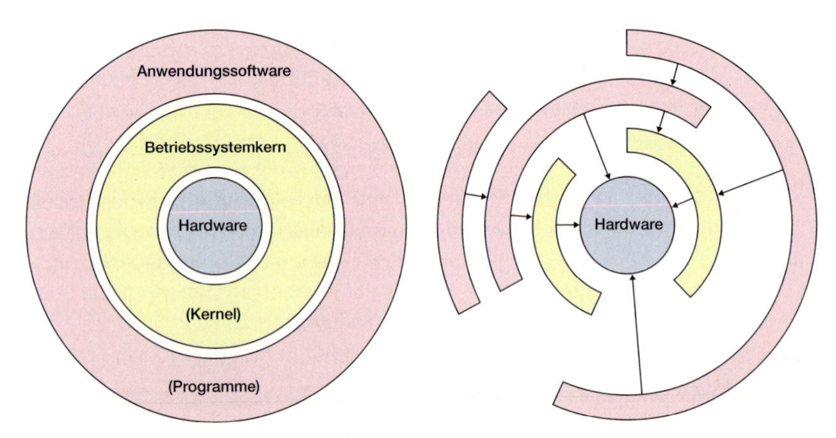

Bild 2.5: Vereinfachte Darstellung zur Schalenarchitektur
Links: konzentrische Schalen, rechts: durchbrochene Schalen

Dienst

Jede Schicht bildet für sich eine abstrakte (virtuelle) Maschine, die mit ihren benachbarten Schichten über wohldefinierte Schnittstellen kommuniziert. Sie kann Funktionen der nächstniedrigeren Schicht aufrufen und ihrerseits Funktionen für die nächsthöhere Schicht zur Verfügung stellen. Die Gesamtheit der von einer Schicht angebotenen Funktionen wird auch als Dienste dieser Schicht bezeichnet. Die Gesamtheit der Vorschriften, die bei der Nutzung der Dienste einzuhalten sind, wird als Protokoll bezeichnet.

Die unterste Schicht setzt immer direkt auf der Rechner-Hardware auf. Sie verwaltet die realen Betriebsmittel des Rechners und stellt stattdessen virtuelle Betriebsmittel bereit. Oft wird diese Schicht als BIOS (**B**asic **I/O** **S**ystem) bezeichnet. Alle weiteren Schichten sind von der Hardware unabhängig.

Protokoll

Durch jede Schicht wird eine zunehmende „Veredelung" der Hardware erreicht (z. B. wachsende Abstraktion, wachsende Benutzerfreundlichkeit).

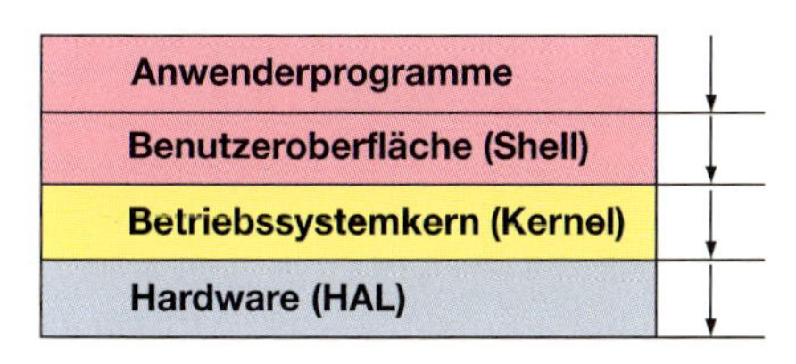

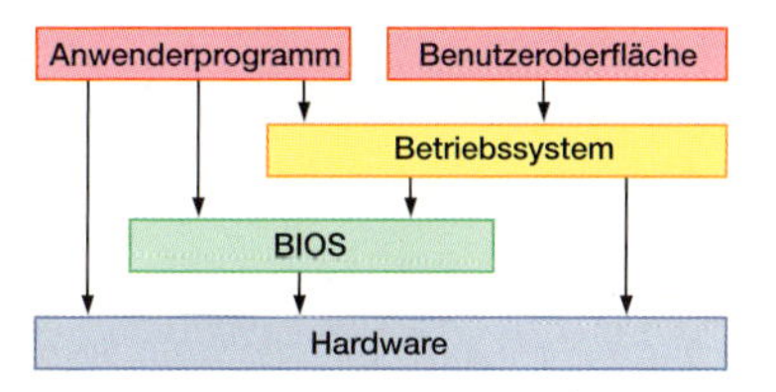

Bild 2.6: Aufbau des Schichtenmodells
Links: Vereinfachtes Modell, rechts: Treppenschichtenmodell

Schichtenmodell
API-Schnittstelle

Betriebssysteme, die nach dem Schichtenmodell aufgebaut sind, bestehen aus mehreren Systemebenen (Layern). Ein Zugriff von einer höheren Schicht aufgrund einer Benutzeranwendung (Anwendungsprogramm) auf eine untere Schicht ist nur über eine definierte API-Schnittstelle (**A**pplication **P**rogramming **I**nterface) möglich. Ebenso kann beispielsweise ein Kommunikationsprogramm nicht direkt auf den COM-Port zugreifen. Die Applikation muss zuerst eine Anfrage an das Betriebssystem stellen, ob der COM-Port verfügbar ist.

Die frühen Computer (Großrechner, mittlere Datentechnik) zeichneten sich dadurch aus, dass Hardware und Betriebssystem oft vom gleichen Hersteller kamen und optimal aufeinander abgestimmt waren. Bei den heutigen Personalcomputern ist dies nur noch bei Rechnern der Firma Apple der Fall. Bei PCs auf Basis von Intel- oder AMD-Prozessoren kommen Hardware und Betriebssystem von unterschiedlichen Herstellern, auch wenn das Betriebssystem vielfach zusammen mit der Hardware ausgeliefert wird. So hat man die Wahl zwischen Betriebssystemen von Microsoft (Windows 2000, Windows XP, Windows 7 usw.) oder freien UNIX-Implementierungen (Free BSD, Linux). Da Zusatz-Steckkarten und Peripheriegeräte (Drucker, Scanner, usw.) von den verschiedensten Herstellern kommen können, liefern diese passende Treiberprogramme zur Betriebssystem-Anpassung und -Erweiterung, die beim Laden des Betriebssystems (Bootvorgang) oder beim Aufruf der entsprechenden Software eingebunden werden.

Treiberprogramme

Durch die API-Programmierschnittstelle (Application Programming Interface) der höheren Schichten wird auch vermieden, dass jeder Programmierer die grundlegenden Routinen für den Zugriff auf Ein- und Ausgabegeräte und Massenspeicher selbst programmieren muss. Das Betriebssystem stellt bereits eine definierte Programmierschnittstelle zur Verfügung. Änderungen am Betriebssystem oder der Hardware wirken sich somit nicht auf die Anwenderprogramme aus, die nach wie vor über die gleichen Betriebssystemaufrufe die Dienste des Betriebssystems in Anspruch nehmen können.

HAL

Ist ein Betriebssystem nach dem Schichtenmodell konzipiert, hat das Anwenderprogramm keinen direkten Zugriff auf die Hardware. Die Hardware-Schicht HAL (**H**ardware **A**bstraction **L**ayer) ist so vor unbefugten Zugriffen geschützt.

2.2.2 Client-Server-Modell

Client-Server-Modell

In heutigen PC-Betriebssystemen gibt es die Bemühung, den Betriebssystemkern (Kernel) so klein wie möglich zu halten. Das geschieht durch die Verlagerung von Betriebssystemfunktionen in die User-Prozesse:

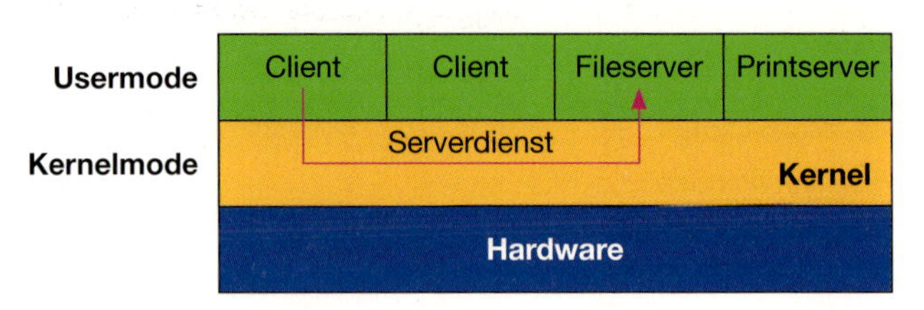

Bild 2.7: Das Client-Server-Modell

Kernel

Um eine Anfrage des Clients zu erfüllen, hier als Beispiel das Lesen eines Files, sendet der Client-Prozess seinen Wunsch durch den Kernel an den Fileserver. Der Kernel, das eigentliche System, hat hier nur noch die Aufgabe, den Datentransfer zwischen den Client- und Server-Prozessen zu überwachen. Diese Aufspaltung hat gewisse Vorteile. Es laufen alle hardwareabhängigen Server-Prozesse im „Usermode“, d.h. sie haben keinen direkten Zugang zur Hardware, und ein Bug (Fehler) im Serverbetrieb kann sich nicht so leicht im System fortpflanzen.

Modularisierung

Bedenkt man, dass sich heutige Rechnersysteme selbst innerhalb einer Rechnerfamilie vielfältig in Speicherausstattung, Art und Umfang der angeschlossenen Geräte unterscheiden, so wird klar, dass die Erstellung monolithischer Programme für jede mögliche Rechnerkonstellation ein praktisch undurchführbares Unternehmen ist. Die Lösung dieses Problems heißt auch hier: Modularisierung.

Programme werden in Module zerlegt, die zueinander über definierte Schnittstellen in Beziehung stehen. Somit ist es möglich, innerhalb eines Programms ein bestimmtes Modul durch ein anderes mit gleicher Schnittstelle zu ersetzen, um das Programm an eine andere Rechnerkonstellation anzupassen. Die Auswahl und Zusammenstellung der allgemeingültigen Module wird bestimmt durch die eingesetzte Hardware und die Art der Programme, die durch diese Module unterstützt werden sollen. Sie ist für viele Programme, die auf einem Rechner abgearbeitet werden sollen, gleich und unterscheidet sich wiederum etwas von Rechner zu Rechner.

Middleware

Oft taucht in Zusammenhang mit Betriebssystemen auch der Begriff „Middleware“ auf. Er bezeichnet zwischen den eigentlichen Anwendungen und der Betriebssystemebene angesiedelte System- und Netzwerk-Dienste (z.B. Datenbank, Kommunikation, Protokollierung, Sicherheit). Die Middleware ist als Applikationsschicht eine Dienstleistungsschicht, die anstelle der Betriebssystemschnittstelle verwendet wird. Middleware-Systeme ermöglichen die

Verteilung von Applikationen auf mehrere Rechner im Netzwerk. Die Verteilung ist objektorientiert: Server exportieren ihre Dienste als Klassenschnittstellen, Clients benutzen den entfernten Methodenaufruf zum Zugriff auf die Dienste. Die Bindung kann statisch oder dynamisch erfolgen.

2.3 MS-DOS

Das weltweit bekannteste Betriebssystem für PCs ist das **Disk Operating System** (**DOS**) von Microsoft. Es wurde als Betriebssystem für den ersten IBM-PC (1981) entwickelt und seitdem oft überarbeitet, erweitert und der Hardwareentwicklung angepasst. Daneben existieren weitere MS-DOS-kompatible Betriebssysteme (Derivate) wie PC-DOS, DR-DOS (Digital Research), Novell DOS und PTC-DOS (Variante der russischen Firma Phys Tech Soft). Selbst Betriebssysteme wie Windows 95, Windows 98 und Windows ME besitzen einen DOS-Kernel. Damit sind sie abwärtskompatibel, so dass auch ältere, unter DOS entwickelte Programme weiterhin ausgeführt werden können.

Obwohl Applikationen für DOS-Betriebssysteme immer seltener Anwendung finden, existieren nach wie vor wichtige Kommandozeilenbefehle insbesondere im Bereich der Netzwerkadministration und der Datensicherung (vgl. Kap. 2 in Bd. 1141: „Vernetzte IT-Systeme"). Hier gibt es nach wie vor eine Reihe von unentbehrlichen DOS-Kommandos wie CD, COPY, DIR, NET oder PING.

Bis heute hat sich die Tastenkombination `Ctrl` + `Alt` + `Del` bzw. `Strg` + `Alt` + `Entf` als Anmeldeprozedur für Windows-Systeme sowie zum Aufruf des Taskmanagers erhalten. Die Kombination wurde einst von David Bradley, einem der zwölf Pioniere, die als „Dreckiges Dutzend" den ersten IBM-PC entwickelten, erfunden, um zu verhindern, dass mit einem einzigen Tastendruck alle Daten unwiderruflich gelöscht werden können.

CP/M = Control Program for Microcomputers

In der Zeit vor 1980 existierten lediglich 8-Bit-Rechner mit dem Standard-Betriebssystem CP/M (**C**ontrol **P**rogram for **M**icrocomputers) von Digital Research als PC-Vorläufer.

Als die Firma Seattle Computer Products 1980 dann einen Computer auf der Basis eines Intel-8086-Chips (einer 16-Bit-CPU) entwickelte, fehlte ein passendes Betriebssystem, das die besonderen Eigenschaften dieses Prozessors ausnutzen konnte. Die allgemeine Erwartung war, dass Digital Research ein Nachfolge-Betriebssystem für CP/M entwickeln würde.

QDOS

Die Fertigstellung gelang jedoch nicht rechtzeitig, sodass die Firma Seattle ein eigenes Betriebssystem entwickelte: QDOS. Microsoft, aus Seattle hervorgegangen, erhielt eine Anfrage von IBM, ob sie für einen 16-Bit-IBM-Mikrocomputer ein Betriebssystem entwickeln könne. Microsoft kaufte QDOS und brachte es in etwas veränderter Form unter dem Namen 86-DOS auf den Markt. Kurz danach – aber in der schnelllebigen Computerwelt viel zu spät – erschien CP/M-86.

2.3.1 Dateiverwaltung unter DOS

File

In einem Rechner werden Daten, seien dies nun Programme, Texte oder Kundendaten, in einer bestimmten Form verwaltet: Daten werden in Dateien (engl.: Files) organisiert und auf Massenspeichern (Festplatten, CD-ROMs, DVDs ...) gespeichert. Jede Datei besitzt einen Namen.

8.3-Konvention

■ Ein Dateiname unter DOS hat gemäß der 8.3-Konvention die allgemeine Form: **Dateiname.Erweiterung**.

Der Dateiname besteht aus ein bis maximal acht Zeichen oder Ziffern und ist zur Kennzeichnung der Datei erforderlich.
Die Erweiterung (auch: Suffix, Extension, Dateityp) ist optional und kann aus ein bis drei Zeichen oder Ziffern bestehen. Die Namenserweiterung dient zur Klassifizierung der Dateien. Folgende Zeichen dürfen in Dateinamen und Erweiterungen nicht vorkommen, da sie als Sonderzeichen für spezielle Funktionen reserviert sind:

Extension, Dateityp

■ Verbotene Zeichen sind:
. , ; „ \ / [ ] : | < > + ?

Der Punkt dient als Trennsymbol zwischen Dateiname und Erweiterung.

2.3.2 Kernteile des Betriebssystems

P.O.S.T. = Power On Self Test

Nach der erfolgreichen Durchführung des P.O.S.T. (**P**ower **O**n **S**elf **T**est, vergl. Kap. 3) wird der Kernel von MS-DOS geladen, der im Wesentlichen aus drei, teils versteckten Systemdateien besteht. Diese Startdateien müssen im Stammverzeichnis der Bootfestplatte oder der Bootdiskette stehen.

DOS-System-dateien

- IO.SYS und MSDOS.SYS für das Original MS-DOS
- IBMBIO.COM und IBMDOS.COM für IBM-DOS und COMPAQ-DOS

■ Die versteckten Dateien IO.SYS, MSDOS.SYS und der Kommandointerpreter COMMAND.COM bilden den Systemkern (Kernel) von MS-DOS.

Die Systemdatei IO.SYS (**I**nput-**O**utput-**S**ystem) bzw. IMBIO.COM nimmt die Anpassung des Betriebssystems an die Hardware vor und organisiert den Datenfluss für Operationen wie Laden, Speichern oder Löschen, während die Systemdatei MSDOS.SYS bzw. IBMDOS.COM für die Dateiverwaltung verantwortlich ist und Routinen für Eingaben, Ausgaben sowie für Fehlererkennung enthält.

Kommando-prozessor

Als dritte Systemdatei wird der Kommandoprozessor COMMAND.COM geladen, der nach dem Start des Systems die Benutzereingaben entgegennimmt. Darüber hinaus können zwei vom Benutzer definierte Dateien erstellt werden (CONFIG.SYS und AUTOEXEC.BAT), die ebenfalls bei jedem Systemstart – wenn vorhanden – automatisch geladen werden. Sie laden beim Start systemspezifische Treiber und können ausführbare Programme selbstständig starten (Stapelverarbeitung).

2.4 Windows-Betriebssysteme

Windows-Betriebssysteme von Microsoft sind gegenwärtig die verbreitetsten PC-Betriebssysteme. Nach aktueller Statistik laufen Windows-Programme weltweit auf rund 96 Prozent aller PC-Systeme. Die weite Verbreitung hängt zum einen mit dem vielfältigen Softwareangebot und zum anderen mit der aufwendigen Vermarktungsstrategie von Microsoft zusammen.

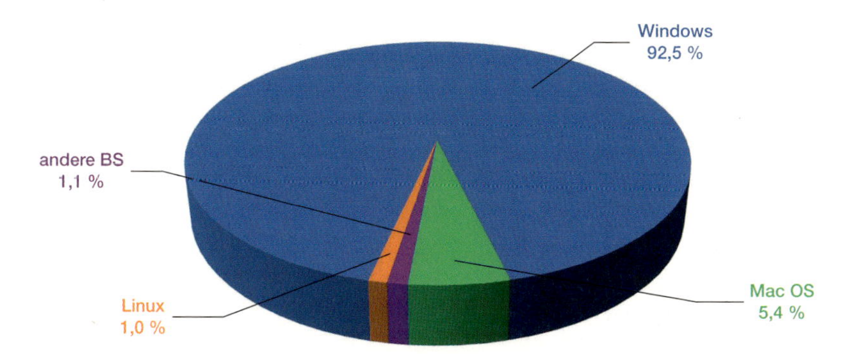

Bild 2.8: Marktanteile PC-Betriebssysteme im Jahr 2009

2.4.1 Entwicklung der Microsoft-Windows-Versionen

Im Laufe der Zeit haben die Hardware-Ressourcen ihre Leistungsfähigkeit so erhöht, dass auch die Anforderungen an die Benutzerfreundlichkeit des Betriebssystems gestiegen sind. Insbesondere wurde der Einsatz von grafischen Benutzeroberflächen mit Beginn der 90er Jahre immer interessanter. Das Betriebssystem Windows wurde von Microsoft erstmals 1985 vorgestellt und 1990 mit der Version 3.0 marktfähig. Es brachte die bereits von Apple angewandte grafische Benutzeroberfläche mit Fenstertechnik und Maussteuerung sowie Multitasking in die bis dahin von DOS dominierte Microsoft-Welt.

1985	Microsoft stellt zum ersten Mal die grafische Benutzeroberfläche Windows (Version 1.01) der Öffentlichkeit vor.
1987	Windows 2.0 wird ausgeliefert. Mangels geeigneter Anwendungssoftware können sich alle Windows-Versionen bis einschließlich Windows 2.11 nicht durchsetzen.
1990	Mit der überarbeiteten und erweiterten Version 3.0 gelingt Microsoft der Durchbruch in Verbindung mit der Textverarbeitung Word für Windows 1.0.
1992	Windows 3.1 und wenig später Windows for Workgroups 3.11 mit Peer-to-Peer-Netzwerkunterstützung.
1993	Windows for Workgroups 3.11 ist die letzte dieser reinen 16-Bit-Varianten. Parallel dazu wird nach fünf Jahren Entwicklungsarbeit Windows NT 1.0 veröffentlicht.
1995	Erste 32-Bit-Version mit neu gestalteter Oberfläche (Desktop) und besserer Nutzung der Hardware-Ressourcen wird in Form von Windows 95 vorgestellt. Dieses immer noch auf DOS basierende Betriebssystem wurde insgesamt zweimal überarbeitet (Release B und C).

1996	Windows NT 4.0 – Abkürzung für „New Technology". Von Microsoft entwickeltes 32-Bit-Betriebssystem, das speziell für Netzwerke konzipiert wurde. Windows NT ist multiprozessorfähig und unterstützt das *NTFS-Dateisystem*. Die Benutzeroberfläche entspricht weitgehend der Windows-95-Oberfläche, auch die von dort her bekannten Zusatzprogramme werden weitgehend mitgeliefert und um netzwerkspezifische Anwendungen erweitert.
1998	Windows 98 mit verbesserten Multimedia-Eigenschaften (integrierter Internet Explorer).
1999	Windows 98 SE (Second Edition), die zweite Ausgabe mit Aktualisierungen wird herausgegeben.
2000	Windows 2000 – der Windows-NT-4-Nachfolger – (auch W2K) wird als reines 32-Bit-Netzwerk-Betriebssystem in Konkurrenz zu UNIX ausgeliefert. Der Quellcode besteht aus mehr als 30 Millionen Programmcode-Zeilen.
2000	Windows Me – die „Millennium-Edition" – eine Weiterentwicklung von Windows 98 insbesondere für multimediale Anwendungen privater Nutzer.
2001	Windows XP (eXPerience = Erfahrung) führt die Produktlinien von Windows 9x/Me und Windows NT/2000 zusammen. Damit deckt erstmals ein Windows-Betriebssystem – in verschiedenen Ausprägungen – praktisch alle Einsatzgebiete von Heim-Computern bis Unternehmens-Clients ab.
2003	Windows Server 2003 erscheint als Nachfolger von Windows 2000 Server in einer 32-Bit- und 64-Bit-Version.
2004	Windows XP Service Pack 2 mit zahlreichen Neuerungen und Verbesserungen
2004/ 2005	Microsoft Windows XP Media Center Edition 2005 (MCE) als Erweiterung von Windows XP verfügt über zahlreiche zusätzlich integrierte Multimedia- und Entertainment-Tools.
2005	Windows XP x64 Edition unterstützt die 64-Bit-Funktionen der AMD-Prozessoren Athlon 64 und Opteron ebenso wie die jeweils mit EM64T-Technik versehenen Intel-CPUs Xeon und Pentium 4.
2006	Veröffentlichung von Windows Vista, dem Nachfolger von Windows XP. Das Tool WinFS (Windows Future Storing System) soll die bisher bei Windows XP eingesetzten Dateisysteme NTFS und FAT 32 ersetzen.
2007	Windows Vista unterstützt 32-Bit- und 64-Bit-Prozessoren. Neu ist unter anderem die Sidebar-Funktionalität. Der Windows-Desktop kann mit Gadgets (Mini-Anwendungen) erweitert werden. Die neue Windows Aero-Oberfläche soll eine schnellere Orientierung und eine bessere Bedienung erlauben. Verbessert wurde auch der Schutzmechanismus Windows Defender.
2009	Bei Windows 7 als Vista-Nachfolger - Codename „Vienna" - ist vor allem der OS-Kernel entschlackt worden. Der auf die Bezeichnung MinWin getaufte Kernel benötigt nur rund 25 MB HD-Speicher und 40 MB RAM-Speicher. (Zum Vergleich: Besteht der Vista-Kernel noch aus rund 5000 Dateien, setzt sich MinWin aus lediglich 100 Dateien zusammen.) So sind zahlreiche Funktionen im Vergleich zu Windows Vista mit weniger Klicks und somit schneller zu erreichen. Die Systemsicherheit ist weiter verbessert und neue Eingabemethoden sind implementiert. Einige der mitgelieferten Anwendungen und Tools wurden überarbeitet und erweitert. Windows 7 erscheint in sechs unterschiedlichen Varianten mit jeweils einer 32-Bit- und einer 64-Bit-Version.

Bild 2.9: Entwicklung der Windows-Betriebssysteme

Unabhängig von den bisherigen Windows-Versionen brachte Microsoft im Juli 1993 – parallel zu Windows for Workgroups – die erste NT-Version heraus: Windows NT 3.1 (NT = New Technology). Hierbei handelt es sich um eine komplette Neuentwicklung ohne MS-DOS-Basis.

Windows NT 4.0

Über Windows NT 3.5 (1994) und Windows NT 3.51 (1995) führte die Entwicklung des Netzwerk-Betriebssystems zu der weit verbreiteten Windows-NT-4.0 (seit September 1996).

Die Version 4.0 mit einer Windows-Version 95-adäquaten Benutzeroberfläche wurde seitdem in regelmäßigen Abständen durch Service-Releases der Hardwareentwicklung angepasst und aktualisiert. Windows NT 4.0 ist in zwei Versionen erschienen:

- Windows NT 4.0 Workstation
- Windows NT 4.0 Server

Die Nachfolgeversion von Windows NT wurde wegen des Erscheinungsjahres Windows 2000 (auch W2K) genannt und wird in vier unterschiedlichen Versionen angeboten:

- Windows 2000 Professional für Arbeitsplatzrechner
- Windows 2000 Server für Workgroups
- Windows 2000 Advanced Server für größere Abteilungen und Firmennetzwerke – geeignet für Systeme mit bis zu 8 Prozessoren
- Windows 2000 Datacenter Server, die mächtigste Version für Multiprozessor-Rechner mit bis zu 32 Prozessoren

Eine ausführliche Beschreibung der Netzwerk-Betriebssysteme NT 4.0 und 2000 befindet sich in Bd. 1141: „Vernetzte IT-Systeme“.

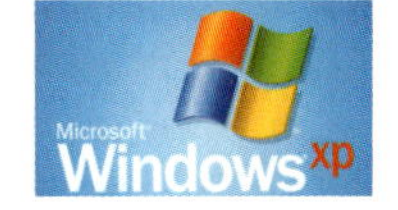

Windows XP (eXPerience) stellt mit einer komplett überarbeiteten Benutzeroberfläche den deutlichsten Design-Wechsel seit Windows 95 dar. Das XP-Betriebssystem kombiniert zudem die Zuverlässigkeit und Stabilität von Windows 2000 und Windows NT mit den Multimediaeigenschaften von Windows 98 und Windows Me. Windows XP bietet für Heim- und Business-Systeme mehr Möglichkeiten und eine größere Anwenderfreundlichkeit. Vier Versionen stehen zur Verfügung:

- Windows XP Home Edition für den privaten Anwendungsbereich
- Windows XP Professional für den Einsatz in größeren Unternehmen
- Microsoft Windows XP Media Center Edition 2005 (MCE) als Brücke zwischen PC und Unterhaltungselektronik
- Windows XP 64-Bit-Edition für rechenintensive Anwendungen

Windows Server 2003

Das von Microsoft ursprünglich als Serverversion von Windows XP geplante Netzwerk-Betriebssystem, welches zusammen mit Windows XP unter dem Codenamen „Whistler“ entwickelt wurde, ist unter dem Namen Windows Server 2003 erschienen. Neue Maßstäbe setzt das Produkt im Hinblick auf Performance und Skalierbarkeit: Testergebnisse bringen das hohe Potenzial der 64-Bit-Computing-Plattformen von Microsoft für den Einsatz im Rechenzentrum zum Ausdruck. Dieser Bereich war bislang von kostenintensiven und proprietären (urheberrechtlich geschützten) UNIX-Systemen bestimmt. Durch den Einsatz der Lösungen von Microsoft können Unternehmen nun auch bei Datenbank-Systemen und geschäftkritischen Systemen von den Kostenvorteilen profitieren, die Lösungen auf Basis von Industriestandards mit sich bringen.

Windows Vista (Codename Longhorn) ist seit 2007 der Nachfolger von Windows XP. Eine Server-Edition von Windows Vista (Windows Server 2008) wird erst später erscheinen. Nach Auskunft von Microsoft soll mit Windows Vista alles noch einfacher, noch sicherer und noch schneller werden und es soll vor allem neue Funktionen für Notebooks mitbringen. Windows Vista wird mit der neuen grafischen Benutzeroberfläche „Aero“ funktionaler und multimedialer als vergleichsweise Aqua unter Mac OS X. Anwender klagen jedoch über hohe Hardwareanforderungen und die anfangs mangelhafte Treiberunterstützung.

Windows 7

Der Nachfolger von Windows Vista heißt Windows 7 und wird in Deutschland seit Oktober 2009 ausgeliefert. Der kurze zeitliche Abstand zum Vorgänger war zwar gut für alle, die sich mit Vista nicht anfreunden konnten, für eine Rundum-Erneuerung der Windows-Architektur war der Zeitraum von zwei Jahren jedoch viel zu kurz. Auch in Windows 7 stecken noch die Ideen aus der alten NT-Architektur. Während sich am Erscheinungsbild des Desktops im Vergleich zu Vista wenig verändert hat, geht Windows 7 deutlich sparsamer und effektiver mit den Hardwareressourcen um.

Windows Mobile

Eine weitere Windows-Variante stellt die Weiterentwicklung von Windows Mobile dar. Windows Mobile ist ein kompaktes Betriebssystem, kombiniert mit einer Zusammenstellung von Anwendungen für tragbare Geräte, basierend auf der Microsoft Win32 API. Geräte, die Windows Mobile benutzen, sind zum Beispiel Pocket PCs, Smartphones und mobile Media-Center. Es ist so aufgebaut, dass Ähnlichkeiten mit den Desktopversionen von Windows erkennbar sind.

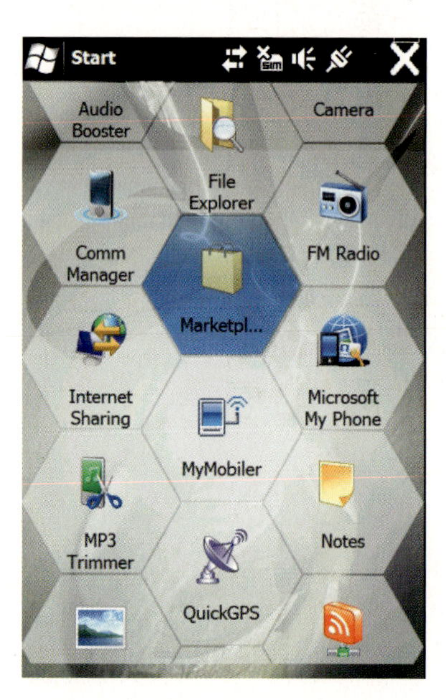

Bild 2.9a: Windows Mobile 6.5 mit der typischen Wabenstruktur

Windows Mobile ist für Touchscreen-Displays optimiert und verfügt über verbesserte Browser-Eigenschaften sowie den Zugang zu neuen mobilen Diensten wie Microsoft „My Phone“ und „Windows Marketplace for Mobile“. Der Nachfolger Windows Mobile 7 soll zukünftig unter der Bezeichnung „Windows Phone“ erscheinen.

2.4.2 Windows 2000

Windows 2000

Das Nachfolge-Betriebssystem von Windows NT 4.0 ist weniger für Einzelplatzanwendungen gedacht als vielmehr für die Verwaltung von komplexen Strukturen in Computer-Netzwerken mittlerer und großer Unternehmen mit vielen tausend Usern (vgl. Bd. 1141: „Vernetzte IT-Systeme").
Wie Windows NT 4.0 ist auch Windows 2000 ein echtes 32-Bit-Betriebssystem, in dem mit jedem Taktzyklus dem Prozessor 32 bit an Informationen zur Verfügung gestellt werden. Vergleichbar ist ebenfalls das präemptive Multitasking (einem Programm zugewiesener Speicherraum unter der Kontrolle des Betriebssystems) und die Multiprozessor-Fähigkeit (Unterstützung mehrerer CPUs zwischen zwei und maximal 32 je nach Version).

Systemarchitektur

Die Systemarchitektur von Windows 2000 basiert auf einer Kombination von Schichten- und Client-/Server-Modell. Das Schichtenmodell unterteilt das Betriebssystem in Module, die unabhängig voneinander arbeiten. Nur so können mehrere Programme gleichzeitig auf unterschiedlichen Hardwareplattformen zusammenarbeiten.
Der Aufbau des Betriebssystems arbeitet wie Windows NT 4.0 mit einem HAL (**H**ardware **A**bstraction **L**ayer) als verbindendem Element zwischen der eigentlichen Hardware und dem Betriebssystemkern (Kernel). So können Programme und Komponenten von Windows 2000 nicht selbstständig hardwarespezifische Funktionen aufrufen, sondern der HAL stellt diese Funktion bereit und kontrolliert alle Zugriffe.

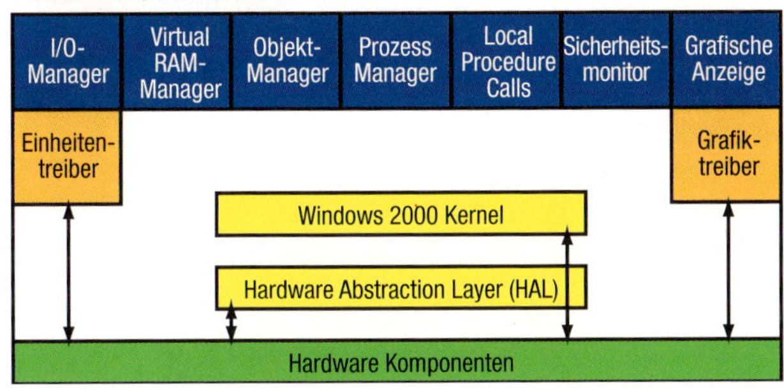

Bild 2.10: Systemarchitektur von Windows 2000 Professional

Alle Kernfunktionen des Betriebssystems sind in einer Reihe von eigenständigen und unabhängigen Managementmodulen, den Exekutiven, untergebracht und laufen alle im Prozessor- oder Kernel-Modus. Dazu gehören der eigentliche Betriebssystemkern (Kernel), der HAL (Hardware Abstraction Layer) sowie der Prozessmanager, der Objektmanager, die Verwaltung des virtuellen Speichers, die grafische Anzeige und ein Kommunikationsmodul (Local Procedure Calls). Alle Prozesse, die mit der Dateneingabe und -ausgabe zu tun haben, sind Bestandteile des I/O-Managers, der ebenfalls Teil der Exekutiven ist.

Exekutiven

Windows 2000 verfügt über fünf sogenannte Subsysteme, die die Aufgabe haben, zwischen den Windows 2000 eigenen Exekutiven und den jeweiligen Anwendungsprogrammen (Applikationen) zu vermitteln. Mithilfe der Subsysteme können auch ältere Betriebssystem-Versionen für z.B. eine 16-Bit-Applikation emuliert werden.

Subsysteme

- Subsysteme bilden die Voraussetzung für die Softwarekompatibilität von Windows 2000.

CSR = Certificate Signing Request

Mit dem CSR-Subsystem (**C**ertificate **S**igning **R**equest) wird die Befehlszeile von Windows 2000 gesteuert, die wiederum die Eingabe- und Ausgabefunktion von der Konsole für andere Subsysteme bereitstellt.

Sicherheitsmonitor

Für DOS- und 16-Bit-Windows-Programme gibt es das Subsystem VDM (**Vir**tual **DOS** **M**achine) und WOW (**W**indows **O**n **W**in32). Das Sicherheitssubsystem ist eine der wichtigsten Komponenten in Netzwerkbetriebssystemen. Bei der Anmeldung eines Benutzers überprüft der Sicherheitsmonitor die Anmeldeberechtigung und stellt dessen Berechtigungen im System fest.
Windows 2000 unterstützt die Dateisysteme FAT16, VFAT, FAT32 und NTFS. Darüber hinaus stellt W2K ein weiterentwickeltes NTFS-Format in der Version 5 als NTFSv5 zur Verfügung. Im Vergleich zu NTFSv4 von Windows NT 4.0 sind einige Möglichkeiten hinzugekommen, die sich insbesondere auf die Datenträgerverwaltung beziehen, wie z.B. eine flexible Festplattenverwaltung, die Einrichtung von Datenträgerkontingenten für bestimmte Benutzergruppen oder die Verschlüsselung von Dateien und ganzen Ordnern.

NTFS = New Technology File System

Als besondere Eigenschaften von NTFS gelten:

- Bessere Sicherheit und Datenschutz – bei NTFS können auch für lokale Benutzer nur bestimmte Bereiche zugänglich gemacht werden (bei FAT haben lokale User Zugriff auf alle Verzeichnisse).
- Bessere Fehlertoleranz (Hot Fixing) – Protokoll der Festplattenaktivitäten zum Wiederherstellen von Daten nach einem Systemausfall (Stromausfall).
- Gelöschte Dateien lassen sich nicht wiederherstellen (nicht immer von Vorteil).
- Geringere Fragmentierungsrate, d.h. es dauert viel länger, bis eine Festplatte fragmentiert ist, als unter FAT.
- Einsparen von Festplattenplatz durch Komprimieren von einzelnen Dateien oder ganzen Verzeichnissen
- Speicherplatzerweiterung durch Datenträgererweiterung
- Geschwindigkeitsvorteil durch Stripeset (Raid-0-System)
- Erweiterte Datei-Attribute
- Dateinamen bis 255 Zeichen
- Maximale Dateigröße 16 TByte (TB)
- Maximale Partitionsgröße 16 TByte (TB)
- Weniger Overhead (= ungenutzter Plattenspeicher). Ein Cluster ist bei einer 1,2 GByte-Platte nur 2 KByte groß, bei FAT sind es 32 KByte.
- Kleinste Partitionsgröße 50 MByte – NTFS ist aber für Partitionen über 400 MByte besser geeignet. Nur bei kleineren Partitionen ist NTFS nicht zu empfehlen.
- POSIX-Dateizugriff für UNIX-Programme

Mit der Version NTFSv5 kommen folgende neue Funktionen hinzu:

NTFSv5

- Datenträgererweiterung – jetzt wird die Speicherplatzerweiterung sogar ohne Neustart des Rechners ermöglicht.
- Verschlüsselung von Dateien und Verzeichnissen
- Verknüpfungsüberwachung, d.h. Verknüpfungen bleiben auch erhalten, wenn die Daten auf einen anderen Datenträger verschoben werden.
- Bereitstellungspunkte. Dadurch können Datenträger und Partitionen zu anderen bestehenden Verzeichnissen hinzugefügt werden.
- Indizierung zur schnelleren Suche von Dateien
- Partitionen größer als 4 GByte bei der Installation, wodurch schon hier Partitionen größer als 4 GByte angelegt werden können.

Zwischen Windows NT 4.0 und Windows 2000 kann es zu Kompatibilitätsproblemen kommen, denn Windows NT 4.0 kann erst ab Service-Pack 4 lesend und schreibend auf NTFSv5-Dateisysteme zugreifen. Da Windows 2000 schon bei der Installation automatisch alle NTFS-Laufwerke auf NTFSv5 umwandelt (auch wenn diese Laufwerke versteckt sind), kann bei einem parallelen Betrieb von Windows 2000 und NT 4.0 keine Reparatur mehr unter NT 4.0 erfolgen, wenn z.B. Windows NT nicht sauber heruntergefahren wurde.

2.4.3 Windows XP

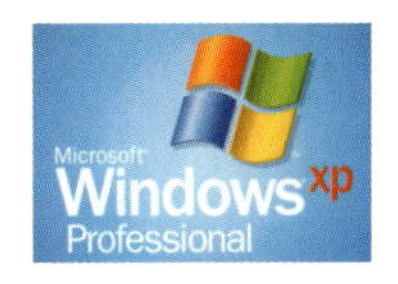

Windows XP (eXPerience) stellt entwicklungsmäßig die Zusammenführung der Microsoft-Betriebssysteme Windows 98/Me und Windows NT/2000 dar. Erstmals beruhen alle Windows-Versionen auf einem einheitlichen Kernel, der auf die als relativ stabil und zuverlässig geltende Windows-2000-Technik aufsetzt. Das mit einem reinen 32-Bit-Kernel ausgestattete Windows XP gilt als schnelles und stabiles Betriebssystem. Darüber hinaus hat Microsoft ein erstes 64-Bit-Client-Betriebssystem Windows-XP-64-Bit-Edition vorgestellt, um den Anforderungen spezialisierter, technischer Arbeitsstationsbenutzer gerecht zu werden, die große Arbeitsspeicher und eine hohe Gleitkommaleistung in Bereichen wie z.B. Spezialeffekte für Filme, 3-D-Animationen, Engineering und für wissenschaftliche Anwendungen benötigen.

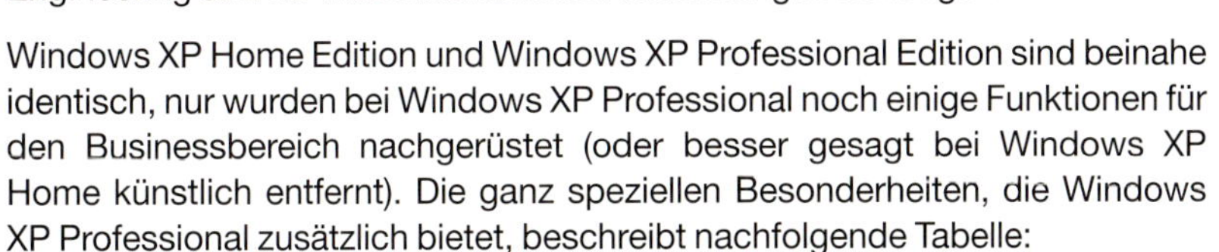

Windows XP Home Edition und Windows XP Professional Edition sind beinahe identisch, nur wurden bei Windows XP Professional noch einige Funktionen für den Businessbereich nachgerüstet (oder besser gesagt bei Windows XP Home künstlich entfernt). Die ganz speziellen Besonderheiten, die Windows XP Professional zusätzlich bietet, beschreibt nachfolgende Tabelle:

Funktion	Home-Edition	Professional
Backup	ja (versteckt)	ja
Remote Control	beschränkt	ja
Multiprozessor-fähig	nein	ja
Dynamische Datenträger	nein	ja
Netwareunterstützung	nein	ja
Offline-Dateien	nein	ja

Funktion	Home-Edition	Professional
Benutzerverwaltung	beschränkt	ja
Domäne-Mitgliedschaft	nein	ja
Mehrschirmbetrieb	nein	ja
NTFS-Verschlüsselung	nein	ja
Policies	nein	ja
Internet Information Server	nein	ja

Bild 2.11: Vergleichstabelle Windows-XP-Home- und Professional-Edition

Active Directory

Die erweiterten Funktionen von XP Professional machen diese Version zu der besseren Wahl für Firmenrechner und kleine Büronetzwerke. Dazu gehören auch Verschlüsselungsmechanismen und Benutzerkonten, die sich per Active Directory verwalten und mitnehmen lassen können, eine Anmeldevalidierung durch Domänen-Controller und die Möglichkeit, Benutzerrechte über Administrationsprofile zu konfigurieren.

Notebookeinsatz

Besonderes Augenmerk hat Microsoft bei Windows XP auf den Notebook-Einsatz gelegt. Notebook-Besitzer waren lange Zeit auf Windows 9x als Betriebssystem festgelegt, denn Windows NT und tragbare Computer passen nicht zusammen. Mangelnde Funktionen für Stromsparmodi und nicht vorhandene USB-Unterstützung sind dabei die Hauptgründe. Erst mit Windows 2000 änderte sich das Bild, und ambitionierte Anwender konnten ihr Notebook mit einem stabilen und sicheren Betriebssystem ausstatten. Windows XP wurde hingegen noch weiter auf die Bedürfnisse von Notebook-Besitzern optimiert.

Ressourcenpool

Beide XP-Versionen (Home Edition und Professional) bauen auf der Architektur von Windows 2000 auf und besitzen keinerlei Beschränkungen beim System-Ressourcenpool, der bei Windows 98/Me wegen der fest eingestellten Speichergröße häufig zu Systemabstürzen führte.

■ Windows XP unterstützt die Dateiformate FAT32 und NTFSv5.

Windows XP bringt zahlreiche Neuerungen und Erweiterungen mit sich. Windows XP unterstützt wie Windows 2000 die Dateisysteme NTFS, FAT (File Allocation Table) und FAT32. Folgende Funktionen werden ausschließlich von NTFS unterstützt:

- Datei- und Ordnerberechtigungen
- Komprimierung
- Datenträgerkontingente
- Verschlüsselung
- Bereitstellungspunkte
- Remotespeicher

GPT = GUID Partition Tabelle

Darüber hinaus ist NTFS auf allen dynamischen Datenträgern und Datenträgern vom Typ GPT (GUID-Partitionstabelle) erforderlich.

GUID = Globally Unique Identifier

EFI = Extensible Firmware Interface

Die GUID-Partitionstabelle liefert ein Schema zur Datenträgerpartitionierung, das von der EFI-Schnittstelle (**E**xtensible **F**irmware **I**nterface) auf Itanium-basierten Computern verwendet wird. GPT bietet gegenüber der MBR-Partitionierung (**M**aster-**B**oot-**R**ecord) zusätzliche Vorteile: Es ermöglicht bis zu 128 Partitionen pro Festplatte, bietet Unterstützung für Volumes mit bis zu 18 EByte (Exa $\triangleq 2^{60}$), ermöglicht Redundanz durch primäre und Sicherungspartitionstabellen und unterstützt eindeutige IDs für Festplatten und Partitionen (GUIDs).

Freischaltcode

Die Produktaktivierung ist ebenfalls ein neues Element in Windows XP. Dazu wird eine Schlüsselzahl ermittelt, die sich u. a. aus Kennwerten der verwendeten Hardware zusammensetzt. Nach Übermittlung dieser Schlüsselzahl erhält man schließlich von Microsoft den endgültigen Freischaltcode. Beantragt man die Freischaltung nicht innerhalb von 30 Tagen, wird das Betriebssystem blockiert. Auch Änderungen in der Hardwarekonfiguration sowie Neuinstallationen können eine Neuaktivierung erforderlich machen. Die Echtheit von Microsoftprodukten kann z. B. über nachfolgend abgebildete Internetseite überprüft werden.

Luna

Des Weiteren hat Microsoft Windows XP die neue Oberfläche „Luna" mitgegeben. Dank Lunas Hilfe kann viel weiter in das Betriebssystem eingriffen werden. Nicht nur dass sich die standardmäßige Desktopoberfläche im Aussehen komplett von den Vorgängern unterscheidet, sie bietet weit mehr Möglichkeiten im Hinblick auf neue Medien wie Digitalfotografie, Digital Audio und Video und vereinfacht die Verwaltung mehrerer Benutzer und die Arbeit im Netzwerk.

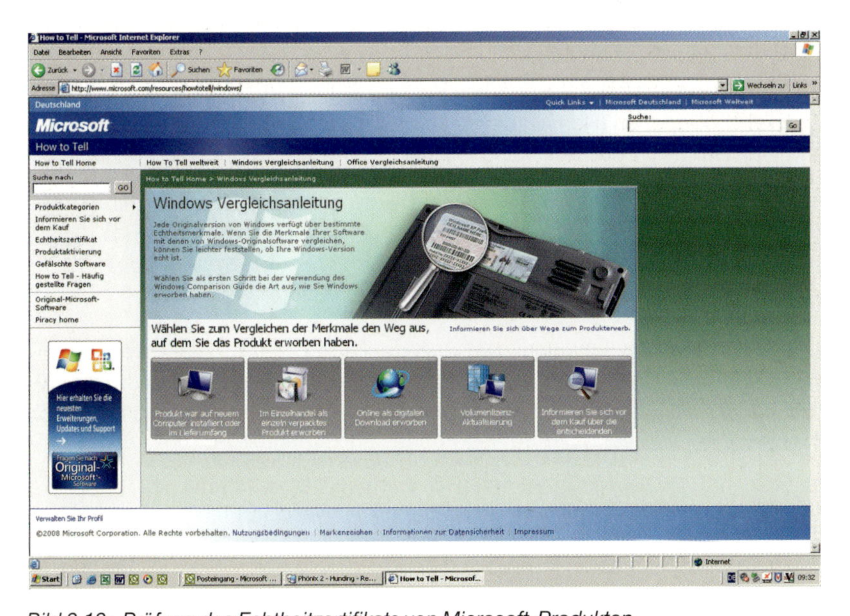

Bild 2.12: Prüfung des Echtheitzertifikats von Microsoft-Produkten

Virtueller Schreibtisch

Alle Windows XP-Elemente unterliegen einer ordnerabhängigen Objekthierarchie, in der der Desktop als „virtueller Schreibtisch" an oberster Stelle rangiert.

Startmenü

Komplett neu ist das Startmenü. Hier erscheinen auf der linken Seite alle Programme, die häufig benutzt werden, in einer sich je nach den Arbeitsgewohnheiten ändernden Liste. Wie viele Programme Windows XP anzeigt, kann über das Modul Taskleiste und Startmenü in der Systemsteuerung eingestellt werden. Möglich sind bis zu neun Programme.

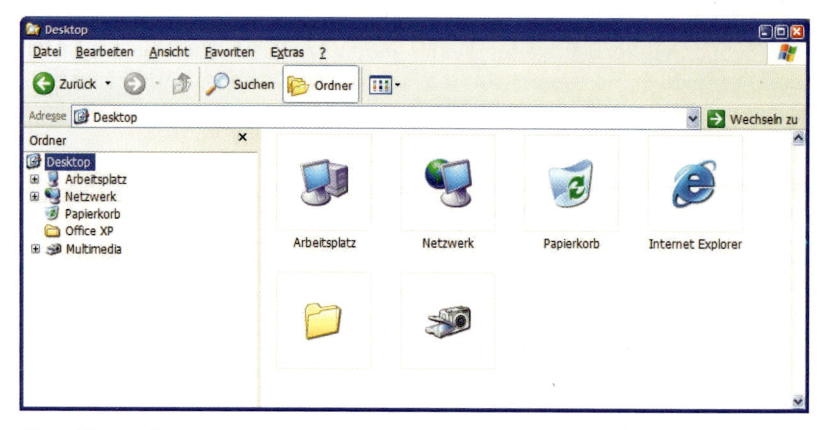

Bild 2.13: Der Desktop stellt die oberste Windows-XP-Ebene dar.

ICS = Internet Connection Sharing

Windows XP Home Edition enthält – wie bisher – viele Internetfunktionen wie den Internet Explorer 6 als Standardbrowser und Outlook Express 6 als Standard-E-Mail-Programm. Für kleine Netzwerke besitzt Windows XP eine einfach einzurichtende ICS-Funktion zur gemeinsamen Nutzung eines Internetanschlusses (Internet Connection Sharing). Die ICS-Funktion wird durch eine Firewall-Software erweitert und schützt breitbandige Anschlüsse vor unerlaubten Zugriffen von außen.

Fernsupport

Ein neues Fernwerkzeug bildet der Remote Assistance (Fernsupport). Damit kann ein anderer User oder ein Support-Dienstleister z. B. wegen einer Störung auf diesen Rechner zugreifen und ihn bedienen.

Hardware Compatibility List

Die Installation neuer Hard- und Software verlangt den Abgleich mit der bereits aus Windows 2000 bekannten Hardware-Kompatibilitätsliste (HCL, Hardware Compatibily List). Danach warnt das Betriebssystem vor nicht registrierten Geräten und Treibern oder unbekannten Programmen.

Das Erscheinen von Windows XP Service Pack 2 bietet neben der Beseitigung von rund 900 Fehlern eine Vielzahl von Neuerungen und Verbesserungen insbesondere in Hinblick auf Datensicherheit und Bedienerfreundlichkeit. Im Einzelnen werden folgende Änderungen implementiert:

RPC = Remote Procedure Call
DCOM = Distributed Component Object Model

- Neue Internetverbindungs-Firewall zum besseren Schutz vor Personen oder Programmen (einschließlich Viren und Würmer), die unaufgefordert versuchen, eine Verbindung mit dem Rechner herzustellen.
- Verschärfte Sicherheit bei RPC und DCOM
- Unterstützung von Bluetooth 1.1
- Besserer Schutz des System-RAM
- Add-on-Manager im Internet Explorer
- Pop-up-Blocker
- Sicherere Standardeinstellungen in Outlook Express

Microsoft hat angekündigt, Windows XP Home/Professional bis zum Jahr 2014 mit sicherheitskritischen Updates zu versorgen.

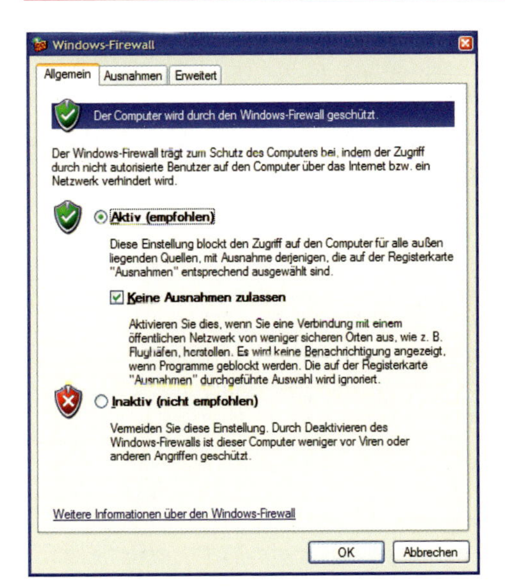

Bild 2.14: Empfohlene Einstellungen der XP-Firewall (ab Service-Pack 2)

XP-Firewall

2.4.4 Windows Vista

Windows Vista ist der Nachfolger des Betriebssystems Windows XP. Der interne Entwicklungsname lautete „Longhorn“ und die interne Versionsnummer NT 6.0. Nach einer Reihe von Verzögerungen ist Vista für Firmenkunden im November 2006 und für Privatkunden am 30. Januar 2007 erschienen.

Es existieren sechs verschiedene Versionen von Windows Vista, die sich alle auf identischen DVDs befinden. Im Verzeichnis „\source“ liegt die Datei „install.wim“, die alle Daten enthält, die für die lizensierte Version benötigt werden. Die Installationsroutine erkennt anhand des Produktschlüssels (engl.: „product key“), welche Version installiert werden soll.

Version	Beschreibung
Windows Vista **Starter**	Ähnlich wie die Windows XP Starter Edition ist diese Version stark eingeschränkt. Vista Starter ist vor allem für Entwicklungsländer konzipiert und soll dortigen illegalen Kopien vorbeugen. Wie schon beim Vorläufer ist es nur erlaubt, drei Programme gleichzeitig zu starten. Sie ist auch die einzige Version, die nur eine 32-Bit-Unterstützung enthält.
Windows Vista **Home Basic**	Vista Home Basic stellt eine abgespeckte Version für den Hausgebrauch dar. Der erweiterte Grafikmodus Aero-Glass zählt nicht zum offiziellen Funktionsumfang der Home Basic-Version. Diese bietet Basisfunktionen und ist weniger für einen erweiterten Multimediagebrauch geplant.
Windows Vista **Home Premium**	Diese erweiterte Version von Vista Home Basic ist für den privaten Markt konzipiert. Sie enthält einige zusätzliche Funktionen wie zum Beispiel die Unterstützung von HDTV und das Schreiben von DVDs. Außerdem weist Microsoft darauf hin, dass für die Premium-Edition eine Xbox 360 als Windows XP Media Center Edition-Extender genutzt werden kann. Diese Version ist also vergleichbar mit der Windows XP Media Center Edition. Ihr fehlt aber zum Beispiel die Möglichkeit, einer Active-Directory-Domain beizutreten.

Version	Beschreibung
Windows Vista **Business**	Ähnlich wie Windows XP Professional zielt diese Version auf den Firmenbereich. Sie unterstützt Windows Server Domains und ist mit einer neuen Version des Webservers IIS ausgestattet.
Windows Vista **Enterprise**	Diese Version ist vor allem für Großkunden gedacht. Sie enthält unter anderem zusätzlich, auf Vista Business basierend, die Festplattenverschlüsselung BitLocker, den PC-Emulator Virtual PC Express sowie ein Subsystem für Unix-basierte Anwendungen, mit dem Unix-Programme (unverändert) unter Vista laufen. Diese Version wird in einer sogenannten Volumenlizenz an Großkunden verkauft. Im Gegensatz zu Windows XP müssen Vistas Volumenlizenzen auch aktiviert werden. Um den Administrationsaufwand in Firmennetzwerken zu verringern, stellt Microsoft einen eigenen Aktivierungsserver für Firmennetzwerke zur Verfügung.
Windows Vista **Ultimate**	Vista Ultimate vereinigt die Funktionen aller anderen Vista-Versionen. Sie richtet sich laut Microsoft an Kleinunternehmer, die ihren PC privat und geschäftlich nutzen, und an Privatanwender, die ihren Rechner sowohl zu Hause als auch im Unternehmensnetzwerk betreiben. Diese Ausbaustufe ermöglicht dem User, die Systemsprache frei zu ändern, was auch bei einem Update auf diese Version möglich ist.

Bild 2.15: Versionen von Windows Vista

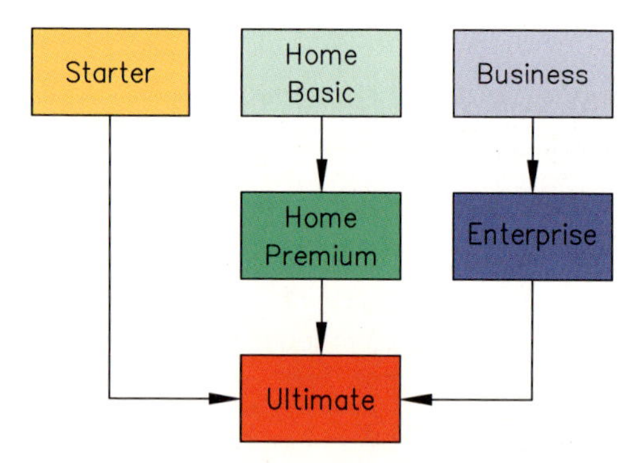

Bild 2.16: Hierarchie der Vista Versionen

Wie bereits die Vorgängerversionen unterstützt auch Windows Vista 32-Bit-Applikationen. Das bedeutet, dass sämtliche Befehle, Daten und Anweisungen des Betriebssystems mit 32 bit breiten Datenwörtern arbeiten. Darüber hinaus unterstützt Vista auch 64-Bit-Prozessoren.
Auf entsprechender 64-Bit-Hardware kann die 64-Bit-Version von Windows Vista die Performance moderner Computerarchitekturen deutlich verbessern. Der größte Vorteil von Vista 64-Bit ist der erweiterte Speicherraum. Die 32-Bit-Version kann maximal 4 GB RAM ansprechen, die 64-Bit-Version von Home Premium 16 GB, von Ultimate und Business sogar über 128 GB.
Allerdings fehlen für die 64-Bit-Variante teilweise die erforderlichen 64-Bit-Gerätetreiber, und auch entsprechende 64-Bit-Anwendungsprogramme werden erst nach und nach zur Verfügung stehen.

Windows Vista erlaubt symmetrisches Multiprocessing, vorausgesetzt Windows arbeitet auf Rechnern mit mehreren Prozessoren oder auf Rechnern mit Mehrkern-CPUs. Das Betriebssystem verteilt die Anforderungen an die Prozessoren gleichmäßig an die vorhandenen CPUs. Dadurch können mehrere Softwareanwendungen gleichzeitig mit höherer Geschwindigkeit bearbeitet werden (kein Multitasking). Dagegen profitieren Anwendungen, die auf mehreren Prozessoren laufen, von einer deutlichen Leistungssteigerung.

Windows Vista verfügt je nach Version über zahlreiche Neuerungen wie z. B.:

Aero (Akronym für „Authentic, Energetic, Reflective, Open")
Dies ist die neue vektorbasierte Benutzeroberfläche von Windows. Im sogenannten Aero Glass Modus bietet sie dem Benutzer frei skalierbare Anwendungsfenster mit Schattenwurf, halbtransparenten Rahmen sowie flüssige Animationen beim Minimieren, Maximieren, Schließen und Öffnen. Diese Oberfläche ist nicht in der Starter-Edition enthalten. Um diese Funktionen optimal nutzen zu können, muss ein sogenannter „WDDM"-Treiber (Windows Display Driver Model) für die entsprechende Hardware installiert werden. Allerdings hat Microsoft bestätigt, dass die Aero-Oberfläche einen höheren Stromverbrauch von maximal vier Prozent benötigt. Aero nutzt den Grafikchip stärker, als wenn die Oberfläche nicht aktiviert ist, was sich besonders durch einen höheren Stromverbrauch in Notebooks niederschlägt.

Bild 2.17: 3D-Darstellung der geöffneten Anwendungsfenster mit Aero-Glass

AP Help
Ein neu entwickeltes Hilfesystem, das auf XML basiert und Inhalte völlig anders darstellt, als man es von den bekannten HTML-Help-Dateien gewohnt ist.

Benutzerkontenkontrolle
Verbesserte Rechte- und Benutzerkonten-Verwaltung, die das Arbeiten ohne Administratorrechte erleichtern soll, um die Sicherheit zu erhöhen. Der Anwender arbeitet mit einem eingeschränkten Benutzerkonto und bekommt lediglich für Administrationsaufgaben nach Eingabe eines Passworts vorübergehend höhere Rechte.
Anwendungen können vor dem Start Administratorrechte anfordern – dann dunkelt Vista den Desktop ab und zeigt einen Dialog, der den Anwender zur

Bestätigung oder Ablehnung des Vorgangs auffordert. Diesen Mechanismus nennt Microsoft „**U**ser **A**ccount **C**ontrol" (UAC) – „Benutzerkontensteuerung". Die nachträgliche Hochstufung einer laufenden Anwendung ist hingegen nicht möglich.

DEP (**D**ata **E**xecution **P**revention)
DEP ist eine Bezeichnung von Microsoft für eine Schutzmethode, die vor der Ausführung von unerwünschtem oder bösartigem Programmcode startet. DEP wurde mit Service-Pack 2 für Windows XP neu eingeführt.
Es nutzt vorrangig ein in entsprechenden CPUs hardwareseitig eingebautes Feature (das sogenannte NX-Flag, NoExecute-Flag), um Software vor einem der am häufigsten ausgenutzten Sicherheitsprobleme abzusichern, denn Viren und Würmer können die Kontrolle über Computersysteme übernehmen, indem sie in ungeschützten Daten-Speicherbereichen von Programmen oder Betriebssystemfunktionen eigenen Code einschleusen und dessen Ausführung erzwingen. Ein Windows-System, dessen Software von DEP geschützt wird, führt keinen Code aus, wenn dieser in Speicherbereichen abgelegt wurde, die nur für Daten deklariert sind. Daraus ergibt sich ein gewisser Schutz vor den üblichen Wurm- und Hackangriffen.

DirectX 10
Vista wird mit einer neuen Version der Grafik-API DirectX in der Version 10 ausgeliefert. Diese Schnittstelle bietet vor allem einen besseren Zugriff und ermöglicht eine schnellere Ausführung der Grafikfunktionen und zeichnet sich durch eine geringe Erweiterung der Effektpalette aus. Diese Version ist nur für Windows Vista verfügbar.

DRM (Digital Rights Management)
In Windows Vista ist das Digital Rights Management erstmals untrennbar mit dem Windows-Kernel verbunden, was dazu führt, dass DRM nicht nur ständig aktiv ist, sondern seine Funktion auch auf jede im Computer vorgehende Aktion anwendbar ist.

Gadgets, Microsoft Minianwendungen
Gadgets oder auch Widgets sind kleine spezialisierte Hilfsapplikationen, die entweder auf dem Desktop oder in eine Sidebar eingebunden werden können und beispielsweise Informationen über Nachrichten, das Wetter und Ähnliches anzeigen. Sie sind vergleichbar mit den Dashboard Widgets unter Mac OS X.

Bild 2.18: Miniaturanwendungen (Gadgets) unter Windows Vista einfügen

Jugendschutzeinstellungen

Eltern können zukünftig festlegen, wann, wie lange und mit welchen Programmen ihre Kinder den Computer benutzen dürfen. Auch die Einschränkung des Internetzugriffs ist möglich. Schließlich beinhaltet die neue Funktion auch die Möglichkeit, die Nutzung des Computers zu überwachen.

.NET Framework 3.0

Eine neue, auf .NET basierende Programmierschnittstelle für Windows, welche die „Win32"-API ablösen soll und Anwendungsprogrammierern Zugriff auf die neuen Funktionen von Windows Vista ermöglicht. Damit sich .NET Framework 3.0 schneller durchsetzt und akzeptiert wird, hat Microsoft auch Versionen für die Vista-Vorgänger Windows XP und Windows Server 2003 herausgegeben. Den Kern von .NET Framework 3.0 bilden die Windows Presentation Foundation (WPF), die Windows Communication Foundation (WCF), die Windows Workflow Foundation (WF) und Windows CardSpace.

Neue Anwendungen

Spiele (Schach-Giganten, Mahjongg-Giganten und Lila Land), Windows Backup (ersetzt das alte NTBackup), Windows Kalender (mit WebDAV-Unterstützung), Notizzettel, Windows Defender (Schutz vor Malware)

Programmvorschau in der Taskleiste

In Verbindung mit der grafischen Desktopoberfläche bietet Vista bei Kontakt mit dem Mauszeiger die Möglichkeit der Programmvorschau in Miniaturansicht.

Bild 2.19: Programmvorschau in der Taskleiste und Tabvorschau im Browserfenster

Speichermanagement-Erweiterungen

ReadyBoost, SuperFetch und ReadyDrive (Unterstützung von Hybrid-Festplatten) sollen den Start von Programmen und des Betriebssystems beschleunigen.

User Account Control (UAC) – Benutzerkontensteuerung

UAC

Vielerorts sind normale Benutzer unter dem Administratorkonto an ihrem Computer angemeldet – entweder aus Unachtsamkeit oder weil spezielle Anwendungssoftware dies erforderlich macht. Mit User Account Control arbeitet man in Windows Vista immer im eingeschränkten Modus. Sobald ein Zugriff erfolgt, der erhöhte Systemrechte benötigt, wird eine Rückfrage vom Betriebssystem ausgelöst, die man extra bestätigen muss. Alternativ können normale Benutzer am UAC-Dialog den Namen und das Passwort eines administrativen Accounts eingeben, um eine gewünschte Aktion durchführen zu können.

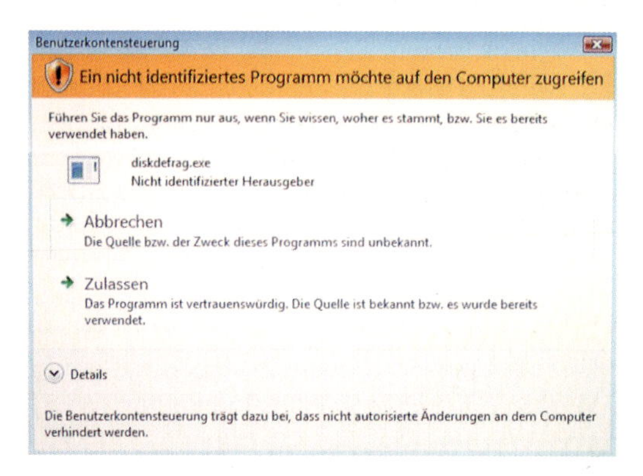

Bild 2.20: Sicherheitsabfrage der Benutzerkontensteuerung (UAC)

Auf diese Weise möchte Microsoft einen besseren Schutz vor versehentlichen Softwareinstallationen oder Datenpannen bieten, die nur durch den Administratorstatus überhaupt ermöglicht werden.

WGA (**W**indows **G**enuine **A**dvantage)

WGA

WGA steht für den Vorteil, den Nutzer von einer erfolgreich auf Echtheit geprüften Windows-Version haben sollen. So werden zahlreiche wichtige Zusatzprogramme für Vista nur Kunden angeboten, die sich dem prüfenden Auge des Konzerns gestellt haben. Von den neuesten Versionen des Internet Explorers bis zu dem Sicherheits-Tool Windows Defender – keines dieser Anwendungen lässt sich ohne erfolgreiche Überprüfung installieren.

Windows Mail
Ein neues E-Mail-Programm, welches das bisher in Windows verwendete Outlook Express ersetzen soll. Windows Mail enthält einen integrierten Spam-Filter, der schon von Beginn an völlig selbstständig filtern kann, ohne dass man ihn noch darauf zu trainieren braucht. Dieser wird monatlich über Microsoft Update aktualisiert.

XPS (**X**ML **P**aper **S**pecification)

XPS

Microsofts geräteunabhängiges Dokumentenformat der nächsten Generation, das auf XML basiert. Es ist in vielerlei Hinsicht ähnlich zu PDF von Adobe Systems. XPS soll Benutzern erlauben, Dateien ohne das Originalprogramm, mit dem sie erstellt wurden, zu betrachten, zu drucken und zu archivieren. XPS wird unter Windows Vista als Standardformat für die Druckausgabe dienen und soll in Zukunft auch von Druckern direkt unterstützt werden.

Microsofts Bemühungen, unabhängigen Entwicklern diese Neuerung nahezubringen, haben anfangs nicht viel gebracht. Daher enthält Vista eine „Application Compatibility Database", die bestimmten Anwendungen eine Sonderbehandlung angedeihen lässt. Seit dem Vista-Verkaufsstart sind im Monatsrhythmus Updates für die Kompatibilitätsdatenbank erschienen. Es gibt jedoch viel zu viele Anwendungen, als dass Microsoft für alle eine Sonderbehandlung definieren könnte. Microsoft bezeichnet die Ausnahmeregeln als „Application Shims".

Als „Shims“ werden eigentlich Klemmstücke oder Ausgleichsscheiben bezeichnet, mit denen ein wackeliger Tisch stabilisiert oder ein Schrank begradigt wird. Doch ein Holzkeil ist nun mal keine dauerhafte Lösung.

Das Sicherheitskonzept von Windows Vista basiert unter anderem auf der Zusammensetzung verschiedener Systemkomponenten. Dadurch wird eine Trennung von Hardware, Betriebssystemkern und Anwendungsprogrammen ermöglicht. Diese Trennung schützt vor Fehlern in der Bedienung und vor Programmierfehlern in Anwendungsprogrammen, die somit keine direkten Auswirkungen auf das Betriebssystem oder auf die Hardware haben können.

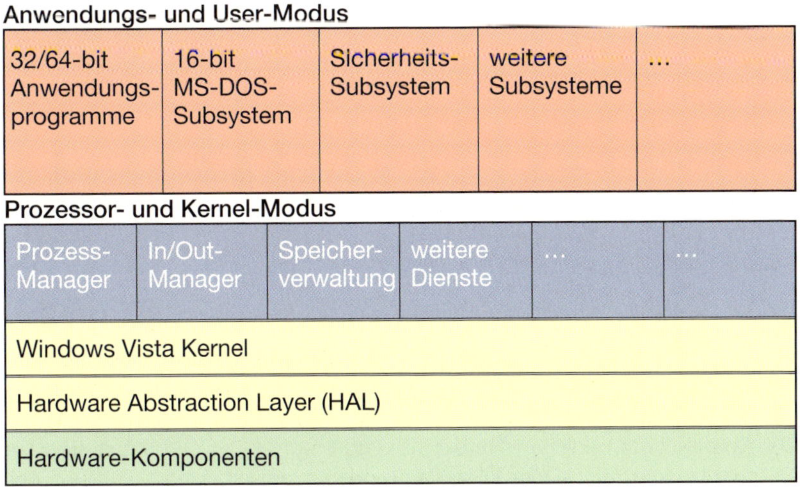

Anwendungs- und User-Modus

32/64-bit Anwendungsprogramme	16-bit MS-DOS-Subsystem	Sicherheits-Subsystem	weitere Subsysteme	...

Prozessor- und Kernel-Modus

Prozess-Manager	In/Out-Manager	Speicherverwaltung	weitere Dienste	...	...
Windows Vista Kernel					
Hardware Abstraction Layer (HAL)					
Hardware-Komponenten					

Bild 2.21: Prinzipieller Aufbau der Windows-Vista-Architektur

Während das Betriebssystem im Prozessor-Modus direkt Systemressourcen nutzen und steuern kann, wie etwa die Speicherverwaltung, sind Anforderungen von Anwendungsprogrammen nur über das Betriebssystem möglich. Damit trotzdem auch ältere Anwendungen eingesetzt werden können, arbeiten im Anwendungs-Modus verschiedene Subsysteme, die eine Kommunikation zwischen den Anwendungen und dem Betriebssystem ermöglichen.

Alle Zugriffe von Anwendungen auf die Hardware werden durch das Betriebssystem kontrolliert. Anwendungen, die direkte Hardwarezugriffe erfordern (einige Spiele und Tools), können deshalb unter Windows Vista nicht eingesetzt werden. Auch der Betriebssystemkern (Kernel) greift nicht direkt auf die Hardware zu. Zwischen dem Kernel und der Hardware des Computers befindet sich vielmehr die HAL (**H**ardware **A**bstraction **L**ayer) von Windows Vista, die alle Hardwarezugriffe vermittelt. Die direkte Kommunikation von Gerätetreibern wie z. B. Grafiktreibern mit der Hardware ist aus Kompatibilitätsgründen zwar noch möglich, es stehen dann allerdings nicht mehr alle Funktionen von Vista zur Verfügung. Im neuen WDDM (**W**indows **D**isplay **D**river **M**odell) gestattet Vista aus Sicherheitsgründen auch Grafiktreibern keinerlei direkten Zugriff auf die Hardware. Der Grafikkartenhersteller muss einen entsprechend angepassten Treiber anbieten, um in Vista alle Funktionen voll ausschöpfen zu können.

HAL

WDDM

In der HAL werden außerdem die Betriebssystemanforderungen so umgesetzt, dass sie von der jeweiligen Hardware verstanden werden können. Deshalb werden je nach verwendeter Hardware bei der Installation von Windows Vista verschiedene HAL-Versionen installiert, wie zum Beispiel für Mainboards mit oder ohne **ACPI** (**A**dvanced **C**onfiguration and **P**ower **I**nterface).

ACPI

Neben wichtigen Änderungen in Windows Vista, wie Verbesserungen
- an der Shell (z. B. integrierte Desktopsuche),
- an den Netzwerkfunktionen (wie der neue IPv6-Stapel und die bidirektionale Firewall),
- am Grafikmodell der nächsten Generation (wie Aero™ Glass, Windows® Presentation Foundation, der Desktopfenster-Manager und das neue Grafiktreibermodell), gibt es viele Neuerungen im eigentlichen Vista-Kernel wie Windows-Kernelmodus-Treiberframeworks (UMDF und KMDF) und die CPU-Zykluszählung.

CPU-Zykluszählung

Windows Vista enthält eine Reihe von Neuerungen im Bereich der Prozesse und Threads, zu denen die Verwendung des CPU-Zykluszählers für eine gerechtere CPU-Zuweisung und des neuen Multimediaklassen-Planungsdiensts (MMCSS) gehören, der Medienanwendungen bei der fehlerfreien Wiedergabe unterstützt.

Bei allen Versionen von Windows NT® bis einschließlich Windows Vista wird eine Intervallzeitgeber-Interruptroutine programmiert, die in Abhängigkeit von der Hardwareplattform ca. alle 10 oder 15 ms (Millisekunden) ausgeführt wird. Die Routine prüft, welchen Thread sie unterbrochen hat und aktualisiert die CPU-Nutzungsstatistik des Threads so, als ob dieser Thread während des gesamten Intervalls ausgeführt worden wäre, auch wenn die Ausführung des Threads in Wirklichkeit möglicherweise erst kurz vor dem Ende des Intervalls gestartet wurde. Darüber hinaus wurde der Thread möglicherweise technisch der CPU zugewiesen, erhielt jedoch keine Chance zur Ausführung, weil stattdessen Hardware- und Softwareinterruptroutinen ausgeführt wurden.

Obwohl die taktbasierte Zeitabrechnung für Diagnosetools, die die CPU-Nutzung durch Threads und Prozesse melden, möglicherweise in Ordnung ist, kann die Verwendung dieser Methode durch den Threadplaner zu einer ungerechten CPU-Zuweisung führen. Standardmäßig dürfen Threads auf Clientversionen von Windows bis zum Ablauf von 2 Zeiteinheiten des CPU-Takts ausgeführt werden (6 bei Ausführung im Vordergrund). Der Thread kann jedoch in Abhängigkeit von seinem Verhalten oder anderen Aktivitäten im System praktisch keine CPU-Zeit oder bis zu 6 Zeiteinheiten erhalten (18 bei Ausführung im Vordergrund).

Bild 2.22a zeigt die ungerechte Verteilung, die auftreten kann, wenn zwei Threads mit gleicher Priorität zum selben Zeitpunkt zur Ausführung bereit sind. Thread A wird bis zum Ablauf des nächsten Zeitintervalls ausgeführt. Dabei geht der Planer davon aus, dass der Thread während des gesamten Intervalls ausgeführt wurde, und entscheidet daher, dass die Ausführungszeit von Thread A beendet ist. Darüber hinaus geht der Interrupt, der während der

Ausführung von Thread A aufgetreten ist, ungerechterweise zu dessen Lasten. Beim nächsten Intervall wählt der Planer Thread B aus, welcher bis zum Ablauf des vollen Intervalls ausgeführt wird.

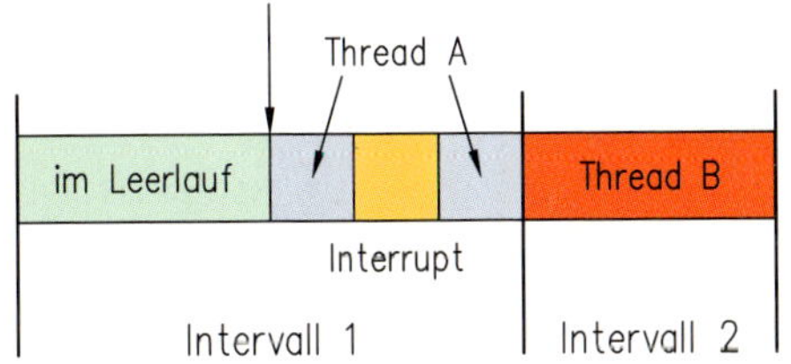

Bild 2.22a: Ungerechte Threadplanung

In Windows Vista verwendet der Planer das Zykluszählerregister moderner Prozessoren, um genau zu verfolgen, über wie viele CPU-Zyklen ein Thread ausgeführt wird. Durch Schätzung der Anzahl der Zyklen, die die CPU in einem Taktintervall ausführen kann, kann er die CPU-Zeit exakter verteilen. Darüber hinaus zählt der Windows Vista-Planer die Interruptausführung nicht in Bezug auf die Ausführungszeit eines Threads. Das bedeutet, dass ein Thread unter Windows Vista immer mindestens die ihm zugewiesene CPU-Zeit und nie mehr als ein zusätzliches Taktintervall zur Ausführung erhält, was zu einer größeren Gerechtigkeit und einem besser vorhersehbaren Anwendungsverhalten führt. Bild 2.22b zeigt, wie Windows Vista auf das in Abbildung 2.22a dargestellte Szenario reagiert, indem beiden Threads mindestens ein Zeitintervall zur Ausführung eingeräumt wird.

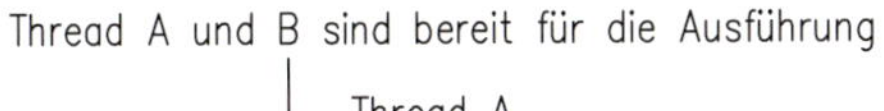

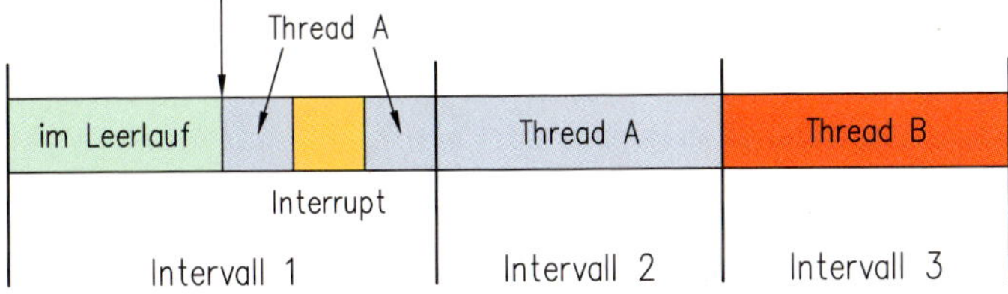

Bild 2.22b: Zyklusbasierte Planung in Windows Vista

Überwachung des Users durch Microsoft

Immer wieder gerät das Unternehmen in die Kritik wegen der unkontrollierbaren Überwachung des Nutzers und seiner Aktivitäten. Doch welche Daten übermittelt Windows Vista überhaupt? Zusammengefasst erstellt Microsoft ein eindeutiges Profil des Computers, auf dem das neue Windows installiert wurde: Hersteller, Modell, Serien-Nummer und ID des installierten Windows bis hin zur BIOS-Version. Am Ende erhält der überprüfte Computer von Microsoft noch eine eindeutige Nummer, den „Globally Unique Identifier“ (GUID). Mit dieser Nummer können die Microsoft-Tools den Rechner jederzeit eindeutig identifizieren.

GUID

Bei dieser einmaligen Prüfung bleibt es jedoch nicht. In unregelmäßigen Abständen nimmt das System erneuten Kontakt mit Redmond auf, ganz ohne dass der Nutzer etwas davon bemerkt. Damit will Microsoft Piraten aushebeln, die zumindest die einmalige Authentifizierung umgehen können. Für den ehrlichen Kunden bedeutet dies jedoch eine kontinuierliche Überwachung durch Microsoft. Und auch wer nichts zu verbergen hat, freut sich nicht unbedingt darüber, mit einem „Fingerabdruck" seines Systems und einer eindeutigen Nummer bei Microsoft gespeichert zu sein.

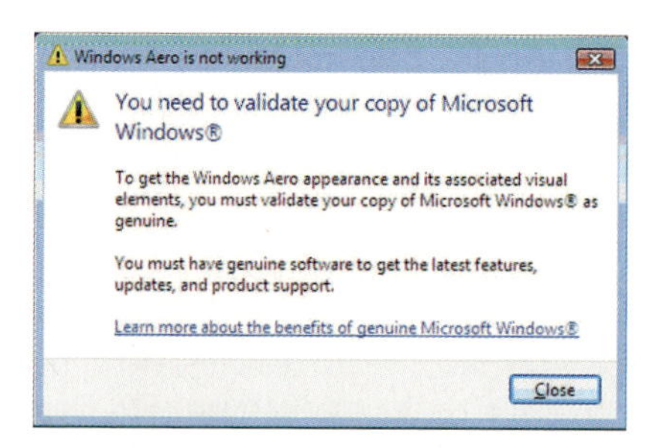

Bild 2.23: Aero abgeschaltet – Diese Meldung erwartet Nutzer einer ungeprüften Vista-Version

WGA

Windows **G**enuine **A**dvantage, kurz WGA, steht für den Vorteil, den Nutzer von einer erfolgreich auf Echtheit geprüften Windows-Version haben sollen. So werden zahlreiche wichtige Zusatzprogramme für Vista nur Kunden angeboten, die sich dem prüfenden Auge des Konzerns gestellt haben. Von den neuesten Versionen des Internet Explorer bis zu dem Sicherheits-Tool Windows Defender – keines dieser Goodies lässt sich ohne erfolgreiche Überprüfung installieren. Doch Microsoft geht noch weiter: Nicht überprüfte Windows-Versionen müssen ohne zentrale Funktionen auskommen.

Sollten Windows-Käufer die Authentifizierung über das Internet verschlafen, schaltet Vista kurzerhand die neue Aero-Oberfläche ab. Der vielgepriesene Wow-Effekt von Vista wird dann durch immer wiederkehrende Erinnerungen an die fällige Online-Validierung ersetzt. Nach dreißig Tagen wird das ungeprüfte Windows schließlich ganz zurückgefahren, dem Nutzer bleibt nur ein eingeschränkter Modus, mit dem gerade noch die Überprüfung nachgeholt werden kann. Nur wer jetzt die Kommunikation mit Microsoft zulässt, kann wieder alle Funktionen seines Systems nutzen.

2.4.5 Windows 7

Windows 7

In relativ kurzem zeitlichen Abstand zum Vorgänger Vista hat Microsoft das neue Betriebssystem Windows 7 – Codename „Vienna" – entwickelt. Ursache war vor allem die geringe Akzeptanz der Vorläuferversion. Bei Windows 7 hat Microsoft erstmals mit der Tradition gebrochen, für jede neue Version höhere Anforderungen an die Hardware zu stellen. Das neue System läuft sogar auf Computern mit schwächeren Prozessoren wie Netbooks relativ flüssig. Darüber hinaus verspricht Windows 7 eine verbesserte Benutzerkontensteuerung und eine bessere Kompatibilität zu älteren Programmen.

Bild 2.23a: Die klassische Sidebar aus Windows Vista gibt es nicht mehr. Die Gadgets werden direkt auf den Desktop gelegt. Neu ist der Knopf für „Desktop anzeigen" ganz unten rechts.

Von Windows 7 gibt es insgesamt sechs Versionen. Die ersten beiden Versionen (Starter und Home Basic) sind für Schwellenländer oder als Starterversion für Notebooks vorgesehen. Diese Versionen werden in Deutschland nicht zum Verkauf angeboten.

E-Version
N-Version

Damit es da zukünftig möglichst wenig Ärger gibt, verkauft Microsoft in der EU nur Windows 7 E-Versionen. Diese Versionen unterscheiden sich in einem Punkt von den in der restlichen Welt verkauften: Der Internet-Explorer ist nicht mehr fest mit dem Betriebssystem verknüpft. Er liegt als separater Datenträger bei. Jeder Computernutzer kann damit selbst entscheiden, ob er ihn installieren will oder nicht.

Neben E-Versionen für Europa werden auch N-Versionen angeboten wie z. B. Windows 7 Ultimate N. Diese Versionen enthalten keinen MediaPlayer, sind aber sonst identisch mit der entsprechenden E-Version.
Fast alle Versionen von Windows 7 werden als 32-Bit- und 64-Bit-Betriebssysteme angeboten. Bei letzterer Variante können bis zu 128 GByte Arbeitsspeicher adressiert werden.

Win 7 Versionen

Version	Beschreibung
Windows 7 **Starter**	Die Starterversion ist stark eingeschränkt und wird nur als 32-Bit-Version vertrieben. Die Funktion wie Aero, Multi-Touch sind hier nicht vorhanden. Diese Version wird nur als OEM-Lizenz erhältlich sein.

Version	Beschreibung
Windows 7 **Home Basic**	Die Home Basic Version wird nur in einigen Schwellenländern vertrieben. Dabei handelt es sich um eine stark abgespeckte Version. Es werden nur die Basisfunktionen angeboten ohne Multimedia-Unterstützung. Auch der virtuelle XP-Modus ist nicht verfügbar.
Windows 7 **Home Premium**	Diese erweiterte Version von Home Basic ist vornehmlich für den privaten Anwendermarkt konzipiert.
Windows 7 **Professional**	Die Professional-Version ist mehr für Unternehmen vorgesehen. Hier ist dann auch der virtuelle XP-Modus enthalten, sodass auch ältere Software-Anwendungen ausgeführt werden können.
Windows 7 **Ultimate**	Die Ultimate-Version enthält alle Funktion der anderen Windows-7-Versionen und richtet sich an kleine Unternehmen, die den Rechner privat wie auch geschäftlich benutzen wollen. Zusätzlich ist hier die Festplattenverschlüsselung BitLocker enthalten.
Windows 7 **Enterprise**	Hierbei handelt es sich um ein Windows 7 Ultimate, welches als Volumenlizenz vertrieben wird. So werden z. B. die Spiele nicht automatisch mit installiert.

Bild 2.23b: Versionen von Windows 7

Wie bereits bei Windows Vista beträgt der maximal nutzbare Arbeitsspeicher der 32-Bit-Variante 4 GByte. Davon werden durch den begrenzten Adressierungsbereich jedoch nur maximal 3,2 GByte genutzt.

Seit Windows XP wird der System-Unterbau von Microsoft gut versteckt und bleibt ein wohl gehütetes Geheimnis. Immer seltener erscheint der Bluescreen, der dann für kurze Zeit den Blick auf das Innere des Betriebssystems freigibt.

Die unterste Betriebssystemebene wird auch hier als Kernel (Kern) bezeichnet und verfügt über die wesentlichen Betriebssystemfunktionen. Der Standard-Nutzer arbeitet in der Regel nur an der Oberfläche, denn anders als bei Linux ist der Windows-Kern nicht öffentlich. Nur die Microsoft-Entwickler, einige Forschungslabore und ausgewählte Partner dürfen den Quellcode einsehen. Aber es gibt noch weitere Gründe, warum der Betriebssystemkern nicht für jedermann zugänglich ist: Der Aufbau von Windows ist extrem komplex. Windows Vista z.B. verfügt über 70 Millionen Zeilen Quellcode, und jedes Service-Pack erweitert den sowieso schon stattlichen Umfang. Die Hauptprogrammiersprache für den Windowskern ist C++. Hinzu kommen systemnahe Code-Stücke, die normalerweise direkt in Maschinensprache (Assembler) programmiert werden.

Win 7 Funktionen

Funktionen der Windows 7 Versionen	Home Premium	Professional	Ultimate
Aero Glass Benutzeroberfläche	x	x	x
Neue Taskleiste mit Vorschaufenster	x	x	x
Sprunglisten	x	x	x
Neue Windows Suche	x	x	x
Windows Touch: Berührungssteuerung und Handschrifterkennung	x	x	x
Media Streaming mit Play to … Funktion	x	x	x
Windows Media Center	x	x	x
DVD Wiedergabe	x	x	x
Erstellen von Video-DVDs	x	x	x
Schneller Benutzerwechsel	x	x	x
Sicherungs- und Wiederherstellungsfunktionen (Back-up)	x	x	x
Verwaltung von Systemmeldungen (Action Center)	x	x	x
Neue Geräteverwaltung (Device Stage)	x	x	x
Internetverbindungsfreigabe	x	x	x
Verfügbare Netzwerke anzeigen	x	x	x
Erstellung von Heimnetzgruppen	x	x	x
Standortbezogene Wahl des Druckers		x	x
Domänenunterstützung		x	x
Remote-Desktop (Host)		x	x
Erweiterte Datensicherung (Netzwerk und Gruppenrichtlinen)		x	x
Windows XP Modus (Virtualisierung)		x	x
Verschlüsseltes Dateisystem (EFS)		x	x
BitlLocker und BitLocker To Go (Datenträgerverschlüsselung)			x
AppLocker (neue Rechteverwaltung zur Ausführung von Programmen)			x
DirectAccess (VPN Alternative)			x
BranchCache (Netzwerk-Cache für Zweigstellen)			x
Installation von Sprachpaketen			x

Bild 2.23c: Vergleich der Funktionen verschiedener Windows-7-Versionen

Die Windows-Architektur besteht aus zwei Teilen: dem äußeren Anwender-/(User-) und dem inneren Kernel-Modus. Dieses Prinzip wurde von früheren Windows-Versionen übernommen. Der User-Modus verarbeitet alle benutzerorientierten Anwendungen. Dazu gehören Programme wie MS-Excel, Mozilla Firefox oder Google Chrome. Das Besondere ist, dass der Nutzer keinen direkten Zugriff auf die Hardwareebene hat. Deshalb ist zum Schutz des Systems der unmittelbare Speicherzugriff generell für User-Mode-Programme tabu. Programme, die tiefer in das System eingreifen, müssen vordefinierte Schnittstellen verwenden wie etwa Windows32-API mit ihren Systembibliotheken (DLLs = Dynamic Link Libraries).

Der innere Modus im Systemkern (Kernel) läuft meist unbemerkt im Hintergrund, denn als Anwender merkt man davon erst einmal nichts. Vollständig lässt sich der Kernel-Modus jedoch nicht verbergen. Er tritt immer dann in Erscheinung, wenn es Probleme gibt und z.B. ein falscher Treiber das komplette Betriebssystem zum Absturz bringt (Bluescreen). Zum Systemkern gehören vor allem die heute notwendigen Treiberprogramme sowie die Datei „ntoskrnl.exe“. Diese spielt eine zentrale Rolle und lässt sich ihrerseits in zwei Schwerpunkte unterteilen: in einen Kernelteil und in einen Ausführungsteil.

Win 7 Architektur

User-Modus

Programme, Anwendungen			
Subsystem Servers	DLLs	System Dienste	Login/GINA
	Kernel 32	Kritische Dienste	User32/GDI
System-Bibliothek (ntdll), run-time Library			

Kernel-Modus

NTOS-Kernel-Schicht				
Security refmon	IO-Manager	Virtual Memory	Procs&Threads	Win32 GUI
Treiber		NTOS Executive Layer		
Hardware Abstraktionsschicht (HAL)				
Hardware, Firmware				

Bild 2.23d: Prinzipieller Aufbau der Windows–7-Architektur

Der Kernelteil verbindet Benutzer- und Kernel-Modus. Seine wichtigste Aufgabe ist das CPU-Scheduling, also die Zuteilung der Prozessor-Zeit für jedes einzelne Programm. Der Ausführungsteil dagegen ist für zahlreiche Systemdienste verantwortlich wie Systemzeit oder die Plug-and-Play-Erkennung.

Die Hardware-Abstraktionsschicht (Hardware Abstraction Layer, kurz HAL) ist die unterste System-Ebene und die Basis, auf der alle weiteren Komponenten des Betriebssystems aufbauen. Sie bildet die notwendige Grundvoraussetzung für den Betrieb der tatsächlich verbauten Hardwarebausteine, in denen es nur um die reine Verteilung der Rechenzeit geht. Ohne Hardware-Abstraktionsschicht würde jeder PC ein individuell angepasstes Windows-Betriebssystem benötigen.

HAL

2.5 Linux

Linux wurde 1991 als ein Experiment des finnischen Informatikstudenten Linus Torvalds auf der Basis von UNIX entwickelt und unterscheidet sich von professionellen bzw. kommerziellen Betriebssystemen wie Windows 2000/XP/Vista oder Mac OS. Auch heute noch ist der Namensgeber an der Weiterentwicklung des Kernels beteiligt (Veto-Recht).

Pinguin Tux

Von den mehreren hundert verschiedenen Linux-Distributionen weltweit haben sich nur wenige als stabile Betriebssysteme etablieren können. Ihnen ist gemeinsam, dass sie in Community-Projekten entwickelt werden, aber letztlich große Softwarefirmen dahinterstehen.

Benutzer, die regelmäßig mit Windows arbeiten, haben bei der Umstellung auf Linux meistens keine allzu großen Probleme mehr. Der Installationsvorgang läuft ähnlich ab wie bei Windows. Die Hardware wird automatisch erkannt und Hardwarekonflikte treten nur selten auf. Linux läuft sehr zuverlässig und stabil. Auch Anwendungen und Desktop-Einteilung funktionieren mittlerweile ähnlich wie ihre Windows-Pendants.

Anstelle eines Mikrokernels, der gerade so viel Code enthält, um die Grundfunktionalität des Betriebssystems (Process Handling, I/O-Operationen) zu gewährleisten, kommt bei Linux meistens ein monolithischer Kernel zum Einsatz.

■ Linux ist durch und durch ein 32-Bit-Betriebssystem und wird von einer großen Programmiergemeinde weltweit über das Internet ständig weiterentwickelt.

Die besonders herausragenden Eigenschaften von Linux dokumentieren sich in der Vielseitigkeit und Anpassungsfähigkeit dieses modularen Betriebssystems, das u.a. folgende Eigenschaften besitzt:

- Multiuser
- Multitasking, Multithreading
- Multiprocessing
- Datenträger (Floppy Disk, Festplatten, DAT, CD-ROM, CD-RW ...)
- Bussysteme für Datenträger (AT-BUS, PCI, SCSI ...)
- Unterstützung verschiedener Dateisysteme (MS-DOS FAT 16, FAT 32, VFAT, HPFS, ISO9660, NTFS ...)
- CPU Bussysteme PCI, ISA, AGP ...

- Netzwerke
  (Ethernet, Fast Ethernet, GigaBit Ethernet, ISDN, RS232, Parallel Port, ATM, Token Ring ...)
- Unterstützung von TCP/IP (v4 und v6 IPnG)
- BSD Sockets und System 5 IPC
- Support für Kanal-Bündelung
- SMB (LanManager, Microsoft Network) Netzwerkprotokoll
- NCP (Netware Control Protocol)
- AppleTalk (Apple Macintosh Netzwerk Protokoll)
- Dynamisches Speicher-Management
- POSIX konform (d.h., Anwenderprogramme können ohne bzw. mit geringen Quelltextänderungen übernommen werden)
- Mit Erweiterung echtzeitfähig (DIN 44300 Nr. 161)
- Audio/Video-Unterstützung
- Diverse Eingabegeräte wie Maus, Tastatur, Scanner ...

Linux unterscheidet drei Kategorien von Anwendern bzw. Usern:

Root

1. Root (der Superuser bzw. Systemadministrator des UNIX-Hosts)
2. Dämons (Hintergrundbenutzer des UNIX-Hosts)
3. Benutzer (der eigentliche User des Systems)

Der Root Account hat uneingeschränkte Rechte am System. Dieser Benutzer wird in der Regel nur zur Administration, zur Installation von neuen Applikationen und zur Systemwartung gebraucht.
Die Dämon-User sind keine interaktiven Login-Accounts. Es handelt sich hierbei um Dienste und Protokolle wie mail, uucp usw., die im Hintergrund ablaufen und Systemarbeiten (teilweise mit Root-Rechten) erledigen.
Zuletzt kommt die große Gruppe der eigentlichen Benutzer, die innerhalb ihrer zugewiesenen Ressourcen keine weiteren Rechte besitzen. Dadurch ist es so gut wie ausgeschlossen, dass ein normaler User einen UNIX- bzw. Linux-Rechner zum Systemcrash bringt.

Das Dateisystem von Linux ist ausschließlich File- bzw. Datei-orientiert.

Mounten

Herkömmliche Laufwerksbuchstaben, wie man sie von anderen Betriebssystemen kennt, gibt es hier nicht. Die Beschränkung des Alphabetes für Laufwerksbuchstaben (wie in allen Microsoft-Betriebssystemen) sind unter Linux wie auch unter UNIX nicht existent. Stattdessen werden die CD-ROM-Laufwerke, Festplatten, andere Dateisysteme usw. in die bestehende Hierarchie des Dateisystems eingehängt. Im Fachjargon wird vom Mounten der Dateisysteme gesprochen. In der Regel übernimmt der Systemoperator diese Aufgabe.

Nachfolgende Auflistung zeigt ein Dateisystem eines Linux-PCs, das sich in ähnlicher Form auch auf vielen anderen UNIX-Servern wiederfindet.

/	Bildet die Wurzel des Dateisystems (root)
/boot	Hier sind die Boot-Manager-Dateien enthalten und der Unix-Kern, der vom Boot-Manager gestartet wird,

/bin	Steht als Abkürzung für Binaries und beherbergt die Dienstprogramme wie ls, cp, sh, mount, login usw.
/dev	Enthält sämtliche Geräte-Dateien, insbesondere die der gesamten Systemperipherie
/etc	In diesem Verzeichnis sind in der Regel alle Konfigurations- und Datenbank-Files, die die Systemkonfiguration des PCs bestimmen.
/home	Hier haben die Standard-Benutzer ihre „Heimat"-Verzeichnisse.
/lib	Ist eines der Verzeichnisse, die die Shared Libraries (gemeinsame Bibliotheken) beinhalten
/proc	Ist ein Linux-spezifisches Verzeichnis, in dem viele Systemvariablen enthalten sind. Als Beispiel sei hier die Statistik der über das Netzwerk versandten und empfangenen TCP/IP-Pakete genannt (Process Filesystem).
/sbin	Beinhaltet eine Ansammlung von Systemverwaltungstools
/tmp	Ist ein Verzeichnis, das temporäre Dateien enthält. Hier kann auch ein normaler Benutzer Dateien ablegen.
/usr	In diesem Unterverzeichnis liegen alle Anwendungsprogramme, die grafische Benutzeroberfläche X11 und alle anderen installierten Applikationen.
/var	Dieses Directory enthält veränderliche Dateien wie Drucker-Spooler-Verzeichnisse und temporäre Laufzeitdateien.

Durch die Verzeichnisstruktur wird der Unterschied zwischen Linux bzw. UNIX und anderen Betriebssystemen wie Windows für jeden Anwender deutlich.

Monolithischer Kern

Linux besitzt wie UNIX einen monolithischen Betriebssystemkern (Kernel aus einem Stück), in dem Treiber einen festen Bestandteil des Betriebssystems bilden. Linux erlaubt bei der Konfiguration des Kernels die schnelle und effektive Einbindung von Hardware in das Betriebssystem, was sich sehr positiv auf dessen Leistungsfähigkeit auswirkt.

■ Treiber für Linux werden kontinuierlich erweitert und via Internet aktualisiert.

Mikrokernel

Weitere Vorteile eines monolithischen Kernels liegen in dessen erweiterter Funktionalität. Er ist nicht nur für eine effektivere Prozesskommunikation, sondern auch für die Handhabung des Speichers (Swapping, Paging) und den direkten Zugriff auf angeschlossene Geräte (Devices) zuständig. Ein Mikrokernel vergleichbar in Windows NT lässt für zahlreiche dieser Dienste zusätzliche Ebenen an Treibern zu.

Block Device

■ Linux unterteilt Geräte in Block Devices und Char Devices.

Char Device

Ein gutes Beispiel für ein Block Device ist eine Festplatte, die Daten in kompletten Blöcken, bestehend aus parallelen Bytes, empfängt oder sendet. Ein Beispiel für ein Char Device ist der serielle Port, der Daten in einzelnen Bytes – also sequenziell – empfängt oder sendet. Um Geräte wie beispielsweise einen SCSI-Host-Adapter unter Linux zu benutzen, bietet der Kernel zwei Möglichkeiten: die monolithische oder die ladbare Version.

Loadable Modules

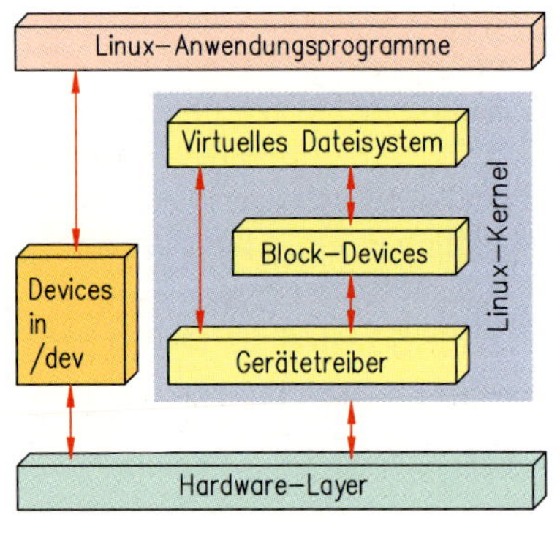

Bild 2.24: Linux-Architektur als differenziertes Schichtenmodell

Seit der Kernel-Version 2.0 unterstützt Linux Loadable Modules. Dabei handelt es sich um eine der größten Stärken des Betriebssystems. Anstatt einen (Hardware-)Treiber fest in den Kernel einzubinden, überprüft das System beim Start, ob die entsprechende Komponente vorhanden ist. Wird diese vom Kernel entdeckt, lädt er über ein entsprechendes Loadable Module den Treiber für das Gerät.

Modularer Kernel

■ Linux ist ein Betriebssystem mit modularem Kernel.

Hot Plugable

Nicht nur Hardware-Treiber lassen sich bei Linux modular zuladen. Auch spezielle Module, die etwa für den Support von RAID (Redundanz und Datensicherheit) sorgen, lassen sich nachträglich und während des Betriebs aufrufen. Im Gegensatz zu Betriebssystemen mit Mikrokernel bietet Linux mit modularem Kernel einen weiteren Vorteil: Geladene Treiber lassen sich dynamisch wieder aus dem Speicher entfernen. In Kombination mit aktueller Hardware wie PCMCIA und künftigen Systemen wie dem 64-Bit-PCI-Bus eröffnet dies für Linux sowohl als Desktop- als auch als Server-Betriebssystem neue Alternativen. Gerade Letzteres (PCI-64) unterstützt auch hardwareseitig den Austausch von Komponenten (Hot Plugable) während des laufenden Betriebs.

Seinen großen Durchbruch verdankt Linux nicht zuletzt der Integration einer grafischen Oberfläche. Hier wurde XFree86 verwendet, ein frei erhältliches und aktiv weiterentwickeltes Remake der unter UNIX bekannten X-Windows-Oberfläche.

Als Konkurrent zu Microsofts Windows-Desktop reichte XFree86 jedoch nicht aus. Hier verdankt Linux vor allem dem in Deutschland initiierten KDE-Projekt (**K** **D**esktop **E**nvironment) seinen Durchbruch. Die Programme KDE sowie GNOME werden mittlerweile mit allen Linux-Distributionen (Ubuntu, SuSE, RedHat, Fedora usw.) ausgeliefert und sind bei vielen Softwarepaketen bereits standardmäßig als Oberfläche konfiguriert.

KDE

■ KDE vereinfacht die Bedienung des Desktops durch bekannte Windows-Elemente wie Startleiste und Verknüpfungen.

Bei Verknüpfungen geht KDE sogar noch einen Schritt weiter als Windows. Stellt man eine Verknüpfung zu einer Internet-Verbindung über FTP (**F**ile **T**ransfer **P**rotocol) her, öffnet KDE beim Klick auf das Icon die Verbindung und zeigt die Dateien und Ordner auf dem FTP-Server übersichtlich im Fenster an. Zudem lassen sich diese Elemente wie auf dem Rechner vorhandene Dateien und Ordner behandeln. KDE lässt sich von jedem Anwender mit Windows-Erfahrung intuitiv bedienen.

Einen Schwerpunkt legen die Entwickler von KDE auf die integrierten Werkzeuge zur Systemverwaltung: Das Programm „kpackage“ bietet eine übersichtliche und einfache Möglichkeit, Software zu installieren oder zu deinstallieren. Auch Officeprodukte wie Star-Office 6.0 für Linux-Anwender bieten eine interessante Alternative zu Microsofts Officepaketen.

Linux wird in unterschiedlichen Distributionen angeboten. Damit ist eine Ansammlung von freier (teilweise auch kommerzieller) Software gemeint, die entweder von den Internetseiten der Anbieter geladen werden oder als Softwarepaket einschließlich Handbücher im Handel erworben werden kann. Die zurzeit bekanntesten Distributoren sind die Firmen Fedora, SuSE, Ubuntu und andere.

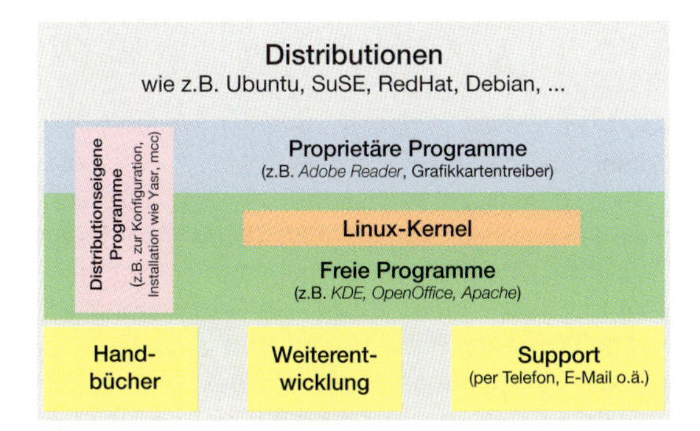

Bild 2.25: Linux-Distributionen

Mittlerweile verfügen die aktuellen Linux-Distributionen über Hardware-Kompatibilitätslisten. So kann sichergestellt werden, dass die eingetragenen Hardwarekomponenten vom verwendeten Betriebssystem unterstützt werden. Umfangreiche Softwarepakete machen LINUX mittlerweile zu einem Software-Allrounder, der auch für Windows-User eine interessante Alternative bietet.

Das aktuelle SuSE LINUX Enterprise 10.x der Firma Novell umfasst ein Betriebssystem mit über 1000 populären Open-Source-Anwendungen und verbesserter Unterstützung mobiler Geräte. Ortsunabhängig lässt sich mit SuSE LINUX im Internet surfen, lassen sich Dokumente erstellen und austauschen, Grafik- und Multimedia-Dateien bearbeiten, Heimnetze konfigurieren und Anwendungen entwickeln. SuSE LINUX Professional bietet zahlreiche Schlüsselfunktionen wie z. B.

- Leistungsfähiges Betriebssystem mit Linux-Kernel
- Verbesserte Mobilität mit WLAN- und Bluetooth-Unterstützung
- Anwendungen für optimierte Produktivität, Kooperation, Anbindungsmöglichkeiten und Entwicklung
- Benutzerfreundliche Desktopoberflächen: KDE und GNOME

Linux unterliegt der „GNU Public License“, die insbesondere bedeutet, dass keine Lizenzkosten bezahlt werden müssen. Linux ist daher eine besonders kostengünstige Lösung nicht nur für den Privatanwender, sondern auch für den Firmen-Computer. Bevor die meisten Anwender endgültig auf Linux umsteigen, werden sie es zunächst mit einem Parallelbetrieb von Linux und Windows versuchen. Dabei muss man beachten, dass zuerst Windows installiert ist und danach erst Linux aufgespielt wird. Bei umgekehrter Reihenfolge ver-

Windows-Linux-Parallelbetrieb

drängt Windows das ältere System, das sich dann nicht mehr starten lässt. Sämtliche Linux-Distributionen sehen in ihrer Installationsroutine vor, ein bereits vorhandenes System weiterhin parallel nutzen zu können. Während des Bootvorgangs (im Bootmanager) muss der Anwender sich für eins der beiden Betriebssysteme entscheiden.

Erstmals seitdem die Firma Sun Microsystems das Unix-Betriebssystem Solaris 10 für PCs freigegeben hat, lassen sich im Bereich der Virtualisierung Linux-Anwendungen in sogenannten 1x-Branded-Zones ohne Modifikationen ausführen.

2.6 Apple-Betriebssystem Mac OS

Computer von Apple sind nicht nur rein äußerlich immer ein wenig anders als Geräte der weit verbreiteten PC-Welt. Auch im Inneren haben sich die Entwickler nie auf einen anderen Hersteller verlassen. Anders als bei PCs, wo das Betriebssystem Windows von Microsoft Marktführer ist, arbeitet ein Macintosh-Computer mit dem hauseigenen Betriebssystem Mac OS.

Mac OS X

Während der letzten Versionsumstellung vollzogen die Mac-OS-Programmierer einen radikalen Schnitt und tauschten den Kern des Betriebssystems vollständig aus. Die Apple-Programmierer stiegen von einem bis dahin eigenständigen System auf UNIX um. Während UNIX im Allgemeinen als äußerst leistungsfähig, aber auch als kompliziert und sperrig gilt, haben es die Apple-Entwickler geschafft, Mac OS X elegant und einfach bedienbar zu machen:

Aqua

Über dem eigentlichen UNIX-Kern arbeitet die Benutzeroberfläche „Aqua". Sie wurde von Grund auf neu entwickelt und lässt einen Mac-Bildschirm völlig anders aussehen als unter den alten Systemversionen bis Mac OS 9.2.2. Mittlerweile ist Apple mit Mac OS X der Hersteller, der betriebssystemmäßig UNIX am meisten unterstützt. Denn inzwischen wird jeder neue Macintosh-Computer, ganz gleich ob tragbares iBook oder modern designter iMac mit Mac OS X (sprich: „ten" oder „zehn") ausgeliefert. Das unter dem Codenamen „Jaguar" entwickelte System bringt, auch in der neuen Version „Leopard" einige besonders interessante Neuerungen mit sich.

Jaguar, Leopard

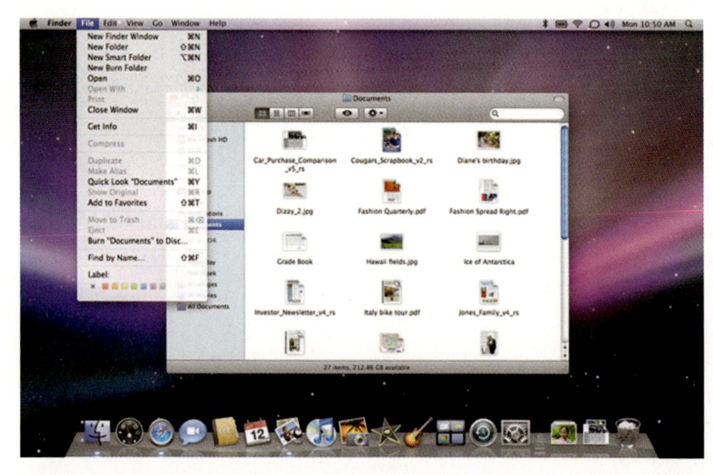

Bild 2.26: Der Schreibtisch, die Benutzeroberfläche von Mac OS X Leopard

Finder

Ein vollständig neuer Suchalgorithmus namens „Finder" sorgt für eine deutlich verbesserte Darstellung von Informationen. Mit nur einem Mausklick kann auf häufig verwendete Dateien und Ordner zugegriffen werden, egal ob sich diese auf der Festplatte, auf der iDisk, auf Netzwerk-Servern oder auf austauschbaren Speichermedien befinden. Darüber hinaus werden die Suchergebnisse bereits angezeigt, während noch weitere Suchbegriffe eingegeben werden. Die Suche in Panther ist bis zu sechs mal schneller als in der Vorversion von Mac OS X.

Rendezvous

Neu in Mac OS X ist auch „Rendezvous". Hinter diesem klingenden Namen verbirgt sich eine Technik, mit der Geräte innerhalb eines Netzwerkes, das mit dem „Internet Protocol" (IP) arbeitet, künftig ohne lange Anmelde- und Konfigurationsprozeduren miteinander in Verbindung treten können. Namhafte große Hersteller wie Xerox oder Canon haben bereits angekündigt, die neue Technik künftig in ihre Geräte einzubauen. Erstmals integrierten die Entwickler außerdem ein Chat-Tool in das Betriebssystem: Mit „iChat" wird das Chatten im Netz abwechslungsreich und läuft wie die Unterhaltung in einem Comic. Die Teilnehmer können ein Foto des Partners sehen, die Chat-Texte erscheinen als Sprechblasen. Voraussetzung ist allerdings entweder ein AOL- oder ein kostenpflichtiger „.mac"-Account.

iChat

Heimnetz

Besitzer eines Heim-Netzwerkes werden diese neue Funktion ganz besonders schnell schätzen lernen. Jetzt spielt es nämlich keine Rolle mehr, ob Macs oder PCs im Netz miteinander Daten austauschen sollen. Auf dem Windows-Bildschirm ist ein Mac als Symbol sichtbar, umgekehrt zeigt der Mac einen Windows-PC auf seinem Desktop an.

Sherlock

Weitere Besonderheiten sind das Adressbuch, auf das alle anderen Programme eines Mac zugreifen können, das verbesserte Suchprogramm „Sherlock", ein eingebauter Werbemail-Filter, das Kalender-Programm „iCal", das Kalender-Daten auf Wunsch im Internet veröffentlicht, das Programm „iSync", mit dem man seine Adress-Daten im Schreibtisch-Rechner mit denen im Handy, PDA und sonstigen Mobilgeräten mit einem Mausklick abgleichen kann und vieles mehr – insgesamt wurden 150 neue Funktionen eingebaut. Zum Teil muss man die kostenlosen Programme von der Apple-Website herunterladen.

AppleWorks
Multimediapaket

Wer einen neuen Mac mit Mac OS X kauft, der bekommt ein komplettes System, sodass der Apple-User nicht unbedingt weitere Software hinzukaufen muss. Zum Lieferumfang gehört AppleWorks, ein Programmpaket, das aus Textverarbeitung, Tabellenkalkulation, Datenbank, Grafikprogramm und Präsentationssoftware besteht. Für viele Anwender ist der Funktionsumfang völlig ausreichend, und natürlich lassen sich Daten mit Microsoft-Programmen zwischen dem Mac und einem Windows-PC austauschen. Auch das Mail-Programm gehört bereits dazu, außerdem das Videoschnitt-Programm „iMovie", die Musik-Software „iTunes" und das Foto-Archivprogramm „iPhoto".

Boot Camp

Leopard unterstützt auch Windows-Programme, die auf dem Mac-Rechner ausgeführt werden können. Dazu wird eine Version von Windows (separat erhältlich) und die Boot Camp Software benötigt, die im Lieferumfang von Leopard enthalten ist. Die Konfiguration ist laut Apple einfach und unkompliziert. Boot Camp unterstützt die meisten der gängigen 32-Bit-Versionen von Windows XP und Windows Vista. Windows-Betriebssysteme arbeiten auch auf dem Mac mit nativer Geschwindigkeit. Windows Programme haben umfassenden Zugriff auf mehrere Prozessoren und mehrere Prozessorkerne, beschleunigte 3-D-Grafiken, Highspeed-Verbindungen und Netzwerkfunktionen, etwa USB, FireWire, Wi-Fi und Gigabit-Ethernet.

Auch Macintosh hat das MC OS X runderneuert und unter der Bezeichnung Snow Leopard in den Verkauf gebracht.

Unter anderem kommen verschiedene optische Spielereien hinzu, die Geschwindigkeit beim Ausschalten/Aufwachen des PCs und bei der Verbindung mit WLAN-Netzwerken wurde verbessert, die Installation um insgesamt sechs Gigabyte entschlackt, Quicktime überarbeitet, fast alle Systemprogramme auf 64-Bit-Code umgestellt – auch der „Finder" – und selbst ein „zuverlässigeres Auswerfen von Medien" soll dann möglich sein.

Mac OS X liegt allen neuen Macintosh-Computern automatisch bei. Weitere Informationen zu Mac OS X finden sich auf der Internetseite www.apple.com/de/macosx.

2.7 Computerviren, Spyware, Spam und Phishing

Mittlerweile hat sich die Bezeichnung „Virus" bzw. „das Virus" umgangssprachlich als Oberbegriff für Computer-Schädlinge aller Art etabliert. Genau genommen ist das allerdings nicht ganz richtig, da ein Virus nur ein Schädling unter vielen anderen ist. Seine speziellen Eigenschaften unterscheiden ihn von einem Wurm, von einem Trojanischen Pferd oder von einem Hoax. Oft vereinen Schädlinge allerdings mehrere Charakteristika. Beispielsweise gibt es viele Mail-Würmer, die ebenso Virus-Funktionen aufweisen. Eine besondere Bedrohung stellen auch sogenannte Spyware-Programme, Phishing-Angriffe und unerwünschte Werbe-Mails dar. Der wirtschaftliche Schaden, der jährlich durch die Verbreitung von Computerviren und Massenmailings entsteht, ist immens und erreicht Beträge im Milliarden-Euro-Bereich.

Spyware = Spionageprogramme

Viren = parasitäre Programme

Ein Computervirus ist im Prinzip ein kleines, parasitäres Programm, das in der Lage ist, sich selbstständig zu vermehren und andere Dateien zu infizieren. Dieses Stück ausführbaren Programmcodes enthält meist einen Schaden verursachenden Inhalt, der – einmal aktiviert – unerwünschte Manipulationen im befallenen Rechnersystem vornimmt.

- Infizierte Programme sind ihrerseits als Viren einzustufen.

Bootsektor

Harmlosere Infizierungen begnügen sich mit regelmäßig auftauchenden Meldungen oder dem Vergrößern aller ausgeführten Programmdateien. Die gefährlicheren Versionen greifen in die Dateiverwaltung des PCs ein und verändern nach ihrer Aktivierung die Datenbestände bis hin zur Löschung der gesamten Festplatte oder der Zerstörung der BIOS-Informationen. Auch der Boot-Sektor, d.h. der Bereich des Datenträgers, der die Startinformationen enthält, wird gerne befallen. Hier besteht die Gefahr, dass schon das Ansprechen eines Datenträgers zum Aufruf des Inhaltsverzeichnisses oder das Wechseln des Laufwerks das Virus aktiviert.

Das kleinste Computervirus ist 9 Byte groß. Dennoch kann der „Trojan.DOS.DiskEraser.b" ganze Festplatten löschen, wie sein Name schon andeutet. Am anderen Ende der Skala hat der „Trojan.Win32.KillFiles.ki“ mit einer Dateigröße von 247 GByte die gleiche Funktion.

Derzeit gibt es unter Berücksichtigung aller vorkommenden Mutationen schätzungsweise 20 Millionen Computerviren. Häufig handelt es sich dabei um Abwandlungen bekannter Viren. So existieren allein von „I love you“ über 90 Varianten. Den größten Anteil haben in den letzten Jahren die auf MS-Office aufbauenden Makroviren, die fast 70 Prozent aller Infektionen ausmachen.

Makroviren

Neue Viren passen sich zunehmend dem aktuellen Entwicklungsstand von Hard- und Software an. Das zeigen die seit einiger Zeit im Umlauf befindlichen Crossover-Makroviren, die Visual Basic for Applications (VBA) nutzen und sowohl Excel- als auch Word-Dokumente infizieren können.

Internetnutzung

Begünstigt wird die Verbreitung von Viren durch die immer stärkere Nutzung des Internets. Über diesen Weg kann ein Virus innerhalb kürzester Zeit quer über die ganze Welt verteilt werden. Insbesondere solche Schädlinge, die auf E-Mail-Adresslisten zugreifen, können sich mit rasantem Tempo vermehren und die Leistungsfähigkeit des Internets beeinflussen.

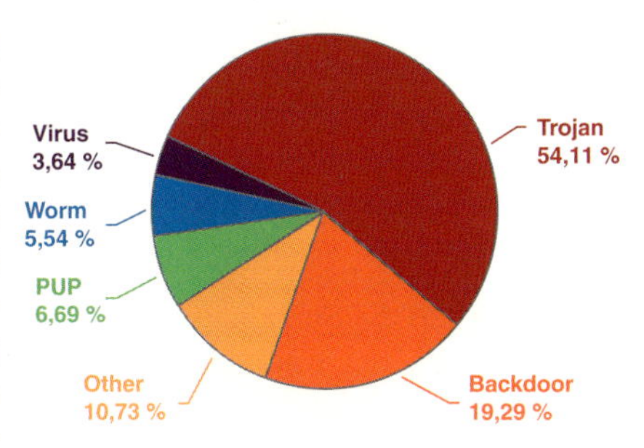

Bild 2.26a: Häufigkeitsverteilung von Schadprogrammen (Malware) in 2009

Allerdings trägt zur schneeballartigen Verbreitung, gerade im Fall der Makroviren, auch die Sorglosigkeit der Computerbenutzer bei, die ein fremdes Word-Dokument, eine Excel-Tabelle oder eine Access-Datenbank mit blindem Vertrauen aus dem Internet downloaden, öffnen und weiterverbreiten.

- Es gibt keine guten Computerviren. Alle Viren sorgen in irgendeiner Weise für materiellen und wirtschaftlichen Schaden.

Social Engineering = soziale Manipulation

Autoren von Viren und Würmern wenden häufig Methoden des Social Engineering an, um nichts ahnende User zu verleiten, einen gefährlichen Code zu benutzen. Das kann heißen, dass ein Virus oder Wurm als Anhang an eine scheinbar harmlose E-Mail-Nachricht angefügt wird. LoveLetter kam zum Beispiel als eine E-Mail mit der Betreff-Zeile „I LOVE YOU“ (und wer bekommt einen solchen Brief nicht gern?) und dem Text „Bitte lies den Liebesbrief von mir im Anhang“. Um die nichts ahnenden Anwender noch unvorsichtiger werden zu lassen, hatte der Anhang eine doppelte Dateinamenerweiterung (LOVE-LETTER-FOR-YOU.TXT.vbs): in der Standardeinstellung zeigt Windows die zweite (eigentliche) Erweiterung nicht an. Dieser Trick mit der doppelten Erweiterung wurde seitdem bei sehr vielen Viren und Würmern angewandt.

I-Love-You-Virus

Eine weitere Methode des Social Engineering besteht darin, eine E-Mail so aufzubauen, dass sie wie etwas sehr Nützliches aussieht. „Swen“ z. B. war getarnt als Korrekturprogramm von Microsoft und manipulierte das wachsende Bewusstsein der Anwender, ihr System vor Attacken durch Internet-

würmer schützen zu müssen. Solche manipulierten E-Mails sind nicht die einzige Form des Social Engineering. Eine weitere sind z.B. ICQ-Mitteilungen mit Links auf infizierte Webseiten.
Zwar werden Computerviren auch zu Forschungszwecken eingesetzt, um bestimmte Reproduktionsmechanismen zu testen, ohne jedoch weiteren Schaden anzurichten. Im Allgemeinen aber gilt, dass Computerviren nur zu dem Zweck programmiert werden, um gezielt auf fremden Rechnern unerwünschte Dateimanipulationen vorzunehmen.

Computerviren werden häufig von Einzelpersonen programmiert, die über gute Kenntnisse der zu infizierenden Programme und Betriebssysteme verfügen. Gegenwärtig zeichnet sich eine Tendenz in Richtung Makro- und Skriptviren ab, da zu ihrer Erstellung deutlich weniger Programmierkenntnisse erforderlich sind.

Antispam-Gesetz

Das Programmieren von Viren sowie deren gezielte Verbreitung erfüllt den Tatbestand einer kriminellen Handlung und wird mit Geldbußen oder Gefängnis bestraft. Zum Schutz des Verbrauchers soll die überarbeitete Fassung des Antispam-Gesetzes das anonyme Versenden von Massenmails unterbinden.

Da neben dem typischen Virus zahlreiche weitere Schädlingsvarianten existieren, werden die Schädlinge meist nach ihrem Infektionsziel unterschieden, d.h. nach Art und Weise, wie sie Computersysteme infizieren bzw. sich in Dateisystemen einnisten.

2.7.1 Virenarten

Computerviren gehören zur Malware und können je nach Art, wie sie sich vermehren und Systeme infizieren, in verschiedene Gruppen unterteilt werden:

Virenarten und andere Schadensprogramme							
klassische Viren	Wanzen	Würmer	Trojanische Pferde	Hoaxes	Spyware	Spam-Mails	Phishing

Da eine Auflistung der einzelnen Viren endlos wäre, werden im Folgenden nur die Hauptvirenarten vorgestellt:

Bootsektorviren

Diese Virenprogramme verwenden den Bootsektor von Disketten und Festplatten – und zwar das Startprogramm, das die Systemdateien lädt – als Wirt und ersetzen ihn durch ihren eigenen Code. Ein Bootsektorvirus verbreitet sich, wenn beim Rechnerstart eine infizierte Diskette oder bootfähige CD-ROM im Laufwerk liegt. Bei Ausführen des Startprogramms lädt sich der Virus resistent in den Arbeitsspeicher und bleibt dort aktiv.
Ähnlich wie Bootsektorviren arbeiten Masterbootsektorviren (MBR-Viren). Allerdings manipulieren sie ein zur Partitionstabelle gehörendes Programm, das für das konkrete Starten von einer aktiven Partition verantwortlich ist.

■ **Companion-Viren**
Companion-Viren (Begleiter) befallen ein Wirtsprogramm, indem sie eine neue ausführbare Datei erzeugen, die vor dem gewünschten Programm aktiv wird. Diese Datei enthält den Virus, der das vom Anwender gestartete Programm infiziert. Beispielsweise klinken sich Companion-Viren gerne in EXE-Files ein, indem sie in demselben Verzeichnis eine versteckte COM-Datei mit dem gleichen Namen erstellen. Da COM- vor EXE-Dateien ausgeführt werden, ist der Virus zuerst aktiv. Companion-Viren lesen auch die Path-Umgebungsvariablen und tragen ihre ausführbaren Dateien in ein Verzeichnis ein. „Little Brother" ist ein Companion-Virus, der selbstständig Dateien löscht. Da er weder getarnt noch verschlüsselt ist, lässt er sich von Antivirenprogrammen leicht aufspüren.

■ **Cross-Site-Scripting**
Ein Bankkunde, der genau hinsieht, kann meist erkennen, dass er sich nicht auf der echten Banken-Seite befindet, wenn er einen gefälschten Link angeklickt hat. Die Browserzeile beginnt dann etwa mit „http" und nicht mit „https". Zudem fehlt meist das Schlosssymbol für die Anzeige des Sicherheitszertifikats in der rechten unteren Ecke des Browserfensters. Betrügern ist es aber auch schon gelungen, per Link auf die echte Banken-Seite zu lenken, auf der dann aber eigene Inhalte eingeblendet werden. Mit diesen gefälschten Inhalten auf der Originalseite einer Bank fischen die Betrüger dann PIN und TAN ab. Daher sollten Bankverbindungen niemals mithilfe eines Links in E-Mails oder auf fremden Websites angesteuert, sondern immer selbst in die Browserzeile eingegeben werden.

■ **Datei-, Programm- oder COM-Viren**
Dateiviren gehören zu den bekanntesten und häufigsten Arten von Computerviren. Sie infizieren ausführbare Programme (COM-, EXE-, OVL-, OBJ-, SYS-, BAT-, DRV-, DLL-Dateien) und können bei entsprechender Programmaktivierung „virulent" werden.

■ **Hoaxes**

■ **Spaßviren**
Bei diesen Spaß- und Scherzviren (Hoax = Streich) handelt es sich um elektronische „Enten", die per E-Mail vor angeblichen oder vermeintlichen Viren warnen. Oft wird der User darin aufgefordert, vermeintlich befallene Dateien zu löschen. Bekannte Beispiele sind Sulfnbk.exe und Jdbmgr.exe. Im ersten Fall handelt es sich um eine Windows-Systemdatei zur Wiederherstellung langer Dateinamen, und bei der zweiten Datei handelt es sich um eine Komponente des Java-Debuggers von Windows (Java Debug Manager). Löscht man diese Dateien, so funktioniert Windows unter Umständen nicht mehr reibungslos.
Die Faustregel zur Erkennung von Hoaxes ist einfach: Virenwarnungen, die unaufgefordert eintreffen, sind nicht ernst zu nehmen. Ein weiteres Indiz für Hoaxes ist die Aufforderung, die Mail an „alle Freunde und Bekannte" weiterzuschicken (Kettenbriefsymptom).

■ **Hybridviren**
Hybridviren sind eine Kombination aus Dateiviren und Bootsektorviren und infizieren somit sowohl ausführbare Dateien als auch den Bootsektor. Damit machen sie sich verschiedene Ausbreitungsmethoden gleichzeitig nutzbar und sind schwer aus dem System zu entfernen.
Zur Gattung der Hybridviren gehört z. B. „Tequila". Er kürzt die Länge der Partition um sechs Sektoren und infiziert EXE-Dateien.

■ **IP Spoofing**
Ein Angreifer erzeugt Datenpakete mit gefälschter Absenderadresse. Der Empfängercomputer nimmt an, einen internen Nutzer vor sich zu haben, und gibt Zugangsrechte frei.

Key-Logger

Key-Logger gehören zur Gruppe der Trojaner. Dies sind kleine Programme, die alle Tastatureingaben mitschreiben und an einen bestimmten Server weiterleiten. Diese Datei kann ein Betrüger daraufhin auslesen. So kommt er z. B. an die Zugangsdaten zum Onlinebanking (siehe auch: Man in the Middle). Einige Banken bieten inzwischen sogenannte PIN-Pads an, bei denen die Zugangs- und Transaktionsdaten nicht mehr per Tastatur eingegeben, sondern angeklickt werden. Die Versuche der Key-Logger, an die Daten zu gelangen, laufen dann ins Leere.

Logische Bomben

Logische Bomben sind Programme, die beim Eintreten bestimmter Umstände (Erreichen eines Datums, Löschen eines speziellen Datensatzes einer Datenbank, Erzeugen einer Datei mit einem speziellen Namen) Schaden anrichten können.

Makroviren, Skriptviren

Makroviren sind in Makros (d.h. in automatischen Programmabläufen) von Dokumenten, Tabellen, Grafiken, Datenbanken usw. enthalten. Sie können bei Weiterverarbeitung dieser Dateien mit den entsprechenden Anwendungsprogrammen (z.B. Word für Windows) aktiv werden.

Seit der Entdeckung des ersten Makrovirus (Concept) 1995 breitet sich dieser Virentyp flächendeckend aus. Infizierte er ehemals primär Word- und Excel-Dokumente, so befällt er mittlerweile auch MS-Access und sogar HTML-Dateien. Makroviren sind in der Lage, Daten zu verändern, Dateien zu löschen und DOS-Befehle wie z.B. FORMAT aufzurufen.

Um Makroviren (z.B. „Melissa") abzuwehren, ist es ratsam, einem makrofähigen Programm nicht zu gestatten, Makros in Dokumenten automatisch auszuführen, oder alle Dokumente – vor allem aus dem Internet – vor dem Öffnen auf Viren untersuchen zu lassen.

Man in the Middle

Key-Logger können so programmiert sein, dass sie das Aufrufen der Banken-Website bemerken, an den Server des Betrügers melden und nach Eingabe der TAN die Transaktion abbrechen. Der „Man in the Middle" bekommt dabei die unverbrauchte TAN vom Key-Logger zugeschickt. Er zweigt dann damit Geld vom Konto des Opfers ab. Wird eine Transaktion direkt nach der Eingabe der TAN erfolglos abgebrochen, sollten alle Kontobewegungen genau verfolgt oder die Bank kontaktiert werden. Bislang sind Man-in-the-Middle-Attacken noch selten. Noch bequemer können Betrüger die Daten eines Key-Loggers ausnutzen, wenn sie in einer gefälschten Meldung vorgaukeln, die Transaktionsnummer sei schon einmal vorher benutzt worden. Der Bankkunde denkt, er habe bei der letzten Transaktion einfach vergessen, die Nummer durchzustreichen, und wiederholt den Versuch mit einer anderen TAN. Der Key-Logger schickt die unverbrauchte TAN an den Betrüger, der in aller Ruhe Geld abheben kann. Die meisten Banken bieten inzwischen sogenannte indexierte TAN an, die vor solchen Attacken schützen.

Packet Sniffer

Packet Sniffer sind Programme, die von Benutzern ausgesendete Daten lesen und Passwörter erkennen und sammeln können.

Pharming

Pharming ist einfach ein neuer Name für einen relativ alten Angriff: das Domain-Spoofing. Anders als beim Phishing landet bei einem erfolgreichen Pharming-Angriff selbst ein User, der vorausschauend keinem Link in einer Phishing-Mail folgt und stattdessen die URL von beispielsweise signin.ebay.de per Hand im Browser eingibt oder die Seite über einen Bookmark aufruft, auf einer falschen Seite. Diese Seite sieht dann zwar wie die von eBay aus und taucht auch als signin.ebay.de in der URL-Leiste auf, residiert aber eigentlich auf dem Server eines Angreifers.

Phishing

Phishing (eine bewusste Falschschreibung des Wortes „fishing") ist eine spezifische Form der Internetkriminalität. Dabei werden Computernutzer überlistet, ihre persönlichen Daten (wie Benutzername, Passwort, PIN-Nummer und andere wichtige Informationen) offenzulegen, und diese Angaben werden dann benutzt, um unter Vortäuschung falscher Tatsachen Geld zu erhalten. Dabei verlassen sich Phisher hauptsächlich auf Methoden des Social Engineering (soziale Manipulation). Dies ist eine fantasievolle Bezeichnung für nicht technische Sicherheitsverstöße, welche die menschliche Interaktion ausnutzen: überlistete Anwender werden dazu gebracht, normale Sicherheitsvorkehrungen zu verletzen. Mit Spam-Methoden verschickt der Phisher eine E-Mail, die ein echtes Schreiben eines Finanzinstitutes imitiert. Er fälscht sogar den Kopf der E-Mail, damit es so aussieht, als wäre sie von einer legitimen Bank abgesandt worden. Für Phishing existieren auch die Bezeichnungen Carding (Kämmen) und Brand Spoofing (Markenimitation).

Polymorphe Viren, mutierende Viren

Auf dem Vormarsch sind polymorphe Viren, die ihren Code bei jeder Neuinfektion verändern oder verschlüsseln. Virenscanner, die nach definierten Bytefolgen oder Wildcard-Strings suchen, um den Virus dingfest zu machen, sind hier natürlich hilflos. Daher werden mutierende Viren wie „Pogue" mithilfe von Algorithmen gesucht. Die Gefahr der polymorphen Viren nimmt zu, seit eine Mutation Engine (MtE) entwickelt wurde. Sie bewirkt, dass beinahe jede neue Kopie des Virus einen anderen Aufbau und eine andere Länge aufweist.

Slow-Viren

Slow-Viren führen ihre Schadensroutine nicht sofort aus, sondern verändern Daten minimal, sodass sie lange Zeit unentdeckt bleiben. Werden in diesem Stadium Datensicherungen durchgeführt, enthalten diese bereits die manipulierten Daten. Stellt der Benutzer nach einiger Zeit den Virenbefall fest, nützt ihm auch das Backup wenig, da dieses ebenfalls infiziert ist.

Spam-Mail

1971 erfand der Amerikaner Ray Tomlinson die E-Mail. Heute stöhnen viele Nutzer über riesige Datenmengen und die sogenannten „Spam"-Mails (E-Mail-Werbemüll) im Posteingang. Unter Spam versteht man unverlangt zugestellte E-Mails (Definition der Kommission der EU). Der Name „Spam" ist dem Dosenfleisch SPAM (Spiced Porc and Ham) der Firma Hormel Foods entliehen. Die meisten Spams sind kommerziell und werden aufgrund der für den Versender geringen Kosten in großen Massen verschickt (100 000 bis Millionen).

Teuere Freunde!

Meine Freunde! Ich will ein Geschenk euch bringen: Onlinekasino Magic JP casino am http://www.magic-jackpot-cas.com/. Es ist naturlich interessant und profitabel!
Wollen Sie viel winnen? Kein Problem! Hier gibt es 1000euro und das Prozent ist sehr hoch.

Viel Erfolg und begegnen uns in Magic_JACKPOT_Casino!

Alles Gute!
Irene

Bild 2.27: Beispiel für Spam, häufig mit vielen Rechtschreibfehlern

Mehr als 30 Mrd. Spam-Mails pro Tag lassen die Postfächer weltweit überlaufen. Allein die Kosten für den Download werden weltweit auf über 10 Mrd. EUR jährlich geschätzt.

Man kann folgende Spam-Typen unterscheiden:
- Kommerzielle Spams
  (UCE = Unsolicited Commercial E-Mail = unerbetene kommerzielle E-Mail)
- Kettenbriefe und falsche Viruswarnungen
- Durch Viren versandte E-Mails
- Spam mit vorgelesenen Texten im MP3-Format
- Spam mit Werbevideos

Spyware Damit sind Spionage-Programme gemeint, die z.B. Daten über das Surfverhalten eines Users sammeln und diese per Internet an jemanden schicken, der mit diesen Daten Geld verdient. Ein weiterer Begriff für die Spionagesoftware ist auch Adware (Advertising-Software). „Advertising" bedeutet auch „Reklame" oder „Werbung". Diese Programme sind nicht gesetzwidrig. Kriminell wird es erst, wenn sehr persönliche Daten wie Kennwörter oder Kreditkartennummern ausspioniert werden (s. Phishing).

Stealth- oder Tarnkappen-Viren Besonders listig geben sich die Stealth-Viren. Sie versuchen mit allen Mitteln, sich vor den Virenscannern zu verbergen. Sie registrieren Zugriffe auf von ihnen infizierte Dateien und gaukeln jedem zugreifenden Programm eine nicht befallene Datei vor. Findet sich ein Stealth-Virus im Speicher, so ist er kaum auszumachen. Zu dieser Sorte gehört beispielsweise „Frodo", der das Dateidatum ändert. Stealth-Viren lassen sich mithilfe des DOS-Befehls COPY desinfizieren. Kopiert man nämlich, während sich der Virus im Speicher findet, eine infizierte Datei in ein anderes File auf Diskette mit einer Endung, die dem Virus signalisiert, dass sie nicht ausführbar ist, dann erhält man eine nicht infizierte Kopie der Datei. Beispiel: COPY test.com A:\test.123.

Trojanische Pferde Während sich Computerviren nach Möglichkeit verstecken und unentdeckt bleiben wollen, treten Trojaner offen auf. Das Virenprogramm gibt sich als Bildschirmschoner, Passwortverwaltung oder anderes scheinbar nützliches Tool aus. Meistens führt es diese Funktion auch aus, aber in erster Linie geht es darum, den Anwender zu verlocken, das Programm einzusetzen. Wird ein Trojaner gestartet, beginnt er sofort mit seiner Schadensfunktion. Er kann Festplatten löschen, einen Bootvirus einbauen oder ein Remote-Administration-Tool installieren. „Break-Orifice (BO2K)" ist die Variante eines solchen Remote-Control-Tools. Das Programm nistet sich in Windows-Betriebssystemen ein. Besteht eine Internet-Verbindung, kann jemand mit Kenntnis eines Passworts den PC fernsteuern.

Tunnelnde Viren Diese Gattung belegt überwachte Interrupts, wartet auf einen Aufruf, der sich zurückverfolgen lässt, und sucht einen Eintrittspunkt, den das Monitorprogramm nicht mehr überwacht. Hat er ihn aufgespürt, ruft er die Adresse direkt auf und umgeht somit den Virenwächter. Diese Vorgehensweise nennt sich Interrupt Tracing und bereitet vielen residenten Virenmonitoren Probleme, zumal die Viren immer neue Tunnel-Methoden wie das Ersetzen des Block-Device-Treibers für die Laufwerke entdecken, auf die sich Antivirenprogramme erst einmal einstellen müssen.

Windows-Viren Eine neue Art von Viren sind auf Windows spezialisierte Virenarten wie der CIH-Virus, der sich recht schnell vom Ursprungsland Taiwan aus bis nach Deutschland verbreiten konnte. Das Gefährliche an ihm ist, dass er am 26. jeden Monats nicht nur sämtliche Daten auf der Festplatte durch Überschreiben zerstört, sondern mitunter auch den Inhalt des Flash-BIOS löschen kann. Das Virus kann nur schwer entfernt werden, da es sich direkt im Windows-Kernel versteckt und sich dabei über mehrere Bruchstücke in EXE-Dateien verteilt.

■ Würmer

Würmer sind keine Viren im eigentlichen Sinne, da sie keine Wirtsprogramme benötigen, sondern ausschließlich sich selbst kopieren.
Diese Schadensprogramme sind in der Lage, sich selber per E-Mail an neue Empfänger zu verschicken. Damit der Wurm aktiv werden kann, muss der Empfänger das Programm selber starten. Hat sich der Wurm einmal installiert, wartet er auf den Start des E-Mail-Programms, durchsucht den Posteingang und schickt an alle Absender eine infizierte Antwort.
Der Schaden, den ein Wurmprogramm wie „ExploreZip“ anrichten kann, ist enorm. Es durchsucht gezielt alle verfügbaren Laufwerke nach Dateien des Typs ASM, C, CPP, DOC, H, XLS und PPT, also Quelldateien diverser Programmiersprachen sowie Dokumente von Word, Excel und PowerPoint. Dann setzt es die Länge dieser Dateien auf null, was das Wiederherstellen der Dateien erheblich erschwert.

Außer wie in der Übersicht dargestellt, lassen sich Computerviren auch nach den Mechanismen unterscheiden, wie sie versuchen, sich vor Schutzprogrammen zu verstecken. Dazu zählen z.B. polymorphe Viren, Stealth-Viren und Tunnelnde Viren.

Anzeichen für Virenbefall

Anzeichen für den Virenbefall eines Computers äußern sich vielfach im abnormen Verhalten des Rechners und seiner Datenträger:

- Harmlose, aber störende Bildschirmmeldungen oder Animationen
- Verlangsamter Zugriff auf Disketten und Festplatten
- Datenzerstörung durch Löschen oder Überschreiben
- Gelöschte Systemdateien oder ein fehlender erster Sektor (Bootsektor) der Datenträger, sodass der Computer nicht mehr startfähig ist
- Manipulation von Daten durch Austauschen bestimmter Zeichenketten
- Verfälschung von Tastatureingaben
- Beschädigung von Hardwarekomponenten wie die Erhöhung der Bildschirmfrequenz
- Plötzlich auftretender Speichermangel
- Fehlermeldungen unter Windows oder anderen Systeme, in der Form, dass ein Datenträger nicht korrekt angesprochen werden kann bzw. eine Kontrolle der Festplatte nicht mehr möglich ist
- Bekannte Icons verändern sich (vor allem bei Makro-Viren)
- Probleme beim Abspeichern von Daten

Wenn auf dem Rechnersystem ein Virus identifiziert wurde oder auch nur der Verdacht besteht, dass der Rechner von einem Virus befallen ist, sollte zunächst einmal Ruhe bewahrt werden. Auf keinen Fall dürfen weitere Programme gestartet werden.

Verhalten bei Virenbefall

■ Bei Verdacht auf Virenbefall zunächst einmal Ruhe bewahren.

Am besten beginnt man sofort mit der Virensuche! Ein Virenscanner sollte sicherheitshalber von einer virenfreien, schreibgeschützten, bootfähigen Diskette oder CD gestartet werden, denn auch ein Virenscanner auf Festplatte kann selbst von einem Virus befallen sein.

Nun kann mit dem Antivirenprogramm nach den verseuchten Dateien oder Festplattenpartitionen gesucht werden und, falls der Virenscanner fündig wird, mit den empfohlenen Reinigungsroutinen die Infektionen beseitigt werden.

2.7.2 Abwehrmaßnahmen

Da jedes Jahr durch Computerviren Schäden in Milliardenhöhe verursacht werden, sind Schutzmaßnahmen für jedes PC-System insbesondere in vernetzten Systemen zwingend erforderlich. Dabei muss deutlich betont werden, dass es den absoluten Schutz vor Viren nicht gibt.
Die wichtigste Abwehrmaßnahme gegen Virenbefall besteht darin, dass man keinen fremden Programmcode ungeprüft auf einem Rechner ausführt. Das gilt sowohl für ausführbare Programme als auch für Dokumente mit Makros. In jedem Fall sollten Programme unbekannter Herkunft mit einem aktuellen Virenscanner auf Viren untersucht werden. Darüber hinaus sollten alle lokalen Festplatten regelmäßig auf Viren überprüft werden.

Vorsicht bei Downloads und E-Mail-Anhängen. Zum Schutz vor Virenbefall sollten keine Programme und Daten unbekannter Herkunft geöffnet oder ausgeführt werden. Risiken sollten vermieden werden.

Virenscanner

Firewall

Es gibt keine absolut sichere Methode, Computerviren zu entdecken. Auf jeden Fall muss der Computer vor der Suche nach Computerviren mit einer nicht infizierten, schreibgeschützten Originaldiskette bzw. CD durch einen Kaltstart gestartet werden. Weiterhin kann der Benutzer Virensuchprogramme (Virenscanner) einsetzen, die auch im Hintergrund laufend alle Dateioperationen überwachen. Vor allem Computer, die nicht durch eine Firewall geschützt sind, werden leicht zu Opfern von Internetbetrügern.

Die installierte **Antivirensoftware** muss regelmäßig aktualisiert werden.

Virenschutz

Antispy

Antispam

Oft lassen sich Computerviren nur durch Löschen der infizierten Programmdatei sicher entfernen. Antiviren- und Cleaner-Programme können helfen, auftretende Viren rechtzeitig zu erkennen. Ist ihnen der Virustyp bekannt, sind sie meist in der Lage, den Virus zu entfernen. Jedoch können Virenschutzprogramme nur bereits bekannte Viren beseitigen. Daher ist ein regelmäßiges Updaten der Antivirensoftware dringend zu empfehlen. Eine Übersicht über die derzeitig bekannten sowie aktiven Virentypen kann bei den Herstellern von Antivirensoftware wie Symantec, McAfee, Panda u.a. eingesehen bzw. downgeloaded werden. Gleiches gilt für Antispy- und Antispam-Programme.

BSI = Bundesamt für Sicherheit in der Informationstechnik

Aktuelle Informationen zum Thema Datensicherheit liefert das BSI, zu erreichen unter www.bsi.de und www.bsi-fuer-buerger.de oder die Seite www.hoax-info.de. Hier können auch Schadensfälle gemeldet werden, die durch Computerviren entstanden sind. Eine Hilfe dazu liefert der vom BSI herausgegebene Virenmeldebogen.
Weitere Informationsquellen sind u. a.

- www.verbraucher-sicher-online.de und
- www.surfer-haben-rechte.de zu finden.

Deutschland sicher im Netz

IT-Sicherheit besitzt mittlerweile eine gesellschaftspolitische Komponente. Daher ist es nicht verwunderlich, dass sich politische Gremien, öffentliche Einrichtungen und zahlreiche Softwarefirmen in der Initiative „Deutschland sicher im Netz" zusammengeschlossen haben.

Aufgaben:

1. Beschreiben Sie, was man unter der Bezeichnung Software versteht und vergleichen Sie verschiedene Softwarearten in Bezug auf Benutzergruppen, Anwendungsbereiche, Herstellungsprozesse und Vertriebswege.
2. Wodurch unterscheiden sich die beiden Systemarchitekturen nach Von-Neumann und Havard?
3. Welche Grundfunktionen muss ein Betriebssystem erfüllen?
4. Welche Bedeutung hat die Bezeichnung „Virtuelle Maschine" in Verbindung mit dem Betriebssystem?
5. Nennen Sie typische Tools, die zur Ausstattung heutiger Betriebssysteme gehören!
6. Nach welchen Kriterien lassen sich Betriebssysteme unterscheiden?
7. Was versteht man unter Multitasking, welche Variationen gibt es und wie wirkt sich Multitasking auf die Prozessorleistung aus?
8. Nennen Sie die typischen Systemaufgaben des Betriebssystems!
9. Was versteht man unter dem Schalenmodell und wie arbeitet es?
10. Nennen Sie Betriebssysteme, die nach dem Schichtenmodell aufgebaut sind!
11. Welche Eigenschaften kennzeichnen das Client-Server-Modell?
12. Was versteht man unter einer Extension und wozu wird sie verwendet?
13. Wie heißen die drei Dateien, die zum Systemkern von MS-DOS gehören?
14. Aus welchem Betriebssystem ist Windows XP hervorgegangen?
15. Worin unterscheiden sich die drei Windows-XP-Versionen?
16. Was versteht man bei Windows Vista und Windows 7 unter dem Aero-Effekt?
17. Wie viele unterschiedliche Versionen gibt es vom Betriebssystem Windows 7?
18. Neben Windows gibt es weitere Betriebssysteme. Welche sind das und wo werden sie eingesetzt?
19. Welche Art von Schadprogramm ist in den letzten Jahren besonders vermehrt aufgetreten?
20. Wie kann man seine PC-Anlage effektiv vor Computerviren schützen?

3 Inbetriebnahme und Übergabe

3.1 Bootvorgang

Kaltstart und Warmstart

Der Vorgang des Startens eines Computers wird auch als „Hochfahren“ oder „Booten“ bezeichnet. Man unterscheidet zwischen dem sogenannten „Kaltstart“ und dem „Warmstart“. Ein Kaltstart liegt immer dann vor, wenn der Startvorgang mit dem Einschalten des Computers oder der Betätigung der „Reset-Taste“ am Computergehäuse beginnt, d.h. die Stromzufuhr unterbrochen war. Ein Warmstart liegt vor, wenn der Computer bereits eingeschaltet ist und durch Betätigung der Tastenkombination Strg + Alt + Entf neu gebootet wird.

BIOS

Flash-EEPROM siehe Kap. 1.2.3.1

CMOS-Speicher siehe Kap. 1.2.3.5

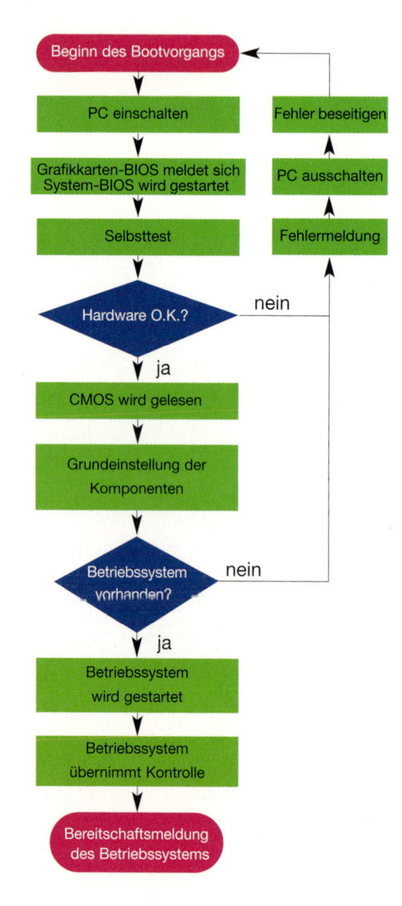

Bild 3.1: Vereinfachter Ablauf des Bootvorgangs

Nach jedem Einschalten des Computers wird zunächst automatisch das Programm mit dem Namen ⇒ BIOS (**B**asic **I**nput **O**utput **S**ystem) aktiviert. Man kann dieses BIOS als ein grundlegendes Minimalprogramm ansehen, das ein erstes Starten des Rechners ermöglicht. Es befindet sich fest eingeschrieben im **Flash-EEPROM** auf dem Motherboard und führt zunächst einen allgemeinen Selbsttest durch. Damit das BIOS seine weiteren Aufgaben erfüllen kann, sind Informationen über die vorhandenen Systemkomponenten erforderlich. Diese sind bekanntlich im CMOS-Speicherchip enthalten, sie werden beim Booten ausgelesen und für die grundlegenden Systemeinstellungen verwendet. Bis hier verläuft der Bootvorgang völlig unabhängig von dem vorhandenen Betriebssystem!

Danach erst sucht das BIOS auf den vorhandenen Speichermedien (Festplatte, CD/DVD) nach einem Betriebssystem. Das jeweils vorhandene Betriebssystem wird gestartet, übernimmt die Kontrolle und bestimmt damit den weiteren Verlauf des Bootvorgangs.

Zu den gängigen Betriebssystemen zählen zurzeit Windows 7, Windows Vista, Windows XP, UNIX und Linux.

Der Bootvorgang ist abgeschlossen, wenn sich der PC mit dem entsprechenden Bereitschaftszeichen oder der Benutzeroberfläche des jeweiligen Betriebssystems meldet.
Bild 3.1 stellt den zeitlichen Ablauf des Bootvorgangs grafisch dar. Die einzelnen Vorgänge werden in den folgenden Kapiteln ausführlich beschrieben.

3.1.1 Aufgaben des BIOS

BIOS-Aktualisierung

Das BIOS ist für den Bootvorgang des PCs unbedingt erforderlich und wird in einem EEPROM gespeichert. Es wird auch als **Urlader** (Bootstrap Loader) bezeichnet und ist im Laufe seiner Entwicklung immer umfangreicher und leistungsfähiger geworden. Die Verwendung eines EEPROMs ermöglicht die Aktualisierung einer vorhandenen BIOS-Version. Diese Aktualisierung darf allerdings nur mit der vom BIOS-Hersteller ausdrücklich für ein Board angegebenen BIOS-Version erfolgen!

■ Das Aktualisieren eines BIOS wird auch als **Flashen** bezeichnet.

Zu den bekanntesten BIOS-Herstellern zählen die Firmen AMI und AWARD. Obwohl sich die Eigenschaften und der Funktionsumfang des BIOS bei den verschiedenen Herstellern voneinander unterscheiden, sind die grundsätzlichen Aufgabenbereiche gleich. Hierzu gehören im Einzelnen:

BIOS-Aufgaben

- Selbsttest des PCs
- Fehler- bzw. OK-Meldungen
- Prüfen der Systemkonfiguration
- Initialisieren aller Komponenten (d.h. alle Komponenten in einen Grundzustand bringen)
- Suchen nach einem bootfähigen Medium
- Aktivieren der Startdateien des vorhandenen Betriebssystems

POST-Diagnose

Der Selbsttest wird auch als **POST**-Diagnose (**P**ower **o**n **S**elf **T**est) bezeichnet. Hierbei werden zunächst sämtliche Komponenten in einen definierten Anfangszustand versetzt, d.h., es wird ein sogenannter **Reset** durchgeführt. Bei diesem Reset werden in sämtliche Zellen des Arbeitsspeichers Nullen geschrieben. Anschließend wird das Befehlsregister des Hauptprozessors auf die Startadresse des EEPROM-Bereiches gesetzt, damit die in diesem Speicher abgelegten Informationen ausgelesen und ausgeführt werden können. Diese ersten Anweisungen veranlassen den Prozessor dazu, das Vorhandensein und die Funktion des Hauptspeichers zu überprüfen. Hierzu wird in jede Speicherzelle ein Test-Bitmuster geschrieben, anschließend wieder ausgelesen und auf Übereinstimmung überprüft. Anschließend wird der Inhalt des CMOS-Speichers in den Arbeitsspeicher geladen und die dort abgelegten Informationen über die Systemkonfiguration überprüft. Im Anschluss daran werden auch die Funktionen der übrigen Komponenten (z.B. Controller, Tastatur) überprüft, indem Steuersignale an die einzelnen Baugruppen gesendet werden, die diese dann quittieren müssen. Während bei einem Kaltstart alle

Komponenten zurückgesetzt und geprüft werden, wird bei einem Warmstart mit [Strg] + [Alt] + [Entf] der Arbeitsspeicher nicht neu initialisiert. Diese Tastenkombination wird allerdings von vielen Betriebssystemen abgefangen, sodass hierdurch ein direkter Warmstart nicht möglich ist.

Fatale und nicht fatale Fehler

Werden Fehler festgestellt, werden diese durch Fehlercodes bzw. -meldungen angezeigt. Diese Meldungen sind BIOS-abhängig und sollten im Handbuch des Rechners dokumentiert sein. Beim POST wird zwischen zwei Arten von Fehlern unterschieden: fatale und nicht fatale Fehler. Als fatal wird jeder Fehler auf dem Motherboard eingestuft. Ein fataler Fehler führt zum sofortigen Abbruch des Bootvorgangs (z. B. kein Controller ansprechbar), bei nicht fatalen Fehlern ist zwar der Funktionsumfang des PCs eingeschränkt, aber grundsätzlich gegeben (z. B. fehlende Datums- und Zeiteinstellung).

Early POST	low level processor verification test 8082 buffer clear check 8082 keyboard controller reset low level 8082 keyboard interface test system board support chip initialization ROM BIOS checksum test 8254 test CMOS shutdown byte test DMA channel 0 test DMA channel 1 test DMA page register test memory refresh toggle test 1st 64 Kb memory test setup interrupt vector table video initialization video memory test
Late POST	Error messages are displayed on video monitor.

Bild 3.2: Beispiel für den Ablauf eines Power on Self Tests (POST)

Bootreihenfolge

Arbeitet das System fehlerfrei, werden die Hardwarekomponenten einer grundlegenden softwaremäßigen Einstellung unterzogen, die das Zusammenarbeiten dieser Komponenten erst ermöglicht. Anschließend sucht das BIOS in einer vorgegebenen Reihenfolge auf den gefundenen Speichermedien (z. B. Festplatte oder CD/DVD-Laufwerk) nach einem bootfähigen Programm. Hierzu muss eine entsprechende bootfähige Festplatte oder CD/DVD vorhanden sein. Auf bootfähigen Datenträgern sind in einem festgelegten Bereich u. a. Informationen über die eigene Speicherstruktur angelegt, die erforderlich sind, damit das System die Startdateien des vorhandenen Betriebssystems findet und in den Arbeitsspeicher laden kann. Dieser Bereich wird **M**aster **B**oot **R**ecord (MBR, siehe Kap. 3.2) genannt. Anschließend übernimmt dieses Betriebssystem die Kontrolle über den PC und steuert alle weiteren Vorgänge.

3.1.2 CMOS-Setup

Während des Bootvorgangs benötigt das BIOS Informationen über die vorhandene Konfiguration des PCs. Aus diesem Grunde ist es wichtig zu wissen, welche Gerätekonfiguration vorliegt und welche Daten im CMOS-Bereich gespeichert sind. Diese Informationen müssen beim ersten Systemstart nach dem Zusammenbau des PCs in den CMOS-Speicher geschrieben werden. Bei Änderung der Gerätekonfiguration (z. B. Einbau eines zusätzlichen Laufwerks, Erweiterung des Arbeitsspeichers) werden diese Daten meist automatisch vom Betriebssystem aktualisiert, damit der Rechner mit den neuen Komponenten arbeiten kann. Hierzu ist dann meist ein Rebooten des PCs erforderlich.

CMOS-Dienstprogramm

Die Daten lassen sich auch mit dem Dienstprogramm **CMOS-SETUP** eingeben, prüfen bzw. verändern. Dieses Dienstprogramm ist im BIOS-ROM gespeichert und lässt sich beim Booten des Rechners durch Betätigen der [Entf]-Taste oder durch Betätigung einer anderen, dem Handbuch zu entnehmenden Tastenkombination aufrufen. Änderungen sollten allerdings nur von Benutzern vorgenommen werden, die über das entsprechende Fachwissen verfügen, da der Rechner bei falschen Einstellungen nicht bootet.

CMOS-Standardeinstellung

Das Setup-Dienstprogramm bietet für diesen Fall zwar sogenannte Standardwerte (**Default**-Werte) an, die dann automatisch eingetragen werden können, diese müssen jedoch nicht immer optimal für eine vorhandene Konfiguration geeignet sein. Aus diesem Grunde sollte man sich stets die aktuellen Konfigurationseinstellungen notieren.

3.1.3 BIOS-Einstellungen

Die SETUP-Programme (BIOS Setup Utility) der verschiedenen Hersteller unterscheiden sich in ihren Einstellmöglichkeiten voneinander. Der prinzipielle Aufbau ist allerdings gleich: Die Einstellparameter sind in Menüform zusammengefasst und tragen vergleichbare Bezeichnungen.

BIOS-Menüstruktur

Nach dem Aufruf eines BIOS-SETUPs erscheint auf dem Bildschirm in der Regel automatisch das Startmenü mit Auswahlmöglichkeiten für andere Menüpunkte.

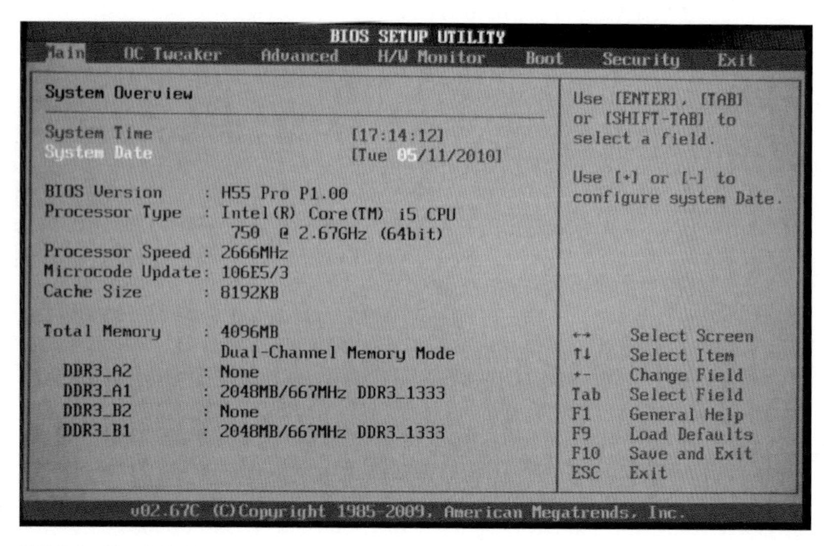

Bild 3.3: Menü Main

Die Navigation durch die verschiedenen Setup-Menüs erfolgt mit den angegebenen Funktionstasten. Die Benutzung der Maus ist nicht möglich, da in der Regel noch kein entsprechender Treiber zur Verfügung steht. Ein kleines Dreieck vor einer Bezeichnung verweist auf ein Untermenü, welches sich öffnet, wenn man den entsprechenden Menüpunkt markiert hat und anschließend die [↵]-Taste betätigt (z.B. Bild 3.6).
Bei der Eingabe von Parameterwerten ist entweder eine freie Eingabe von Werten oder eine Auswahl aus vorgegebenen Daten möglich. Die folgenden Bilder zeigen beispielhaft die Struktur einiger Menüs.

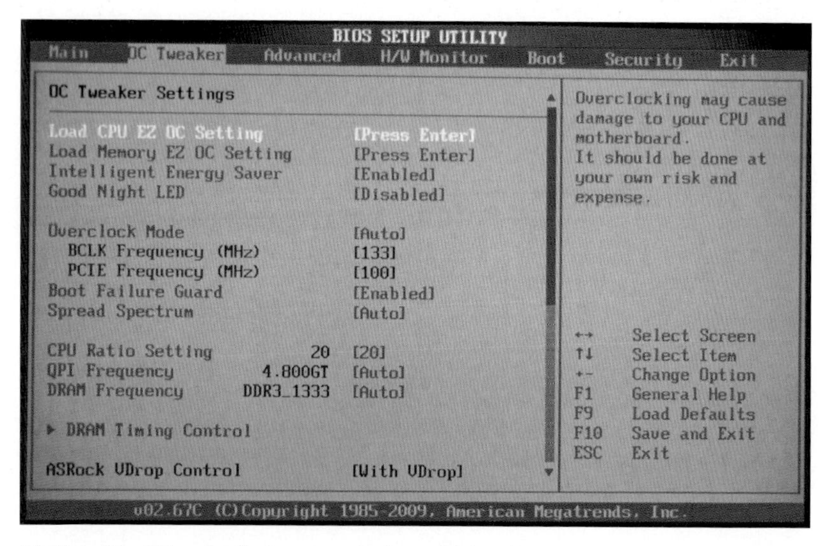

Bild 3.4: Menü Tweaker (to tweak: optimieren, frisieren)

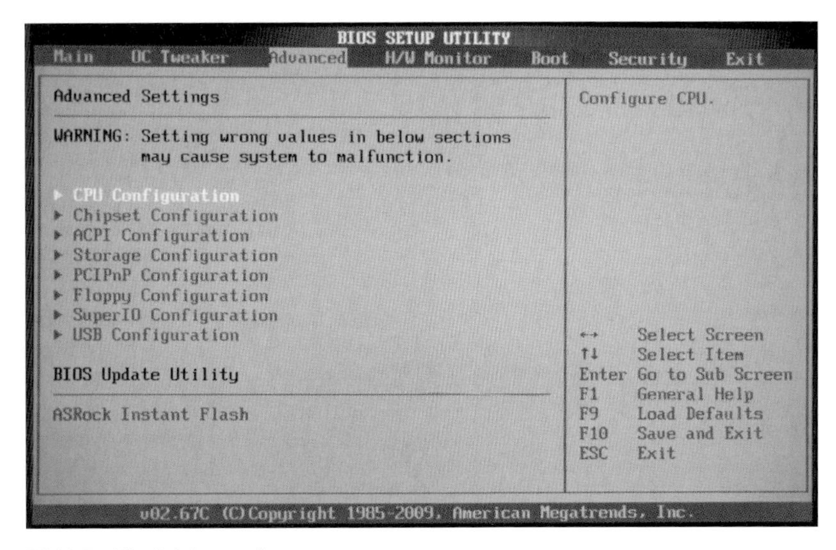

Bild 3.5: Menü Advanced

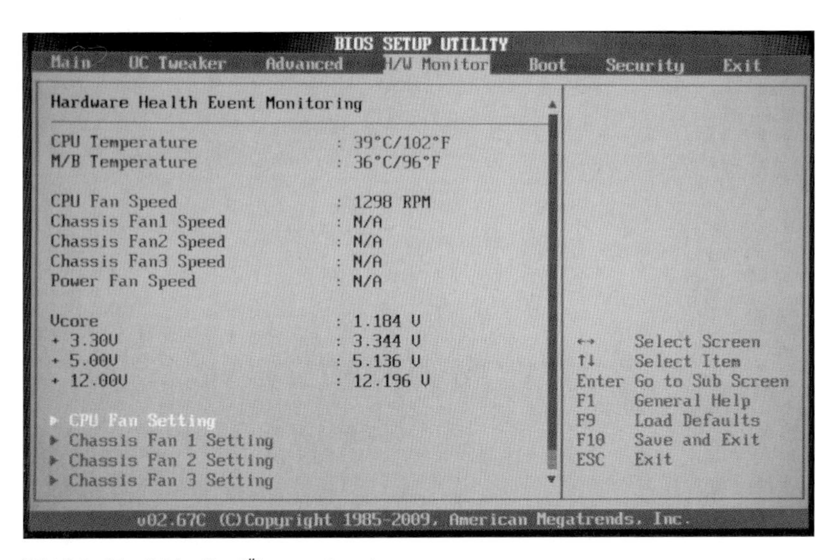

Bild 3.6: Menü Monitor (Überwachung)

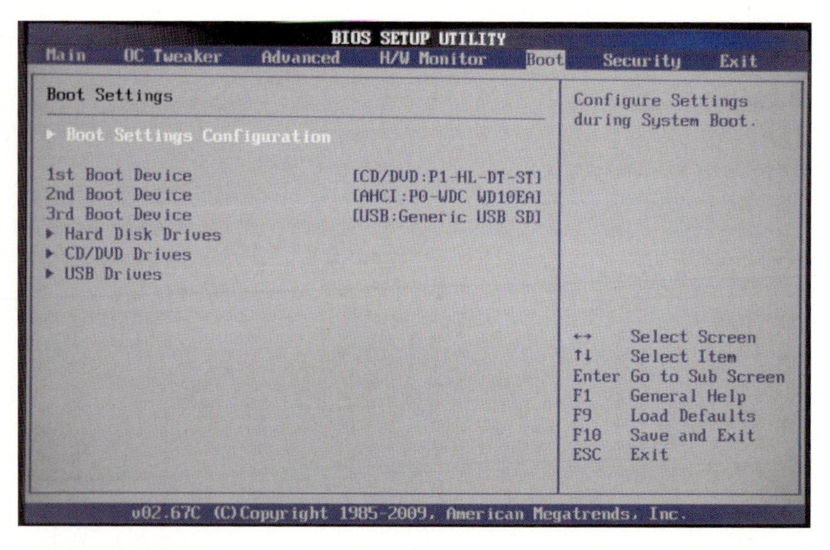

Bild 3.7: Menü Boot

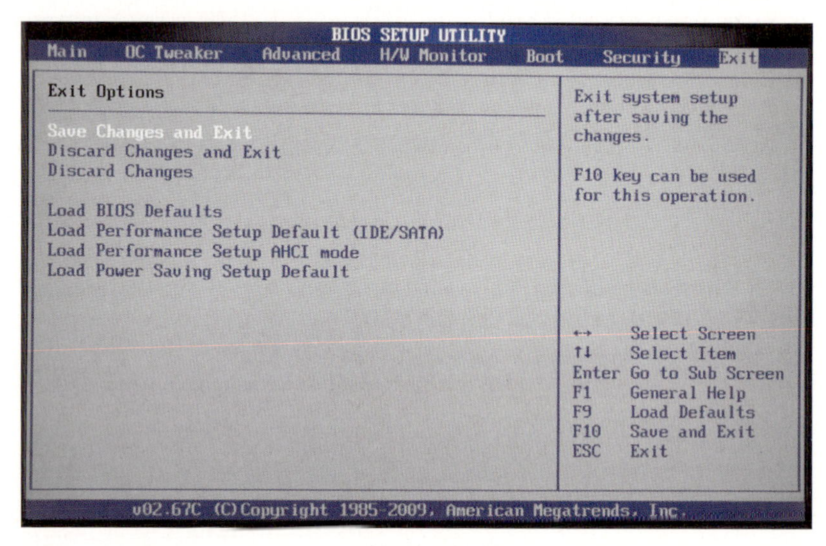

Bild 3.8: Menü Exit

Die Einstellungsmöglichkeiten werden mit jeder neuen BIOS-Version umfangreicher. Die Bedeutungen der einzelnen Parameter lassen sich bei Bedarf entsprechenden, ständig aktualisierten Internetseiten entnehmen (z.B. www.bios-info.de).

3.1.4 BIOS-Fehlermeldungen

Findet das BIOS beim Selbsttest Fehler, können diese in unterschiedlicher Weise gemeldet werden:

- Als Klartext-Meldungen auf dem Bildschirm
- Durch eine Folge von Tönen über den eingebauten Lautsprecher
- Durch Leuchtdioden- oder Ziffernanzeige auf dem Motherboard
- Mittels Sprachausgabe über den eingebauten Lautsprecher; hierzu muss ein entsprechender Voice-Editor installiert sein

Typische Meldungen auf dem Bildschirm sind:

Fehlermeldung	Bedeutung
C-MOS-BATTERY HAS FAILED	Batterie zum Puffern der Daten im CMOS-Speicher ist defekt.
C-MOS CHECKSUM ERROR	Das BIOS prüft den Inhalt des CMOS-Speichers, bevor es die Hardware mit den darin enthaltenen Parametern programmiert. Aus den gespeicherten Werten wird eine Quersumme errechnet, die als Test dient. Eine Fehlermeldung erscheint, wenn die Quersumme nicht zu den gespeicherten Werten passt.
DISK BOOT FAILURE, INSERT SYSTEM DISK AND PRESS ENTER	Es wurde keine Festplatte zum Booten gefunden. Um das System zu starten, ist eine Bootdiskette erforderlich.
ERROR ENCOUNTERED INITIALIZING HARD DRIVE	Es wurden falsche physikalische Daten über eine vorhandene Festplatte gefunden, oder die Festplatte kann nicht angesprochen werden, weil z. B. ein Kabel locker oder der Festplattencontroller nicht richtig in seinem Slot sitzt.
ERROR INITIALIZING HARD DISK CONTROLLER	Es liegt ein Festplattenproblem vor (s. o.). Dieses kann entweder bei der Festplatte selbst oder beim Festplattencontroller begründet sein.
FLOPPY DISK CONTROLLER ERROR OR NO CONTROLLER PRESENT	Ein angegebenes Diskettenlaufwerk kann nicht angesprochen werden (Laufwerks- oder Controllerfehler).
KEYBOARD ERROR OR NO KEYBOARD PRESENT	Es wird keine Tastatur gefunden oder beim Bootvorgang ist eine Taste blockiert (z. B. eine Taste ist dauerhaft gedrückt).
MEMORY ADRESS ERROR AT ...	Beim Testen des RAM-Speichers wurde bei der angegebenen Adresse ein Fehler gefunden.
MEMORY PARITY ERROR AT ...	Es wurde ein Fehler in der Checksumme der RAM-Bausteine bei der angegebenen Adresse gefunden.
PRESS ANY KEY TO REBOOT	Kommt diese Meldung zusätzlich zu einer anderen Meldung, so ist nach einer Fehlermeldung ein Neustart vorzunehmen. Erscheint diese Meldung alleine, hat das BIOS vermutlich kein Betriebssystem gefunden.

Bild 3.9: Typische BIOS-Fehlermeldungen

Bei einem AMI-BIOS können Fehler in der dargestellten akustischen Form signalisiert werden:

Akustische Fehlermeldungen

Anzahl der Töne	Bedeutung
1-mal kurz	Kein Fehler, alles o.k.
durchgehend	Netzteilfehler
1	Falsche BIOS-Einstellung oder Motherboard defekt
2	Parityfehler; Speicherchip defekt
3	Basisspeicher defekt; Fehler innerhalb der ersten 64 KByte
4	Systemtimer defekt
5	Prozessor defekt
6	Tastatur-Controller defekt
7	Fehler im virtuellen Mode
8	Grafikspeicher defekt; Grafikkarte defekt oder nicht ansprechbar
9	ROM-BIOS-Checksumme nicht korrekt; ROM-Speicher defekt
10	CMOS-Speicherfehler; CMOS kann nicht gelesen oder beschrieben werden
11	L2-Cache auf dem Motherboard defekt
1-mal lang, 3-mal kurz	Grafikfehler; Video-RAM defekt
3-mal kurz, 3-mal lang	Arbeitsspeicher defekt

Bild 3.10: Mögliche akustische AMI-BIOS-Fehlermeldungen

Die aktuelle Zuordnung zwischen Tonfolge und signalisiertem Fehler ist bei Bedarf dem jeweiligen Handbuch zu entnehmen.
Meldet sich die Grafikkarte auf dem Bildschirm und sieht man einen blinkenden Cursor, funktionieren auf jeden Fall das Netzteil, der Prozessor, die Grafikkarte und der Bildschirm. Außerdem sind sowohl das BIOS als auch der CMOS-Speicher lesbar und haben eine korrekte Checksumme, der Prozessor findet die ersten 64 KByte RAM und kann diese sowohl beschreiben als auch lesen. Das I/O-System funktioniert grundlegend und kann auf die vorhandene Grafikkarte zugreifen.

3.1.5 Verhalten bei BIOS-Fehlern

Setup-Defaults

Kann ein Rechner nicht mehr gebootet werden, so kann dies an einer falschen BIOS-Einstellung liegen. In diesem Fall sollte man das BIOS-Setup aufrufen und die eingetragenen Werte überprüfen. Änderungen sollten hierbei nur schrittweise vorgenommen werden. Nach jedem Schritt sollte die Funktion überprüft werden, um die Fehlerursache zu lokalisieren. Sind die ursprünglichen Werte nicht mehr bekannt, kann man zu den Default-Werten zurückkehren, die den Rechner zwar nicht optimal konfigurieren, die aber ein Hochfahren ermöglichen sollten. Hierbei werden die Datums- und die Laufwerksinformationen i. Allg. nicht auf einen Standardwert zurückgesetzt, sondern beibehalten. Führt dies zu keinem Erfolg, so besteht zusätzlich die Möglichkeit, die Setup-Defaults einzustellen. Hierdurch werden alle eingestellten Beschleunigungen, teilweise sogar der interne Cache-Speicher der CPU, abgeschaltet. Ein vernünftiges Arbeiten ist mit diesen Werten in der Praxis kaum möglich, jedoch lassen sich hierdurch gegebenenfalls aufgetretene Fehler lokalisieren. Lässt sich der Rechner nun immer noch nicht booten, kann man von einem ernsteren Hardwareproblem ausgehen.

BIOS-Passwort

Kommt man erst gar nicht ins BIOS-Setup hinein, kann man den CMOS-Speicher auf die vorgegebenen Default-Werte zurücksetzen, indem man die [Einfg]-Taste gedrückt hält und dann erst den PC einschaltet. Hilft auch dies nicht, besteht als Nächstes die Möglichkeit, den auf dem Motherboard befindlichen CMOS-Reset-Jumper (CLEAR-Jumper) für 5 bis 30 Sekunden zu setzen. Dieser befindet sich in der Regel in der Nähe der eingebauten Batterie und ist mithilfe der zu jedem PC gehörenden Unterlagen zu finden. Das Setzen dieses Jumpers bewirkt eine Unterbrechung der Spannungsversorgung des CMOS-Speichers. Führt auch dies nicht zum Ziel, kann man als Letztes die Batterie für einige Minuten, gegebenenfalls auch für mehrere Stunden, entfernen und danach wieder einbauen. Funktioniert der PC anschließend immer noch nicht, ist er definitiv defekt. Aufgrund des komplexen und hochintegrierten Aufbaus ist eine Reparatur meist mit großen Kosten verbunden und teilweise auch nicht mehr möglich, insbesondere dann, wenn der Fehler nicht näher lokalisiert werden kann.

Die aktuellen BIOS-Versionen bieten die Möglichkeit, den Zugang zum PC mithilfe eines BIOS-Passwortes zu beschränken. Hat man dieses Passwort einmal vergessen, so kann man es durch Unterbrechen der Spannungsversorgung löschen (s. o.). Allerdings funktioniert diese Methode nicht immer, da einige Boards das Passwort in das BIOS-EEPROM schreiben. Dann hilft in der Regel nur eine Kontaktaufnahme mit dem Hersteller.

3.1.6 Extensible Firmware Interface

Das BIOS basiert vom Grundsatz her auf der 1981 auf IBM-PCs verwendeten Struktur und entspricht trotz vielfacher Nachbesserungen und Erweiterungen nicht mehr sämtlichen Anforderungen moderner Computer. Aus diesem Grund hat Intel als Nachfolger des PC-BIOS einen „Firmware Foundation Code“ mit verbesserten Funktionen zur Wartung und Verwaltung entwickelt, der die Steuerung der PC-Hardware unmittelbar nach dem Einschalten übernehmen soll. Im Gegensatz zum bisherigen monolithischen BIOS wird hierbei die Schnittstelle **EFI** (**E**xtensible **F**irmware **I**nterface) zwischen der Hardware mit ihren implementierten Firmwareelementen und dem zu installierenden Betriebssystem zur Verfügung gestellt. EFI basiert auf modularen Treibern, die systemunabhängig sind und sich auch schon vor dem Betriebssystem bedarfsorientiert laden lassen.

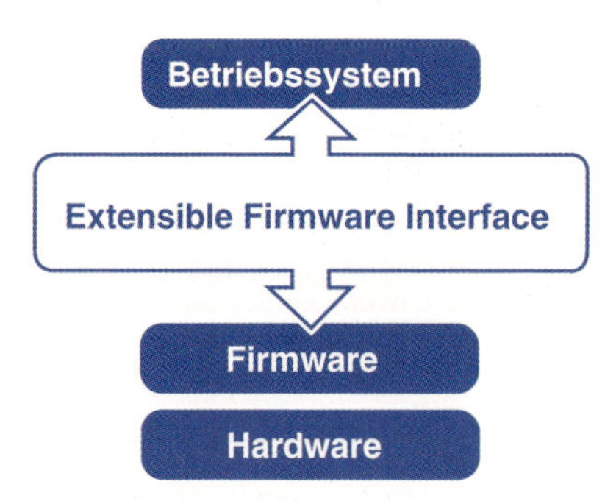

Bild 3.10a: Extensible Firmware Interface

Zur Weiterentwicklung von EFI wurde das **Unified EFI Forum** gegründet, in dem neben Intel auch weitere PC- und BIOS-Hersteller tätig sind (z.B. AMD, Microsoft, Apple). Die von diesem Gremium weiterentwickelte Schnittstelle wird mit **UEFI** (**U**nified **E**xtensible **F**irmware **I**nterface: Vereinheitlichte erweiterbare Firmware-Schnittstelle) bezeichnet. UEFI weist insbesondere die folgenden Merkmale auf:

- Ist 64-bit-tauglich, modular erweiterbar und netzwerkfähig
- Unterstützt hochauflösende Grafikkarten und stellt eine grafische Benutzeroberfläche zur Verfügung
- Ist kompatibel zu aktuellen BIOS-Versionen; BIOS-Emulation durch das **C**ompatibility **S**upport **M**odule (**CSM**); erforderlich, da nicht alle Betriebssysteme UEFI-fähig sind
- Bietet eine Auswahlmöglichkeit zwischen verschiedenen installierten Betriebssystemen, d.h. ein vorgeschalteter Bootloader ist nicht mehr erforderlich
- Kann im sogenannten **Sandbox-Modus** betrieben werden, d.h. Software kann vom Rest des Systems komplett abgeschirmt werden („virtuelle Umgebung“), um ggf. Schaden zu verhindern
- Kann auch Festplatten mit mehr als 2 Terabyte booten

UEFI wird ab Windows-Vista (mit Service Pack1) nur in den 64-Bit-Varianten der x86-Versionen unterstützt, darüber hinaus von Windows 7 und Windows Server 2008.

3.2 Organisation externer Datenträger

Um auf einem Festplatten- oder Diskettenlaufwerk Daten speichern zu können, müssen die darin verwendeten magnetischen Speichermedien zunächst vorbereitet werden. Diese Vorbereitung besteht darin, auf dem Speichermedium Strukturen zu schaffen, die es dem Betriebssystem ermöglichen, Daten auf den Träger zu schreiben, sie zu verwalten und sie auch schnellstmöglich wieder zu lesen. Das Erzeugen solcher Strukturen wird als **Formatieren** bezeichnet. Der Formatierungsvorgang erfordert grundsätzlich mehrere Schritte.

3.2.1 Festplattenformatierung

Bei Festplatten umfasst die erforderliche Strukturierung grundsätzlich die folgenden drei Schritte:

Formatierungsschritte

1. Low-Level-Formatierung
2. Erzeugung einer oder mehrerer Partitionen
3. Logische Formatierung der Partitionen

3.2.1.1 Low-Level-Formatierung

Die Low-Level-Formatierung erfolgt entweder werksseitig durch den Hersteller oder bei Bedarf nach Einbau der Festplatte durch den Anwender mit einem speziellen Low-Level-Formatierungsprogramm oder mithilfe ggf. vorhandener BIOS-Routinen (ROM-BIOS der Festplatte; aufrufbar mit dem Debug-Befehl). Hierbei wird auf der Plattenoberfläche eine Struktur aus **logischen Spuren** (Tracks) und **Sektoren** (Sectors) erzeugt. Die Anzahl der Spuren und Sektoren hängt von dem physikalischen Aufbau der Platte ab.

Zylinder
Sektoren

Unter einer Spur versteht man einen schmalen ringförmigen Streifen, auf dem später die Speicherung von Daten erfolgt. Die Spuren werden auf jeder Plattenseite – jeweils mit der Spur Null beginnend – durchnummeriert. Die Spur Null befindet sich immer am äußeren Rand der Platten, die Spuren mit der höchsten Nummer liegen der Drehachse jeweils am nächsten. Die Spuren der Plattenseiten mit jeweils der gleichen Spurnummer gehören zu einem sogenannten **Zylinder**. Zum Zylinder Null gehören demzufolge die Spuren Null auf den Ober- und Unterseiten aller vorhandenen Platten.

Spuren und Sektoren

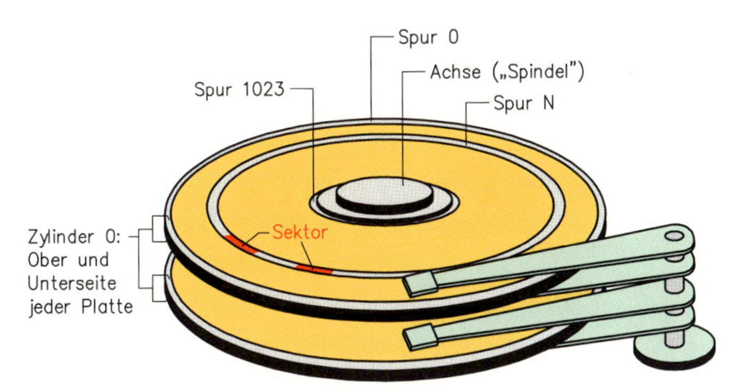

Bild 3.11: Low-Level-Formatierung einer Festplatte

Jede angelegte Spur ist in Abschnitte – die sogenannten **Sektoren** – unterteilt, in denen später die Daten gespeichert werden. Die Daten werden von den Schreib-Lese-Köpfen (siehe Kap. 1.5) geschrieben und gelesen.

■ Bei der **Low-Level-Formatierung** werden auf der Plattenoberfläche logische Spuren und Sektoren angelegt. Ein Sektor ist die kleinste mögliche Speichereinheit auf der Festplatte.

Cluster

Die Speicherkapazität eines Sektors stellt immer eine Zweierpotenz dar und beträgt in der Regel 512 Byte. Ein oder mehrere Sektoren werden zu sogenannten **Clustern** zusammengefasst.

Ein **Cluster** ist der kleinste Speicherbereich, der von einem Dateisystem genutzt werden kann.

Die Clustergröße hängt von der Größe der Partition ab, in Abhängigkeit vom verwendeten Dateisystem ergeben sich hierbei Grenzwerte, die nicht überschritten werden können.

SATA- und PATA-Festplatten werden grundsätzlich Low-Level-formatiert ausgeliefert und sollten nachträglich nur mit speziellen herstellerspezifischen Dienstprogrammen behandelt werden, die sämtliche Parameter der Festplatte berücksichtigen. SCSI-Festplatten sollten stets dann Low-Level-formatiert werden, wenn man einen neuen Controller einsetzt. Der Grund hierfür besteht darin, dass die Art der Verwaltung von Festplatten bei Controllern unterschiedlich sein kann.

Auf Festplatten, die mit einer konstanten Winkelgeschwindigkeit drehen und bei denen jede Spur dieselbe Anzahl von Sektoren aufweist, liegt auf den äußeren Spuren eine geringere Datendichte vor als auf den Spuren in der Nähe der Drehachse. Bei einer solchen Einteilung ist es möglich, eine konstante Datenmenge pro Zeiteinheit zu lesen oder zu speichern, selbst wenn die Geschwindigkeit, mit der sich die Oberfläche unter dem Schreib-Lese-Kopf bewegt, nach außen hin zunimmt.

Multiple Zone Recording

Um den Speicherplatz in den außen gelegenen Spuren optimaler zu nutzen, verwenden moderne Datenträger das **MZR-Verfahren** (MZR: **M**ultiple **Z**one **R**ecording). Bei diesem Verfahren vergrößert sich die Zahl der Sektoren, je weiter die entsprechende Spur von der Drehachse entfernt ist. Um dem Betriebssystem weiterhin den Eindruck einer konstanten Zahl von Sektoren pro Spur zu vermitteln, verändert die Festplattenelektronik die Drehgeschwindigkeit in Abhängigkeit von der jeweiligen Spurlage. Die logische Formatierung einer MZR-Festplatte erfolgt wie die einer herkömmlichen Platte, die Steuerung übernimmt die Hardware der Platte.

Physikalische Datenträgergeometrie

Die Einteilung der Festplatte, d.h. die Anzahl und Lage der Spuren und Zylinder auf einem Datenträger, die Anzahl der Köpfe pro Zylinder und die Anzahl der Sektoren pro Spur bezeichnet man als **physikalische Datenträgergeometrie**.

Sektorerkennung

Damit der Beginn eines Sektors eindeutig erkannt wird, ist eine entsprechende Identifikationsinformation für jeden Sektor erforderlich. Die Informationen zur Sektorerkennung können in einem Bereich unmittelbar vor dem Datenbereich im jeweiligen Sektor gespeichert sein (Sektorheader). Moderne Datenträger reservieren allerdings die komplette Seite einer Platte für die Aufzeichnung von Positionsinformationen und ergänzen diese mit Informationen zur Fehlerkorrektur. Diese Daten werden während der Low-Level-Formatierung auf den Datenträger geschrieben und später vom Festplattencontroller ausgewertet. Sie dienen dem Controller dazu, die Position der Köpfe zu steuern, wenn diese sich zu einer anderen Stelle auf dem Datenträger bewegen müssen. Für das Betriebssystem sind diese Informationen nicht verfügbar. Die Plattenseite mit den Controllerinformationen steht für die Aufzeichnung von Daten nicht mehr zur Verfügung. Bei einer Festplatte, die beispielsweise aus zwei Einzelplatten aufgebaut ist, stehen demnach noch drei Seiten für die Datenspeicherung zur Verfügung.

3.2.1.2 Partitionierung

In einem zweiten Schritt müssen auf einer Festplatte eine oder mehrere Partitionen erzeugt werden.

Partition

■ Eine **Partition** ist ein logisch selbstständiger Teil einer Festplatte, der wie eine physikalisch separate Einheit funktioniert und sich durch ein Dateisystem (siehe Kap. 3.2.4) nutzen lässt.

Bei den von älteren Windows-Betriebssystemen unterstützten Dateisystemen muss eine Partition vollständig auf einem einzigen physikalischen Datenträger untergebracht sein, kann sich also nicht über zwei vorhandene Festplattenlaufwerke erstrecken. Die erste Partition auf einer Festplatte beginnt immer an der Außenseite bei Zylinder 0, Kopf 0 und Sektor 1. Da die Partitionen stets ganze Zylinder umfassen, besteht die kleinste erzeugbare Partition auf einer Festplatte aus allen Spuren eines einzelnen Zylinders.

Primäre und erweiterte Partition

Man unterscheidet grundsätzlich zwischen **primären Partitionen** (Primary Partition) und **erweiterten Partitionen** (Extended Partition). In einer primären Partition kann man die Dateien für das Laden eines Betriebssystems unterbringen, der PC kann dann von der primären Partition gebootet werden. Einer primären Partition wird unter Windows-Betriebssystemen ein Laufwerksbuchstabe (z.B. **C:**) zugeordnet. Die primäre Partition, von der gebootet wird, nennt man auch **aktive Partition** oder **Systempartition**. Da man auf einer Festplatte bis zu vier Partitionen erzeugen kann (siehe Kap. 3.2.2), lassen sich auch mehrere primäre Partitionen erzeugen, die verschiedene Betriebssysteme enthalten (z.B. Windows XP und Linux). Allerdings kann es in einem Computer mit einem x86-Prozessor nur eine einzige aktive Partition geben. Der PC kann dann mit dem Betriebssystem in derjenigen primären Partition gebootet werden, die als „aktive Partition" eingestellt ist.

Systempartition

■ Unter der **Systempartition** bzw. **aktiven Partition** versteht man diejenige primäre Partition, von welcher der PC gebootet wird.

Logische Laufwerke

Eine **erweiterte Partition** ist ein logischer Bereich, von dem aus ein Booten nicht möglich ist. Auf einer Festplatte kann es nur eine einzige erweiterte Partition geben. Sie unterscheidet sich allerdings von einer primären Partition dadurch, dass eine weitere Unterteilung in sogenannte **logische Laufwerke** möglich ist. Jedem dieser logischen Laufwerke wird dann ein Laufwerksbuchstabe zugeordnet (z.B. **E:**, **F:**, **G:**), d.h. einer erweiterten Partition kann ein oder mehrere Laufwerksbuchstaben zugeordnet werden. Die Anzahl der logischen

Laufwerke wird in der Praxis lediglich durch die Anzahl der zur Verfügung stehenden Buchstaben („Lastdrive = Z") begrenzt. Auf diese Weise ist es möglich, die Begrenzung auf vier Partitionen zu umgehen und die Festplatte in mehr als vier logische Bereiche zu konfigurieren. Ist ein PC Teil eines LANs (Local Area Network, siehe Vernetzte IT-Systeme), so kann er auch auf Laufwerke zugreifen, die sich in anderen Computern befinden, sofern er vom Netz-Administrator entsprechende Zugriffsrechte bekommen hat. Diese Netzlaufwerke werden ebenfalls mit Laufwerksbuchstaben gekennzeichnet.

Das Partitionieren erfolgt entweder mit einem entsprechenden Tool (Partitionsprogramm, Festplattenmanager) oder mit dem MS-DOS-Betriebssystembefehl **FDISK**. Ist mehr als eine primäre Partition vorhanden, kann hiermit auch die „aktive Partition" eingestellt werden.

Waren in der Vergangenheit insbesondere unter Windows lediglich Partitionen verwaltbar, die sich auf einem einzigen physischen Datenträger befanden, so lassen sich unter Windows inzwischen Festplatten auch als dynamische Datenträger verwalten.

Der Begriff **dynamischer Datenträger** bezeichnet unter Windows eine neue flexible Verwaltungsstruktur für Festplattenspeicher.

Merkmale der dynamischen Datenträgerverwaltung

Merkmale der dynamischen Datenträgerverwaltung sind:

- Überwindung der „klassischen" Einteilung einer Festplatte in primäre und erweiterte Partitionen, hier **Basisdatenträger** genannt
- Einrichten von logischen Laufwerken, hier **Volumes** genannt

Hierbei sind verschiedene Volume-Typen möglich:

Volume-Typ	Merkmale
Einfaches Volume	Entspricht einer klassischen Partition auf einem Basisdatenträger
Übergreifendes Volume	Zusammenfassung von Speicherplatz, der sich auf mehreren Festplatten verteilt befindet, zu einer logischen Einheit mit einer einzigen Laufwerksbezeichnung, wobei auch eine nachträgliche Kapazitätsveränderung möglich ist; keine RAID-Funktion
Stripeset	Zusammenfassung mehrerer dynamischer Datenträger, entspricht RAID 0; keine nachträgliche Kapazitätsänderung möglich

Anders als bei der klassischen Partitionierung wird bei der dynamischen Datenträgerverwaltung die Information über logische Laufwerke nicht in der Partitionstabelle einer Festplatte gespeichert (siehe Kap. 3.2.2). Stattdessen hinterlegt das System die Informationen über die eingerichteten Volumes am Ende der Festplatte in Form einer Datenbank. Eine Partitionstabelle wird dennoch angelegt, damit andere Betriebssysteme die Platte nicht als unpartitioniert einstufen.

3.2.1.3 Logische Formatierung

Um eine Partition, ein logisches Laufwerk oder ein Volume durch ein Dateisystem nutzen zu können, muss als Letztes noch eine **logische Formatierung** durchgeführt werden. Bei der logischen Formatierung werden die von einem Dateisystem zur Verwaltung benötigten Strukturen bzw. Dateien auf der Festplatte erzeugt. Hierzu gehören:

Verwaltungsdaten

- Die Boot-Datei
- Informationen über den zur Verfügung stehenden Speicherbereich
- Anlegen eines Wurzelverzeichnisses (Stammverzeichnis)
- Informationen über vorhandenen, genutzten und ungenutzten Speicherplatz, Verzeichnisse usw.
- Information über beschädigte Bereiche auf der Festplatte

Die Art und Weise, wie diese logische Formatierung durchgeführt wird, hängt vom verwendeten Dateisystem ab. Die meisten Betriebssysteme unterstützen mehrere Dateisysteme.

3.2.2 Master Boot Record

Beim ersten Anlegen einer (klassischen) Partition erzeugt das jeweils eingesetzte Programm auf einer Festplatte stets den sogenannten **Master Boot Record** (MBR) und eine **BOOT-Datei**. Bei PCs mit x86-Prozessoren muss sich der Master Boot Record immer in Sektor 1 der Spur 0 auf der ersten Platte befinden. Der Master Boot Record ist im Allgemeinen unabhängig von einem Betriebssystem, während die Boot-Datei vom Betriebssystem und vom verwendeten Dateisystem abhängt.

Partitionstabelle

Der Master Boot Record enthält die **Partitionstabelle** und einen **ausführbaren Code**. Die Partitionstabelle besteht grundsätzlich aus einer 64 Byte umfassenden tabellarischen Datenstruktur. Jeder Eintrag ist 16 Byte lang, sodass maximal vier Einträge und damit vier Partitionen möglich sind. Die Einträge sind in sogenannte **Felder** aufgeteilt, deren Bedeutungen jeweils genau spezifiziert sind. Für jede Partition existieren die gleichen Felder, die Inhalte beschreiben die Eigenschaften der entsprechenden Partition. Sind weniger als vier Partitionen vorhanden, stehen in den zugehörenden Feldern Nullwerte. Bei Veränderungen auf den Datenträgern (z. B. Erstellen, Löschen oder Formatieren von Datenträgern) wird die Partitionstabelle automatisch aktualisiert.

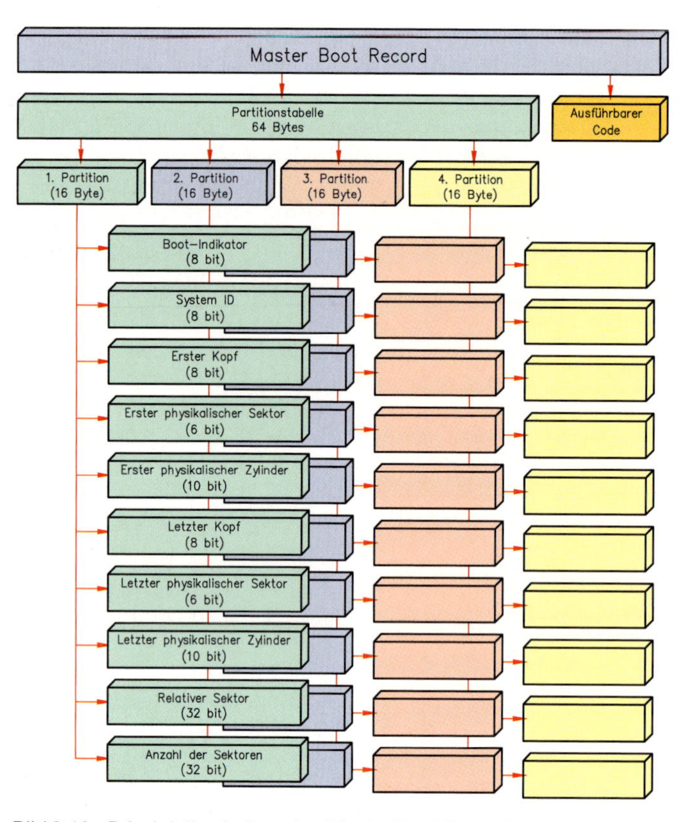

Bild 3.12: Prinzipieller Aufbau des Master Boot Records

Feldinhalte

Der **Boot-Indikator** gibt an, ob es sich bei mehreren vorhandenen Partitionen um eine aktive Partition handelt oder nicht. Bei x86-Prozessoren kann dieses Feld nur bei einer einzigen der ggf. vorhandenen Partitionen aktiviert sein. Durch Änderung der Einstellung dieses Feldes (z.B. Aktivierung mithilfe des immer noch vom Betriebssytem unterstützten DOS-Befehls FDISK) kann man festlegen, von welcher Partition der PC booten soll.

Das Feld **System ID** beschreibt das zur logischen Formatierung verwendete Dateisystem. Anhand der Informationen in diesem Feld kann das Betriebssystem beispielsweise bestimmen, welche Dateien beim Start zu laden sind.

Die Felder für den **ersten und letzten Schreib-/Lese-Kopf**, den **ersten und letzten Sektor pro Spur** und den **ersten und letzten Zylinder** sind wichtig für den Startvorgang des Computers. Der ausführbare Code im Master Boot Record verwendet die hier enthaltenen Informationen, um die Boot-Datei des Betriebssystems aufzusuchen, sie in den Arbeitsspeicher zu laden und die Partition zu verwalten.

Das Feld **relativer Sektor** kennzeichnet den ersten Sektor einer Partition. Hierbei werden die Sektoren vom Anfang der Festplatte bis zum ersten Sektor der entsprechenden Partition gezählt.

Das Feld **Anzahl der Sektoren** gibt die gesamte Zahl der Sektoren innerhalb einer Partition an.

Beim Starten des PCs wird normalerweise zunächst auf den ausführbaren Code des Master Boot Records zugegriffen. Dieser prüft die Partitionstabelle

und identifiziert die Systempartition. Anschließend wird der Anfang der Systempartition gesucht und von dort die Boot-Datei in den Arbeitsspeicher geladen. Um die vom Bios verwaltbare Festplattenkapazitäten zu vergrößern, kann der Startvorgang auch anders verlaufen.
Wird der MBR zum Beispiel durch Viren zerstört oder verändert, ist ein Starten von der Festplatte nicht mehr möglich. Da der ausführbare Code im MBR ausgeführt wird, bevor irgendein Betriebssystem gestartet ist, kann auch kein Betriebssystem eine Beschädigung des MBR erkennen oder reparieren. Hierzu sind dann spezielle Tools erforderlich, mit denen man den Inhalt des MBR anschauen, sichern und ggf. auch wiederherstellen kann.

3.2.3 Festplattenkapazität und Festplattenübersetzung

Da die Anzahl der Bits in allen Feldern festliegt, ergeben sich jeweils bestimmte Maximalwerte. Die Felder für den ersten und letzten Kopf sind jeweils 8 bit lang, sodass theoretisch maximal 256 Köpfe ansprechbar sind. Die Felder für den ersten und letzten Sektor weisen jeweils eine Länge von 6 bit auf, wodurch die Zahl der Sektoren pro Spur auf 64 begrenzt ist. Da man bei den Sektoren die Zuordnung „000000“ für Datenfelder nicht zugelassen hat, stehen maximal 63 Sektoren pro Spur zur Datenspeicherung zur Verfügung. Die Felder für den ersten und letzten Zylinder sind jeweils 10 bit lang, so dass die Anzahl der Zylinder hierdurch auf 1 024 beschränkt ist.
Festplatten werden in der Regel mit dem Industriestandard von 512 Byte pro Sektor Low-Level-vorformatiert. Hieraus ergibt sich die maximale Festplattenkapazität F_{max}, die sich durch diese Informationen in der Partitionstabelle beschreiben lässt, einerseits zu:

Maximale Festplattenkapazitäten

$$\begin{aligned} F_{max} &= \text{Sektorgröße} \times \text{Sektoren pro Spur} \times \text{Zylinder} \times \text{Köpfe} \\ &= 512\ \text{Byte} \times 63 \times 1\,024 \times 256 \\ &= 8\,455\,716\,864\ \text{Byte} \\ &= 7{,}875\ \text{GByte} \end{aligned}$$

Andererseits lassen sich in dem Feld „Anzahl der Sektoren“ 2^{32} Sektoren eintragen, was bei einer Sektorgröße von 512 Byte einer Speicherkapazität von

$$\begin{aligned} F_{max} &= 512\ \text{Byte} \times 2^{32} \\ &= 512\ \text{Byte} \times 4\,294\,967\,296 \\ &= 2\,199\,023\,255\,552\ \text{Byte} \\ &= 2\,048\ \text{GByte} \end{aligned}$$

entspricht.
Die Festplattenkapazität von 2 048 GByte (2 TByte) stellt den zurzeit theoretisch größten Wert dar, der sich allein durch die Nutzung der Informationen in der Partitionstabelle verwalten lässt. Abweichend vom Industriestandard mit 512 Byte großen Sektoren werden inzwischen auch Festplatten mit Sektorgrößen von 4 KByte angeboten.
Moderne Festplatten verwalten ihre wahre Geometrie, d.h. die tatsächliche Anzahl und die Anordnung der Köpfe, Zylinder und Sektoren, selbst über den eingebauten Festplattencontroller. Diese Struktur kann dem PC, der diese Festplatte nutzt, in unterschiedlicher Weise mitgeteilt werden.

Im **CHS-Modus** werden Zylinder (Cylinder), Köpfe (Head) und Sektoren (Sector) so angegeben, wie sie physikalisch vorhanden sind.

Verfügte beispielsweise eine Festplatte physikalisch über 2048 Zylinder, 16 Köpfe und 63 Sektoren, so lassen sich davon im CHS-Modus allerdings nur lediglich die ersten 1024 Zylinder nutzen, da die Zylinderzahl nur mit 10 bit in der Partitionstabelle gespeichert wird ($2^{10} = 1024$).

Übersetzung von Sektoradressen

Um auch größere Festplattenbereiche nutzen zu können, wurden zwei Verfahren entwickelt, die eine **Übersetzung** von Sektoradressen ermöglichen.

Unter einer **Übersetzung von Sektoradressen** versteht man die Umwandlung der vorhandenen physikalischen Datenträgergeometrie in eine logische Konfiguration, die vom System-BIOS und vom Betriebssystem unterstützt wird.

XCHS-Modus

Beim **XCHS-Modus** (E**x**tended-**CHS**) machte man sich zunutze, dass das BIOS über die Partitionstabelle theoretisch bis zu $2^8 = 256$ Köpfe ansprechen kann. Durch eine entsprechende Umrechnung dieses Wertes konnte man die Anzahl der Zylinder scheinbar um den Faktor 16 heraufsetzen und damit die ansprechbare Festplattenkapazität auf 7,8 GByte festlegen. Dieser Modus konnte am BIOS-Eintrag LARGE oder BIG erkannt werden.
Heute werden Festplatten im sogenannten **LBA-Modus** (LBA = **L**ogical **B**lock **A**dressing) verwaltet. Hierbei wurde zunächst eine 28-Bit-Adressierung verwendet, womit 2^{28} Sektoren mit jeweils 512 Byte ansprechbar sind, was einer Kapazität von 128 GByte entsprach (EIDE bzw. ATA-Standard).

Im **LBA-Modus** wird die physikalisch vorhandene Datenträgergeometrie vom Festplattencontroller so in eine logische Konfiguration umgewandelt, dass die maximalen Parameterwerte des System-BIOS nicht überschritten werden.

Falls jedoch die Parameter für die Einrichtung des Datenträgers verloren gingen, bestand kein Zugriff mehr auf den Datenträger. Dieser Fall konnte eintreten, wenn der CMOS-Speicher zerstört oder modifiziert wurde.

Verwaltung großer Plattenkapazitäten

Bekanntlich weisen aktuelle Festplatten wesentlich größere Kapazitäten auf als 128 GByte. Die Verwaltung von Kapazitäten größer als 128 GByte werden durch eine Erweiterung des ATA-Adressstandards von 28 bit auf 48 bit pro Sektor realisiert, wodurch 2^{48} Sektoren mit je 512 Byte adressierbar sind. Diese erweiterte Adressierung lässt sich rein softwaremäßig im BIOS beziehungsweise im Betriebssystem implementieren, wobei neue ATA-Befehle der Festplatte dann die neue Adressierungsart signalisieren. Die hierzu erforderlichen Treiber beschreiben dabei zwei mal hintereinander die erweiterten Adressregister der Festplatte. Aktuelle PATA- und SATA-Platten unterstützen in der Regel diese neue Adressierungsart.

Diskmanager

Zur Verwaltung großer Festplatten können auch sogenannte **Diskmanager** eingesetzt werden. Hierbei handelt es sich um eine Software, die sich in den MBR der Festplatte einschreibt. Beim Bootvorgang kommt diese Software noch vor dem eigentlichen Betriebssystem zum Zuge, indem sie sich in den Arbeitsspeicher installiert und die BIOS-Routinen zum Ansprechen der Festplatte ersetzt.

3.2.4 Dateisysteme

Unter dem Begriff Dateisystem (File System) versteht man die Gesamtstruktur, auf deren Grundlage Dateien benannt, gespeichert und organisiert werden.

Aufbau eines Dateisystems

Ein Dateisystem besteht aus Dateien, Verzeichnissen sowie den für die Lokalisierung bzw. den Zugriff auf diese Elemente erforderlichen Informationen. In der Praxis werden unterschiedliche Dateisysteme verwendet.

FAT 16

File Allocation Table

Das Dateisystem **FAT** basiert auf der sogenannten **Dateizuordnungstabelle** (**F**ile **A**llocation **T**able, FAT), die sich auf dem Datenträger stets direkt hinter dem Bootsektor der Partition befindet. Hierbei handelt es sich um eine Tabelle bzw. Liste zum Verwalten von Speicherplatz, die für die Speicherung von Dateien verwendet wird. Die Verwaltung und damit die Speicherung erfolgt clusterweise (siehe Kap. 3.2.1), die Anzahl der Cluster beträgt aufgrund der 16-Bit-Adressierung maximal 65 536. Aus diesem Grund wird dieses Dateisystem auch FAT 16 genannt. Die Clustergröße hängt von der Größe der Partition ab:

Partitions- und Clustergrößen bei FAT 16

Partitionsgröße	Sektoren pro Cluster	Clustergröße
Bis 32 MByte	1	512 Byte
Bis 64 MByte	2	1 KByte
Bis 128 MByte	4	2 KByte
Bis 256 MByte	8	4 KByte
Bis 512 MByte	16	8 KByte
Bis 1 024 MByte	32	16 KByte
Bis 2 048 MByte	64	32 KByte

Bild 3.13: Abhängigkeit zwischen Cluster- und Partitionsgrößen bei FAT

Die maximale Clustergröße beträgt 64 KByte. Bei Datenträgern größer als 4 GByte kann man das FAT-16-Dateisystem allerdings nicht mehr verwenden. Ein FAT-formatierter Datenträger hat prinzipiell folgende Struktur:

Datenträgerorganisation

Bild 3.14: Prinzipielle Organisation eines FAT-Datenträgers

Für jeden Cluster stehen in der Dateizuordnungstabelle (FAT) folgende Informationstypen zur Verfügung:

- Cluster nicht verwendet
- Cluster von einer Datei verwendet
- Cluster fehlerhaft
- Letzter Cluster einer Datei

Stammverzeichnis

Das Stammverzeichnis (Stammordner) enthält einen Eintrag für jede vorhandene Datei und jedes Unterverzeichnis (Ordner). Es befindet sich stets an einer bestimmten Stelle auf der Festplatte und kann maximal 512 Einträge aufweisen. Die Einträge haben jeweils eine Größe von 32 Byte, wodurch u.a. folgende Informationen gespeichert werden:

- Name (der Datei oder des Unterverzeichnisses; 8 + 3-Format)
- Attribut-Byte (Attribute: Archiv, System, versteckt, schreibgeschützt)
- Erstellungszeit (24 bit)
- Erstelldatum (16 bit)
- Datum des letzten Zugriffs (16 bit)
- Uhrzeit der letzten Änderung (16 bit)
- Datum der letzten Änderung (16 bit)
- Erste Clusternummer in der Dateizuordnungstabelle (16 bit)
- Dateigröße (32 bit)

Die Speicherung von Dateien erfolgt nicht nach einem bestimmten Ordnungsprinzip, vielmehr erhalten sie jeweils den ersten freien Platz auf dem Datenträger zugewiesen.

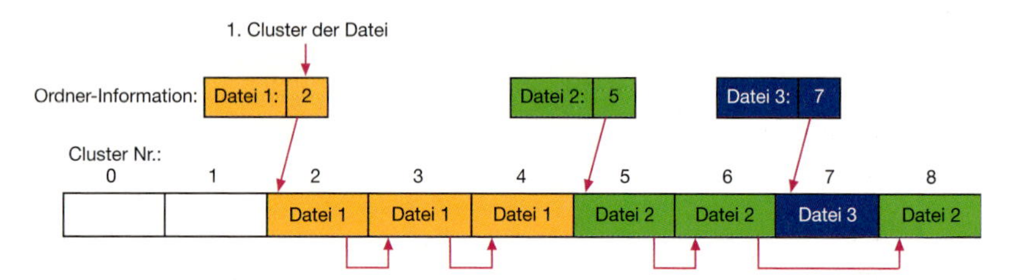

Bild 3.15: Mögliche Clusterbelegung von Dateien

Die erste Clusternummer ist hierbei die Adresse des ersten durch die Datei belegten Clusters. Sie wird im entsprechenden Verzeichnis abgelegt (bei Datei 1: Cluster 2). Ist die Datei kleiner als die Clustergröße vorgibt, wird trotzdem der gesamte Cluster belegt, wodurch unter Umständen Speicherplatz vergeudet wird. Ist die Datei größer als ein Cluster, so wird ihr eine entsprechende Anzahl von Clustern zugewiesen. Der erste Cluster erhält einen Zeiger auf den nächsten Cluster, der von dieser Datei belegt ist. Der letzte von einer Datei belegte Cluster enthält die Information, dass es sich um den letzten Cluster handelt. Die von einer Datei belegten Cluster sind unter Umständen nicht aneinander gereiht, sondern auf dem Speichermedium verteilt – die Datei ist fragmentiert (Datei 2). Durch die Fragmentierung entstehen Zeitverzögerungen beim Lesen, da der Schreib-Lese-Kopf an unterschiedlichen Stellen positioniert werden muss. Bei der Verwendung von Clustern mit mehr als einem Sektor verringert sich zwar die Wahrscheinlichkeit einer Fragmentierung, allerdings vergrößert sich die Wahrscheinlichkeit von ungenutztem Platz in den Clustern.

Fragmentierung

Das FAT-Dateisystem wird von fast allen Betriebssystemen unterstützt. Es dient vor allem als gemeinsame Plattform bei mobilen Datenträgern (z.B. USB-Stick).

VFAT

Die Abkürzung VFAT steht für **V**irtual **F**ile **A**llocation **T**able. VFAT wird ab Windows 95 unterstützt. Ein wesentlicher Unterschied zu FAT 16 besteht darin, dass lange Dateinamen unterstützt werden.

FAT 32

FAT 32 ist ein Dateisystem, welches mit dem OEM-Release von Windows 95 (Windows 97) eingeführt wurde. Zur Adressierung benutzt es einen 32-Bit-Code und kann damit theoretisch Datenträger bis zu einer Größe von 2 TByte ansprechen. Allerdings ist es weder zu FAT 16 noch zu anderen Dateisystemen (z. B. NTFS) kompatibel.

Partitions- und Clustergrößen bei FAT 32

Partitionsgröße	Sektoren pro Cluster	Clustergröße
512 MByte bis 1 GByte	1	4 KByte
Bis 2 GByte	2	4 KByte
Bis 4 GByte	4	4 KByte
Bis 8 GByte	8	4 KByte
Bis 16 GByte	16	8 KByte
Bis 32 GByte	32	16 KByte
> 32 GByte	64	32 KByte

Bild 3.16: Abhängigkeit zwischen Cluster- und Partitionsgrößen bei FAT 32

FAT 32 wird bei mobilen Datenträgern als Austauschplattform eingesetzt, deren Speicherkapazität größer als 4 GByte ist.

NTFS

Das Dateisystem NTFS wird ab Windows NT verwendet, die Abkürzung **NTFS** steht für **N**ew **T**echnology **F**ile **S**ystem. Ebenso wie beim FAT-Dateisystem erfolgt die Zuweisung von Speicherplatz clusterweise. Die Adressierung erfolgt mit 64-Bit-Adressen. Die standardmäßige Clustergröße hängt von der Größe des Datenträgers ab:

Partitions- und Clustergrößen bei NTFS

Partitionsgröße	Sektoren pro Cluster	Clustergröße
Bis 512 MByte	1	512 Byte
Bis 1 GByte	2	1 KByte
Bis 2 GByte	4	2 KByte
Bis 4 GByte	8	4 KByte
Bis 8 GByte	16	8 KByte
Bis 16 GByte	32	16 KByte
Bis 32 GByte	64	32 KByte
> 32 GByte	128	64 KByte

Bild 3.17: Abhängigkeit zwischen Cluster- und Partitionsgrößen bei NTFS

Bei der Datenträgerverwaltung werden nach der Installation nicht die Felder für den ersten und letzten Kopf, Sektor und Zylinder in der Partitionstabelle verwendet, sondern die Felder für relative Sektoren und Anzahl der Sektoren.

Bild 3.18: Prinzipielle Organisation eines NTFS-Datenträgers

Organisation NTFS-Datenträger

Beim Formatieren eines Datenträgers mit dem NTFS-Dateisystem wird die **Master-Dateitabelle** (**M**aster **F**ile **T**able, MFT) angelegt. Sie enthält Informationen über alle Dateien und Verzeichnisse auf dem Datenträger. Die **Systemdateien** beinhalten sämtliche Informationen, die zur Einrichtung des NTFS-Dateisystems und dessen Verwaltung erforderlich sind. Hierzu gehören u.a. das Stammverzeichnis, die Zuordnungseinheiten, die Orte beschädigter Cluster, die Dateiattribute und Informationen zur Wiederherstellung beschädigter Dateien (Logdatei). Die genannten Bereiche können mehrere Megabyte an Speicherplatz umfassen.

NTFS-Dateinamen

Unter NTFS sind lange Dateinamen mit bis zu 256 Zeichen möglich. NTFS beinhaltet eine Wiederherstellungsmethode – Cluster-Neuzuordnung (engl. Cluster Remapping) genannt –, die es ermöglicht, Fehler zu beseitigen. Wird dem Dateisystem ein Fehler infolge eines beschädigten Sektors gemeldet, ersetzt NTFS dynamisch den Cluster mit dem beschädigten Sektor und weist den Daten einen neuen Cluster zu. Die Adresse des beschädigten Clusters wird registriert, sodass der fehlerhafte Sektor nicht wiederverwendet wird. Darüber hinaus bietet NTFS gegenüber FAT eine verbesserte Sicherheit und größeren Datenschutz bei der Einrichtung mehrerer lokaler Benutzer (Verschlüsselung und Zugriffsschutz auf Verzeichnisse).

Weitere Dateisysteme sind:

Dateisysteme	Merkmale
ext2 ext3 ext4	second (third, fourth) **ext**ended file system Dateisysteme für Linux mit jeweils verbesserten bzw. erweiterten Eigenschaften; jeweils vollständig abwärtskompatibel; Verwendung bei Festplatten
HPFS	**H**igh **P**erformance **F**ile **S**ystem Von IBM entwickeltes Dateisystem für Festplatten für das Betriebssystem OS/2.
ISO 9660	Dateisystem für CD-ROM-Medien, als Standard von der ISO (**I**nternational **S**tandardization **O**rganisation) entwickelt, um Daten unterschiedlicher Betriebssysteme über CD austauschen zu können. Spezifikationen: **Level 1**: Dateinamen im 8.3-Format; maximale Dateigröße bis 2 GByte verwaltbar; universelles Austauschformat **Level 2**: Dateinamen mit bis zu 31 Zeichen möglich **Level 3**: Dateien können auch fragmentiert gespeichert werden; Packet-Writing ist möglich, d. h. ein wiederbeschreibbares DVD-Medium ist wie eine Wechselfestplatte bzw. ein USB-Stick verwendbar
Joliet	Dateisystem von Microsoft für CD-ROMs basiert auf ISO 9660-Standard; Dateinamen mit bis zu 64 Zeichen möglich
UDF	**U**niversal **D**isk **F**ormat (ISO-Norm 13346) Von der Optical Storage Association (OSTA) entwickeltes, plattformunabhängiges Dateisystem insbesondere für DVDs, welches zukünftig das ISO 9660-Format ablösen soll. Dateinamen mit bis zu 255 Zeichen möglich; Unterscheidung von Groß- und Kleinschreibung; beinhaltet Optimierungen für das Beschreiben von DVD-R/DVD-RW und DVD-RAM

Bild 3.19: Datei- und Betriebssysteme

Bei der Wahl eines bestimmten Dateisystems sind verschiedene Faktoren von Bedeutung:

- FAT 16 wird von den meisten Betriebssystemen unterstützt, dient meist aber nur als Austauschformat.
- Bei Partitionsgrößen unter 2 GByte arbeitet FAT 16 aufgrund des geringeren Verwaltungsaufwandes schneller als FAT 32 (z. B. bei USB-Sticks).
- Eine Konvertierung von FAT nach NTFS ist problemlos möglich und wird vom Betriebssystem durchgeführt. Die Konvertierung von NTFS nach FAT ist nur mit entsprechenden Hilfsprogrammen möglich.
- FAT bietet keine Vergabe von Benutzerrechten, wie dies bei NTFS möglich ist.

3.2.5 Formatierung sonstiger Datenträger

Formatierungs-schritte

Ebenso wie Festplatten müssen auch andere Datenträger (z.B. USB-Speicherstick, CD/DVD) zunächst formatiert werden.

USB-Speichersticks sind in der Regel herstellerseits mit FAT16 oder FAT32 vorformatiert. Eine nachträgliche Formatierung ist dann erforderlich, wenn auf die gespeicherten Daten nicht mehr zugegriffen werden kann. Dieser Effekt tritt unter Umständen bei Windows auf, wenn man einen USB-Stick im laufenden Betrieb entfernt und die erforderliche Dateizuordnungstabelle auf dem Stick noch nicht abschließend aktualisiert wurde. Abhilfe schafft hier der „Umweg“ über das Taskleisten-Icon „Hardware sicher entfernen“. Eine Formatierung ist aber wesentlicher einfacher als bei Festplatten und kann mit einem vom Betriebssystem bereitgestellten Tool durchgeführt werden. Mit entsprechenden Formatierungsvorgaben kann ein solcher Speicherstick unter Umständen dann auch als Bootmedium verwendet werden.
Die Formatierung einer CD/DVD erfolgt in der Regel automatisch in Verbindung mit dem Beschreiben (Brennen) des Datenträgers.

3.3 Systemstart von Windows XP

Das Computer-BIOS hat während des Bootvorgangs die Liste der Laufwerke abgefragt, die im BIOS-Setup als startberechtigt angegeben sind. Das BIOS schaut also nach, ob das jeweilige Laufwerk einen Hinweis enthält, mit welchem Programm nun weitergearbeitet werden soll.

Bootmanager

Bei älteren Windows-Versionen wie Windows 98 zeigte dieser Bootsektor immer stur auf die Startdatei. Nachdem das BIOS also seine Arbeit erledigt hatte, wurden die DOS-Unterlage (COMMAND.COM) und die Windows-Startdatei (WIN.COM) geladen. Eine besondere Auswahlmöglichkeit stand bis dahin nur über externe Bootmanager zur Verfügung.

Im Gegensatz dazu richtet Windows XP den Bootsektor so ein, dass er auf den universellen XP-Bootloader verweist. Es wird also nicht sofort Windows XP gestartet, sondern zuerst ein Auswahlprogramm. Mithilfe des Bootmenüs kann gewählt werden, ob Windows XP, eine ältere Windows-Version oder auch Linux oder DOS gestartet werden sollen. Vorausgesetzt natürlich, die genannten Betriebssysteme sind auch tatsächlich installiert.

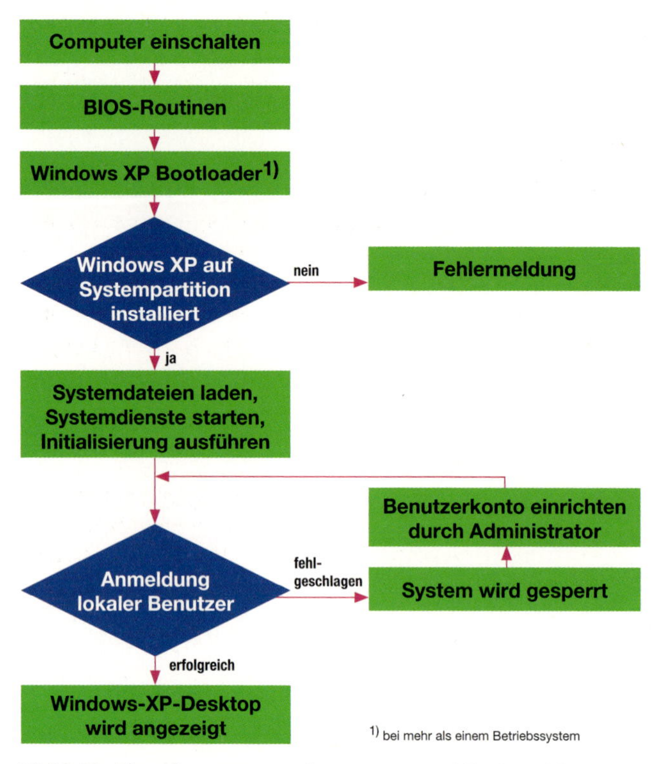

Bild 3.20: Flussdiagramm zum Systemstart von Windows XP

BOOT.INI

Die Datei BOOT.INI unter Windows XP hat ähnliche Funktionen wie die MS-DOS.SYS von Windows 98 SE. Man kann auch mit der BOOT.INI das Startverhalten beeinflussen. Beim Start von Windows XP wird u.a. die Datei NTDR geladen, die für den Bootvorgang von Windows XP verantwortlich ist. Der Rechner schaltet danach in den Protected Mode (Windows-Oberfäche) und lädt die Dateisystemtreiber. Windows XP kann nun auf die Festplatte zugreifen und die notwendigen Dateien laden und diese auswerten.

Boot Loader

Als erstes wird die Datei BOOT.INI geladen. Je nach deren Einstellungen stellt sie ein Bootmenü (timeout = 30 in der Option [boot loader]) zur Verfügung. Die Datei BOOT.INI von Windows XP kann folgendermaßen aussehen:

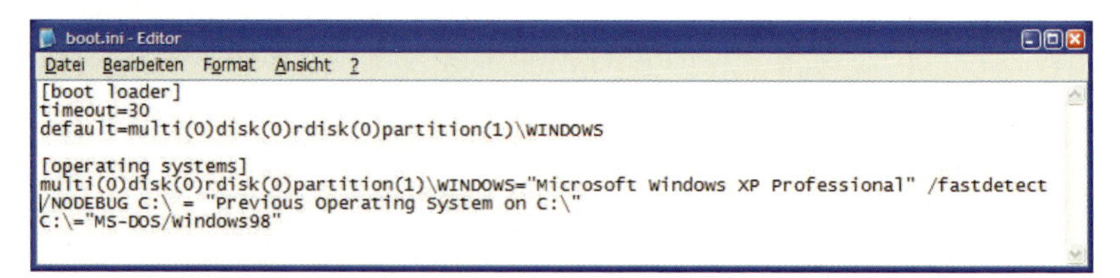
boot.ini - Editor

Datei Bearbeiten Format Ansicht ?

```
[boot loader]
timeout=30
default=multi(0)disk(0)rdisk(0)partition(1)\WINDOWS

[operating systems]
multi(0)disk(0)rdisk(0)partition(1)\WINDOWS="Microsoft Windows XP Professional" /fastdetect
/NODEBUG C:\ = "Previous Operating System on C:\"
C:\="MS-DOS/Windows98"
```

Bild 3.21: Beispiel für die Systemdatei BOOT.INI

Ist Windows XP als alleiniges Betriebssystem installiert, dann spart sich das Auswahlprogramm die Anzeige des Bootmenüs. In diesem Fall wird sofort mit Windows XP durchgestartet. Das Innenleben des Auswahlmenüs besteht im

Kern aus nur einer einzigen Textdatei: der versteckten Datei BOOT.INI. Diese regelt, welche Auswahlmöglichkeiten im Bootmenü angezeigt werden. Fehlt die Datei BOOT.INI, dann weiß der Bootmanager nicht, welche Betriebssysteme zur Auswahl stehen, geschweige denn, wo sie auf der Festplatte zu finden sind. In diesem Fall geht gar nichts mehr.

Zu den versteckten Einstellungen in der BOOT.INI-Systemdatei gehören:

/SAFEBOOT	Abgesicherter Modus. Hier werden nur die nötigsten Treiber und Dienste gestartet. Sozusagen der Reparaturmodus, falls Windows nicht mehr richtig startet.
/NOGUIBOOT	Wenn dieser Schalter gesetzt ist, wird nicht mehr der Grafiktreiber geladen, der notwendig ist, um den Bootvorgang grafisch darzustellen zu können. Dieser Treiber wird zur Anzeige des Bootvorgangs verwendet und um bei einem „Blue Screen" die Informationen auszudrucken.
/BOOTLOG	Während des Starts wird ein ausführliches Logbuch angelegt, in dem jeder einzelne Schritt beim Startvorgang mitprotokolliert wird. Bleibt Windows XP beim Start hängen, dann kann hier anschließend geprüft werden, an welcher Stelle das passiert ist und ggf. der Fehler behoben werden.
/BASEVIDEO	Windows XP verwendet nur den rudimentären Standard-Bildschirmtreiber. Die Funktion ist nützlich, wenn neue Bildschirmeinstellungen ausgewählt wurden, die auf Anhieb nicht richtig funktionieren. Meist bleibt dann der Bildschirm dunkel.
/SOS	Anstelle des Startbildschirms zeigt Windows XP alle Informationen über die Prozesse an, die es während des Startvorgangs gerade ausführt.
/MAXMEM	Künstliche Speicherbegrenzung. Dabei ist zu beachten, dass Windows XP bei zu wenig Arbeitsspeicher den Start verweigert.
/NUMPROC	Falls das System tatsächlich mehr als einen Prozessor besitzt, können hier alle zusätzlichen Prozessoren abgeschaltet werden. Was allerdings bei Windows XP Home überflüssig ist, weil Windows XP Home im Gegensatz zu XP Professional nur einen Prozessor nutzt.
/PCILOCK	XP versucht, keine eigenen Einstellungen zu ermitteln, sondern benutzt die Werte, die im BIOS voreingestellt sind.
/DEBUG	Sendet Informationen an einen externen Debugger, der über den seriellen Port mit dem Computer verbunden ist und sozusagen seinen Herzschlag abhört – auch dann, wenn wegen schwerer Fehler gar nichts mehr geht.

Sobald Windows XP seine Systemkomponenten geladen hat, erscheint der Willkommens-Bildschirm, mit dem sich der Benutzer anmelden kann. Auf ihm werden alle Benutzerkonten aufgelistet, die vom Administrator eingerichtet wurden. Ist das ausgewählte Benutzerkonto mit einem Kennwort gesichert, dann verlangt Windows XP nur, dass sich der User zuerst mit dem Kennwort ausweist.

Bild 3.22: Der Computeradministrator kann jederzeit neue Benutzerkonten anlegen.

Benutzerkonto

Beim Einrichten von Benutzerkonten sollten folgende Sicherheitsregeln beachtet werden:

- Anfangs sind alle Benutzerkonten ungesichert, also über keinerlei Kennwort geschützt. Weil in diesem Fall jeder Benutzer das Konto des anderen anklicken kann, sollten schleunigst alle Benutzerkonten mit Kennwörtern ausgerüstet werden.
- Anfangs sind alle Benutzerkonten supermächtig, nämlich vom Typ Administrator. Inhaber solcher Benutzerkonten können und dürfen alles, sich also auch über Sicherheitsbeschränkungen hinwegsetzen. Wer als Administrator eingetragen ist, sollte zügig alle übrigen Benutzerkonten degradieren und zu einfachen Benutzerkonten machen – bevor es ein anderer macht und damit dem Verwalter die Handlungsfreiheit raubt.
- Anfangs sind die persönlichen Daten der einzelnen Benutzerkonten nicht gesichert. Jeder Benutzer kann also auf die persönlichen Dokumente und Daten anderer Benutzer zugreifen, wenn er weiß, wo diese abgelegt sind. Der Administrator sollte auch hier schnellstens dafür sorgen, dass die persönlichen Datenbereiche geschützt werden und jeder nur noch auf seine eigenen Sachen zugreifen kann. Und zwar nicht nur aus Wahrung der Privatsphäre, sondern auch, weil so Computerunfälle und Virenattacken auf einzelne Computerkonten beschränkt bleiben.

Passwortwahl

Bei der Einrichtung seines Benutzerkontos sollte der Benutzer die folgenden sieben Tipps zur richtigen Wahl seines Kennwortes beherzigen:

1. Es sollten möglichst lange, aber einfach zu merkende Passwörter gewählt werden, die man nicht aufschreiben oder abspeichern muss. Sinnvoll ist es, die Anfangsbuchstaben eines Satzes zu verwenden. Aus dem vorigen Satz wird dann beispielsweise „SiedAeSzv". Sichere Passwörter bestehen aus mindestens 8 Zeichen – je mehr, desto besser.
2. Ein Passwort sollte immer eine Mischung aus Klein- und Großbuchstaben, Zahlen und Sonderzeichen sein. Ein Beispiel: „Gut8esP/ssw9rt".
   Wem diese Passwortwahl zu kompliziert erscheint, kann auch Schreibfehler in das Passwort einbauen wie z. B. in „Kooolroularrde".

3. Passwörter sollten nicht aus Wörtern oder Wortbestandteilen des allgemeinen Sprachgebrauchs bestehen. Als Kennwort gänzlich ungeeignet sind zum Beispiel „Home", „Computer", „Monitor", „Schatzi" und „Mausi".
4. Keinesfalls sollten in Passwörtern benutzerbezogene Daten verwendet werden. Passwörter wie „123456" oder auch „PMueller75" sind leicht zu erraten.
5. Ebenso sollten keine Passwörter benutzt werden, die aus dem Namen des Lebenspartners, der Kinder, des Haustiers oder der Automarke bestehen. Jeder, der den Benutzer kennt, könnte sonst nach einigem Herumprobieren an alle vertraulichen Daten gelangen. Das Gleiche gilt auch für Geburts- und Hochzeitstage.
6. Alle Passwörter sollten von Zeit zu Zeit geändert werden.
7. Auf keinen Fall sollte ein und dasselbe Kennwort für mehrere oder sogar alle durch Passwort geschützten Zugänge benutzt werden.

Alle Informationen über den Benutzer werden in einem Benutzerprofil gespeichert. Das Profil speichert aber nicht nur die persönlichen Daten, die im Ordner „Eigene Dateien" oder auf dem Desktop liegen, sondern auch alle persönlichen Einstellungen: also beispielsweise den Desktop-Hintergrund, besondere Sicherheitseinschränkungen sowie die Internet-Cookies und Favoriten. Diese Einstellungen können im Profil aber nur angezeigt werden, wenn im Explorer das Anzeigen versteckter Dateien erlaubt wurde. Versteckte Ordner und Dateien werden dort ein wenig heller dargestellt als andere.

NTUSER.DAT

NTUSER.DAT ist eine davon und recht groß. Dabei handelt es sich um den benutzerspezifischen Teil der Windows-Registry. Alle Dinge – Farben, Einstellungen, Programminformationen – die in den benutzerspezifischen Teil der Registry geladen werden, landen in dieser Datei und werden aktiv, sobald sich der Benutzer mit seinem Konto anmeldet.

3.4 Registry – Registrierungsdatenbank

Registry

Die Windows-Registrierungsdatenbank (Registry) dient als zentrale Sammelstelle für alle systemspezifischen Einstellungen. Die Registry speichert alle Informationen zur Hardware-Konfiguration, Konfigurationen von Programmen und Benutzereinstellungen zum Desktop und zum Startmenü.

Die Registry von Windows XP besteht aus sieben einzelnen Dateien, die standardmäßig unter c:\winnt\system32\config abgelegt sind:

- DEFAULT
- SAM
- SECURITY
- SOFTWARE
- SYSTEM
- NTUSER.DAT
- UsrClass.DAT

REGEDIT.EXE

In der Datei NTUSER.DAT sind insbesondere die benutzerspezifischen Einstellungen gespeichert. Beim Öffnen der Registry mit dem Editor (REGEDIT.EXE bzw. REGEDT32.EXE) zeigen sich die fünf Hauptschlüssel, die ihrerseits wieder mit zahlreichen Unterschlüsseln versehen sind.

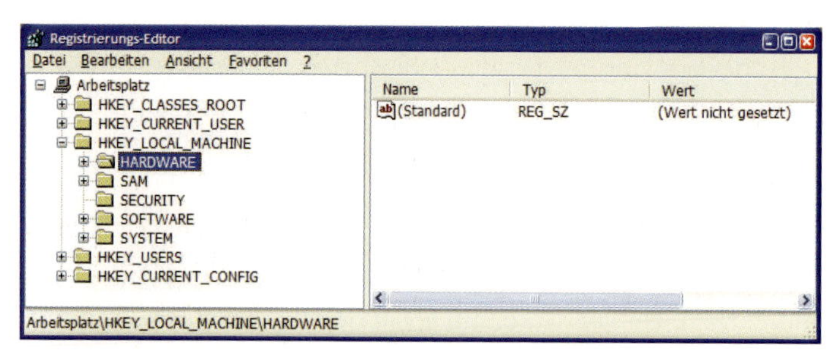

Bild 3.23: Baumstruktur der fünf Registrierungshauptschlüssel

HKEY = Hauptschlüssel

Die Daten der Registry sind hierarchisch in Form einer Baumstruktur organisiert, vergleichbar den Ordnern auf der Festplatte, nur dass man sie nicht als Ordner oder Verzeichnisse bezeichnet, sondern als Schlüssel. Die fünf Hauptschlüssel (HKEY) der Registry haben folgende Funktionen und Inhalte:

HKEY_CLASSES_ROOT

OLE = Object Linking and Embedding

Hier sind die Verknüpfungen zwischen Dateiarten und Anwendungen definiert, das heißt welches Programm mit welcher Endung gespeichert wird, sowie die Verhaltensweisen der Dateiextensionen. Das betrifft auch das Erscheinen und Verhalten von Dateitypen in Kontextmenüs und die Frage, mit welchem Icon der Dateityp angezeigt wird (OLE-Informationen). Dieser Hauptschlüssel ist eigentlich kein richtiger Schlüssel, sondern ein Verweis auf HKEY_LOKAL_MASCHINE\Software\Classes. Im Unterschlüssel CLISD sind OLE-Settings, Active-X-Abläufe usw. definiert. Immer wenn ein OLE-fähiges Programm installiert wird, kommt eine weitere CLSID (Class Identifier) dazu. Es handelt sich hierbei um kryptische Zeichenfolgen, die so aussehen können:

CLSID = Class Identifier

{2C63E4EB-4CEA-41B8-919C-E947EA19A77C}

Die CLSIDs enthalten noch etliche Unterschlüssel, in denen Angaben zum Pfad, zu den verwendeten DLLs, Icons, Objektnamen usw. festgelegt werden. Diese Registry-Einträge werden auch benötigt, um „Drag & Drop"-Operationen durchzuführen.

HKEY_CURRENT_USER

Dieser Hauptschlüssel beschreibt die Konfiguration des jeweils aktiven Anwenders und wird als Kopie der Einstellungen aus HKEY_USER übernommen. Wichtige Unterschlüssel sind hier z. B.:

- AppEvents (Systemklänge mit Soundschemas für Anwendungen)
- Control Panel (Farbschema, Powermanagement, Systemsteuerung, Screensaver usw.)
- Keyboard Layout (Tastatureinstellungen)
- RemoteAccess (Profile für Fernzugriff)
- Software (Konfiguration der Programme für den angemeldeten User)

HKEY_LOCAL_MACHINE

Dieser Hauptschlüssel enthält alle Informationen über die vorhandene Hardware und Software, alle Sicherheitseinstellungen und Benutzerrechte. Diese

Einträge gelten für das lokale System, unabhängig davon, welcher Benutzer gerade angemeldet ist. Wesentliche Unterschlüssel sind:

- Classes (Dateikennungen und Dateiarten, gleicht dem gleichnamigen Schlüssel aus HKEY_CLASSES_ROOT)
- Control (die Daten der Startphase)
- Hardware (die von der Hardwareerkennung ermittelten Daten wie Informationen zur CPU, zu den Schnittstellen-Controllern, zur Grafikkarte ...)
- Security (ein altes NT-Relikt)
- Services (Gerätetreiber für den Kernel, Dateisystem und Win95-Dienste)
- Software (die Konfigurationsdaten der installierten Software, allgemeine Software-Einstellungen für 32-Bit-Programme)
- System (aus diesem Schlüssel werden die in der Bootphase benötigten Daten wie Treiber, Dienste und Einstellungen gelesen)

HKEY_USERS

Dieser Schlüssel enthält die benutzerspezifischen Daten wie Desktop- Einstellungen und Netzwerkverbindungen, die in USER.DAT gespeichert werden. Ist die Benutzerverwaltung nicht aktiv, so ist dort nur ein „Default"-Schlüssel vorhanden. Bei aktiver Benutzerverwaltung werden mehrere USER.DAT gespeichert. Für den jeweiligen Anwender (USER) ist nur das eigene Profil bzw. seine USER.DAT sichtbar. Wird durch den Administrator ein neuer Benutzer angemeldet, dann wird hier ein neuer Schlüssel für diesen User angelegt.

HKEY_CURRENT_CONFIG

Das ist der Schlüssel für unterschiedliche Hardwareprofile. Konfigurationen für Drucker und andere Peripheriegeräte werden hier festgelegt. Es können Einstellungen für verschiedene Benutzer gespeichert sein.
Unterschlüssel sind:
- Software (Windows-Internetkonfiguration)
- System (Konfiguration von Druckern, Grafikkarte, PCI-Slots ...)

Jeder Eintrag in der Registry enthält mindestens einen Wert mit dem Namen Standard. Für jeden weiteren Wert eines Schlüssels muss es sowohl einen Namen als auch einen Datenwert geben. Ein Name kann aus den Zeichen A bis Z, 0 bis 9, Leerzeichen und Unterstrich bestehen. Die Werte werden in der Spalte Daten angezeigt. Dabei unterscheidet die Registry drei Arten von Datentypen:

Zeichenfolge	Eine Zusammenstellung von Zeichen mit variabler Länge, die mit null endet. Sie wird als Zeichen in Anführungszeichen eingeschlossen gespeichert.
Binär	Ein definierter Wert kann eine Größe von ein bis 16 KByte haben und wird als Folge von hexadezimalen Bytes dargestellt.
DWORD	Ein binärer Wert mit einer maximalen Größe von vier Bytes. Er wird sowohl im hexadezimalen als auch im dezimalen Format angezeigt. Z.B. ist der Eintrag 0x00000000 (0) so zu lesen, dass 0x00000000 die hexadezimale Darstellung des Wertes und (0) die dezimale Darstellung ist.

Wenn der Standardeintrag keinen Wert enthält, wird die Zeichenfolge „Wert nicht gesetzt" angezeigt.

GUID = Globally Unique Identifier

Eine weitere Typisierung bilden die bereits genannten CLSID-Schlüssel. Ein CLSID (**C**lass **I**dentifier) ist zunächst einmal nichts weiter als ein Name für ein Objekt. Es ist eine spezielle Form eines GUIDs (**G**lobal **U**nique **I**dentifier), also ein weltweit eindeutiger Bezeichner. Ein CLSID ist ein 16-Byte-Wert, welcher 32 hexadezimale Zahlen enthält, die in Gruppen zu 8–4–4–4–12 angeordnet sind.

OLE = Object Linking and Embedding

CLSIDs werden benötigt, um OLE-Objekte (OLE = **O**bject **L**inking and **E**mbedding) eindeutig identifizieren zu können.

CLSID = Class Identifier

- Objekte, die eine CLSID besitzen, sind Desktop, Arbeitsplatz, Drucker usw.

Diese Objekte werden von Windows XP über ihre CLSID angesprochen. Alle Objekte besitzen sowohl Eigenschaften wie Name, Icon oder Shortcut als auch Methoden. Methoden sind objektorientierte Vorgänge und werden ausgeführt, wenn mit einem Objekt gearbeitet wird wie beim Betätigen einer Maustaste.

Objekt	Klassenkennung (Class Identifier)
Netzwerkumgebung	{208D2C60-3AEA-1069-A2D7-08002B30309D}
Arbeitsplatz	{20D04FE0-3AEA-1069-A2D8-08002B30309D}
Eigene Dateien	{450D8FBA-AD25-11D0-98A8-0800361B1103}
Startmenü	{48e7caab-b918-4e58-a94d-505519c795dc}
Gemeinsame Dokumente	{59031a47-3f72-44a7-89c5-5595fe6b30ee}
Papierkorb	{645FF040-5081-101B-9F08-00AA002F954E}
Ordneroptionen(System-steuerung)	{6DFD7C5C-2451-11d3-A299-00C04F8EF6AF}
Temporary Internet Files	{7BD29E00-76C1-11CF-9DD0-00A0C9034933}
Programme	{7be9d83c-a729-4d97-b5a7-1b7313c39e0a}
Internet Explorer	{871C5380-42A0-1069-A2EA-08002B30309D}
Fonts (Systemsteuerung)	{D20EA4E1-3957-11d2-A40B-0C5020524152}
Verwaltung (Systemsteuerung)	{D20EA4E1-3957-11d2-A40B-0C5020524153}

Bild 3.24: Beispiele für Klassenregistrierungen (CLSIDs)

REGCLEAN.EXE

Jede installierte Software hinterlässt einen oder mehrere Schlüssel in der Registrierungsdatei. Bei einer späteren Deinstallation werden diese Schlüssel in HKEY_LOCAL_MACHINE/SOFTWARE oftmals nicht gelöscht. Die Registrierungsdateien fragmentieren bei zunehmender Lebensdauer immer mehr. Wird ein Eintrag in der Registry gelöscht, wird diese nicht automatisch kleiner. An der betreffenden Stelle entsteht einfach eine Lücke, die Windows bei Bedarf mit einem neuen Schlüssel füllt. Dieser Vorgang führt dazu, dass die Registrierung selber das System zunehmend verlangsamt. Daher sollte die Registry von Zeit zu Zeit manuell defragmentiert werden. Geeignete Programme werden auch als Sharewareversionen angeboten.

3.5 Systemeinstellungen: Interrupt, Port und DMA

Betriebssystemstörungen und Betriebssystemabstürze können bei allen Betriebssystemen auftreten und unter Umständen für Datenverluste sorgen. In extremen Fällen ist eine komplette Neuinstallation des Betriebssystems erforderlich. Ursachen für Fehler liegen oft in Fehlbedienungen des Anwenders, in fehlerbehafteten Programmen der Softwarehersteller oder aber in Hardwarekonflikten und uneindeutigen Systemressourcen.

Systemsteuerung

Eine Sammlung von Service- und Dienstprogrammen findet der Administrator bzw. Benutzer in der Systemsteuerung, einer wichtigen Schaltzentrale unter Windows XP. Von hier aus besteht Zugriff auf zahlreiche Ordner, die für richtige Einstellungen und Anpassungen des Betriebssystems erforderlich sind. Viele dieser Ordner lassen sich auch über Hot-Keys oder Mausklicks aktivieren.

Zu den Systemordnern zählen die Ordner „Anzeige“ für alle Desktop-Einstellungen, „Datum und Uhrzeit“, „Drucker und Faxgeräte“, „Energieoptionen“ u. a. m. (vgl. Bild 3.25).

Geräte-Manager

Ein von Windows 95/98/NT bekanntes Tool ist der Geräte-Manager, zu finden unter Systemeigenschaften – Hardware. Der Geräte-Manager gibt darüber Auskunft, welche Hardware sich im PC befindet und wie einzelne Komponenten konfiguriert sind. Falls notwendig, kann der Anwender hier Änderungen vornehmen und Treiber aktualisieren. Solche gerätespezifischen Einstellungen müssen immer dann vorgenommen werden, wenn trotz Plug & Play zwei Karten den gleichen IRQ (**I**nterrupt **R**e**Q**uest) beanspruchen (siehe Bild 3.26).

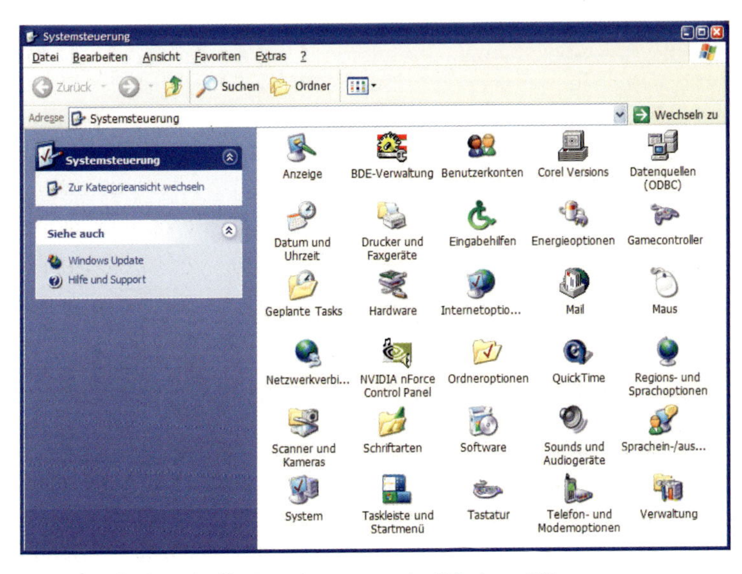

Bild 3.25: Ordner der Systemsteuerung unter Windows XP

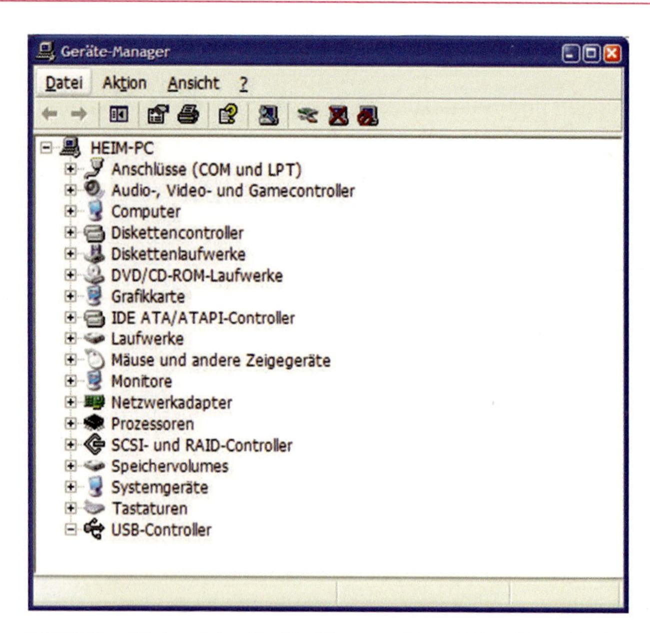

Bild 3.26: Blick auf den Geräte-Manager (Beispielkonfiguration)

IRQ = Interrupt ReQuest

Immer dann, wenn Daten von oder zu einem Speichermedium oder einer Schnittstelle transportiert werden müssen, muss der PC seine aktuelle Arbeit unterbrechen. Obwohl diese Unterbrechungen nur Millionstel Sekunden betragen, ist man bemüht, diese auf ein Mindestmaß zu beschränken. So sollen beispielsweise unnötige Wartepausen, die ein ständiges Überprüfen der Schnittstelle bzw. des Speichermediums erfordern würden, vermieden werden. Daher führt der Rechner nur dann Unterbrechungen aus, wenn auch wirklich Bedarf dafür besteht. Dann meldet die Controller-Karte dem Hauptprozessor eine Unterbrechungsanforderung: den erwähnten Interrupt Request (IRQ).

Da in einem System mehrere IRQs gleichzeitig ausgelöst werden können, der Prozessor aber nur jeweils einen davon abarbeiten kann, gibt der IRQ-Controller diese geordnet nach ihrer Priorität an die CPU weiter. Treten also mehrere Ereignisse zur selben Zeit ein, werden sie ihrer Wichtigkeit nach zur CPU weitergeleitet.

Kollision

Jeder Kommunikationspartner eines PCs bekommt eine eigene Interrupt-Nummer. Für jede dieser Nummern gibt es im Rechner eine eigene Signalleitung. Jede Interrupt-Nummer darf nur einmal vergeben werden, denn bei einer Doppelbelegung würden zwei unterschiedliche Erweiterungen oder Systemkomponenten auf die Anforderung reagieren und es käme zu einer Art Kollision auf dem Datenbus. Keine der beiden Komponenten könnte dann richtig funktionieren. Fordert eine Karte oder eine Baugruppe eine Unterbrechung (Interrupt) an, so erkennt der Prozessor anhand der Nummer, welche Komponente diese Unterbrechung angefordert hat.

Eine Reihe von Interrupt-Nummern sind im System bereits fest vergeben. Sie werden von unverzichtbaren Funktionsgruppen wie etwa Festplatte, Diskettenlaufwerk, Tastatur usw. genutzt.

Bei der Vergabe muss Folgendes beachtet werden:

- 8-Bit-Karten können nur Interrupts bis einschließlich Nummer 7 verwenden.
- Alle Karten mit mehr als 8 bit können Interrupt-Nummern bis einschließlich 15 verwenden.
- Reservierte Interrupts können anderweitig vergeben werden, wenn sie nicht benötigt werden wie z.B. IRQ 5 für eine zweite parallele Schnittstelle (LPT2).
- Beim Einsatz von PCI-Karten (Intel PCI-Bus) können IRQ-Leitungen gemeinsam genutzt werden. Somit können Ressourcen-Probleme behoben werden.

Jede der in einen PC eingebauten Steckkarten belegt bestimmte Systemressourcen. Genau genommen ist es eigentlich der zu fast jeder Karte gehörende Gerätetreiber, der die Ressource belegt. Generell gilt, dass jede Ressourcenbelegung eindeutig sein muss, um Konflikte mit anderen Steckkarten zu vermeiden. Unter Ressourcen versteht man neben den Interruptleitungen (IRQ) auch die Portadresse, die Speicheradressen und die DMA-Kanäle. Nicht jede Karte benutzt alle diese Ressourcen.
Fast immer werden der IRQ und eine Portadresse gebraucht. Die Steckkarte muss auf bestimmte, gültige und konfliktfreie – d.h. bisher nicht besetzte – Werte eingestellt werden. Dies geschieht entweder durch Setzen von Jumpern oder DIP-Schaltern auf der Steckkarte oder über ein Konfigurationsprogramm, das nicht selten auch Bestandteil der Gerätetreiberinstallation ist. Die Installationsroutine fragt dann die entsprechenden Werte ab. Häufig kann mit dem gleichen Programm auch getestet werden, ob die eingestellten Werte gültig sind. Ist das nicht der Fall, kommt es zu Fehlermeldungen.
Die nachfolgende Tabelle zeigt die standardmäßigen Belegungen der insgesamt 16 Interrupts, die unter Windows mithilfe der Interrupt-Vektor-Technik bearbeitet werden. Für die Konfiguration von Erweiterungskarten stehen jedoch nicht alle IRQs zur Verfügung.

IRQ	Standardbelegung	Rangfolge
0	Systemtimer	1
1	Tastatur	2
2	Überleitung zum zweiten Interrupt-Controller (IRQ 8–15)	11
3	Frei, COM1 und COM3 sofern vorhanden	12
4	Frei, COM2 und COM4 sofern vorhanden	13
5	Frei, LPT2: sofern vorhanden	14
6	Diskettenlaufwerkscontroller	15
7	Frei, LPT1: sofern vorhanden	16
8	Echtzeituhr	3
9	Frei, Umleitung von IRQ 2, oft VGA-Grafikkarte	4
10	Frei	5
11	Frei	6
12	PS/2-Maus	7
13	Numerischer Coprozessor (vor Pentium)	8
14	Erster Festplattencontroller (IDE-Kanal 1)	9
15	Frei, zweiter Festplattencontroller: sofern vorhanden (IDE 2)	10

Bild 3.27: IRQ-Tabelle mit Standardbelegungen

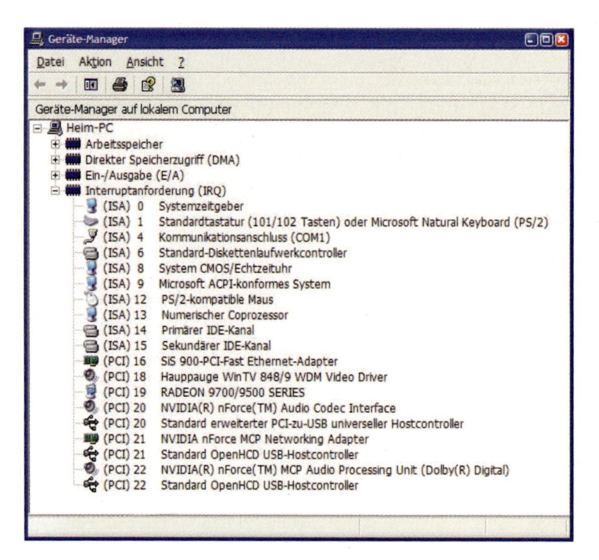

Bild 3.28: Belegung der Interrupt-Adressen im Geräte-Manager

PCI-Steckplätze belegen meistens die IRQs 9, 10, 11 und 12. Will man einer alten ISA-Karte einen dieser Werte zuweisen, so muss er nicht selten im BIOS explizit dafür freigegeben werden.

Werkseitige Voreinstellungen der Steckkarten sollten soweit es geht beibehalten werden. Ob die eingestellten Werte auch tatsächlich den Angaben zu den Werkseinstellungen (Gerätedokumentation) entsprechen, sollte man allerdings immer vorher überprüfen. Treten Konflikte auf, sollten immer die Einstellungen derjenigen Karte verändert werden, bei der dies am einfachsten möglich ist.

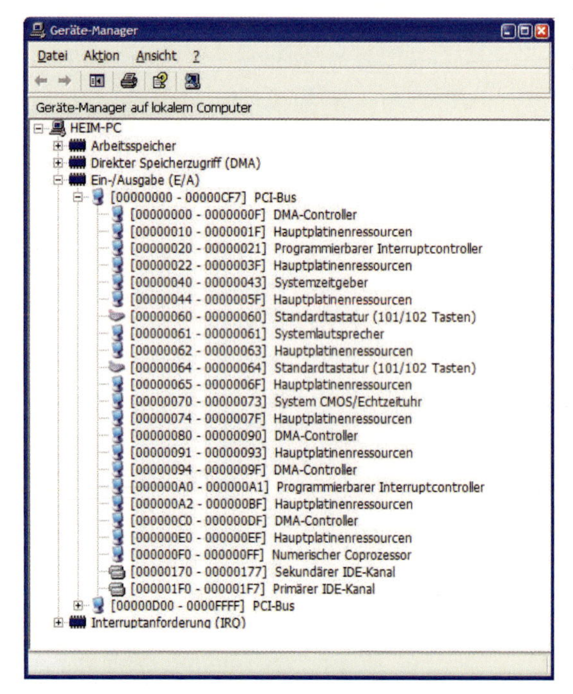

Bild 3.29: Belegung der Ein-/Ausgabe-Portadressen im Geräte-Manager

Zusätzlich zum Interrupt-Wert muss für jede Erweiterungskarte, die zum Datentransfer (Input/Output) eingesetzt wird, eine Basisadresse festgelegt werden. Die Angabe erfolgt wie bei Speicheradressen üblich in hexadezimaler Schreibweise. Diese Basisadresse gibt dann den Bereich des Arbeitsspeichers an, in dem die Karte mit dem Treiberprogramm die Daten austauscht. Diese I/O-Bereiche befinden sich bereits am Anfang des Hauptspeichers und umfassen meistens nur einige Bytes. Wird eine Adresse doppelt belegt, so kann es wie bei den Interrupt-Nummern zu einem Gerätekonflikt kommen.

Die vom I/O-Bereich verwendeten Adressen sind normalerweise festgeschrieben. Meistens bieten die Hersteller der Karten bestimmte Adressen zur Auswahl an. Die folgende Tabelle zeigt, an welchen Stellen und in welchen Bereichen sich die Adressen normalerweise befinden.

Das Bild zeigt die Standardbelegungen der zur Verfügung stehenden Portadressen in hexadezimaler Schreibweise. Die normale Funktionsweise von I/O-Karten sieht vor, die Daten über die o.g. Portadressen zu verwalten. Diese Form ist bei korrekter Konfiguration zwar recht störungssicher, birgt aber auch einige Nachteile in sich.

Insbesondere, wenn größere Datenmengen verwaltet werden müssen (wie etwa bei einer CD-ROM), ist diese Methode langsam, da der nur wenige Bytes große I/O-Adressbereich wie ein Flaschenhals wirkt und einen höheren Datendurchsatz verhindert. Deshalb wurde für eine schnelle Datenübertragung von großen Datenmengen in den Arbeitsspeicher ein Verfahren entwickelt, das als DMA (**D**irect **M**emory **A**ccess = direkter Speicherzugriff) bezeichnet wird. Mit diesem DMA-Verfahren werden die Daten direkt in den Arbeitsspeicher geschrieben.

DMA = Direct Memory Access

Auch für den DMA-Betrieb gibt es im PC verschiedene Kanäle, die auch als DRQ (**D**MA **Req**uest) bezeichnet werden. Auch hierbei handelt es sich lediglich um Kanäle, über die nur eine Anforderung erfolgt und keine Daten transportiert werden. Einige DMA-Kanäle werden für systeminterne Funktionen benötigt, andere sind hingegen frei.

DRQ = DMA Request

Die unteren DMA-Nummern, bis einschließlich DMA 4, werden normalerweise vom PC-System für eigene Zwecke benutzt. Die Kanäle 0, 1 und 3 können aber trotzdem verwendet werden, wohingegen der zweite Kanal als Disketten-Controller und der vierte Kanal als RAM-Controller voll beansprucht werden. Die Kanäle 5 bis 7 stehen meistens für Systemerweiterungen zur freien Verfügung.

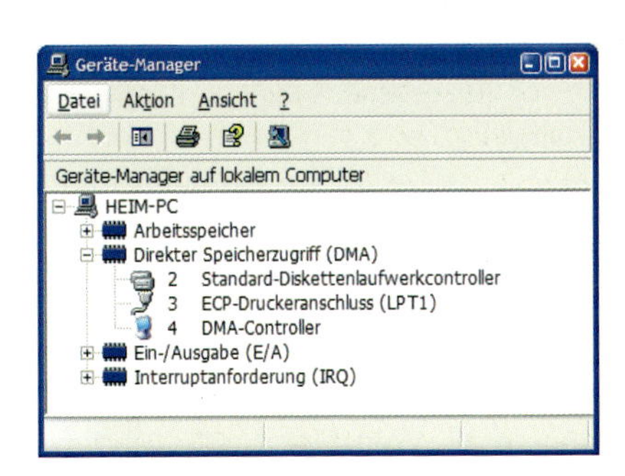

Bild 3.30: Belegung der DMA-Kanäle im Geräte-Manager

3.6 Systemstart von Windows Vista

Wie bei Windows XP beginnt der Ladevorgang mit dem Startprogramm. Hierbei handelt es sich um den Bootmanager **bootmgr**, der sich im Hauptverzeichnis der aktiven Partition befindet. Diese Datei ersetzt den Bootloader **ntldr** aus älteren Windows-Versionen. Geändert haben sich auch die Konfigurationseinstellungen. Während **ntldr** seine Konfigurationseinstellungen aus der Textdatei **BOOT.INI** ausgelesen hat, befinden sich diese Informationen jetzt im Verzeichnis C:\Boot\ als nicht editierbare Datei **bcd** (**B**oot **C**onfiguration **D**ata). Veränderungen in dieser Datei können mit dem Kommandozeilen-Tool **bcdedit.exe** vorgenommen werden.

bcd

Als Nächstes ruft der Bootmanager das Programm C:\Windows\System32\ **winload.exe** auf, das die installierte Hardware überprüft und notwendige Treiber und Konfigurationseinstellungen lädt.

Winload ruft anschließend das Programm C:\Windows\System32**ntoskrnl.exe** auf und lädt erforderliche Registry-Eintragungen. Nach dem Aufruf des Windows-Vista-Bildschirms werden die Netzwerkeinstellungen überprüft und der Registry-Schlüssel **LastKnownGood** erzeugt. Danach übernimmt der Windows-Vista-Kernel die weitere Steuerung der Rechnerfunktionen.

LastKnownGood

Bei Startproblemen besteht wie in früheren Windows-Versionen die Möglichkeit, den Rechner mit der Funktionstaste F8 im abgesicherten Modus zu starten. Hierbei kann zwischen unterschiedlichen Startkonfigurationen ausgewählt werden. Windows Vista speichert wie in früheren Versionen alle Informationen in der Registrierungsdatenbank (Registry). Microsoft selbst bezeichnet diese Datenbank als ein „Repository für Informationen zur Konfiguration des Computers". Die Registrierung setzt sich aus unterschiedlichen Strukturdateien zusammen, die im Verzeichnis „%SYSTEMROOT%\System32\Config" angelegt sind. Für jede Datei ist immer eine Sicherheitsdatei mit der Endung „*.LOG" vorhanden. Das sind aber keine Kopien, sondern Informationen über die letzten Änderungen.
Hier eine Aufstellung der Dateien und der in ihnen abgelegten Schlüssel:

Dateiname	Schlüssel
SAM	HKEY_LOCAL_MACHINE\SAM
SECURITY	HKEY_LOCAL_MACHINE\SECURITY
SOFTWARE	HKEY_LOCAL_MACHINE\SOFTWARE
SYSTEM	HKEY_LOCAL_MACHINE\SYSTEM
DEFAULT	HKEY_USERS\Default
[Benutzername]nnn	HKEY_USERS\Security ID
USER oder ADMIN	HKEY_CURRENT_USER

Bild 3.31: Registrierungsdateien und dazugehörende Registrierungsschlüssel

Die tatsächliche Einstellung der Hard- und Softwarekonfiguration wird durch einen im Registrierungsschlüssel eingetragenen Wert festgelegt. Windows Vista verwendet sechs verschiedene Datentypen zur Kennzeichnung der Konfigurationseinstellung.

Datentyp	Beschreibung
REG_BINARY	Einzelner binärer Wert. Meist Daten für Hardware-Setup-Informationen, die Angabe erfolgt normalerweise hexadezimal.
REG_DWORD	Einzelner DWord-Wert (32 bit) aus 1 bis 8 Hexadezimalzeichen (4 Bytes lang).
REG _SZ	Wert besteht aus einer normalen Zeichenkette oder String (Zeichenfolge).
REG_EXPAND_SZ	Wert besteht aus einer erweiterbaren Zeichenkette mit beliebiger Größe. Hier können auch Variablen benutzt werden, deren Werte erst zur Laufzeit eingefügt werden (z. B. %SYSTEMROOT% oder %USERNAME% usw.).

Datentyp	Beschreibung
REG_MULTI_SZ	Wert besteht aus mehreren Zeichenketten. Mehrere Parameter sind möglich. Die einzelnen Parameter sind durch binäre Nullen zu trennen.
REG_FULL_RESOU RCE_DESCRIPTOR	Es handelt sich dabei um eine Serie verschachtelter Arrays zur Speicherung von Ressourcenlisten, die von einem physischen Hardwaregerät verwendet werden. Diese Daten werden durch das System erkannt und in die Struktur „\HardwareDescription" geschrieben. Eine Ressourcenliste kann nicht konfiguriert werden.

Bild 3.32: Eigenschaften der Datentypen in den Registrierungsschlüsseln von Windows Vista

Auf diese Informationen in der Registrierung wird von Windows permanent Bezug genommen. Manuelle Änderungen an der Registrierung sollten eigentlich nicht erforderlich sein, da Programme und Anwendungen in der Regel alle Änderungen automatisch vornehmen. Eine fehlerhafte Änderung an der Registrierung des Computers kann dazu führen, dass der Computer nicht mehr funktionsfähig ist. Wenn jedoch eine beschädigte Datei in der Registrierung angezeigt wird, müssen möglicherweise Änderungen vorgenommen werden. Es wird dringend empfohlen, die Registrierung vor jeder Änderung zu sichern. Außerdem sollten nur die Werte in der Registrierung geändert werden, deren Bedeutung bekannt ist oder zu deren Änderung von einer vertrauenswürdigen Quelle aufgefordert wurde.

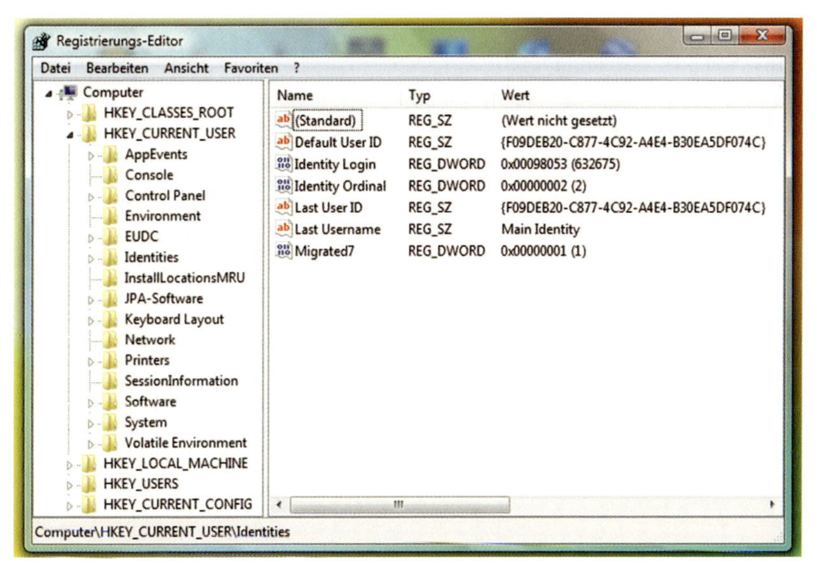

Bild 3.33: Blick in die Registrierungsdatenbank von Windows Vista Home Premium

Aufgaben zu Kapitel 3:

1. Erläutern Sie die Abkürzung BIOS. Welche Bedeutung hat das BIOS für den PC und welche grundlegenden Aufgaben führt das BIOS beim Booten durch?
2. Welche grundsätzliche Struktur weist das BIOS-Setup-Programm auf?
3. Im BIOS-Setup steht unter dem Menüpunkt Advanced – Chip Configuration der Parameter RAM-Configuration auf dem Wert „By SPD". Erläutern Sie die Bedeutung dieser Einstellung (siehe auch Kap. 1.2.3.4).
4. Ein Kunde möchte die Bootreihenfolge auf seinem PC verändern. Erläutern Sie ihm die Vorgehensweise.
5. Wozu dient die Low-Level-Formatierung einer Festplatte?
6. Aus welchem Grund werden (E)IDE-Festplatten im sogenannten LBA-Modus betrieben?
7. Erläutern Sie, welche Regeln bei der Handhabung von magnetischen Datenträgern zu beachten sind.
8. In welchen Punkten unterscheiden sich die Dateisysteme FAT 16 und FAT 32?
9. Was versteht man unter der Fragmentierung einer Festplatte?
10. Welche Informationen werden bei einem FAT-Datenträger im Stammverzeichnis über eine Datei gespeichert?
11. Beschreiben Sie den Bootvorgang bei Windows XP!
12. Nennen Sie neben /BOOTLOG zwei weitere versteckte Einstellungen in der BOOT.INI-Datei und beschreiben Sie die Funktion dieser Schalter!
13. Was ist beim Anlegen von Benutzerkonten zu beachten?
14. Worauf ist bei der Wahl eines geeigneten Passwortes zu achten?
15. Welche Dateien gehören zur Registry von Windows XP?
16. Wozu dienen die fünf Hauptschlüssel der Registry?
17. Welche Angaben enthält der Hauptschlüssel HKEY_LOCAL_MACHINE?
18. Wie setzt sich eine CLSID zusammen?
19. Wozu werden die Programme REGEDIT und REGCLEAN verwendet?
20. Welche Informationen stellt die Systemsteuerung bereit?
21. Was versteht man unter einem Interrupt Request und wie viele gibt es davon standardmäßig?
22. Wozu dient der DMA-Modus?

Informationsverarbeitung in IT-Systemen

4.1 Begriffe der Informationstechnik

4.1.1 Zeichen und Daten

Informationen sind im Sinne der Umgangssprache die Kenntnisse und das Wissen über Sachverhalte, Vorgänge, Zustände, Ereignisse usw. Sie können durch gesprochene und geschriebene Wörter, durch Tabellen und Diagramme oder Grafiken und Bilder dargestellt, gespeichert und verbreitet werden. In der Informations- und Kommunikationstechnik werden Informationen durch **Zeichen** dargestellt.

Informationen

Zeichen

■ Ein **Zeichen** ist ein Element aus einer Menge verschiedener Elemente. Die Menge der Elemente wird als Zeichenvorrat bezeichnet.

Beispiele für Zeichen sind die Buchstaben des Alphabets, Ziffern, Interpunktionszeichen, Steuerzeichen (Wagenrücklauf, Zeilenvorschub auf der Tastatur usw).
In der Kommunikationstechnik dient eine Zeichenfolge zur Übertragung einer Information und wird **Nachricht** genannt. In der Informationstechnik werden Zeichenfolgen, die eine Information zum Zweck der Verarbeitung enthalten, als **Daten** bezeichnet.

Nachrichten

4.1.2 Signalarten

Nachrichten und Daten müssen zur Übertragung oder Verarbeitung in **Signale** umgesetzt werden.

■ **Signale** dienen zur Darstellung von Nachrichten und Daten durch physikalische Größen wie z. B. Spannung, Stromstärke o. Ä.

Zur Verdeutlichung eines Signalverlaufes wird üblicherweise in einem Diagramm der Signalwert in Abhängigkeit von der Zeit dargestellt. Signale können sowohl hinsichtlich des Wertebereiches als auch hinsichtlich des Zeitbereiches **kontinuierlich** (stetig, lückenlos zusammenhängend) oder **diskret** (durch endliche Abstände voneinander getrennt) sein (Bild 4.1).

Signale

1. Ein **wert- und zeitkontinuierliches Signal** kann jeden beliebigen Signalwert annehmen; in jedem Zeitpunkt ist ein Signalwert vorhanden.
2. Ein **wertdiskretes zeitkontinuierliches Signal** kann nur bestimmte Werte zwischen einem negativen und einem positiven Höchstwert annehmen; in jedem Zeitpunkt ist ein Signalwert vorhanden.
3. Ein **wertkontinuierliches zeitdiskretes Signal** kann jeden beliebigen Signalwert annehmen, ist aber nur zu bestimmten Zeiten vorhanden.

4. Ein **wert- und zeitdiskretes Signal** kann nur bestimmte Werte annehmen und ist nur zu bestimmten Zeiten vorhanden.

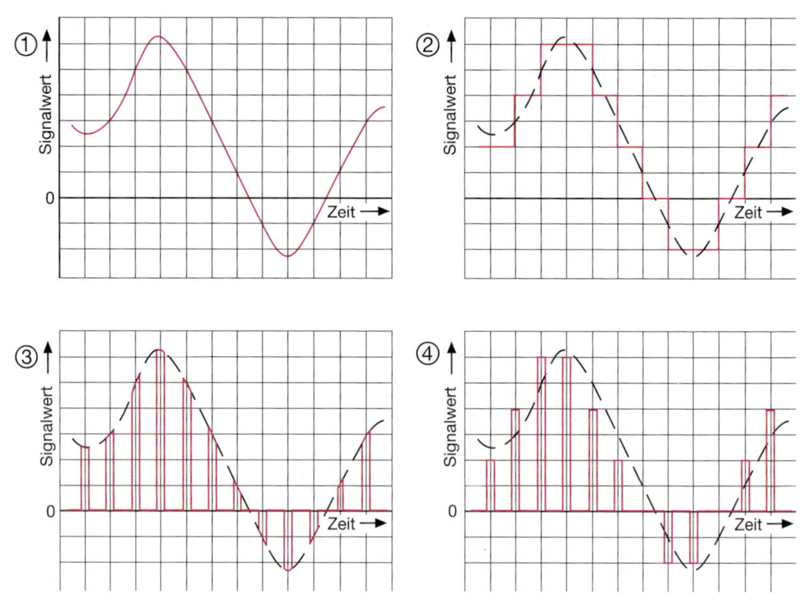

Bild 4.1: Signalarten

In der IT-Technik werden sowohl analoge Signale als auch digitale Signale verarbeitet und übertragen.

Analoge Signale

Ein Beispiel für ein **analoges Signal** ist die sogenannte Sprechwechselspannung, die in einem Mikrofon durch Umwandlung der auf die Membran auftreffenden Schallwellen erzeugt wird (Bild 4.2).

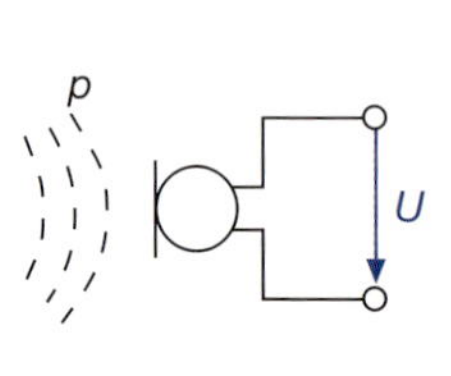

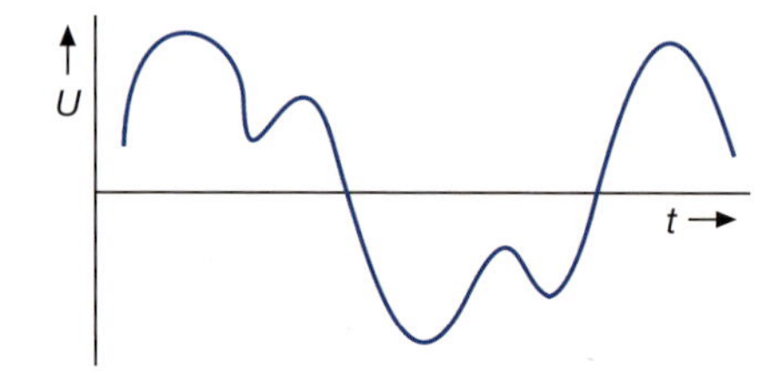

Bild 4.2: Analoges Signal

Digitale Signale

Bei einem **digitalen Signal** können innerhalb eines begrenzten Wertebereiches nur bestimmte (diskrete) Signalwerte auftreten. Jedem Signalwert kann ein Zeichen zugeordnet werden. So können z.B. die Zeichen von 0 bis 5 jeweils durch einen festen Signalwert dargestellt werden (Bild 4.3).

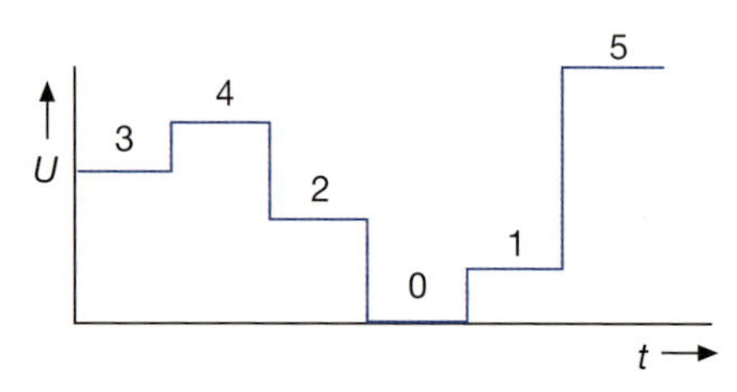

Bild 4.3: Digitales Signal

Binäre Signale

In IT-Systemen werden – bedingt durch die zwei Schaltzustände elektromechanischer und elektronischer Schaltelemente – fast ausschließlich Digitalsignale verarbeitet, die nur zwei verschiedene Signalwerte annehmen können; man bezeichnet sie als **binäre** (zweiwertige) **Signale** (Bild 4.4).

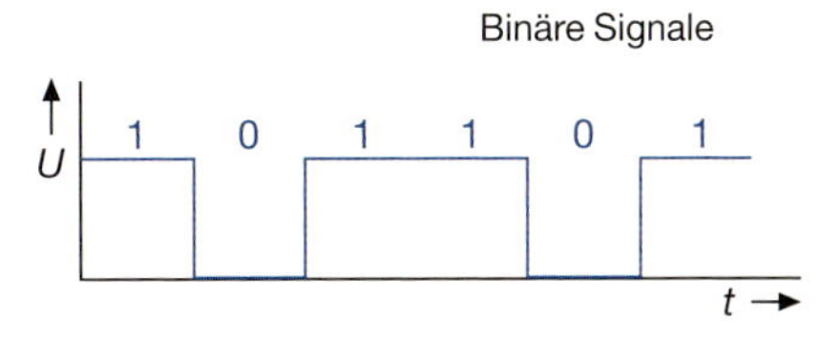

Bild 4.4: Binäres Signal

Als Binärzeichen werden den beiden Signalzuständen die Ziffern 0 und 1 zugeordnet. In der binären Schaltungstechnik verwendet man oft die Buchstaben L (Low Level) und H (High Level), wobei die Wertebereiche für L und H durch die Technologie der Schaltungen bestimmt werden (Bild 4.5).

Signalpegel

In einer elektronischen Binärschaltung eines bestimmten Typs werden den Pegeln die folgenden Spannungsbereiche zugeordnet:

2,4 V bis 5 V gilt als **H**-Pegel
0 V bis 0,4 V gilt als **L**-Pegel
Für die Arbeitssicherheit von Digitalschaltungen ist die Größe des Spannungsabstandes zwischen H-Pegel und L-Pegel wichtig.
Für das Beispiel gilt:
Abstand = 2,4 V–0,4 V = **2 V**

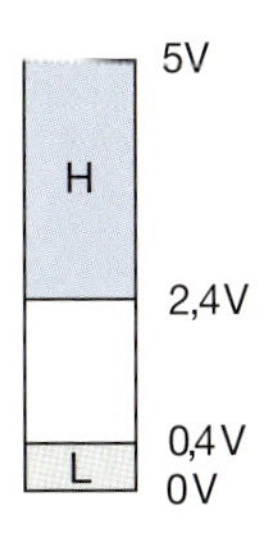

Bild 4.5: Wertebereiche der Signalpegel in einer Binärschaltung

4.2 Zahlensysteme

4.2.1 Dezimalsystem

Dezimalsystem

Im täglichen Leben wird zur Darstellung von Zahlen fast ausschließlich das **Dezimalsystem (Zehnersystem)** benutzt. In diesem **Zahlensystem** werden die zehn verschiedenen **Ziffern** von 0 bis 9 in der sogenannten **Stellenschreibweise** angewendet (Bild 4.6).

Dezimalzahl	**5**	**4**	**7**	**9 ,**	**2**	**6**
Stellennummer	4	3	2	1	1	2
Stellenwert	10^3	10^2	10^1	10^0	10^{-1}	10^{-2}
Potenzwert	$5 \cdot 1000$	$4 \cdot 100$	$7 \cdot 10$	$9 \cdot 1$	$\frac{2}{10}$	$\frac{6}{100}$
Zahlenwert	$5000 + 400 + 70 + 9 + 0{,}2 + 0{,}06 = 5479{,}26_{dez}$					

Bild 4.6: Zahlenwert der Dezimalzahl

Aus Bild 4.6 sind die Regeln zu erkennen, nach denen Zahlensysteme aufgebaut sind:

- Die zur Darstellung einer Zahl erforderlichen Ziffern werden von einer Markierung – dem **Komma** – ausgehend nebeneinander geschrieben und nummeriert. Links vom Komma stehen Zahlen ≥ 1, rechts vom Komma stehen Zahlen < 1.

- Jede Stelle hat einen eigenen **Stellenwert W**; er berechnet sich aus der **Basis B des Zahlensystems** und der Stellennummer n:
  Stellenwert vor dem Komma : $W = B^{n-1}$
  Stellenwert nach dem Komma: $W = B^{-n} = \frac{1}{B^n}$
- Die Basis des Zahlensystems ist gleich der Anzahl der verfügbaren Ziffern.
- Der Potenzwert einer Stelle ergibt sich durch Multiplikation der Ziffer mit dem Stellenwert.
- Der Zahlenwert ist die Summe aller Potenzwerte.
- Wird beim Hochzählen in einer Stelle die höchste Ziffer (im Dezimalsystem also die 9) erreicht, so wird im folgenden Schritt ein **Übertrag** von 1 in die nächsthöhere Stelle geschrieben und die hochgezählte Stelle beginnt wieder mit 0 (Bild 4.7).

Nach diesen Regeln können Zahlensysteme mit beliebiger Basis aufgebaut werden. Fragt man jedoch nach dem Wert einer Ziffernfolge in einem beliebigen Zahlensystem, so meint man mit der Kurzform „Wert“ immer den Wert dieser Ziffernfolge im Dezimalsystem. Das Dezimalsystem ist damit das Bezugssystem für alle anderen Zahlensysteme.

Hexadezimalsystem				Dezimalsystem				Dualsystem				
16^3	16^2	16^1	16^0	10^3	10^2	10^1	10^0	2^4	2^3	2^2	2^1	2^0
4096	256	16	1	1000	100	10	1	16	8	4	2	1
			0				0					0
			1				1					1
			2				2				1	0
			3				3				1	1
			4				4			1	0	0
			5				5			1	0	1
			6				6			1	1	0
			7				7			1	1	1
			8				8		1	0	0	0
			9				9		1	0	0	1
			A			1	0		1	0	1	0
			B			1	1		1	0	1	1
			C			1	2		1	1	0	0
			D			1	3		1	1	0	1
			E			1	4		1	1	1	0
			F			1	5		1	1	1	1
		1	0			1	6	1	0	0	0	0
		1	1			1	7	1	0	0	0	1

Bild 4.7: Zahlensysteme

4.2.2 Dualsystem

In der IT-Technik werden nur binäre Signale verarbeitet. Daher wird als Zahlensystem das **Dualsystem (Zweiersystem)** verwendet, das nur über zwei Ziffern verfügt. Es ist nach der gleichen Gesetzmäßigkeit aufgebaut wie das Dezimalsystem (Bild 4.8).

Dualsystem

Dualzahl	1	0	1	0	1	1	1 ,	1	1
Stellennummer	7	6	5	4	3	2	1	1	2
Stellenwert	2^6	2^5	2^4	2^3	2^2	2^1	2^0	2^{-1}	2^{-2}
Potenzwert	$1 \cdot 64$	$0 \cdot 32$	$1 \cdot 16$	$0 \cdot 8$	$1 \cdot 4$	$1 \cdot 2$	$1 \cdot 1$	$\frac{1}{2}$	$\frac{1}{4}$
Zahlenwert	$64 + 0 + 16 + 0 + 4 + 2 + 1 + 0{,}5 + 0{,}25 = 87{,}75_{dez}$								

Bild 4.8: Zahlenwert der Dualzahl

Im dualen und dezimalen Zahlensystem werden – wie in allen Zahlensystemen – die gleichen Zahlzeichen (Ziffern) verwendet. Um Verwechslungen zu vermeiden, ist es daher notwendig, das jeweils vorliegende Zahlensystem durch einen Index zu kennzeichnen, z. B.:

$$\mathbf{10_{10} = 10_{dez} = 1010_2 = 1010_{du}}$$

Der Vergleich der Zahlen in den verschiedenen Systemen (Bilder 4.7 und 4.8) ergibt:

■ Je weniger Ziffern in einem Zahlensystem verfügbar sind, umso mehr Stellen sind zur Darstellung einer Zahl erforderlich.

4.2.3 Hexadezimalsystem

Hexadezimalsystem

In IT-Systemen werden Dualzahlen mit 8, 16, 32 und mehr Stellen verarbeitet. Für den Menschen sind solche Ziffernkolonnen sehr unübersichtlich. Deshalb ersetzt man vielstellige Dualzahlen durch ein Zahlensystem mit höheren Stellenwerten. Hierfür erweist sich das Dezimalsystem als nicht optimal, denn zur Darstellung einer einstelligen Dezimalzahl ist eine vierstellige Dualzahl erforderlich (Bild 4.7). Andererseits lassen sich mit vierstelligen Dualzahlen 16 verschiedene Zahlzeichen (Ziffern) darstellen. Ein Zahlensystem, das über 16 Ziffern verfügt, ist das **Hexadezimalsystem (Sechzehnersystem,** auch Sedezimalsystem). Als Hexadezimalziffern werden die Dezimalziffern 0 bis 9 und zusätzlich die Ziffern (Buchstaben) A bis F verwendet (Bild 4.7).
Zur Umwandlung einer Dualzahl in eine Hexadezimalzahl werden vom Komma ausgehend jeweils vier Dualstellen zu einer Gruppe zusammengefasst. Jede so entstandene Gruppe wird als vierstellige Dualzahl betrachtet, deren Zahlenwert durch eine einstellige Hexadezimalzahl dargestellt wird (Bild 4.9); ihr Zahlenwert ist wieder als Dezimalzahl angegeben.

Stellenwert der Dualzahl	2^{15}	2^{14}	2^{13}	2^{12}	2^{11}	2^{10}	2^9	2^8	2^7	2^6	2^5	2^4	2^3	2^2	2^1	2^0	2^{-1}	2^{-2}	2^{-3}	2^{-4}
Dualzahl	0	0	1	1	1	0	1	1	0	1	1	1	1	1	1	0	1	1	0	0
Hexadezimalzahl	3				B				7				E				C			
Stellenwert der Hexadezimalzahl	16^3				16^2				16^1				16^0				16^{-1}			
Potenzwert der Hexadezimalzahl	$3 \cdot 4096$				$11 \cdot 256$				$7 \cdot 16$				$14 \cdot 1$				$\frac{12}{16}$			
Zahlenwert	$12288 + 2816 + 112 + 14 + 0{,}75 = 15230{,}75_{dez}$																			

Bild 4.9: Umwandlung einer Dualzahl in eine Hexadezimalzahl

Eine Dezimalzahl kann in eine Hexadezimalzahl umgerechnet werden, indem die Dezimalzahl durch den größtmöglichen in ihr enthaltenen Stellenwert des Hexadezimalsystems dividiert wird. Der Rest wird durch den nächstkleineren Stellenwert geteilt usw., bis kein Rest mehr bleibt (Bild 4.10).

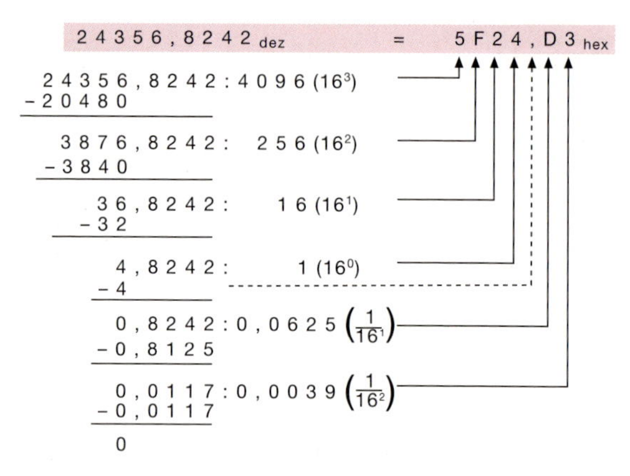

Bild 4.10: Umwandlung einer Dezimalzahl in eine Hexadezimalzahl

Die Umrechnung einer Dezimalzahl in eine Dualzahl erfolgt nach dem gleichen Schema durch fortlaufendes Teilen der Dezimalzahl durch die Stellenwerte des Dualsystems. Um den Rechenvorgang abzukürzen, wandelt man – vor allem bei vielstelligen Dezimalzahlen – diese zunächst in Hexadezimalzahlen und dann in Dualzahlen um.

4.3 Codes

Zur Darstellung von Informationen werden in der IT-Technik – wie überall in der zwischenmenschlichen Kommunikation – Zeichensätze verwendet. Solche Zeichensätze sind z. B. die Ziffern des Dezimalsystems oder die Buchstaben des Alphabets.

Codes

Sollen **gleiche Informationen** durch **verschiedene Zeichensätze** dargestellt werden, so müssen dafür bestimmte Vorschriften festgelegt werden. Die Vorschrift, nach der die Zuordnung der Zeichensätze erfolgt, bezeichnet man als **Code**.

Code

■ Ein **Code** ist eine Vorschrift für die eindeutige Zuordnung der Zeichen eines Zeichensatzes zu den Zeichen eines anderen Zeichensatzes.

Zeichensatz „Dezimalziffern“	Zeichensatz „Alphabet“
0	NULL
1	EINS
2	ZWEI
3	DREI
4	VIER

Bild 4.11: Zuordnung von Ziffern und Buchstaben

Sollen z. B. die Ziffern des Dezimalsystems durch Buchstabenfolgen des Alphabets dargestellt werden, so muss jeder Ziffer eine feste Buchstabenfolge zugeordnet werden (Bild 4.11). Die Umsetzung geschieht in Geräten, die man Codierer nennt (Abschnitt 4.4.3.2, Codeumsetzer). Beispiele für Codierer sind Tastaturen von Computern, Taschenrechnern, Telefonen usw.

4.3.1 Code-Arten

Nach ihrem Verwendungszweck unterscheidet man verschiedene Code-Arten (Bild 4.12).

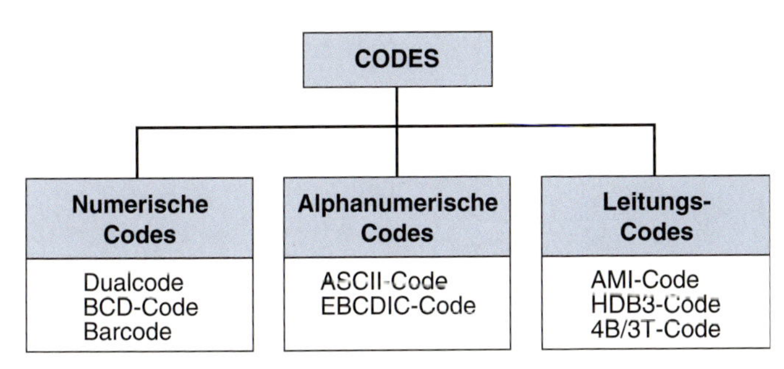

Bild 4.12: Code-Arten

Code-Arten

- **Numerische Codes** codieren Ziffern. Angewendet werden sie beim Zählen und Rechnen, zur Codierung von Postleitzahlen oder Artikelnummern in Warenhäusern (Barcode).
- **Alphanumerische Codes** codieren neben Ziffern auch die Buchstaben des Alphabets und Steuerzeichen (siehe Abschnitt 4.3.5).
- **Leitungscodes** dienen zur Umwandlung von binären Signalen in Digitalsignale, die für das Übertragungsmedium (z. B. Kupferleitung, Lichtwellenleiter) am besten geeignet sind. Sie werden im Rahmen der Übertragungstechnik behandelt.

siehe Vernetzte IT-Systeme Kap. 4.1.8

4.3.2 Darstellung von binären Zeichenfolgen

In der IT-Technik werden vielstellige Zeichenfolgen verarbeitet. Jede Stelle, die nur einen von zwei möglichen Werten annehmen kann – z. B. „0“ oder „1“ – wird als **Bit** (Binary Digit) bezeichnet.

Bit

■ Ein **Bit (1 bit)** ist die kleinste Informationseinheit.

Byte

Zur übersichtlichen Darstellung von Daten werden die Bits einer Zeichenfolge nummeriert und zu einem **Byte** zusammengefasst (Bild 4.13).

	1 Byte = 8 bit							
Bit-Nummer	b_8	b_7	b_6	b_5	b_4	b_3	b_2	b_1
Bit-Folge	1	0	0	1	1	1	1	1 — Bit (1 bit)

Bild 4.13: Darstellung einer Bitfolge

Entsprechend der Stellenzahl einer Zeichenfolge spricht man bei der Informationsverarbeitung von **Datenbreite** oder **Wortlänge**, z. B. 8 bit oder 1 Byte, 16 bit oder 2 Byte usw.

Wort

■ Als **Wort** bezeichnet man eine Bitfolge, die eine Einheit bildet.

4.3.3 Binär codierte Dualzahlen

Jeder möglichen Bitkombination kann ein Zeichen, z.B. ein Buchstabe oder eine Ziffer, zugeordnet werden (vgl. Kap. 4.3.5). Soll mit einer solchen Bitfolge eine Dualzahl dargestellt werden, so muss jedem Bit ein Stellenwert des Dualsystems zugeordnet werden (Bild 4.14).

LSB, MSB

	Byte							
	Höherwertiges Halbbyte				Niederwertiges Halbbyte			
	MSB							LSB
Bit-Nummer	b_8	b_7	b_6	b_5	b_4	b_3	b_2	b_1
Stellenwert	2^7	2^6	2^5	2^4	2^3	2^2	2^1	2^0
Dualzahl	1	0	0	1	1	1	0	1
Hexadezimalzahl	9				D			

Bild 4.14: Darstellung einer Dualzahl

Das Bit b_1 ist die niedrigstwertige Stelle der Dualzahl und wird als LSB (**L**east **S**ignificant **B**it) bezeichnet; das Bit b_8 als höchstwertige Stelle wird MSB (**M**ost **S**ignificant **B**it) genannt.

Das Byte kann in ein höherwertiges und ein niederwertiges Halbbyte aufgeteilt werden, deren vier Stellen jeweils als einstellige Hexadezimalzahl angegeben werden.

Bei einer Wortlänge von 8-bit ergeben sich $2^8 = 256_{dez}$ verschiedene Bitkombinationen. Damit können die Zahlen von 0_{dez} bis $255_{dez} = 1111\ 1111_{du} = FF_{hex}$ dargestellt werden.

Bei der Codierung von positiven und negativen Dualzahlen werden die Vorzeichen durch Binärzeichen ersetzt:

Negative Dualzahlen

„0" = „+"   „1" = „–"

	Byte							
	b_8	b_7	b_6	b_5	b_4	b_3	b_2	b_1
	Vz	2^6	2^5	2^4	2^3	2^2	2^1	2^0
$+45_{dez}$	**0**	0	1	0	1	1	0	1
-45_{dez}	**1**	1	0	1	0	0	1	1

Bild 4.15: Codierung positiver und negativer Dualzahlen

Stehen 8 bit zur Verfügung, so können 7 bit zur Zahlendarstellung genutzt werden, das achte Bit gibt das Vorzeichen an (Bild 4.15).

Vergleicht man die positive Dualzahl mit der negativen, so stellt man fest, dass sich bei der negativen Zahl nicht nur das Vorzeichen ändert, sondern auch die Zahl selbst.

Negative Dualzahlen werden durch das Zweierkomplement dargestellt.

Mit 8 Bit-Wörtern können Dualzahlen von $1000\ 0000_{du}$ (= -128_{dez}) bis $0111\ 1111_{du}$ (= $+127_{dez}$) binär codiert werden.

Das **Zweierkomplement** einer Dualzahl wird folgendermaßen gebildet:

Komplementbildung

- Von der positiven Dualzahl wird das Einerkomplement gebildet, indem in jeder Stelle eine „0" durch eine „1" und eine „1" durch eine „0" ersetzt wird.
- Das Zweierkomplement erhält man durch Addition einer „1" in der niedrigstwertigen Stelle des Einerkomplements.

In gleicher Weise lässt sich durch Bildung des Zweierkomplements eine negative Dualzahl in eine negative Dezimalzahl umwandeln.

Als Beispiel sind in Bild 4.16 die vierstelligen positiven und negativen Dualzahlen den entsprechenden Dezimalzahlen zugeordnet.

Positive Dualzahl				Positive Dezimalzahl		Negative Dualzahl				Negative Dezimalzahl	
Vz	2^2	2^1	2^0	Vz	10^0	Vz	2^2	2^1	2^0	Vz	10^0
0	0	0	0	+	0	1	0	0	0	–	8
0	0	0	1	+	1	1	0	0	1	–	7
0	0	1	0	+	2	1	0	1	0	–	6
0	0	1	1	+	3	1	0	1	1	–	5
0	1	0	0	+	4	1	1	0	0	–	4
0	1	0	1	+	5	1	1	0	1	–	3
0	1	1	0	+	6	1	1	1	0	–	2
0	1	1	1	+	7	1	1	1	1	–	1

Bild 4.16: Vierstellige Dualzahlen mit Vorzeichen

4.3.4 Binär codierte Dezimalzahlen

Zur Darstellung von Dezimalzahlen mit Binärzeichen sind zwei Verfahren möglich:

- Die Dezimalzahl wird in eine Dualzahl umgewandelt, die wie oben beschrieben codiert wird.
- Jeder Stelle der Dezimalzahl wird ein eigenes 4 bit langes Codewort zugeordnet.

Die Zuordnungsvorschrift von Dezimalziffern zu Binärwörtern wird als **BCD-Code** (**B**inary **C**ode **D**ecimals) bezeichnet.
In Bild 4.17 sind einige häufig verwendete BCD-Codes mit unterschiedlichen Eigenschaften zum Vergleich nebeneinander aufgelistet.

BCD-Codes

Dezimalziffer	1-aus-10-Code	2-aus-5-Code	8-4-2-1-Code	5-4-2-1-Code	2-4-2-1-Code	Exzess-3-Code	Gray-Code
0	0000000001	00011	0000	0000	0000	0011	0000
1	0000000010	00101	0001	0001	0001	0100	0001
2	0000000100	00110	0010	0010	0010	0101	0011
3	0000001000	01001	0011	0011	0011	0110	0010
4	0000010000	01010	0100	0100	0100	0111	0110
5	0000100000	01100	0101	1000	1011	1000	0111
6	0001000000	10001	0110	1001	1100	1001	0101
7	0010000000	10010	0111	1010	1101	1010	0100
8	0100000000	10100	1000	1011	1110	1011	1100
9	1000000000	11000	1001	1100	1111	1100	1101

Bild 4.17: BCD-Codes für Dezimalziffern

- Der 1-aus-10-Code und der 2-aus-5-Code sind **Fehlererkennungs-Codes**. In jedem Codewort sind nur 1 bit bzw. 2 bit mit „1" besetzt. Ein Bitfehler wird somit erkannt und ergibt kein falsches Codewort.
- Der 8-4-2-1-Code ist ein **gewichteter Code**, d. h. jeder Stelle ist ein fester Stellenwert zugeordnet. Die Codewörter sind mit den Zahlen des Dualsystems identisch.
- Der 5-4-2-1-Code ist ein gewichteter Code. Das vierte Bit der Codewörter für die Ziffern 0 bis 4 ist mit „0", für die Ziffern 5 bis 9 mit „1" besetzt. Das erste bis dritte Bit ist jeweils gleich für die Ziffern 0 und 5, 2 und 6, 3 und 7 usw.
- Der 2-4-2-1-Code ist ein gewichteter und **symmetrischer Code**. Die mit „0" bzw. „1" besetzten Bits in den Codewörtern für die Ziffern 0 bis 4 sind in den Codewörtern für die Ziffern 5 bis 9 mit „1" bzw. „0" besetzt.
- Der Exzess-3-Code ist ein ungewichteter symmetrischer Code.
- Der Gray-Code ist ein **einschrittiger Code**, d. h. beim Zählen ändert sich jeweils nur 1 bit des Codewortes.

Pseudotetraden

Die Codewörter der BCD-Codes werden auch als **Tetraden** bezeichnet. Von den 16 möglichen Tetraden werden zur Darstellung der zehn Dezimalziffern jeweils sechs Tetraden nicht verwendet; diese werden **Pseudotetraden** oder **Pseudodezimale** genannt.

Zur Codierung von mehrstelligen Dezimalzahlen wird für jede Stelle ein entsprechendes Codewort des gewählten Codes eingesetzt (Bild 4.18).

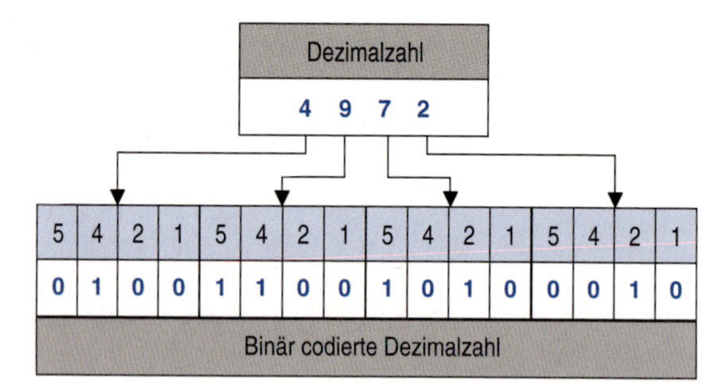

Bild 4.18: Darstellung einer vielstelligen Dezimalzahl im 5-4-2-1-Code

4.3.5 Alphanumerische Codes

Der **ASCII-Code** (**A**merican **S**tandard **C**ode for **I**nformation **I**nterchange) ist ein international genormter 7 Bit-Code (Bild 4.19). Er dient zur Ein- und Ausgabe bei Datenverarbeitungsanlagen und zum Austausch digitaler Daten zwischen solchen Anlagen.

7	0		0		0		0		1		1		1		1	
6	0		0		1		1		0		0		1		1	
5	0		1		0		1		0		1		0		1	
Bit-Nr. 4 3 2 1	Hexa-dezimal	Zeichen	Hexa-dezimal	Zeichen	Hexa-dezimal	Zeichen	Hexa-dezimal	Zeichen	Hexa-dezimal	Zeichen	Hexa-dezimal	Zeichen	Hexa-dezimal	Zeichen	Hexa-dezimal	Zeichen
0 0 0 0	00	NUL	10	DLE	20	SP	30	0	40	@	50	P	60	`	70	p
0 0 0 1	01	SOH	11	DC1	21	!	31	1	41	A	51	Q	61	a	71	q
0 0 1 0	02	STX	12	DC2	22	"	32	2	42	B	52	R	62	b	72	r
0 0 1 1	03	ETX	13	DC3	23	#	33	3	43	C	53	S	63	c	73	s
0 1 0 0	04	EOT	14	DC4	24	$	34	4	44	D	54	T	64	d	74	t
0 1 0 1	05	ENQ	15	NAK	25	%	35	5	45	E	55	U	65	e	75	u
0 1 1 0	06	ACK	16	SYN	26	&	36	6	46	F	56	V	66	f	76	v
0 1 1 1	07	BEL	17	ETB	27	´	37	7	47	G	57	W	67	g	77	w
1 0 0 0	08	BS	18	CAN	28	(	38	8	48	H	58	X	68	h	78	x
1 0 0 1	09	HT	19	EM	29	)	39	9	49	I	59	Y	69	i	79	y
1 0 1 0	0A	LF	1A	SUB	2A	*	3A	:	4A	J	5A	Z	6A	j	7A	z
1 0 1 1	0B	VT	1B	ESC	2B	+	3B	;	4B	K	5B	[	6B	k	7B	
1 1 0 0	0C	FF	1C	FS	2C	,	3C	<	4C	L	5C	\	6C	l	7C	/
1 1 0 1	0D	CR	1D	GS	2D	-	3D	=	4D	M	5D	]	6D	m	7D	
1 1 1 0	0E	SO	1E	RS	2E	.	3E	>	4E	N	5E	^	6E	n	7E	~
1 1 1 1	0F	SI	1F	US	2F	/	3F	?	4F	O	5F	_	6F	o	7F	DEL

Bild 4.19: ASCII-Code

Der ASCII-Zeichensatz umfasst 128 Zeichen. Von diesen sind 94 Schriftzeichen, mit denen die Groß- und Kleinbuchstaben des lateinischen Alphabets, die Dezimalziffern, Interpunktionszeichen und mathematischen Zeichen sowie einigen Sonderzeichen (z.B. Währungszeichen) dargestellt werden. 34 Zeichen (in Bild 4.19 blau unterlegt) werden als Steuerzeichen genutzt. Ihre Bedeutung ist in Bild 4.20 aufgelistet. Die Zeichen „SP“ und „DEL“ gelten außerdem als nicht abdruckbare Schriftzeichen bzw. als Füllzeichen.

Zeichen	Bedeutung	Zeichen	Bedeutung
NUL	NULL	DLE	DATALINK ESCAPE
SOH	START OF HEADING	DC1 BIS 4	DEVICE CONTROL 1 BIS 4
STX	START OF TEXT	NAK	NEGATIVE ACKNOWLEDGE
ETX	END OF TEXT	SYN	SYNCHRONOUS IDLE
EOT	END OF TRANSMISSION	ETB	END OF TRANSMISSION BLOCK
ENQ	ENQUIRY	CAN	CANCEL
ACK	ACKNOWLEDGE	EM	END OF MEDIUM
BEL	BELL	SUB	SUBSTITUTE
BS	BACKSPACE	ESC	ESCAPE
HT	HORIZONTAL TABULATION	FS	FILE SEPARATOR
LF	LINE FEED	GS	GROUP SEPARATOR
VT	VERTICAL TABULATION	RS	RECORD SEPARATOR
FF	FROM FEED	US	UNIT SEPARATOR
CR	CARRIAGE RETURN	SP	SPACE
SO	SHIFT OUT	DEL	DELETE
SI	SHIFT IN		

Bild 4.20: Bedeutung der Steuerzeichen im ASCII-Code

Hexa-dezimal	Zeichen	Hexa-dezimal	Zeichen
5B	Ä	7B	ä
5C	Ö	7C	ö
5D	Ü	7D	ü
		7E	ß

Bild 4.21: Deutsche Referenz-Version

Die Schriftzeichen in den grau unterlegten Feldern in Bild 4.19 können durch länder-spezifische Schriftzeichen ersetzt werden.

Die in der deutschen Referenz-Version des ASCII-Codes geänderten Schriftzeichen sind in Bild 4.21 dargestellt.

Bit-Nr.	8	7	6	5	4	3	2	1
Codewort „F“	1	1	0	0	0	1	1	0
Codewort „f“	0	1	1	0	0	1	1	0

Bild 4.22: ASCII-Code mit Prüfbit

Wegen der üblichen 8-Bit-Wortlänge bei der Darstellung von Zeichen kann das achte Bit als **Prüfbit** zur Erkennung von Übertragsfehlern genutzt werden. In dem Beispiel in Bild 4.22 ist dem Codewort als Prüfbit ein **Paritätsbit** für gerade Parität hinzugefügt. Das Paritätsbit ist „0“, wenn die Anzahl der mit 1 besetzten Stellen des Codewortes gerade ist; es ist „1“, wenn diese Anzahl ungerade ist.

Mit einer erweiterten 8-Bit-Variante (**Extended ASCII**) können 256 Zeichen dargestellt werden. Davon entsprechen die ersten 128 Zeichen dem normalen ASCII-Code und die Zeichen von 128 bis 255 dienen zur Darstellung von weiteren Sonderzeichen (z. B. länderspezifische Zeichen) und Grafiksymbolen.
Der **EBCDI-Code** (Extended BCD Interchange Code) ist ein auf ASCII basierender erweiterter Umwandlungscode. Mit diesem 8-Bit-Code sind 256 Zeichen darstellbar. Codiert werden die Dezimalziffern, die Buchstaben des lateinischen Alphabets, Sonder- und Steuerzeichen. Im Gegensatz zum ASCII-Code ist der EBCDI-Code nicht genormt.

4.3.6 Barcodes

Barcodes – auch Strichcodes oder Balkencodes (Bar = Balken) – sind binäre Zeichencodes, die zur Kennzeichnung von Waren im Handel und in der Lagerhaltung sowie zur Codierung von Postleitzahlen angewendet werden. Sie können mit einem Laserabtaster oder einem Lesestift (vgl. Kap. 1.8.4) entschlüsselt werden.

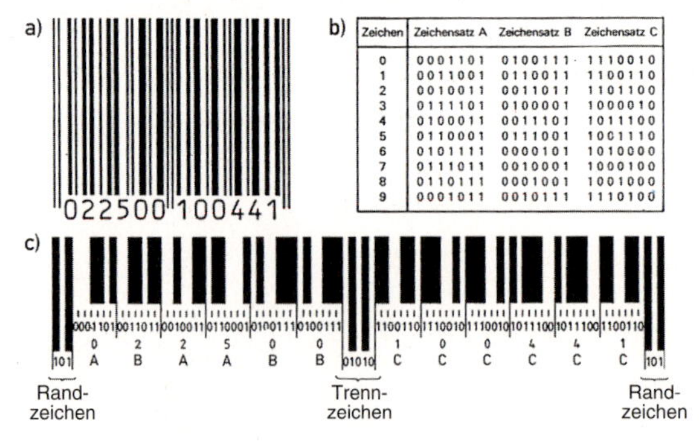

Zeichen	Zeichensatz A	Zeichensatz B	Zeichensatz C
0	0001101	0100111	1110010
1	0011001	0110011	1100110
2	0010011	0011011	1101100
3	0111101	0100001	1000010
4	0100011	0011101	1011100
5	0110001	0111001	1001110
6	0101111	0000101	1010000
7	0111011	0010001	1000100
8	0110111	0001001	1001000
9	0001011	0010111	1110100

Bild 4.23: a) EAN-Codierung
b) Zeichensätze des EAN-Codes
c) Decodierung eines EAN-Codes

In Bild 4.23 ist eine Artikelkennzeichnung mit dem EAN-Code (**E**uropean **A**rticle **N**umbering) dargestellt. Dieser Barcode besteht aus zwei Hälften, von denen jede sechs Dezimalziffern enthält. Jede Dezimalziffer wird durch sieben Binärzeichen codiert, die durch Balken („1") oder Lücken („0") dargestellt werden. Die beiden Hälften eines Codes werden durch Randzeichen („101") und Trennzeichen („01010") begrenzt.

EAN-Code

Zur Codierung der Dezimalziffern werden die Zeichensätze A, B und C angewendet; die linke Hälfte in der Folge ABAABB, in der rechten Hälfte alle sechs Ziffern nach Zeichensatz C (Bild 4.23).

4.3.7 2D-Codes

Neben den eindimensionalen Strichcodes (1D-Barcodes) werden zunehmend **zweidimensionale Codes (2D-Codes)** verwendet. Aus einer ganzen Reihe verschiedener 2D-Codes soll hier als Beispiel der **Data-Matrix-Code (DMC)** kurz erläutert werden.

Den DMC gibt es in verschiedenen Versionen, von denen die aktuelle und sicherste die DMC ECC 200 ist. ECC bedeutet „Error Checking and Correction" und beschreibt das verwendete Verfahren zur Fehlerkorrektur, bei dem die Rekonstruktion des Dateninhalts selbst dann noch möglich ist, wenn bis zu 25 % des Codes zerstört sind.

Identifikationsmuster zur Erkennung von Größe, Orientierung, Störungen sowie der Zahl der Zeilen und Spalten

Datenbereich, enthält Daten und Fehlerprüfsummen

Bild 4.24: Datenregion eines DMC

Ein DMC besteht aus mehreren **Datenregionen**. Diese sind aus quadratischen Symbolelementen zusammengesetzt, wovon jedes bis zu 88 numerische oder 64 alphanumerische Zeichen speichern kann. Ein Identifikationsmuster unterteilt die Region in die einzelnen Symbole. Dabei ist das Aussehen der Ränder genau festgelegt. Der linke und der untere Rand bestehen aus einem durchgezogenen schwarzen Balken, am rechten und oberen Rand wechseln sich schwarze und weiße Quadrate ab. Durch dieses Muster kann ein Bildverarbeitungssystem die Größe, die Ausrichtung, die Zahl der Zeilen und Spalten sowie die Orientierung des Codes bestimmen. Daher sind 2D-Codes in jeder 360-Grad-Position lesbar.

Insgesamt ist die Informationsdichte eines DMC wesentlich größer als die eines 2D-Barcodes. Die Kapazität ist abhängig vom gespeicherten Datentyp und beträgt 1556 Bytes oder 2335 ASCII-Zeichen oder 3116 Ziffern.

Neben dem Einsatz in der Frankier-Software („Stamp IT") der Deutschen Post wird der ECC 200 in zahlreichen Branchen für die Rückverfolgung von Produkten verwendet.

4.3.8 RFID

RFID (**R**adio **F**requency **Id**entification) bezeichnet eine Technik zur berührlosen automatischen Identifikation von Gegenständen und Objekten durch Funksignale. Sie ist in der ISO 15693 spezifiziert.

Transponder: Transmitter + Responder, d. h. gleichzeitiges Senden und Empfangen

Ein RFID-System setzt sich aus einer ortsfesten oder tragbaren Leseeinheit mit Antenne und Decoder sowie einem am zu identifizierenden Objekt anzubringenden Funktransponder mit Antenne und einem Microchip zur Datenspeicherung zusammen. Die Datenspeicherung erfolgt in einem integrierten Flash-Speicher (siehe Kap. 1.2.3.1). Über das Lesegerät kann der Microchip nicht nur gelesen, sondern auch neu programmiert werden.

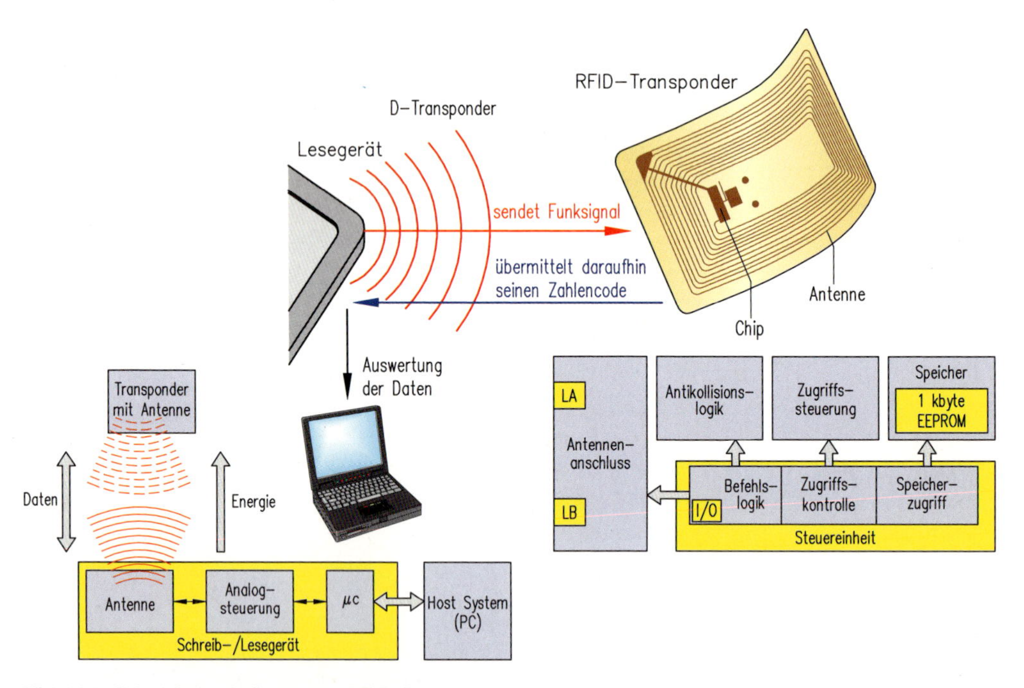

Bild 4.25: Prinzipieller Aufbau eines RFID-Systems

Aktive Transponder besitzen eine Batterie, passive Transponder beziehen die Energie, die zum Auslesen oder Neuprogrammieren erforderlich ist, mittels induktiver Kopplung über die Funkschnittstelle zum Lesegerät. Die Größe eines vollständigen RFID-Labels (Microchip, Transponder, Antenne; auch als RFID-Tag oder Smart-Label bezeichnet) beträgt nur wenige Millimeter und kann beispielsweise nahezu unsichtbar unter einem dünnen Etikett angebracht werden. Die übertragenen Informationen lassen sich auf direktem Wege datentechnisch auswerten. Zur Übertragung der Informationen werden je nach Anwendung die Frequenzbereiche 125 kHz, 13,56 MHz, 860–930 MHz und 2,45 GHz genutzt. Alle Schreib-/Lesevorgänge erfolgen im Millisekundenbereich, sodass auch sich schnell bewegende Objekte erfasst und ausgewertet werden können. Zu den Anwendungsbereichen gehören die gesamte Distributionslogistik, die Handhabung von Gepäck und Paketen sowie die Personenidentifikation.

■ Aufgaben:

1. a) Wozu werden in der Informationstechnik Zeichen verwendet?
   b) Nennen Sie einige Beispiele für Zeichen.
2. Was verstehen Sie unter dem Begriff „Signal"?
3. Nennen Sie die charakteristischen Merkmale zur Unterscheidung verschiedener Signalarten.
4. Wodurch unterscheiden sich analoge und digitale Signale?
5. Gegeben sind die Zahlen:
   a) 4302,1 b) 715,02 c) 302,12 d) 1220,2
   In jeder Zahl ist die höchste Ziffer auch gleichzeitig das höchste Zahlzeichen des verwendeten Zahlensystems.
   1. Geben Sie an, in welchem Zahlensystem die Zahlen a)–d) dargestellt sind.
   2. Ermitteln Sie für jede der vier Zahlen die entsprechende Dezimalzahl. (Lösungshinweis: Stellen Sie für jede der vier Zahlen eine Tabelle nach dem Beispiel in Kap. 4.2 auf.)
6. Wandeln Sie die folgenden Dualzahlen in Dezimalzahlen um:
   a) 10110,101 b) 111101,11 c) 10011,011 d) 100010,01
7. Wandeln Sie die folgenden Dezimalzahlen in Dualzahlen um:
   a) 4273,375 b) 97241,5 c) 37842,75 d) 6224,875
8. Geben Sie für die folgenden Dualzahlen die entsprechenden Hexadezimalzahlen an:
   a) 10111001010,101 b) 10111000,110001
   c) 11110011011,01 d) 100000111101,001
9. Wandeln Sie die folgenden Hexadezimalzahlen in Dualzahlen um:
   a) 4BF,5 b) D4E,9 c) C94,7 d) 0,4B3
10. Wandeln Sie die folgenden Hexadezimalzahlen in Dezimalzahlen um:
    a) 5F8C,3A b) 27BE,7D c) 974F,8B d) ABCD,6E
11. Wandeln Sie die folgenden Dezimalzahlen in Hexadezimalzahlen um:
    a) 698,5 b) 4763,6875 c) 28359,4375 d) 97438,125
12. Was verstehen Sie unter einem Code?
13. Erklären Sie die Begriffe Bit, Byte und Datenwort.
14. Beschreiben Sie, wie positive und negative Dualzahlen binär codiert werden.
15. Geben Sie die folgenden Dezimalzahlen als binär codierte Dualzahlen mit Vorzeichenbit bei einer Wortlänge von 8 bit an:
    a) +5 und –5, b) +40 und –40, c) +100 und –100
16. Geben Sie die höchste (positive) und niedrigste (negative) Dezimalzahl an, die mit binär codierten Dualzahlen mit Vorzeichenbit bei einer Wortbreite von 12 bit dargestellt werden kann.
17. Geben Sie für folgende mit Vorzeichenbit codierte Dualzahlen jeweils die entsprechende Dezimalzahl an:
    a) 0110 0111 b) 1110 0111 c) 0111 1111 d) 1111 1111
18. Die Zeichenfolgen mit unterschiedlichen Wortlängen stellen binär codierte Dualzahlen mit Vorzeichen dar. Geben Sie jeweils die dargestellte Zahl als Dezimalzahl an:
    a) 1000 0100 b) 10 0100 c) 1 0100 d) 1100
19. a) Wie unterscheidet sich der Dualcode vom 8-4-2-1-BCD-Code?
    b) Geben Sie die Zahl $Z = 5427_{dez}$ als Dualzahl und im 8-4-2-1-BCD-Code an.

20. Der ASCII-Code (7-Bit-Code) enthält Steuerzeichen und Schriftzeichen. Die einzelnen Zeichen sind durch die Bitkombinationen in der Reihenfolge b7, b6 ... b1 gekennzeichnet.
    a) An welcher Bitkombination sind die Steuerzeichen zu erkennen?
    b) Zwei Zeichen des Codes sind sowohl Steuer- als auch Schriftzeichen. Geben Sie die Bitkombinationen der beiden Zeichen an.
    c) Vergleichen Sie die Codewörter der Dezimalzahlen. Wie sind diese codiert?
    d) Wodurch unterscheiden sich bei den Buchstaben die Bitkombinationen für die Groß- und die Kleinschreibung?
    e) Fügen Sie den Codewörtern für die deutschen Umlaute in Groß- und Kleinschreibung als achtes Bit ein Prüfbit an, wenn eine gerade Parität vereinbart ist.
21. Was wird mit der Abkürzung RFID bezeichnet? Welche Vorteile bietet diese Technik?

4.4 Digitale Signalverarbeitung

4.4.1 Logische Verknüpfungen

4.4.1.1 Schaltalgebra

Die Schaltalgebra dient zur mathematisch exakten Beschreibung der funktionellen Zusammenhänge zwischen den Eingangs- und Ausgangssignalen digitaler Schaltelemente. Sie wurde von dem englischen Mathematiker George Boole (1815–1864) entwickelt.
Die Arbeitsweise aller Informationssysteme beruht auf den Gesetzen der „Boole'schen Algebra"; diese sind nur auf binäre Schaltvariable anwendbar.

Darstellung von Schaltfunktionen

Eine **binäre Schaltvariable** kann nur die zwei Werte „0" und „1" annehmen.
Zwischen diesen beiden Werten besteht die Beziehung:
$\mathbf{0} = \overline{\mathbf{1}}$ (lies: Null ist gleich Eins nicht)
$\mathbf{1} = \overline{\mathbf{0}}$ (lies: Eins ist gleich Null nicht)

Die Abhängigkeit des Ausgangssignals von den Eingangssignalen – die **Schaltfunktion** – kann dargestellt werden:

- Durch ein Symbol für die **Boole'sche Verknüpfung** (Bild 4.26, Spalte 1)
- Durch eine **Wahrheitstabelle** (Bild 4.26, Spalte 2)
- Durch eine **Funktionsgleichung** (Bild 4.26, Spalte 3)

In der Wahrheitstabelle wird für jede mögliche Wertekombination der Eingangsvariablen der Ausgangswert angegeben.
In der Funktionsgleichung wird die Verknüpfungsart der Schaltvariablen durch Zeichen dargestellt:

$\wedge$ oder $\cdot$ für UND-Verknüpfung (Konjunktion)
$\vee$ oder + für ODER-Verknüpfung (Disjunktion)

Schaltzeichen Symbol	Wahrheitstabelle	Schaltfunktion, Benennung, Gleichung	Zeitablaufdiagramm	Beschreibung
a, b – & – x	b a x 0 0 0 0 1 0 1 0 0 1 1 1	**UND**-Funktion (Konjunktion) $x = a \wedge b$	a b x	Der Ausgang nimmt nur dann den 1-Zustand an, wenn sich beide Eingänge im 1-Zustand befinden.
a, b – ≥1 – x	b a x 0 0 0 0 1 1 1 0 1 1 1 1	**ODER**-Funktion (Disjunktion) $x = a \vee b$	a b x	Der Ausgang nimmt nur dann den 1-Zustand an, wenn sich mindestens ein Eingang im 1-Zustand befindet.
a – 1 –o x	a x 0 1 1 0	**NICHT**-Funktion (Negation) $x = \bar{a}$	a x	Der Ausgang nimmt nur dann den 1-Zustand an, wenn sich der Eingang im 0-Zustand befindet.
a, b – & –o x	b a x 0 0 1 0 1 1 1 0 1 1 1 0	**NAND**-Funktion $x = \overline{a \wedge b}$	a b x	Der Ausgang nimmt nur dann den 1-Zustand an, wenn sich mindestens ein Eingang im 0-Zustand befindet.
a, b – ≥1 –o x	b a x 0 0 1 0 1 0 1 0 0 1 1 0	**NOR**-Funktion $x = \overline{a \vee b}$	a b x	Der Ausgang nimmt nur dann den 1-Zustand an, wenn sich beide Eingänge im 0-Zustand befinden.
a, b – =1 – x	b a x 0 0 0 0 1 1 1 0 1 1 1 0	**Antivalenz**-Funktion (Exklusiv-ODER) $x = (a \wedge \bar{b}) \vee (\bar{a} \wedge b)$	a b x	Der Ausgang nimmt nur dann den 1-Zustand an, wenn sich beide Eingänge in unterschiedlichen Zuständen befinden.
a, b – = – x	b a x 0 0 1 0 1 0 1 0 0 1 1 1	**Äquivalenz**-Funktion (Exclusiv-NOR) $x = (a \wedge \bar{b}) \vee (a \wedge b)$	a b x	Der Ausgang nimmt nur dann den 1-Zustand an, wenn sich beide Eingänge in demselben Zustand befinden.

Bild 4.26: Binäre (Boole'sche) Verknüpfungen

Die Funktionsgleichung lässt sich aus der Wahrheitstabelle herleiten, indem

- die Eingangsvariablen einer Zeile, deren Ausgangswert „1" ist, UND-verknüpft werden und
- alle Zeilen mit dem Ausgangswert „1" miteinander ODER-verknüpft werden (Bild 4.26, Antivalenz- und Äquivalenz-Funktion).

In den nachfolgenden Bildern sind die Regeln der Schaltalgebra tabellarisch zusammengefasst.

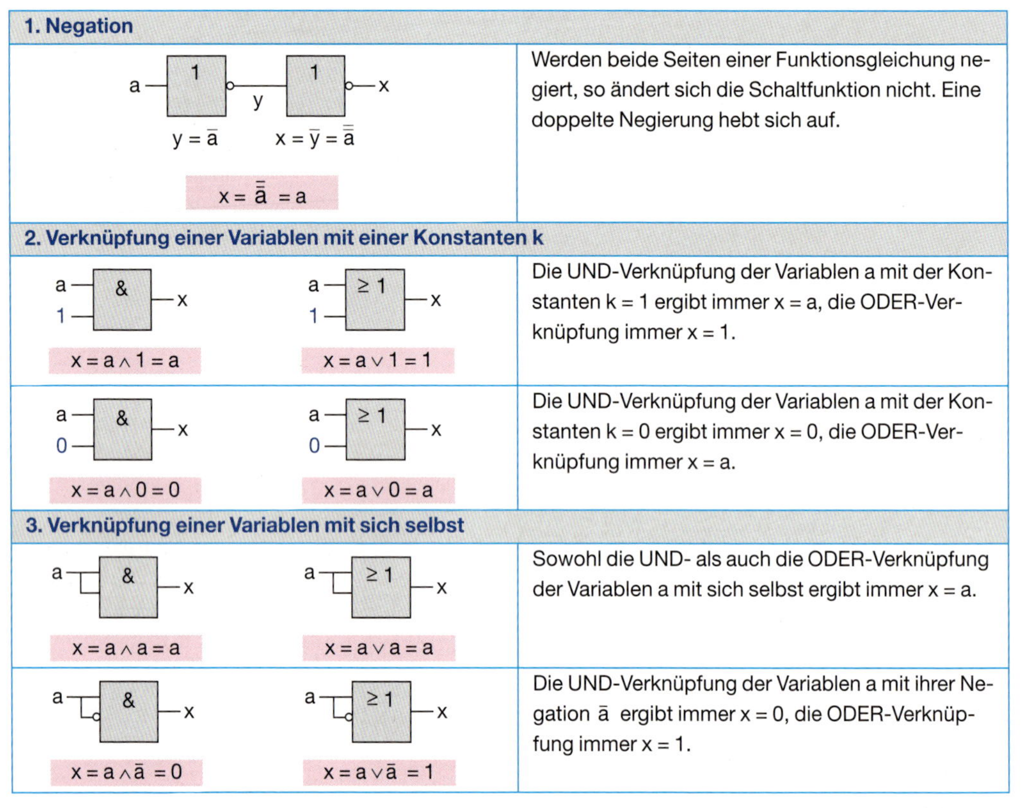

Bild 4.27: Regeln für eine Variable

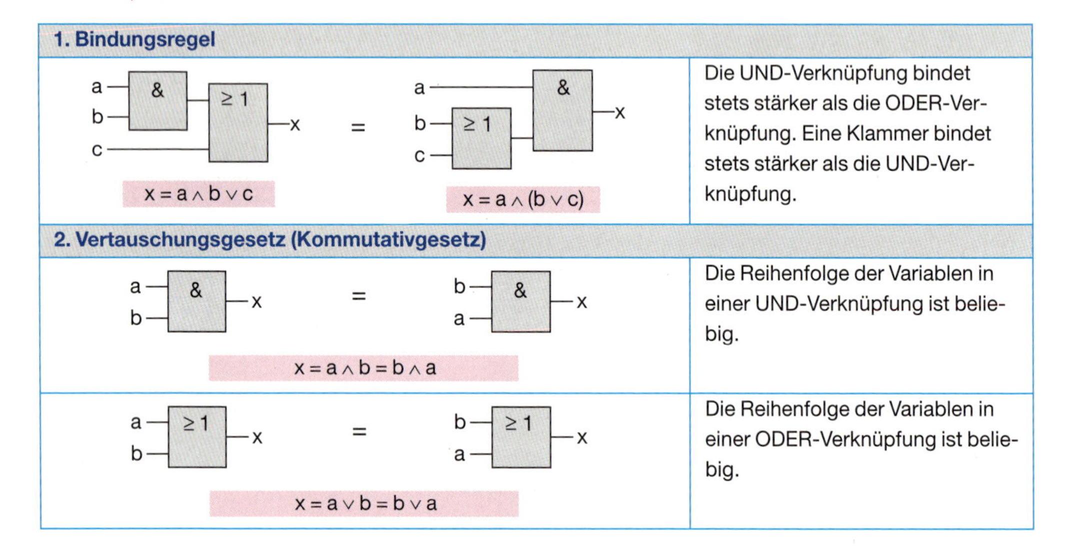

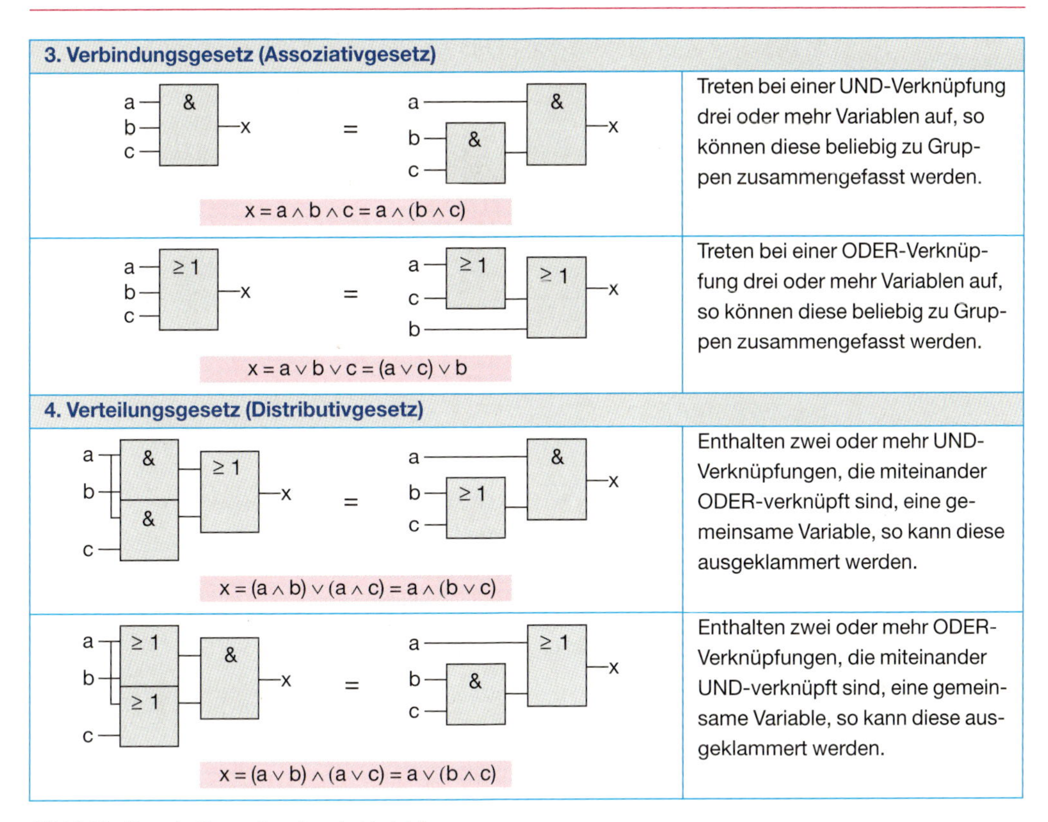

Bild 4.28: Regeln für zwei und mehr Variable

Die nach dem englischen Mathematiker De Morgan (1806–1871) benannten Gesetze ermöglichen die Umwandlung negierter Funktionsgleichungen (Bild 4.29).

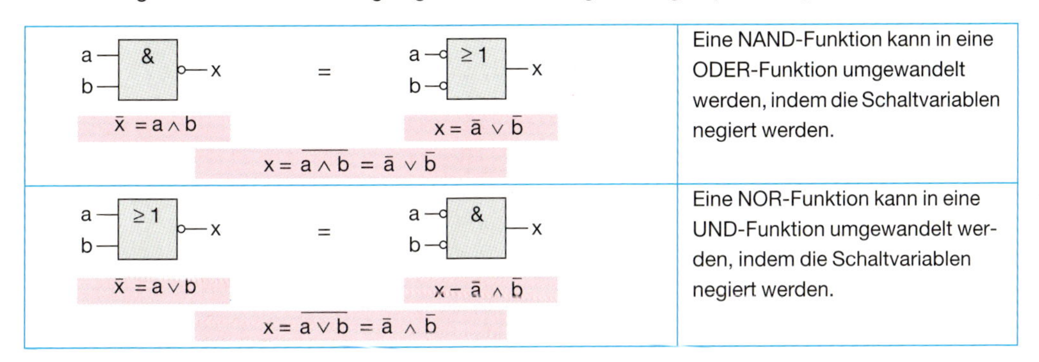

Bild 4.29: De-Morgansche Gesetze

4.4.1.2 Verknüpfungselemente

Verknüpfungselemente enthalten Schaltungen, die Boole'sche Verknüpfungen von Schaltvariablen bewirken.

In der IT-Technik werden integrierte Schaltkreise (IC = **I**ntegrated **C**ircuit) eingesetzt, die mehrere gleiche Verknüpfungselemente enthalten und auf einem Halbleiterchip hergestellt werden.

Potenziale und Pegel

Der Funktionszusammenhang, der zwischen der Ausgangsspannung und den Eingangsspannungen besteht, kann in einer Arbeitstabelle dargestellt werden. Bild 4.30 zeigt die Arbeitstabelle für eine Schaltung mit zwei Eingängen, deren Eingangs- und Ausgangsspannungen die Werte +2 V und –3 V annehmen können. Da die absoluten Spannungswerte durch die Technologie des Schaltkreises bestimmt sind, werden in der Arbeitstabelle meist nur die Pegelwerte angegeben:

H (High) für das höhere Potenzial
L (Low) für das niedrigere Potenzial

Die Verknüpfungsfunktion ergibt sich durch die Zuordnung der Pegel zu den binären Schaltvariablen:

Bei der **positiven Logik** gilt **L = 0** und **H = 1**,
bei der **negativen Logik** gilt **L = 1** und **H = 0**

(Bild 4.30). Die Wahrheitstabelle zeigt, dass ein und dasselbe Verknüpfungselement abhängig von der gewählten Logik zwei verschiedene Boole'sche Verknüpfungen durchführen kann: bei positiver Logik eine NAND-Verknüpfung, bei negativer Logik eine NOR-Verknüpfung (Bild 4.30).

Arbeitstabelle mit					
Spannungswerten			**Pegelwerten**		
b	**a**	**x**	**b**	**a**	**x**
–3V	–3V	+2V	L	L	H
–3V	+2V	+2V	L	H	H
+2V	–3V	+2V	H	L	H
+2V	+2V	–3V	H	H	L

Wahrheitstabelle und Gleichung für					
Positive Logik			**Negative Logik**		
b	**a**	**x**	**b**	**a**	**x**
0	0	1	1	1	0
0	1	1	1	0	0
1	0	1	0	1	0
1	1	0	0	0	1
$x = \bar{a} \vee \bar{b} = \overline{a \wedge b}$			$x = \bar{a} \wedge \bar{b} = \overline{a \vee b}$		

Bild 4.30: Positive und negative Logik

Alle Boole'schen Schaltfunktionen lassen sich auf die Grundfunktionen UND, ODER und NICHT zurückführen. So entsteht eine NAND-Verknüpfung, wenn der Ausgang eines UND-Elementes mit einem NICHT-Element invertiert wird. Ein ODER-Element mit einem nachgeschalteten NICHT-Element bildet eine NOR-Verknüpfung. Das Kurzschließen der Eingänge eines NAND- oder NOR-Elementes ergibt eine NICHT-Verknüpfung (Bild 4.31).

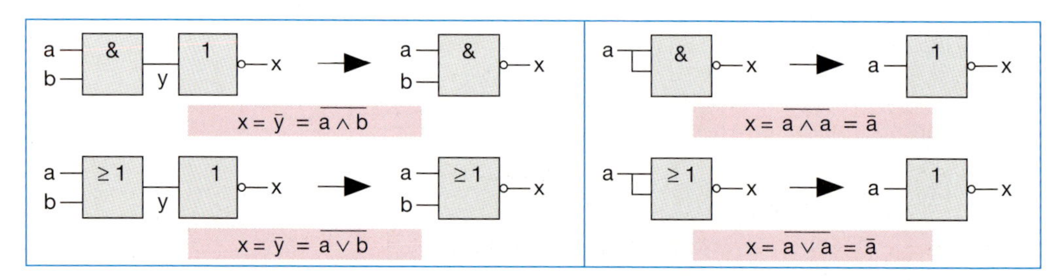

Bild 4.31: Grundverküpfungen

Für jede Boole'sche Verknüpfung lassen sich nach den de-Morganschen Gesetzen zwei in der Funktion gleichwertige Gleichungen aufstellen: eine konjunktive und eine disjunktive. Ebenso lässt sich zu jedem Schaltzeichen, das eine oder mehrere Grundverknüpfungen darstellt, ein zweites gleichwertiges Schaltzeichen nach folgenden Regeln zeichnen:

Schaltungsumwandlung

1. Ein UND-Symbol wird durch ein ODER-Symbol ersetzt.
   Ein ODER-Symbol wird durch ein UND-Symbol ersetzt.
2. Alle nichtnegierten Ein- und Ausgänge werden negiert.
   Alle negierten Ein- und Ausgänge werden nichtnegiert.

Die Umwandlung einer Konjunktion (UND-Schaltung) in eine Disjunktion (ODER-Schaltung) und umgekehrt ermöglicht die Realisierung beliebiger Verknüpfungsschaltungen sowohl nur mit NAND-Elementen als auch nur mit NOR-Elementen. Dies ist besonders bedeutsam beim Einsatz integrierter Schaltkreise.

Aufgaben:

1. a) Stellen Sie für die Verknüpfungsschaltung die Wahrheitstabelle auf.
   b) Welche Funktion erfüllt die Schaltung?
   c) Geben Sie die Funktionsgleichung und das Symbol an.

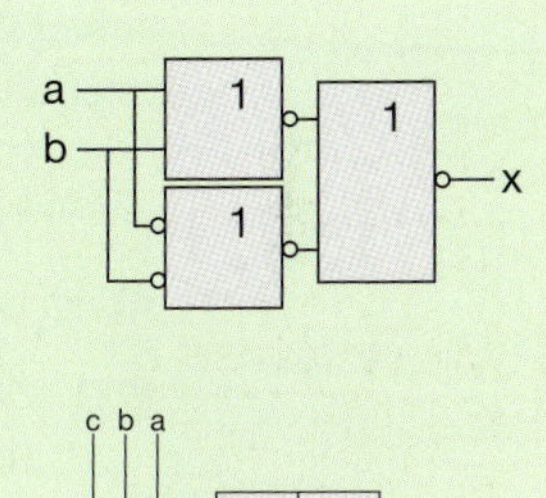

2. a) Geben Sie die Funktionsgleichung der Schaltung an.
   b) Vereinfachen Sie die Gleichung nach den Regeln der Schaltalgebra.
   c) Überprüfen Sie die Gleichung anhand der Wahrheitstabelle.

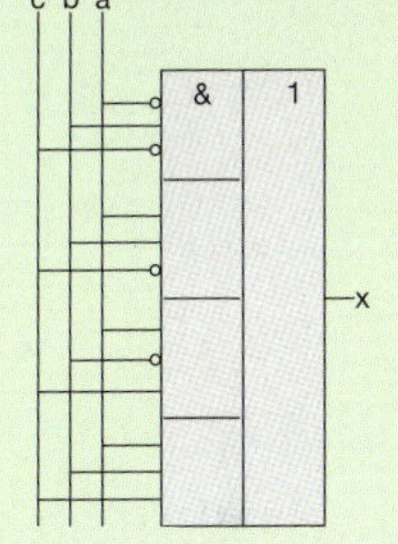

3. An einem Verknüpfungselement wurden die in der Arbeitstabelle angegebenen Spannungen gemessen.
   a) Stellen Sie eine Pegeltabelle auf.
   b) Geben Sie die Funktionsgleichung des Elementes bei Anwendung der positiven und der negativen Logik an.

b	a	x
4,2 V	4,2 V	0,3 V
4,2 V	0,3 V	0,3 V
0,3 V	4,2 V	0,3 V
0,3 V	0,3 V	4,2 V

4. Für eine Verriegelungsschaltung wurde die Wahrheitstabelle angegeben.
   a) Stellen Sie die Funktionsgleichung auf.
   b) Vereinfachen Sie die Gleichung mithilfe der Schaltalgebra.
   c) Formen Sie die Gleichung durch Anwendung der Gesetze von De Morgan so um, dass die Verknüpfung ausschließlich mit NAND-Elementen realisiert werden kann.
   d) Formen Sie die Gleichung für eine Realisierung ausschließlich mit NOR-Elementen um.
   e) Zeichnen Sie für c) und d) die Verknüpfungsschaltungen.

c	b	a	x
0	0	0	0
0	0	1	0
0	1	0	0
0	1	1	1
1	0	0	0
1	0	1	1
1	1	0	1
1	1	1	1

5. Vereinfachen Sie die folgenden Logik-Gleichungen mit den Mitteln der Schaltalgebra.
   a) $X = a \wedge (\bar{a} \vee b) \vee (b \wedge c \wedge \bar{c})$
   b) $X = (a \wedge b \wedge \bar{c}) \vee (a \wedge b \wedge c)$
   c) $X = (a \wedge \bar{b} \wedge \bar{c}) \vee (a \wedge \bar{b} \wedge c) \vee (a \wedge b \wedge \bar{c})$
   d) $X = (a \vee b) \wedge (\bar{a} \vee b) \wedge (a \vee \bar{b})$
   e) $X = (\bar{a} \wedge b \wedge c) \vee (\bar{a} \wedge \bar{b} \wedge c \wedge d) \vee (a \wedge b \wedge \bar{c} \wedge \bar{d}) \vee (a \wedge b \wedge \bar{c} \wedge d)$

4.4.2 Abhängigkeitsnotation

Durch die **Abhängigkeitsnotation** wird das Zusammenwirken der Anschlüsse eines Schaltzeichenblocks gekennzeichnet. Die Notierungen stehen immer innerhalb des Schaltzeichens.

Abhängigkeitsnotation

Für die verschiedenen Arten von Abhängigkeiten sind in der Norm bestimmte große Kennbuchstaben festgelegt. Es werden steuernde und gesteuerte Anschlüsse unterschieden. Je nach Art der Abhängigkeit wird der entsprechende Kennbuchstabe an den steuernden Anschluss geschrieben. Hinter dem Kennbuchstaben steht eine Kennzahl. Diese Kennzahl steht auch an allen Anschlüssen, die mit dem steuernden Anschluss verknüpft sind.

Als Kennbuchstaben sind festgelegt:

- **G** Der steuernde Anschluss ist mit den gesteuerten Anschlüssen **UND**-verknüpft.
- **V** Der steuernde Anschluss ist mit den gesteuerten Anschlüssen **ODER**-verknüpft.
- **N** Der steuernde Anschluss ist mit den gesteuerten Anschlüssen **EXOR**-verknüpft.
- **C** (Steuerabhängigkeit) Der steuernde Anschluss ist mit den gesteuerten Anschlüssen UND-verknüpft. Zusätzlich zur G-Abhängigkeit hat ein H-Pegel an diesem Anschluss eine auslösende Wirkung auf die Funktion des Bausteins (z. B. als Takteingang).
- **EN** (Enable, Freigabeeingang) Der steuernde Anschluss ist mit den gesteuerten Anschlüssen UND-verknüpft. Steht hinter dem EN keine Kennzahl, so wirkt er als Freigabeeingang für den gesamten Baustein und hat damit eine vorbereitende Wirkung, d. h.:
  - Führt ein H-aktiver EN-Eingang H-Pegel, so haben alle von ihm gesteuerten Anschlüsse ihre normale Funktion.
  - Führt ein H-aktiver EN-Eingang L-Pegel, so haben alle von ihm gesteuerten Eingänge keine Wirkung; alle Tri-state- und Open-Collektor-Ausgänge sind hochohmig und alle übrigen Ausgänge führen L-Pegel.

Beispiele zur Abhängigkeitsnotation

In Bild 4.32 a) bis e) sind einige Beispiele für zusammengesetzte (komplexe) Verknüpfungsschaltungen als Blockdarstellung mit ihrer Auflösung in Einzelverknüpfungen gezeigt.
Steht über der Kennzahl ein Negationsstrich (Bild 4.32 a, Eingang c), so bedeutet dies, dass der steuernde Anschluss (b) mit seinem negierten Pegel auf den gesteuerten Anschluss (c) wirkt.

Ist ein Anschluss außerhalb des Schaltzeichens negiert (Bild 4.32 b, Ausgang c), so bezieht sich die Abhängigkeitsnotation an diesem Ausgang auf den Pegel an der Umrandung des Schaltzeichens, also von innen gesehen vor der Negation.

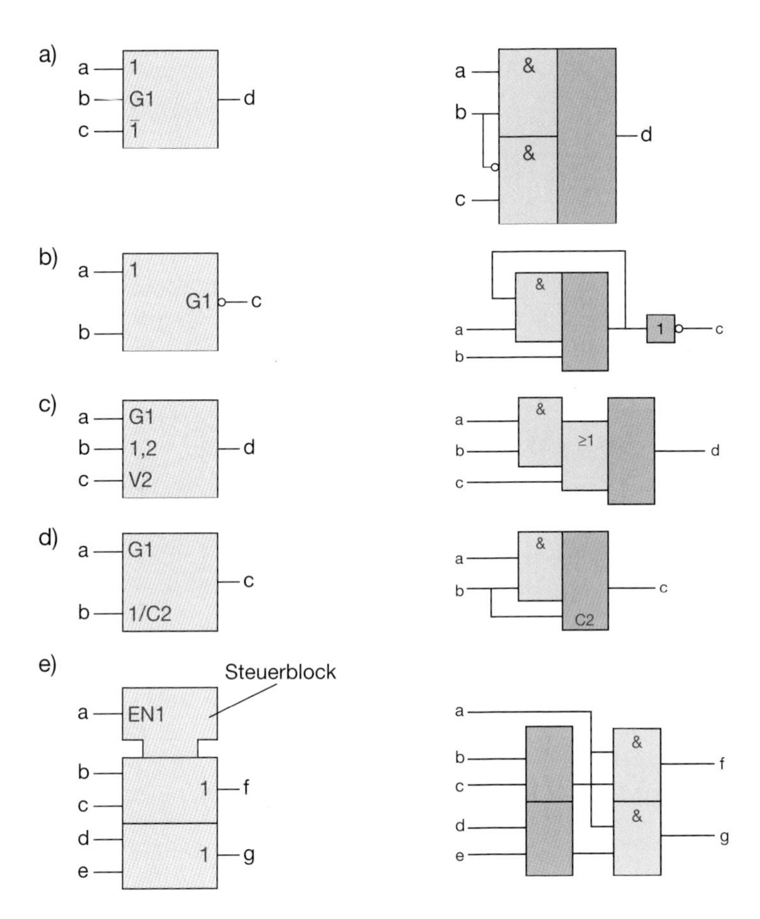

Bild 4.32: Beispiele zur Abhängigkeitsnotation

Ist ein gesteuerter Anschluss von mehreren steuernden Anschlüssen abhängig, so werden die Kennzahlen am gesteuerten Anschluss durch ein Komma getrennt (Bild 4.32 c, Eingang b). Die angegebenen Verknüpfungen sind von links nach rechts in der angegebenen Reihenfolge durchgeführt.
Ist ein Anschluss gleichzeitig gesteuert und steuernd, so werden die Bezeichnungen, die diese Wirkung beschreiben, durch einen Schrägstrich voneinander getrennt (Bild 4.32 d, Eingang b).
Besteht ein Logik-Baustein aus mehreren gleichen Verknüpfungselementen, die von gemeinsamen Steuereingängen beeinflusst werden, so werden diese Steuereingänge in einem Steuerblock zusammengefasst (Bild 4.32 e).
Außerhalb des Schaltzeichenblocks werden die Anschlüsse mit kleinen Buchstaben fortlaufend bezeichnet.
Bezieht sich das Schaltzeichen auf einen bestimmten IC, so stehen außen an den Anschlüssen die Zahlen für die Pinbelegung.

4.4.3 Schaltnetze

Schaltnetze

Schaltnetze sind Verknüpfungsschaltungen, bei denen das Ausgangssignal nur von den anliegenden Eingangssignalen abhängig ist.

Schaltnetze entstehen durch Zusammenschalten von Verknüpfungselementen; sie sind als integrierte Schaltkreise (IC) erhältlich.

4.4.3.1 Addierer

Zur Addition von Dualzahlen wird den Schaltvariablen ein Stellenwert zugeordnet. Dieser ist bei einstelligen Dualzahlen 2^0. Die Summe von zwei einstelligen Dualzahlen A und B lässt sich bei drei der vier möglichen Kombinationen der beiden Schaltvariablen in einer Stelle mit dem gleichen Stellenwert 2^0 bilden (Bild 4.33). Haben beide Schaltvariablen den Wert 1, so tritt bei der Addition ein Übertrag in den nächsthöheren Stellenwert 2^1 auf.

Halbaddierer

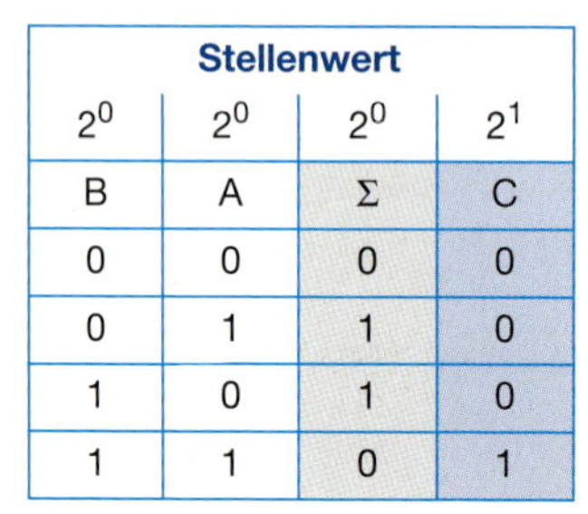

Stellenwert			
2^0	2^0	2^0	2^1
B	A	Σ	C
0	0	0	0
0	1	1	0
1	0	1	0
1	1	0	1

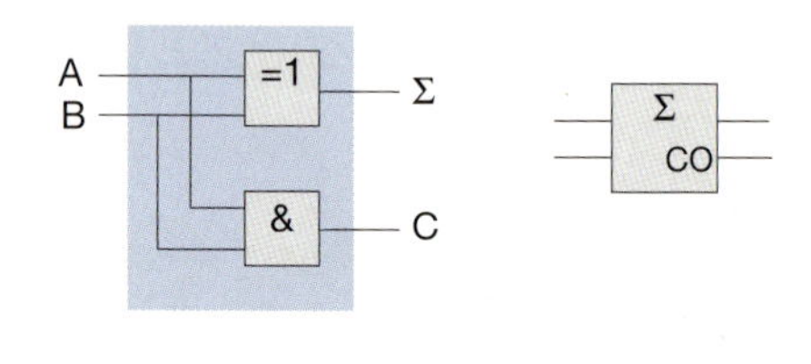

Bild 4.33: Wahrheitstabelle, Verknüpfungsschaltung und Schaltzeichen eines Halbaddierers

Anhand der Tabelle können die Funktionsgleichungen für die Summe Σ und den Übertrag C (**C**arry, im Schaltzeichen CO = **C**arry **o**ut) aufgestellt werden:

$$\Sigma = (A \wedge \overline{B}) \vee (\overline{A} \wedge B)$$

$$C = A \wedge B$$

Das Schaltnetz zum Addieren von zwei einstelligen Dualzahlen lässt sich mit einem Antivalenzelement und einem UND-Element realisieren (Bild 4.33); es wird als **Halbaddierer** bezeichnet.

Mit einem **Halbaddierer** können zwei einstellige Dualzahlen addiert werden.

Sollen mehrstellige Dualzahlen addiert werden, so muss in jeder Stelle noch der Übertrag aus der nächstniederwertigen Stelle addiert werden; hierzu ist ein **Volladdierer** erforderlich.

Mit einem **1-Bit-Volladdierer** können drei einstellige Dualzahlen addiert werden.

Volladdierer

Ein Volladdierer kann aus zwei Halbaddierern geschaltet werden (Bild 4.34). Der erste Halbaddierer addiert die beiden Dualzahlen A und B zur Zwischensumme Σ_1 mit dem Übertrag C_1. Die mit dem zweiten Halbaddierer durchgeführte Addition des Übertrags CI (**C**arry **i**n) aus der nächstniederwertigen Stelle zu der Zwischensumme Σ_1 ergibt die Endsumme Σ und den Übertrag C_2. Die Überträge C_1 und C_2 werden zum Übertrag C ODER-verknüpft.

1. Halbaddierer				**2. Halbaddierer**				**Übertrag**
Stellenwert				Stellenwert				
2^n	2^n	2^n	2^{n+1}	2^n	2^n	2^n	2^{n+1}	2^{n+1}
B	A	Σ_1	C_1	CI	Σ_1	Σ	C_2	C
0	0	0	0	0	0	0	0	0
0	1	1	0	0	1	1	0	0
1	0	1	0	1	1	0	**1**	**1**
1	1	0	**1**	1	0	1	0	**1**

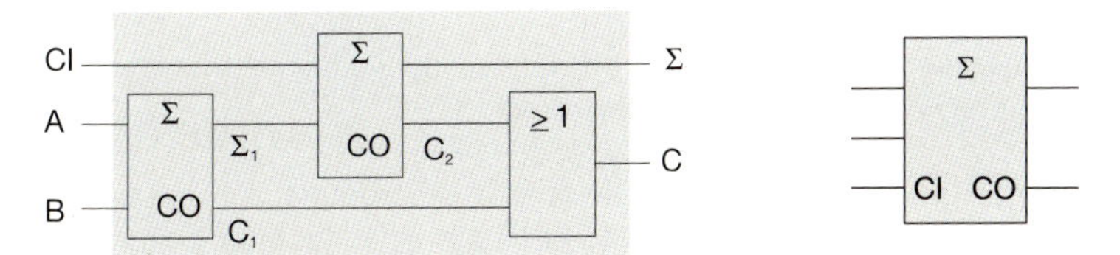

Bild 4.34: Wahrheitstabelle, Schaltung und Schaltzeichen eines 1-Bit-Volladdierers

Mit vier solcher 1-Bit-Volladdierer kann ein 4-Bit-Volladdierer geschaltet werden, der auch als IC erhältlich ist (Bild 4.35). Mit diesen Schaltkreisen lassen sich Addierer für Dualzahlen mit beliebig vielen Stellen aufbauen. Addierer für binär codierte Dezimalzahlen erfordern wegen der möglicherweise auftretenden Pseudodezimalen ein erweitertes Schaltnetz zu deren Korrektur.

Volladdierer

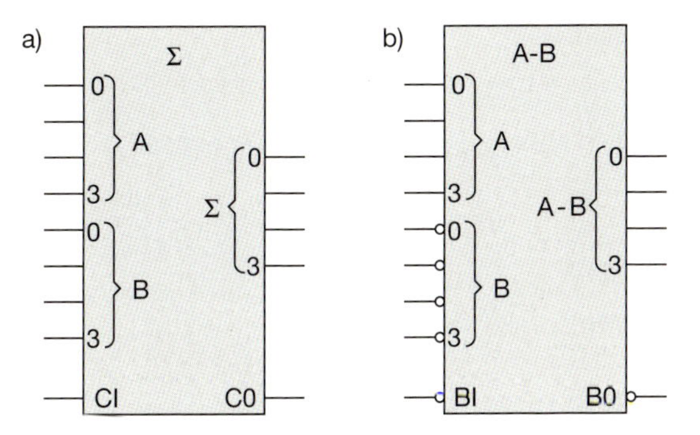

Bild 4.35: 4-Bit-Volladdierer (a) und 4-Bit-Subtrahierer (b)

Mit einem 4-Bit-Volladdierer können auch zwei vierstellige Dualzahlen durch Komplementaddition voneinander subtrahiert werden, indem die Eingänge für den Subtrahenden negiert werden (Bild 4.35). Ein- und Ausgang für den Übertrag werden ebenfalls negiert; sie werden mit BI (**B**orrow **i**n) und BO (**B**orrow **o**ut) bezeichnet.
Volladdierer und Subtrahierer sind Funktionselemente der Alu eines Prozessors (vgl. Kap. 1.2.1.1).

4.4.3.2 Code-Umsetzer

Um reale Vorgänge oder Zustände in einem Informationssystem verarbeiten zu können, müssen sie mit einem **Codierer** (Coder) in binäre Signale umgewandelt werden. Nach der Verarbeitung erfolgt in einem **Decodierer** (Decoder) die Umwandlung der binären Signale in einen realen Zustand oder Vorgang.

- Ein **Coder** ist eine Schaltung zur Umsetzung eines realen Vorgangs oder Zustandes in ein binäres Codewort.
- Ein **Decoder** ist eine Schaltung zur Umwandlung eines Codewortes in eine unmittelbar wahrnehmbare optische oder akustische Anzeige.

Häufig erfordert die Verarbeitung binärer Daten einen Wechsel des Binärcodes; hierzu werden Code-Umsetzer (Converter) eingesetzt.

Code-Umsetzer

- Ein **Code-Umsetzer** wandelt das Codewort eines Codes in ein entsprechendes Codewort eines anderen Codes um.

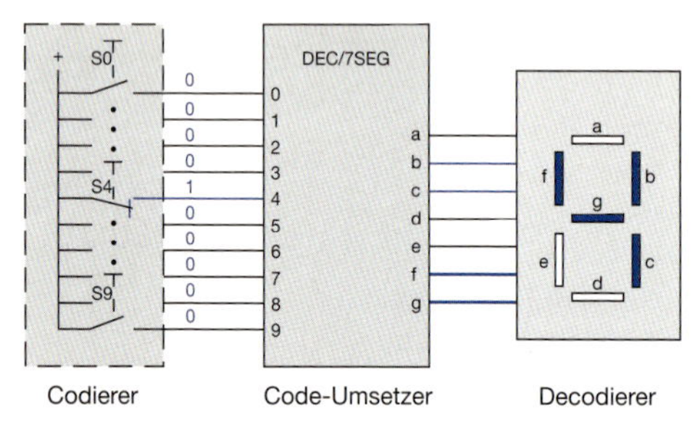

Bild 4.36: Codieren, Umcodieren und Decodieren

Bild 4.36 zeigt eine Anordnung zur optischen Anzeige der Nummern einer Tastatur. Durch Betätigen einer Taste wird die Tastennummer im 1-aus-10-Code codiert. Der Code-Umsetzer wandelt den 1-aus-10-Code (DEC) in den 7-Segment-Code (7SEG) zur Ansteuerung der optischen Anzeige um.

Im Schaltsymbol für Code-Umsetzer wird die Art der Umsetzung durch die Bezeichnung des Eingangs- und des Ausgangscodes angegeben (Bild 4.37 b, c, d).

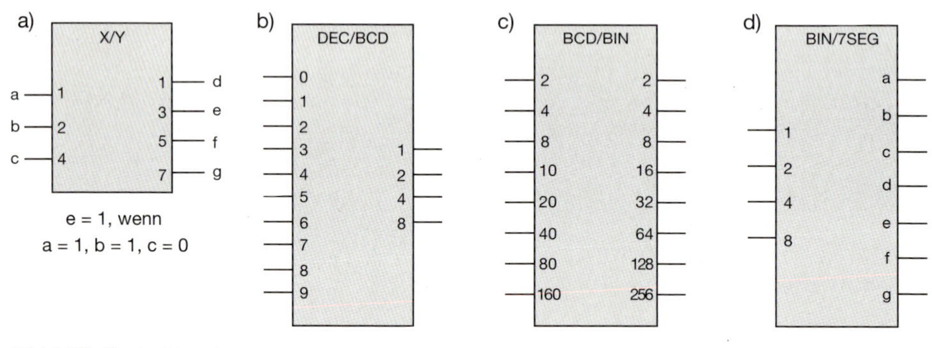

Bild 4.37: Code-Umsetzer
a) von einem beliebigen Code X in einen Code Y
b) von 1-aus-10-Code auf BCD-Code
c) von BCD-Code auf Binärcode
d) von Binärcode auf 7-Segment-Code

Beliebige Codes werden mit X und Y bezeichnet, wobei die Art der Umsetzung durch eine Codetabelle oder durch Zahlen an den Eingängen und Ausgängen dargestellt wird. Bei der Kennzeichnung durch Zahlen gilt: Die

Summe der Eingangszahlen ergibt eine interne Zahl, die an dem Ausgang einen 1-Zustand bewirkt, der mit dieser Zahl bezeichnet ist (Bild 4.37, a).

4.4.3.3 Multiplexer und Demultiplexer

Multiplexer

Zur besseren Ausnutzung von Leitungen sowie zur Übertragung und Anzeige binärer Daten wird die Multiplextechnik angewandt. Hierbei wird durch einen **Multiplexer** aus einer Anzahl von Eingängen jeweils einer auf den Ausgang durchgeschaltet. Die Dateneingänge eines Multiplexers werden durch Steuereingänge „adressiert“, d. h. ausgewählt (Bild 4.38). In einem Code-Umsetzer werden die Signale der beiden Steuereingänge vom Binärcode in den 1-aus-4-Code umgesetzt. Die Bezeichnung $G\frac{0}{3}$ bedeutet, dass die vier Ausgänge des Code-Umsetzers mit den Dateneingängen 0 bis 3 UND-verknüpft sind. So wird abhängig von der Bitkombination an den Steuereingängen nur jeweils ein Dateneingang freigegeben.

■ Ein **Multiplexer** wählt aus einer Anzahl von Dateneingängen entsprechend der anliegenden Adresse einen Eingang aus, der zum Datenausgang durchgeschaltet wird.

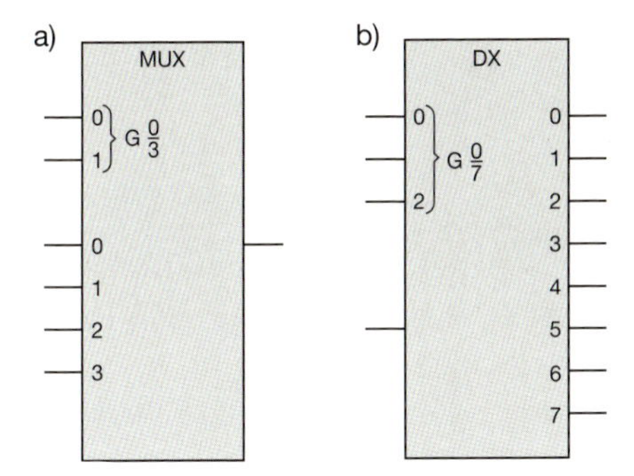

Bild 4.38: 1-aus-4-Multiplexer (a) und 1-auf-8-Demultiplexer (b)

Demultiplexer

Am Ende der Übertragungsleitung werden die ankommenden Daten durch einen **Demultiplexer** wieder auf eine Anzahl von Leitungen verteilt (Bild 4.38). Die Ausgänge des Demultiplexers werden in gleicher Weise adressiert und freigegeben wie die Eingänge des Multiplexers.

■ Ein **Demultiplexer** wählt aus einer Anzahl von Datenausgängen entsprechend der anliegenden Adresse einen Ausgang aus, auf den der Dateneingang durchgeschaltet wird.

Ein Multiplexer kann zur Umwandlung von parallelen Daten in serielle Daten eingesetzt werden. Entsprechend wandelt ein Demultiplexer serielle in parallele Daten um.

Aufgaben:

1. Die Abbildung zeigt Beispiele für Digitalschaltungen in Blockdarstellung mit Abhängigkeitsnotation. Zeichnen Sie dazu jeweils die in Einzelverknüpfungen aufgelöste Schaltung nach Art von Bild 4.32.

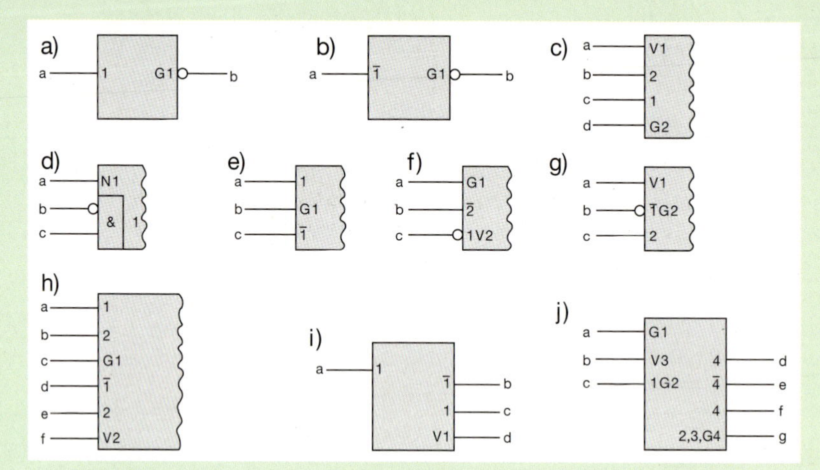

2. Mit handelsüblichen 4-Bit-Volladdierern für Dualzahlen sollen zwei einstellige Dezimalzahlen im 8-4-2-1-BCD-Code addiert werden.
   a) Stellen Sie eine Tabelle mit folgenden Spalten auf:
      1. Die möglichen Summenwerte als Dezimalzahl
      2. Die möglichen Summenwerte im 8-4-2-1-BCD-Code
      3. Die möglichen Summenwerte im Dualcode
   b) Mit welcher Rechenoperation kann – falls erforderlich – die Dualzahl in die BCD-Zahl umgesetzt werden?
   c) Es soll eine Verknüpfungsschaltung entworfen werden, die erkennt, ob eine Ergebniskorrektur erforderlich ist. Stellen Sie die Funktionsgleichung auf.
   d) Zeichnen Sie die vollständige Addierschaltung.
3. Lösen Sie die folgenden Subtraktionsaufgaben im dualen Zahlensystem durch Addition des Zweierkomplements.
   a) 27 – 18 b) 78 – 36 c) 42 – 54 d) 246 – 139
   e) 45 – 24 f) 19 – 26 g) 63 – 87 h) 139 – 246
4. Dargestellt ist das Schaltzeichen eines Code-Umsetzers von 8-4-2-1-BCD-Code in einen völlig unbekannten Code, dessen „1-Stellen" an den Ausgängen angegeben sind.

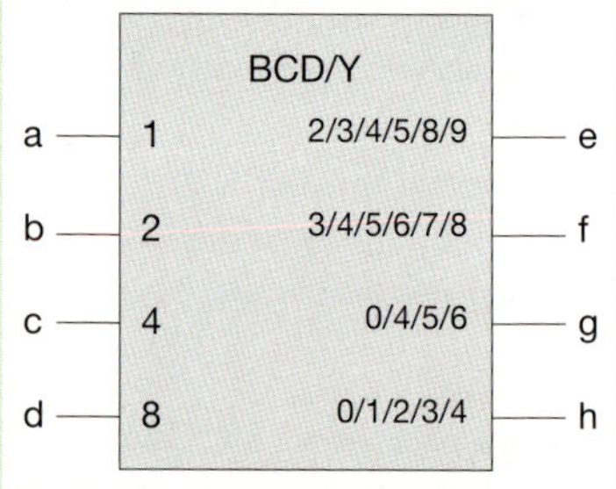

   a) Stellen Sie die Wahrheitstabelle für diesen Code-Umsetzer auf.
   b) Welche Eigenschaften hat der Ausgangscode (gewichtet, symmetrisch, einschrittig)?
5. Zeichnen Sie einen 1-aus-4-Multiplexer mit Freigabeeingang (EN) mit Verknüpfungselementen.

6. Die unten stehende Schaltung soll anhand der folgenden Fragen analysiert werden.
   1) Geben Sie die Funktion der Bausteine D1...D17, B1 und B2 an.
   2) Beschreiben Sie die Funktion der Eingänge S_0, A_0 ... A_3 und B_0 ... B_3.
   3) Beschreiben Sie die Funktion der 7-Segment-Anzeige B2.

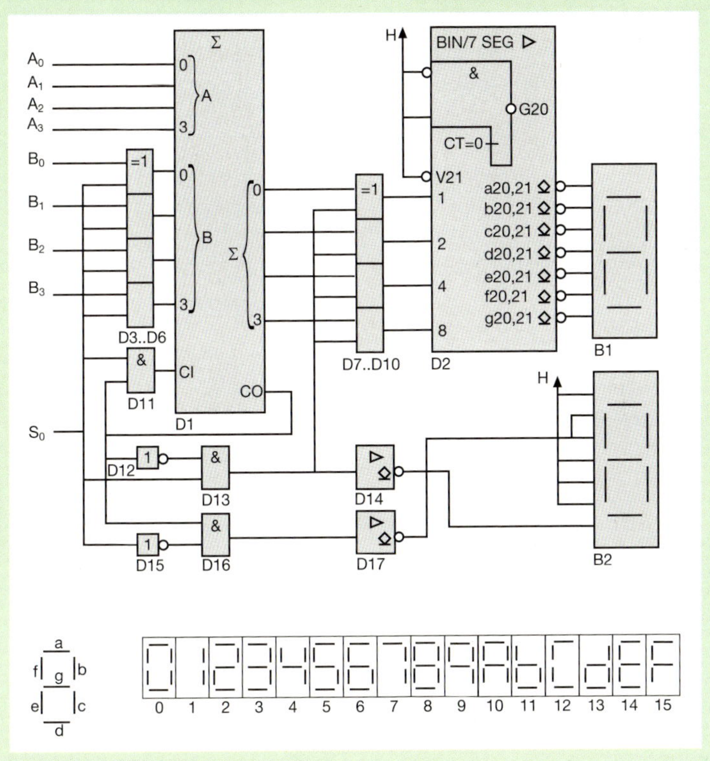

4) Legen Sie eine Tabelle mit folgendem Kopf an:

Operation	Addierer														Decodierer											Anzeige	
A ± B	A_3	A_2	A_1	A_0	B_3	B_2	B_1	B_0	CI	CO	Σ_3	Σ_2	Σ_1	Σ_0	8	4	2	1	g	f	e	d	c	b	a	B2	B1

Verfolgen Sie in der Schaltung den Ablauf der folgenden Rechenoperationen und tragen Sie die auftretenden Signalzustände in die Tabelle ein.

a) 3 + 6 b) 5 + 5 c) 9 + 7 d) 15 + 15 e) 7 − 5
f) 15 − 12 g) 14 − 2 h) 4 − 8 i) 9 − 14 j) 13 − 15

4.4.4 Schaltwerke

Schaltwerke

Schaltwerke sind Verknüpfungsschaltungen, bei denen das Ausgangssignal sowohl von den anliegenden Eingangssignalen als auch von den gespeicherten Signalwerten abhängig ist.

4.4.4.1 Bistabile Elemente

Flipflop

Ein bistabiles Schaltelement (Flipflop) hat zwei stabile Schaltzustände; seine beiden Ausgänge führen immer entgegengesetzte Signalpegel.

RS-Flipflop

Das **RS-Flipflop** bildet das Grundelement aller bistabilen Schaltelemente. Es kann aus zwei NOR- oder zwei NAND-Elementen geschaltet werden, indem jeweils der Ausgang des einen Elementes auf den Eingang des anderen zurückgeführt wird (Bild 4.39).

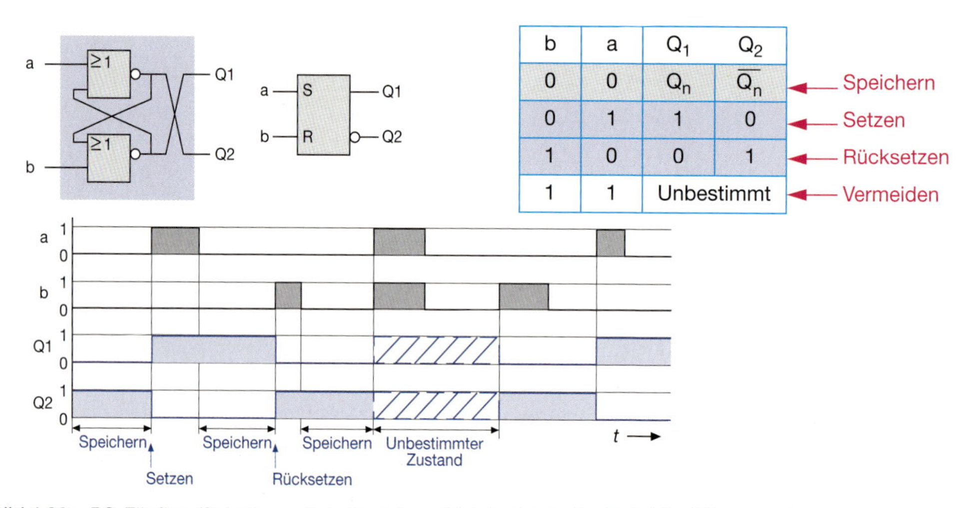

b	a	Q_1	Q_2
0	0	Q_n	$\overline{Q}_n$
0	1	1	0
1	0	0	1
1	1	Unbestimmt	

Bild 4.39: RS-Flipflop (Schaltung, Schaltzeichen, Wahrheitstabelle, Zeitablaufdiagramm)

Im Logik-Symbol werden die Eingänge mit S (Setzen) und R (Rücksetzen) bezeichnet. Der stets entgegengesetzte Signalzustand der beiden Ausgänge wird durch das Negationssymbol am Ausgang Q_2 gekennzeichnet. Jeder Eingang steuert den ihm zugeordneten (im Symbol gegenüberliegenden) Ausgang (Bild 4.39):

- S = 0, R = 0 : Das zuletzt eingelesene Signal bleibt gespeichert:

  $Q_1 = Q_n$, $Q_2 = \overline{Q}_n$
- S = 1, R = 0 : Flipflop wird gesetzt: $Q_1 = 1$, $Q_2 = 0$
- S = 0, R = 1 : Flipflop wird rückgesetzt: $Q_1 = 0$, $Q_2 = 1$
- S = 1, R = 1 : Dieser Signalzustand ist zu vermeiden, da er zu einem nicht definierten Signalzustand der Ausgänge führt.

Zeitablaufdiagramm

Da bistabile Elemente vorwiegend in sequenziellen (zeitabhängigen) Schaltungen eingesetzt werden, lässt sich ihre Schaltfunktion deutlicher in einem **Zeitablaufdiagramm** als in einer Wahrheitstabelle darstellen (Bild 4.39).
Oft werden in Logik-Schaltungen Flipflops benötigt, die nur zu einem bestimmten Zeitpunkt die Eingangssignale aufnehmen. Ein solches Flipflop hat einen zusätzlichen Steuereingang (Bild 4.40, a).

Setz- und Rücksetzeingang eines **einzustandsgesteuerten RS-Flipflops** sind nur dann wirksam, wenn der Steuereingang C1 im internen 1-Zustand ist.

Im Logiksymbol wird der Steuereingang mit dem Buchstaben C (Clock, Takt) und einer nachgestellten Ziffer gekennzeichnet. Die gleiche Kennziffer wird vor die Kennbuchstaben aller gesteuerten Eingänge gesetzt (Abhängigkeitsnotation, vgl. Kap. 4.4.2).

Das einzustandsgesteuerte RS-Flipflop ist weniger störanfällig als ein ungetaktetes Flipflop, da ein Störimpuls an einem Eingang nur während des anstehenden Taktsignals wirksam werden kann.

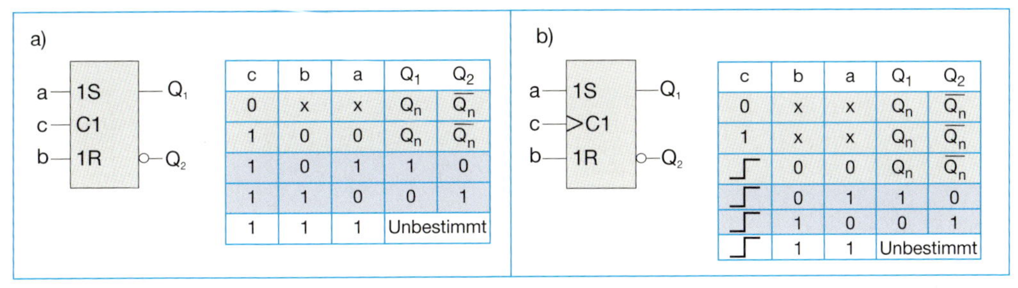

a)

c	b	a	Q_1	Q_2
0	x	x	Q_n	$\overline{Q}_n$
1	0	0	Q_n	$\overline{Q}_n$
1	0	1	1	0
1	1	0	0	1
1	1	1	Unbestimmt	

b)

c	b	a	Q_1	Q_2
0	x	x	Q_n	$\overline{Q}_n$
1	x	x	Q_n	$\overline{Q}_n$
↑	0	0	Q_n	$\overline{Q}_n$
↑	0	1	1	0
↑	1	0	0	1
↑	1	1	Unbestimmt	

Bild 4.40: a) Einzustandsgesteuertes und b) Einflankengesteuertes RS-Flipflop

Die Störanfälligkeit lässt sich weiter verringern, wenn das Setzen und Rücksetzen des Flipflops nur in der kurzen Zeit möglich ist, in der das Taktsignal seinen Zustand wechselt. Der Wechsel von 0 auf 1 wird als positive Taktflanke, der Wechsel von 1 auf 0 als negative Taktflanke bezeichnet (Bild 4.40 b).

- Ein **einflankengesteuertes RS-Flipflop** kann nur während der ansteigenden (positiven) oder während der abfallenden (negativen) Taktflanke gesetzt oder rückgesetzt werden.

einflankengesteuertes RS-Flipflop

Für viele Anwendungen, wie z. B. bei Schieberegistern (Abschnitt 4.4.4.2), sind Flipflops erforderlich, welche die letzte Information noch speichern, während eine neue Information eingelesen wird; diese Anforderung erfüllt ein zweizustandsgesteuertes RS-Flipflop.

- Ein **zweizustandsgesteuertes RS-Flipflop** übernimmt die Eingangsinformation während des einen Taktsignalzustandes und gibt diese bei dem folgenden Taktsignalzustand aus.

zweizustandsgesteuertes RS-Flipflop

Ein zweizustandsgesteuertes RS-Flipflop wird auch **Master-Slave-Flipflop** genannt; es enthält zwei Speicherelemente: einen Zwischenspeicher (Master) und einen Hauptspeicher (Slave). Die Ausgänge, die das Eingangssignal verzögert ausgeben, werden als **retardierende Ausgänge** bezeichnet, sie werden im Schaltsymbol besonders gekennzeichnet (Bild 4.41).

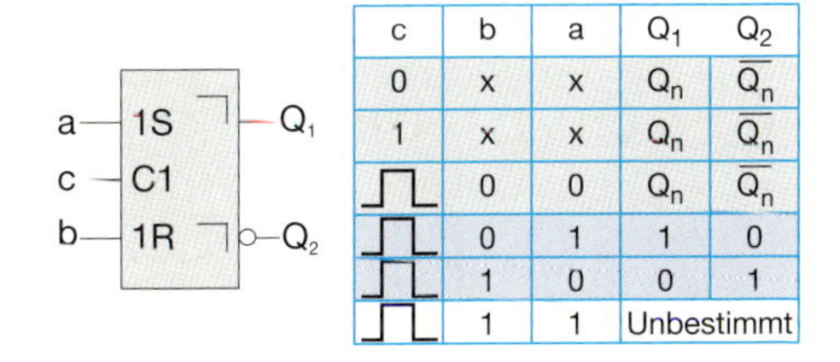

c	b	a	Q_1	Q_2
0	x	x	Q_n	$\overline{Q}_n$
1	x	x	Q_n	$\overline{Q}_n$
⎍	0	0	Q_n	$\overline{Q}_n$
⎍	0	1	1	0
⎍	1	0	0	1
⎍	1	1	Unbestimmt	

Bild 4.41: Zweizustandsgesteuertes RS-Flipflop

Im Gegensatz zu einem zweizustandsgesteuerten sind bei einem zweiflankengesteuerten RS-Flipflop S- und R-Eingang nur während der Flanken des Taktsignals wirksam.

Ein **zweiflankengesteuertes RS-Flipflop** übernimmt ein Eingangssignal bei der einen Taktflanke und gibt es bei der folgenden Taktflanke aus (Bild 4.41).

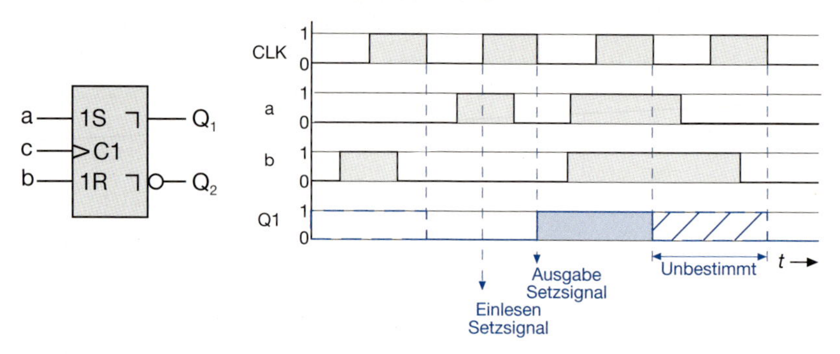

Bild 4.42: Zweiflankengesteuertes RS-Flipflop

Sind die Signaleingänge eines taktgesteuerten RS-Flipflops intern miteinander verknüpft und als gemeinsamer Anschluss nach außen geführt, so entsteht ein Flipflop, das über nur einen Eingang gesetzt und rückgesetzt werden kann; dieser Eingang wird mit D bezeichnet (Bild 4.43).

D-Flipflop

Ein **D-Flipflop** speichert, durch einen Taktimpuls gesteuert, das am Dateneingang anliegende Signal.

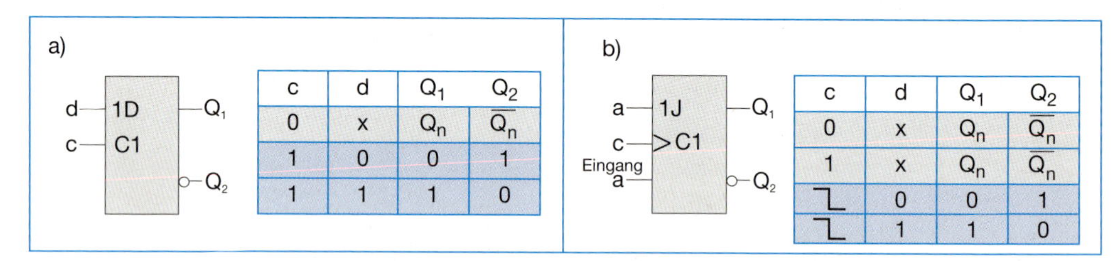

a)

c	d	Q_1	Q_2
0	x	Q_n	$\overline{Q_n}$
1	0	0	1
1	1	1	0

b)

c	d	Q_1	Q_2
0	x	Q_n	$\overline{Q_n}$
1	x	Q_n	$\overline{Q_n}$
↓	0	0	1
↓	1	1	0

Bild 4.43: a) Einzustandsgesteuertes und b) mit abfallender Flanke gesteuertes D-Flipflop

Bei einem RS-Flipflop führt eine unerlaubte Signalkombination zu einem unbestimmten Ausgangssignal. Dies lässt sich durch eine interne Verriegelung des S- und R-Eingangs vermeiden. Die verriegelten Eingänge werden im Schaltsymbol mit J (Jump) und K (Kill) bezeichnet (Bild 4.44).

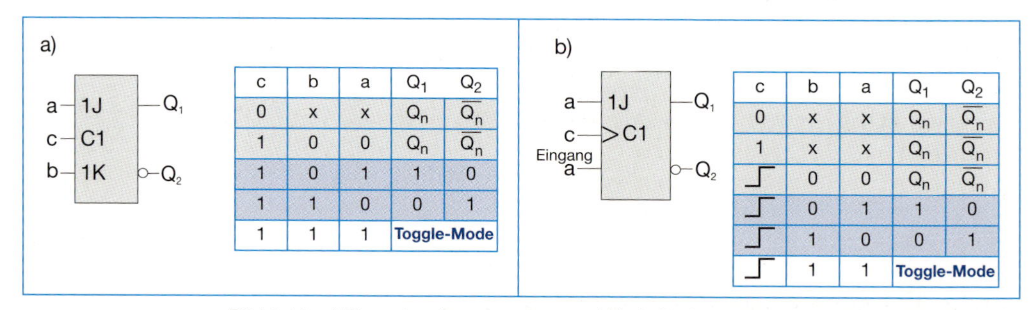

a)

c	b	a	Q_1	Q_2
0	x	x	Q_n	$\overline{Q_n}$
1	0	0	Q_n	$\overline{Q_n}$
1	0	1	1	0
1	1	0	0	1
1	1	1	**Toggle-Mode**	

b)

c	b	a	Q_1	Q_2
0	x	x	Q_n	$\overline{Q_n}$
1	x	x	Q_n	$\overline{Q_n}$
↑	0	0	Q_n	$\overline{Q_n}$
↑	0	1	1	0
↑	1	0	0	1
↑	1	1	**Toggle-Mode**	

Bild 4.44: a) Einzustandsgesteuertes und b) einflankengesteuertes JK-Flipflop

JK-Flipflop

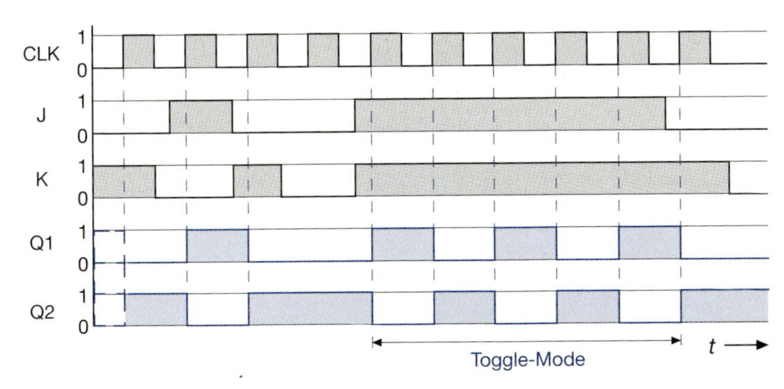

Bild 4.44: c) Zeitablaufdiagramm des JK-Flipflops

Toggle-Mode

Beim **JK-Flipflop** wirkt J als Setzeingang und K als Rücksetzeingang. Führen beide Eingänge 1-Signal, so wechseln mit jedem Takt die Signalzustände der beiden Ausgänge; das Flipflop arbeitet im Toggle-Mode (Bild 4.44).

4.4.4.2 Schieberegister

Schieberegister

Register sind kleine Speichereinheiten zur Zwischenspeicherung binärer Signale. Bei einem Schieberegister lassen sich die gespeicherten Signale mit einem Taktimpuls von einer Speicherzelle zur folgenden verschieben.

Ein **Schieberegister** ist ein taktgesteuerter digitaler Speicher, in den seriell anliegende Binärsignale eingelesen, gespeichert und mit jedem Taktimpuls um eine Stelle verschoben werden.
Die seriell eingelesenen Signale werden in unveränderter Reihenfolge wieder ausgegeben (Bild 4.45).

Im Schaltsymbol werden Schieberegister mit SRG (**S**hift **Reg**ister) gekennzeichnet; die folgende Zahl gibt die Anzahl der Speicherplätze an. Der Takteingang CLK (= Clock) steuert das Einlesen der am seriellen Dateneingang D_S anstehenden Signale; der Pfeil weist auf die stellenweise Verschiebung der Signale innerhalb des Registers hin (Bild 4.45).
Wie das Zeitablaufdiagramm zeigt, erscheint bei einem 4-Bit-Schieberegister ein eingegebenes Signal nach vier Taktimpulsen am seriellen Datenausgang Q_S (Bild 4.45).

FIFO-Speicher

Schieberegister werden auch als FIFO-Speicher (**F**irst **i**n – **F**irst **o**ut) bezeichnet, da das zuerst eingegebene Signal auch als erstes wieder ausgegeben wird.

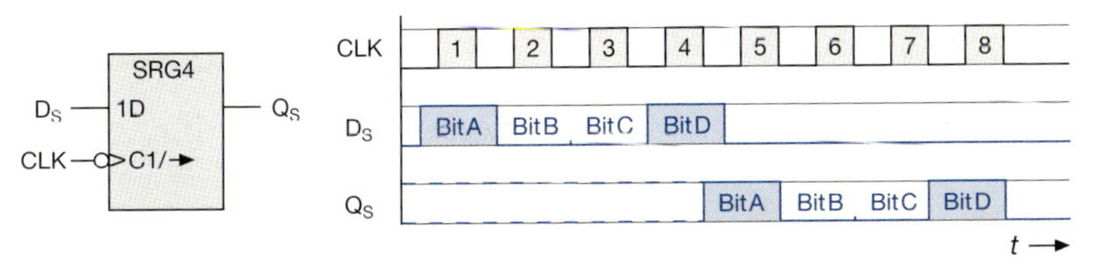

Bild 4.45: 4-Bit-Schieberegister mit seriellem Ein- und Ausgang

Ein typisches Beispiel für den Einsatz von Schieberegistern ist die Übertragung von mehrstelligen Codewörtern über eine einzige Signalleitung (Bild 4.46). Zu Beginn der Übertragung werden die Bits A bis D parallel in das Schieberegister D1 eingelesen. Mit dem Schiebetakt werden die gespeicherten Signale seriell ausgegeben, übertragen und seriell in D2 eingelesen. Nach vier Takten stehen alle Bits an den Ausgängen von D2 als paralleles Signal (Codewort) an.

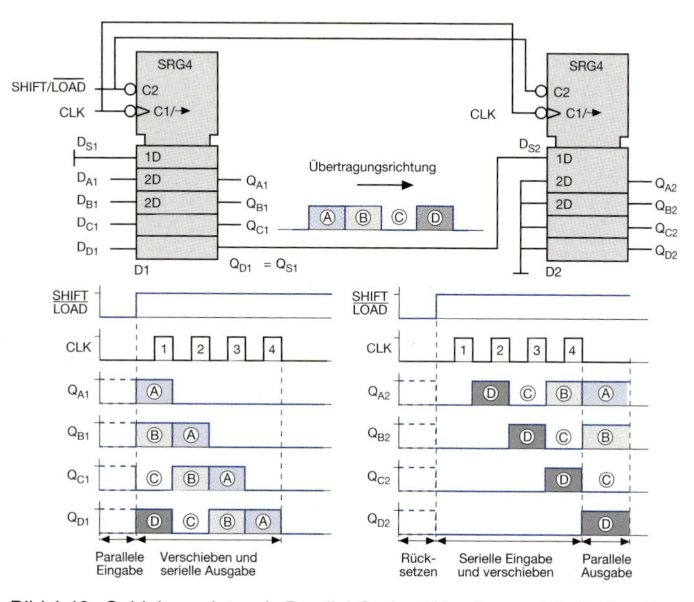

Bild 4.46: Schieberegister als Parallel-Serien-Wandler und als Serien-Parallel-Wandler

4.4.4.3 Zähler und Frequenzteiler

Ein Zähler muss zwei Bedingungen erfüllen (Bild 4.47):

- Er muss, gesteuert durch einen Zählimpuls, eine „1" zu einer gespeicherten Zahl addieren.
- Das Ergebnis der Addition muss als neue Zahl gespeichert und ausgegeben werden.

Zähler

Zähler sind Schaltwerke, bei denen ein eindeutiger Zusammenhang zwischen der Anzahl der eingegebenen Zählimpulse und dem Signalzustand der Ausgänge besteht.

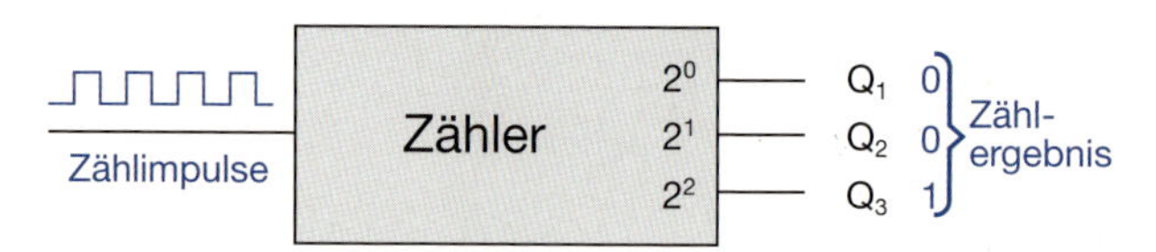

Bild 4.47: Prinzip einer Zählschaltung

Ein Zähler kann mit hintereinandergeschalteten Flipflops realisiert werden. Die gezählten Impulse werden durch die Signalkombinationen an den Ausgängen der Flipflops dargestellt. Nach der Zuordnung der Signalkombinationen zu Zahlen unterscheidet man:

Dualzähler und Dezimalzähler

- **Binärzähler (Dualzähler)** mit n hintereinander geschalteten Flipflops zählen maximal bis $2^n - 1$. Nach 2^n Impulsen stehen sie wieder auf Null.
- **Dekadische Zähler (Dezimalzähler)** zählen maximal bis Neun. Mit dem zehnten Impuls werden sie auf Null zurückgesetzt.

Die Arbeitsweise eines Zählers wird bestimmt durch die Schaltungsart der Flipflops. Man unterscheidet:

Asynchrone und synchrone Zähler

- **Asynchrone Zähler;** bei ihnen erfolgt die Ansteuerung der Flipflops nacheinander.
- **Synchrone Zähler;** bei ihnen werden alle Flipflops gleichzeitig durch den Zählimpuls gesteuert.

Der Vorteil des asynchronen Zählers liegt in dem geringen Schaltungsaufwand. Wegen der langen Signallaufzeit ist er jedoch im Gegensatz zum synchronen Zähler nur für niedrige Frequenzen geeignet.

Ein Zähler kann durch einen Schaltzeichenblock ohne oder mit Steuerkopf dargestellt werden (Bild 4.48).

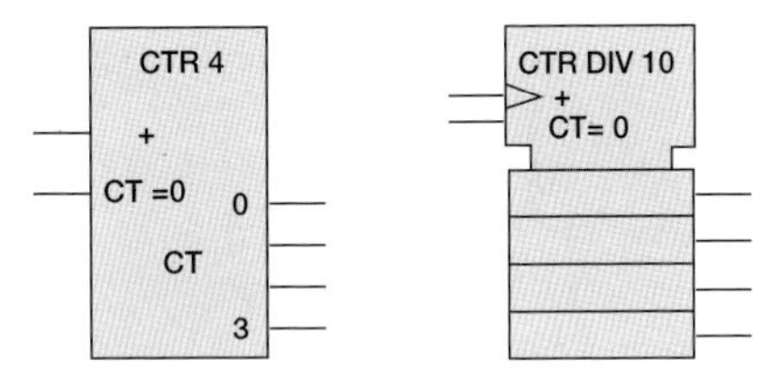

Bild 4.48: Symbole für Zähler

Die einzelnen Bezeichnungen bedeuten:

CTR 4:	Binärzähler (Counter) mit der Zykluslänge 2^4.
CTR DIV 10:	(Divide by 10) Dekadischer Zähler mit der Zykluslänge 10
+:	Zählereingang für Vorwärtszählen
CT:	Steuereingang, mit dem sich der Zähler auf einen angegebenen Zählerstand setzen lässt

Im Schaltsymbol ohne Steuerkopf werden die Ausgänge entsprechend ihrer Wertigkeit ($0 = 2^0$, $1 = 2^1$ usw.) beschriftet, durch eine Klammer zusammengefasst und mit CT (Count) bezeichnet. Bei Schaltzeichen mit Steuerkopf werden die Flipflops der Zählkette durch Rechtecke dargestellt. Die Wertigkeit der Ausgänge wird vom Steuerblock ausgehend gezählt, beginnend mit 2^0.

In Systemen zur Informationsverarbeitung werden ausschließlich Zählerbausteine eingesetzt, die von den Herstellern als ICs angeboten werden. In Bild 4.49 ist das Schaltsymbol eines universell einsetzbaren Zählerbausteins dargestellt; er enthält einen dekadischen Zweirichtungszähler mit Voreinstellung.

Zweirichtungszähler

Die Anschlussbezeichnungen haben folgende Bedeutung:

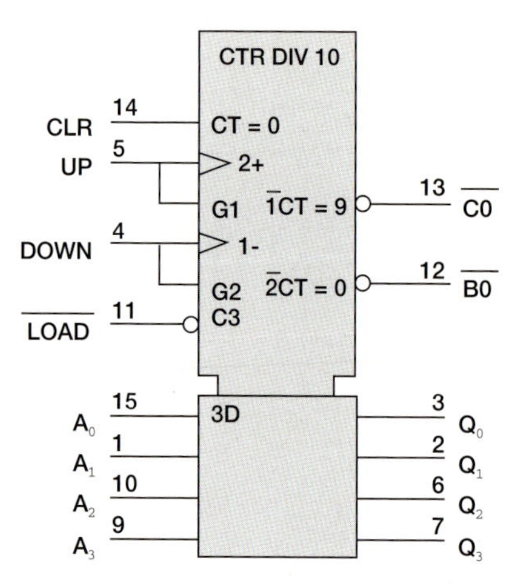

Bild 4.49: Symbol eines dekadischen Zweirichtungszählers mit Voreinstellung

CLR: (Clear) Steuereingang zur Rückstellung des Zählerstands auf 0
UP: Takteingang für Vorwärtszählen
DOWN: Takteingang für Rückwärtszählen
$\overline{\text{LOAD}}$: Steuereingang zur Voreinstellung einer Zahl
A_0 bis A_3: Eingänge zur Eingabe einer Zahl
Q_0 bis Q_3: Ausgänge zur Ausgabe des Zählergebnisses

Durch Hintereinanderschalten von dekadischen Zählerbausteinen kann eine Zählschaltung für mehrstellige Dezimalzahlen aufgebaut werden. Hierfür dienen die Übertragsausgänge $\overline{\text{CO}}$ und $\overline{\text{BO}}$.

$\overline{\text{CO}}$: Ausgang gibt ein 0-Signal beim Zählerstand „9“ aus.
$\overline{\text{BO}}$: Ausgang gibt ein 0-Signal beim Zählerstand „0“ aus.

Der Ausgang $\overline{\text{CO}}$ wird auf den Eingang UP, der Ausgang $\overline{\text{BO}}$ auf den Eingang DOWN der jeweils nächsthöheren Zählerdekade geschaltet.

Zählerbausteine können auch als Frequenzteiler eingesetzt werden. Dabei wird nur der Signalzustand eines Zählerausgangs ausgewertet (Bild 4.50).

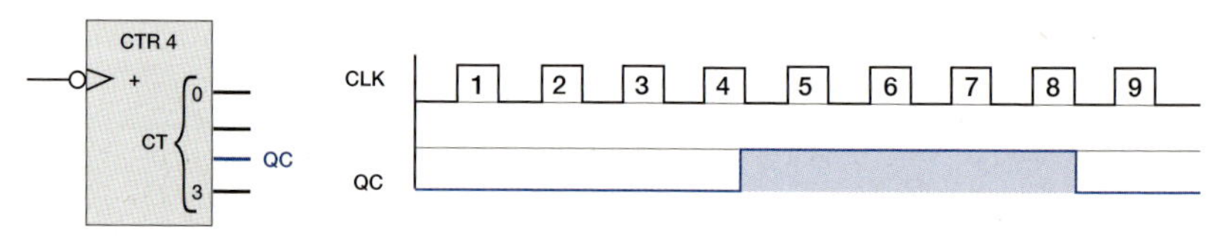

Bild 4.50: Binärzähler als Frequenzteiler 8:1

Frequenzteiler

- Das Teilerverhältnis eines **Frequenzteilers** ist das Verhältnis der Pulsfrequenz am Eingang zur Pulsfrequenz am Ausgang des Zählers.

Durch Auswerten des Zählerstandes und Rücksetzen auf 0 lässt sich jedes ganzzahlige Teilerverhältnis erzielen.

Aufgaben:

1. Worin unterscheiden sich Schaltnetze und Schaltwerke?
2. Die Eingänge eines RS-Flipflops sollen so miteinander verknüpft werden, dass bei einem 1-Signal an beiden Eingängen das Flipflop rückgesetzt wird.
   a) Stellen Sie die Wahrheitstabelle auf.
   b) Zeichnen Sie die Beschaltung der Eingänge.
3. Mit zweizustandsgesteuerten RS-Flipflops soll eine Steuerschaltung entworfen werden, welche die tabellarisch dargestellte Funktion erfüllt.

Betätigung von S1	Schaltzustand H1	Schaltzustand H2
einmal	ein	aus
zweimal	ein	ein
dreimal	aus	ein
viermal	aus	aus

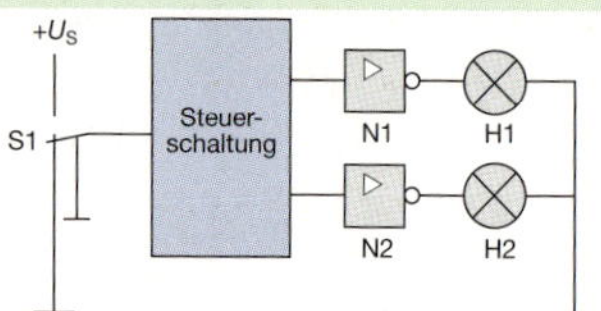

a) Zeichnen Sie die Steuerschaltung.

b) Zeichnen Sie in ein Zeitablaufdiagramm die Signalzustände an allen Ein- und Ausgängen der Flipflops für vier Tastenbetätigungen (Arbeits- und Ruhelage von S1 = 1 cm).

c) Kontrollieren Sie, ob die Steuerschaltung ihre Funktion erfüllt, indem Sie in das Zeitablaufdiagramm auch die Schaltzustände der Lampen eintragen.

4. Was versteht man unter dem Toggle-Mode?

5. Zur Erzielung einer Flankensteuerung werden in integrierten Schaltkreisen die Signallaufzeiten genutzt. Die Schaltung zeigt ein einflankengesteuertes RS-Flipflop. Die Eingänge des Flipflops werden kurze Zeit nach dem Taktwechsel verriegelt. Danach ist eine Änderung der Signale am Setz- und Rücksetzeingang unwirksam. Diese Flipflops bezeichnet man daher als bistabile Elemente mit Data Lockout (Datensperre). Die Funktion der Signalsperre soll anhand eines Zeitablaufdiagrammes analysiert werden.

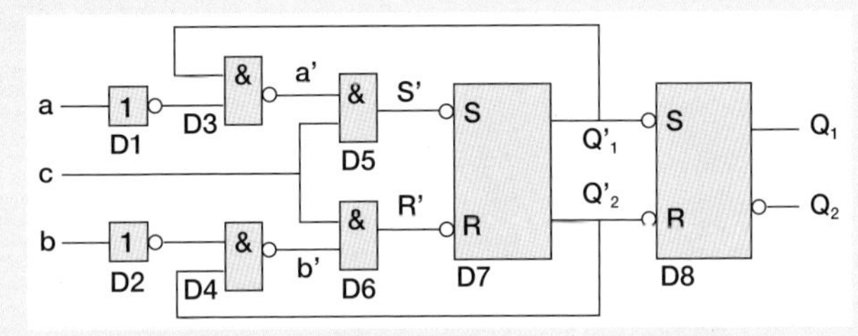

a) Tragen Sie in ein Zeitablaufdiagramm (Zeitachse: 0 bis 500 ns, Maßstab: 1 cm ≙ 20 ns, Zeichenblatt in Querlage) folgende Eingangssignale ein:

Eingang a:	1-Signal von	$t =$ 10 ns bis $t = 250$ ns
Eingang b:	1-Signal von	$t = 150$ ns bis $t = 200$ ns
		$t = 300$ ns bis $t = 350$ ns
Eingang c:	1-Signal von	$t =$ 40 ns bis $t = 420$ ns

b) Tragen Sie in das Zeitablaufdiagramm die Signale an den Schaltpunkten a´ und b´, S´ und R´, Q_1´ und Q_2´ sowie an Q_1 und Q_2 ein. Die Signallaufzeit für die Logikelemente D1 bis D8 beträgt $T_P = 10$ ns. Die Darstellung der Anstiegs- und Abfallzeiten der Signalflanken ist nicht erforderlich. (Lösungshinweis: Bei dem Flipflop D7 wird die zu vermeidende Signalkombination an den Eingängen genutzt. Für S´= R´= 0 gilt: $Q_1´ = Q_2´ = 1$.)

c) Entnehmen Sie aus dem Diagramm die Zeitspanne, die vom Einschalten des Taktimpulses bis zum Verriegeln der Signaleingänge vergeht.

6. Geben Sie alle Betriebsmöglichkeiten für ein bidirektionales Schieberegister mit serieller und paralleler Ein- und Ausgabe an.

7. Das Schaltsymbol stellt einen vielseitig einsetzbaren Zählerbaustein dar, der zwei Zählerschaltkreise enthält.

a) Geben Sie für die in der Funktionstabelle aufgeführten Steuersignale die Signalzustände an den Ausgängen Q_A bis Q_D an (x = 0 oder 1).

b) Welche Signalwerte müssen an den Steuereingängen beim Zählen anliegen? Geben Sie die Lösung als Funktionsgleichung an.

c) Geben Sie für beide Zählerschaltkreise den Zählbereich an.

d) Zeichnen Sie für den Zähler DIV 2 das Zeitablaufdiagramm für sechs Zählimpulse.

e) Zeichnen Sie in ein Zeitablaufdiagramm die Signale an den Ausgängen Q_B bis Q_D für 12 Zählimpulse.

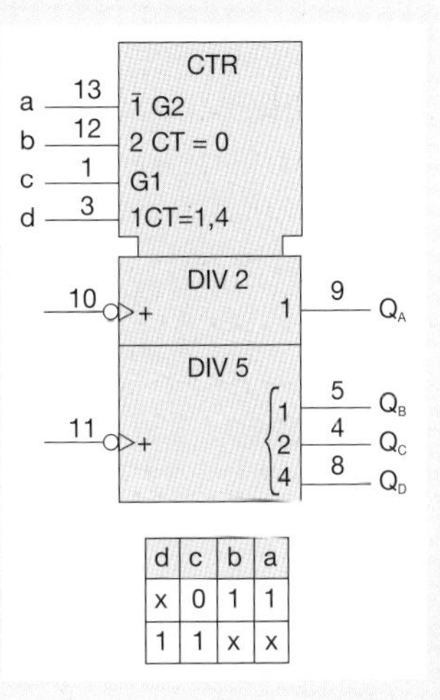

d	c	b	a
x	0	1	1
1	1	x	x

f) Der Baustein soll als dekadischer Zähler eingesetzt werden. Wie muss er beschaltet werden und welche Wertigkeit haben die Zählerausgänge?
g) Der Zähler soll als Frequenzteiler mit dem Teilerverhältnis 9:1 eingesetzt werden.
ga) Geben Sie die Beschaltung des Bausteins an.
gb) Zeichnen Sie zur Kontrolle der Beschaltung das Zeitablaufdiagramm für 12 Impulse.

8. Ein binärer Zweirichtungszähler (Bild 4.49) soll als programmierbarer Frequenzteiler eingesetzt werden. Hierzu wird er als Rückwärtszähler geschaltet und mit vier Schaltern (S0 bis S3) auf eine beliebige Zahl voreingestellt.Bei jedem Nulldurchgang wird die gewählte Zahl erneut geladen. Der BO-Ausgang wird als Teilerausgang genutzt.
a) Zeichnen Sie den Schaltplan des Frequenzteilers.
b) Der Zähler wird mit der Zahl 5 geladen. Zeichnen Sie in ein Zeitablaufdiagramm die Signalzustände für die Anschlüsse DOWN, LOAD, BO, A_0 bis A_3 und Q_0 bis Q_3 für 14 Taktimpulse.
c) Entnehmen Sie aus dem Diagramm das Teilerverhältnis.
d) Mit welcher Zahl muss der Zähler geladen werden, wenn ein Teilerverhältnis von 12:1 erzielt werden soll?

4.4.5 AD- und DA-Umsetzer

Nachrichten (Sprache, Bilder usw.) müssen zur Übertragung und Verarbeitung in elektrische Signale umgewandelt werden. Die Wandler (z. B. Mikrofone) liefern analoge Signale, die in digitale Signale umgesetzt werden. Dadurch ergeben sich wesentliche Vorteile:

- Digitale Signale können in Rechnern verarbeitet werden.
- Digitale Signale können einfacher gespeichert werden als analoge Signale.
- Digitale Signale werden bei der Übertragung weniger verzerrt.
- Die Übertragung digitaler Signale ist weniger störanfällig.

4.4.5.1 Analog-Digital-Umsetzer

Ein analoges Signal kann unendlich viele verschiedene Signalwerte annehmen. Daher kann nicht für jeden analogen Wert ein eigenes Codewort gebildet werden. Vielmehr wird der gesamte Spannungsbereich in einzelne Stufen unterteilt. Diesen ersten Schritt der Analog-Digital-Umsetzung bezeichnet man als Quantisierung.

Quantisierung

Quantisierung ist die Einteilung des analogen Spannungsbereichs in Spannungsstufen.

Quantisierungsintervalle

In Bild 4.51 ist der analoge Spannungsbereich von $-U_{END}$ bis $+U_{END}$ in acht gleich große Stufen unterteilt. Diese sogenannten **Quantisierungsintervalle** sind durch Entscheidungswerte abgegrenzt. Ein Signalwert, der einen Entscheidungswert übersteigt, wird dem darüberliegenden Quantisierungsintervall zugeordnet. Im zweiten Schritt der AD-Umsetzung werden die Quantisierungsintervalle codiert.

AD- und DA-Umsetzung

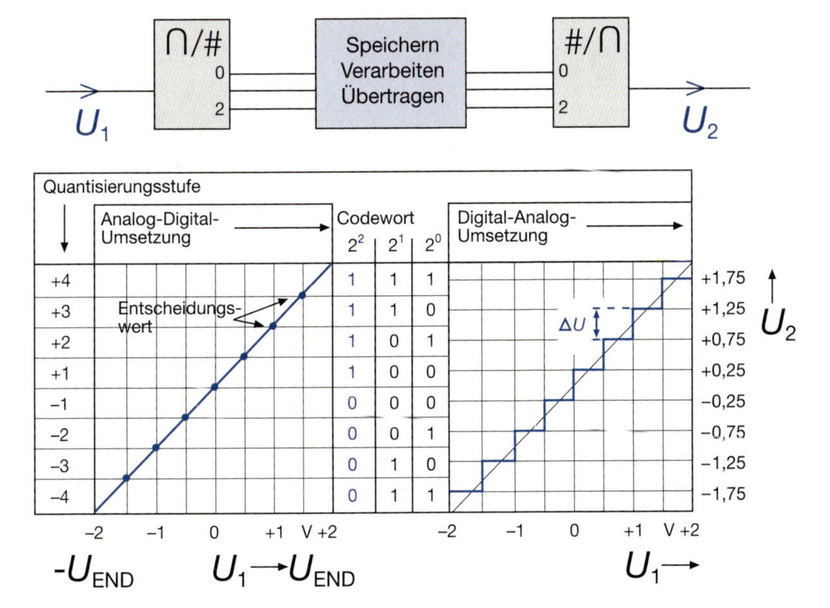

Quantisierungsstufe	2^2	2^1	2^0
+4	1	1	1
+3	1	1	0
+2	1	0	1
+1	1	0	0
−1	0	0	0
−2	0	0	1
−3	0	1	0
−4	0	1	1

Bild 4.51: Analog-Digital- und Digital-Analog-Umsetzung

Codierung

■ Durch die **Codierung** wird jedem Quantisierungsintervall ein binäres Codewort zugeordnet.

Zur Codierung von acht Stufen (Bild 4.51) sind 3 bit erforderlich. Das MSB ist das Vorzeichenbit. Eine „1“ kennzeichnet den positiven, eine „0“ den negativen Bereich der analogen Signalspannung. Sowohl im positiven als auch im negativen Bereich werden die Quantisierungsintervalle von null ausgehend aufwärts gezählt und als Dualzahl dargestellt.
Schaltungen oder integrierte Schaltkreise (ICs), die ein analoges Signal in ein binäres Digitalsignal umsetzen, werden als Analog-Digital-Umsetzer oder Analog-Digital-Converter (ADC) bezeichnet.

ADC

■ **Analog-Digital-Umsetzer (ADC)**
- stellen den Spannungswert des analogen Eingangssignals fest,
- ordnen diesen Wert dem Quantisierungsintervall zu und
- geben das entsprechende binäre Codewort aus.

4.4.5.2 Digital-Analog-Umsetzer

Um die ursprüngliche Form der Nachricht (Sprache, Bilder usw.) zurückzugewinnen, muss das binäre Codewort in eine analoge Spannung umgesetzt werden. Diese Aufgabe übernehmen Schaltungen, die als Digital-Analog-Umsetzer oder Digital-Analog-Converter (DAC) bezeichnet werden (Bild 4.51).

DAC

■ **Digital-Analog-Umsetzer (DAC)** setzen das an den Eingängen anliegende binäre Codewort in einen Spannungswert um.

Aus jedem Codewort wird ein Spannungswert zurückgewonnen, der dem Mittelwert des Quantisierungsintervalls entspricht (Bild 4.51). Dadurch entsteht eine Abweichung des zurückgewonnenen von dem ursprünglichen Signalwert, die maximal dem halben Spannungswert einer Stufe entspricht.

Ein DAC liefert nur eine endliche Zahl von Spannungswerten. Das Ausgangssignal ist somit immer ein mehrstufiges Digitalsignal. Die Auflösung einer analogen Signalspannung in einzelne Spannungsstufen ist umso höher, je mehr Bits für die Codierung zur Verfügung stehen.

ADC und DAC werden als ICs mit einer Auflösung von 8 bit bis 24 bit hergestellt.

Aufgaben:

1. Mit einem ADC soll eine analoge Spannung, die einen Bereich von $U = 0$ V bis $U_{END} = 1{,}28$ V umfasst, in 8-Bit-Codewörter (Dualcode) umgesetzt werden.
   a) Geben Sie für die folgenden Codewörter den Spannungsbereich der entsprechenden Quantisierungsstufe an:
   Z_1 = 0000 0000; Z_2 = 0000 0001; Z_3= 0011 1011; Z_4 = 0111 0101; Z_5 = 1000 0000; Z_6 = 1111 1111.
   b) Geben Sie die Codewörter der Quantisierungsstufen an, in denen die folgenden analogen Spannungswerte liegen:
   $U_1 = 2$ mV; $U_2 = 153$ mV; $U_3 = 368$ mV; $U_4 = 996$ mV; $U_5 = 1{,}101$ V; $U_6 = 1{,}272$ V.
   c) Mit einem 8-Bit-DAC sollen die Codewörter wieder in Spannungswerte umgewandelt werden. Die Ausgangsspannung des Umsetzers entspricht jeweils dem mittleren Spannungswert der Quantisierungsstufe. Wie groß ist die maximale Abweichung der zurückgewonnenen Spannung von der ursprünglichen analogen Spannung?
   d) Geben Sie für die analogen Spannungswerte $U_1 = 1$ mV und $U_2 = 1{,}266$ V jeweils das Codewort und den zurückgewonnenen Spannungswert an.
   e) Wie groß ist in Aufgabe d) der absolute Spannungsfehler (d.h. die Differenz zwischen dem analogen und dem zurückgewonnenen Spannungswert) und der relative Spannungsfehler (d.h. der absolute Spannungsfehler bezogen auf den absoluten Spannungswert)?
   f) Welche Aussagen können über den absoluten und relativen Spannungsfehler bei sehr kleinen und sehr großen analogen Spannungen gemacht werden?
2. Das Netzwerk stellt die vereinfachte Schaltung eines R-2R-DAC dar.
   Das Netzwerk ermöglicht die Umsetzung eines Codewortes in eine ihm entsprechende Spannung. Die Analogschalter werden durch die Signale an den Eingängen a, b und c gesteuert. Ein 1-Signal an einem Eingang schaltet den Analogschalter um.

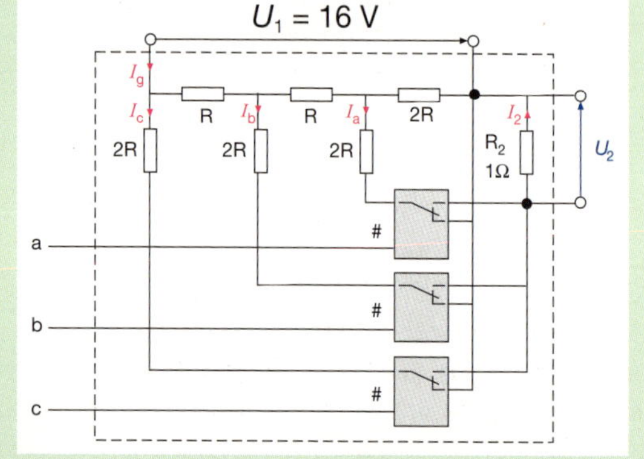

   a) Wie groß ist der Gesamtwiderstand des Netzwerks für $R = 1\text{k}\,\Omega$ (alle Analogschalter in Ruhelage)?
   b) Ermitteln Sie den Gesamtstrom I_{ges} sowie die Teilströme I_c, I_b und I_a.
   c) Stellen Sie eine Arbeitstabelle auf für die Eingangssignale, für den Strom I_2 und die Ausgangsspannung U_2. (Lösungshinweis: Bei der Berechnung der Ströme kann R_2 vernachlässigt werden, da $R_2 << R$ ist.)
3. Für einen AD-Umsetzer wird vom Hersteller eine Auflösung von 24 bit angegeben. Wie viele Spannungsstufen lassen sich mit dem Umsetzer darstellen?

5 Grundkenntnisse der Elektrotechnik

5.1 Elektrotechnische Grundbegriffe

5.1.1 Elektrische Spannung

5.1.1.1 Elektrische Ladung

Atommodell

Alle Körper sind aus Atomen aufgebaut, deren Elementarteilchen elektrische Ladungen besitzen. Zur Erklärung der meisten Vorgänge in der Elektrotechnik genügt ein einfaches Modell vom Aufbau eines Atoms. Danach besteht jedes Atom aus einem **Atomkern** und einer **Atomhülle** (Bild 5.1).

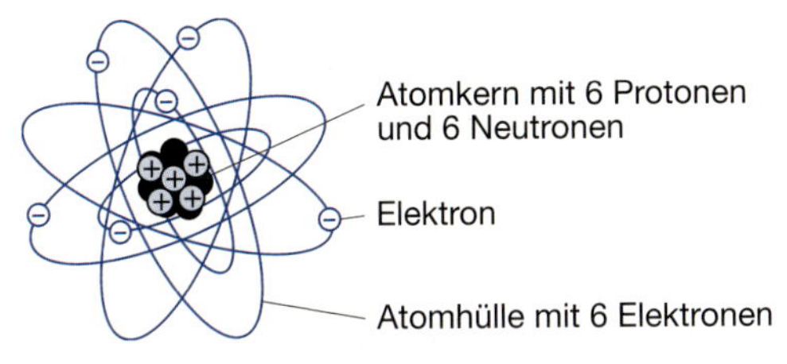

Bild 5.1: Atommodell von Kohlenstoff

- Der Atomkern besteht aus **elektrisch positiv geladenen Protonen** und elektrisch ungeladenen Neutronen.
- Die **Atomhülle** besteht aus **elektrisch negativ geladenen Elektronen**.

Elektrische Ladungen

Während die Masse von Protonen und Neutronen gleich groß ist, beträgt die Masse eines Elektrons etwa 1/2000 davon. Die elektrischen Ladungen von Proton und Elektron sind gleich groß. Da die Anzahl der Protonen im Kern immer gleich der Anzahl der Elektronen in der Hülle ist, ist ein Atom im Normalzustand elektrisch neutral, d.h. ungeladen.

- Ist ein Körper positiv geladen, so herrscht Elektronenmangel.
  Ist ein Körper negativ geladen, so herrscht Elektronenüberschuss.

- Gleichartige elektrische Ladungen stoßen sich ab. Ungleichartige elektrische Ladungen ziehen sich an.
- Das **Formelzeichen für die elektrische Ladung ist *Q*.**
- Die **Einheit der elektrischen Ladung ist 1 Coulomb (1 C).**

Die Ladung 1 C entspricht etwa $6{,}25 \cdot 10^{18}$ Elementarladungen; als **Elementarladung** bezeichnet man die Ladung eines Elektrons.

5.1.1.2 Potenzielle Energie

Am Erdboden wirkt auf einen Körper infolge der Erdanziehung die Gewichtskraft F_G (Bild 5.2 a). Soll der Körper in die Höhe h gehoben werden, so muss an ihm die Hubkraft F_H angreifen, die so groß wie F_G und dieser entgegengerichtet ist.

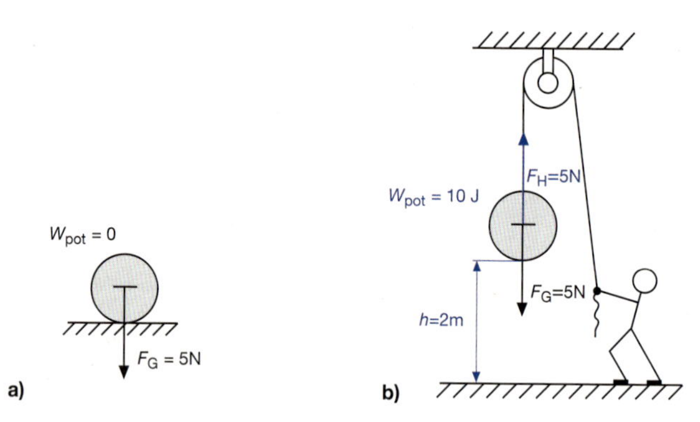

Bild 5.2: Potenzielle Energie (mechanisch)

Bewegt sich der Körper unter dem Einfluss von F_H über die Höhe h, so wird an ihm eine Arbeit verrichtet. Arbeit ist in der Physik das Produkt aus Kraft und Weg, wenn beide gleichgerichtet sind ($W = F_H \cdot h$).
Durch das Heben ist an dem Körper also Arbeit verrichtet worden. Diese kann er beim Herunterfallen wieder abgeben, indem er z. B. einen anderen Körper hochzieht. In der erhöhten Lage besitzt der Körper also die Fähigkeit, Arbeit zu verrichten. Diese Eigenschaft des Körpers bezeichnet man als Energie der Lage oder als potenzielle Energie (Bild 5.2 b).

Als **Energie** bezeichnet man das Arbeitsvermögen eines Körpers. Potenzielle Energie ist Energie der Lage (Lagenenergie).

$$\boldsymbol{W_{pot} = F_H \cdot h} \qquad 1\ J = 1\ Nm = 1\ N \cdot 1\ m$$

Energiebeträge werden in der Einheit 1 Joule (1 J) angegeben. Ein Körper besitzt die Energie 1 J, wenn er durch eine Kraft von 1 Newton (1 N) um die Höhe 1 Meter (1 m) gehoben wurde.

5.1.1.3 Elektrisches Potenzial

Ruht eine positive elektrische Ladung Q auf einer negativ geladenen Platte, so wirkt auf Q – infolge der elektrischen Anziehung zwischen ungleichartigen Ladungen – eine anziehende Kraft F_A. In dieser Lage besitzt Q keine potenzielle Energie, vergleichbar einem Körper, der auf dem Erdboden liegt (Bild 5.3 a).

Soll Q über den Weg s von der negativen Platte getrennt werden, so muss an ihr eine Kraft F angreifen, die so groß wie F_A und dieser entgegengerichtet ist. Beim Zurücklegen des Weges s wird also an der Ladung Q eine Arbeit (Trennungsarbeit) verrichtet (Bild 5.3 b). Am Ende des Weges s besitzt Q die an ihr verrichtete Arbeit in Form von potenzieller Energie ($W_{pot} = F \cdot s$).

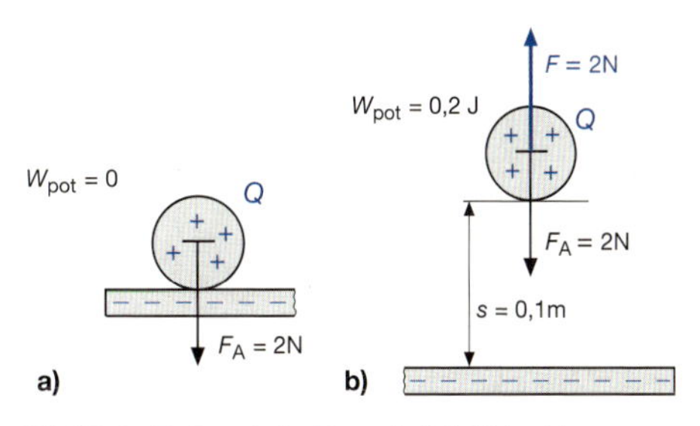

Bild 5.3: Potenzielle Energie (elektrisch)

Da die Kraft F_A mit zunehmender Ladung Q größer wird, ist auch die potenzielle Energie W_{pot} am Ende des Weges s umso größer, je größer Q ist. Dividiert man nun W_{pot} durch die Größe der Ladung Q, so erhält man die potenzielle Energie der Ladung 1 Coulomb (1 C); man bezeichnet diese als elektrisches Potenzial φ (sprich fi); dieses wird in der Einheit 1 Volt (1 V) angegeben.

Das **elektrische Potenzial** gibt an, wie groß die an der Ladung 1 Coulomb verrichtete Trennungsarbeit ist, d. h. wie groß die potenzielle Energie ist, die eine Ladung von 1 Coulomb besitzt.

$$\varphi = \frac{\boldsymbol{W}_{\text{pot}}}{\boldsymbol{Q}} \qquad 1\,\text{V} = \frac{1\,\text{J}}{1\,\text{C}}$$

Elektrisches Potenzial

Zur Verdeutlichung des Potenzialbegriffs betrachten wir das Beispiel in Bild 5.4. Wird die Ladung Q = 1 C über einen Weg s bewegt, so erkennt man: Mit zunehmendem Abstand s von der negativen Platte nimmt die anziehende Kraft ab; da sich die Ladung aber gleichzeitig der positiven Platte nähert, nimmt die abstoßende Kraft zu.

In dem Raum zwischen den beiden geladenen Platten wirkt auf eine elektrische Ladung an jeder Stelle die gleiche Kraft F_A. Da die potenzielle Energie einer Ladung von 1 C als elektrisches Potenzial bezeichnet wird, ist das Potenzial φ_2 größer als das Potenzial φ_1, und zwar im gleichen Verhältnis, wie S_2 größer ist als S_1. Das elektrische Potenzial hängt also nur noch von dem Abstand s ab, den die positive Ladung 1 C von der negativen Platte hat. Ist dieser Abstand s = 0 (die Ladung liegt auf der Platte), so ist auch das elektrische Potenzial 0.

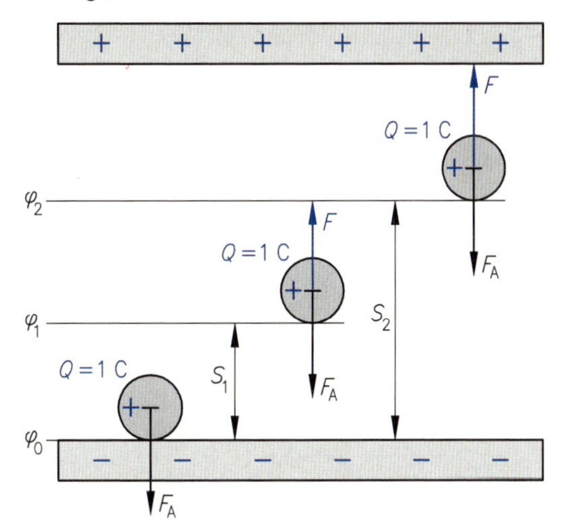

Bild 5.4: Elektrisches Potenzial

5.1.1.4 Elektrische Spannung

In jedem Abstand s von der negativen Platte herrscht ein anderes Potenzial (Bild 5.5). Den Unterschied zwischen zwei elektrischen Potenzialen nennt man **elektrische Spannung**; sie wird mit dem **Formelzeichen *U*** bezeichnet und – wie das Potenzial – in der **Einheit 1 Volt (1 V)** angegeben.

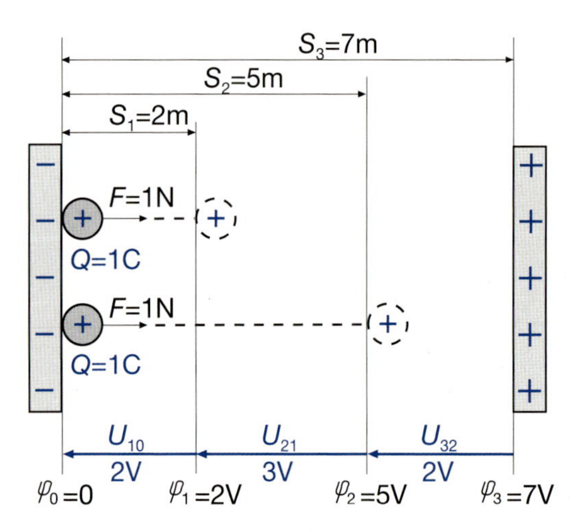

Bild 5.5: Potenzielle Energie (elektrisch)

- **Elektrische Spannung** ist der Unterschied zwischen zwei Potenzialen **(Potenzialdifferenz**

$$U_{21} = \varphi_2 - \varphi_1$$

- Eine elektrische Spannung liegt immer zwischen zwei Punkten mit unterschiedlichen Potenzialen.

Zur eindeutigen Festlegung in elektrischen Schaltungen ordnet man der elektrischen Spannung eine Richtung zu, eine sogenannte **Zählrichtung**, die durch einen Pfeil dargestellt wird, der immer vom höheren zum niedrigeren Potenzial weist (Bild 5.5).

- Der **Spannungspfeil** weist immer vom höheren zum niedrigeren Potenzial.

Aus Bild 5.5 erkennt man, dass das Potenzial eines Punktes genau so groß ist wie die Spannung dieses Punktes gegenüber dem Nullpotenzial.
In elektrischen Schaltungen ist das **Nullpotenzial** gleich dem **Erdpotenzial** oder dem **Massepotenzial**.

5.1.1.5 Spannungsquellen

Eine elektrische Spannung entsteht, wenn ungleichartige Ladungen gegen ihre Anziehungskraft voneinander getrennt werden. Zur Ladungstrennung muss Trennungsarbeit (zugeführte Energie, W_{zu}) aufgewendet werden, die als potenzielle Energie in den getrennten Ladungen gespeichert wird. Die pro Ladungseinheit (1 C) gespeicherte Energie haben wir als Spannung (gegenüber dem Nullpotenzial) bezeichnet.

- **Elektrische Spannung** wird durch die Trennung ungleichartiger elektrischer Ladungen erzeugt.

Spannungsquellen

Technische Einrichtungen zur Spannungserzeugung bezeichnet man als **Spannungsquellen**. Jede Spannungsquelle besitzt (mindestens) zwei Anschlüsse (Klemmen) mit unterschiedlichen Potenzialen. Die Klemme, an der die Elektronen in der Überzahl sind, nennt man Minuspol. Die Klemme, an der Elektronenmangel herrscht, ist der Pluspol (Bild 5.6).

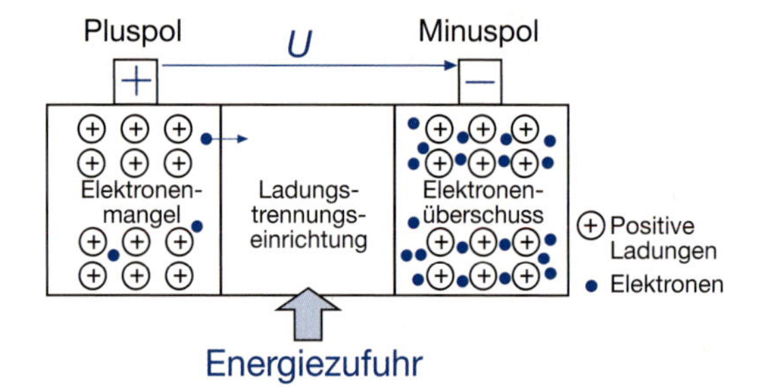

Bild 5.6: Prinzip einer Spannungsquelle

- Eine **Spannungsquelle** ist ein Energiewandler, der die zugeführte Energie in elektrische Energie umwandelt.
- Am Pluspol einer Spannungsquelle herrscht Elektronenmangel; am Minuspol herrscht Elektronenüberschuss.
- An der Spannungsquelle zeigt der Spannungspfeil immer vom Pluspol (höheres Potenzial) zum Minuspol (niedrigeres Potenzial).

Technische Spannungsquellen

Je nach Art der zugeführten Energie unterscheidet man technisch sehr verschiedene Spannungsquellen. Die größte Bedeutung für die Energieversorgung von Industrie, Wirtschaft und privaten Haushalten haben **Generatoren**, die in Elektrizitätswerken aus fossilen Brennstoffen (Kohle, Erdöl), aus Wasserkraft oder aus Atomenergie gewonnene mechanische Energie in elektrische Energie umwandeln. Diese Energie wird über flächendeckende Verteilnetze den Verbrauchern zur Verfügung gestellt (vgl. Kap. 5.7). Große Anlagen der Kommunikationstechnik werden aus dem Verteilnetz über zentrale Stromversorgungsanlagen oder Netzgeräte gespeist.

Zur Energieversorgung kleinerer – insbesondere mobiler – Verbraucher werden vielfach sogenannte **chemische Spannungsquellen** verwendet: Primärelemente (Batterien), die nur einmal entladen werden und dann entsorgt werden müssen und Sekundärelemente (Akkus), die nach ihrer Entladung erneut aufgeladen werden können (vgl. Kap. 5.3.1.3). Derartige Spannungsquellen kommen in vielfältiger Ausführung in mobilen Geräten – von der Taschenlampe über Fotogeräte bis zu Handys und Laptops – zum Einsatz.
Daneben kann aus jeder Energieform eine elektrische Spannung erzeugt werden. So gewinnen z. B. **Thermoelemente** Energie aus Wärme, **Fotoelemente** (Solarzellen) aus Licht, **Mikrofone** (elektrodynamische und piezoelektrische) aus Schall. Diese Geräte dienen weniger zur Energieerzeugung als vielmehr zur Umwandlung nicht elektrischer Größen in Signalspannungen für die Mess-, Steuerungs- und Kommunikationstechnik.

5.1.1.6 Spannungsarten

Der zeitliche Verlauf einer elektrischen Spannung kann in einem sogenannten Liniendiagramm zeichnerisch dargestellt werden. In einem Liniendiagramm wird auf der horizontalen Achse die Zeit aufgetragen. Auf der vertikalen Achse wird die Größe aufgetragen, deren zeitliche Änderung dargestellt werden soll.

Eine **Gleichspannung** behält mit fortschreitender Zeit sowohl ihre Polarität als auch ihre Größe unverändert bei. Eine Angabe wie z. B. $U = 1{,}5$ V ist also eindeutig und unmissverständlich (Bild 5.7).

Bei einer **Wechselspannung** liegen die Dinge nicht so einfach; hier wechselt die Polarität der Spannung fortwährend, und dabei ändert sich zwangsläufig auch fortwährend ihre Größe (Bild 5.8).

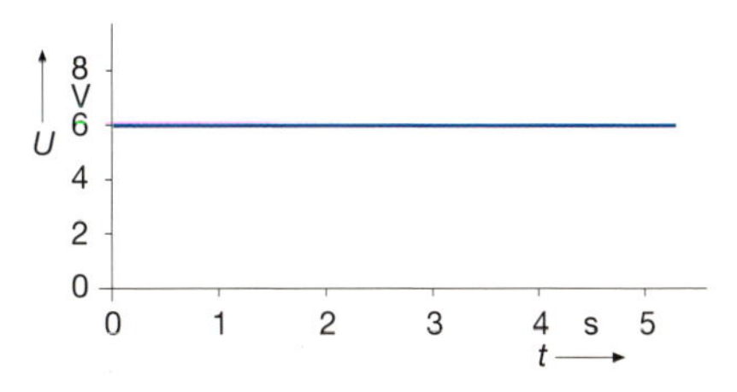

Bild 5.7: Darstellung einer Gleichspannung im Liniendiagramm

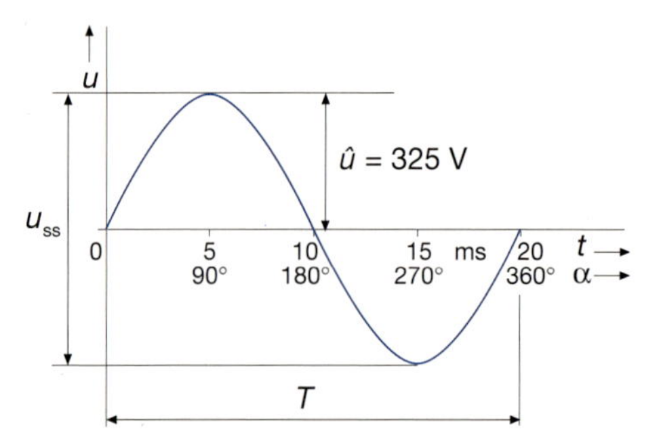

Bild 5.8: Liniendiagramm der periodischen Wechselspannung im Versorgungsnetz

Halten wir zunächst die im Diagramm bezeichneten Größen fest:

Kenngrößen einer Wechselspannung

- u = **Augenblickswert,** Momentanwert; dieser Spannungswert ist von der Zeit abhängig, er ändert sich fortwährend
- $\hat{u}$ = **Maximalwert,** Höchstwert, Scheitelwert; der höchste Spannungswert in einer Periode
- u_{ss} = **Spitze-Spitze-Wert;** der Spannungswert zwischen dem positiven und negativen Maximalwert
- T = **Periodendauer;** die Zeit, in der die Wechselspannung ihre Augenblickswerte einmal durchläuft
- $f = \frac{1}{T}$ = **Frequenz;** sie ist der Kehrwert der Periodendauer und gibt die Anzahl der Perioden pro Sekunde an; sie hat die **Einheit** $\frac{1}{s}$ **= 1 Hz (Hertz)**

Die Spannung im Versorgungsnetz ist bekanntlich eine Wechselspannung von $\boldsymbol{U}$ **= 230 V**, bei der sich der Kurvenverlauf immer im gleichen Zeitraum (Periode) wiederholt; man spricht daher von einer periodischen Wechselspannung (Bild 5.8).
Wie aus dem Diagramm zu entnehmen ist, hat die Wechselspannung in jedem Augenblick einen anderen Wert (Augenblickswert). Der einzige markante Wert der Kurve beträgt $\hat{u}$ = 325 V. Was bedeutet also die Angabe U = 230 V?

Diesen Wert der Wechselspannung bezeichnet man als **Effektivwert**.
Es ist der Wert der Wechselspannung, der für den in einem Verbraucher R erzielten Effekt (z. B. Erwärmung) maßgebend ist. Für eine sinusförmige Wechselspannung berechnet sich der **Effektivwert** nach der Gleichung

$$U = \frac{\hat{u}}{\sqrt{2}}$$

Eine wesentliche Rolle spielt in diesem Zusammenhang die **Kurvenform** der dargestellten Wechselspannung; die Kurve folgt einer **Sinusfunktion** (Sinus = Bogen). Die Sinusfunktion ist für die gesamte Elektrotechnik – insbesondere für die Übertragungstechnik – von herausragender Bedeutung. Denn auch alle anders geformten periodischen Wechselspannungen wie z. B. rechteck-, dreieck- oder sägezahnförmige werden bei übertragungstechnischen Betrachtungen in eine Reihe von reinen sich überlagernden Sinusschwingungen zerlegt (Fourier-Analyse).

Der Sinus eines Winkels ist definiert als das Verhältnis der Gegenkathete zur Hypotenuse eines rechtwinkligen Dreiecks. Zeichnet man das rechtwinklige Dreieck in den Einheitskreis (Kreis mit dem Radius $r = 1$) ein, so ist die Hypotenuse gleich dem Kreisradius und die Länge der Gegenkathete gleich dem Sinuswert des Winkels (Bild 5.9). Durch Drehen des Radius entgegen dem Uhrzeigersinn erhält man die Sinuswerte für alle Winkel von 0° bis 360°.

Überträgt man die Sinuswerte aus dem Einheitskreis in ein **Liniendiagramm**, auf dessen waagerechter Achse der Drehwinkel des Radius (im Gradmaß oder im Bogenmaß) aufgetragen ist, so erhält man die allgemein gebräuchliche Darstellung der Sinusfunktion.

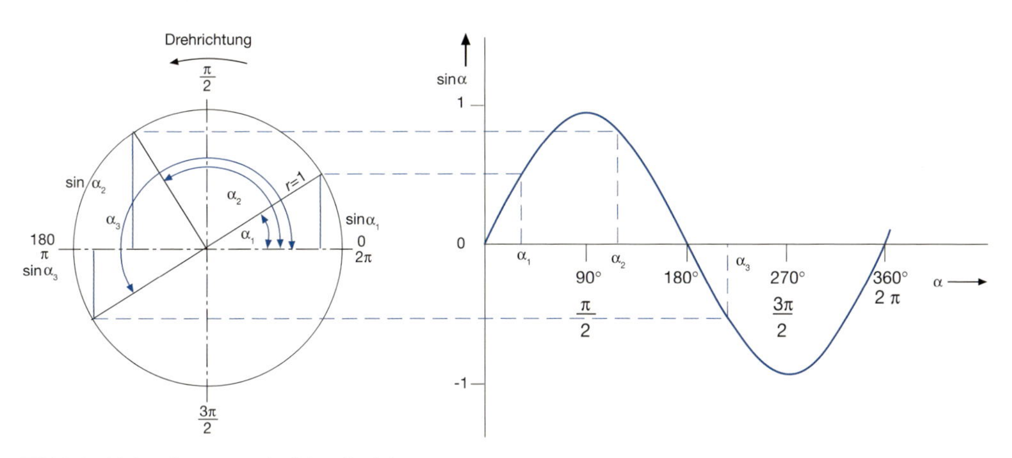

Bild 5.9: Liniendiagramm der Sinusfunktion

In gleicher Weise kann auch das Liniendiagramm einer Wechselspannung konstruiert werden. Man benutzt hierzu einen sogenannten Spannungszeiger, der sich gegen den Uhrzeigersinn um seinen Anfangspunkt dreht.

Die Zeigerlänge entspricht dem Maximalwert der Wechselspannung. Die Gegenkathete des Winkels α stellt den Augenblickswert der Wechselspannung dar. Diese Darstellung einer Wechselspannung bezeichnet man als **Zeigerdiagramm** (Bild 5.10).

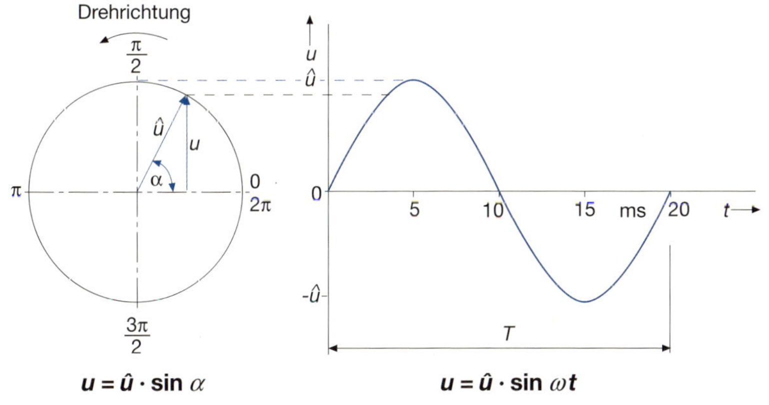

$$u = \hat{u} \cdot \sin \alpha \qquad u = \hat{u} \cdot \sin \omega t$$

Bild 5.10: Zeiger- und Liniendiagramm einer sinusförmigen Wechselspannung

Die Übersetzung des Drehwinkels α aus dem Zeigerdiagramm auf die Zeitachse t im Liniendiagramm (Bild 5.10) erfolgt mithilfe der **Winkelgeschwindigkeit** ω. Sie gibt an, wie groß der Drehwinkel ist, den der Zeiger $\hat{u}$ in einer Sekunde überstreicht ($\omega = \frac{\alpha}{t}$); daraus ergibt sich: $\alpha = \omega t$.
Wendet man diese Definition auf eine ganze Periode an ($\alpha = 2\pi$, $t = T$),

so ist $$\omega = \frac{2\pi}{T}$$

und mit $$T = \frac{1}{f}$$

ergibt sich $$\omega = 2\pi \cdot f$$

Von dem Ausdruck $2\pi f$ leitet sich der Name **Kreisfrequenz** ab, der in der Elektrotechnik anstelle von Winkelgeschwindigkeit verwendet wird.
Ein weiterer Begriff, der beim Umgang mit Wechselspannungen von besonderer Bedeutung ist, ist die **Phasenverschiebung**. Hierbei werden zwei frequenzgleiche Wechselspannungen verglichen hinsichtlich des Zeitpunktes, in dem sie ihre Nullstellen bzw. ihre Maximalwerte durchlaufen.

- **Phasengleiche Wechselspannungen** durchlaufen ihre Null- und Maximalwerte zur gleichen Zeit.
- **Phasenverschobene Wechselspannungen** durchlaufen ihre Null- und Maximalwerte zu verschiedenen Zeitpunkten.

Im Liniendiagramm wird die Phasenverschiebung als Phasenverschiebungszeit Δt sichtbar; im Zeigerdiagramm wird sie durch den Phasenverschiebungswinkel φ dargestellt. Mithilfe der Winkelgeschwindigkeit ergibt sich zwischen Phasenverschiebungszeit und Phasenverschiebungswinkel die in Bild 5.11 angegebene Beziehung.

Sinusfunktion

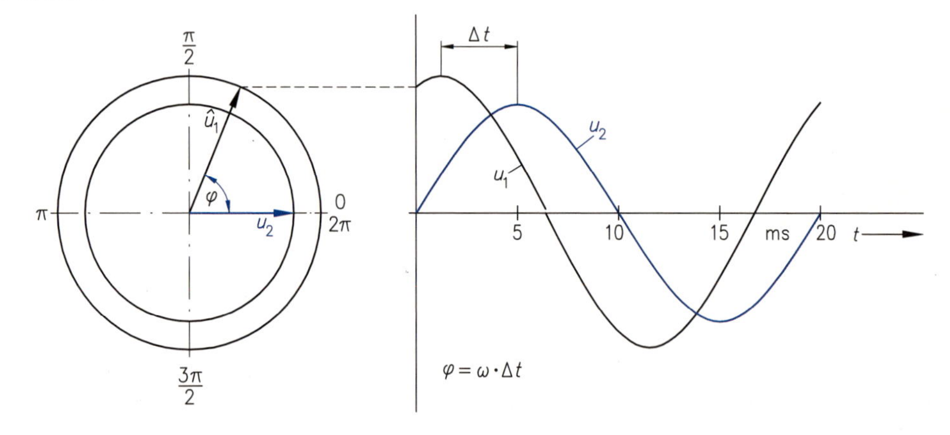

Bild 5.11: Phasenverschobene Wechselspannungen

5.1.1.7 Spannungsmessung

Soll die Größe der elektrischen Spannung zwischen zwei Punkten mit unterschiedlichem Potenzial festgestellt werden, so muss ein **Spannungsmesser (Voltmeter)** an diese beiden Punkte angeschlossen werden. Um z. B. die Spannung an einer Batterie zu messen, müssen die Klemmen des Spannungsmessers mit den Klemmen der Batterie leitend verbunden werden (Bild 5.12).

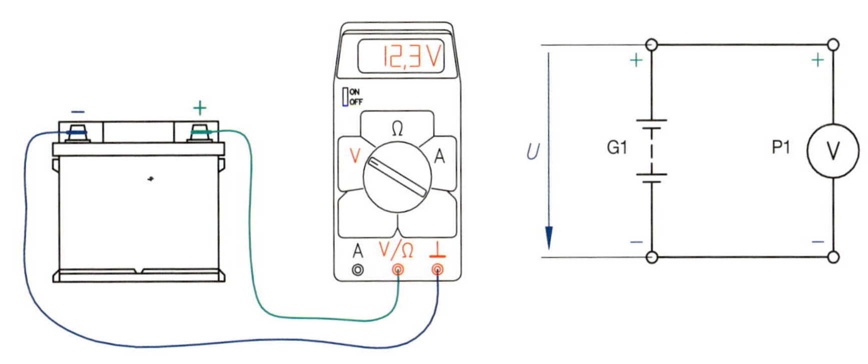

Bild 5.12: Anschluss eines Spannungsmessers

■ Ein **Spannungsmesser** wird immer an die beiden Punkte angeschlossen, zwischen denen die Spannung gemessen werden soll.

Zeigerdiagramm

In der Praxis werden für solche Messungen meist **Vielfachmessinstrumente (Multimeter)** benutzt, mit denen Gleich- und Wechselspannungen in jeweils verschiedenen Messbereichen gemessen werden können. Diese Multimeter bieten in der Regel auf einem relativ großen Display sowohl eine digitale Anzeige mit großen Ziffern, als auch eine analoge Segmentanzeige (Bargraph).

Bild 5.13: Multimeter mit digitaler und analoger Anzeige

Bei der Benutzung dieser Messinstrumente ist darauf zu achten, dass

- die richtige **Spannungsart** eingestellt ist,
- der erforderliche **Messbereich** eingestellt ist und
- bei Gleichspannung die **Polarität** von Messinstrument und zu messender Spannung übereinstimmt.

Die folgenden Beispiele machen deutlich, dass in den verschiedenen Gebieten der Elektrotechnik und der Kommunikationstechnik Spannungen von weniger als einem Millionstel Volt (Mikrovolt, µV) bis zu einigen Millionen Volt (Megavolt, MV) vorkommen.

Beispiele:

Signalspannung einer Rundfunkantenne	0,1 µV bis 5 mV
Sprechwechselspannung beim Telefon	1 mV bis 800 mV
Zellenspannung eines Bleiakkus	1,5 V
Wechselspannung im EVU-Netz	230 V bis 400 V
Überlandleitungen	6 kV bis 400 kV
Teilchenbeschleuniger in der Kernforschung	Mehrere MV

In Bild 5.12 ist neben der bildhaften Darstellung der Messschaltung dieselbe als Schaltplan gezeichnet. Diese Art von Schaltplan bezeichnet man als **Stromlaufplan (in zusammenhängender Darstellung)**. Nach Norm enthalten Stromlaufpläne die allpolige Darstellung einer elektrischen Anlage mit allen Einzelteilen. Alle Betriebsmittel (Schalter, Geräte, Messinstrumente, Leitungen usw.) werden durch Schaltzeichen dargestellt und mit ebenfalls genormten Kennzeichnungen versehen.
Die räumliche Lage der Betriebsmittel zueinander ist nach Möglichkeit einzuhalten; sie kann jedoch wegen besserer Übersichtlichkeit verändert werden. Kommen in der Anlage Schalter vor, so werden sie normalerweise in Ruhelage dargestellt. Sollen sie in Ausnahmefällen in Arbeitslage gezeichnet werden, so muss dies besonders gekennzeichnet werden.

Aufgaben:

1. Beschreiben Sie mit eigenen Worten Ihre Modellvorstellung vom Aufbau eines Atoms. Beantworten Sie dabei im Zusammenhang folgende Fragen:
   a) Aus welchen Grundbausteinen sind Atome aufgebaut?
   b) Wie sind diese Bausteine im Modell angeordnet?
   c) Was stellen Sie sich unter einer Elektronenschale vor?
   d) Wie sind die Atombausteine elektrisch geladen?
   e) Was ergibt sich bei einem Massenvergleich der Bausteine?
2. Am Schaltungspunkt A liegt ein elektrisches Potenzial von 30 V, am Punkt B ein Potenzial von 12 V. Berechnen Sie
   a) die Spannung von A gegenüber B und
   b) die Spannung von B gegenüber A.
3. a) Wie groß sind die Potenziale φ_1 und φ_2?
   b) Wie groß ist die Spannung U_{12}?

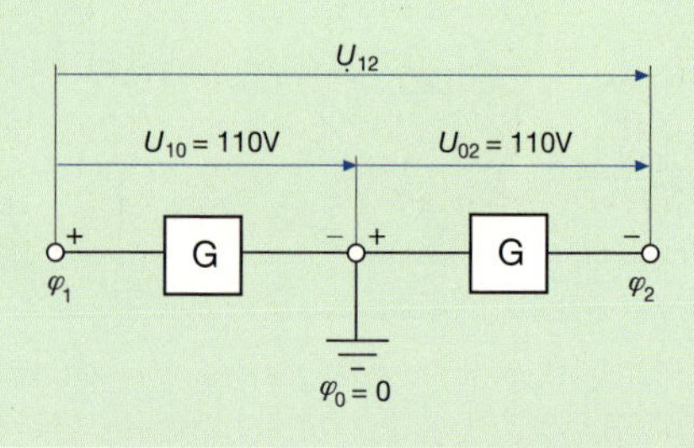

4. Mit einem Oszilloskop wird die Periodendauer von zwei sinusförmigen Wechselspannungen gemessen. Aus dem Messergebnis ist zu entnehmen, dass $T_1 = 2 \cdot T_2$ ist.
   Welche Aussage kann über die Frequenzen f_1 und f_2 der Wechselspannungen gemacht werden?
5. Wie viele Millisekunden nach dem Nulldurchgang erreicht eine sinusförmige Wechselspannung mit der Frequenz von 1 kHz ihren Maximalwert?
6. Berechnen Sie die Periodendauer für eine Taktfrequenz von 200 MHz.
7. Die Frequenz der Wechselspannungen beträgt 50 Hz. Geben Sie die Phasenverschiebungszeit und die Phasenverschiebungswinkel zwischen jeweils zwei der Wechselspannungen an.

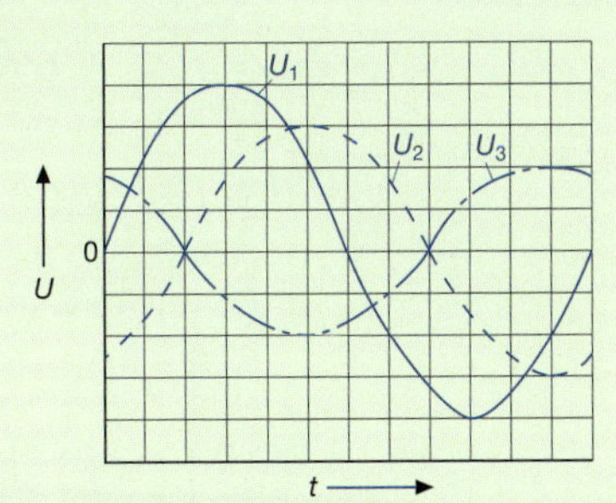

8. Was muss bei der Messung einer Spannung mit einem Multimeter alles beachtet werden?
9. Eine Wechselspannung durchläuft eine Periode in 25 ms. Wie groß ist die Frequenz der Wechselspannung?
10. Eine Wechselspannung, deren Maximalwert mit 325 V angegeben ist, hat eine Frequenz von 50 Hz. Wie groß ist ihr Augenblickswert bei $t = 2{,}5$ ms?
11. Berechnen Sie den Maximalwert und den Spitze-Spitze-Wert einer Wechselspannung, die einen Effektivwert von 800 mV hat.
12. Wie viel Prozent des Maximalwertes beträgt der Effektivwert einer sinusförmigen Wechselspannung?

5.1.2 Elektrische Stromstärke

5.1.2.1 Elektrischer Stromkreis

Bild 5.14 zeigt einen Generator (Spannungsquelle), an den über zwei isolierte Kupferdrähte (Leitung) eine Glühlampe (Verbraucher) angeschlossen ist. Wird der Generator angetrieben, so leuchtet die Lampe auf; beim Leuchten strahlt sie Licht und Wärme ab. Eine solche Anordnung ist ein elektrischer Stromkreis.

Stromkreis

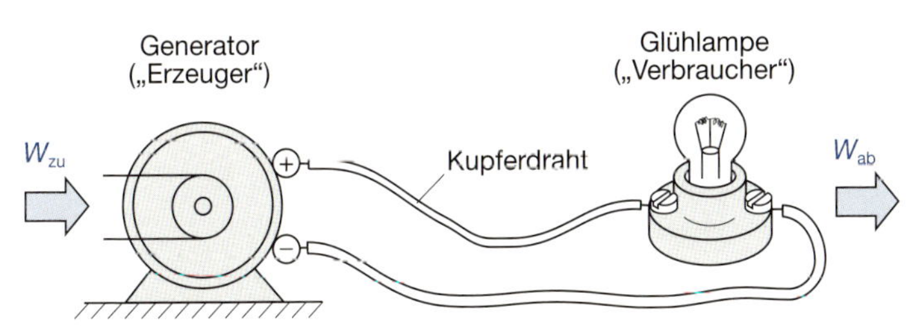

Bild 5.14: Aufbau eines Stromkreises

Ein **elektrischer Stromkreis** besteht aus Spannungsquelle, Leitung und Verbraucher.

Das Grundsätzliche (Prinzip) eines elektrischen Stromkreises zeigt Bild 5.15. In der Spannungsquelle wird die zugeführte mechanische Energie in elektrische Energie (Spannung) umgewandelt. Die Leitung überträgt diese elektrische Energie zur Lampe und diese wandelt die ihr zugeführte elektrische Energie in Licht und Wärme um.

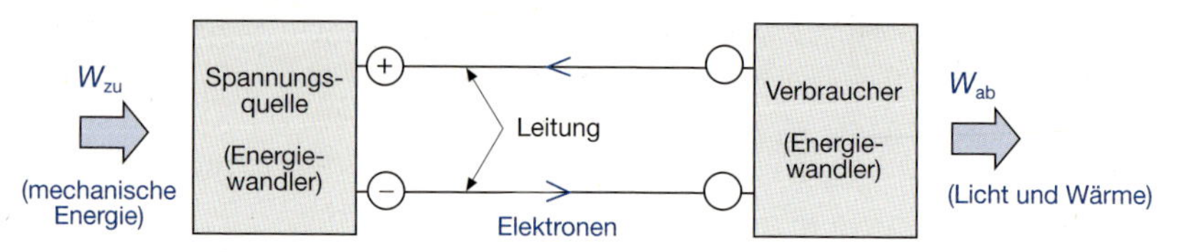

Bild 5.15: Prinzip eines Stromkreises

> Ein **elektrischer Stromkreis** ist im Prinzip ein System zur Übertragung elektrischer Energie.

Elektrischer Strom

Der **Stromkreis** ist ein über Spannungsquelle, Leitung und Verbraucher **geschlossener Leiterkreis**, in dem die Elektronen vom Minuspol (Elektronenüberschuss) über den Verbraucher zum Pluspol (Elektronenmangel) fließen.

> **Elektrischer Strom** ist die gerichtete Bewegung elektrischer Ladungen in einem Stromkreis. Elektrischer Strom kann nur fließen, wenn der Stromkreis geschlossen ist.

Stromrichtung

Bild 5.16 zeigt den Stromlaufplan eines einfachen Stromkreises nach Bild 5.14. Durch die roten Pfeile in diesem Schaltplan wird die Richtung des elektrischen Stromes angegeben. Es fällt auf, dass diese im Stromlaufplan eingetragene Richtung entgegengesetzt zur Richtung des Elektronenflusses ist. Diese eingetragene Richtung bezeichnet man als **technische Stromrichtung**.

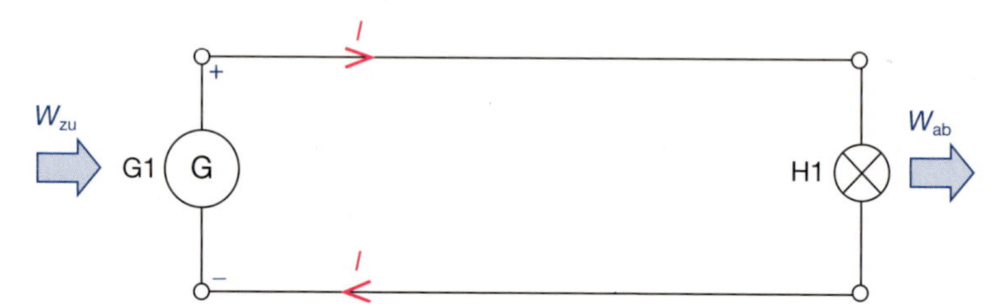

Bild 5.16: Schaltplan eines Stromkreises

> Die **technische Stromrichtung** führt vom Pluspol der Spannungsquelle über den Verbraucher zum Minuspol.

5.1.2.2 Elektrische Stromstärke

Die elektrische Spannung gibt an, wie groß die Energie ist, die durch die Ladung 1 Coulomb von der Spannungsquelle zum Verbraucher übertragen wird. In Stromkreisen, die mit der gleichen Spannung arbeiten, trägt jedes Coulomb also die gleiche Energie. Benötigt der Verbraucher viel Energie (handelt es sich z.B. um eine große Vermittlungsstelle), so müssen mehr Ladungen über die Leitung fließen als bei einem Verbraucher, der in der gleichen Zeit weniger Energie umsetzt (z.B. eine kleine Signalanlage). Zum Betrieb unterschiedlicher Verbraucher müssen bei gleicher Spannung also auch verschieden große Ströme fließen.

Stromstärke

Um diese verschiedenen Ströme genau angeben zu können, definiert man die **elektrische Stromstärke *I***. Die **Einheit der Stromstärke ist 1 Ampere (1 A)**.

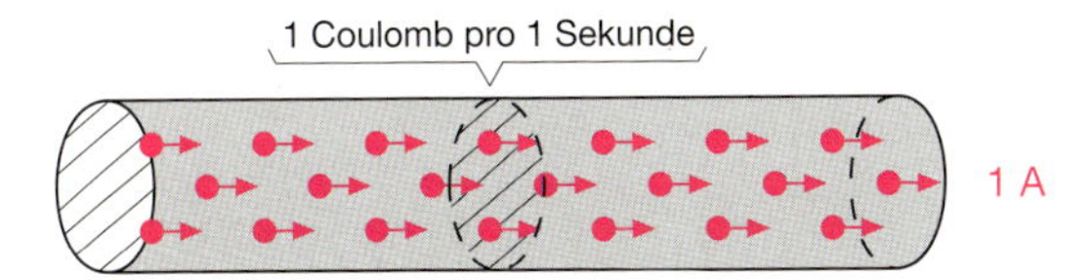

Bild 5.17: Definition der elektrischen Stromstärke

- Die **elektrische Stromstärke** gibt an, wie groß die elektrische Ladung ist, die in einer Sekunde durch den Querschnitt eines Leiters fließt.

$$I = \frac{Q}{t} \qquad 1\,\text{A} = \frac{1\,\text{C}}{1\,\text{s}}$$

- In einem geschlossenen Stromkreis ist die Stromstärke an allen Stellen gleich.

5.1.2.3 Strömungsgeschwindigkeit und Signalgeschwindigkeit

Strömungsgeschwindigkeit

Elektrische Ladungen bewegen sich in einem elektrischen Strom relativ langsam durch einen metallischen Leiter. Zum Beispiel beträgt die **Strömungsgeschwindigkeit *v*** in einem Kupferleiter von 1 mm^2 Querschnitt bei einer Stromstärke von 1 A weniger als 1 mm/s (Bild 5.18).

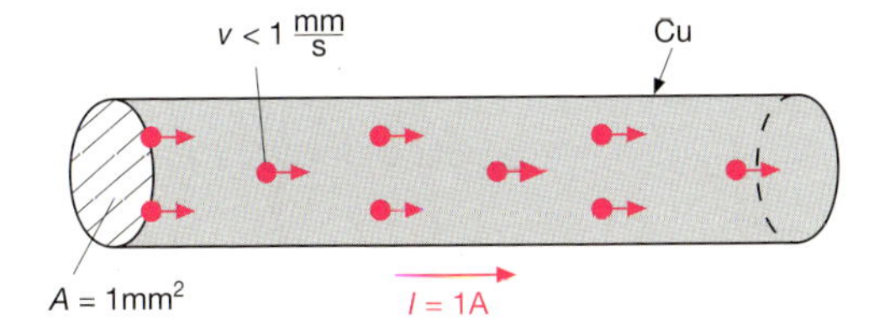

Bild 5.18: Strömungsgeschwindigkeit

Signalgeschwindigkeit

Im Gegensatz zu dieser geringen Strömungsgeschwindigkeit elektrischer Ladungen ist die Geschwindigkeit, mit der sich der Bewegungsimpuls im Leiter fortpflanzt, sehr groß. Sie beträgt je nach Art der Leitung zwischen 50 % und 90 % der Lichtgeschwindigkeit (c = 300 000 km/s). Sie wird als **Signalgeschwindigkeit** bezeichnet und gibt an, wie schnell sich ein Signal entlang einer Leitung fortpflanzt.

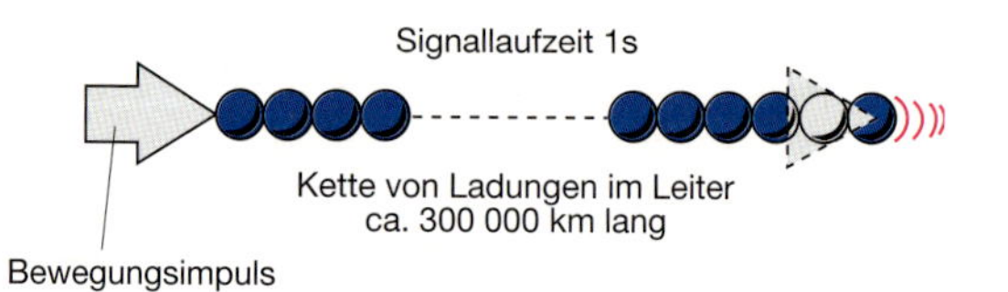

Bild 5.19: Signalgeschwindigkeit

5.1.2.4 Stromarten

Stromarten

Nach Art der zeitlichen Änderung der Stromstärke unterscheidet man in der Elektrotechnik grundsätzlich zwei Stromarten:

Ein **Gleichstrom** fließt dauernd in die gleiche Richtung; seine Stromstärke ist in jedem Zeitpunkt gleich groß (Bild 5.20a a).
Ein **Wechselstrom** wechselt dauernd seine Richtung; dabei ändert sich auch die Stromstärke ständig. Der zeitliche Verlauf des technischen Wechselstromes ist sinusförmig; er wiederholt sich immer im gleichen Zeitraum von einer Periode (Bild 5.20a b).
Hinsichtlich der Kennwerte (Maximalwert usw.) eines sinusförmigen Wechselstromes gelten die gleichen Festlegungen und Bezeichnungen wie bei Wechselspannungen; es wird lediglich u durch i ersetzt.

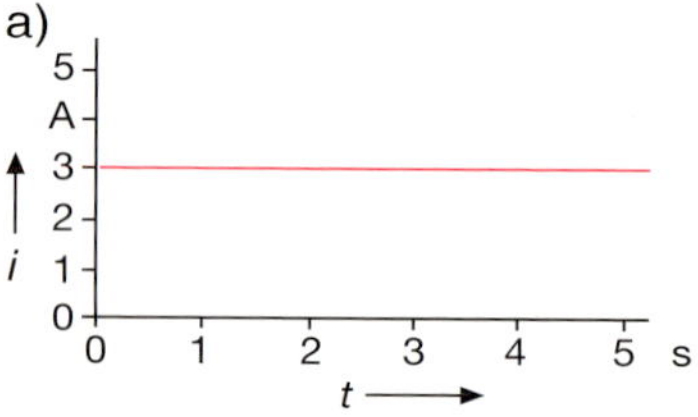

Bild 5.20a: Gleichstrom

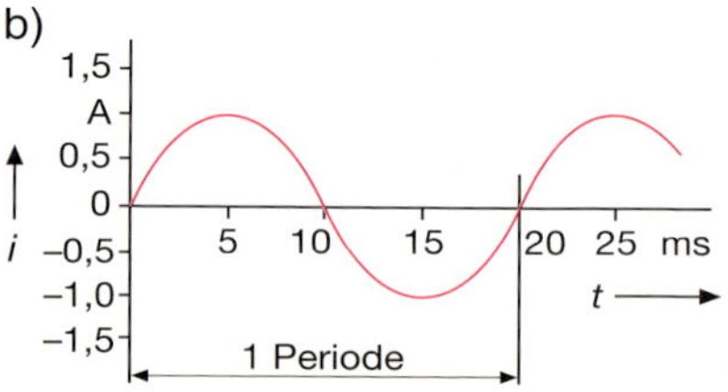

Bild 5.20b: Sinusförmiger Wechselstrom

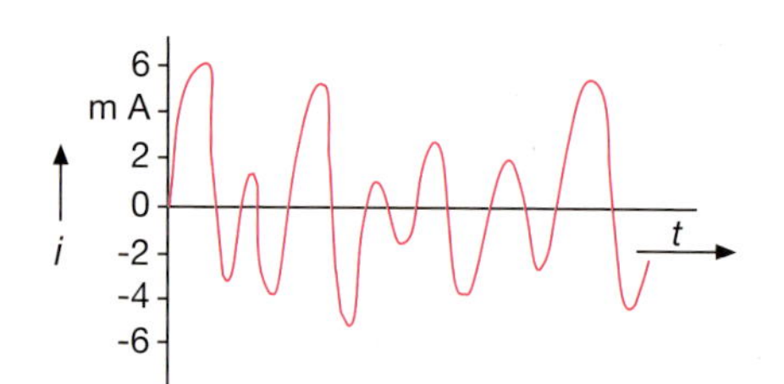

Bild 5.21: Nicht-periodischer Wechselstrom

Neben den periodischen Wechselströmen gibt es auch Ströme, die ihre Richtung nicht in gleichen Zeitabständen wechseln, sogenannte **nicht periodische Wechselströme**, z.B. Sprechwechselströme, wie sie in Mikrofonen erzeugt werden (Bild 5.21).

Fließen in einem Leiter gleichzeitig ein Gleichstrom und ein Wechselstrom, so ergibt sich durch Überlagerung ein sogenannter **Mischstrom** (Bild 5.22). Dieser behält zwar seine Richtung bei, ändert aber ständig seine Stärke; er wird auch als **pulsierender Gleichstrom** bezeichnet.

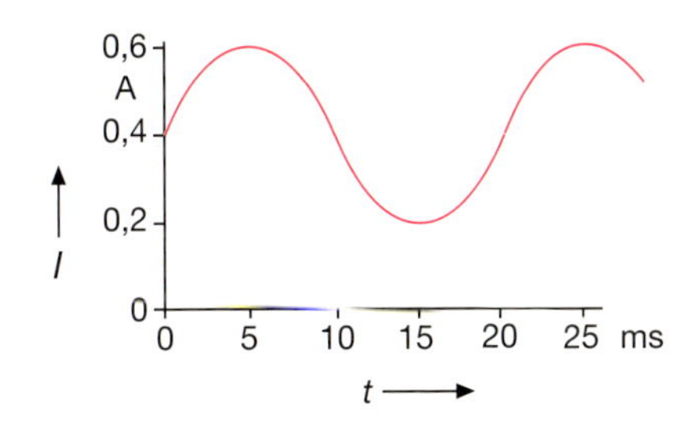

Bild 5.22: Pulsierender Gleichstrom

Ein elektrischer Wechselstrom breitet sich längs einer Leitung **wellenförmig** angenähert mit der Lichtgeschwindigkeit c = 300000 km/s aus. Handelt es sich um einen sinusförmigen Wechselstrom, so folgt auch die Wellenform einer Sinusfunktion. Da die Darstellung einer sinusförmigen Welle (Bild 5.22a) der Darstellung einer sinusförmigen Schwingung (Bild 5.20b) gleicht, kann es zu Verwechslungen kommen, die jedoch durch Beachtung der auf den Achsen des Diagramms abgetragenen Größen vermieden werden.

Breitet sich nun die Schwingung der Ladungen mit der Frequenz $f = 1/T$ entlang der Leitung mit der angenäherten Lichtgeschwindigkeit aus (vgl. Bild 5.19; Signalgeschwindigkeit), so entspricht dies der Ausbreitungsgeschwindigkeit der Welle (c). Den von der Welle zurückgelegten Weg bezeichnet man als **Wellenlänge** (λ, Lambda); sie ergibt sich (Weg = Geschwindigkeit × Zeit) nach der Gleichung $\lambda = c \times T$. Damit ergibt sich der Zusammenhang zwischen Wellenlänge, Frequenz und Ausbreitungsgeschwindigkeit einer Welle zu

$$\lambda = \frac{c}{f}$$

Damit ergibt sich bei der Netzfrequenz von f = 50 Hz eine Wellenlänge von

$$\lambda = \frac{c}{f} = \frac{300000\ km}{50\quad 1/s} = 6000\ \text{km}$$

Auf die gleiche Art ergibt sich bei einer Frequenz von 5 GHz eine Wellenlänge von 6 cm.

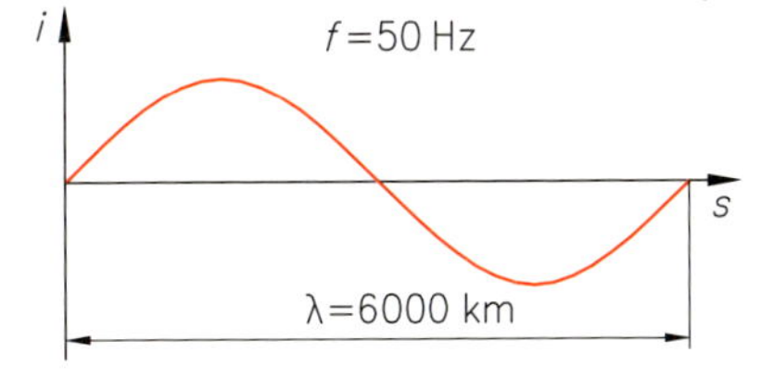

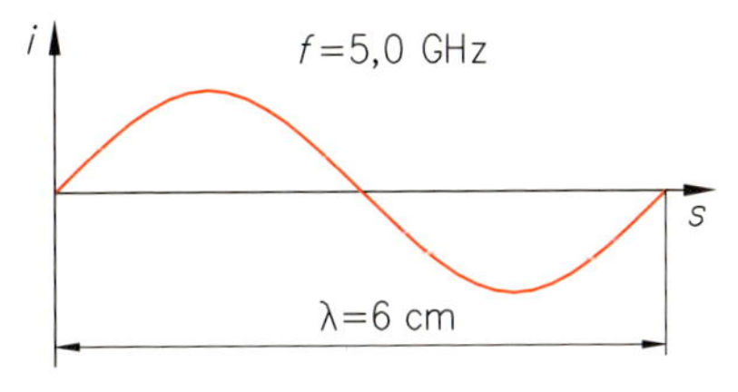

Bild 522a: Wellenlänge

5.1.2.5 Strommessung

Um die Stromstärke z.B. in einer Lampe zu messen, muss ein **Strommesser (Amperemeter)** so in den Stromkreis geschaltet werden, dass er von dem zu messenden Lampenstrom durchflossen wird. Da die Stromstärke im gesamten Stromkreis überall gleich groß ist, kann der Strommesser an jede beliebige Stelle des Stromkreises gelegt werden (Bild 5.23).

Wird zur Messung der Stromstärke ein Vielfachmessinstrument (Multimeter) benutzt (wie bei der Spannungsmessung), so ist auf die richtige Einstellung von Stromart, Messbereich und Polarität zu achten.

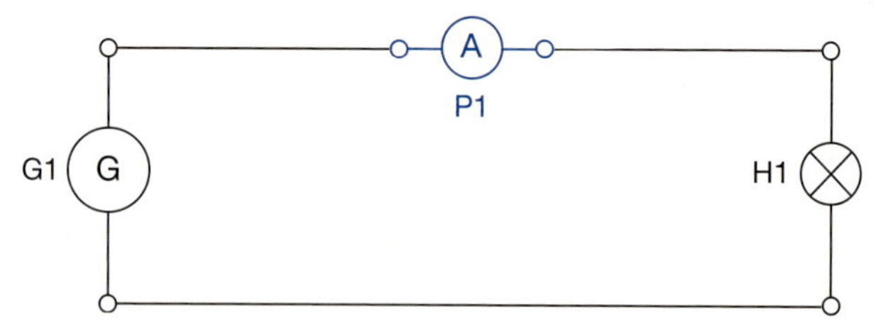

Bild 5.23: Anschluss eines Strommessers

Die folgenden Beispiele sollen dazu dienen, die großen Unterschiede elektrischer Stromstärken in den verschiedenen Bereichen der Elektrotechnik zu verdeutlichen.

Beispiele:

Rundfunk- und Fernsehtechnik	1 nA	bis	100 µA
Fernmeldetechnik	1 mA	bis	10 A
Haushaltsgeräte	100 mA	bis	50 A
Energieübertragung	100 A	bis	10 kA
Schmelzöfen	–	bis	100 kA
Kerntechnik	–	bis	1 MA

5.1.2.6 Stromdichte

In einem Lampenstromkreis fließt der gleiche Strom durch den dicken Draht der Leitung und durch den sehr dünnen Draht des Glühfadens in der Lampe. Dabei wird der Glühfaden offensichtlich wesentlich stärker erwärmt als die Leitung. Wie weit dies durch die unterschiedlichen Metalle von Leitung und Glühfaden verursacht wird, soll hier nicht weiter untersucht werden.

Stromdichte

Die Temperaturzunahme eines Leiters wird nicht allein von der Stromstärke, sondern vom Verhältnis der Stromstärke I zum Querschnitt A des Leiters bestimmt; dieses Verhältnis bezeichnet man als **Stromdichte S** (Bild 5.24).

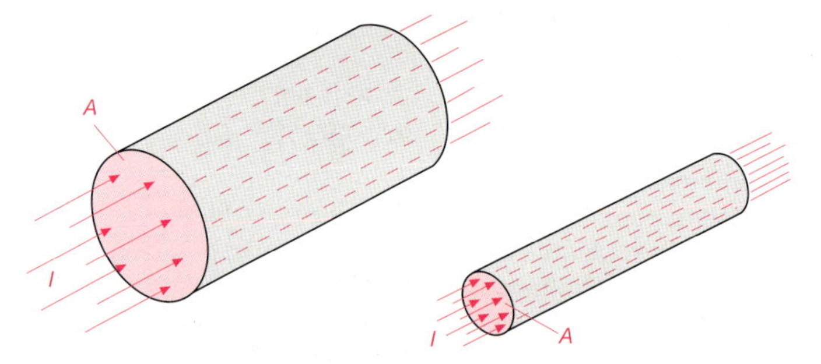

Bild 5.24: Zur Definition der Stromdichte

Die **Stromdichte** gibt an, wie groß die Stromstärke je Quadratmillimeter (mm^2) in einem Leiterquerschnitt ist.

$$S = \frac{I}{A} \qquad 1\frac{A}{mm^2} = \frac{1A}{1mm^2}$$

Die in einem Leiter entwickelte Wärme ist umso größer, je größer die Stromdichte ist.

Diese Erkenntnis findet eine wichtige praktische Anwendung bei **Schmelzsicherungen**. In der Schmelzsicherung befindet sich ein sehr dünner Draht, der genau so bemessen ist, dass er die für die Leitung zulässige Stromstärke aushalten kann. Steigt infolge eines Fehlers in der Anlage die Stromstärke über den für die Leitung höchstzulässigen Wert hinaus, so schmilzt der Draht in der Sicherung durch und unterbricht den Stromkreis, bevor die Leitung durch zu starke Erwärmung beschädigt wird.

Aufgaben:

1. a) Beschreiben Sie mit eigenen Worten, was Sie unter einem elektrischen Strom und einem elektrischen Stromkreis verstehen.
   b) Nennen Sie die Hauptbestandteile eines Stromkreises und erklären Sie, welche Aufgabe die genannten Teile im Stromkreis erfüllen.
2. Welche Ladungsmenge muss pro Sekunde durch einen Leiterquerschnitt strömen, wenn die Stromstärke 4,5 A betragen soll?
3. Durch einen Leitungsdraht wird in einer Zeit von 2 min eine Ladungsmenge von 60 C bewegt. Berechnen Sie die Stromstärke in diesem Leiter in Milliampere (mA).
4. Was verstehen Sie unter der „technischen Stromrichtung"?
5. Nach welchen Merkmalen können Wechselströme unterschieden werden?
6. Beim technischem Wechselstrom im EVU-Netz dauert 1 Periode 20 ms.
   a) Wie viele Perioden können demnach in 1 Sekunde ablaufen?
   b) Wie oft wechselt in 1 Sekunde die Stromrichtung?
7. Wird der Stromkreis durch den Schalter S geschlossen, so leuchtet die Lampe H sofort auf, obwohl die elektrischen Ladungen eine ganz geringe Strömungsgeschwindigkeit haben.
   a) Begründen Sie diesen Sachverhalt.
   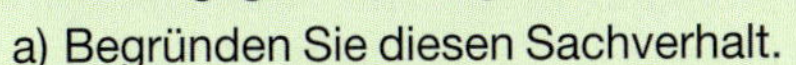
   b) Berechnen Sie die Signallaufzeit vom Schalter bis zur Lampe (Signalgeschwindigkeit = 90 % der Lichtgeschwindigkeit).

   100 m
   S
   H
8. In einer Stromversorgungsleitung (4 mm^2, Cu) fließt ein Strom von 22,8 A. Wie groß ist die Stromdichte in der Leitung?
9. Nach den Vorschriften über die Belastbarkeit isolierter Leitungen nach VDE 0100 beträgt die höchstzulässige Stromstärke für Kupferleiter in Rohr, verlegt bei einem Querschnitt von 1,5 mm^2, genau 16 A; bei 25 mm^2 beträgt sie 88 A.
   a) Berechnen Sie für beide Querschnitte die bei der Höchststromstärke auftretende Stromdichte.
   b) Versuchen Sie den Unterschied der zulässigen Stromdichte zu erklären.

5.1.3 Elektrischer Widerstand

5.1.3.1 Definition des elektrischen Widerstandes

Elektrische Leiter haben die Eigenschaft, auf elektrische Ströme hemmend einzuwirken, sie setzen dem Strom einen Widerstand entgegen.

Elektrischer Widerstand

Elektrischer Widerstand ist die Eigenschaft eines Leiters, die Fortbewegung elektrischer Ladungen zu behindern.

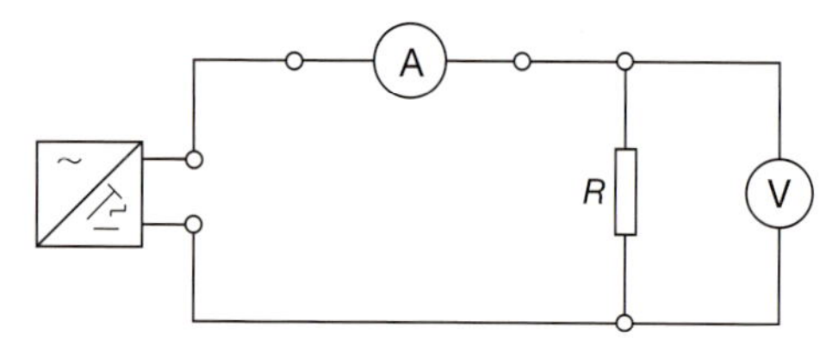

Bild 5.25 zeigt den Schaltplan eines Versuchs, der nacheinander mit zwei verschiedenen Leitern durchgeführt wird. Im Schaltplan ist der zu untersuchende Leiter durch das Widerstandsschaltzeichen *R* dargestellt. An der Spannungsquelle wird die Spannung von null ausgehend jeweils um 2 V erhöht. Am Strommesser wird die angezeigte Stromstärke abgelesen. Die Messergebnisse sind in der Tabelle zusammengestellt.

	Messung am 1. Leiter		Messung am 2. Leiter	
U	*I*	*U*/*I*	*I*	*U*/*I*
V	A	V/A	A	V/A
0	0	–	0	–
2	0,05	40	0,1	20
4	0,10	40	0,2	20
6	0,15	40	0,3	20
8	0,20	40	0,4	20
10	0,25	40	0,5	20
12	0,30	40	0,6	20

Bild 5.25: Messung zum Begriff des elektrischen Widerstandes

Bildet man für alle Wertepaare der Tabelle das Verhältnis *U*/*I*, so ergibt sich für die Messung am ersten Leiter ein konstanter Wert von 40 V/A (Volt pro Ampere) und für den zweiten Leiter ein konstanter Wert von 20 V/A. Die beiden Werte geben also an, wie groß die Spannung sein muss, wenn durch den betreffenden Leiter ein Strom von 1 A fließen soll. Bei der Messung am ersten Leiter ist offensichtlich eine doppelt so große Spannung erforderlich wie am zweiten Leiter.
Daraus lässt sich schließen, dass der erste Leiter dem Strom doppelt so viel Widerstand entgegensetzt wie der zweite Leiter. Das Verhältnis *U*/*I* ergibt also eine Kennzahl, die als **elektrischer Widerstand *R*** bezeichnet wird; er wird angegeben in der Einheit **1 Ohm (1 Ω)**.
Ein Leiter hat einen Widerstand von 1 Ω, wenn für einen Strom von 1 A eine Spannung von 1 V erforderlich ist.

Der **elektrische Widerstand** ist definiert als Verhältnis von Spannung zu Stromstärke.

$$R = \frac{U}{I} \qquad 1\,\Omega = \frac{1\,\text{V}}{1\,\text{A}}$$

Der elektrische Widerstand gibt an, wie groß die Spannung an einem Leiter ist, in dem ein Strom von 1 A fließt.

5.1.4 Ohmsches Gesetz

Vergleicht man in der Tabelle in Bild 5.25 die gemessenen Stromstärken mit den jeweils eingestellten Spannungen, so erkennt man, dass beide im selben Verhältnis zunehmen.

Bei einem elektrischen Leiter ist die Stromstärke der angelegten Spannung direkt proportional.

$$I \sim U$$

Vergleicht man weiter die bei gleicher Spannung fließenden Ströme mit den angeschlossenen Widerständen, so sieht man, dass bei Verdoppelung des Widerstandes von 20 Ω auf 40 Ω die Stromstärke auf die Hälfte abnimmt.

Bei einem elektrischen Leiter ist die Stromstärke dem Widerstand umgekehrt proportional.

$$I \sim \frac{1}{R}$$

Diese Gesetzmäßigkeiten im Zusammenhang zwischen Stromstärke, Spannung und Widerstand eines elektrischen Leiters werden in dem nach seinem Entdecker benannten **ohmschen Gesetz** zusammengefasst.

Ohmsches Gesetz

Bei einem elektrischen Leiter ist die Stromstärke
- der angelegten Spannung direkt proportional und
- dem Widerstand umgekehrt proportional.

$$I = \frac{U}{R}$$

5.1.4.1 Widerstandskennlinie

Tragen wir die Messergebnisse aus der Tabelle in Bild 5.25 in ein Diagramm ein, das die Abhängigkeit der Stromstärke von der Spannung darstellt, so ergeben sich die in Bild 5.26 blau eingetragenen **Widerstandskennlinien**. An der Widerstandskennlinie eines elektrischen Bauelementes lässt sich ablesen, wie sich in diesem Bauelement die Stromstärke ändert, wenn die angelegte Spannung geändert wird.

Die **Widerstandskennlinie** eines elektrischen Bauelementes zeigt die durch das Bauelement bestimmte Abhängigkeit der Stromstärke von der Spannung ($I = f(U)$).

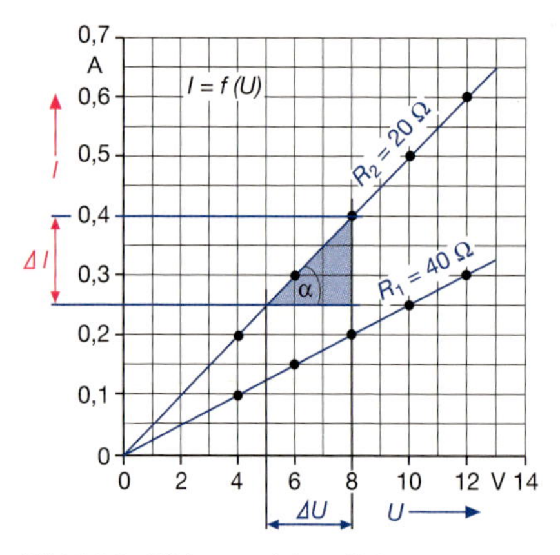

Bild 5.26: Widerstandskennlinien

Solange der Widerstand einen konstanten Wert hat, ist seine Kennlinie eine Gerade. Wie man aus dem Diagramm (Bild 5.26) erkennt, ist die Steigung der Kennlinie umso größer, je kleiner der Widerstand ist.

An der Steigung der Widerstandskennlinie erkennt man die Größe des Widerstandes.
Je größer der Widerstand, umso kleiner die Steigung.

Der hier eingeführte physikalische Begriff „elektrischer Widerstand“ ist eine Eigenschaft elektrischer Leiter, Verbraucher und sonstiger Bauelemente. Diese Eigenschaft ist in der Regel unerwünscht und verursacht vielfach kostspielige Energieverluste. (Wie der elektrische Widerstand eines Leiters von den Abmessungen und dem Werkstoff des Leiters abhängt, wird im Zusammenhang mit der Bemessung von Leitungen ausführlich behandelt.)
Daneben gibt es ein Bauelement, das nur wegen seiner Eigenschaft „Widerstand“ in elektrischen Schaltungen eingesetzt wird; dieses Bauelement bezeichnet man einfach als Widerstand.
Das Wort Widerstand wird also in der Elektrotechnik mit zwei verschiedenen Bedeutungen verwendet:

- Widerstand als **Eigenschaft** von Leitungen und Bauteilen (physikalischer Begriff) und
- Widerstand als **Name** für ein Bauelement.

5.1.4.2 Abhängigkeit des Widerstandes von der Temperatur

Der elektrische Widerstand von Leiterwerkstoffen nimmt bei steigender Temperatur zu, unabhängig davon, ob es sich um einen Leitungswiderstand oder um den Widerstand eines Bauelementes handelt. Dabei ist es ganz gleichgültig, ob die höhere Temperatur durch einen Strom im Leiter verursacht wird oder ob sie durch Wärmezufuhr von außen (z.B. durch eine Flamme) entsteht.

Mit steigender Temperatur nimmt der Widerstand von Leiterwerkstoffen zu.

Bei der Berechnung der **Widerstandsänderung ΔR**, die bei Erwärmung oder Abkühlung eintritt, sind maßgebend:

- die Größe der erfolgten Temperaturänderung $\Delta\vartheta$ (sprich Theta). Sie errechnet sich als Differenz zwischen der Endtemperatur ϑ_2 und der Bezugstemperatur 20 °C ($\Delta\vartheta = \vartheta_2 - 20$ °C),

- die Größe des erwärmten bzw. abgekühlten Widerstandes bei der Bezugstemperatur R_{20}, also vor der Temperaturänderung,
- ein Werkstoffkennwert, der als Temperaturbeiwert α bezeichnet wird und für jeden Werkstoff messtechnisch ermittelt werden muss.

Die **Widerstandsänderung durch Temperaturänderung** ist
- der Temperaturdifferenz ($\Delta\vartheta$),
- dem Widerstandswert bei 20 °C (R_{20}) und
- dem Temperaturbeiwert (α)

direkt proportional.

$$R = R_{20} \cdot \alpha \cdot \Delta\vartheta$$

Der Temperaturbeiwert α eines Werkstoffes gibt an, um wie viel Ohm ein Widerstand, der bei 20 °C einen Wert von 1 Ω hat, zunimmt, wenn er um 1 °C erwärmt wird.

Zahlenangaben für die Temperaturbeiwerte der verschiedenen Werkstoffe finden Sie in Tabellenbüchern.

Zwischen dem Widerstandswert bei 20 °C (R_{20}), der Widerstandsänderung ΔR und dem Widerstandswert bei der Endtemperatur ϑ_2 (R_2) ergibt sich der in Bild 5.27 dargestellte Zusammenhang.

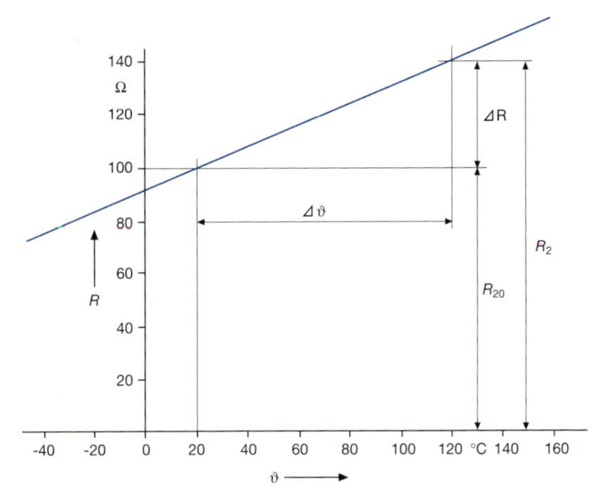

Bild 5.27: Widerstandszunahme bei Temperaturanstieg

5.1.4.3 Widerstands-kenngrößen

Bei der **Auswahl eines Widerstandes** für den Einsatz in einer Schaltung müssen vor allem die folgenden Kenngrößen beachtet werden.

Nennwert, Bemessungswert

Als Bemessungswert wird der durch die Bauart bedingte Widerstandswert bezeichnet, der nach der Fertigung nicht mehr verändert werden kann. Der Bemessungswert gilt für eine Temperatur von 20 °C. Er wird auf das Bauteil als Klartext aufgedruckt oder durch Farbringe oder Farbpunkte angegeben.
Mit Ausnahme von Spezialwiderständen liefern die Hersteller Widerstände mit Bemessungswerten, die in internationalen Normreihen festgelegt sind (Bild 5.28).

Widerstandsnennwerte

Nennwiderstand = Bemessungswiderstand

E48 ±2 %	E24 ±5 %	E12 ±10 %	E6 ±20 %	E48 ±2 %	E24 ±5 %	E12 ±10 %	E6 ±20 %
1,00	1,00	1,00	1,0	3,16			
1,05				3,32	3,30	3,30	3,3
1,10	1,10			3,48			
1,15				3,65	3,60		
1,21	1,20	1,20		3,83	3,90	3,90	
1,27	1,30			4,02			
1,33				4,22	4,30		
1,40				4,42			
1,47	1,50	1,50	1,5	4,64	4,70	4,70	4,7
1,54				4,87			
1,62	1,60			5,11	5,10		
1,69				5,36			
1,78	1,80	1,80		5,62	5,60	5,60	
1,87				5,90			
1,96	2,00			6,19	6,20		
2,05				6,49			
2,15	2,20	2,20	2,2	6,81	6,80	6,80	6,8
2,26				7,15			
2,37	2,40			7,50	7,50		
2,49				7,87			
2,61				8,25	8,20	8,20	
2,74	2,70	2,70		8,66			
2,87				9,09	9,10		
3,01	3,00			9,53			

Bild 5.28: Internationale Normreihen

Diese Normreihen werden international mit dem Buchstaben E gekennzeichnet, die nachfolgende Zahl gibt die Anzahl der Widerstandswerte einer Reihe pro Dekade an (Dekade: Abgeleitet von der metrischen Vorsilbe „deka“, d. h. 10^1). In Bild 5.28 wird für alle angegebenen Widerstandsreihen jeweils nur die Dekade von 1 Ω bis zu 10 Ω dargestellt, aus Platzgründen auf zwei Spalten verteilt (siehe Tönung bei Reihe E12). Der Widerstandswert 10 Ω gehört jeweils bereits zur nächsten Dekade (10 Ω bis zu 100 Ω); die Reihe E6 enthält in dieser nächsten Dekade somit die Werte 10 Ω, 15 Ω, 22 Ω, 33 Ω, 47 Ω und 68 Ω.

Toleranz

Die Fertigungstoleranz gibt an, in welchen Grenzen die bei der Serienfertigung unvermeidbaren Abweichungen von den Nennwerten zulässig sind. Nach den internationalen Normreihen sind bestimmte Grenzen für die Fertigungstoleranz festgelegt (Bild 5.28).

Die Toleranz wird – genau wie der Nennwert – als Zahl oder als Farbmarkierung auf dem Widerstand angegeben (Bild 5.29). Der internationale Farbcode legt die Farben zur Kennzeichnung von Widerständen und Kondensatoren fest.

Farbkennzeichnung von Widerständen, keramischen Kondensatoren und Dünnfilmkondensatoren

Ringfarbe oder Punktfarbe		Bedeutung der				
	1. Stelle 1. Ziffer	**2. Stelle** 2. Ziffer	**3. Stelle** Multiplikator	**4. Stelle** Toleranz in % für		**5. Stelle** a) Zulässige Betriebsspannung in V
				R	C	
schwarz (sz)	–	0	10	–	±20	–
braun (br)	1	1	10^1	±1	±1	100
rot (rt)	2	2	10^2	±2	±2	200
orange (or)	3	3	10^3	–	–	300
gelb (gb)	4	4	10^4	–	–	400
grün (gn)	5	5	10^5	±0,5	±5	500
blau (bl)	6	6	10^6	±0,25	–	600
violett (vl)	7	7	10^7	±0,1	–	700
grau (gr)	8	8	10^8	–	–	800
weiß (ws)	9	9	10^9	–	±10	900
gold (au)	–	-	10^{-1}	±5	–	1000
silber (ag)	–	-	10^{-2}	±10	–	2000
ohne Farbe	–	–	–	±20	–	5000

a) Trägt ein Widerstand fünf Ringe, so gilt der dritte Ring als weitere Ziffer. Der vierte Ring ist Multiplikator. Der fünfte Ring bedeutet die Toleranz in % (meist Metallfilmwiderstand). Bei Kondensatoren Werte in pF.

Bild 5.29: Internationaler Farbcode

In Bild 5.30 sind einige Beispiele für die Anwendung des Codes bei vierfach und fünffach beringten Widerständen dargestellt. Das Zählen der Ringe (1. Stelle, 2. Stelle usw.) beginnt immer an der Seite des Widerstandes, an der die Ringe am nächsten liegen; im linken Beispiel also von links nach rechts, im rechten Beispiel von rechts nach links.

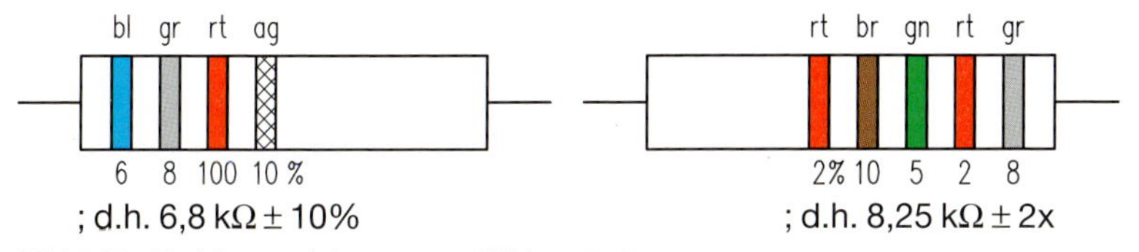

Bild 5.30: Farbkennzeichnung von Widerständen

Belastbarkeit

Als Belastbarkeit wird die in Watt (W) angegebene Leistung des Widerstandes (Nennleistung) bezeichnet. Liegt der Widerstand an einer Spannung und wird von einem Strom durchflossen, so wird die ihm zugeführte elektrische Energie in Wärme umgewandelt. Als Folge dieser Energieumwandlung steigt die Temperatur des Widerstandswerkstoffes. Um eine Zerstörung des Bauteils zu vermeiden, muss die entstehende Wärme fortlaufend an die Umgebung abgeführt werden (vgl. Kap. 5.3.1.4). Je mehr Wärme ein Widerstand abführt, desto mehr Leistung kann ihm zugeführt werden, ohne dass er zerstört wird. Die höchste für ein Bauelement zulässige Leistung wird Belastbarkeit genannt.

Eine wesentliche Rolle bei der Wärmeabgabe an die Umgebung spielt die Größe der Oberfläche des Bauelementes. Daher weisen im Allgemeinen Widerstände mit kleinen Abmessungen nur eine geringe Belastbarkeit auf.

Aufgaben:

1. Was bedeutet die folgende Aussage?
   Ein Leiter hat einen Widerstand von 12 Ω.
2. Berechnen Sie für nebenstehende Schaltung den Wert des Widerstandes in Kiloohm.
3. Durch einen Widerstand von 10 kΩ fließt ein Strom von 10 mA.
   Wie groß ist die am Widerstand liegende Spannung?
4. Das Diagramm zeigt die Kennlinien von drei verschiedenen Widerständen.

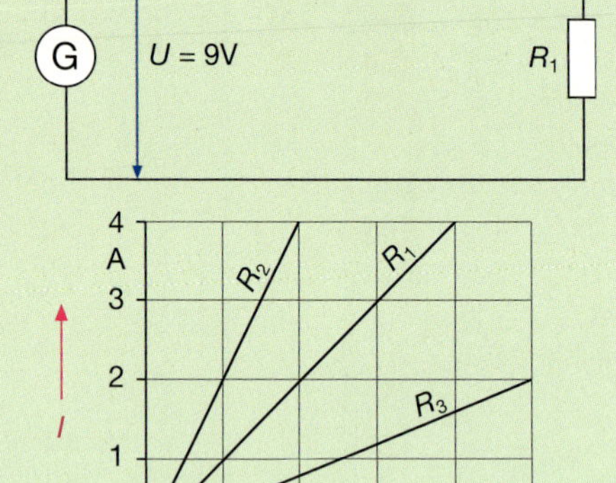

   a) Woran erkennen Sie auf einen Blick, welcher der drei Widerstände den größten bzw. den kleinsten Wert hat?
   b) Beschreiben Sie, wie Sie in einem solchen Diagramm die Größe eines Widerstandes ablesen können.
   c) Bestimmen Sie die Größe der drei Widerstände.
   d) Welche Spannung muss an den Widerstand R_2 gelegt werden, damit sich eine Stromstärke von 3 A einstellt?
   e) Wie groß ist die Stromstärke im Widerstand R_1, wenn eine Spannung von 25 V anliegt?
5. Ein Mikrofon wird mit einer Spannung von 1,5 V gespeist; dabei stellt sich ein Speisestrom von 75 mA ein.
   a) Berechnen Sie den Mikrofonwiderstand.
   b) Bestimmen Sie den Bereich, in dem der Mikrofonwiderstand schwankt, wenn beim Besprechen der Membran der Widerstand um 20 % zu- und abnimmt.
6. Bei einer Spannung von 24 V fließt durch einen Widerstand ein Strom von 16 mA. Die Stromstärke soll um 20 % verringert werden. Um wie viel Prozent muss dazu der Widerstand vergrößert werden?
7. Der Glühfaden einer Lampe (Wolfram, $\alpha = 0{,}0048$ 1/°C) hat bei Zimmertemperatur einen Widerstand von 36,5 Ω. Welchen Widerstand nimmt er bei einer Temperatur von 2500 °C an? In welchem Verhältnis steht die Einschaltstromstärke zur Betriebsstromstärke?
8. In einer Temperaturmessschaltung einer 24-V-Anlage wird bei 20 °C eine Stromstärke von 40 mA gemessen. Durch Temperatureinfluss steigt der Widerstand der Messspule auf 660 Ω an ($\alpha = 0{,}004$ 1/°C).
   Welche Temperatur wirkt auf die Messspule?
9. Wodurch unterscheiden sich drei Widerstände von 1,5 Ω, wenn je einer von ihnen zur Normreihe E6, E12 und E24 gehört?

5.1.5 Elektrische Energie und elektrische Leistung

5.1.5.1 Elektrische Energie

Ein elektrischer Stromkreis mit Spannungsquelle, Leitung und Verbraucher dient sowohl in der Kommunikationstechnik wie auch in der Energietechnik zur Übertragung elektrischer Energie (Bild 5.31).

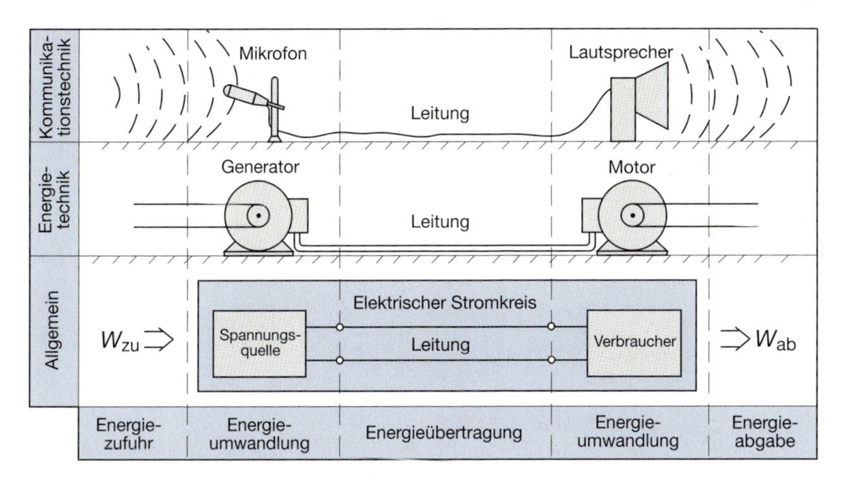

Bild 5.31: Elektrischer Stromkreis als Übertragungssystem für elektrische Energie

In der Spannungsquelle wird die von außen in Form von mechanischer Energie (Generator) oder Schallenergie (Mikrofon) zugeführte Energie (W_{zu}) durch Umwandlung in elektrische Energie in den Stromkreis eingespeist.

Die Leitung überträgt die von der Spannungsquelle abgegebene elektrische Energie zum Verbraucher. In der Praxis geht hierbei natürlich ein Teil der zu übertragenden Energie verloren. Dies äußert sich in der Energietechnik als Spannungsverlust (Erwärmung der Leitung) und in der Kommunikationstechnik als Dämpfung der zu übertragenden Signale.

siehe Vernetzte IT-Systeme Kap. 4.1.2

Im Verbraucher wird die über die Leitung zugeführte elektrische Energie in eine andere Energieform, z.B. akustische Energie (Schall) oder mechanische Energie, umgewandelt und damit vom Stromkreis wieder abgegeben (W_{ab}).

Die Berechnung der von einem Stromkreis übertragenen elektrischen Energie erfolgt nach den Überlegungen in Bild 5.32.

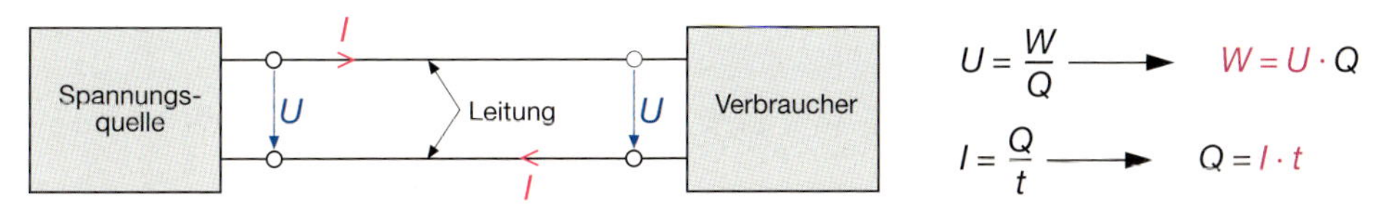

Bild 5.32: Berechnung der elektrischen Energie

Berechnung der elektrischen Energie

Die durch einen Stromkreis zu einem Verbraucher übertragene elektrische Energie errechnet sich aus
- der am Verbraucher liegenden Spannung U,
- der vom Verbraucher aufgenommenen Stromstärke I und
- der Einschaltdauer t des Verbrauchers.

$$\boldsymbol{W = U \cdot I \cdot t} \qquad 1\,\text{Ws} = 1\,\text{V} \cdot 1\,\text{A} \cdot 1\,\text{s}$$

Die sich hieraus ergebende Einheit **1 Wattsekunde** entspricht der Einheit 1 Joule (**1 Ws = 1 J**). Sie ist damit für Umrechnungen, nicht aber für den praktischen Gebrauch geeignet. Hierfür ergeben sich mit der Zeiteinheit 1 Stunde (1 h) wesentlich kleinere Zahlenwerte zur Angabe von Energiebeträgen in der Einheit **1 Wattstunde (1 Wh)** oder **1 Kilowattstunde (1 kWh)**.

5.1.5.2 Messung der elektrischen Energie

Die von einem Verbraucher aus dem Versorgungsnetz entnommene elektrische Energie wird von den EVU (zur Berechnung der Kosten) dauernd gemessen. Das hierzu verwendete Messinstrument ist der **Zähler**; er zählt die vom Verbraucher aus dem Netz entnommenen Kilowattstunden.

kWh-Zähler

Wie aus Bild 5.33 zu erkennen ist, werden im Zähler gleichzeitig die Stromstärke (roter Pfad) und die Spannung (schwarzer Pfad) gemessen; die Einschaltdauer wird über ein Zählwerk mit erfasst.

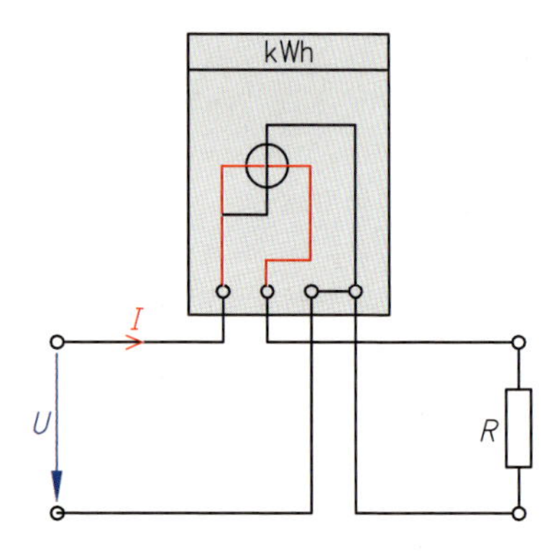

Bild 5.33: Anschluss eines Kilowattstundenzählers

5.1.5.3 Energiekosten

Die vom Verbraucher an das EVU zu zahlenden Energiekosten (K) werden aus dem vom Zähler angezeigten Energieverbrauch (W) und dem Kilowattstundenpreis (k) berechnet.

Berechnung der Energiekosten

Energiekosten = Energieverbrauch · Kilowattstundenpreis

$$\boldsymbol{K = W \cdot k} \qquad 1{,}00\,\text{EUR} = 1\,\text{kWh} \cdot 1{,}00\,\text{EUR/kWh}$$

Der Preis für eine Kilowattstunde ist je nach Art des Verbrauchers (Industrie, Landwirtschaft, Gewerbe, Haushalt) und Größe des Energieverbrauchs in Tarifen gestaffelt. In der Regel setzt sich der vom Kunden an das EVU zu zahlende Endpreis zusammen aus

- einem verbrauchsunabhängigen Betrag (Bereitstellungspreis) und
- einem verbrauchsabhängigen Betrag (Arbeitspreis).

Je höher nach einem Tarif der Bereitstellungspreis ist, desto geringer ist der Arbeitspreis. Beim Anschluss einer Anlage wird der jeweils günstigste Tarif in Zusammenarbeit des EVU mit dem Betreiber der Anlage ermittelt.

5.1.5.4 Leistung

Verbraucher wandeln die ihnen zugeführte Energie in eine andere Energieform um. Dabei ist ein wesentliches Merkmal solcher Energiewandler, wie lange es dauert, bis ein vorgegebener Energiebetrag umgesetzt ist.
Um die Leistungsfähigkeit von Energiewandlern beurteilen zu können, definiert man den **Begriff der Leistung**. Sie erhält das **Formelzeichen *P*** und wird in der Einheit **1 Watt (1 W)** angegeben.

Definition der Leistung

Die **Leistung *P*** eines Verbrauchers (Energiewandlers) ist definiert als das Verhältnis der von ihm umgewandelten Energie *W* zu der dafür benötigten Zeit *t*.

$$P = \frac{W}{t} \qquad 1\ \text{W} = \frac{1\ \text{J}}{1\ \text{s}}$$

Die Leistung gibt an, wie viel Energie (in Joule) ein Wandler in 1 Sekunde aus einer Energieform in eine andere umwandeln kann.

5.1.5.5 Elektrische Leistung

Aus der Definition der Leistung ($P = \frac{W}{t}$) und der Gleichung zur Berechnung der elektrischen Energie ($W = U \cdot I \cdot t$) ergibt sich eine sehr einfache Beziehung zur Berechnung der elektrischen Leistung von Verbrauchern und Bauelementen.

Berechnung der elektrischen Leistung

Elektrische Leistung ist das Produkt aus Spannung und Stromstärke

$$P = U \cdot I \qquad 1\ \text{W} = 1\ \text{V} \cdot 1\ \text{A}$$

Ein Bauelement hat eine Leistung von 1 W, wenn es an einer Spannung von 1 V eine Stromstärke von 1 A aufnimmt.

In vielen praktischen Fällen steht einer der beiden Faktoren *U* und *I* für die Berechnung der Leistung nicht zur Verfügung, dafür ist aber der Widerstand *R* des Verbrauchers bekannt. In diesen Fällen lässt sich mithilfe des ohmschen Gesetzes die Leistung auch aus *I* und *R* ($P = I^2 \cdot R$) bzw. aus *U* und *R* ($P = U^2/R$) direkt berechnen.

5.1.5.6 Messung der elektrischen Leistung

Um die elektrische Leistung eines Verbrauchers (*R*) festzustellen, können verschiedene Messmethoden angewendet werden.
Bei der **indirekten Leistungsmessung** (Bild 5.34 a) wird mit einem Voltmeter die Spannung und gleichzeitig mit einem Amperemeter die Stromstärke gemessen. Die Leistung wird aus den Messwerten errechnet.

Leistungsmessung

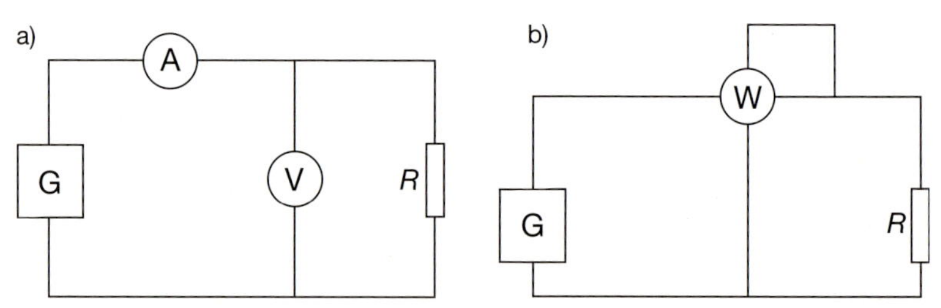

Bild 5.34: Indirekte (a) und direkte (b) Leistungsmessung

Bei der **direkten Leistungsmessung** (Bild 5.34 b) wird ein Leistungsmesser (Wattmeter) verwendet. Dieses Messinstrument kann Spannung und Stromstärke gleichzeitig aufnehmen; es zeigt die Leistung direkt an. In der Praxis werden häufig Vielfachmessinstrumente verwendet, bei denen besonders darauf zu achten ist, dass die beiden Messbereiche für Spannung und Stromstärke richtig eingestellt sind, so dass weder die Spannungsspule noch die Stromspule des Instrumentes überlastet wird.

5.1.5.7 Wirkungsgrad

Bei der Umwandlung von Energie in einem Verbraucher (Energiewandler) entstehen immer Verluste. Zum Beispiel geben Stecker-Schaltnetzteile, wie sie bei portablen Geräten (Palmtops, Modems) zum Einsatz kommen, nur einen Teil der ihnen zugeführten Leistung (P_{zu}) am Ausgang (P_{ab}) wieder ab. Ein beträchtlicher Teil von P_{zu} wird als Wärme und damit als sog. Verlustleistung P_V abgestrahlt.

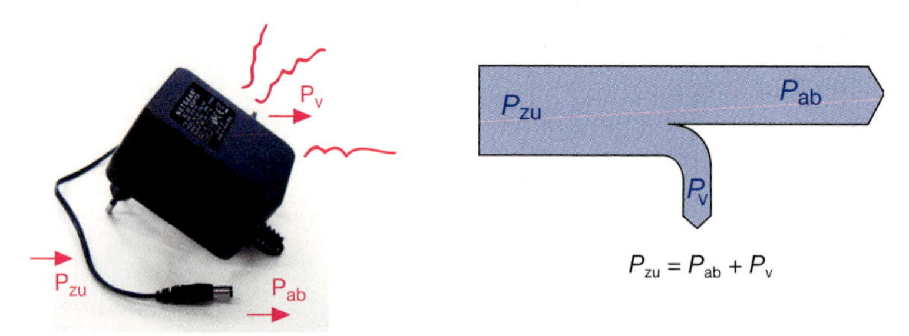

Bild 5.35: Verluste und Leistungsschema eines Stecker-Netzteils

Der Zusammenhang zwischen P_{zu}, P_{ab} und P_V kann in einem sog. Leistungsschema verdeutlicht werden. Auf dem Leistungsschild von Verbrauchern werden die dargestellten Verhältnisse durch den **Wirkungsgrad** η (sprich Eta) angegeben.

Definition des Wirkungsgrads

Der **Wirkungsgrad** ist das Verhältnis von abgegebener Leistung zu zugeführter Leistung.

$$\eta = \frac{\boldsymbol{P_{ab}}}{\boldsymbol{P_{zu}}}$$

Der Gesamtwirkungsgrad einer Anlage ist das Produkt aus den Wirkungsgraden der einzelnen Energiewandler.

Aufgaben:

1. Auf dem Leistungsschild eines Verbrauchers findet man folgende Angaben: P_{ab} = 5 kW; η = 85 %; U = 230 V.

   a) Wie groß ist die elektrische Leistung, die diesem Verbraucher zugeführt werden muss?

   b) Wie groß ist die Stromstärke in der Zuleitung?

2. Eine Signallampe trägt auf dem Sockel die Aufschrift 24 V/25 mA. Berechnen Sie

   a) den Widerstand der Lampe und

   b) die von der Lampe aufgenommene Leistung.

3. Ein Mikroprozessor hat bei einer Betriebsspannung von 5 V eine Stromaufnahme von 170 mA. Wie viele Tage und Stunden kann der Mikroprozessor arbeiten, bis er 1 kWh verbraucht hat?

4. Eine 7-Segment-Anzeige nimmt bei einer Spannung von 1,6 V eine Stromstärke von 10 mA pro Segment auf. Die Anzeige hat eine tägliche Betriebsdauer von 9,5 h. 1 kWh kostet 0,35 EUR.

   a) Wie viel Wh verbraucht die Anzeige in 1 Monat (30 Tage)?

   b) Wie lange (Tage, Monate, Jahre) kann die Anzeige bei der angegebenen täglichen Betriebsdauer arbeiten, bis sie für 1 EUR elektrische Energie verbraucht hat?

5. Um wie viel Prozent geht der Energieverbrauch einer Fernmeldeanlage zurück, wenn die Spannung des Speisegerätes um 6 % unter ihrer Nenngröße liegt?

6. Die auf dem Leistungsschild von Verbrauchern angegebene Leistung ist immer die von diesem abgegebene Leistung. Zum Beispiel kann dem in Bild 5.35 dargestellten Stecker-Netzteil am Ausgang eine Leistung von 5 W entnommen werden; sein Wirkungsgrad beträgt (typ.) 65 %.
   Berechnen Sie die aufgenommene Leistung und die Verlustleistung.

5.2 Zusammenschaltung von Widerständen

Sollen mehrere Widerstände miteinander und mit einer Spannungsquelle zusammengeschaltet werden, so gibt es dafür verschiedene Möglichkeiten.

5.2.1 Reihenschaltung

5.2.1.1 Spannungsteilung in der Reihenschaltung

Sind mehrere Widerstände so zusammengeschaltet, dass der Ausgang des ersten Widerstandes mit dem Eingang des zweiten Widerstandes, der Ausgang des zweiten mit dem Eingang des dritten usw. verbunden ist, so werden in dieser Schaltung **alle Widerstände von demselben Strom durchflossen**. Eine solche Widerstandsschaltung wird als **Reihenschaltung** bezeichnet.

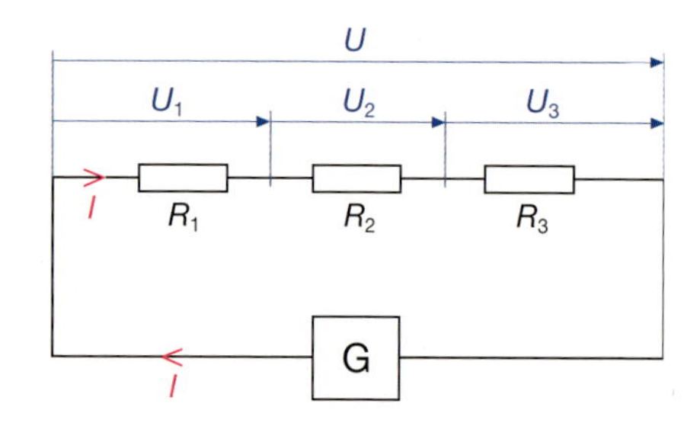

Bild 5.36: Reihenschaltung von Widerständen

In Schaltplänen erkennt man eine Reihenschaltung zweier Widerstände daran, dass **zwischen den Widerständen keine Stromverzweigung** stattfindet. Der Strom, der den ersten Widerstand verlässt, muss in den zweiten Widerstand hineinfließen.
Fließt der Strom nacheinander durch mehrere Widerstände, so geben die elektrischen Ladungen in jedem Widerstand einen **Teil der Energie pro Ladung** ab, die ihnen in der Spannungsquelle erteilt wurde; es entsteht in jedem Widerstand eine sogenannte **Teilspannung**. Die Teilspannungen in einer Reihenschaltung sind zusammen immer genau so groß wie die Spannung der Spannungsquelle, denn insgesamt können die elektrischen Ladungen nur so viel Energie abgeben, wie ihnen von der Spannungsquelle mitgegeben wird (Bild 5.36).

- Widerstände sind in Reihe geschaltet, wenn sie von demselben Strom durchflossen werden.
- **In einer Reihenschaltung ist die Gesamtspannung gleich der Summe der Teilspannungen (zweites kirchhoffsches Gesetz).**

$$U = U_1 + U_2 + U_3 + \dots$$

- In einer Reihenschaltung ist der Gesamtwiderstand (Ersatzwiderstand) gleich der Summe der Teilwiderstände.

$$R = R_1 + R_2 + R_3 + \dots$$

- In einer Reihenschaltung stehen die Spannungen in demselben Verhältnis zueinander wie die Widerstände.

$$\frac{U_1}{U_2} = \frac{R_1}{R_2}$$

5.2.1.2 Kennliniendarstellung der Reihenschaltung von zwei Widerständen

Die Zusammenhänge der elektrischen Größen in einer Reihenschaltung lassen sich mithilfe der Widerstandskennlinien verdeutlichen (Bild 5.37).
In der im Bild dargestellten Reihenschaltung liegt R_1 mit einem Anschluss am Minuspol der Spannungsquelle, der als Nullpotenzial gekennzeichnet ist; die Kennlinie von R_1 verläuft daher durch den Nullpunkt der Spannungsachse des Diagramms. Die Steigung der Kennlinie ergibt sich aus der Größe des Widerstandes.
R_2 liegt mit einem Anschluss am Pluspol der Spannungsquelle, dessen Potenzial um 100 V über dem des Minuspols liegt; die Kennlinie von R_2 schneidet daher die Spannungsachse bei 100 V.
Der zweite Anschluss von R_2 ist mit dem zweiten Anschluss von R_1 verbunden und liegt daher auf einem Potenzial, das niedriger als 100 V ist. Die Kennlinie von R_2 verläuft daher vom 100-V-Punkt aus nach links ansteigend.

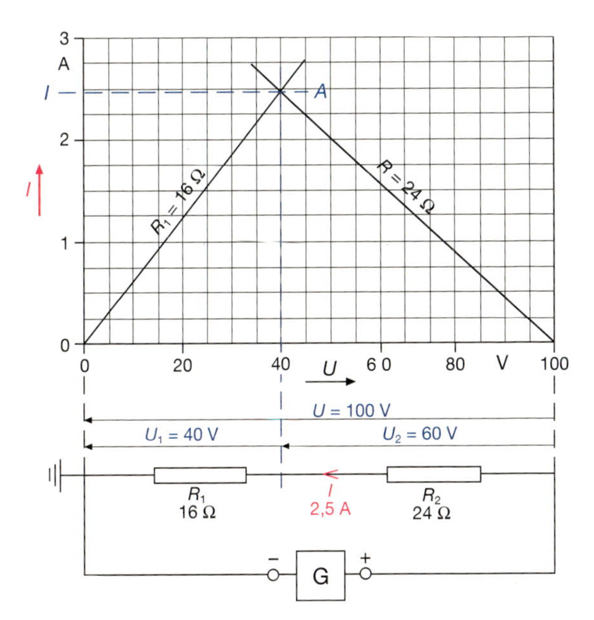

Bild 5.37: Kennliniendarstellung einer Reihenschaltung

Die Kennlinien der beiden Widerstände schneiden sich im Arbeitspunkt A der Schaltung. In diesem Arbeitspunkt lassen sich aus dem Diagramm auf der *I*-Achse die Stromstärke in der Schaltung und auf der *U*-Achse die Teilspannungen an den Widerständen ablesen.

Arbeitspunkt

Als **Arbeitspunkt** einer Schaltung bezeichnet man den Punkt eines *I*-*U*-Diagramms, in dem die Betriebswerte der Schaltung abzulesen sind.

Eine besondere Bedeutung gewinnt die Kennliniendarstellung der Reihenschaltung, wenn einer der beiden Widerstände eine gekrümmte Kennlinie hat, z. B. eine Diode mit Vorwiderstand.

5.2.1.3 Leistung in der Reihenschaltung

Werden mehrere Widerstände in Reihe geschaltet, so ist darauf zu achten, dass keiner von ihnen mit einer Leistung belastet wird, die seine **Nennleistung** (Belastbarkeit) übersteigt. Es muss also deutlich unterschieden werden zwischen der in einer Schaltung an einem Widerstand auftretenden Leistung einerseits und der auf diesen Widerstand aufgedruckten Nennleistung andererseits.
Im gleichen Diagramm, in dem die Widerstandskennlinie dargestellt ist, kann auch eine Linie für die höchstzulässige Leistung (Leistungshyperbel) eingezeichnet werden. Um einzelne Punkte dieser Linie zu berechnen, dividiert man die auf dem Widerstand angegebene Nennleistung durch verschiedene Spannungswerte ($I = P/U$) und erhält die jeweils zugehörigen Stromwerte. Jedes Wertepaar von *U* und *I* ergibt einen Punkt der Leistungshyperbel (Bild 5.38).

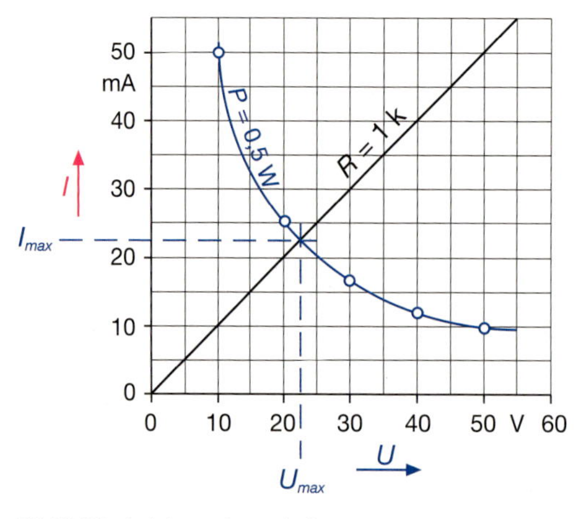

Bild 5.38: Leistungshyperbel

Aus der Nennleistung und dem Widerstandswert lassen sich die für den Widerstand höchstzulässigen Werte von Spannung ($P = U^2/R$) und Stromstärke ($P = I^2 \cdot R$) berechnen. Diese beiden Werte kann man aus dem Diagramm am Schnittpunkt der Widerstandskennlinie mit der Leistungshyperbel ablesen. Übersteigt die am Widerstand liegende Spannung den Wert U_{max}, so steigt nach der Widerstandskennlinie auch die Stromstärke an und die Leistung wird größer als die Nennleistung; der Widerstand wird überlastet.

Leistung in der Reihenschaltung

- Die an einem Widerstand auftretende Leistung darf seine Nennleistung nicht übersteigen.

$$P_{max} \leq P_{zul}$$

- In einer Reihenschaltung ist die Gesamtleistung gleich der Summe der Leistungen an den Einzelwiderständen.

$$P_g = P_1 + P_2 + P_3 + ...$$

- Die in den einzelnen Widerständen einer Reihenschaltung umgesetzten Leistungen stehen in demselben Verhältnis zueinander wie die Widerstände.

$$\frac{P_1}{P_2} = \frac{R_1}{R_2}$$

Aufgaben:

1. In der Schaltung ist die Klemme 2 auf Nullpotenzial (Erde, Masse) gelegt.

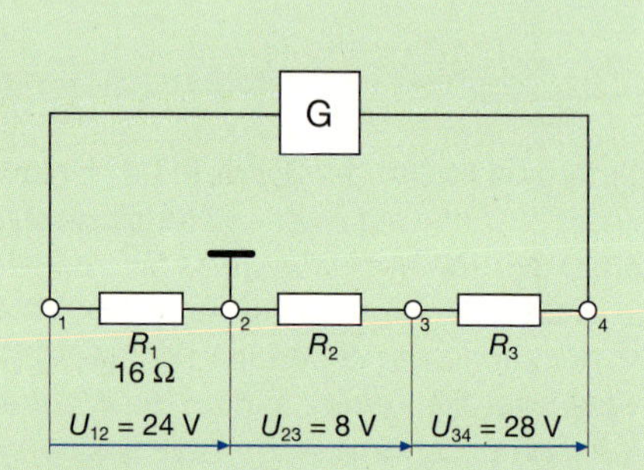

   a) Wie groß ist die Gesamtspannung an der Schaltung?
   b) Welche Potenziale liegen an den Punkten 1 bis 4?
   c) Wie groß ist die Stromstärke in der Schaltung?
   d) Wie groß sind die Widerstände R_2 und R_3?
   e) Welche Potenziale treten an den Klemmen 1 bis 4 auf, wenn das Nullpotenzial von Klemme 2 nach Klemme 3 verlegt wird?
   f) Wie ändern sich die Spannungen in der Schaltung durch die unten angegebene Verlegung des Nullpotenzials?

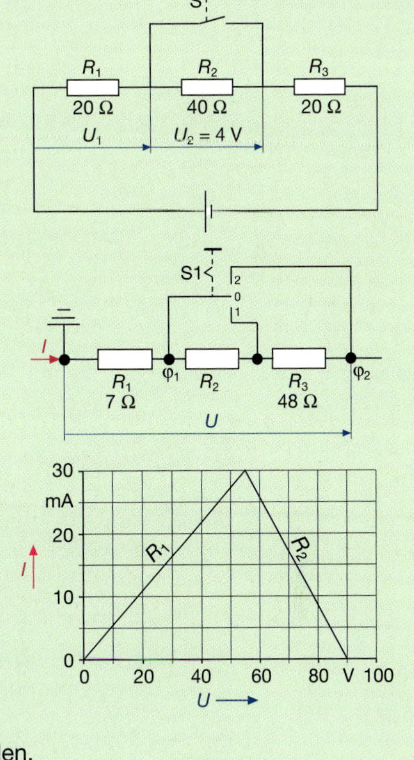

2. a) Berechnen Sie die Spannungen an den einzelnen Widerständen bei geöffnetem Schalter.
   b) Wie groß sind die Spannungen U_1 und U_2, wenn der Schalter S geschlossen ist?
3. Ist der Schalter S1 in Stellung 1, so fließt ein Strom von 0,4 A. Wird der Schalter geöffnet, so sinkt die Stromstärke um 0,12 A. Berechnen Sie:
   a) die Spannung U,
   b) den Widerstandswert von R_2,
   c) die Stromstärke bei Schalterstellung 2 und
   d) die Potenziale φ_1 und φ_2 für alle Schalterstellungen.
4. a) Entnehmen Sie aus dem Diagramm die Widerstandswerte für R_1 und R_2.
   b) Zeichnen Sie die dem Diagramm entsprechende Schaltung.
   c) Entnehmen Sie aus dem Diagramm alle Betriebsgrößen der Schaltung (Arbeitspunkt).
5. Um die Versorgungsspannung von 60 V auf die Nennspannung einer Lampe (24 V/12 W) herabzusetzen, soll ein Vorwiderstand R_V mit der Lampe H1 in Reihe geschaltet werden.
   a) Zeichnen Sie die Schaltung.
   b) Wie groß muss die Teilspannung am Vorwiderstand sein?
   c) Berechnen Sie die Größe des Vorwiderstandes.
   d) Wie groß muss die Belastbarkeit des Vorwiderstandes sein?

5.2.2 Parallelschaltung

5.2.2.1 Stromverzweigung in der Parallelschaltung

Verbindet man mehrere Widerstände so mit einer Spannungsquelle, dass jeder einzelne Widerstand mit einem Anschluss unmittelbar an den Pluspol und mit dem anderen Anschluss unmittelbar an den Minuspol angeschlossen ist, so liegen in dieser Schaltung **offensichtlich alle Widerstände an derselben Spannung**. Eine solche Schaltung wird als **Parallelschaltung** bezeichnet.

Stromverzweigung

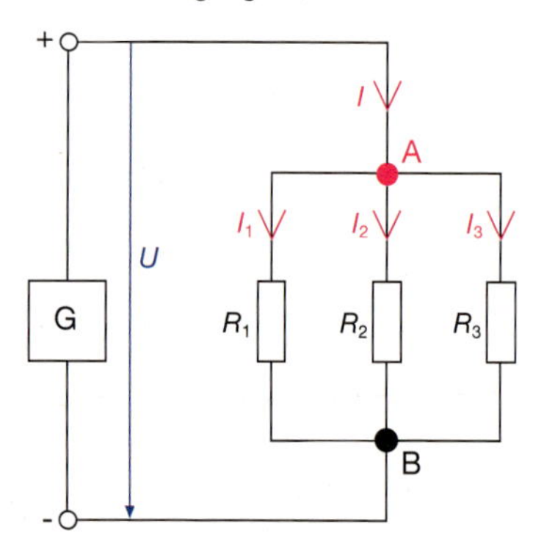

Bild 5.39: Parallelschaltung von Widerständen

In Schaltplänen erkennt man eine Parallelschaltung zweier Widerstände daran, dass sie mit beiden Anschlüssen direkt miteinander verbunden sind.

In Bild 5.39 fließt in jedem der drei parallel geschalteten Widerstände ein Strom, dessen Stärke jeweils nach dem ohmschen Gesetz ($I = U/R$) bestimmt werden kann. Betrachten wir die Ströme I_1, I_2 und I_3 in Bezug auf den Punkt A, so fließen alle von diesem Punkt weg. Da nur der von der Spannungsquelle kommende Strom I auf den Punkt A zugerichtet ist, muss er genauso groß sein wie die wegfließenden Ströme zusammen. Der ankommende **Gesamtstrom I** teilt sich also am **Stromverzweigungspunkt A** auf in die **Teilströme I_1, I_2** und **I_3**. Am Punkt B vereinigen sich die Teilströme wieder zum Gesamtstrom.

Parallelschaltung von Widerständen

- Widerstände sind parallel geschaltet, wenn sie an derselben Spannung liegen.
- **An einem Stromverzweigungspunkt ist die Summe der zufließenden Ströme gleich der Summe der abfließenden Ströme (erstes kirchhoffsches Gesetz).**

$$I = I_1 + I_2 + I_3 + ...$$

- In einer Parallelschaltung ist der Kehrwert des Ersatzwiderstandes gleich der Summe der Kehrwerte der Teilwiderstände (da $I \sim 1/R$).

$$\frac{1}{R_E} = \frac{1}{R_1} + \frac{1}{R_2} + \frac{1}{R_3} ...$$

- In einer Parallelschaltung stehen die Ströme im umgekehrten Verhältnis zueinander wie die Widerstände.

$$\frac{I_1}{I_2} = \frac{R_2}{R_1}$$

Aus diesen Gesetzen ergibt sich:

- In einer Parallelschaltung ist der Ersatzwiderstand immer kleiner als der kleinste Teilwiderstand.
- In einer Parallelschaltung fließt der kleinste Strom durch den größten Widerstand.

5.2.2.2 Leistung in der Parallelschaltung

Hinsichtlich der Leistung, die in den einzelnen Widerständen einer Parallelschaltung umgesetzt wird, gelten grundsätzlich die gleichen Überlegungen, die bei der Reihenschaltung erörtert wurden.
Da in einer Parallelschaltung alle Widerstände an derselben Spannung liegen, wird an demjenigen Widerstand die größte Leistung auftreten, in dem der größte Strom fließt; d.h. die größte Leistung wird am kleinsten Widerstand umgesetzt.

In einer Parallelschaltung ist die Gesamtleistung der Schaltung gleich der Summe der Leistungen an den Einzelwiderständen; sie ist gleich der Leistung des Ersatzwiderstandes.

$$P_G = P_1 + P_2 + P_3 + \ldots$$

Die in den einzelnen Widerständen einer Parallelschaltung umgesetzten Leistungen stehen im umgekehrten Verhältnis zueinander wie die Widerstände.

$$\frac{P_1}{P_2} = \frac{R_2}{R_1}$$

Aufgaben:

1. Eine Parallelschaltung mit den Widerständen $R_1 = 100\ \Omega$, $R_2 = 250\ \Omega$ und dem unbekannten Widerstand R_3 ist an eine Spannungsquelle angeschlossen. Durch R_1 fließt ein Strom von 0,24 A und durch R_3 ein Strom von 0,16 A.
   a) Zeichnen Sie den Stromlaufplan der Schaltung.
   b) Tragen Sie alle Ströme und Spannungen mit Richtungspfeil und Formelzeichen in die Schaltung ein.

   Berechnen Sie:

   c) die Spannung an der Parallelschaltung,
   d) die Stromstärke im Widerstand R_2,
   e) den Widerstandswert von R_3 und
   f) die Stromstärke in der Spannungsquelle.
2. Der Schalter S wird geschlossen. Wie groß sind in diesem Fall die Stromstärken I_1, I_2 und I?
3. a) Wie groß ist I bei der dargestellten Schalterstellung?
   b) Wie groß ist I, wenn der Schalter S geöffnet ist?
4. Berechnen Sie alle möglichen Werte des Gesamtstromes I, die sich durch Betätigung der Schalter S1, S2 und S3 einstellen lassen.
5. Zwei Relais mit den gleichen Widerstandswerten liegen in Reihe an einer Spannung von 48 V und nehmen einen Strom von 120 mA auf.
   Wie muss die Schaltung geändert werden, damit die Wicklungen an 24 V denselben Strom aufnehmen?

zu 2

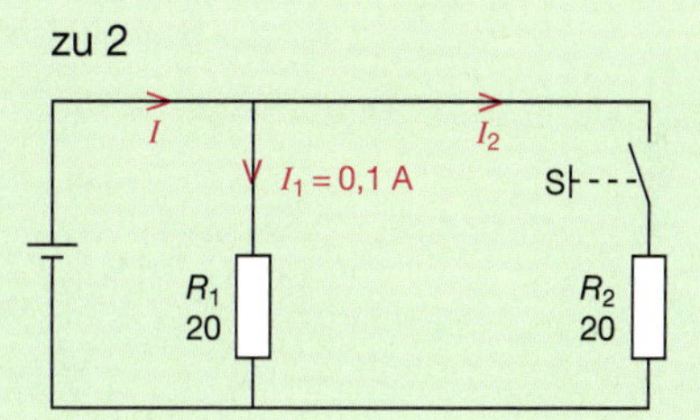

zu 3

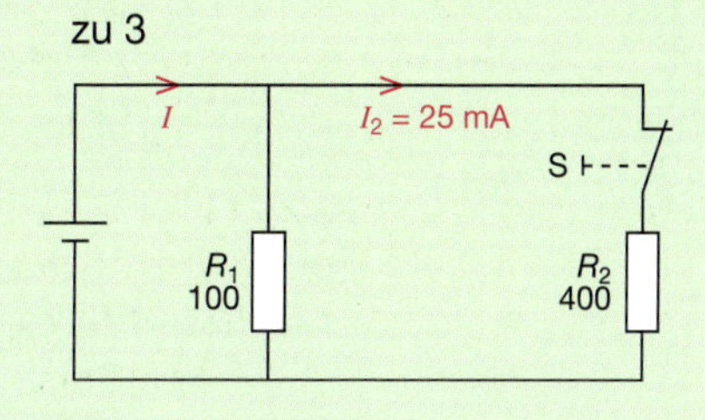

zu 4

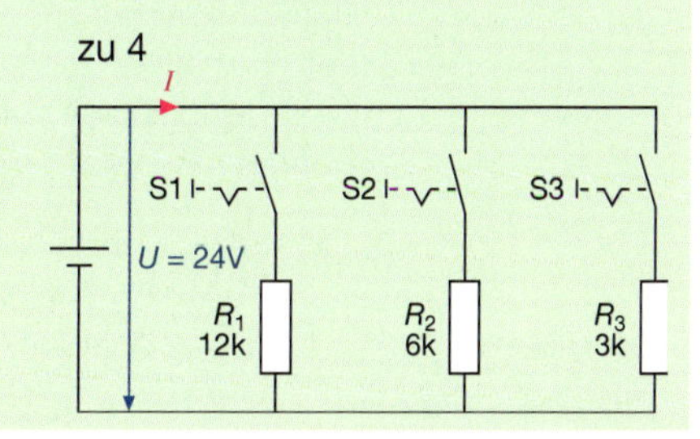

6. Die Widerstände R_1 und R_2 sind parallel geschaltet.
   Entwickeln Sie eine Gleichung zur Berechnung des Ersatzwiderstandes R_E, in der die Kehrwerte der Widerstände R_1 und R_2 nicht mehr auftreten.
7. Eine Parallelschaltung besteht aus den Widerständen $R_1 = 27{,}5\ \Omega$, $R_2 = 55\ \Omega$ und $R_3 = 82{,}5\ \Omega$. Die gesamte Schaltung entnimmt der Spannungsquelle eine Leistung von 72 W.
   Wie verteilt sich diese Leistung auf die einzelnen Widerstände?
   Berechnen Sie die Teilleistungen
   a) über Spannung und Ströme und
   b) mithilfe der Widerstands- und Leistungsverhältnisse.

5.2.3 Gemischte Schaltungen

Ersatzschaltung

In der elektrotechnischen Praxis entstehen meist Widerstandsschaltungen, die aus Reihenschaltungen und Parallelschaltungen zusammengesetzt sind. In solchen gemischten Schaltungen können zwei oder mehrere Teilwiderstände, die miteinander in Reihe oder parallel geschaltet sind, zu einem Ersatzwiderstand zusammengefasst werden. Dadurch entsteht jeweils eine vereinfachte Schaltung, die als **Ersatzschaltung** bezeichnet wird. In der Ersatzschaltung können wiederum Teilwiderstände miteinander oder mit schon vorher gebildeten Ersatzwiderständen vereinigt werden. Dies lässt sich so weit fortführen, bis die gemischte Schaltung durch einen einzigen Widerstand ersetzt wird. In Bild 5.40 ist gezeigt, wie der Gesamtwiderstand einer gemischten Schaltung schrittweise ermittelt wird.

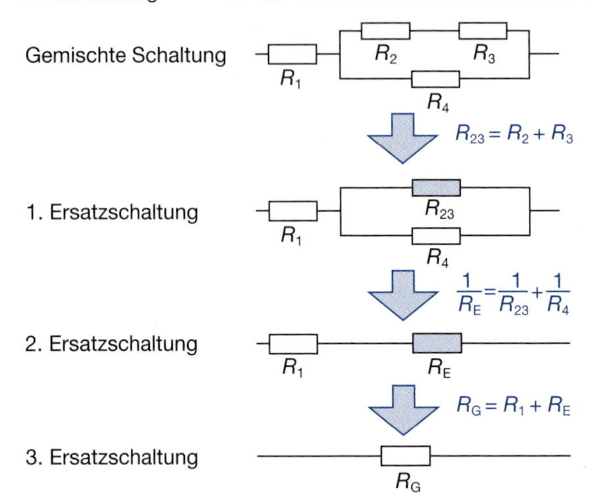

Bild 5.40: Berechnung des Gesamtwiderstandes einer gemischten Schaltung

Liegt die Schaltung an einer Spannungsquelle, so lassen sich mithilfe des ohmschen Gesetzes und der kirchhoffschen Gesetze alle Spannungen und Ströme der Schaltung berechnen.

Spannungsteiler

Durch eine Reihenschaltung von Widerständen können aus einer größeren Gesamtspannung kleinere Teilspannungen gewonnen werden, die in demselben Verhältnis zueinander stehen wie die Widerstände (vgl. Kap. 5.2.1.1). Diese Möglichkeit zur Spannungsteilung wird in der Praxis sehr häufig angewendet, und zwar sowohl unter Verwendung von

- **Festwiderständen**, wie z.B. zur Einstellung der Basis-Emitter-Spannung eines Transistors (Bild 5.41 a) als auch mit
- **Stellwiderständen** (Potenziometern), z.B. zur Regulierung der Helligkeit einer Lampe (Bild 5.41 b).

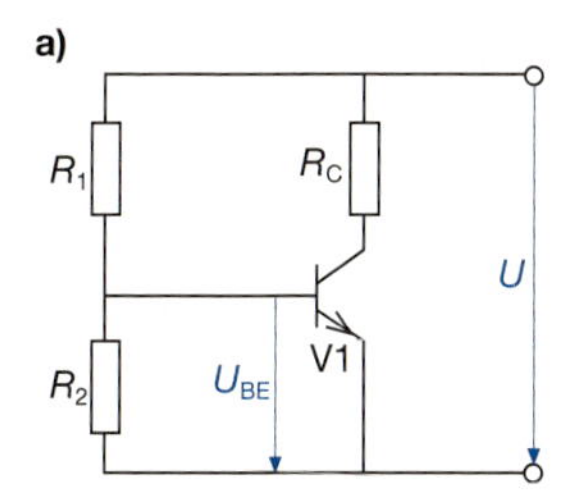

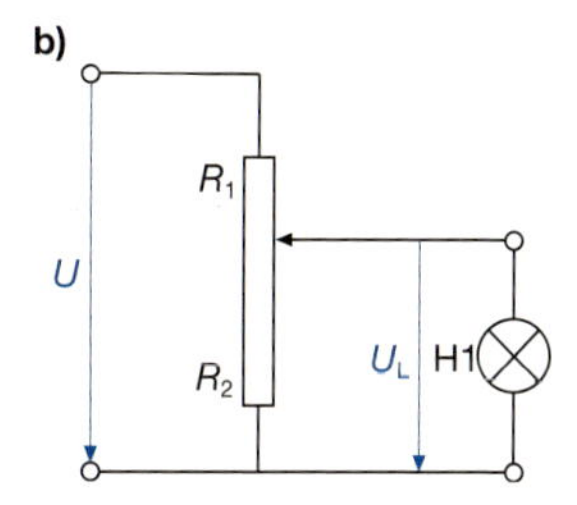

Bild 5.41: Spannungsteiler mit Festwiderständen (a) und mit einem Stellwiderstand (b)

■ Schaltungen, die zur Gewinnung einer Teilspannung aus einer größeren Versorgungsspannung dienen, bezeichnet man als **Spannungsteiler**.

Bild 5.42 zeigt einen Spannungsteiler mit den Festwiderständen R_1 und R_2 und den Ausgangsklemmen a und b, an die ein Verbraucher (Lastwiderstand R_L) angeschlossen werden soll.

Solange kein Verbraucher angeschlossen ist, spricht man von einem **unbelasteten Spannungsteiler**. Die Spannung zwischen den Klemmen a und b des unbelasteten Spannungsteilers bezeichnet man als Leerlaufspannung (Bild 5.42 a).

Wird ein **Lastwiderstand R_L** an die Klemmen a und b angeschlossen, so ergibt sich ein **belasteter Spannungsteiler** (Bild 5.42 b). Durch den Lastwiderstand sinkt der Widerstand der Parallelschaltung von R_2 und R_L ab und damit auch der Gesamtwiderstand der Schaltung. Die Gesamtstromstärke steigt daher an und verursacht an R_1 einen höheren Spannungsabfall, wodurch die Lastspannung absinkt.

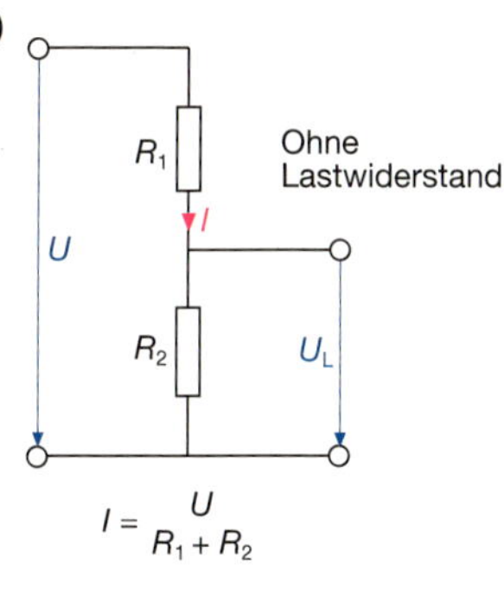

$$I = \frac{U}{R_1 + R_2}$$

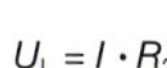

$$U_L = I \cdot R_2$$

$$U_L = \frac{R_2}{R_1 + R_2} \cdot U$$

R_L Lastwiderstand
U_L Lastspannung
R_2 Querwiderstand
I_q Querstrom

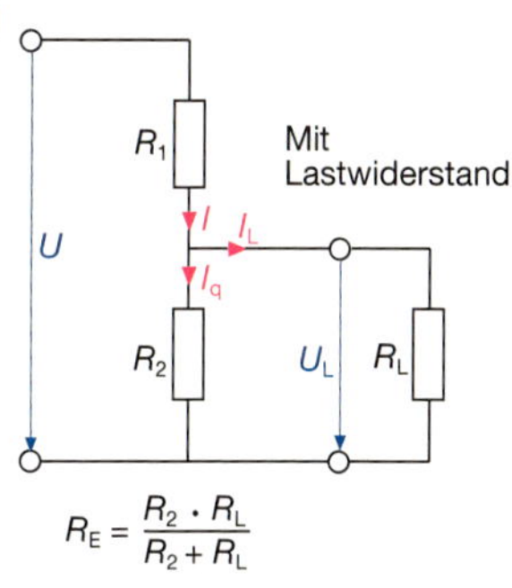

$$R_E = \frac{R_2 \cdot R_L}{R_2 + R_L}$$

$$I = \frac{U}{R_1 + R_E}$$

$$U_L = I \cdot R_E$$

$$U_L = U \cdot \frac{R_E}{R_1 + R_E}$$

Bild 5.42: Unbelasteter (a) und belasteter (b) Spannungsteiler

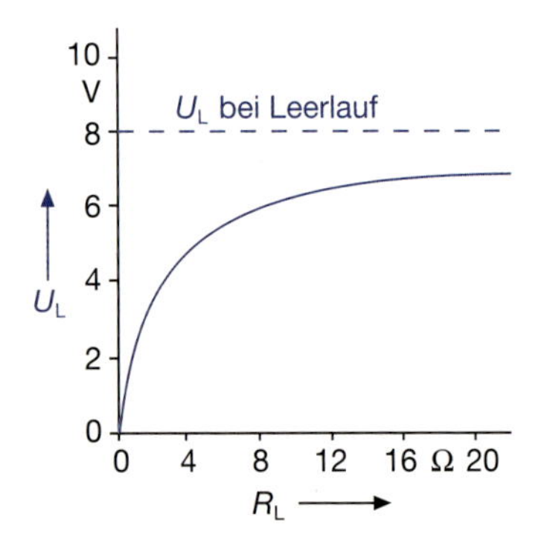

Bild 5.43: Abhängigkeit der Lastspannung vom Lastwiderstand

Der Einfluss des Lastwiderstandes R_L auf die Größe der Lastspannung U_L wird durch das Diagramm in Bild 5.43 deutlich. Beträgt der Lastwiderstand $R_L = 0\ \Omega$ (Kurzschluss zwischen a und b), so ist $U_L = 0$ V. Mit steigendem Lastwiderstand steigt U_L und nähert sich immer mehr der Leerlaufspannung an. Aus dem Verlauf der Kurve erkennt man, dass U_L sich in Abhängigkeit von R_L umso weniger ändert, je größer R_L im Vergleich zum **Querwiderstand** $\boldsymbol{R_2}$ ist:

Die Lastspannung $\boldsymbol{U_L}$ **eines Spannungsteilers** ist bei sich änderndem Lastwiderstand R_L umso stabiler, je größer die vorkommenden Lastwiderstände im Vergleich zum Querwiderstand R_2 sind.

Aufgaben:

1. Berechnen Sie für die Schaltungen ① bis ③
   a) die Lastspannungen U_L und die Lastströme I_L,
   b) die Lastspannungen U_L, wenn der Lastwiderstand jeweils auf 200 Ω herabgesetzt wird,
   c) die infolge der Widerstandsänderung auftretende Änderung der Lastspannung ΔU_L.
   d) Welcher Zusammenhang wird beim Vergleich der Spannungsänderungen erkennbar?

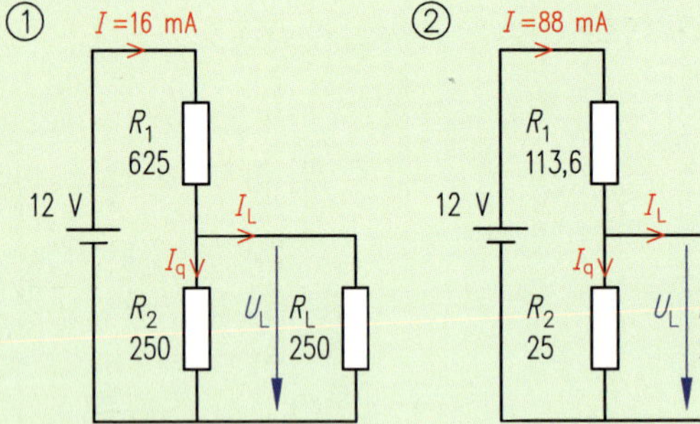

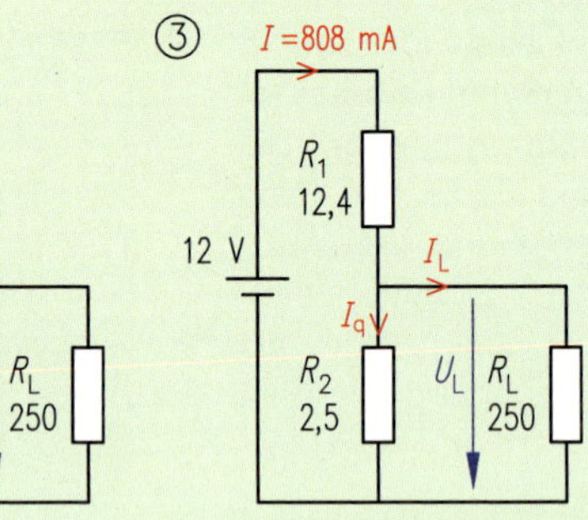

2. Der Spannungsmesser hat einen Widerstandskennwert von 4 kΩ/V. Der Messbereich ist auf 6 V eingestellt.
   Welchen Spannungswert zeigt das Messinstrument an?

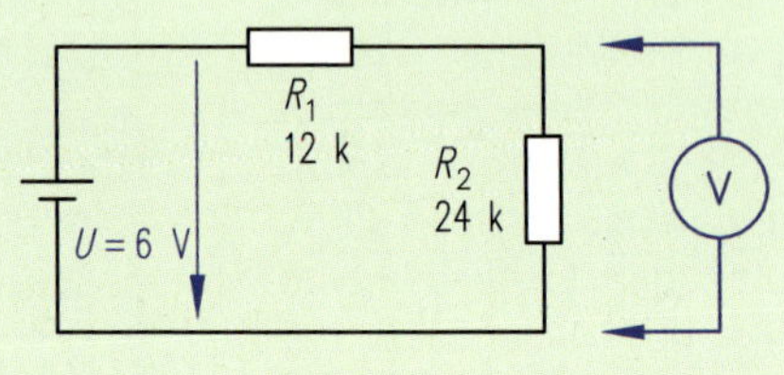

3. a) Zeichnen Sie die Schaltung so um, dass Reihen- und Parallelschaltungen deutlich erkennbar werden.
   b) Bestimmen Sie den Gesamtwiderstand der Schaltung.

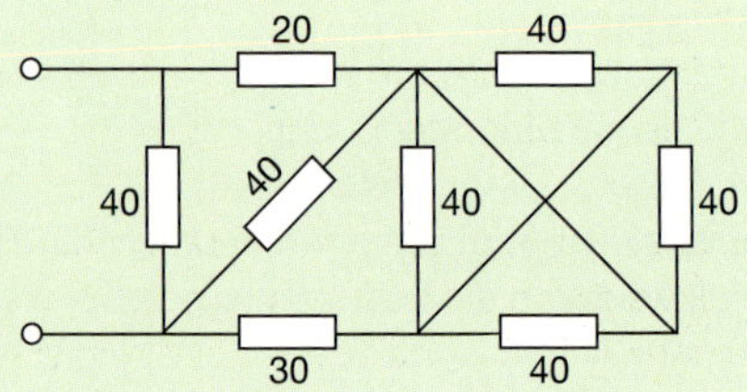

4. a) Geben Sie die Potenziale an den Klemmen 1 bis 8 an.
   b) Geben Sie die Spannungen U_{12}, U_{45}, U_{56}, U_{78}, U_{32} an.
   c) Berechnen Sie die Stromstärke I.
   d) Welche Ströme, Spannungen und Potenziale ändern sich, wenn anstelle von Klemme 6 die Klemme 1 geerdet wird?

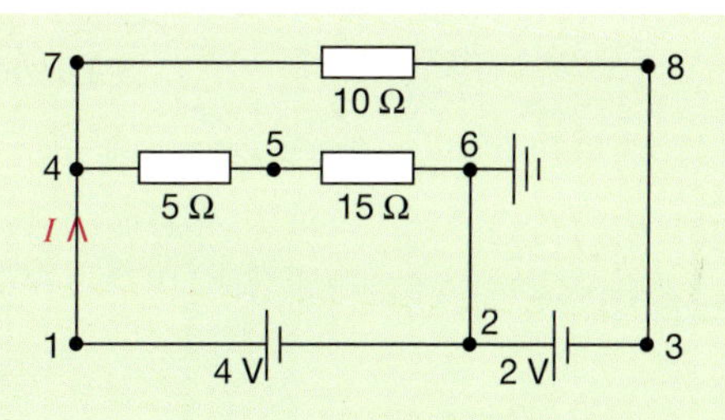

5. a) Auf welchen Widerstand R_2 muss der Spannungsteiler im Leerlauf eingestellt werden, damit $U_L = 120$ V beträgt?
   b) Auf welchen Wert sinkt die Spannung U_L ab, wenn eine Lampe von 120 V/0,5 A an den Ausgang des Spannungsteilers angeschlossen wird?
   c) Wie viele gleiche Lampen dürfen parallel an den Ausgang des Spannungsteilers angeschlossen werden, ohne dass die Spannung U_L unter 100 V absinkt?

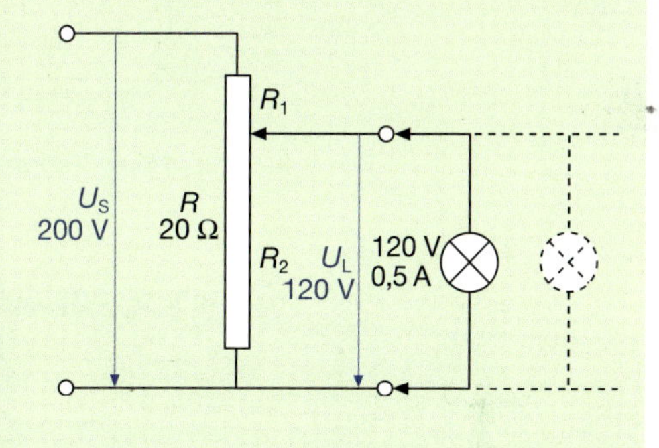

6. Zwischen welchen Werten ist das Potenzial am Punkt A einstellbar?

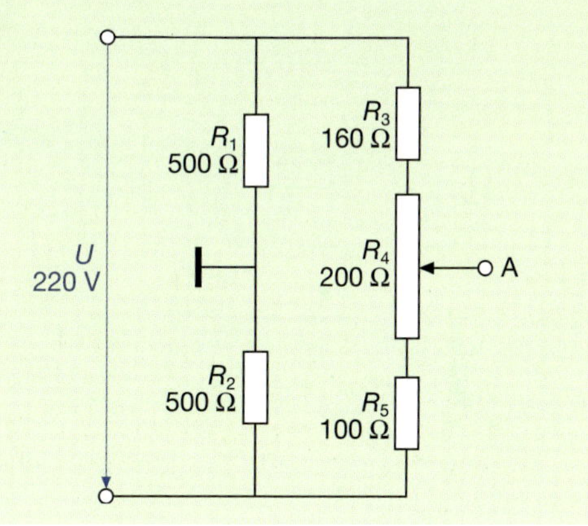

5.3 Der technische Stromkreis

Ein technischer Stromkreis ist zusammengesetzt aus Spannungsquelle, Leitung und Verbraucher (Bild 5.44).

Wurde bisher lediglich der Verbraucher als elektrischer Widerstand angesehen, so sollen nun im Folgenden auch die Spannungsquelle und die Leitung hinsichtlich ihrer Widerstände und deren Einfluss auf die elektrischen Zusammenhänge im Stromkreis untersucht werden.

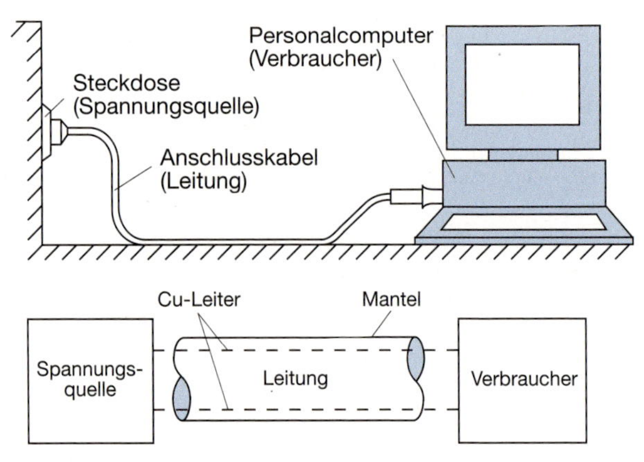

Bild 5.44: Technischer Stromkreis

5.3.1 Spannungsquellen

5.3.1.1 Innenwiderstand, Urspannung und Klemmenspannung

Spannungen an der Spannungsquelle

Der Leiterweg eines Stromkreises hat auch im Inneren einer Spannungsquelle einen elektrischen Widerstand, den man als **Innenwiderstand R_i** der Spannungsquelle bezeichnet. Daher kann eine Spannungsquelle in Schaltplänen als Reihenschaltung eines Generators mit einem Widerstand dargestellt werden (Bild 5.45).

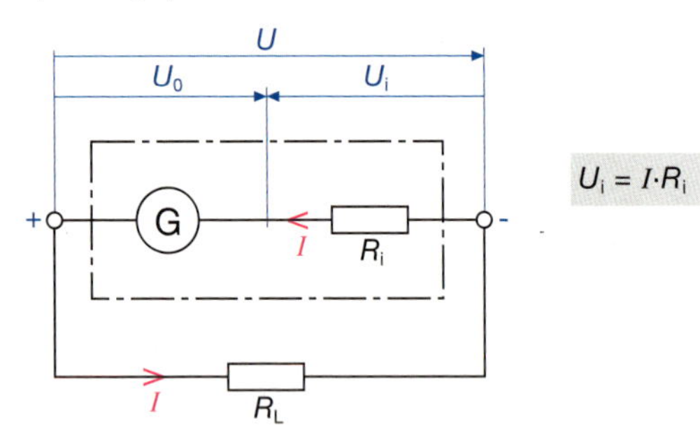

Bild 5.45: Spannungsquelle mit Innenwiderstand und Lastwiderstand

$$U_i = I \cdot R_i$$

Wird ein Lastwiderstand R_L an die Klemmen der Spannungsquelle angeschlossen, so fließt ein Betriebsstrom I (Bild 5.45). Dieser Strom verursacht am Innenwiderstand der Spannungsquelle einen Spannungsabfall U_i. Da U_i für die Ausnutzung am Verbraucher R_L verloren ist, bezeichnet man diesen Spannungsabfall als **inneren Spannungsverlust.**
In der Schaltung auf Bild 5.45 unterscheidet man nun drei Spannungen:

- $\boldsymbol{U_0}$ ist die in der Spannungsquelle durch Umwandlung der zugeführten Energie entstehende **Urspannung**;
- $\boldsymbol{U_i}$ ist der durch den Betriebsstrom am Innenwiderstand verursachte **innere Spannungsverlust**;
- $\boldsymbol{U}$ ist die an den Klemmen der Spannungsquelle zur Verfügung stehende **Klemmenspannung**.

Die Klemmenspannung einer Spannungsquelle ist um den inneren Spannungsverlust kleiner als die Urspannung.

$$\boldsymbol{U = U_0 - U_i}$$

Der innere Spannungsverlust ist umso größer, je größer die Stromstärke ist. Die Stromstärke ist umso größer, je kleiner der Lastwiderstand ist. Also ist der innere Spannungsverlust umso größer, je kleiner der Lastwiderstand ist.

Nimmt der innere Spannungsverlust zu, so nimmt die Klemmenspannung ab. Für eine belastete Spannungsquelle gilt also:

- Die **Klemmenspannung einer Spannungsquelle** ist umso kleiner, je kleiner der angeschlossene Lastwiderstand ist.

Für die Änderung des Lastwiderstandes lassen sich die beiden in Bild 5.46 dargestellten Grenzfälle erkennen:

Leerlauf und Kurzschluss

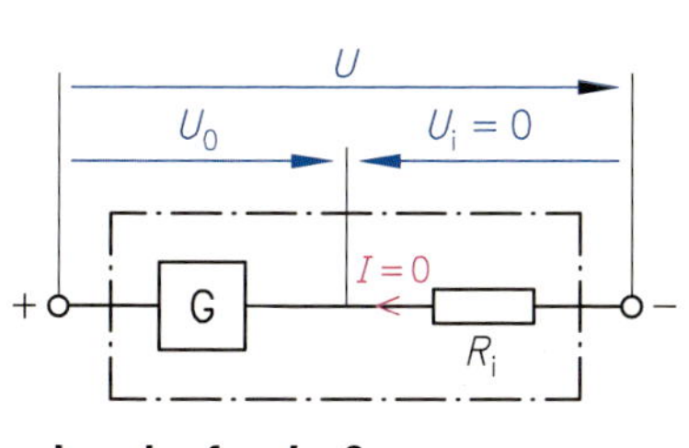

$U = 0$, U_0, U_i, G, R_i, $R_L = 0$, +, −

Leerlauf: $I = 0$, $U_i = 0$, $U = U_0$

Im Leerlauf ist die Klemmenspannung gleich der Urspannung.

Kurzschluss: $R_L = 0$, $I_K = U_0 / R_i$, $U = 0$

Bei Kurzschluss ist die Klemmenspannung gleich null.

Bild 5.46: Leerlauf und Kurzschluss einer Spannungsquelle

Der Kurzschlussstrom in der Spannungsquelle wird nur durch den Innenwiderstand begrenzt.

5.3.1.2 Leistungsanpassung

Wird der an eine Spannungsquelle angeschlossene **Lastwiderstand vergrößert,** so **sinkt die Stromstärke** und **die Klemmenspannung steigt**. Das Produkt aus Stromstärke und Klemmenspannung ist die von der Spannungsquelle an den Verbraucher abgegebene Leistung ($P = U \cdot I$). Da der eine Faktor (I) sinkt und der andere Faktor (U) steigt, stellt sich die Frage, wie sich durch den Anstieg des Lastwiderstandes die von der Spannungsquelle abgegebene Leistung, also das Produkt von U und I, verändert.
Diese Frage kann durch das Beispiel in Bild 5.47 beantwortet werden.

In dem Diagramm erkennt man sehr deutlich, dass die von der Spannungsquelle an den Verbraucher abgegebene Leistung einen Höchstwert erreicht, wenn der Lastwiderstand gleich dem Innenwiderstand der Spannungsquelle ist. Diesen Belastungsfall bezeichnet man als **Leistungsanpassung.**

Leistungsanpassung

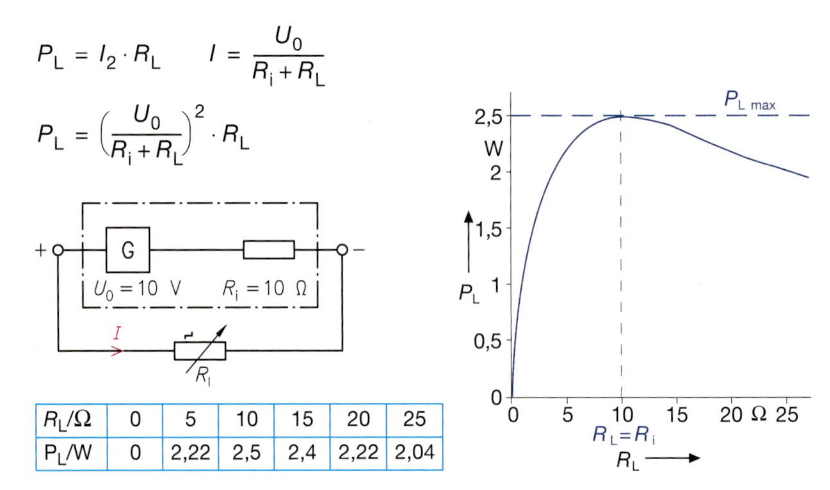

R_L/Ω	0	5	10	15	20	25
P_L/W	0	2,22	2,5	2,4	2,22	2,04

Bild 5.47: Berechnung und Diagramm zur Leistungsanpassung

Bei **Leistungsanpassung** ist der Lastwiderstand gleich dem Innenwiderstand der Spannungsquelle.

$$\mathbf{R_L = R_i}$$

Die von der Spannungsquelle an den Lastwiderstand gelieferte Leistung hat bei Leistungsanpassung ihren Höchstwert.

Die am Innenwiderstand umgesetzte Verlustleistung ist also auch genauso groß wie die Nutzleistung an R_L. Der Spannungsquelle muss doppelt so viel Leistung zugeführt werden, wie sie an den Verbraucher abgibt; ihr Wirkungsgrad beträgt also nur 50 %.
In der IT-Technik ist die Leistungsanpassung als Regelfall anzusehen. Wird z.B. ein Lautsprecher (Verbraucher, R_L) an einen Verstärker (Spannungsquelle) angeschlossen, so will man erreichen, dass die vom Verstärker an den Lautsprecher gelieferte Leistung möglichst groß ist. Verlustleistung und Wirkungsgrad sind dabei von untergeordneter Bedeutung.

5.3.1.3 Spannungsversorgung für IT-Geräte

Zur Spannungsversorgung von IT-Geräten und TK-Anlagen aus dem Versorgungsnetz der EVU werden sog. **Netzteile** (vgl. Kap.1.7), die in die zu versorgenden Geräte integriert sind, oder Stecker-Netzteile (Bild 5.35) verwendet. Zur Abschirmung gegen Netzstörungen werden **unterbrechungsfreie Stromversorgungen** eingesetzt. Mobile Geräte, z.B. Laptops, Handys usw., erfordern auch mobile Spannungsquellen, da sie jederzeit und überall betriebsbereit sein müssen. Hier kommen **Batterien** und gelegentlich auch **Brennstoffzellen** zum Einsatz.

Netzteile

Zur Versorgung von elektronischen Schaltungen mit einer konstanten Gleichspannung werden vorwiegend **Schaltnetzteile** eingesetzt. Für Schaltnetzteile mit mehreren gegeneinander isolierten Ausgängen und für 48-V-Stromversorgungen in Telekommunikationsanwendungen wird meist die Sperrwandlerschaltung bevorzugt.

In der Schaltung nach Bild 5.48 wird die anliegende Wechselspannung gleichgerichtet (1), geglättet (2) und mittels eines Schalttransistors zerhackt (3). Die so gewonnene Wechselspannung wird auf den gewünschten Wert transformiert (4) und anschließend wieder gleichgerichtet und geglättet (5).

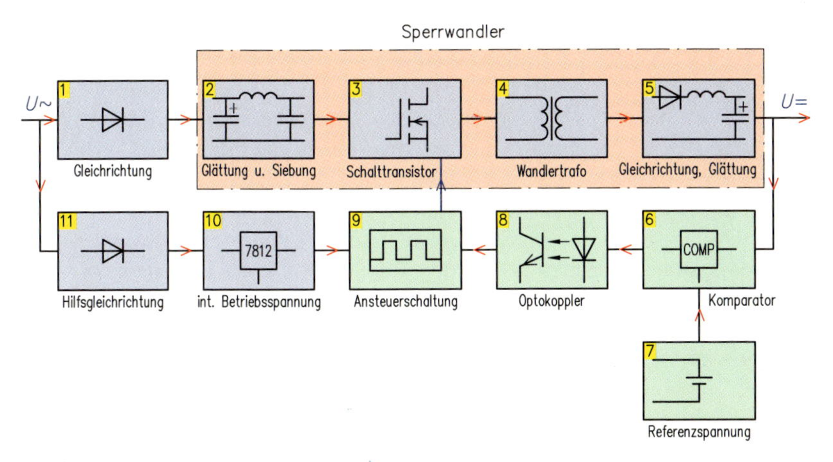

Bild 5.48: Grundschaltung eines geregelten Schaltnetzteils

Um eine stabile Ausgangsgleichspannung zu erzielen, wird die Ausgangsspannung durch einen Komparator (6) mit einer Referenzspannung (7) verglichen. Weicht die Ausgangsspannung (Istwert) von der Referenzspannung (Sollwert) ab, wird die Ansteuerung des Schalttransistors (9) so verändert, dass der Abweichung entgegengewirkt wird (Regelkreisprinzip). Um die Ausgangsseite galvanisch vollständig von der Eingangsseite zu trennen, erfolgt die Übertragung der Steuersignale über einen Optokoppler (8). Die für die Ansteuerschaltung und die gegebenenfalls vorhandenen Schutzschaltungen benötigten Betriebsspannungen werden separat erzeugt (10, 11).

Aufgrund ihrer Arbeitsweise besitzen Schaltnetzteile Vorteile gegenüber linear geregelten Netzteilen:

- Sehr große Ausgangsströme bei geringer Verlustleistung; daher hoher Wirkungsgrad.
- Infolge der hohen Schaltfrequenz ergeben sich geringe Abmessungen des Wandlertrafos.
- Direktes Anschließen der Netzwechselspannung; dadurch kein Netztrafo (Einsparung von Gewicht und Volumen).

Nachteilig ist, dass durch die hohen Schaltfrequenzen Störsignale entstehen, deren Ausbreitung durch zusätzliche Filterschaltungen unterdrückt werden müssen.

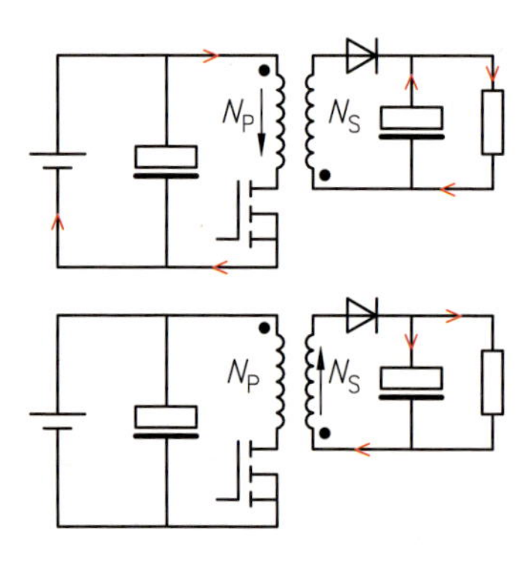

Bild 5.49: *Wirkungsweise eines FC*

Den Hauptbestandteil eines Schaltnetzteils bildet in der Regel ein **Sperrwandler** (engl. Flyback-Converter = FC), der auch als „Buck-Boost-Wandler" (Buck = abwärts, Boost = aufwärts) bezeichnet wird. Dieser Spannungswandler dient insofern als Energiespeicher, als der Strom nicht gleichzeitig in beiden Wicklungen des Transformators fließt. Im ersten Teil eines Schaltzyklus lässt der eingeschaltete Transistor den Strom durch die Primärwicklung (N_P) fließen. Dabei wird im Eisenkern des Transformators ein Magnetfeld aufgebaut, das die zugeführte Energie speichert.

Im zweiten Teil des Schaltzyklus ist der Transistor gesperrt, das Magnetfeld bricht zusammen und induziert in der Sekundärwicklung (N_S) eine Spannung, die den Strom durch den Arbeitswiderstand treibt und den Kondensator auflädt. Ein Sperrwandler ist im Schaltbild leicht an den Punkten zu erkennen, die an entgegengesetzten Enden der beiden Transformatorwicklungen eingetragen sind.

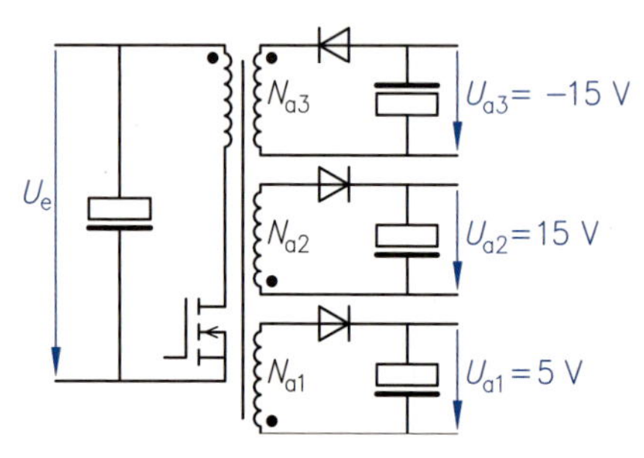

Bild 5.50: *Sperrwandler mit mehreren getrennten Ausgangswandlern*

Sperrwandler haben gegenüber fast allen anderen Schaltnetzteilen den Vorteil, dass man mehrere galvanisch getrennte Ausgangsspannungen gewinnen kann, indem man auf dem Transformator mehrere getrennte Wicklungen anordnet.

Neben dem Sperrwandler kommen in Elektrotechnik, Elektronik und Kommunikationstechnik noch weitere Wandlertypen zum Einsatz. Sie sind in Bild 5.51 kurz dargestellt.

Netzteiltyp	Beschreibung	Prinzipschaltung
Abwärtswandler	Die Eingangsspannung wird in eine niedrigere Ausgangsspannung umgesetzt.	
Aufwärtswandler	Die Eingangsspannung wird in eine höhere Ausgangsspannung umgesetzt.	
Invertierender Wandler	Eine positive Eingangsspannung wird in eine negative Ausgangsspannung umgesetzt.	

Netzteiltyp	Beschreibung	Prinzipschaltung
Sperrwandler	Galvanische Trennung von Eingangs- und Ausgangsspannung, Leistungen bis ca. 250 W, mehrere Ausgangsspannungen möglich	
Durchflusswandler	Galvanisch getrennte Ein- und Ausgangsspannung, Leistungen bis einige 100 W	

Bild 5.51: Netzteiltypen für Schaltnetzteile

Bei den in Bild 5.51 aufgeführten Netzteiltypen handelt es sich um sogenannte DC-DC-Wandler (DC = Direct Current = Gleichstrom), bei denen Eingangs- und Ausgangsspannung Gleichspannungen sind. Davon unterscheidet man AC-DC-Wandler (AC = Alternating Current = Wechselstrom), die aus einer Eingangs-Wechselspannung eine Ausgangs-Gleichspannung erzeugen.

DC-DC-Wandler und AC-DC-Wandler werden in der Praxis als Module in geschlossenen Gehäusen angeboten. Mit ihnen lassen sich Stromversorgungs-Architekturen aufbauen, die allen Anforderungen der Schaltungspraxis genügen.

Unterbrechungsfreie Stromversorgung (USV)

Statistische Erhebungen belegen, dass 50 % aller unerklärlichen Computerabstürze von Fehlern in der Stromversorgung verursacht werden.
Bei der Versorgung von IT-Geräten und -Anlagen können die verschiedensten Netz-Störfälle auftreten und sowohl bei der Hardware als auch bei der Software zu verheerenden Folgen führen.
Totaler **Netzausfall** ist in den relativ stabilen europäischen Stromnetzen selten. Aber auch auf **Spannungseinbrüche**, die über mehrere 50-Hz-Perioden andauern, reagieren Netzteile wie bei einem Totalausfall; Datenverluste sind unvermeidbar. **Überspannungen**, bei denen die Amplitude der Netzspannung für mehrere Sekunden den Normalwert um mehr als 10 % übersteigt, verursachen die meisten Hardware-Fehler und Bauelemente-Zerstörungen. Als weitere Netzstörungen treten **Spikes** (Impulse mit überlagerten kurzzeitigen Spannungsspitzen) und höherfrequente **Spannungsüberlagerungen** auf.
Um derartige aus dem Versorgungsnetz eintreffende Störungen unschädlich zu machen, werden USVs eingesetzt. Man unterscheidet hierbei zwischen zwei Grundschaltungen.
Die **Offline-USV** (auch Standby-USV; Bild 5.52) entnimmt im normalen Betrieb den Strom aus dem Netz und leitet ihn über HF- und Überspannungsfilter zum Verbraucher.
Bei einem Netzausfall oder einem Spannungseinbruch wird der Umschalter innerhalb weniger Millisekunden betätigt. Danach wird der Verbraucher von der Batterie über den DC/AC-Wandler weiter versorgt. Die Batterie wird über den AC/DC-Wandler ständig geladen. Die Schaltzeit des Umschalters beträgt in der Regel 2 bis 6 ms und ist damit so kurz, dass z. B. ein PC noch nicht gestört wird.

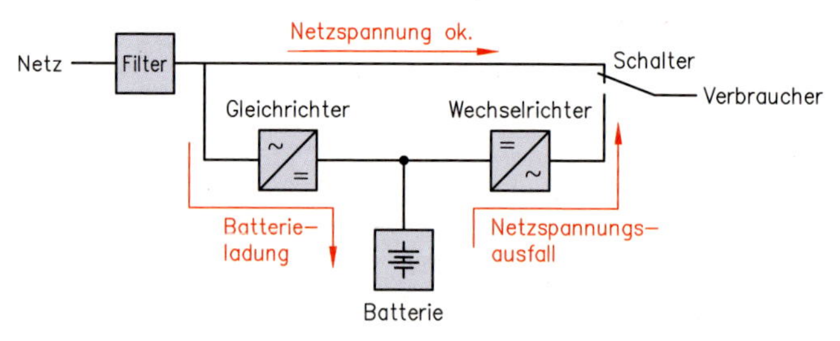

Bild 5.52: Prinzip der Offline-USV

Eine Variante der Offline-USV, die relativ häufig bei kleineren und mittleren Anlagen zum Einsatz kommt, ist die „Line-Interactive-USV".

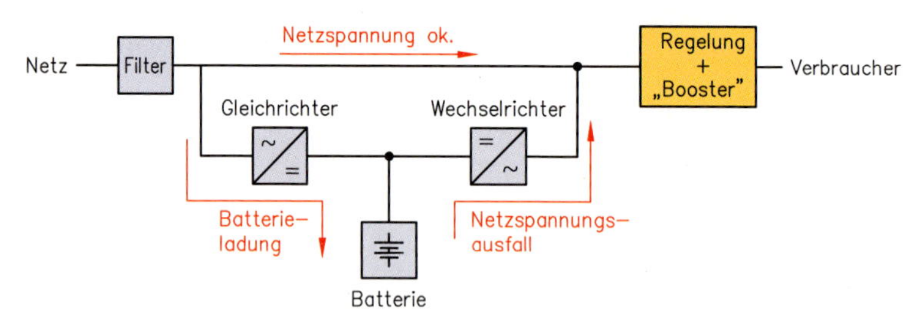

Bild 5.53: Line-Interactive-USV

Bei dieser Schaltung wird die Netzspannung über einen Wechselrichter, der mit einer speziellen Regelelektronik ausgerüstet ist, auf den Verbraucher gegeben. Dadurch werden Netzspannungsschwankungen ausgeregelt, und die Batterie wird eigentlich nur noch bei einem totalen Netzausfall benötigt.
Die **Online-USV** (Bild 5.54) ist aufwendiger und kostspieliger; sie kommt zum Einsatz bei Zentralrechnern und großen Workstations (Schutz geschäftskritischer Anwendungen) sowie in Vermittlungsanlagen und Basisstationen privater und öffentlicher Netze.

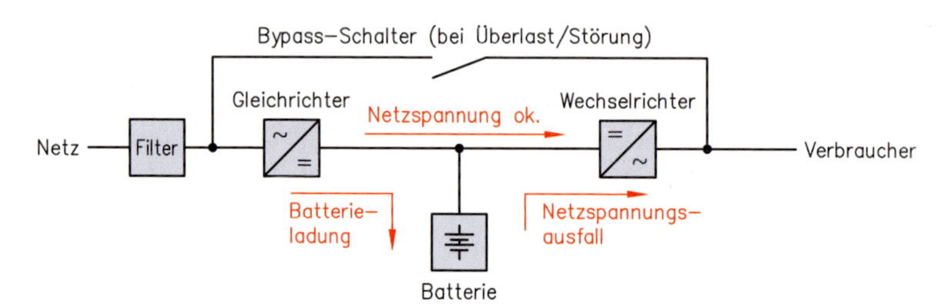

Bild 5.54: Prinzip einer Online-USV mit Bypass

Bei dieser sog. Doppelwandler-Technologie wird die Netzwechselspannung zuerst gleichgerichtet (AC/DC-Wandler) und dann über einen Wechselrichter (DC/AC-Wandler) auf den Verbraucher geführt. Dabei wird mit der gleichgerichteten Spannung ständig die Batterie geladen.
Bei dieser Schaltung entstehen höhere Verluste (geringerer Wirkungsgrad) als bei den Offline-Varianten, da der gesamte Verbraucherstrom zweimal umgewandelt wird. Dafür entfällt die in den Offline-Typen auftretende Umschaltzeit bei totalem Netzausfall, da die Batterie so angeordnet ist, dass sie die Versor-

gung des Verbrauchers unmittelbar übernehmen kann. Die Spannung wird von allen Störungen auf der Netzleitung gesäubert, sodass das System einen reinen sinusförmigen Strom an den Verbraucher liefert.

Über den Bypass können bei Überlast oder bei internen Störungen die Wandler überbrückt werden und die weitere Versorgung direkt aus dem Netz erfolgen. Bei Anlagen ohne Bypass besteht die Gefahr, dass es bei Fehlern, z.B. an den Wandlern, zum völligen Spannungsausfall kommt.

Mit den Benennungen „Offline", „Line Interactive" und „Online" wurde in der Vergangenheit nicht konsequent umgegangen. Hier schafft die neue europäische Norm EN 62040-3 Klarheit. Um lange Beschreibungen zu vermeiden, wurde ein Code-System eingeführt, das den Nutzer über die Leistungsfähigkeit einer USV informiert. Da das Ziel einer USV in der Versorgung der angeschlossenen Last mit einer hochqualitativen Ausgangsspannung besteht, orientiert sich die USV-Klassifizierungsnorm hauptsächlich am USV-Ausgang. Die vollständige Kennzeichnung einer USV nach dem Code-System besteht aus drei Blöcken, die durch Bindestriche voneinander getrennt sind; z.B: VFD - SY - 311.

↓ ↓ ↓

(1.) (2.) (3.)

1. **Grad der Abhängigkeit der USV-Ausgangsversorgung vom Netzeingang im Normalbetrieb**

   Die Kürzel beziehen sich allgemein auf Ausgangsspannung und Ausgangsfrequenz.

   VFI = **V**oltage and **F**requency **I**ndependant; d.h., dass im Normalbetrieb Spannung und Frequenz am USV-Ausgang nicht von den Eingangswerten abhängen (z. B. Online-USV).

   VI = **V**oltage **I**ndependant; d.h., dass im Normalbetrieb nur die Spannungsamplitude durch die USV beeinflusst wird. Störungen der Netzfrequenz können ungefiltert zur Last gelangen.

   VFD = **V**oltage and **F**requency **D**ependant; d.h., dass die Last im Normalbetrieb direkt vom Netz versorgt wird. Wenn Netzstörungen auftreten, die ein bestimmtes Maß überschreiten, wird auf Batteriebetrieb umgeschaltet (z.B. Offline-USV).

2. **Beschreibung der Wellenform der USV-Ausgangsspannung**

   Ideal für den Ausgang einer USV ist eine sinusförmige Wechselspannung (230 V; 50 Hz). Die Norm EN 62040-3 schreibt für Verzerrungen der Sinuskurve einen Grenzwert von acht Prozent vor. Die unterschiedlichen Klassen werden durch Buchstaben klassifiziert, wobei der erste Buchstabe das Verhalten der Ausgangsspannung im Normal- oder Bypassbetrieb angibt und der zweite Buchstabe den Batteriebetrieb kennzeichnet.

   S bedeutet, dass unter allen Lastbedingungen (lineare oder nichtlineare Last) der gesamte Verzerrungsfaktor der Ausgangsspannung < 8 % betragen darf.

   X bedeutet, dass für lineare Lasten ein Ausgangsklirrfaktor von < 8 % gilt, für nichtlineare Lasten die Herstellerangaben zu beachten sind.

   Y bedeutet, dass die Wellenform nicht sinusförmig ist und der jeweilige Klirrfaktor der Ausgangsspannung vom USV-Anbieter spezifiziert werden muss.

3. **Dynamisches Verhalten der USV-Ausgangsspannung**
   Durch Schaltvorgänge innerhalb der USV können Störungen der Ausgangsspannung verursacht werden, die von manchen Verbrauchern nicht toleriert werden. Zur Klassifizierung werden drei dynamische Vorgänge angegeben und durch drei Ziffern gekennzeichnet.
   1. Ziffer: Dynamisches Verhalten bei Änderung der Betriebsart (z.B. Umschalten von Normalbetrieb auf Batteriebetrieb)
   2. Ziffer: Dynamisches Spannungsverhalten beim Zu- oder Abschalten einer linearen Last
   3. Ziffer: Dynamisches Spannungsverhalten beim Zu- oder Abschalten einer nichtlinearen Last

   Für diese Klassifizierung werden die Spannungsverläufe mit Prüfkurven verglichen und in **vier Klassen** festgelegt, die in den Ziffern 1 bis 3 die Klassifizierung präzisieren.
   Klasse 1: Die Ausgangsspannung darf bei Schaltvorgängen in einem Zeitraum von 0,1 bis 5 ms nicht stärker als +/–30 % vom Spitzenwert abweichen und bei Werten über 50 ms nur +/–10 %. Eine USV der Klasse 1 ist für alle Arten von Belastungen geeignet.
   Klasse 2: Die Spannungsabweichungen dürfen unter 1 ms 100 % betragen (Unterbrechung). Diese USV ist für die meisten Belastungsarten geeignet.
   Klasse 3: Hierbei darf die Lücke der Ausgangsspannung 10 ms betragen; das Verhalten bei Überspannung bleibt wie bei Klasse 2. Diese USV ist nur für Lasten geeignet, die große Schwankungen der Ausgangsspannung zulassen und auch 0 V bis zu 10 ms erlauben (Schaltnetzteile).
   Klasse 4: Diese Klasse ist bei spezifischen Herstellerangaben zu verwenden. Werte der Ausgangsspannung müssen beim Anbieter erfragt werden.

Für unternehmenskritische IT-Installationen kommen nur Online-USVs mit der sogenannten Doppelwandler-Technik zur Anwendung. Sie erfüllen den höchsten Klassifizierungscode VFI-SS-111 und schützen verlässlich vor Stromausfall und Spannungsspitzen sowie vor Frequenzschwankungen, Spannungsstößen und Oberschwingungen.
Eine USV verursacht jedoch über die einmaligen Anschaffungskosten hinaus weitere laufende Kosten, z.B. durch die Energiekosten, weil die USV für den eigenen Betrieb ebenfalls Energie benötigt. Diese „Verluste“ entstehen im Gleich- und Wechselrichter, für die Erhaltungsladung der Batterie sowie für die Steuerung der Anlage. Der Wirkungsgrad einer USV ist die technische Größe, die angibt, wie effektiv die Anlage arbeitet.
Mit der abgegebenen Leistung und dem Wirkungsgrad kann die notwendige Eingangsleistung berechnet werden. Die Verlustleistung ergibt sich aus der Differenz von Eingangs- und Ausgangsleistung. Wenn man annimmt, dass die USV rund um die Uhr in Betrieb ist, muss die Verlustleistung mit 24 Stunden pro Tag und 365 Tagen pro Jahr multipliziert werden, um die jährlichen durch Verlustleistung entstehenden Betriebskosten zu ermitteln.
Verlustleistung bei einer USV bedeutet Wärme. Um optimale Betriebsbedingungen zu erzielen, muss der Raum, in dem die USV steht, gekühlt werden. Die Kühlung verursacht weitere Energiekosten, die etwa proportional zur Verlustleistung der USV-Anlage steigen.

Batterien
Als Energiespeicher in USVs sowie als Spannungsquelle in mobilen Geräten werden meist Batterien eingesetzt. In einer USV ist die Batterie als zentraler

Bestandteil maßgebend für die Zuverlässigkeit. Sie muss sowohl Spannungsschwankungen ausgleichen und Stromausfälle überbrücken als auch genügend Energie für ein geregeltes Herunterfahren der angeschlossenen Systeme bereitstellen.
Batterien sind chemische Spannungsquellen, bei denen im allgemeinen Sprachgebrauch kaum zwischen Zelle, Batterie und Akkumulator (Akku) unterschieden wird. Ihre Wirkungsweise beruht auf folgenden Zusammenhängen:

Kommt ein Metall (auch Kohle) mit einem Elektrolyten (leitende Flüssigkeit) in Berührung, so entsteht zwischen Metall und Elektrolyt ein elektrisches Potenzial (Berührungspotenzial). Je nach Art des Metalls treten gegenüber dem Elektrolyten positive oder negative Berührungspotenziale auf. Mit zwei verschiedenen Metallen in einem gemeinsamen Elektrolyten ergibt sich ein **elektrochemisches Element**, dessen Urspannung gleich der Differenz der beiden Berührungspotenziale ist.

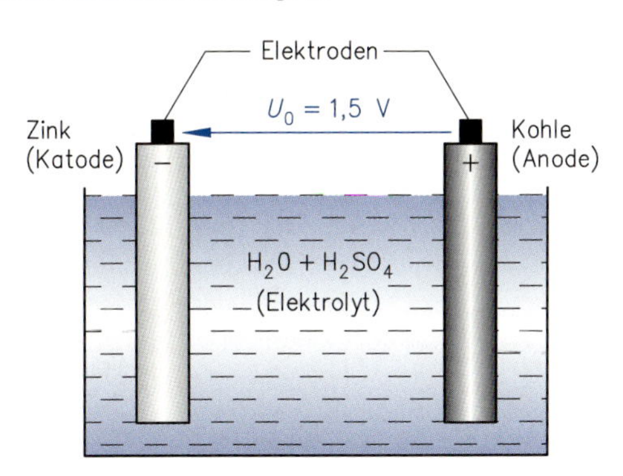

Bild 5.55: Elektrochemisches Element (Zelle)

Die Anordnung zweier verschiedener chemischer Elemente (Elektroden) in einem gemeinsamen Elektrolyten, in der durch chemische Vorgänge eine elektrische Spannung entsteht, bezeichnet man als **elektrochemische** (oder galvanische) **Zelle oder Batterie**.

Nennspannung, Bemessungsspannung	U_{Nenn} ist die durchschnittliche, systembedingte Batteriespannung während der Entladung unter Nennbedingungen. Diese beinhalten Angaben über die Umgebungstemperatur und die Größe des fließenden Stromes. Da die Nennspannung eine unmittelbare praktische Bedeutung für den Anwender hat, wird sie häufiger angegeben als die Leerlaufspannung (Urspannung).
Kapazität	K_L (Ladekapazität; in Herstellerunterlagen auch oft als C bezeichnet) gibt die gespeicherte Ladung in Amperestunden (Ah) bzw. in Milliamperestunden (mAh) an. Damit kann berechnet werden, wie lange ein Strom fließen kann, bis die Entlade-Endspannung erreicht ist. K_L ist keine feste Größe, sie hängt vielmehr vom Aufbau, von der Baugröße, von der Entladestromstärke und von der Art der Belastung ab. Bei einer langsamen Entladung mit einem kleinen Entladestrom kann eine größere Ladungsmenge entnommen werden als bei einem großen Entladestrom. Aus diesem Grunde werden von den Herstellern die Kapazitätswerte für genau festgelegte Belastungsfälle angegeben.
Energiedichte	Als W_d bezeichnet man die gespeicherte Energie, die von der Batterie bezogen auf ihre Masse bereitgestellt werden kann; sie wird in Wattstunden pro Kilogramm (Wh/kg) angegeben.
Innenwiderstand	Als Innenwiderstand R_i bezeichnet man den elektrischen Widerstand einer Batterie. Er verursacht einen zum Strom proportionalen Spannungsabfall und steigt bei den meisten Batterietypen mit zunehmender Entladung an.
Anzahl Zyklen	Als Zyklus bezeichnet man einen einzelnen Lade- und Entladevorgang bei einem Akku. Die „Anzahl Zyklen“ gibt an, wie viele Zyklen ein Akku bis zu seinem Versagen durchlaufen kann.

Bild 5.56: Batterie-Kenngrößen

Wird eine höhere Spannung benötigt, als eine einzige Zelle liefern kann, so können mehrere Zellen in Reihe geschaltet werden. Wird ein höherer Strom benötigt, als eine Zelle zu liefern vermag, so besteht die Möglichkeit, mehrere Zellen parallel zu schalten. Hierbei dürfen nur Zellen mit gleichen Spannungswerten, gleichen Ladungszuständen und gleichen Innenwiderständen verwendet werden, da sonst Ausgleichsströme fließen und die Zellen geschädigt werden.

Man unterscheidet bei chemischen Spannungsquellen grundsätzlich zwischen Primärelementen und Sekundärelementen.

Primärelemente können nur einmal entladen werden; es sind Batterien, bei denen sich der durch die Entladung ablaufende chemische Prozess nicht rückgängig machen lässt.

Primärelemente sind nach der Entladung unbrauchbar und müssen unter Beachtung der Umweltverträglichkeit entsorgt werden. Da sie teilweise ätzende Chemikalien enthalten, sollten sie nicht gewaltsam geöffnet werden; der Hautkontakt mit eventuell ausgetretenen Flüssigkeiten ist zu vermeiden.

Primärelemente gelten als „entladen", wenn die Klemmenspannung ca. 50 % der Nennspannung beträgt; die Leerlaufspannung entspricht dann nahezu der Nennspannung.

Durch Verwendung verschiedener Elektrodenmaterialien und Elektrolyte können Primärelemente mit unterschiedlichen Eigenschaften hergestellt werden. Diese Eigenschaften bestimmen den praktischen Einsatz (Bild 5.58).

Sekundärelemente (Akkumulatoren) sind Batterien, bei denen sich die beim Entladen ablaufenden chemischen Prozesse umkehren lassen. Akkus können daher wiederholt entladen und wieder geladen werden.

Die Anzahl der Zyklen (Bild 5.56 und Bild 5.59), die ein Akku durchlaufen kann, wird maßgeblich bestimmt durch die richtige Ladungsart. In Bild 5.57 sind die verschiedenen Ladearten aufgelistet. Der Ladestrom wird hierbei als Teil oder Vielfaches der Ladekapazität K_L (in Herstellerunterlagen als C bezeichnet) angegeben.

Ladeart	Ladestrom	Ladezeit	Temperatur
Erhaltungsladung	C–30	Unbegrenzt	0 °C – 65 °C
Standardladen	C–10	10–16 Std.	0 °C – 45 °C
Beschleunigte Ladung	C / 3–C / 4	4–6 Std.	10 °C – 45 °C
Schnell-Ladung	1 C–1,5 C	1–1,5 Std.	10 °C – 45 °C
Ultra-Schnell-Ladung	> 1,5 C	< 1,5 Std.	10 °C – 40 °C

Bild 5.57: Ladearten für Akkus

Werden Akkus längere Zeit nicht entladen, so verlieren sie durch Selbstentladung ihre gespeicherte Energie. Um ihre Einsatzbereitschaft jederzeit zu gewährleisten, werden sie ständig mit einem geringen Strom geladen (Erhaltungsladung). Dadurch sind insbesondere Batterien in USVs und Notstromversorgungen jederzeit einsatzfähig.

Zellenart	Bauformen	Nennspannung	Kapazitätswerte (größenabhängig)	Innenwiderstand (typisch)	Betriebstemperatur	Haltbarkeit	Anwendung	Bemerkungen
Zink-Kohle-Zelle	alle Standardgrößen	Rundzellen 1,5 V Block 4,5 V bzw. 9 V	0,3 Ah bis 4 Ah	0,3 Ω bis 0,8 Ω	−10 °C bis +50 °C	2 Jahre	– universeller Einsatz mit geringen Anforderungen	– kostengünstige Herstellung, vergleichsweise geringe Kapazität – nicht mit hohen Strömen belastbar – quecksilberfrei, Auslaufschutz durch äußeren Stahlmantel – keine konstante Klemmenspannung während der Entladung, d.h. abfallende Entladekurve
Zink-Chlorid-Zelle	alle Standardgrößen	Rundzellen 1,5 V Block 9 V	0,4 Ah bis 7,9 Ah	0,1 Ω bis 0,5 Ω	−10 °C bis + 50 °C	2 Jahre	– industrielle Standardanwendung	– größere Kapazität als Zink-Kohle-Batterien, kleinere Kapazität als Alkali-Batterien – preiswerter als Alkali-Batterien – quecksilberfrei – Auslaufschutz durch äußeren Stahlmantel
Alkali-Mangan-Zelle	alle Standardgrößen	Rundzellen 1,5 V Block 9 V	0,5 Ah bis 18 Ah	0,3 Ω bis 1,6 Ω	−30 °C bis +70 °C	5 Jahre	– universell einsetzbar	– korrosionsfrei und auslaufsicher – vierfache Lebensdauer gegenüber Zink-Kohle-Batterien – vierfacher Energiegehalt gegenüber Zink-Kohle-Batterien – Quecksilber- und cadmiumfrei – geeignet für Belastung mit größeren Stromimpulsen
	Knopfzellen	1,5 V	70 mAh bis 300 mAh					
Lithium-Zellen	Standard- und Sondergrößen	1,5 V, 3 V oder 3,5 V	0,1 Ah bis 16,5 Ah	0,2 Ω bis 1 Ω	−40 °C bis +70 °C	10 Jahre	– Uhren – Rechner – Kameras – Speicherunterstützung – PC – elektronische Verdunstungsmessung – Notbeleuchtung	– Bei gleicher Bauform sind durch Verwendung unterschiedlicher Elektrodenmaterialien Klemmspannungen von 1,5 V, 3 V oder 3,5 V möglich! – Achtung: Trotz gleicher Bauform dürfen handelsübliche 1,5-V-Zellen nicht durch Lithiumzellen mit größerer Klemmenspannung ersetzt werden! – hohe Klemmenspannung, geringe Selbstentladung – stabile Spannung auch bei impulsförmiger Strombelastung – bei der Entladung gleichbleibender Innenwiderstand! – extrem leicht – Lithium ist ein ungiftiges Metall, welches stark mit Wasser reagiert. – Elektrolyt besteht aus organischen, leicht entzündlichen Stoffen.
	Knopfzellen		25 mAh bis 950 mAh					
Quecksilber-Oxyd-Zelle	Knopfzellen	1,35 V	5 mAh bis 950 mAh	2 Ω bis 10 Ω	−10 °C bis +60 °C	5 Jahre	– Uhren – Kameras	– konstante Spannung, d.h. flache Entladungskurve – nur geringe Stromentnahme möglich – umweltgefährdend wegen Quecksilber – Bauformen für jeden Anwendungszweck erhältlich
Silberoxyd-Zelle	Knopfzellen	1,55 V	5,5 mAh bis 180 mAh	4 Ω bis 10 Ω	−10 °C bis +60 °C	5 Jahre	– Uhren – Kameras – Taschenrechner	– flache Entladungskurve, aber nur für geringe Stromstärke geeignet – höhere Nennspannung als Quecksilber-Oxyd-Zellen – keine Umweltschädigung wegen Quecksilberfreiheit – wird zum Teil auch als zylinderförmige Rundzellen angeboten
Zink-Luft-Zelle	Knopfzellen	1,4 V	50 mAh bis 900 mAh	3 Ω bis 12 Ω	0 °C bis +60 °C	unbegrenzt (versiegelt)	– Hörgeräte	– hohe Kapazität bei kleinsten Abmessungen – ca. 40 % leichter als vergleichbare Quecksilberzellen – flache Entladekurve – nur für geringe Stromstärken geeignet

Bild 5.58: Kennwerte und Eigenschaften von Primärzellen

Zellenart	Bauformen	Nennspannung in Volt	Kapazitätswerte (größenabhängig)	Energiedichte in Wh/kg	Innenwiderstand (typisch)	Betriebstemperatur (typisch)	Selbstentladung pro Monat	Anzahl Zyklen	Anwendung	Bemerkung
Blei-Akku (Pb)	anwendungsspezifische Blockformen	4 6 8 12	1,3 Ah bis 75 Ah	40	(keine Herstellerangaben)	Entladen: –20 °C bis +50 °C Laden: 0 °C bis +40 °C	stark temperaturabhängig, siehe Bemerkungen	300 bis 1200; abhängig von Entladetiefe und Temperatur	– Kfz – Kommunikationseinrichtungen – Notstrom – Speichersicherung – USV	– durch Verwendung von speziellen Fiberglasharzen absolut auslaufsicher; wartungsfrei – einsetzbar im Zyklenbetrieb oder im Bereitschafts-Parallelbetrieb – aufladbar mit Konstantstrom; Ultra-Schnell-Ladungen möglich – Nachladen ohne vorhergehende Entladung möglich – bei gleichem Ladungszustand Parallelschaltung problemlos möglich – Tiefentladung ohne Schaden möglich – hohe Impulsstrombelastung (z. B. Kfz, kurzzeitig 200 A)
Nickel-Cadmium-Akku (NiCd; NC)	alle Standardgrößen; Sonderformen; „Batterie-Pack"	1,2	120 mAh bis 5500 mAh	45	4 mΩ bis 20 mΩ	Entladen: –20 °C bis +65 °C Laden: 0 °C bis 45°C	< 25 %	800 bis 1500	– universell einsetzbar	– unterschiedliche Typen für die verschiedensten Anwendungsbereiche und Anforderungen (erkennbar an der Typenbezeichnung der Hersteller) – über weiten Bereich konstante Entladespannung – vor dem Aufladen stets ganz entladen! – mit größeren Strömen belastbar als NiMH-Akku – preiswerter als NiMH-Akkus – temperaturabhängige Kapazität – Memory-Effekt – Tiefentladung kann zu einer „Zellen-Umpolung" führen – Lieferung i. All. im entladenen Zustand!
Nickel-Metallhydrid-Akku (NiMH)	Rundzellen; prismatische Zellen (Slimline: extrem flach); Sonderformen	1,2	500 mAh bis 3000 mAh	55	20 mΩ bis 30 mΩ	Entladen: –10 °C bis +65 °C Laden: 0 °C bis 40 °C	< 35 %	500	Laptop Notebook DECT-Mobiltelefon Handy Walkman portabler CD-Player MP3-Player	– als Batteriepack erhältlich – Wasserkontakt ist zu vermeiden, da sich Batterie sonst erhitzt – konstante Entladespannung – enthält kein giftiges Cadmium – doppelte Kapazität im Vergleich zu NC-Akkus mit gleichen Abmessungen! – spezielle Lademethoden mit Ladezustandsüberwachungen für lange Lebensdauer – kein Memory-Effekt – Überladen ist zu vermeiden
Lithium-Ionen-Akku (Li-Ion)	Rundzellen; prismatische Zellen (extrem flach); Blockformen	3,6	780 mAh bis 1300 mAh (Rundzellen)	150	(keine Herstellerangaben)	Entladen: –20 °C bis +60 °C Laden: 10 °C bis 45 °C	< 10 %	500	Laptop Notebook Handy Walkman portabler CD-Player MP3-Player	– Ladung mit Konstantstrom, Ladespannung 4,2 V, keine Schnellladung – hohe Zellspannung; darf nicht gegen Batterie mit gleicher Abmessung, aber anderer Spannung ausgetauscht werden! – konstante Entladespannung – kein Memory-Effekt! – Empfindlich gegen Überladen und Tiefentladen
Lithium-Polymer-Akku (Li-Polymer)	sehr variabel; gut an Gerätedesign anzupassen	3,7	180 mAh bis 3000 mAh	> 160	wie Li-Ion	Entladen: –20 °C bis +60 °C Laden: 0 °C bis 45 °C	< 10 %	500	wie Li-Ion	– Kein Ausgasen wegen Festelektrolyt – Nicht brennbar, keine Explosionsgefahr – Dauerentladestrom: 2 C; Pulsentladestrom: 5 C – Kein Memoryeffekt – Unempfindlich gegen leichte Überladung – hohe Betriebssicherheit, gute Umweltverträglichkeit

Bild 5.59: Kennwerte und Eigenschaften von Akkus

Informationen darüber, für welche Ladeart ein Akku geeignet ist, können den Datenblättern der Hersteller entnommen werden.

Manche Akkus dürfen erst dann wieder aufgeladen werden, wenn sie völlig entladen sind. Andernfalls kommt es zu dem sog. **Memory-Effekt**. Dadurch entstehen Kapazitätsverluste, die auf chemische Vorgänge im Innern des Akkus zurückzuführen sind.

Akku-Ladegeräte

Die modernen Akku-Technologien (NiCD, NiMH, Li-Ion, Li-Polymer) erfordern meist spezielle Lademethoden, ein Überwachen des Ladevorgangs und ein genau definiertes Abschalten des Akkus vom Ladegerät, um den Akku nicht zu schädigen und eine lange Lebensdauer zu gewährleisten.
Diese Anforderungen führten zur Entwicklung der sog. **Smart Batteries**. Dies sind „intelligente" Akkus, die mit einem Mikrochip ausgerüstet sind, in dem technische Daten und Anweisungen für den optimalen Ladevorgang gespeichert sind. Ein Mikrocontroller überwacht bei allen Lade- und Entladevorgängen Entladestrom und -spannung sowie die Temperatur und steuert dementsprechend den Ablauf der Ladung.
Akku-Ladegeräte bestehen im Wesentlichen aus drei Funktionseinheiten:
Die **Messgrößenerfassungseinheit** nimmt die aktuellen Daten über Strom, Spannung und Temperatur der zu ladenden Batterie auf. Sie enthält einen Speicher und ein Interface zur Kommunikation mit dem Prozessor.
Der **Steuerungsteil** ist der wichtigste Teil eines modernen Ladegerätes. In dieser Einheit werden die Messwerte von der Erfassungseinheit ausgewertet und daraus die Steuersignale für die **Leistungseinheit** ermittelt, die wiederum daraus die für die Ladung erforderlichen Größen von Konstantstrom und Konstantspannung oder Impulsladung erzeugt.

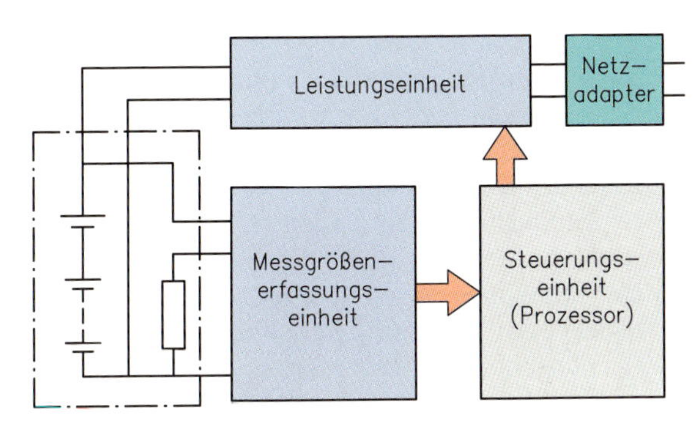

Bild 5.60: Funktionseinheiten eines Ladegerätes

Umgang mit Akkus

Bei unsachgemäßem Umgang mit Batterien besteht eine gewisse Gefahr für Mensch und Umwelt, weil die Zellen meist sehr aggressive Chemikalien enthalten. Sie dürfen daher – auch bei falscher Behandlung – unter keinen Umständen platzen oder auslaufen (was bei Lithium-Polymer-Akkus infolge des Feststoffelektrolyten nicht möglich ist). Aus diesem Grunde sollten folgende Regeln beachtet werden:

- Batterien beim Einbau möglichst weit von Wärmequellen entfernt platzieren, nicht erhitzen und nicht direkter Sonnenstrahlung aussetzen;
- Nicht direkt an den Batteriekontakten löten, gegebenenfalls Batterien mit Lötfahnen verwenden;
- Batterien nicht zerlegen oder ins Feuer werfen;
- Batterien nicht kurzschließen;
- beim Anschluss auf richtige Polung achten;
- keine unterschiedlichen Batterietypen zusammenschalten;
- keine Billig-Akkus verwenden, die äußerlich kaum von Markenprodukten zu unterscheiden, technisch aber meist minderwertig sind;
- Primärzellen nicht aufzuladen versuchen;
- bei Sekundärzellen die Ladungsvorschriften einhalten;
- Batterien vorschriftsmäßig entsorgen.

Der letzte Punkt ist mittlerweile leicht zu realisieren, nimmt doch der Händler beim Kauf einer neuen Batterie in aller Regel die verbrauchte Batterie zurück und führt sie einer vorschriftsmäßigen Entsorgung zu. Der auf diese Weise entstehende „Batterieberg" von 1000 bis 1500 Millionen Stück (ca. 40000 t) wird einem geordneten Recycling zugeführt, wobei die in den Batterien enthaltenen Metalle zurückgewonnen werden.

Doppelschichtkondensatoren

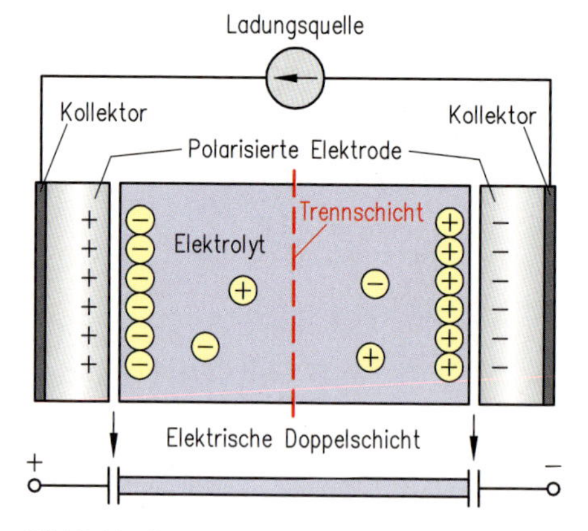

Bild 5.61: Doppelschichtkondensator

In Kombination mit Batterien werden in USV-Systemen vermehrt Doppelschichtkondensatoren eingesetzt. Der Aufbau eines Doppelschichtkondensators gleicht dem eines Plattenkondensators mit besonders großer Oberfläche der Elektroden, die aus Aktivkohle bestehen. Als Elektrolyt wird eine wässerige Salzlösung verwendet.

Die eigentliche Doppelschicht besteht aus Ionen, die sich beim Anlegen einer Spannung an der positiven bzw. negativen Elektrode sammeln und dabei ein hauchdünnes Dielektrikum mit einer Dicke von wenigen Nanometern bilden (1 nm = 10^{-9} m).

Standardausführungen werden meist mit Kapazitätswerten von 100 F bis 3000 F geliefert. Trotz der niedrigen Gebrauchsspannung von 2,5 V können durch Reihen- und Parallelschaltung Kapazitätswerte von mehreren tausend Farad mit gewünschter Nennspannung aufgebaut werden.

Doppelschichtkondensatoren sind für den Einsatz in USVs besonders geeignet, weil sie die gespeicherte Energie schneller – allerdings nur kurzzeitig – abgeben können als Batterien, da diese in elektrischer Form gespeichert ist und keine elektrochemische Umwandlung abläuft.

Die Vorteile dieser Kondensatoren sind:

- große Entladeströme (400 A) und kurze Ladezeit;
- extrem große Zyklenzahl (500 000) und lange Lebensdauer;
- weiter Temperaturbereich (–30 °C bis +70 °C);
- hohe Festigkeit gegen Kurzschluss und Tiefentladung;
- kein Memory-Effekt;
- weitgehend wartungsfrei.

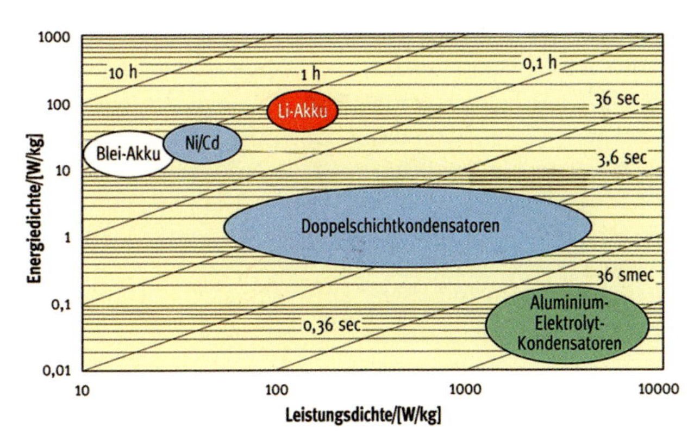

Bild 5.62: Einsatzbereich von Doppelschichtkondensatoren im Vergleich zu Akku-Systemen

Brennstoffzellen

Infolge der begrenzten Kapazität von Akkus ist die netzunabhängige Betriebszeit von IT-Geräten (Laptops, Notebooks) auf ca. drei bis vier Stunden begrenzt. Daher wurden andere Möglichkeiten zur Energieversorgung dieser Geräte erforscht.

Als wohl wichtigstes Ergebnis dieser Forschung müssen Brennstoffzellen genannt werden, bei denen aus der Reaktion von Wasserstoff und Sauerstoff direkt elektrische Energie gewonnen wird. Eine Brennstoffzelle besteht aus zwei Elektroden, die durch eine Membran (Elektrolyt, Ionenleiter) voneinander getrennt sind. Die Anode ist von dem Brennstoff (z.B. Wasserstoff) umspült, der dort oxidiert, d.h. es wandern positive H-Ionen aus der Anode in den Elektrolyten, es entsteht ein Elektronenüberschuss und die Anode wird zum Minuspol der Zelle.

Die Kathode wird mit dem Sauerstoff (Luft) umspült. Aus ihr wandern negative OH-Ionen in den Elektrolyten, es entsteht ein Elektronenmangel und die Kathode wird dadurch zum Pluspol der Zelle.

Zwischen Anode und Kathode entsteht also eine Spannung. Die positiven H-Ionen reagieren im Elektrolyten mit den negativen OH-Ionen zu Wasser, welches abgeschieden wird. Der Elektronenaustausch von der Anode zur Kathode erfolgt außerhalb der Zelle über einen Verbraucher.

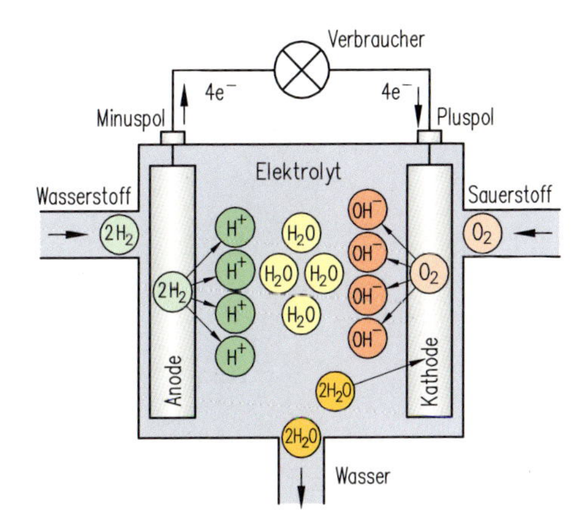

Bild 5.63: Grundsätzlicher Aufbau einer Brennstoffzelle

Eine Brennstoffzelle liefert im Betrieb eine Spannung von 0,5 V bis 0,7 V. Um eine brauchbare Ausgangsspannung (10 V bis 20 V) zu erhalten, wird eine größere Anzahl von Zellen in Reihe geschaltet (es sind sowohl Stapel- als auch sehr flache Membran-Bauformen möglich). Hieraus erzeugt ein Wandler eine für den jeweiligen Verbraucher passende stabilisierte Spannung. Die Leistung dieser Systeme beträgt etwa 50 W bis 80 W. Der Wirkungsgrad liegt bei 50 % bis 60 %, d.h. 40 % bis 50 % der zugeführten Energie wird in Wärme umgewandelt, wodurch das System erheblich (80 °C bis 90 °C) aufgeheizt wird. Die Ableitung dieser Wärme stellt ein Hauptproblem der weiteren Entwicklung dar.

Brennstoffzellen – insbesondere Mikrobrennstoffzellen – können in der Zukunft einen wesentlichen Beitrag zur Energieversorgung von portablen Elektronikgeräten und Mikrosystemen leisten. Im Vergleich zu Batterien kann man mit ihnen eine höhere Energiedichte und damit eine drei- bis fünfmal längere, netzunabhängige Nutzungszeit erzielen, ihr Gewicht ist wesentlich geringer, Selbstentladung und Memory-Effekt gibt es nicht.

Besonders geeignet sind DMFC- und PEMFC-Brennstoffzellen, da sie unter Normaldruck und bei relativ niedrigen Temperaturen arbeiten.

Bezeichnung	Elektrolyt	Anodengas	Kathodengas	Leistung	Betriebstemperatur	elek. Wirkungsgrad	Eigenschaften Anwendungsbereiche
PEMFC (Proton Exchange Menbrane Fuel Cell)	Polymer-Membran	Wasserstoff	Luftsauerstoff	0,1–500 kW	60–80 °C	Zelle: 50–70 % System: 30–50 %	Hohe Leistungsdichte und große Dynamik
DMFC (Direct Methanol Fuel Cell)	Polymer-Membran	Methanol (flüssig)	Luftsauerstoff	mW bis 100 kW	90–120 °C	Zelle: 20–30 %	Wie PEMFC, jedoch mit Methanol als Brennstoff, daher leichter

Modelle, bei denen Brennstoffzelle und Brennstoff-Tankpatronen in der Akku-Schublade eines Laptops untergebracht sind, wurden bereits zur Serienreife entwickelt. Die Handhabung ist durch das Patronensystem denkbar einfach. Ist eine Brennstoffpatrone leer, so wird sie gegen eine volle ausgetauscht, ähnlich wie bei einer Batterie. Dieser Patronenaustausch erfolgt ohne Unterbrechung der Ausgangsspannung.

Bild 5.64: Laptop mit Brennstoffzellenstapel und Tankpatronen

5.3.1.4 Bauteilerwärmung und Kühlung

In der Regel werden elektronische Bauteile im normalen Betrieb durch die fließenden Ströme erwärmt. Damit die Erwärmung keine unzulässigen Werte annimmt und zur Zerstörung des Bauteils führt, muss die entstehende Wärme an die Umgebung abgeführt werden. Die Ableitung der Wärme erfolgt umso besser, je größer die Oberfläche des erwärmten Bauteils ist. Deshalb wird die Oberfläche – insbesondere bei Leistungsbauteilen – durch zusätzliche Kühlkörper vergrößert.
Die abzuführende Wärme ergibt sich aus der **Verlustleistung P_V**, die aus den Betriebswerten der Schaltung berechnet werden kann und in keinem Falle größer sein darf als die vom Hersteller angegebene **höchstzulässige Verlustleistung P_{tot}**.

Auf dem Weg von der eigentlichen Wärmequelle im Innern des Bauteils – z.B. der Sperrschicht eines Transistors – bis zur Umgebungsluft muss die Wärme mehrere Wärmewiderstände R_{th} überwinden. R_{th} gibt an, wie viel Kelvin (K) Temperaturdifferenz erforderlich sind, um die von einer Verlustleistung von 1 Watt erzeugte Wärme abzuführen; seine Größe wird in Kelvin pro Watt (K/W) angegeben. Die in Bild 5.65 angegebenen Wärmewiderstände bedeuten:

R_{thG} = Wärmewiderstand des Gehäuses,
$R_{thG/K}$ = Wärmewiderstand der Isolation zwischen Gehäuse und Kühlkörper,
R_{thK} = Wärmewiderstand des Kühlkörpers.

Für den gesamten Wärmewiderstand der Anordnung nach Bild 5.65 ergibt sich:

$$R_{th} = R_{thG} + R_{thG/K} + R_{thK}.$$

Zwischen der wärmeerzeugenden Verlustleistung P_V und der Temperaturdifferenz $\Delta T = T_j - T_U$ besteht die Beziehung $P_V = \Delta T / R_{th}$.

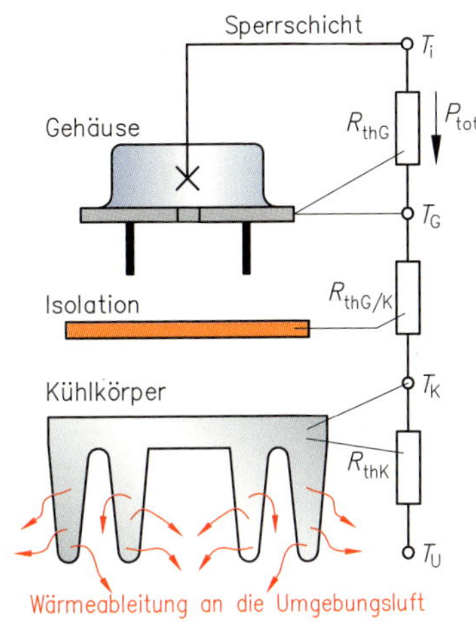

Bild 5.65: Wärmewiderstände

- Je kleiner der Wärmewiderstand ist, umso besser wird die im Bauteil entstehende Wärme abgeleitet.
  Eine Wärmeableitung durch Kühlkörper bewirkt,
  - dass sich das Bauteil bei gleicher Verlustleistung weniger erwärmt oder
  - dass das Bauteil bei gleicher Erwärmung eine höhere Verlustleistung haben darf.

Um die bei modernen Prozessor-Chips (CPU-Dies) mit Verlustleistungen bis 120 W entstehende Wärme abzuleiten, muss die Wirkung von Kühlkörpern noch wesentlich gesteigert werden.
Dies wird erreicht durch die Auswahl entsprechender Werkstoffe. So werden z.B. Kühlkörper als Kupfer-Aluminium-Mischbauformen hergestellt, bei denen die Bodenplatte aus Kupfer und die Lamellen aus Aluminium bestehen. Zusätzlich werden Wärmeleitungen (Heatpipes) eingesetzt, um die Wärme von der Bodenplatte zu den entfernteren Bereichen der Lamellen zu leiten.

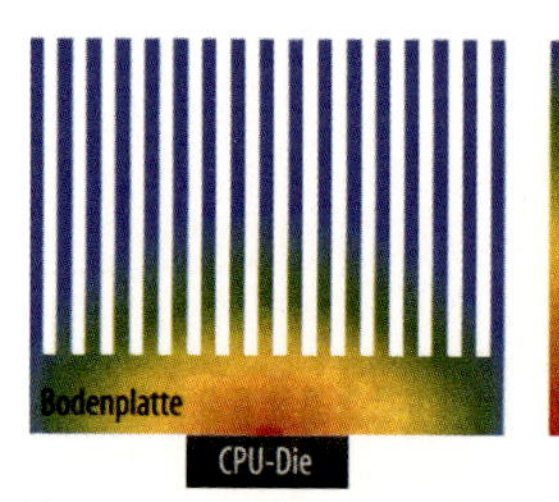

Temperaturverteilung bei schlecht wärmeleitender Bodenplatte

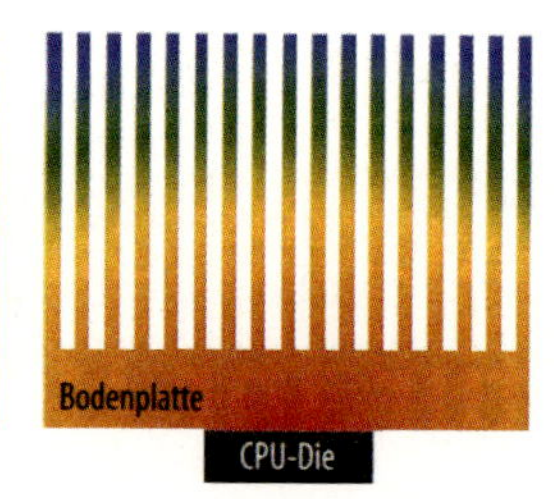

Temperaturverteilung bei gut wärmeleitender Bodenplatte

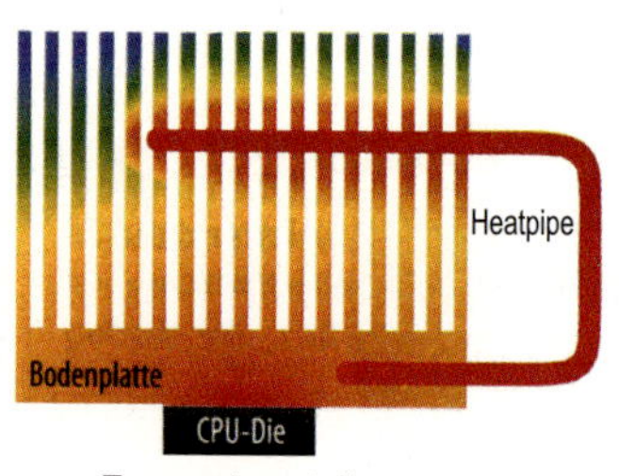

Temperaturverteilung mit Heatpipe

Bild 5.66: Wärmeverteilung in verschiedenen Kühlkörpern

In Bild 5.66 kommt es bei einer schlecht leitenden Bodenplatte zur Überhitzung des CPU-Dies, während die Kühllamellen weit gehend kalt bleiben. Bei einer gut leitenden Bodenplatte werden die Lamellen im oberen Bereich noch wenig erwärmt. Durch den Einbau von Heatpipes werden auch die entfernten Bereiche der Lamellen erwärmt, wodurch die Kühlfläche optimaler genutzt wird.

Die Kühlung der Bauteile wird noch weiter gesteigert durch den Einbau von **Lüftern (Ventilatoren)**, die für einen Luftstrom zwischen den Lamellen und damit für einen schnelleren Abtransport der Wärme zusorgen.

Eine elektronische Lüftersteuerung sorgt gegebenenfalls für eine temperaturabhängige Regelung der Lüfterdrehzahl (vgl. Kap. 1.2.1.5). Moderne Lüfter verursachen sehr geringe Laufgeräusche. Inzwischen werden sogar magnetisch geführte Lüfter angeboten. Diese laufen praktisch reibungsfrei, da zwischen Lager und Achse des Rotors während des Laufs kein Kontakt besteht (Prinzip der Magnetschwebebahn).

Beim Design moderner elektronischer Komponenten und Systeme lassen sich die Kühlkörper nicht immer nahtlos mit den wärmebelasteten Bauelementen verbinden. Um eine optimale wärmeleitende Verbindung aller zu kühlenden Komponenten mit dem Kühlkörper herzustellen, werden sogenannte **Gap-Filler** verwendet. Dies sind sehr weiche Kunststoffe (Polymere oder Elastomere), die durch keramische Beimengungen thermisch leitfähig sind; sie werden als Matten mit Materialdicken von 0,5 mm bis 10 mm angeboten. Inzwischen werden auch Systeme mit einer zirkulierenden Kühlflüssigkeit angeboten.

Aufgaben:

1. a) Wodurch entsteht bei Spannungsquellen der Unterschied zwischen Urspannung und Klemmenspannung?
   b) Wovon ist die Größe dieses Unterschieds abhängig?
2. Was verstehen Sie bei einer Spannungsquelle unter Leerlauf und Kurzschluss?
3. Erläutern Sie den Begriff „Leistungsanpassung".
4. Skizzieren Sie die Prinzipschaltung eines Sperrwandlers (Abwärtswandlers) und erläutern Sie seine Wirkungsweise.
5. Geben Sie die verschiedenen Arten von DC-DC-Wandlern an und erläutern Sie kurz ihre Funktion.
6. Skizzieren Sie die Prinzipschaltung einer Online-USV mit Bypass und erläutern Sie ihre Wirkungsweise und Einsatzmöglichkeiten.

7. Nach der Norm EN 62040-3 wird eine USV durch einen Code beschrieben. Erläutern Sie die Bezeichnungen: VFD-SY-333,
   VI-SS-311 und
   VFI-SS-111.
8. Aus welchen wesentlichen Elementen ist eine elektrochemische Zelle grundsätzlich zusammengesetzt? Wovon hängt die Höhe ihrer Spannung ab?
9. Welcher wesentliche Unterschied besteht zwischen einem Primärelement und einem Sekundärelement?
10. Aus welchen Gründen eignen sich Lithiumzellen besser zur Aufrechterhaltung der Spannungsversorgung des CMOS-Speichers eines PCs als andere Knopfzellen?
11. Welche grundsätzlichen Akkutechnologien unterscheidet man?
12. Welche Bedeutung hat der Begriff Zyklus bei einem Akku?
13. Was versteht man bei Akkus unter dem „Memory-Effekt“ und bei welchen Akkus tritt er auf?
14. Ein NC-Akku trägt die Aufschrift: 1,2 V; 1200 mAh.
    a) Welche Informationen kann man dieser Aufschrift entnehmen?
    b) Auf welchen Ladestrom muss ein Ladegerät eingestellt werden, um den Akku nach völliger Entladung standardmäßig wieder aufzuladen?
    c) Mit welcher Stromstärke muss geladen werden, wenn der Akku innerhalb einer Stunde geladen werden soll? Welche Ladeart liegt hier vor?
15. In batteriebetriebenen Geräten findet sich häufig der unten dargestellte Baustein (Werkbild). Erläutern Sie seine Funktion.

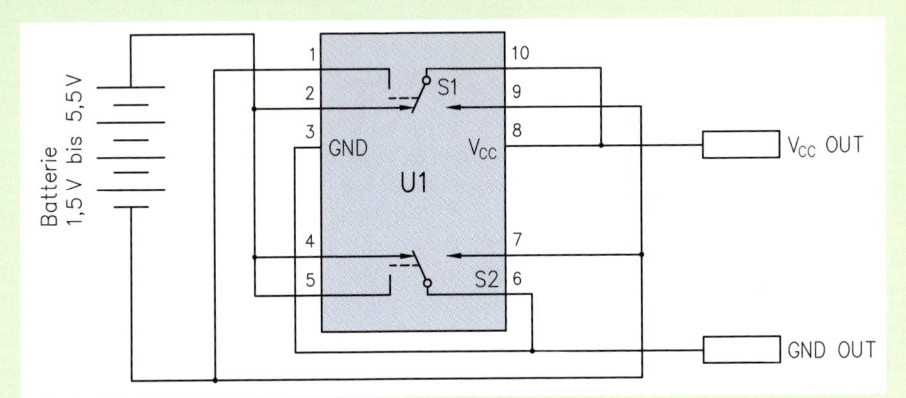

16. Welche Arten von Energiespeichern – außer Batterien – werden in mobilen IT-Geräten eingesetzt? Erläutern Sie deren Vor- und Nachteile.
17. Wie unterscheiden sich P_V und P_{tot}?
18. Aus welchen Einzelwiderständen setzt sich der gesamte Wärmewiderstand eines gekühlten Leistungstransistors zusammen?
19. Welche Maßnahmen dienen zur Verbesserung der Wärmeableitung durch Kühlkörper?
20. Wozu werden Gap-Filler eingesetzt?

5.3.2 Leitungen

5.3.2.1 Der Leitungswiderstand

Der Widerstand eines elektrischen Leiters ist abhängig von den Abmessungen (Länge l, Querschnitt A) und dem Werkstoff des Leiters (spezifischer Widerstand ρ bzw. Leitfähigkeit γ).
Es bestehen folgende Zusammenhänge:

Drahtwiderstand

- Der Widerstand R eines elektrischen Leiters
  - nimmt in demselben Verhältnis ab wie der Querschnitt des Leiters zunimmt
  - nimmt in demselben Verhältnis zu wie die Länge l des Leiters zunimmt
  - nimmt in demselben Verhältnis zu wie der spezifische Widerstand ρ des Werkstoffs zunimmt

  Damit errechnet sich der Widerstand eines elektrischen Leiters nach der Gleichung

$$R = \frac{l \cdot \rho}{A}$$

Dabei ist der spezifische Widerstand eines Werkstoffes festgelegt als Widerstand eines Leiters von 1 m Länge und 1 mm² Querschnitt bei einer Temperatur von 20 °C.
Als spezifische Leitfähigkeit γ eines Werkstoffes bezeichnet man den Kehrwert des spezifischen Widerstandes.

Eine **Leitung** besteht in der Regel aus einem Hinleiter und einem 44Rückleiter (Bild 5.67), die gemeinsam in einem Installationsrohr oder als Kabel verlegt sind; sie bestehen aus dem gleichen Werkstoff *(ρ)* und haben den gleichen Querschnitt *(A)*. Als Leitungslänge *(l)* bezeichnet man die Länge der Leitung oder des Kabels. Da bei der Berechnung des Leitungswiderstandes (R_{Ltg}) die gesamte Drahtlänge von Hin- und Rückleiter berücksichtigt werden muss, wird in der Rechnung die doppelte Leitungslänge ($2l$) eingesetzt.

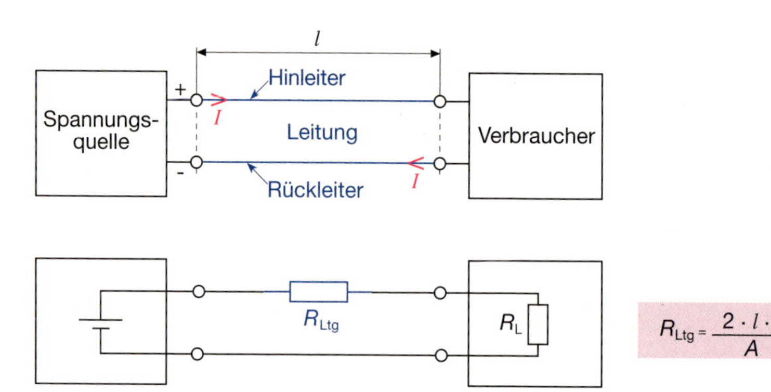

Bild 5.67: Leitungswiderstand

5.3.2.2 Spannungsverlust an der Leitung

Am Leitungswiderstand entsteht bei Stromdurchgang ein Spannungsfall; diese Spannung ist für die Ausnutzung am Verbraucher verloren. Der Spannungsfall an der Leitung wird daher als **Spannungsverlust U_V** (bzw. ΔU; lies: Delta U) bezeichnet.

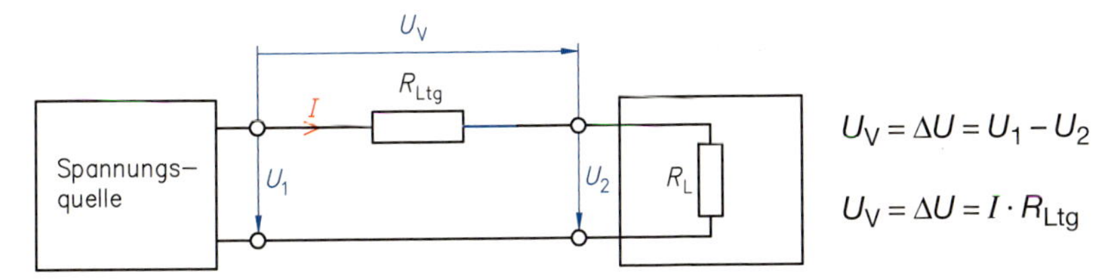

Bild 5.68: Spannungsverlust an der Leitung

■ Die **Spannung am Verbraucher (U_2)** ist um den Spannungsverlust (U_V) kleiner als die Spannung der Spannungsquelle (U_1).

Mit dem Spannungsverlust und dem Betriebsstrom lässt sich auch die von der Leitung umgesetzte **Verlustleistung** berechnen ($P_V = U_V \cdot I$). Daraus ergeben sich mit der Betriebsdauer die von der Leitung in Form von Wärme abgestrahlten **Energieverluste** ($W_V = P_V \cdot t$).

Insbesondere verursacht der Spannungsverlust an einer Energieversorgungsleitung eine Abnahme der 230-V-Versorgungsspannung und damit eine kleinere Betriebsspannung am Verbraucher. Die als Verbraucher angeschlossenen Geräte sind aber für eine bestimmte **Nennspannung (Bemessungsspannung)** und eine sich daraus ergebende **Nennleistung (Bemessungsleistung)** gebaut. Ist die Betriebsspannung infolge des Spannungsverlustes kleiner als die Nennspannung, so nimmt die Leistung mit dem Quadrat der Spannung ($P = U^2/R$) ab, also noch stärker als die Spannung. Bei einer derart rapiden Leistungsabnahme funktionieren viele Verbraucher nicht mehr ordnungsgemäß.

■ Um eine einwandfreie Funktion aller angeschlossenen Verbraucher sicher zu gewährleisten, sind in den technischen Anschlussbedingungen (TAB) der Elektrizitäts-Versorgungs-Unternehmen (EVU) die **höchstzulässigen Spannungsverluste in Prozent der Netzspannung (Δu) angegeben:**

$$\Delta u = \frac{U_1 - U_2}{U_1} \cdot 100\,\% \qquad \text{mit } U_1 = 230\,\text{V}$$

Bei einem Hausanschluss darf der Spannungsverlust ΔU an der Leitung
- für Leitungen vom Hausanschluss bis zum Zähler **maximal 0,5 % der Netzspannung**,
- für Leitungen vom Zähler zum Verbraucher **maximal 3,0 % der Netzspannung betragen.**

Zur Berechnung des Spannungsverlusts an einer Leitung, der Verlustleitung, des erforderlichen Leitungsquerschnitts sowie der maximal möglichen Leitungslänge können die folgenden Gleichungen verwendet werden:

	Gleichstromleitung	Wechselstromleitung	Drehstromleitung
Spannungsverlust ΔU in V	$\Delta U = \frac{2 \cdot l \cdot I}{\gamma \cdot A}$	$\Delta U = \frac{2 \cdot l \cdot I \cdot \cos\varphi}{\gamma \cdot A}$	$\Delta U = \frac{\sqrt{3} \cdot l \cdot I \cdot \cos\varphi}{\gamma \cdot A}$
Spannungsverlust Δu in %	$\Delta u = \frac{2 \cdot l \cdot I}{\gamma \cdot A \cdot U_1} \cdot 100\ \%$	$\Delta u = \frac{2 \cdot l \cdot I \cdot \cos\varphi}{\gamma \cdot A \cdot U_1} \cdot 100\ \%$	$\Delta u = \frac{\sqrt{3} \cdot l \cdot I \cdot \cos\varphi}{\gamma \cdot A \cdot U_1} \cdot 100\ \%$
Verlustleistung P_V in W	$P_V = \frac{2 \cdot l \cdot I^2}{\gamma \cdot A}$	$P_V = \frac{2 \cdot l \cdot I^2}{\gamma \cdot A}$	$P_V = \frac{3 \cdot l \cdot I^2}{\gamma \cdot A}$
erforderlicher Leiterquerschnitt A in mm²	$A = \frac{2 \cdot l \cdot I}{\gamma \cdot \Delta U}$	$A = \frac{2 \cdot l \cdot I \cdot \cos\varphi}{\gamma \cdot \Delta U}$	$A = \frac{\sqrt{3} \cdot l \cdot I \cdot \cos\varphi}{\gamma \cdot \Delta U}$
maximale Leiterlänge l in m	$l = \frac{U_1 \cdot A \cdot \gamma \cdot \Delta u}{2 \cdot I \cdot 100\ \%}$	$l = \frac{U_1 \cdot A \cdot \gamma \cdot \Delta u}{2 \cdot I \cdot \cos\varphi \cdot 100\ \%}$	$l = \frac{U_1 \cdot A \cdot \gamma \cdot \Delta u}{\sqrt{3} \cdot I \cdot \cos\varphi \cdot 100\ \%}$

U_1: Eingangsspannung; im Allgemeinen gilt $U_1 = U_N = 230$ V (U_N: Netzspannung)
I: elektrische Stromstärke in Ampere
l: Leiterlänge in m
A: Leiterquerschnittsfläche in mm²
γ: spezifische Leitfähigkeit; für Kupfer gilt: $\gamma_{Cu} = 57{,}1 \cdot \frac{m}{\Omega \cdot mm^2}$
$\cos\varphi$: Leistungsfaktor; bei rein ohmscher Last gilt $\cos\varphi = 1$

5.3.2.3 Leitungen der Energietechnik

Zur Stromversorgung für Anlagen der IT-Technik werden Leitungen der Energietechnik verwendet. Einige Beispiele sind in Bild 5.69 dargestellt.

a) Leitungen für feste Verlegung	Anwendungsbereiche
Aderleitungen H07V-U, H07V-K	In trockenen Räumen, in Betriebsmitteln, Schalt- und Verteilungsanlagen in Rohr auf unter Putz und auf Isolierkörpern über Putz
Stegleitungen NYIF	In trockenen Räumen für feste Verlegung in und unter Putz; auch zulässig in Bade- und Duschräumen; ohne Putzabdeckung in Hohlräumen von Decken und Wänden aus Beton u. Ä.
Mantelleitungen NYM	In trockenen, feuchten, nassen, feuer- und explosionsgefährdeten Räumen sowie im Freien; für feste Verlegung über und auf Putz (jedoch nicht im Erdboden)

b) bewegliche Leitungen		Anwendungsbereiche
Zwillingsleitungen	**H03VH-H**	In trockenen Räumen bei mittleren mechanischen Beanspruchungen, nicht für Wärmegeräte
PVC-Schlauchleitungen	**H05VV-F**	In trockenen Räumen bei mittleren mechanischen Beanspruchungen, für Haus- und Küchengeräte
Gummischlauchleitung	**H05RR-F**	In trockenen Räumen bei leichten mechanischen Beanspruchungen in trockenen, feuchten und nassen Räumen sowie im Freien bei geringen mechanischen Beanspruchungen

Bild 5.69: Beispiele für Leitungen der Energietechnik

Alle energietechnischen Leitungen und Kabel sind durch Kurzbezeichnungen gekennzeichnet. Bei den Kurzbezeichnungen, die mit „H" beginnen, handelt es sich um sogenannte **harmonisierte Leitungen**. Dies sind Leitungen, deren Bezeichnungen und Prüfbedingungen in allen CENELEC-Ländern identisch sind (CENELEC: Europäisches Komitee für elektrotechnische Normung, deren Mitgliedsländer sich auf harmonisierte, d. h. vereinheitlichte Normen und Vorschriften geeinigt haben).

Bild 5.70 zeigt den Aufbau der Kurzbezeichnung für harmonisierte Leitungen.

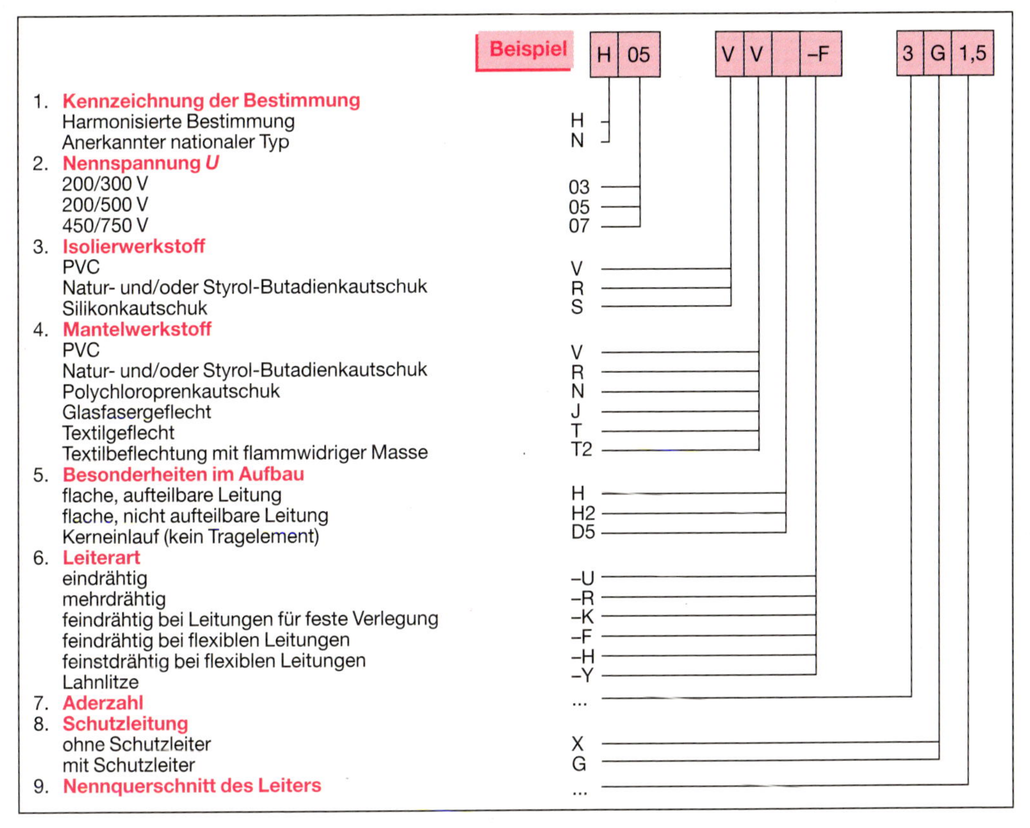

Bild 5.70: Beispiel für die Kennzeichnung harmonisierter Leitungen

Die harmonisierten Leitungen werden national ergänzt durch die sogenannten **Normalleitungen**. Sie entsprechen ebenfalls den VDE- und DIN-Vorschriften; ihre Kennzeichnung beginnt mit einem „N". Die darauf folgenden Buchstaben bezeichnen von Innen nach Außen die verschiedenen Lagen von Isolation und Bewehrung.

Die Bedeutung der einzelnen Buchstaben zeigt Bild 5.71.

A	Aderleitung	**N**	1. Buchstabe im Kurzzeichen einer nicht harmonisierten Normenleitung
B	Bleimantel	**–O**	ohne grüngelben Schutzleiter
C	Abschirmung	**R**	Rohrdraht
F	Flachleitung, feindrähtig	**U**	Umhüllung
G	Isolierhülle oder Mantel aus Gummi	**Y**	Isolierhülle oder Mantel aus PVC
I	Imputzleitung, Stegleitung	**Z**	Zinkmantel
–J	mit grüngelbem Schutzleiter		
M	Mantelleitung		

Bild 5.71: Kennzeichnung nicht harmonisierter Leitungen

Die verwendeten Leitungen und Kabel sind meist 3- oder 5-adrig; die einzelnen Adern sind entsprechend der VDE-Norm farblich gekennzeichnet:

Aderzahl	bisherige nationale Kennzeichnung	internationale Kennzeichnung
3	gn-ge, sw, bl (**grün**-**ge**lb, **s**ch**w**arz, hell**bl**au)	GN-YE, BK, BU (**G**ree**n**-**Ye**llow, **B**lac**k**, **B**l**u**e)
5	gn-ge, sw, bl, br, sw (**grün**-**ge**lb, **s**ch**w**arz, hell**bl**au, **br**aun, **s**ch**w**arz)	GN-YE, BK, BU, BN, GR (**G**ree**n**-**Ye**llow, **B**lac**k**, **B**l**u**e, **B**row**n**, **Gr**ey)

Farbkennzeichnung von Leitungsarten

ACHTUNG! Die grün-gelb gekennzeichnete Ader darf grundsätzlich nur als Schutzleiter (PE) oder für den Neutralleiter mit Schutzfunktion (PEN) verwendet werden.

5.3.2.4 Verlegearten

Elektrische Leitungen müssen stets so verlegt werden, dass sie entweder durch ihre Lage oder durch ihre Verkleidung vor mechanischer Beschädigung geschützt sind. Innerhalb von Gebäuden können folgende **Verlegearten** eingesetzt werden:

Verlegeart	Symbol	Erläuterung
auf Putz		– sichtbare Verlegung direkt auf der Wand, auf Abstandsschellen oder im Installationsrohr – Verwendung von Mantelleitungen – Einsatz in Garagen, Kellern, Gewerberäumen oder Werkstätten („Feuchtrauminstallation") – nicht erlaubt in Wohnräumen!
in Putz		– Verlegung auf dem Rohmauerwerk, nur verdeckt vom anschließend aufgebrachten Putz – Verwendung von Stegleitungen
unter Putz		– Verlegung in ausgefrästen Schlitzen des Mauerwerks, sodass die Leitungen bündig mit dem Rohmauerwerk abschließen (Achtung: tragende Wände dürfen nicht geschlitzt werden!) – Verwendung von Mantelleitungen oder Einzeladern im Installationsrohr
in Installationsrohren	o	– Montage von starren Rohren zur Verlegung auf Putz (siehe oben) – Montage von flexiblen Rohren zur Verlegung im Mauerwerk oder Estrich – zusätzlicher Schutz einer Leitung vor mechanischen Einwirkungen – bei Verlegung im Mauerwerk nachträgliche Änderung oder Erweiterung der Elektroinstallation vergleichsweise einfach möglich – Verwendung von Einzeladern oder Mantelleitung

Bild 5.72: Gängige Verlegearten

Darüber hinaus ist auch eine Verlegung in Installationskanälen, auf Kabelpritschen, in Hohlräumen oder direkt in Beton möglich. Abhängig von den jeweiligen Verlegebedingungen werden die Verlegearten mit einer Kurzbezeichnung angegeben, die aus einem Buchstaben oder einer Buchstaben/Zahl-Kombination besteht.

<table>
<tr><th>Verlegeart</th><th>A1</th><th colspan="2">A2</th><th>B1</th><th>B2</th></tr>
<tr><td>Darstellung</td><td></td><td colspan="2"></td><td></td><td></td></tr>
<tr><td rowspan="3">Verlegebedingung</td><td colspan="3">Verlegung in wärmegedämmten Wänden</td><td colspan="2" rowspan="2">Verlegung in Elektroinstallationsrohren oder geschlossenen Elektroinstallationskanälen auf oder in Kanälen für Unterflurverlegung</td></tr>
<tr><td rowspan="2">Aderleitungen oder einadrige Kabel/Mantelleitungen im Elektroinstallationsrohr oder -kanal</td><td colspan="2">mehradrige Kabel oder Mantelleitungen</td></tr>
<tr><td>im Elektroinstallationsrohr oder -kanal</td><td>direkt verlegt</td><td>Aderleitungen oder einadrige Kabel/Mantelleitungen</td><td>mehradrige Kabel oder Mantelleitungen</td></tr>
</table>

Verlegeart	C			E	F	G
Darstellung				d ≥ 0,3 d	oder d ≥ d ≥ d	≥ d d ≥ d ≥ d ≥ d
Verlegebedingung	Direkte Verlegung auf oder in Wänden/Decken oder in Kabelwannen		Stegleitung in Wänden/Decken oder Hohlräumen	Verlegung frei in Luft, an Tragseilen sowie auf Kabelpritschen und -konsolen		
	einadrige Kabel oder Mantelleitung	mehradrige Kabel oder Mantelleitungen		mehradrige Kabel oder Mantelleitungen	einadrige Kabel oder Mantelleitungen	
					mit Berührung	ohne Berührung, auch Aderleitungen auf Isolatoren

Bild 5.73: Kennzeichnung von Verlegearten

5.3.2.5 Bemessung von Energieversorgungsleitungen

Bei der Bemessung elektrischer Energieversorgungsleitungen sind gemäß VDE folgende Faktoren zu berücksichtigen:
- Spannungsverlust an der Leitung (siehe Kap. 5.3.2.2),
- Mindestquerschnitte,
- Strombelastbarkeit der Leitung.

a) Mindestquerschnitt
Für Leitungen und Kabel für feste und geschützte Verlegung (d. h. bei Aderleitungen Verlegung in Installationsrohr oder -kanal) sind folgende Normquerschnitte festgelegt:

Normquerschnitte in mm²									
Außenleiter	1,5	2,5	4	6	10	16	25	35	50
Schutzleiter	1,5	2,5	4	6	10	16	16	16	25

Der **Mindestquerschnitt** einer Ader bei fester und geschützter Verlegung einer Leitung beträgt 1,5 mm².

Bei beweglichen Anschlussleitungen kann der Mindestquerschnitt auch geringer bemessen werden (z. B. 0,75 mm^2); er richtet sich unter anderem nach der Stromstärke, der Verlegeart und der Leiterlänge.

b) Strombelastbarkeit und Bemessungsstromstärke

Jeder Leiter wird von einem in ihm fließenden elektrischen Strom erwärmt (vgl. Kap. 5.1.2.6). Ist diese Erwärmung infolge einer zu hohen Stromstärke unzulässig hoch, so kann die Isolierung des Leiters zerstört werden; neben der Gefahr eines Kurzschlusses besteht dann auch Brandgefahr.

■ Als **Strombelastbarkeit** I_Z wird die maximale Stromstärke bezeichnet, bei der sichergestellt ist, dass der Leiter an keiner Stelle und zu keinem Zeitpunkt über die zulässige Betriebstemperatur erwärmt wird.

Die Strombelastbarkeit einer Leitung wird maßgeblich bestimmt durch
- den Leitungsquerschnitt der Strom führenden Adern,
- die Anzahl der Strom führenden Adern,
- die Verlegeart und
- die Umgebungstemperatur.

Stromstärken, die zu einer unzulässigen Erwärmung und damit zu einer Beschädigung der Isolierung führen würden, müssen durch geeignete Überstromschutzeinrichtungen abgeschaltet werden.

■ Als **Bemessungsstromstärke** I_n wird die Stromstärke bezeichnet, bei der eine Überstromschutzeinrichtung den Strom abschaltet.

Die Strombelastbarkeit von Leitungen und die zugehörige Bemessungsstromstärke wird in der Praxis in Tabellen angegeben.

Auszug: Zulässige Strombelastbarkeit I_z der Leitung und Bemessungsstromstärke I_n der zugehörigen Überstromschutzorgane in A

q_n in mm² (Cu)	A1[1] Aderzahl				A2 Aderzahl				B1 Aderzahl				B2 Aderzahl				C Aderzahl				E Aderzahl			
	2		3		2		3		2		3		2		3		2		3		2		3	
	I_z	I_n	I_z	I_n	I_z	I_n	I_z	I_n	I_z	I_n	I_z	I_n	I_z	I_n	I_z	I_n	I_z	I_n	I_z	I_n	I_z	I_n	I_z	I_n
1,5	16,5	16	14,5	13[2]	16,5	16	14,0	13[2]	18,5	26	16,5	16	17,5	16	16	16	21	20	18,5	16	23	20	19,5	20
2,5	21	20	19,0	16	19,5	16	18,5	16	25	25	22	20	24	20	21	20	29	25	25	25	32	32[2]	27	25
4	28	25	25	25	27	25	24	20	34	32[2]	30	25	32	32[2]	29	25	38	32[2]	34	32[2]	42	40[2]	36	35[2]
4	–	–	–	–	–	–	–	–	–	–	–	–	–	–	–	–	–	–	35[3]	35[2]	–	–	–	–
6	36	35[2]	33	32[2]	34	32[2]	31	25	43	40[2]	38	35[2]	40	40[2]	36	35	49	40[2]	43	40[2]	54	50	46	40[2]
10	49	40[2]	45	40[2]	46	40[2]	41	40[2]	60	50	53	50	55	50	49	40[2]	67	63	60	50	74	63	64	63
10	–	–	–	–	–	–	–	–	–	–	–	–	–	–	50[3]	50	–	–	63[3]	63	–	–	–	–
16	65	63	59	50	60	50	55	50	81	80	72	63	73	63	66	63	90	80	81	80	100	100	85	80
25	85	80	77	63	80	80	72	63	107	100	94	80	95	80	85	80	119	100	102	100	126	125	107	100
35	105	100	94	80	98	80	88	80	133	125	117	100	118	100	105	100	146	125	126	125	157	125	134	125
50	126	125	114	100	117	100	105	100	160	160	142	125	141	125	125	125	178	160	153	125	191	160	162	160
70	160	160	144	125	147	125	133	125	204	200	181	160	178	160	158	125	226	200	195	160	246	200	208	200

1) Belastbarkeit für A1, A2, B1, B2 und C wurde für Verlegung auf einer Holzwand ermitelt, welche die thermisch ungünstigste Bedingung ist. Für die Verlegung auf anderen Wandarten, z. B. Putz, Mauerwerk und Gipskartonplatten, sind die Belastbarkeiten sicher gewährleistet.
2) Hinweis zu den Überstromschutzorganen mit den Bemessungsströmen 13 A, 32 A, 35 A und 40 A: Wenn diese Schutzeinrichtungen nicht zur Verfügung stehen, müssen solche mit nächstniedrigeren Bemessungsströmen verwendet werden.
3) Gilt nicht für die Verlegung auf einer Holzwand.

Bild 5.74: Strombelastbarkeit I_z und Bemessungsstromstärke I_n in Abhängigkeit von Verlegeart, Leiterzahl und Leiterquerschnitt gemäß DIN VDE 0298-4 für feste Verlegung bei einer Umgebungstemperatur von 25 °C

- Bei der Dimensionierung einer elektrischen Leitung sind folgende Bedingungen einzuhalten:
  - $I_n \leq I_z$: Der Bemessungsstrom I_n der zugeordneten Überstromschutzeinrichtung muss stets kleiner oder gleich der zulässigen Strombelastung I_z der Leitung sein.
  - $I_b \leq I_n$: Der Betriebsstrom I_b, d. h. der Strom, der durch die Leitung zum Verbraucher fließt, muss stets kleiner oder gleich dem Bemessungsstrom I_n der zugeordneten Überstromschutzeinrichtung sein.

Bei der Ermittlung der Strombelastbarkeit einer Leitung muss stets von den ungünstigsten Bedingungen ausgegangen werden, die entlang des Leitungsweges bestehen. Der Leiterquerschnitt ist so zu wählen, dass bei dem zu erwartenden Betriebsstrom die Strombelastbarkeit nicht überschritten wird.
Bei der Dimensionierung von Leitungen müssen veränderte Bedingungen mit entsprechenden Umrechnungsfaktoren berücksichtigt werden.

Umrechnungsfaktoren für abweichende Umgebungstemperaturen											
Umgebungstemperatur in °C	10	15	20	25	30	35	40	45	50	55	60
Umrechnungsfaktor f_1	1,15	1,11	1,06	1,00	0,95	0,87	0,82	0,75	0,67	0,58	0,47

Umrechnungsfaktoren für Häufung									
(Umrechnungsfaktor f_2)	**Anzahl der mehradrigen Leitungen oder Anzahl der Wechsel- oder Drehstromkreise aus einadrigen Leitungen**								
Anordnung der Leitungen	**1**	**2**	**3**	**4**	**5**	**6**	**7**	**8**	**9**
Gebündelt direkt auf der Wand, dem Fußboden, im Installationsrohr oder -kanal, auf oder in der Wand	1,00	0,80	0,70	0,65	0,60	0,57	0,54	0,52	0,50

Umrechnungsfaktoren für abweichende Betriebsbedingungen (Auswahl)

Müssen mehrere Faktoren berücksichtigt werden, so sind diese miteinander zu multiplizieren.

Beispiel 1:
Eine Mantelleitung NYM 2,5 mm^2 führt drei belastete Adern. Wie groß ist bei einer Umgebungstemperatur von 25 °C die Strombelastbarkeit und wie ist die Leitung abzusichern
a) bei Verlegung im Installationsrohr auf der Wand,
b) bei Verlegung im Installationsrohr in wärmegedämmter Wand?

Lösung:
a) Verlegeart B2 (siehe Bild 5.73 mehradrige Mantelleitung); aus der Tabelle Seite 418 folgt die Strombelastbarkeit I_z = 21 A; damit ergibt sich mit $I_n \leq I_z$ für die Überstromschutzeinrichtung I_n = 20 A
b) analog ergibt sich: Verlegeart A2; I_z = 18,5 A; I_n = 16 A

Beispiel 2:
In einem Installationsrohr in einer Wand befinden sich 6 belastete Adern NYM 4 mm^2. Wie groß ist bei einer Umgebungstemperatur von 35 °C die Strombelastbarkeit? Wie sind die Leitungen abzusichern?

Lösung:
Verlegeart B1 (Bild 5.73); I_z = 34 A (Tabelle Seite 418); Korrekturfaktoren (Tabelle Seite 419): f_1 = 0,87 wegen erhöhter Temperatur; zusätzlich Korrekturfaktor f_2 = 0,57 wegen sechs Strom führenden Adern.
Damit ist $I_z = 0{,}87 \cdot 0{,}57 \cdot 34\ \text{A} = 16{,}86\ \text{A}$. Die Leitung kann mit einer Überstromschutzeinrichtung mit I_z = 16 A abgesichert werden.

Hinweis: In Tabellenbüchern oder technischen Unterlagen werden alternativ auch Tabellen und Umrechnungsfaktoren angegeben, die sich auf eine Umgebungstemperatur von 30 °C beziehen.

5.3.2.6 Überstromschutzorgane für Leitungen

Eine unzulässig hohe Erwärmung von Leitungen kann verursacht werden durch hohe Ströme bei **Überlastung** im Betrieb oder bei **Kurzschluss**. Damit ein Überschreiten der höchstzulässigen Stromstärke ausgeschlossen ist, wird in den VDE-Vorschriften zu jedem Nennquerschnitt der Nennstrom des erforderlichen Überstromschutzorgans vorgeschrieben.
Überstromschutzorgane sind Leitungsschutzschalter und Leitungsschutzsicherungen.

Leitungsschutzschalter (Automaten) dienen nur zum Schutz von Leitungen gegen Überlastung und Kurzschluss; sie dienen nicht zum betriebsmäßigen Ein- und Ausschalten von Geräten und Anlagen.
Bei Überlastung der Leitung durch länger andauernden Überstrom wird der Leitungsschutzschalter durch einen thermischen Bimetall-Auslöser abgeschaltet. Bei dem im Kurzschlussfall auftretenden sehr hohen Strom wird der Stromkreis durch einen elektromagnetischen Schnellauslöser aufgetrennt.

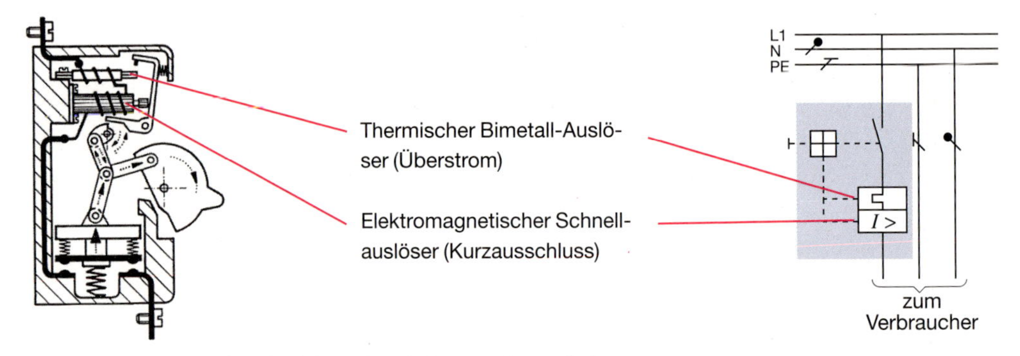

Bild 5.75: Prinzip und Schaltzeichen eines Leitungsschutzschalters

Leitungsschutzsicherungen sind Schmelzsicherungen, bei denen ein Schmelzdraht mit sehr geringem Querschnitt in den zu sichernden Stromkreis eingesetzt wird. Dieser Schmelzdraht wird bei unzulässig hoher Stromstärke so stark erhitzt, dass er schmilzt; dadurch wird der Stromkreis unterbrochen. Durchgeschmolzene Sicherungen müssen unbedingt durch neue ersetzt werden.

Sicherungen dürfen in keinem Fall geflickt oder überbrückt werden.

Nach der Ausführungsform unterscheidet man Schraubsicherungen und Griffsicherungen (Niederspannungs-Hochleistungs-Sicherungen = NH-Sicherungen; Bild 5.76).

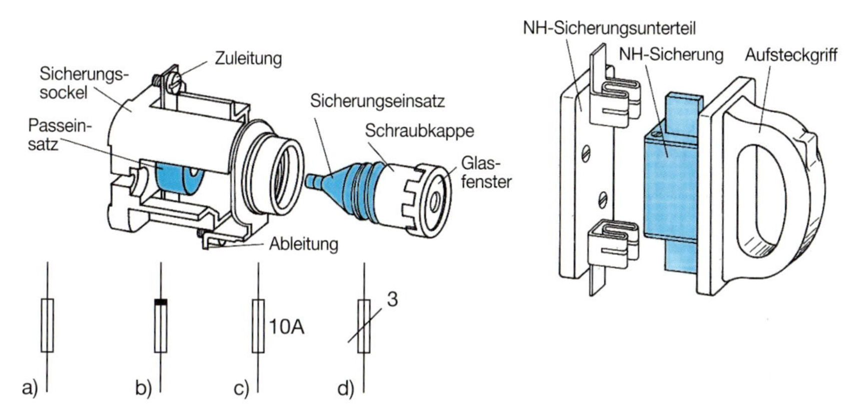

Bild 5.76: Sicherungsformen und ihre Darstellung in Schaltplänen

Bild 5.76 zeigt die Darstellung von Sicherungen in Schaltplänen. Von der allgemeinen Darstellung (a) unterscheidet man durch besondere Kennzeichnung die Angabe der Netzseite (b) und des Nennstromes (c) sowie die Kennzeichnung von mehrpoligen Sicherungen in einpoligen Darstellungen (d).

Bei Schraubsicherungen wird der Sicherungseinsatz mit der Schraubkappe in den Sicherungssockel eingeschraubt. Durch den Passeinsatz wird verhindert, dass eine Sicherung mit zu hohem Nennstrom eingesetzt wird. Passeinsätze haben die gleichen Kennfarben wie die Kennplättchen der Sicherungseinsätze (Bild 5.77).
Die Zuordnung der Sicherung zum Querschnitt der zu schützenden Leitung erfolgt über den Nennstrom. Als **Bemessungsstrom** bezeichnet man die Stromstärke, mit der der Sicherungseinsatz dauernd belastet werden kann.

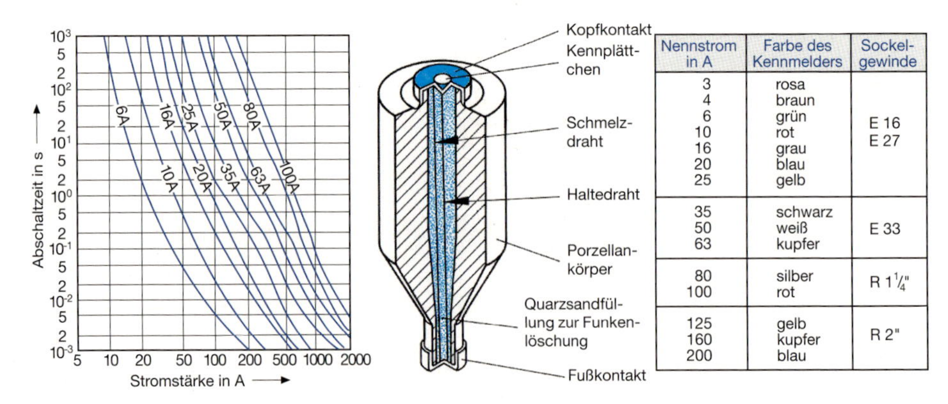

Nennstrom in A	Farbe des Kennmelders	Sockelgewinde
3 4 6 10 16 20 25	rosa braun grün rot grau blau gelb	E 16 E 27
35 50 63	schwarz weiß kupfer	E 33
80 100	silber rot	R 1¼"
125 160 200	gelb kupfer blau	R 2"

Bild 5.77: Sicherungseinsatz mit Nennströmen, Kennfarben und Abschaltkennlinien

Die Abschaltkennlinien in Bild 5.77 zeigen die Abhängigkeit der Abschaltzeit von der Stromstärke für Schraubsicherungen bis 100 A Nennstrom. Es wird deutlich, dass die Abschaltzeit umso kürzer wird, je weiter die Stromstärke den Nennstrom übersteigt.

Als **Abschaltzeit** bezeichnet man die Zeit vom Beginn des Überstromes bis zur Unterbrechung des Stromkreises.

Abhängig von der Bauart der Sicherungen können verschiedene Verhaltenstypen hergestellt werden. Es gibt **flinke Sicherungen**, die auf einen gegebenen Überstrom schnell reagieren, und **träge Sicherungen**, bei denen vor dem Einsetzen der Wirkung eine gewisse Zeitverzögerung eintritt. Letztere kommen in Stromkreisen zum Einsatz, in denen z. B. Einschaltstromstöße auftreten (Motoren, Transformatoren), die den Nennstrom weit übersteigen. Während der Stromstoßzeit darf die Sicherung den Stromkreis nicht unterbrechen.

5.3.2.7 Geräteschutzsicherungen

Neben den Sicherungen zum Schutz der Leitungen werden Geräteschutzsicherungen (G-Sicherungen) zum Schutz der angeschlossenen Geräte eingesetzt.
Wenn der Strom im Schaltkreis aus irgendeinem Grunde zu hoch wird, d.h. den Wert übersteigt, den ein Schaltkreiselement über einen gewissen Zeitraum hinaus aushält, schmilzt der Sicherungsdraht und verdampft, wodurch der Strom unterbrochen wird. Bild 5.78 zeigt einige Beispiele für Bauformen von G-Sicherungen.

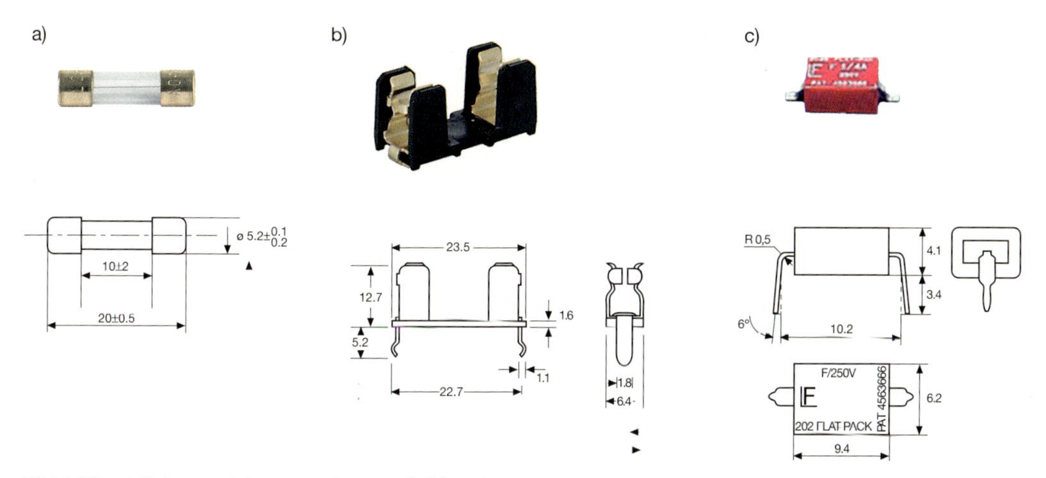

Bild 5.78: a) Patronensicherungseinsatz mit Glasrohr
b) Sicherungshalter für Patronensicherung
c) Kleinstsicherungseinsatz für Leiterplatteneinbau

Um die Ansprechzeiten der Sicherungen möglichst genau an den jeweiligen Belastungsfall anpassen zu können, werden verschiedene Verhaltenstypen hergestellt (Bild 5.79).

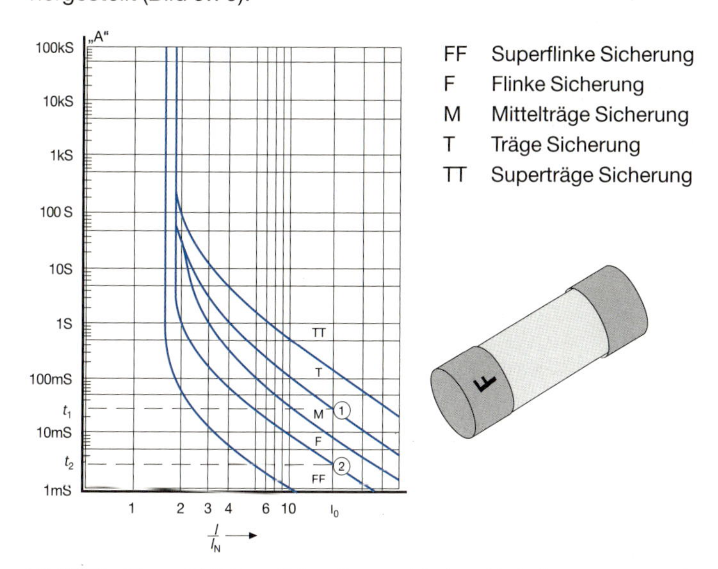

Bild 5.79: Strom-Zeit-Kennlinien für verschiedene Verhaltenstypen von Geräteschutzsicherungen

Wie aus dem Diagramm zu erkennen ist, löst die Sicherung mit der Charakteristik T bei einer Stromstärke I_0 zum Zeitpunkt t_1 = ca. 30 ms aus; dagegen öffnet die Sicherung mit der Charakteristik F bei gleichem Strom I_0 schon nach t_2 = 3 ms. Die träge Sicherung (T) braucht also im vorliegenden Fall ca. zehnmal so lange wie die flinke Sicherung (F), um den zu schützenden Stromkreis abzuschalten.

Müssen die bisher beschriebenen Geräteschutzsicherungen nach Überlastung und Beseitigung des Fehlers ausgetauscht werden, weil sie nicht rücksetzbar sind (Non-resettable Fuses), ist dies bei den häufig eingesetzten rückstellbaren Überstromschutzsicherungen (Resettable Fuses) nicht erforderlich.

Bei diesen selbstrückstellenden Sicherungen handelt es sich um **PTC-Bauelemente** (**P**ositive **T**emperature **C**oefficient), also sogenannte Kaltleiter, bei denen der Eigenwiderstand bei Erwärmung über einen Grenzwert stark ansteigt. Sie werden mit dem zu schützenden Stromkreis in Reihe geschaltet und sichern diesen ab, indem sie im Fehlerfalle, d.h. bei Überstrom, ihren normalerweise geringen Durchgangswiderstand durch Eigenerwärmung sprunghaft erhöhen und so den Strom begrenzen (Bild 5.80ab).
Nach Beseitigung des Fehlers und interner Abkühlung des PTCs geht der Eigenwiderstand auf seinen ursprünglichen niedrigen Wert zurück, und der Betrieb des Gerätes kann ohne weiteren Eingriff wieder aufgenommen werden.
Die in neueren Anwendungen eingesetzten PTC-Bauelemente basieren nicht mehr wie herkömmliche PTCs auf keramischen Werkstoffen, sondern auf Kunststoffen (Polymer-Materialien). Sie haben sehr geringe Abmessungen und werden in verschiedenen Bauformen hergestellt.

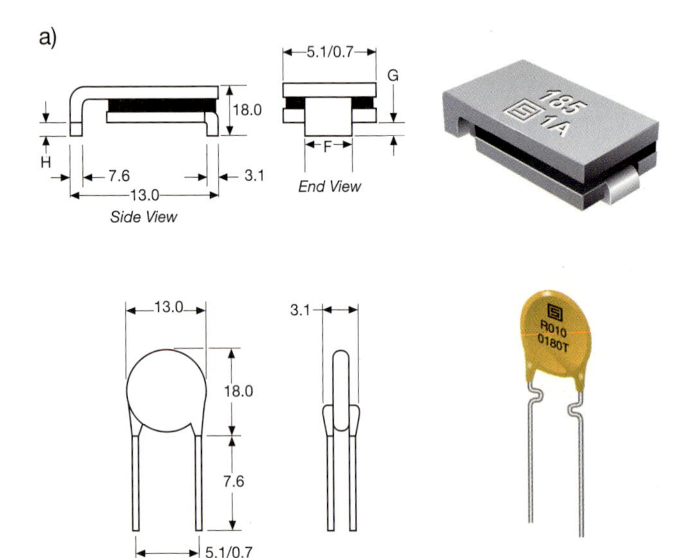

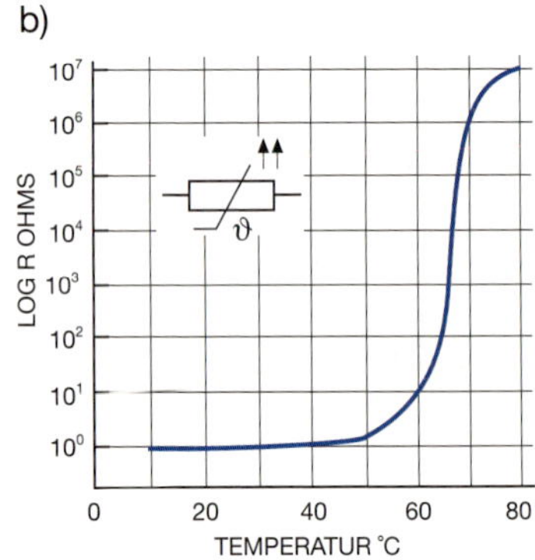

Bild 5.80a: Kunststoff-PTC-Bauformen

Bild 5.80ab: Kennlinie und Schaltzeichen eines Kunststoff-PTCs

Mit Nennspannungen bis zu 60 V bieten Kunststoff-PTCs eine Vielzahl von Anwendungsmöglichkeiten in der Datentechnik (z.B. Keyboard, Mouseports, Modems; Bild 5.81), in der Unterhaltungselektronik (z.B. CD-Player, Lautsprecher), in der Kommunikationstechnik (z.B. Sicherheits- und Überwachungssysteme) sowie in der Stromversorgungstechnik und der Automobilelektronik.

Selektivität

Anhand von Bild 5.81 kann der Begriff der **Selektivität** verdeutlicht werden, der sowohl bei Leitungs- als auch bei Geräteschutzsicherungen berücksichtigt werden muss.

Da mit jeder Verzweigung die Stromstärke im einzelnen Zweig kleiner wird, muss auch der Nennstrom der eingesetzten Sicherung kleiner gewählt werden. Dadurch wird erreicht, dass im Fehlerfall jeweils nur diejenige Sicherung auslöst, die dem fehlerhaften Kreis unmittelbar vorgeschaltet ist. Unter Selektivität versteht man also die Abstufung des Nennstromes der Sicherungen in den einzelnen Zweigen einer Anlage.
Entsteht z. B. im Maus-Kreis ein unzulässiger Überstrom, so darf nur die Sicherung im Keyboard auslösen, nicht aber die Sicherungen im Monitor oder gar im PC.

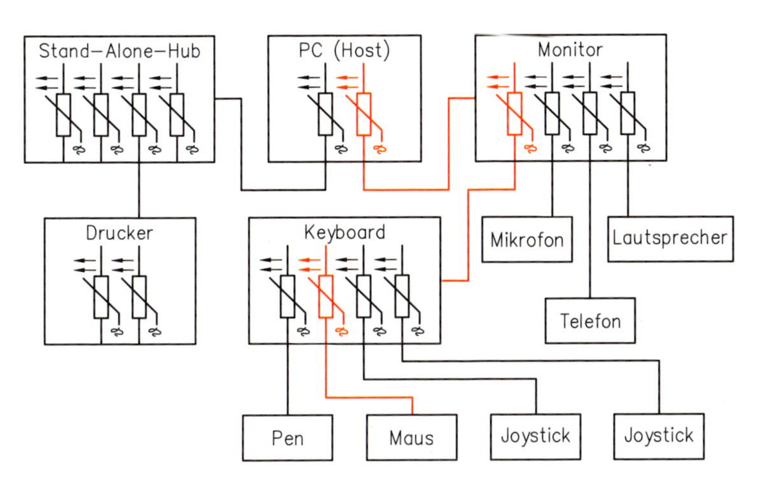

Bild 5.81: Schutz der Stromkreise eines Computersystems mit PTC-Elementen

5.3.2.8 Leitungen der Kommunikationstechnik

In der **Kommunikationstechnik** kommen völlig andere Leitungsarten zur Anwendung als in der Energietechnik. Bild 5.82 zeigt einige Beispiele für Leitungen mit Kupferadern, für Koaxialkabel und für Lichtwellenleiter.

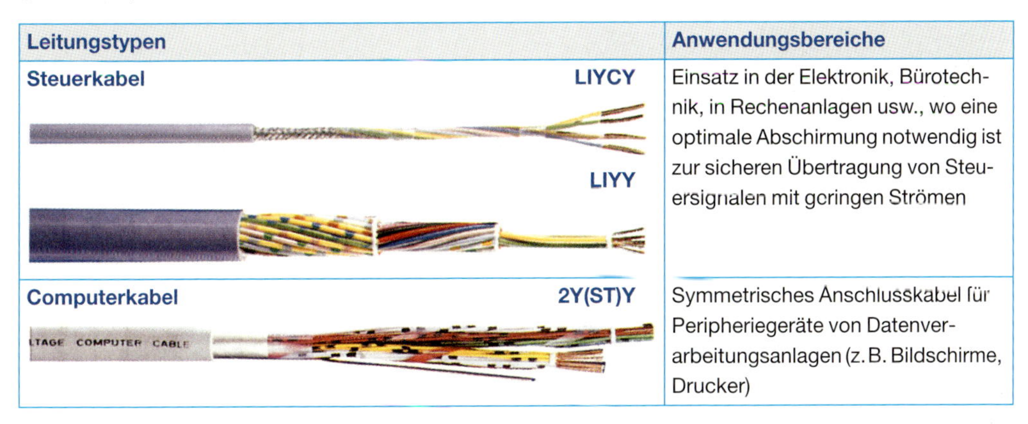

Leitungstypen		Anwendungsbereiche
Steuerkabel	LIYCY LIYY	Einsatz in der Elektronik, Bürotechnik, in Rechenanlagen usw., wo eine optimale Abschirmung notwendig ist zur sicheren Übertragung von Steuersignalen mit geringen Strömen
Computerkabel	2Y(ST)Y	Symmetrisches Anschlusskabel für Peripheriegeräte von Datenverarbeitungsanlagen (z. B. Bildschirme, Drucker)

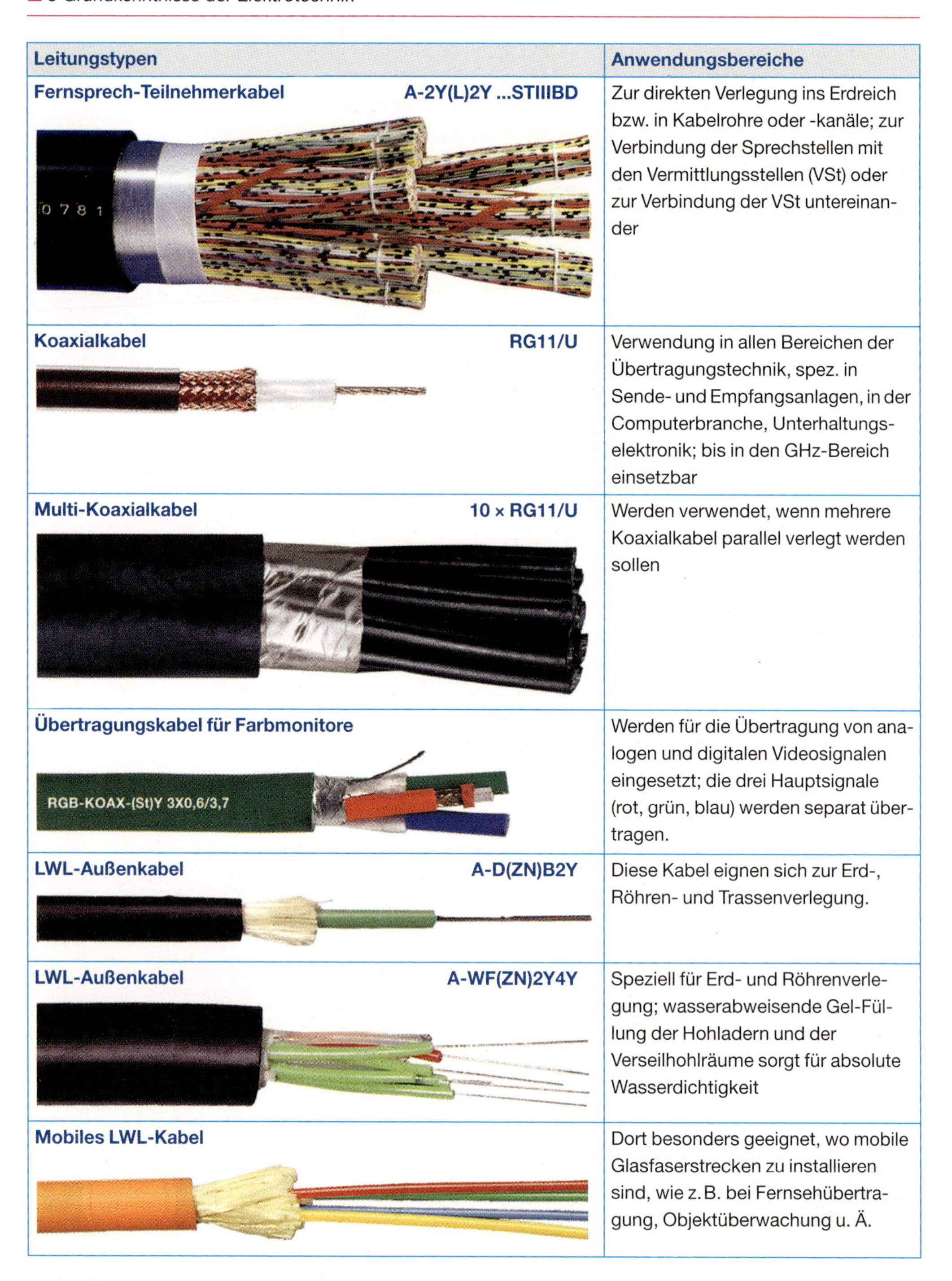

Leitungstypen		Anwendungsbereiche
Fernsprech-Teilnehmerkabel	**A-2Y(L)2Y ...STIIIBD**	Zur direkten Verlegung ins Erdreich bzw. in Kabelrohre oder -kanäle; zur Verbindung der Sprechstellen mit den Vermittlungsstellen (VSt) oder zur Verbindung der VSt untereinander
Koaxialkabel	**RG11/U**	Verwendung in allen Bereichen der Übertragungstechnik, spez. in Sende- und Empfangsanlagen, in der Computerbranche, Unterhaltungselektronik; bis in den GHz-Bereich einsetzbar
Multi-Koaxialkabel	**10 × RG11/U**	Werden verwendet, wenn mehrere Koaxialkabel parallel verlegt werden sollen
Übertragungskabel für Farbmonitore		Werden für die Übertragung von analogen und digitalen Videosignalen eingesetzt; die drei Hauptsignale (rot, grün, blau) werden separat übertragen.
LWL-Außenkabel	**A-D(ZN)B2Y**	Diese Kabel eignen sich zur Erd-, Röhren- und Trassenverlegung.
LWL-Außenkabel	**A-WF(ZN)2Y4Y**	Speziell für Erd- und Röhrenverlegung; wasserabweisende Gel-Füllung der Hohladern und der Verseilhohlräume sorgt für absolute Wasserdichtigkeit
Mobiles LWL-Kabel		Dort besonders geeignet, wo mobile Glasfaserstrecken zu installieren sind, wie z. B. bei Fernsehübertragung, Objektüberwachung u. Ä.

Bild 5.82: Beispiele für Leitungen aus der Kommunikationstechnik

Die Bedeutung der Kurzzeichen in der Leitungsbezeichnung ist in der folgenden Übersicht angegeben. Die Zusammensetzung einer Leitungsbezeichnung ist anhand der Bezeichnung für ein Fernsprechkabel zu erkennen.

A-	Außenkabel	**LI**	Litzenleiter
BD	Bündelverseilung	**M**	Bleimantel
C	Schirm oder Außenleiter aus Kupfergeflecht	**P**	Paarverseilung
DM	Dieselhorst-Martin-Vierer	**S-**	Schaltkabel
F	Kabelseele gefüllt	**ST**	Sternvierer für Phantomausnutzung
G	Isolierhülle oder Mantel aus Naturkautschuk	**(ST)**	statischer Schirm aus Metallband
G-	Grubenkabel	**ST III**	Sternvierer in Ortskabeln
J-	Installationskabel	**Y**	Isolierhülle oder Mantel aus PVC
JE-	Installationskabel für Industrieelektronik	**2Y**	Isolierhülle oder Mantel aus PE
L-	Leitung	**Z**	Zwillingsleitung
(L)2Y	Schichtenmantel aus AL-Band und Polyethylen (PE)		

Fernsprechkabel	**A-2YF(L)2Y 30 × 2 × 0,8 ST III BD**			
Bedeutung:	**A-**	Außenkabel	**30 × 2**	30 Paare
	2Y	Aderisolierung aus PE	**0,8**	Aderdurchmesser in mm
	F	Kabelseele gefüllt	**ST III**	Sternvierer in Ortskabeln
	(L)2Y	Schichtenmantel aus A-1-Band und PE		

Kurzzeichen und Bezeichnungsbeispiel für Leitungen der Kommunikationstechnik

Bei der Bemessung von Leitungen sind in der Kommunikationstechnik Betrachtungen hinsichtlich Spannungsverlust und Belastbarkeit meist von geringerer Bedeutung. Hier kommt es in erster Linie auf Kennwerte (z.B. Dämpfung, Isolationswiderstand) an, durch welche die Übertragungseigenschaften beeinflusst werden. Eine eingehende Behandlung dieser Eigenschaften erfolgt im Rahmen der Übertragungstechnik.

siehe Vernetzte IT-Systeme Kap. 4

Aufgaben:

1. Was verstehen Sie bei einem Leiterwerkstoff unter dem spezifischen Widerstand?
2. Welche Abhängigkeit besteht zwischen dem Leiterwiderstand und der Temperatur?
3. Welche Folgen hat ein zu hoher Spannungsverlust
   a) für das Betriebsmittel und
   b) für die Leitung?
4. Um welchen Faktor ändert sich der Spannungsverlust an einer Leitung bei gleichbleibender Stromstärke, wenn
   a) die Leitungslänge verdoppelt oder
   b) der Leiterdurchmesser verdoppelt wird?
5. Eine Gerätesicherung soll beim Überschreiten der vierfachen Nennstromstärke innerhalb von
   a) 10 ms,
   b) 200 ms und
   c) 2 s abschalten.
   Geben Sie jeweils den Typ der erforderlichen Sicherung an.
6. Beschreiben Sie die Funktionsweise einer rückstellbaren Geräteschutzsicherung (Resettable Fuse).
7. Was verstehen Sie unter dem Begriff Selektivität bei der Absicherung von Stromkreisen?

8. Die Spannung am Leitungsanfang beträgt 230 V und am Leitungsende 225 V. Wie groß ist der Spannungsverlust in Volt und in Prozent?
9. Ein von einem PC gesteuerter Roboter mit einer Anschlussleistung von 2,5 kW (cos φ = 0,9) soll an einem Wechselstromanschluss (230 V) betrieben werden. Die Länge der Leitung zwischen der zugehörigen Sicherung, die mit der Zähleinrichtung im gleichen Gehäuse untergebracht ist, und dem Aufstellort des Roboters beträgt 20 m.
   a) Berechnen Sie den erforderlichen Leiterquerschnitt.
   b) Welche Leitungslänge ist bei einem Normquerschnitt von 1,5 mm^2 maximal möglich?
10. Welche Verlegeart wird durch das dargestellte Symbol gekennzeichnet?
11. Eine Einbruchmeldezentrale benötigt bei 230-V-Wechselspannung einen Betriebsstrom von 0,5 A (cos φ = 0,8). Sie wird mit einer unter Putz verlegten Versorgungsleitung vom Typ NYIF-J 3 × 1,5 an eine Sicherung im Zählerschrank angeschlossen. Die Leitungslänge zwischen Zählerschrank und Meldezentrale beträgt 35 m. Ermitteln Sie
    a) den Spannungsfall auf der Leitung in Volt und Prozent,
    b) den maximalen Bemessungsstrom der erforderlichen Leitungsschutzsicherung.
12. Ein Schulungsraum ist mit PC-Arbeitsplätzen ausgestattet, deren Gesamtleistungsaufnahme 2610 W beträgt (cos φ = 0,9). Die mehradrige Mantelleitung (3 × 1,5 mm^2) für die Energieversorgung (230-V-Wechselspannung) ist im Installationskanal verlegt, wegen in der näheren Umgebung liegender Heizungsrohre beträgt die Umgebungstemperatur 30 °C. Die erforderliche Leitungslänge beträgt 30 m.
    a) Wie groß ist der Gesamtbetriebsstrom I_b der Leitung?
    b) Ermitteln Sie, ob die Leitung hinsichtlich der Strombelastbarkeit I_z ausreichend dimensioniert ist.
    c) Ermitteln Sie, ob die Leitung hinsichtlich des maximalen Spannungsfalls ausreichend dimensioniert ist.
    d) Schlagen Sie – sofern erforderlich – eine Änderung der Leitungsdimensionierung vor und bestimmen Sie dann den maximalen Bemessungsstrom I_n des erforderlichen Leitungsschutzschalters.

5.4 Elektrisches Feld und Kondensator

5.4.1 Elektrisches Feld

5.4.1.1 Begriff und Darstellung

Bringt man in die Nähe von geladenen Körpern (Q_1 und Q_2) eine positive elektrische Ladung Q, so wirkt auf diese eine Kraft (Bild 5.83), die sich aus den anziehenden (Q_2) und abstoßenden (Q_1) Kräften der Ladungen ergibt (vgl. Kap. 5.1.1.1). Den Raum, in dem derartige Kräfte auftreten, nennt man elektrisches Feld.

Ein **elektrisches Feld** ist ein Raum, in dem auf elektrisch geladene Gegenstände Kräfte wirken.

Elektrisches Feld

Die in einem elektrischen Feld wirkenden Kräfte werden durch Feldlinien dargestellt.

Feldlinien geben die Richtung der Kraft auf eine positive Ladung in den einzelnen Punkten eines elektrischen Feldes an. Feldlinien treten senkrecht aus der Oberfläche des positiven Pols aus und enden wieder senkrecht auf der Oberfläche des negativen Pols.

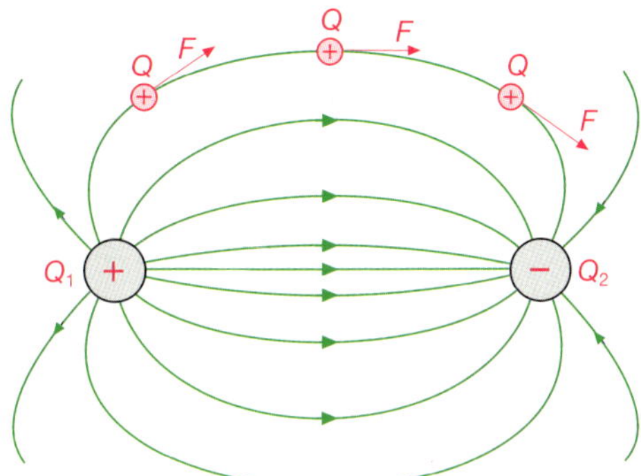

Bild 5.83: Elektrisches Feld zweier entgegengesetzt geladener Kugeln

Homogenes Feld

Während man Felder wie in Bild 5.83 als **inhomogen** (ungleichmäßig) bezeichnet, ist das Feld zwischen zwei parallel zueinander angeordneten Platten (abgesehen von Randerscheinungen) völlig **homogen** (gleichmäßig; Bild 5.84).

Die Feldlinien eines homogenen Feldes verlaufen parallel in gleicher Richtung und in gleichem Abstand voneinander. Daran ist zu erkennen, dass die Stärke des Feldes an allen Stellen gleich ist.

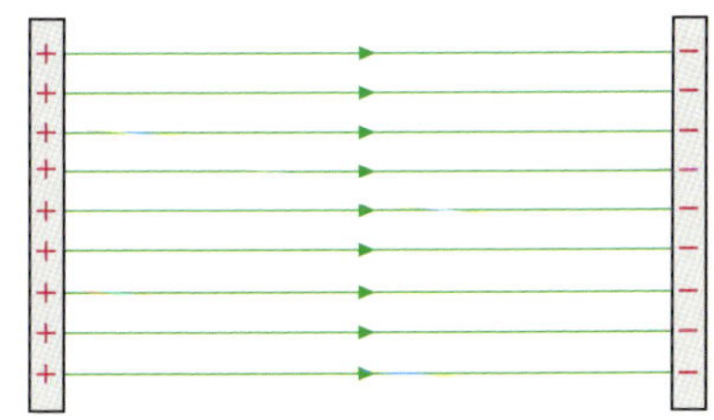

Bild 5.84: Homogenes Feld zwischen zwei entgegengesetzt geladenen Platten

Die **elektrische Feldstärke** $\boldsymbol{E}$ an einem bestimmten Punkt eines elektrischen Feldes ist gleich der Kraft F, die dort auf eine Ladung Q von 1 C wirkt.

$$\boldsymbol{E} = \frac{\boldsymbol{F}}{\boldsymbol{Q}} \qquad 1\,\frac{\text{N}}{\text{C}} = \frac{1\,\text{N}}{1\,\text{C}}$$

5.4.1.2 Feldstärke und Spannung

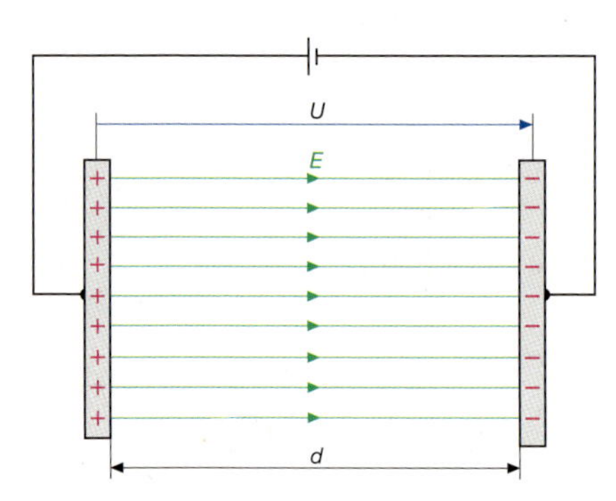

Bild 5.85: Spannung und Feldstärke im homogenen Feld

Zwischen zwei voneinander isolierten und geladenen Polen (Kugeln, Platten) besteht eine elektrische Spannung. Gleichzeitig existiert um diese Pole herum ein elektrisches Feld. Spannung und elektrisches Feld stehen offensichtlich in einem engen Zusammenhang. Je größer die Spannung, desto größer ist auch die elektrische Feldstärke. Erhöht man dagegen den Abstand zwischen zwei geladenen Platten, so wird bei gleicher Spannung die elektrische Feldstärke kleiner. Genaue Messungen ergeben, dass die Feldstärke im umgekehrten Verhältnis zum Plattenabstand steht.

Die **elektrische Feldstärke *E*** zwischen zwei geladenen Platten ist proportional zur anliegenden Spannung *U* und umgekehrt proportional zum Plattenabstand *d*.

$$\boldsymbol{E = \frac{U}{d}} \qquad 1\,\frac{\mathrm{V}}{\mathrm{m}} = \frac{1\,\mathrm{V}}{1\,\mathrm{m}}$$

5.4.1.3 Influenz und Polarisation

Ein **elektrischer Leiter** enthält gleich viele positive und negative Ladungen. Die negativen Ladungen (Elektronen) sind frei beweglich, während die positiven Ladungen fest im Gitter verankert sind.
Gerät eine Metallplatte in ein elektrisches Feld, so werden die Elektronen entgegen der Feldrichtung bis an den äußersten Rand der Metalloberfläche getrieben. Auf der Gegenseite bleiben gleich viele feststehende positive Ladungen zurück (Bild 5.86).

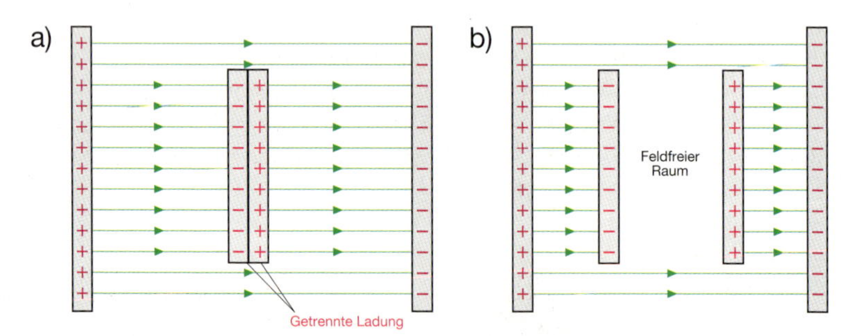

Bild 5.86: a) Ladungstrennung auf einer Metallplatte im elektrischen Feld (Influenz)
b) Feldfreier Raum (faradayscher Käfig)

Abschirmung elektrischer Felder

Trennt man die Metallplatte, so entsteht zwischen den beiden Teilen infolge der Influenz ein elektrisches Feld, das genauso stark und entgegengesetzt gerichtet ist wie das äußere Feld, sodass sich beide Felder aufheben; der Raum zwischen den Platten bleibt also feldfrei (Bild 5.86 b).

Der durch die Influenz entstehende feldfreie Raum wird technisch genutzt, um empfindliche Schaltungsteile oder Messplätze vor der Einwirkung elektrischer Felder zu schützen (faradayscher Käfig).

- Als **Influenz** bezeichnet man die Trennung der elektrischen Ladungen eines metallischen Leiters unter der Einwirkung eines elektrischen Feldes. Ein **faradayscher Käfig** ist ein Gehäuse, das Schaltungen, Leitungen, Messgeräte usw. vor elektrischen Feldern abschirmt.

Ein **elektrischer Nichtleiter** enthält keine beweglichen Ladungen. Dennoch bleibt das elektrische Feld auch auf einen Isolierstoff nicht ohne Wirkung. Die Ladungen verbleiben in ihrem Molekül oder Atom, verlagern jedoch ihren Schwerpunkt entsprechend der auf sie wirkenden Feldkräfte. Dadurch sind im Molekül oder Atom des Isolierstoffes positive und negative Ladungen nicht mehr gleichmäßig verteilt; es entstehen zwei entgegengesetzte Pole; die Moleküle des Isolierstoffes werden polarisiert.

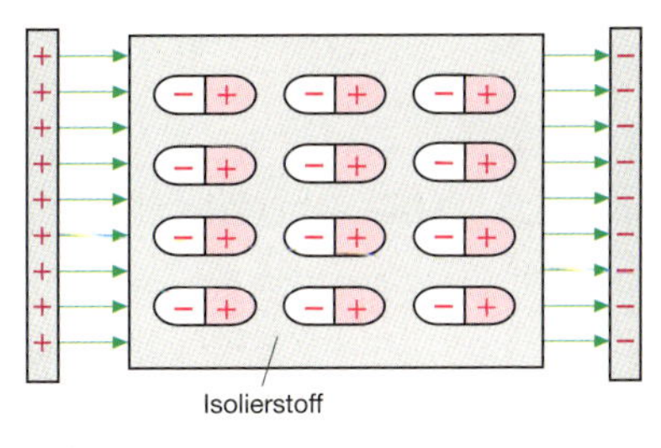

Bild 5.87: Polarisation eines Isolierstoffes im elektrischen Feld

- Als **Polarisation** bezeichnet man die Bildung von Molekülen mit zwei entgegengesetzt geladenen Polen (Dipole) in einem Isolierstoff unter der Einwirkung eines elektrischen Feldes.

Durchschlagsfestigkeit von Isolierstoffen

Steigt die Spannung zwischen den Platten und damit die Feldstärke weiter an, so kann es zur Zerstörung des Isolierstoffes und zu einer kurzzeitig leitenden Verbindung kommen; man spricht dann von einem Durchschlag.

- Als **Durchschlagsfestigkeit E_d** eines Werkstoffes bezeichnet man den Höchstwert der elektrischen Feldstärke, bei dem noch kein Durchschlag erfolgt.

Die Werte der Durchschlagsfestigkeit liegen für Luft bei ca. 2,5 kV/mm, für Papier bei ca. 4 kV/mm und für Kondensatorkeramik bis ca. 50 kV/mm.
Durch elektrische Felder und elektrostatische Aufladung können auch empfindliche elektronische Bauelemente und Schaltungen beschädigt werden. **Elektrostatisch gefährdete Bauelemente (EGB)** sind durch Verpackungsaufkleber besonders gekennzeichnet.

Achtung
Nur geschultes Personal darf die Verpackung öffnen
Elektrostatisch gefährdete Bauelemente (EGB)

Attention
Observe Precautions for Handling
Electrostatic Sensitive Devices (ESD)

Bild 5.88: Aufkleber für EGB

Bild 5.89: ESD-Schutz am Arbeitsplatz

Ein **ESD-Schutz** ist überall dort erforderlich, wo häufig mit EGB gearbeitet wird. Dieser Schutz wird erreicht, indem der Arbeitsplatz mit einem antistatischen **Tisch- und Bodenbelag**, mit einem **Sicherheits-Handgelenkband** und dem entsprechenden **Erdungszubehör** ausgerüstet wird.

5.4.2 Kondensatoren

5.4.2.1 Kapazität

Kondensatoren bestehen aus zwei gleich großen **Elektroden** (Metallfolien, Elektrolyte), die durch ein **Dielektrikum** (Keramik, Kunststoff, Papier, Luft) gegeneinander isoliert sind.

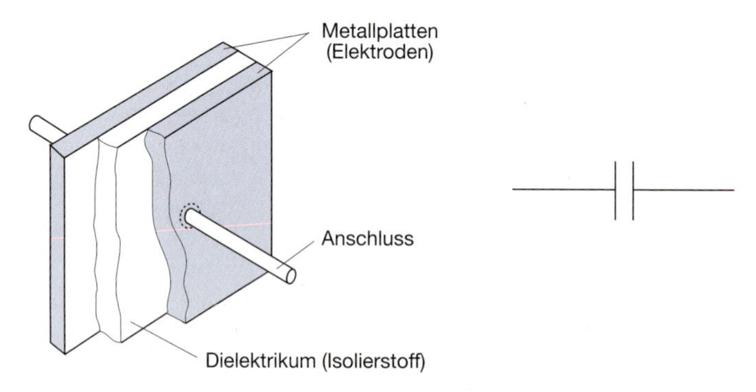

Bild 5.90: Aufbau und Schaltsymbol eines Kondensators

Wird ein Kondensator an eine Gleichspannung gelegt, so fließt für kurze Zeit ein Strom. Während dieser Zeit steigt die Spannung am Kondensator auf den Wert der angelegten Spannung (Bild 5.91 a).
Trennt man den Kondensator von der Spannungsquelle, so behält er seine Spannung bei; er hat elektrische Energie gespeichert und wirkt selbst wie eine Spannungsquelle (Bild 5.91 b).
Schließt man eine Lampe (Verbraucher) an den geladenen Kondensator, so leuchtet diese kurz auf; die Kondensatorspannung geht auf null zurück (Bild 5.91 c).

Ein **Kondensator** kann elektrische Energie aufnehmen, speichern und wieder abgeben.

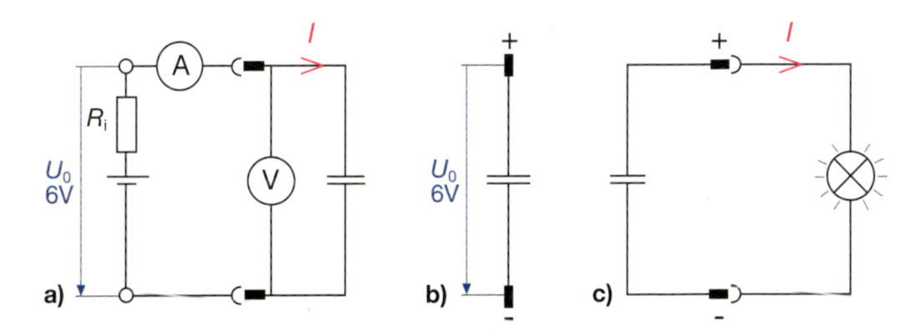

Bild 5.91: Kondensator als Energiespeicher

Zum Vergleich des Speichervermögens von Kondensatoren gibt man die Ladung an, die der einzelne Kondensator bei einer angelegten Spannung von 1 V aufnimmt.

Die **Kapazität *C*** eines Kondensators gibt an, wie groß die elektrische Ladung *Q* ist, die der Kondensator bei einer angelegten Spannung *U* von 1 V aufnimmt.

$$\boldsymbol{C = \frac{Q}{U}} \qquad 1\,\text{F} = \frac{1\,\text{C}}{1\,\text{V}}$$

Die Einheit der Kapazität heißt 1 Farad (1 F). Dies ist eine sehr große Kapazität, die bei den in der IT-Technik gebräuchlichen Kondensatoren nicht vorkommt. Die hier verwendeten Kondensatoren haben Kapazitäten in den Größenordnungen Mikrofarad ($1\,\mu\text{F} = 10^{-6}\,\text{F}$), Nanofarad ($1\,\text{nF} = 10^{-9}\,\text{F}$) und Picofarad ($1\,\text{pF} = 10^{-12}\,\text{F}$).
Doppelschichtkondensatoren können jedoch mit wesentlich größeren Kapazitäten hergestellt werden; sie werden zur Energieversorgung von IT-Geräten und -Anlagen in Verbindung mit USVs eingesetzt (vgl. Kap. 5.3.1.3).

Die Kapazität eines Kondensators wird bestimmt von seinen Baugrößen; sie
- steigt in demselben Verhältnis wie die **Oberfläche *A*** der beiden Elektroden ($C \sim A$),
- wird in demselben Verhältnis größer, wie der **Abstand *d*** der beiden Elektroden kleiner wird ($C \sim 1/d$),
- ist abhängig von dem Werkstoff, der als Dielektrikum verwendet wird. Diese Werkstoffkennzahl wird als **Dielektrizitätskonstante** ε bezeichnet ($C \sim \varepsilon$).

5.4.2.2 Zusammenschaltung von Kondensatoren

Kondensatoren können ebenso wie Widerstände in Reihe oder parallel geschaltet werden.

In der **Reihenschaltung** nimmt jeder einzelne Kondensator die gleiche Ladung *Q* auf. Damit ergibt sich nach der Gleichung $U = Q/C$ an jedem Kondensator eine Teilspannung, die nur noch von seiner Kapazität abhängt.

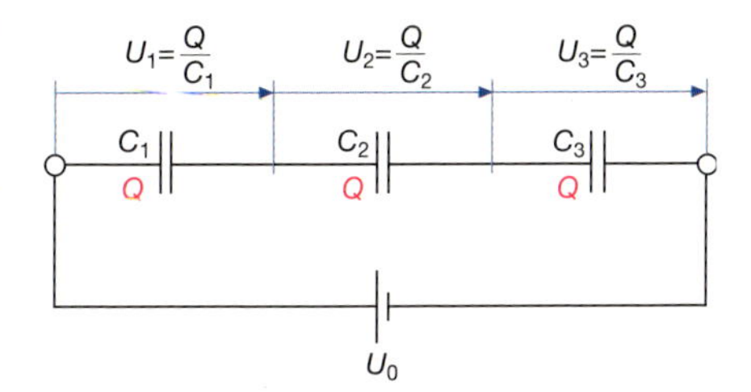

Bild 5.92: Reihenschaltung von Kondensatoren

Nach dem zweiten kirchhoffschen Gesetz ergibt sich:

$$U = U_1 + U_2 + U_3 + ...$$

$$\frac{Q}{C_{ges}} = \frac{Q}{C_1} + \frac{Q}{C_2} + \frac{Q}{C_3} + ...$$

$$\mathbf{\frac{1}{C_{ges}} = \frac{1}{C_1} + \frac{1}{C_2} + \frac{1}{C_3} + ...}$$

Die Gesamtkapazität einer Reihenschaltung ist immer kleiner als die kleinste Einzelkapazität.
Die Spannungen stehen im umgekehrten Verhältnis zueinander wie die Kapazitäten.

$$\mathbf{\frac{U_1}{U_2} = \frac{C_2}{C_1}}$$

In der **Parallelschaltung** liegt jeder einzelne Kondensator an der gleichen Spannung. Damit ergibt sich nach der Gleichung $Q = C \cdot U$, dass die Ladung der einzelnen Kondensatoren von ihrer Kapazität abhängt.

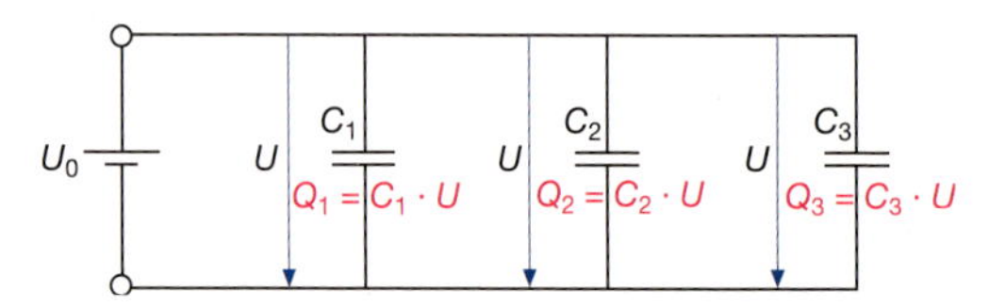

Bild 5.93: Parallelschaltung von Kondensatoren

Die Gesamtladung in der Schaltung ist gleich der Summe der Teilladungen in den einzelnen Kondensatoren (entsprechend dem ersten kirchhoffschen Gesetz für die Ströme in der Parallelschaltung von Widerständen). Damit ergibt sich:

$$Q_{ges} = Q_1 + Q_2 + Q_3 + ...$$

$$C_{ges} \cdot U = C_1 \cdot U + C_2 \cdot U + C_3 \cdot U + ...$$

$$\mathbf{C_{ges} = C_1 + C_2 + C_3 + ...}$$

Die Gesamtkapazität einer Parallelschaltung ist gleich der Summe der Einzelkapazitäten.

Die Ladungen der einzelnen Kondensatoren stehen in demselben Verhältnis zueinander wie die Kapazitäten.

$$\mathbf{\frac{Q_1}{Q_2} = \frac{C_1}{C_2}}$$

5.4.2.3 Aufladung und Entladung

Bei der **Aufladung** bildet ein ungeladener Kondensator im Einschaltaugenblick einen Kurzschluss. Um einen unzulässig hohen Anfangsladestrom zu verhindern, muss ein Kondensator daher über einen Vorwiderstand aufgeladen werden (Bild 5.94).

Am Vorwiderstand *R* liegt in jedem Augenblick die Spannung $U_R = U_0 - U_C$.
Die Stromstärke in der Schaltung ergibt sich also nach der Gleichung:

$$I = \frac{U_R}{R} = \frac{U_0 - U_C}{R}$$

Der **Ladestrom eines Kondensators** nimmt in demselben Verhältnis ab, wie die Kondensatorspannung zunimmt.
Ein Kondensator ist geladen, wenn seine Spannung U_C genauso groß ist wie die angelegte Spannung U_0; *I* und U_R sind dann Null.
Ein geladener Kondensator sperrt den Gleichstrom.

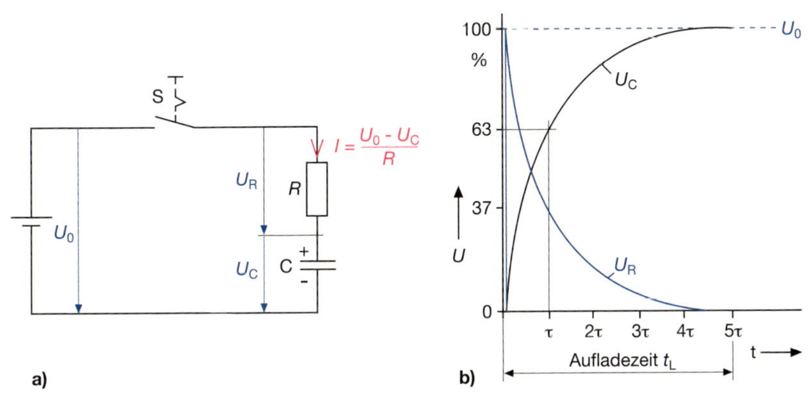

Bild 5.94: a) Aufladung eines Kondensators über einen Widerstand
b) Zeitlicher Verlauf von der Spannung während der Aufladung

Die Ladezeit t_L wird bestimmt

- durch die Größe des Vorwiderstandes *R*, der den Anfangsladestrom festlegt. Je größer *R*, desto größer t_L.
- durch die Kapazität *C*. Je größer *C* (umso mehr Ladung nimmt der Kondensator bei der angelegten Spannung auf), desto größer t_L.

Zeitkonstante der RC-Schaltung
Ladezeit

Die **Zeitkonstante** ist das Produkt aus *R* und *C*.

$$\tau = R \cdot C \qquad 1\ \Omega \cdot 1\ \text{F} = 1\ \frac{\text{V}}{\text{A}} \cdot 1\ \frac{\text{As}}{\text{V}} = 1\ \text{s}$$

Nach der Zeit von 1τ ist ein Kondensator auf 63 % der angelegten Spannung U_0 aufgeladen.
Innerhalb jedes weiteren Zeitabschnitts von 1τ nimmt die Spannung um 63 % der jeweiligen Restspannung $U_0 - U_C$ zu.
Nach einer Ladezeit t_L von fünf Zeitkonstanten gilt ein Kondensator praktisch als geladen (Bild 5.94 b).

$$t_L = 5 \cdot \tau$$

Die **Entladung** verläuft genau umgekehrt wie die Aufladung. Während der ersten Zeitkonstanten nimmt die Kondensatorspannung um 63 % des Anfangswertes ab (Bild 5.95).

Entladezeit

Ein Kondensator entlädt sich innerhalb der ersten Zeitkonstanten auf 37 % seiner Anfangsspannung.
Nach einer Entladezeit t_E von fünf Zeitkonstanten gilt ein Kondensator praktisch als entladen.

$$t_E = 5 \cdot \tau$$

Die Stromkurve in Bild 5.95 ist auf der negativen Achse aufgetragen, um zu verdeutlichen, dass der Entladestrom in umgekehrter Richtung wie der Ladestrom fließt.

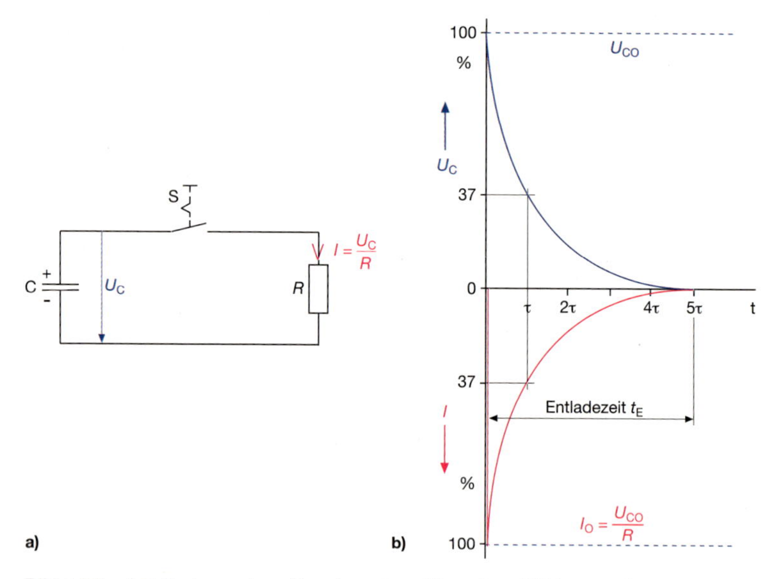

Bild 5.95: a) Entladung eines Kondensators über einen Widerstand
b) Zeitlicher Verlauf von Spannung und Strom während der Entladung

Aufgaben:

1. Welche Aussagen können über die elektrische Feldstärke in einem homogenen Feld gemacht werden?
2. Was verstehen Sie
   a) unter Influenz und
   b) unter Polarisation?
   In welchen technischen Zusammenhängen sind diese beiden Begriffe von Bedeutung?
3. Wie kann ein elektronisches Bauteil gegen die Beeinflussung durch elektrische Felder geschützt werden?
4. Für eine elektronische Schaltung ist ein Kondensator mit einem genauen Wert der Kapazität von 750 pF erforderlich. Zur Verfügung stehen Kondensatoren mit den Normwerten $C_1 = 630$ pF und $C_2 = 1\,000$ pF. Durch Zuschalten und Abgleichen eines Trimmerkondensators soll der geforderte Kapazitätswert eingestellt werden. Wie muss der Trimmerkondensator geschaltet und auf welchen Wert muss er abgeglichen werden, wenn der Kondensator
   a) mit dem Normwert $C_1 = 630$ pF und
   b) mit dem Normwert $C_2 = 1\,000$ pF ausgewählt wird?
5. Ein Elektrolytkondensator mit $C = 10$ µF wird über einen Widerstand $R = 1{,}2$ kΩ an einer Spannungsquelle auf 60 V aufgeladen.
   a) Wie groß ist die Stromstärke zu Beginn des Ladevorgangs?
   b) Berechnen Sie die Zeitkonstante.
   c) Wie groß sind Strom und Kondensatorspannung nach $t = \tau$?
   d) Nach welcher Zeit gilt der Kondensator praktisch als geladen?
   Wie groß ist nach dieser Zeit die tatsächliche Kondensatorspannung?
6. In der dargestellten Schaltung sind die Größen I_1, I_2, I_3, U_1, U_2, U_3 und U_C zu berechnen
   a) zum Zeitpunkt des Schließens von S1,
   b) wenn der Kondensator geladen ist,
   c) zum Zeitpunkt des Öffnens von S1.

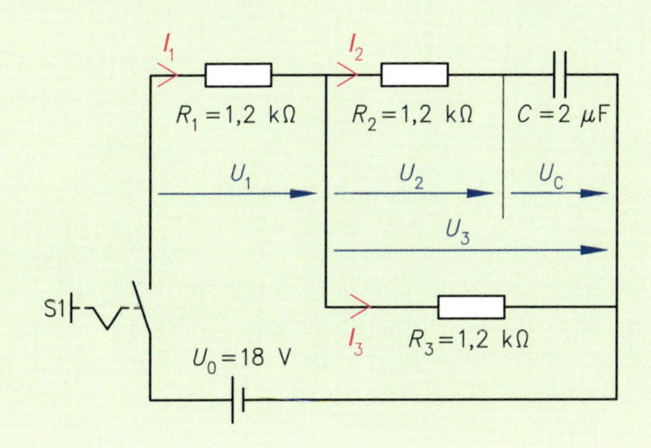

5.5 Magnetisches Feld und Spule

5.5.1 Magnetisches Feld

5.5.1.1 Begriff und Darstellung

Wird ein Eisenstab (z. B. eine Kompassnadel) drehbar gelagert, so stellt er sich in Nord-Südrichtung ein; dabei zeigt immer das gleiche Ende nach Norden.

Als **Nordpol** bezeichnet man das zum geografischen Nordpol der Erde zeigende Ende eines Magneten; das entgegengesetzte Ende des Magneten nennt man **Südpol**.

Mithilfe zweier Magnete (deren Pole gekennzeichnet sind) stellt man fest:

Gleichnamige Pole stoßen sich gegenseitig ab.
Ungleichnamige Pole ziehen sich gegenseitig an.

Wird eine Magnetnadel in die Nähe eines stromdurchflossenen Leiters gebracht, so stellt sie sich in eine ganz bestimmte Richtung ein (Bild 5.96). Kehrt man die Stromrichtung um, so zeigt die Nadel in die entgegengesetzte Richtung. Wird der Strom abgeschaltet, so verschwindet die Ablenkkraft.

Ein **magnetisches Feld** ist ein Raum, in dem auf einen Magneten (Eisenkörper) eine Kraft wirkt.
Ein magnetisches Feld entsteht durch einen elektrischen Strom.

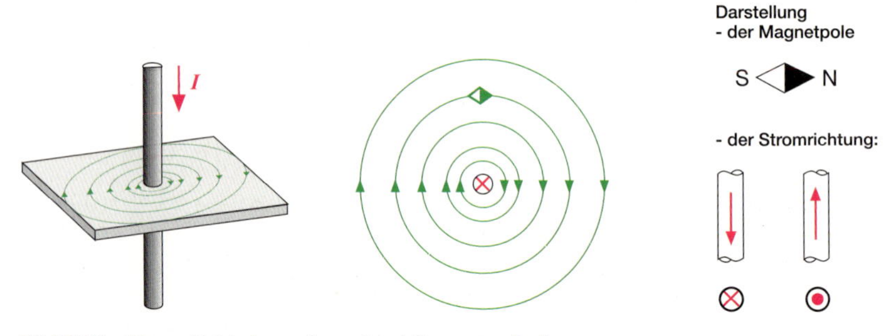

Bild 5.96: Magnetfeld eines stromdurchflossenen Leiters

Zur Darstellung magnetischer Felder dienen Feldlinien, ähnlich wie im elektrischen Feld. Während jedoch elektrische Feldlinien Anfang (+) und Ende (–) haben, sind magnetische Feldlinien in sich geschlossen. Der Zusammenhang zwischen Feldlinienrichtung und Stromrichtung ergibt sich nach der Rechtsschraubenregel (Bild 5.96).

Magnetische Feldlinien geben die Richtung an, in die der Nordpol einer Magnetnadel zeigt.
Magnetische Feldlinien sind in sich geschlossen.

Wird der gerade Leiter zu einer Schleife gebogen, so verändert sich auch die Form des Magnetfeldes (Bild 5.97 a). Aus der Überlagerung der Felder der einzelnen nebeneinanderliegenden Leiterschleifen (Windungen) ergibt sich das Magnetfeld einer Spule; es ist im Innern der Spule homogen (Bild 5.97 b).

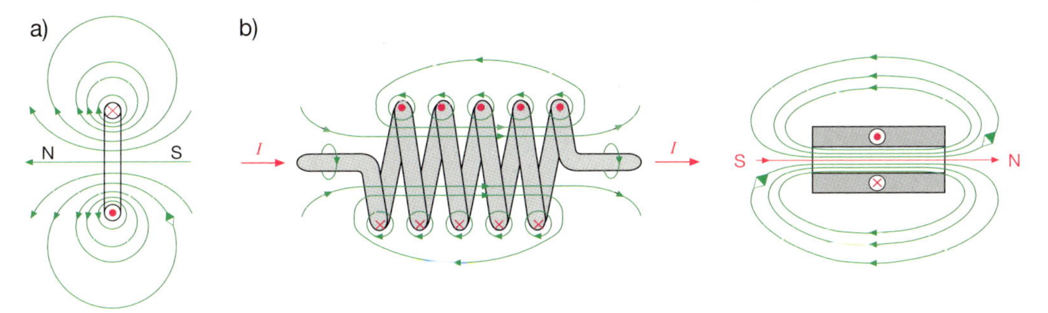

Bild 5.97: Magnetfeld einer Spule

5.5.1.2 Magnetische Größen

Zur Beschreibung elektromagnetischer Zusammenhänge und zur Berechnung magnetischer Kreise sind – ähnlich wie beim elektrischen Stromkreis – folgende magnetische Größen definiert:
Die Gesamtheit der Feldlinien einer stromdurchflossenen Spule bezeichnet man als **magnetischen Fluss** Φ (Einheit: 1 Wb = 1 Weber = 1 Vs).
Die magnetische Wirkung einer Spule wird durch die **magnetische Flussdichte *B*** bestimmt; diese gibt an, wie groß der magnetische Fluss Φ pro Flächeneinheit des Kernquerschnitts *A* ist.

$$\mathbf{B} = \frac{\phi}{\boldsymbol{A}} \qquad 1\ \text{T (Tesla)} = 1\ \frac{\text{Wb}}{\text{m}^2} = 1\ \frac{\text{Vs}}{\text{m}^2}$$

Große Stromstärken erzeugen große Flussdichten. Aber auch mit kleineren Strömen können große Flussdichten in einem Spulenkern erzeugt werden, wenn sie durch eine große Windungszahl fließen. Zum Beispiel wird in der gleichen Spule ein Strom von 2 A in 40 Windungen die gleiche Flussdichte erzeugen wie ein Strom von 1 A in 80 Windungen. Das Produkt aus Spulenstrom *I* und Windungszahl *N* bezeichnet man als **Durchflutung** Θ.

$$\Theta = \boldsymbol{I} \cdot \boldsymbol{N} \qquad \text{Einheit: 1 A}$$

Messungen an Spulen, die sich nur in der Kernlänge (Feldlinienlänge) unterscheiden, ergeben, dass die Flussdichte *B* im gleichen Verhältnis abnimmt wie die Feldlinienlänge zunimmt. Die eigentliche Erregergröße für *B* setzt sich demnach aus der Durchflutung Θ und der mittleren Feldlinienlänge l_m zusammen; sie wird als **magnetische Feldstärke *H*** bezeichnet.

$$H = \frac{\Theta}{l_m} \qquad 1\,\frac{A}{m} = \frac{1\,A}{1\,m}$$

Einen ganz wesentlichen Einfluss auf die Flussdichte im Kern einer Spule hat der Werkstoff des Kerns. Die Eigenschaft eines Werkstoffs, die magnetische Flussdichte B zu beeinflussen, bezeichnet man als magnetische Durchlässigkeit oder **Permeabilität** μ.

$$B = \mu \cdot H \qquad 1\,T = \frac{Vs}{Am} \cdot \frac{1\,A}{1\,m} = \frac{Vs}{m^2}$$

5.5.1.3 Magnetwerkstoffe

Als Magnetwerkstoffe bezeichnet man üblicherweise die **ferromagnetischen Werkstoffe**; dazu zählen neben Eisen auch Nickel, Kobalt und zahlreiche Legierungen.
Um in einem solchen Werkstoff eine bestimmte Flussdichte B zu erzeugen, muss eine bestimmte Feldstärke H aufgebracht werden. Bringt man z.B. einen unmagnetischen Eisenkern in eine Spule und lässt die Stromstärke in der Spulenwicklung (und damit die Feldstärke im Kern) langsam ansteigen, so steigt B nach der sog. **Neukurve** an, bis die **Sättigung** B_S erreicht ist. Verringert man nun die Stromstärke bis $I = 0$, so bleibt im Eisen die Flussdichte B_R zurück, die als **Restmagnetismus** (Remanenz) bezeichnet wird. Die Feldstärke, die man aufwenden muss, um den Restmagnetismus im Eisen völlig zu beseitigen, nennt man **Koerzitivfeldstärke** H_K.

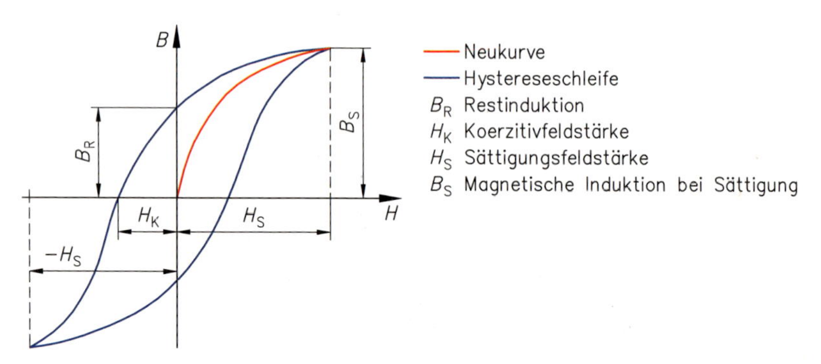

Bild 5.98: Hystereseschleife

Diesen Ablauf kann man mit umgekehrter Stromrichtung fortsetzen und es entsteht letztlich ein geschlossener Kurvenverlauf, die sog. **Hystereseschleife**.
Die beschriebenen Vorgänge lassen sich mit folgender Modellvorstellung beschreiben: Ein Eisenstück besteht aus kleinen, nach allen Seiten drehbaren **Elementarmagneten**, die alle in ihren Richtungen gegeneinander versetzt sind; das Stück ist unmagnetisch.

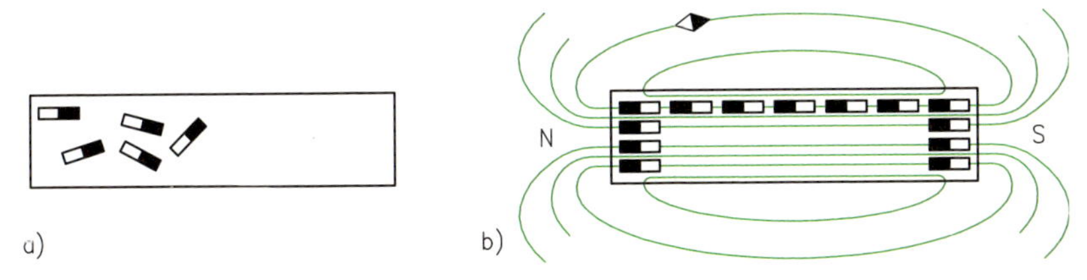

Bild 5.99: Eisenstück mit Elementarmagneten: a) unmagnetisiert, b) magnetisiert

Wirkt ein magnetisches Feld auf das Eisenstück, so werden die Elementarmagnete in Richtung dieses Feldes gedreht; sind alle ausgerichtet, so ist das Eisen magnetisch gesättigt. Wird das Eisenstück aus dem einwirkenden Magnetfeld genommen, so bleibt nur ein Teil der Elementarmagnete ausgerichtet; es bildet den Restmagnetismus.
Nach ihrem Magnetisierungsverhalten können die Magnetwerkstoffe in zwei Gruppen eingeteilt werden:

- **Hartmagnetische** Werkstoffe sind Stoffe, bei denen zur Beseitigung des Restmagnetismus eine hohe Koerzitivfeldstärke aufgewendet werden muss. Sie werden verwendet zur Herstellung von Dauermagneten.
- **Weichmagnetische** Werkstoffe sind Materialien, bei denen der Restmagnetismus mit einer geringen Koerzitivfeldstärke abgebaut werden kann. Sie werden in der Wechselstromtechnik für Übertrager- und Spulenkerne verwendet und in der Gleichstromtechnik überall dort, wo der Magnetismus nur während des Stromflusses wirken soll (z. B. bei Relais).

Weichmagnetische Werkstoffe werden auch eingesetzt als **Abschirmung** empfindlicher Geräte gegen magnetische Felder, da sie eine hohe magnetische Durchlässigkeit – man spricht in diesem Zusammenhang auch von magnetischer Leitfähigkeit – haben.

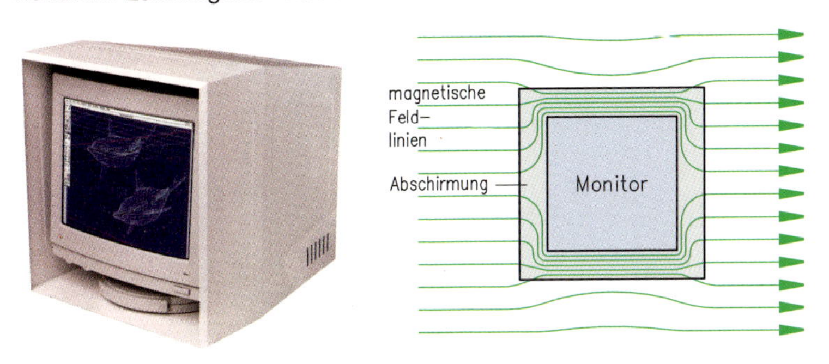

Bild 5.100: Magnetische Abschirmung

Durch einen Weicheisenkern kann die Flussdichte einer Spule wesentlich vergrößert werden (bis zu 15 000-mal); daher werden praktisch nur Spulen mit Eisenkern verwendet.
Eine Spule mit einem geschlossenen Eisenkern wird auch als **magnetischer Kreis** bezeichnet. Infolge der gekrümmten Magnetisierungslinie (Bild 5.101) kommt es bei derartigen Spulen oder Übertragern zu Signalverzerrungen. Um diese gering zu halten, wird der Eisenkern mit einem Luftspalt versehen. Dadurch wird der geradlinige Teil der Magnetisierungslinie – der sog. Arbeitsbereich – erweitert.

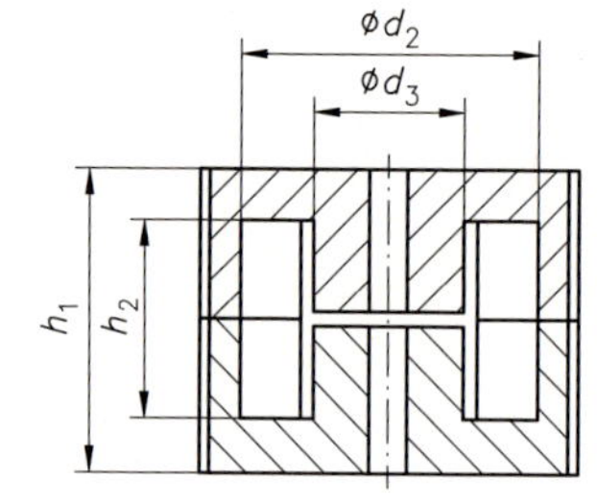

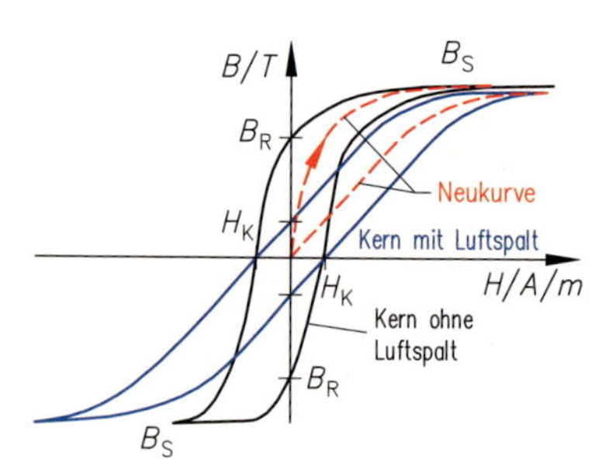

Bild 5.101: Spule mit Luftspalt

Eisenkerne mit Luftspalt werden in Schwingkreisspulen hoher Güte, in Kleinsignal-Breitbandübertragern, in Speicherdrosseln, in getakteten Stromversorgungsgeräten sowie in ISDN-Schnittstellen-Übertragern eingesetzt.

Schon sehr früh (1845, Faraday) hat man entdeckt, dass tatsächlich jeder Stoff magnetische Eigenschaften besitzt. Die Wirkungen sind jedoch so schwach, dass zu ihrem Nachweis starke inhomogene Felder (z.B. in der Nähe eines spitzen magnetischen Pols) erforderlich sind. Hierbei zeigen sich zwei Gruppen von Stoffen:

- **Paramagnetische Stoffe**; sie verhalten sich qualitativ ähnlich wie ferromagnetische Stoffe, sie **werden von einem Magnetpol angezogen;** zu ihnen gehören Aluminium, Zinn, Platin, Lithium u.a.
- **Diamagnetische Stoffe**; sie verhalten sich genau umgekehrt wie ferromagnetische Stoffe, sie **werden von einem Magnetpol abgestoßen**; zu ihnen gehören Kupfer, Quecksilber, Wismut u.a.

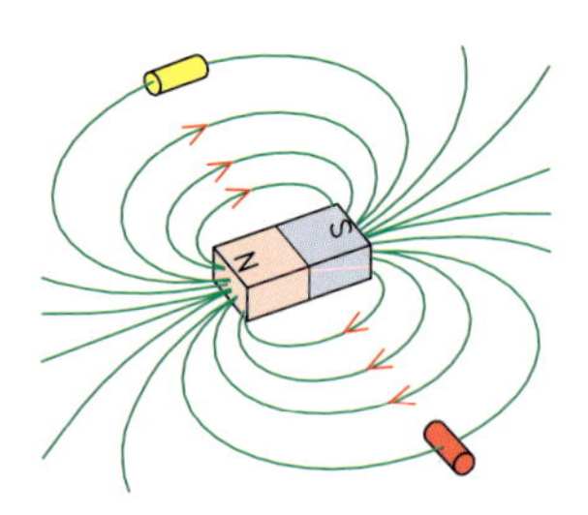

Bild 5.102: Dia- und Paramagnetismus

Das nebenstehende Bild verdeutlicht das Verhalten dia- bzw. paramagnetischer Stoffe in einem Magnetfeld. Während sich ein Stäbchen aus paramagnetischem Material (gelb) parallel zur Feldrichtung einstellt, richtet sich ein Stäbchen aus diamagnetischem Material (rot) senkrecht zur Feldrichtung aus.

5.5.1.4 Kraftwirkungen im magnetischen Feld

Wird ein elektrischer Leiter nach Bild 5.103 in ein Magnetfeld gebracht, so zeigt sich zunächst keine Wirkung. Sobald jedoch ein Strom durch den Leiter fließt, wird er aus seiner Lage abgelenkt; wird die Stromrichtung umgekehrt, so kehrt auch die Kraft ihre Richtung um; wird der Strom abgeschaltet, so verschwindet die Kraftwirkung.

I
N
B
F
S

Bild 5.103: Kraftwirkung auf einen stromdurchflossenen Leiter im magnetischen Feld

> Auf einen stromdurchflossenen Leiter wirkt im magnetischen Feld eine Kraft **(Motorprinzip)**.

Auf die gleiche Weise entsteht natürlich auch eine Kraftwirkung auf eine stromdurchflossene Spule im Magnetfeld.

Da die Kraft auf einen Leiter nur dann wirkt, wenn ein elektrischer Strom fließt, kann man annehmen, dass sie nicht unmittelbar auf das Leitermaterial, sondern auf die im Leiter fließenden Elektronen wirkt. Dieser Effekt wird in Bildröhren (Monitoren, Fernsehgeräten) angewendet, um den von der Glühkathode ausgehenden Elektronenstrahl auf jede gewünschte Stelle des Bildschirms zu lenken (Bild 5.104 a).

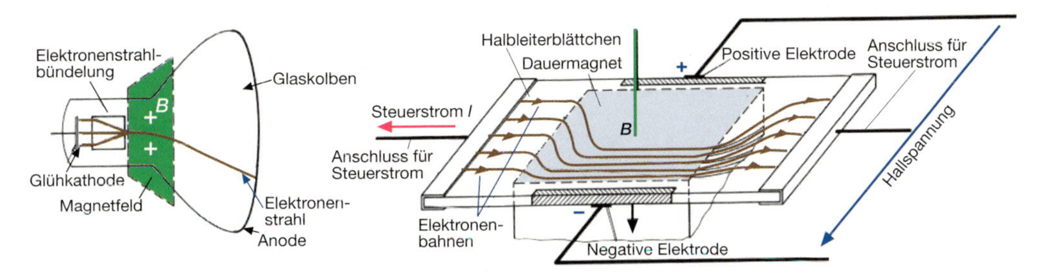

Bild 5.104: a) Ablenkung eines Elektronenstrahls b) Entstehung der Hall-Spannung

Ist ein stromdurchflossener Leiter im Magnetfeld unbeweglich angeordnet, so kann er der auf die Elektronen wirkenden Kraft nicht folgen. Daher werden die Elektronen im Leiter so abgelenkt, dass es auf der einen Leiterseite zu einer Elektronenverdichtung, auf der Gegenseite zu einem Elektronenmangel kommt; zwischen diesen beiden Stellen besteht eine elektrische Spannung. Dieser Vorgang wird nach seinem Entdecker als **Hall-Effekt**, die entstehende Spannung als Hall-Spannung bezeichnet (Bild 5.104 b).

Auch zwischen parallel verlaufenden Strom durchflossenen Leitern kommt es zu Kraftwirkungen.

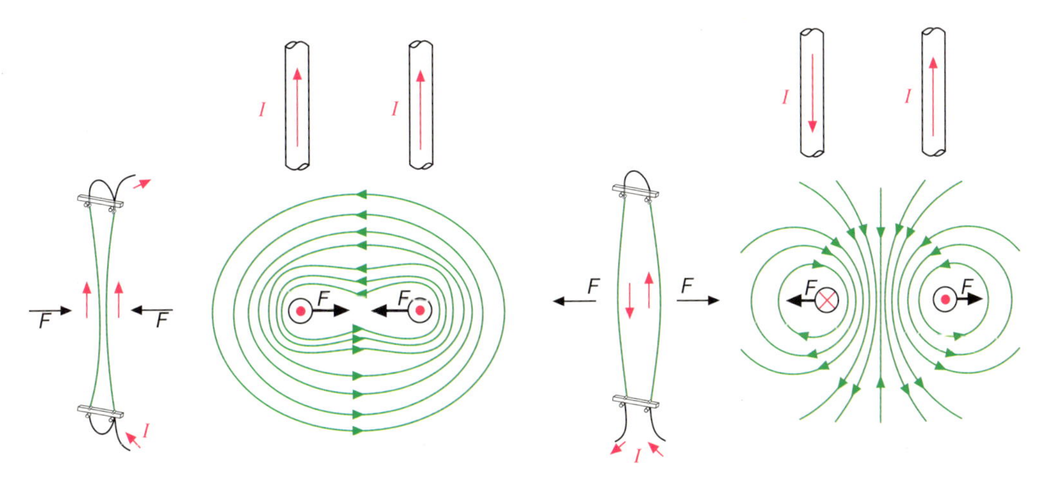

Bild 5.105: Kraftwirkung zwischen parallelen Leitern a) bei gleichgerichteten Strömen b) bei entgegengesetzt gerichteten Strömen

5.5.1.5 Induktionsgesetz

Ändert sich der magnetische Fluss Φ in einer Spule, so entsteht in ihr eine elektrische Spannung. Diesen Vorgang bezeichnet man als **elektromagnetische Induktion**.
Die Flussänderung kann verursacht werden

- durch Bewegung der Spule im Magnetfeld oder
- durch Änderung des in der Spule fließenden Betriebsstromes **(Selbstinduktion)**.

Die Größe der in einer Spule induzierten Spannung (U_i) wird bestimmt durch die zeitliche Änderung des magnetischen Flusses ($\Delta\Phi/\Delta t$) und durch die Windungszahl (N) der Spule **(Induktionsgesetz)**.

$$U_i = -N \cdot \frac{\Delta\Phi}{\Delta t} \qquad 1\,\text{V} = \frac{1\,\text{Vs}}{1\,\text{s}}$$

Das Minuszeichen besagt: Die Induktionsspannung ist stets so gerichtet, dass sie ihrer Ursache entgegenwirkt **(lenzsche Regel)**.

Ist die Ursache der Induktionsspannung

- eine Bewegung der Spule, so entsteht durch die Induktionsspannung ein Strom, der eine Gegenkraft erzeugt;
- eine Betriebsstromänderung in der Spule, so wird durch die Induktionsspannung ein Strom erzeugt, der der Änderung des Betriebsstromes entgegenwirkt. Dieser Effekt hat eine besondere Bedeutung für den Betrieb von Spulen an Wechselspannung.

5.5.1.6 Übertrager (Transformator)

Befindet sich im Magnetfeld einer 1. Spule (Primärspule) eine 2. Spule (Sekundärspule), so wird auch in dieser – bei Stromänderungen in der 1. Spule – eine Spannung induziert. Die Verbindung der beiden Spulen über das Magnetfeld bezeichnet man als magnetische oder **induktive Kopplung**. Auf diesem Prinzip beruht die Wirkungsweise von Transformatoren und Übertragern.

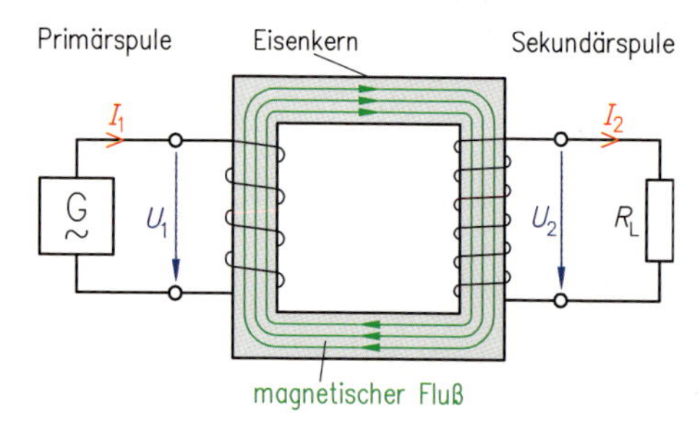

Bild 5.106: Prinzip eines Übertragers

Bei einem Übertrager sind zwei Spulen über einen gemeinsamen Eisenkern gewickelt; elektrisch sind sie völlig voneinander getrennt (galvanische Trennung). Fließt in der Primärwicklung ein Wechselstrom (oder ein zerhackter Gleichstrom wie bei Schaltnetzteilen), so erzeugt dieser im Eisenkern einen magnetischen Wechselfluss. Durch diesen wird in der Sekundärspule eine Spannung induziert.

Die Größe dieser **Spannung** wird bestimmt durch das Verhältnis der Windungszahlen beider Spulen $\boldsymbol{U_1/U_2 = N_1/N_2 = \ddot{u}}$ (Übersetzungsverhältnis).

Da ein (verlustfreier) Übertrager am Ausgang die gleiche Leistung abgibt, die er am Eingang aufgenommen hat, ergibt sich, dass die **Stromstärken** in den beiden Spulen sich umgekehrt wie die Spannungen verhalten: $\boldsymbol{I_1/I_2 = U_2/U_1 = 1/\ddot{u}}$.

Da gleichzeitig also eine Spannungs- und eine Stromübersetzung stattfindet und das Verhältnis von U/I den Widerstand angibt, kann man mit $\boldsymbol{R_1/R_2} = U_1/U_2 \cdot I_2/I_1 = \ddot{u} \cdot \ddot{u} = \boldsymbol{\ddot{u}^2}$ auch eine **Widerstandsübersetzung** berechnen. Das bedeutet, dass ein sekundärseitig angeschlossener Widerstand die Spannungsquelle der Primärseite belastet wie ein unmittelbar an diese angeschlossener Widerstand mit dem Wert $R_1 = \ddot{u}^2 \cdot R_2$.

Dieser Zusammenhang ist in der Übertragungstechnik von größter Bedeutung für die Erzielung einer Leistungsanpassung (vgl. Kap. 5.3.1.2) bei gleichzeitiger galvanischer Trennung.

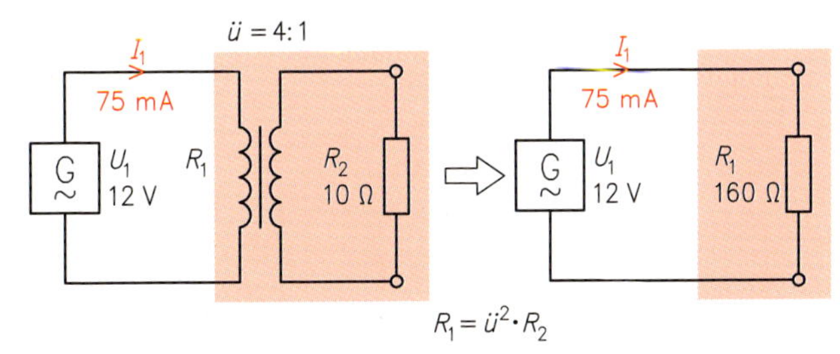

Bild 5.107: Widerstandsübersetzung

5.5.2 Spule im Gleichstromkreis

5.5.2.1 Induktivität

Durch die Selbstinduktion wird bei Stromänderung in einer Spule eine Spannung induziert. Diese kann beim Abschalten der Spule so hoch werden, dass es am Schalterkontakt zu einer kräftigen Funkenbildung kommt.

Die Größe der Selbstinduktionsspannung wird bestimmt durch die Größe der Stromänderung und durch den Aufbau der Spule. Der Einfluss des Spulenaufbaus wird durch eine Kenngröße angegeben, die man als Induktivität bezeichnet (Einheit: 1 Henry).

Die **Induktivität *L*** einer Spule gibt an, wie groß die induzierte Spannung U_i ist, wenn sich die Stromstärke in der Spule in einer Sekunde um 1 A ändert ($\Delta I / \Delta t$).

$$\boldsymbol{L} = \frac{\boldsymbol{U}_\mathrm{i}}{\frac{\Delta \boldsymbol{I}}{\Delta \boldsymbol{t}}} \qquad 1\,\mathrm{H} = 1\,\frac{\mathrm{Vs}}{\mathrm{A}} = \frac{1\,\mathrm{V}}{1\,\frac{\mathrm{A}}{\mathrm{s}}}$$

Die Induktivität einer Spule wird bestimmt von der Windungszahl der Spulenwicklung und von den Abmessungen und vom Werkstoff des Spulenkerns.

5.5.2.2 Ein- und Ausschalten einer Spule

Schaltet man eine Glühlampe mit einer Spule in Reihe an eine Gleichspannung, so sieht man, dass die Lampe nach dem **Einschalten** verzögert aufleuchtet. Die durch den Stromanstieg beim Einschalten verursachte Flussänderung bewirkt eine Selbstinduktionsspannung, die nach der lenzschen Regel ihrer Ursache – also dem Stromanstieg – entgegenwirkt. Daher steigt die Stromstärke nur allmählich auf ihren Endwert.
Wird in den Stromkreis nur eine Spule (z. B. eine Relaisspule) geschaltet, so ist der Endwert der Stromstärke vom Leiterwiderstand der Spulenwicklung abhängig. Daher lassen sich die Eigenschaften einer Spule im Gleichstromkreis mit einer Reihenschaltung aus einem Widerstand *R* und einer Induktivität *L* darstellen.

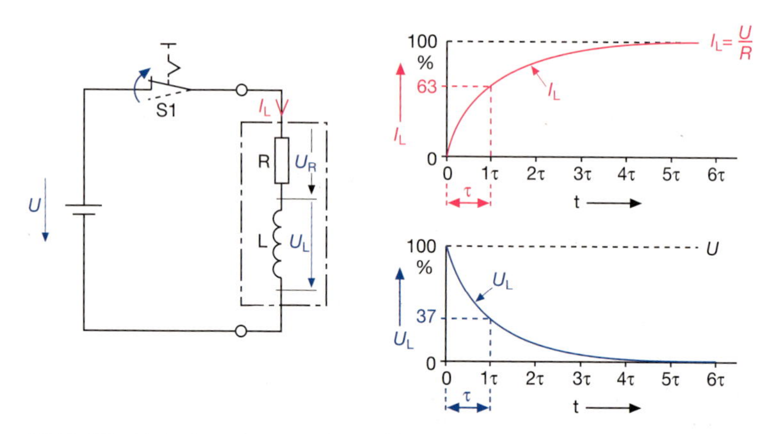

Bild 5.108: Verlauf von Stromstärke und Spannung beim Einschalten einer Spule

- Je **größer die Induktivität *L*** einer Spule ist, desto größer ist die Selbstinduktionsspannung, die dem Stromanstieg entgegenwirkt, desto langsamer erfolgt der Stromanstieg.
- Je **kleiner der Leiterwiderstand *R*** der Spulenwicklung ist, desto größer ist der Endwert der Stromstärke und desto länger dauert der Stromanstieg.

Zeitkonstante der RL-Schaltung

Die **Zeitkonstante** τ einer Spule ist umso größer, je größer die Induktivität *L* und je kleiner der Widerstand *R* ist.

$$\tau = \frac{L}{R} \qquad \frac{1\,\mathrm{H}}{1\,\Omega} = \frac{1\,\mathrm{Vs}}{1\,\mathrm{A}\Omega} = 1\,\mathrm{s}$$

Die Zeitkonstante einer Spule ist die Zeit, in der die Stromstärke in der Spule auf 63 % ihres Endwertes ansteigt (Bild 5.108).

Einschaltzeit

Nach einer **Einschaltzeit t_E** von fünf Zeitkonstanten ist der Einschaltvorgang (Stromanstieg) praktisch beendet.

$$t_E = 5 \cdot \tau$$

Das **Ausschalten** verläuft ebenfalls verzögert, da durch die Stromabnahme wieder eine Selbstinduktionsspannung entsteht, die der Abnahme entgegenwirkt. Damit der Selbstinduktionsstrom fließen kann, muss die Spule beim Abschalten kurzgeschlossen werden.

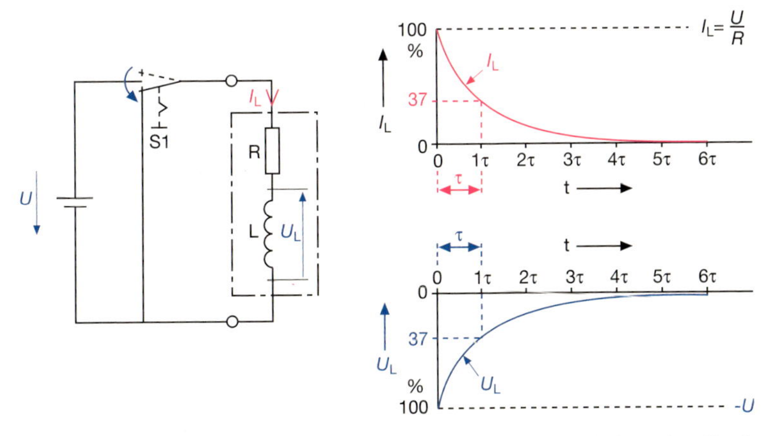

Bild 5.109: Verlauf von Stromstärke und Spannung beim Ausschalten einer Spule

Ausschaltzeit

- Beim Ausschalten einer Spule sinkt die Stromstärke innerhalb der ersten Zeitkonstante auf 37 % (um 63 %) des Betriebsstromes.
  Nach einer **Ausschaltzeit t_A** von fünf Zeitkonstanten ist die Spule praktisch ausgeschaltet ($I = 0$).

$$t_A = 5 \cdot \tau$$

Wird die Spule beim Abschalten nicht kurzgeschlossen, so kommt es zu einer sehr hohen Spannung U_K am sich öffnenden Kontakt (Bild 5.110). Betriebsspannung U und Induktionsspannung U_I werden zusammen am Kontakt wirksam, was zur Funkenbildung oder zur Zerstörung führen kann.
Um zerstörerisch hohe Induktionsspannungen zu vermeiden, muss in Spulenschaltungen ein möglichst niederohmiger Stromweg vorbereitet werden. Hierzu kann eine **Funkenlöschstrecke** parallel zum Kontakt geschaltet werden (Bild 5.111 a). In elektronischen Schaltungen wird häufig eine sogenannte **Freilaufdiode** parallel zur Spule geschaltet (Bild 5.111 b).

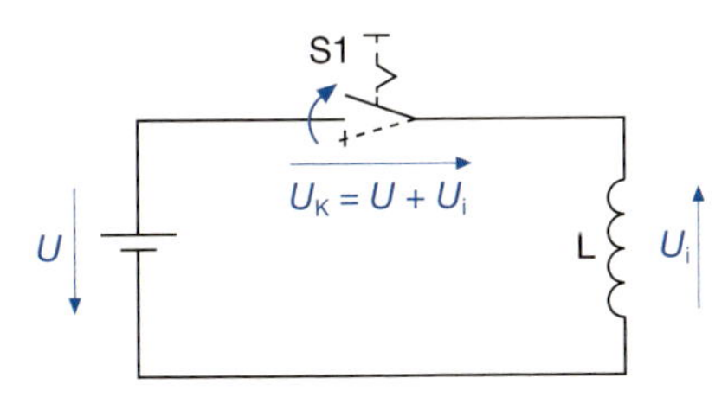

Bild 5.110: Spannung am Kontakt beim Abschalten einer Spule

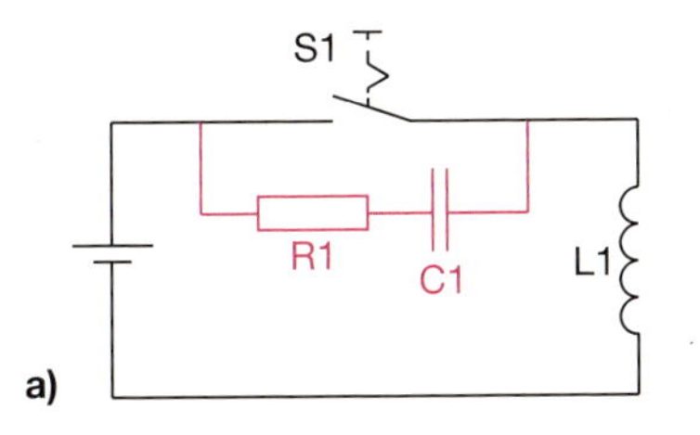

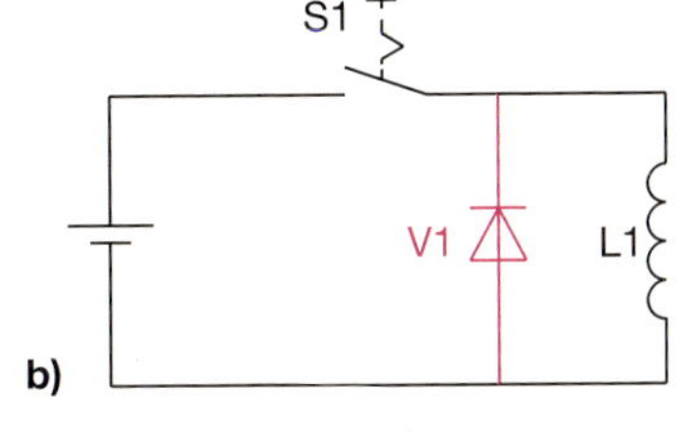

Bild 5.111: a) Funkenlöschstrecke b) Freilaufdiode

Funkenlöschstrecke oder Freilaufdiode können auch durch einen spannungsabhängigen Widerstand (Varistor) ersetzt werden.

Auch im Eisenkern einer Spule kommt es zu Induktionsvorgängen; das Ergebnis sind die sogenannten **Wirbelströme**. Diese führen – besonders in Wechselstromkreisen – zu Energieverlusten (Erwärmung des Eisenkerns).
Um Wirbelstromverluste gering zu halten, werden die Eisenkerne nicht aus massivem Eisen hergestellt, sondern aus Blechen geschichtet, die gegeneinander elektrisch isoliert sind. Spulen für hohe Frequenzen erhalten Kerne aus Eisenoxidpulver (Ferrite).

5.5.3 Elektromagnetische Verträglichkeit

Die Funktion elektrischer und elektronischer Geräte kann erheblich gestört werden durch elektrische Felder (vgl. Kap. 5.4.1), magnetische Felder (vgl. Kap. 5.5.1) und durch elektromagnetische Felder, die durch Blitzschlag, durch Schaltfunken an Kontakten (vgl. Kap. 5.5.2.2) oder durch wechselstrombetriebene Leitungen, Geräte und Anlagen verursacht werden. Insbesondere in der PC-Technik kommt es durch immer höhere Taktraten bzw. immer kürzere Schaltzeiten in digitalen Hochgeschwindigkeitsschaltungen zu immer stärkeren Störstrahlungen („Elektrosmog").
Infolgedessen hat das Thema **Elektromagnetische Verträglichkeit (EMV)** eine beträchtliche Bedeutung gewonnen. Man unterscheidet hierbei:

EMVU

- **Elektromagnetische Verträglichkeit mit der Umwelt (EMVU)**, die sich mit den Wirkungen elektromagnetischer Felder auf biologische Systeme (Mensch, Tier, Pflanze) befasst und
- **Elektromagnetische Verträglichkeit von Geräten (EMVG).**

EMVG

Elektromagnetische Verträglichkeit (EMVG) ist die Fähigkeit eines Gerätes,
- in der elektromagnetischen Umwelt zufriedenstellend zu arbeiten,
- ohne dabei selbst elektromagnetische Störungen zu verursachen, die für andere in dieser Umwelt vorhandene Geräte unannehmbar wären.

Die wesentlichen Begriffe der EMVG sind:

- **Störfestigkeit**; sie bezeichnet die Fähigkeit eines Gerätes, während einer elektromagnetischen Störung von außen (z.B. durch Blitzschlag) einwandfrei zu funktionieren.
- **Störaussendung**; sie beschreibt die Fähigkeit eines Gerätes, elektromagnetische Störungen zu erzeugen.

Geräte im Sinne der EMVG-Vorschriften sind

- alle Apparate, Anlagen und Systeme, die elektrische oder elektronische Bauteile enthalten, z.B. Rundfunk- und TV-Empfänger, mobile Funkgeräte, informationstechnische Geräte, Telekommunikationsgeräte und -netze usw.
- Sämtliche Baugruppen, Geräteteile u.ä., die allgemein im Handel erhältlich sind, z.B. PC-Karten, Motherboards, Schnittstellenkarten, Schaltnetzteile, Relais usw.

Alle diese Geräte müssen den EMV-Vorschriften entsprechen, damit sie das **CE-Zeichen** (vgl. Kap. 1.11.3) führen und auf dem freien Markt angeboten werden dürfen.

Keine Geräte im Sinne der EMVG-Vorschriften sind alle elementaren Bauteile wie z. B. Widerstände, Kondensatoren, Spulen, Kabel, Stecker, ICs, Sicherungen usw.

Bei der Frage, ob elektromagnetische Strahlung die **Gesundheit des Menschen** (EMVU) beeinträchtigt, sollte man bedenken, dass alle inneren Regelmechanismen des Körpers auf kleinsten elektrischen Strömen und Spannungen beruhen (EEG, EKG). Künstlich erzeugte Felder rufen oft viel höhere Ströme und Spannungen im Körper hervor, deren gesundheitsgefährdende Wirkung jedoch noch nicht vollständig erforscht ist.

Recht gut bekannt ist die Wärmewirkung hochfrequenter (Handy-spezifischer) elektromagnetischer Strahlung. Die Wassermoleküle – der Mensch besteht zu etwa 60 % aus Wasser – bilden elektrische Dipole. Diese schwingen in dem ständig wechselnden elektromagnetischen Feld im Rhythmus der hohen Frequenz und reiben dabei aneinander. Dadurch entsteht Wärme zusätzlich zur Körpertemperatur. Bei Erwärmung um mehr als 1 °C können Stoffwechsel und Nervensystem gestört werden. Bei zu starker Erwärmung kann es auch zu Schäden im Auge kommen. Diese weitgehend erforschten thermischen Effekte bilden die Grundlage für die „Grenzwerte für elektromagnetische Strahlenbelastung" nach der 26. Bundesimmissionsschutzverordnung.

Als Ergebnis vieler Ansätze und Studien gibt es über diese bekannte Wärmewirkung hinaus bislang keine wissenschaftlichen Ergebnisse, die auf sonstige Wirkungen schwacher elektromagnetischer Felder auf biologische Systeme hinweisen.

Als Summe aller bisheriger Untersuchungen ergibt sich, dass hochfrequente Felder im Rahmen der zulässigen Normen keine negativen gesundheitlichen Einflüsse auf den Menschen haben.

Mit einem **Feldstärkemessgerät** können Feldstärken in der Umgebung von Störstrahlungsquellen problemlos gemessen werden. Bild 5.112 zeigt ein solches Gerät, das für Frequenzen von 5 Hz bis 400 kHz gleichzeitig die magnetische Flussdichte B (vgl. Kap. 5.5.1.2) von 1 nT bis 200 T und die elektrische Feldstärke E (vgl. Kap. 5.4.1.2) von 0,1 V/m bis 20 kV/m messen kann. Damit lassen sich Felder von Bahnanlagen, Stromversorgungsleitungen, Hausinstallationen und Elektrogeräten, aber auch Felder von Monitoren, medizinischen Geräten, Dimmern und Messgeräten sehr einfach erfassen.

Bild 5.112: Feldstärkemessgerät

Hinweise zum Schutz vor elektromagnetischer Strahlung:

- Möglichst **Abstand halten** von strahlenden Geräten (z. B. TV, Monitor)
- Nicht benötigte **Geräte abschalten** (z. B. Drucker, Kopierer). Die Netzteile vieler Geräte geben auch im Stand-by-Betrieb ein Magnetfeld ab.
- **Strahlenarmen Monitor** wählen; gegebenenfalls Bildschirmfilter verwenden.

- **Schnurlose Telefone** am Telefonnetz haben eine relativ geringe Leistung im Vergleich zu Mobiltelefonen.
- Im **Schlafzimmer sollte keine TV- oder Stereoanlage** stehen; **Radiowecker oder Uhren möglichst weit weg** vom Bett.
- **Netzfreischalter** (vgl. Kap. 5.7.2) trennen das gesamte Schlafzimmer vom Stromnetz, sobald der letzte Verbraucher ausgeschaltet ist.

Aufgaben:

1. Erläutern Sie den Verlauf der Hystereseschleife und erklären Sie in diesem Zusammenhang die Begriffe Restinduktion (Remanenz) und Koerzitivfeldstärke.
2. Wodurch unterscheiden sich hartmagnetische und weichmagnetische Werkstoffe? Nennen Sie einige Beispiele für ihre Anwendung.
3. Was versteht man unter magnetischer Abschirmung und wodurch wird sie erreicht?
4. Welche Wirkung hat ein Luftspalt im Eisenkern eines Übertragers?
5. Welche Arten von Magnetismus kennen Sie neben dem Ferromagnetismus und wodurch unterscheiden sie sich?
6. Ein Magnetfeld übt eine Kraftwirkung auf elektrische Ladungen aus. Nennen Sie einige Beispiele für die technische Nutzung dieses Effektes.
7. Was verstehen Sie unter elektromagnetischer Induktion?
8. Erklären Sie die Begriffe Selbstinduktion und Induktivität.
9. Beschreiben Sie, warum Kontakte in Stromkreisen mit hoher Induktivität geschützt werden müssen. Nennen Sie einige Maßnahmen, mit denen Kontakte geschützt werden können.
10. Erläutern Sie den Aufbau und die Wirkungsweise eines Übertragers.
11. Was verstehen Sie unter dem Übersetzungsverhältnis eines Übertragers?
12. Geben Sie an, wie durch einen Übertrager die Spannung, die Stromstärke und der Widerstand übersetzt werden.
13. Erklären Sie, wie mit einem Übertrager eine Leistungsanpassung erzielt werden kann.
14. Welche Bedeutung haben die Bezeichnungen EMVU und EMVG?
15. Nennen Sie die beiden wesentlichen Begriffe der EMVG und erläutern Sie deren Bedeutung.

5.6 Elektroinstallation

5.6.1 Schaltzeichen und Schaltpläne

Die in elektrischen Anlagen eingesetzten Bauelemente (Schalter, Relais, Leitungen usw.) werden als **Betriebsmittel** bezeichnet. In Schaltungsunterlagen werden die Betriebsmittel durch **Schaltzeichen (grafische Symbole)** dargestellt. Diese lassen nur noch die elektrische Funktion, nicht aber die Konstruktion oder Bauform des Betriebsmittels erkennen.

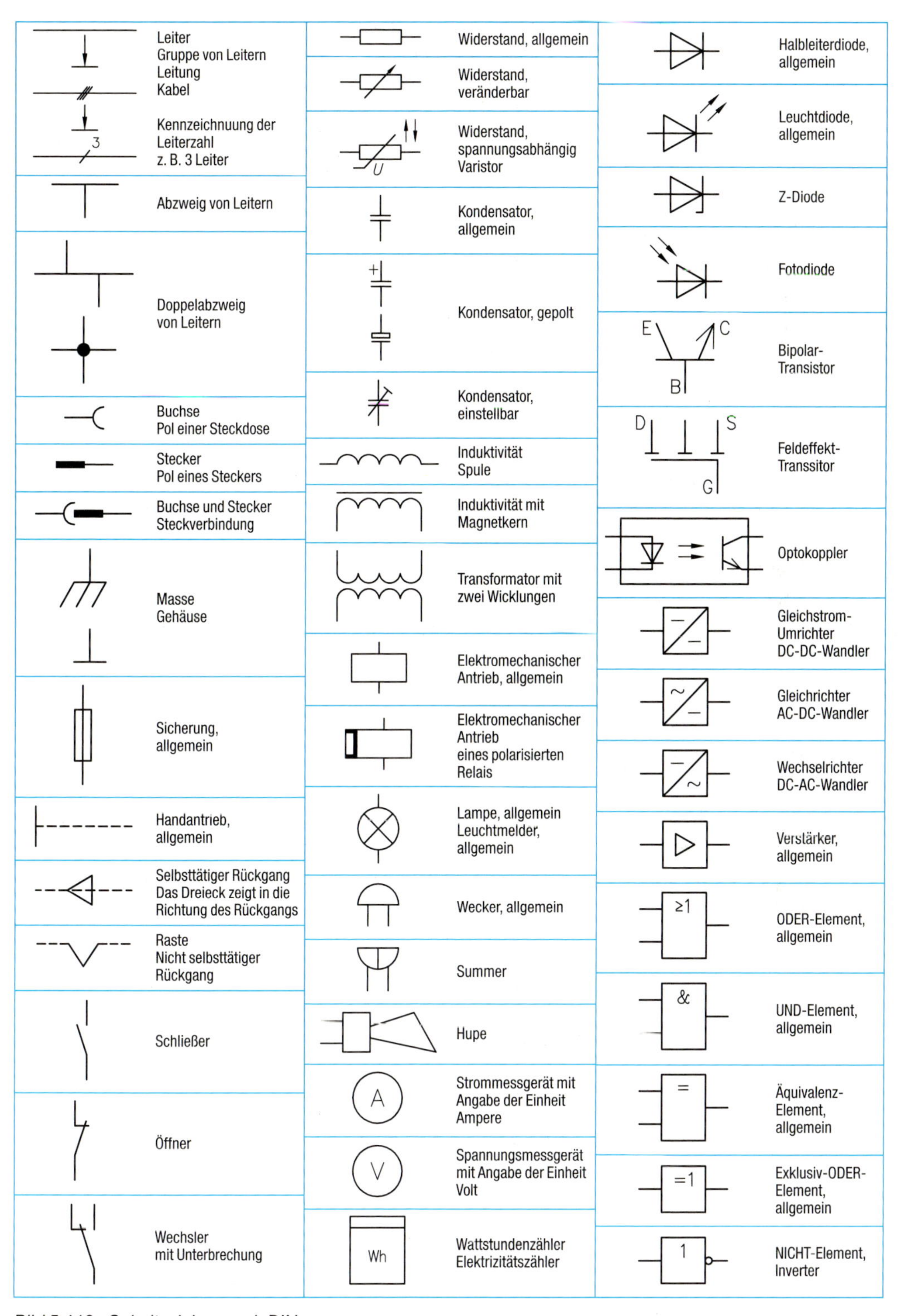

Bild 5.113: Schaltzeichen nach DIN

Viele Schaltzeichen können sowohl Funktionen als auch Betriebsmittel darstellen, die diese Funktionen ausführen.

Schaltzeichen

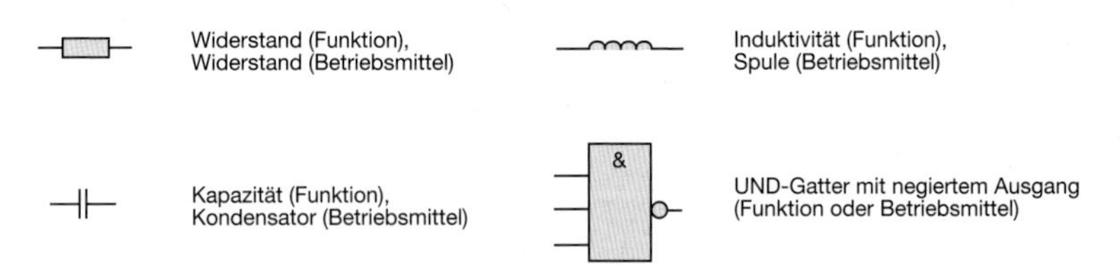

Bild 5.114: Schaltzeichen für Funktion und Betriebsmittel

Zur **Kennzeichnung von Betriebsmitteln** werden Buchstaben und Ziffern zu einem Kennzeichenblock zusammengefasst. Besteht ein Bauteil aus mehreren funktionell voneinander abhängigen Teilen (z. B. ein Relais mit einer Wicklung und mehreren Kontakten; Bild 5.115), so können verschiedene Darstellungsarten angewendet werden:

Darstellungsarten

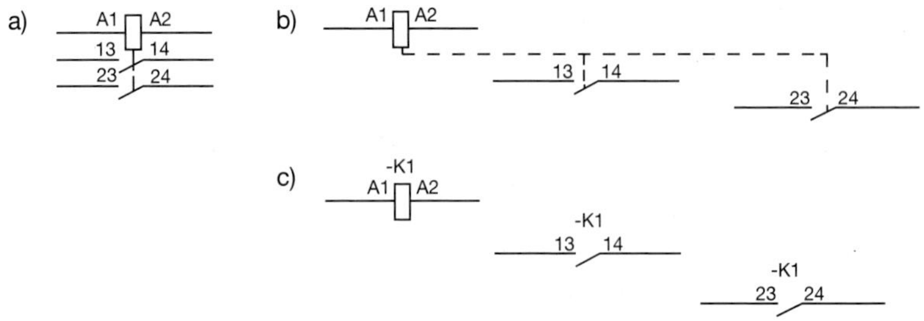

a) A1 A2 13 14 23 24

b) A1 A2 13 14 23 24

c) -K1 A1 A2 -K1 13 14 -K1 23 24

Bild 5.115: Darstellungsarten für zusammengesetzte Betriebsmittel

In der **aufgelösten Darstellung** können die einzelnen Teile des Betriebsmittels völlig losgelöst voneinander dargestellt werden, um in Schaltplänen eine klare Anordnung der Stromkreise zu erreichen. Der Zusammenhang der einzelnen Teile wird durch die Betriebsmittelkennzeichnung hergestellt (Bild 5.115 c).

Wird in der aufgelösten Darstellung eine Wirkverbindung eingezeichnet, um das Zusammenwirken der Teile zu verdeutlichen, so spricht man von einer halbzusammenhängenden Darstellung (Bild 5.115 b).

Schaltpläne sind Darstellungen elektrischer Geräte und Anlagen unter Verwendung von Schaltzeichen; sie zeigen entweder die Wirkungsweise und den Stromverlauf oder die Anordnung und die Leitungsverbindungen.

Der **Installationsplan** zeigt die räumliche Lage einer Anlage. Er wird in der Regel lagerichtig in eine Gebäudezeichnung eingetragen (Bild 5.116 a).

Der **Übersichtsschaltplan** ist der einfachste, meist in einpoliger Darstellung ausgeführte Schaltplan einer Anlage. Er zeigt die einzelnen Geräte und ihre Verbindungen. Die räumliche Anordnung der Betriebsmittel ist nicht zu erkennen. Er dient als Grundlage für die Erstellung weiterer Schaltpläne (Bild 5.116 b).

Der **Stromlaufplan in zusammenhängender Darstellung** ist die allpolige Darstellung einer Anlage mit allen Einzelteilen (Schalter, Abzweigdosen, Geräte, Leitungen). In dem Plan ist die Wirkungsweise der Schaltung erkennbar. Die räumliche Lage der Betriebsmittel ist nach Möglichkeit einzuhalten, darf jedoch im Interesse der Übersichtlichkeit verändert werden. Stromlaufpläne zeigen die Betriebsmittel im ausgeschalteten Zustand (Bild 5.116 c).

Der **Stromlaufplan in aufgelöster Darstellung** zeigt die einzelnen Stromkreise der Schaltung als geradlinige Stromwege zwischen den Polen der Spannungsquelle. Die räumliche Lage und der mechanische Zusammenhang der Teile werden nicht berücksichtigt (Bild 5.116 d).

Funktionsschaltpläne dienen zur Darstellung von Logiksystemen in Binärtechnik, z.B. von Schaltnetzen und Schaltwerken (vgl. Kap. 4.5.3 und 4.5.4). Sie müssen alle Einzelheiten der Funktion von Systemen, Installationen, Einrichtungen usw. enthalten, brauchen jedoch nicht zu berücksichtigen, wie die Funktionen ausgeführt sind (Bild 5.117).

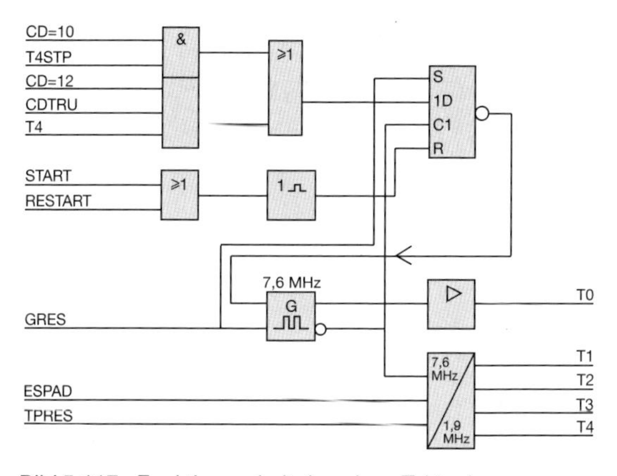

Bild 5.117: Funktionsschaltplan eines Taktgebers

a)

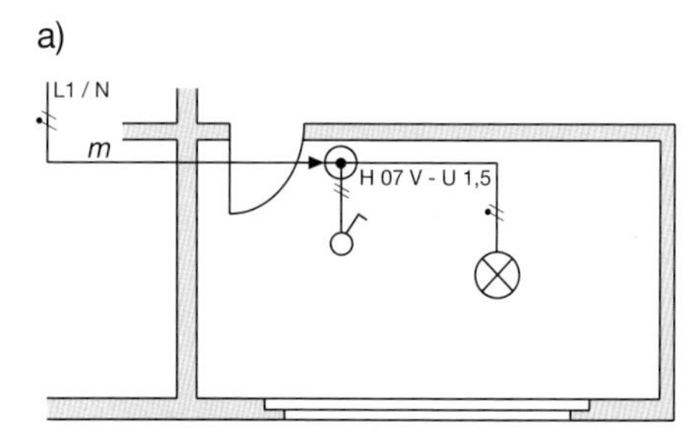

b)

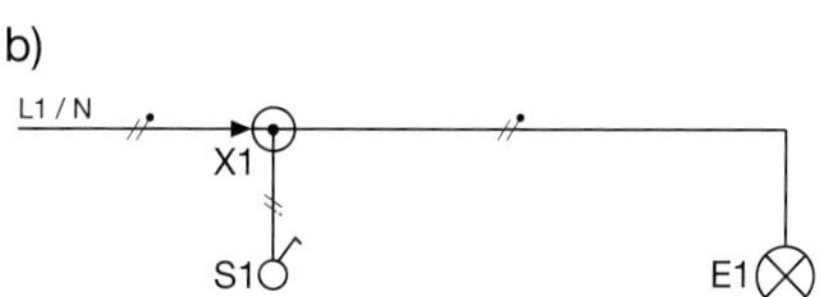

c)

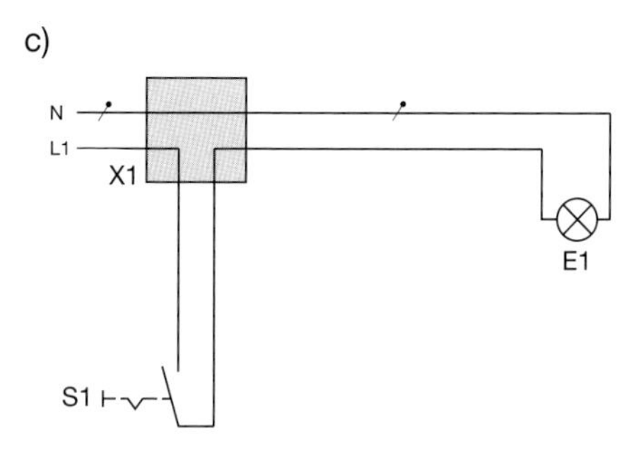

d)

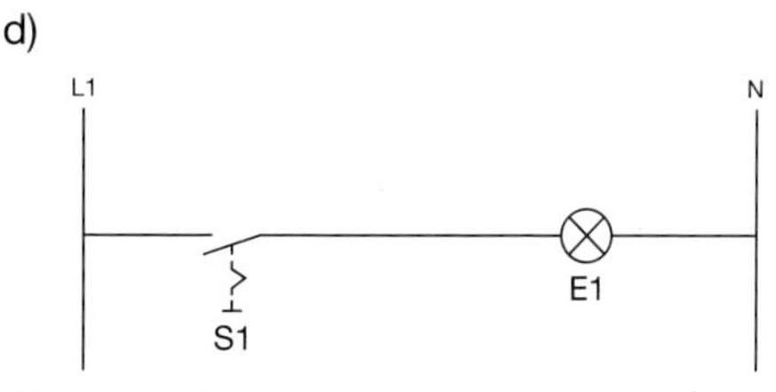

Bild 5.116: Schaltplanarten

5.6.2 Installationsschaltungen

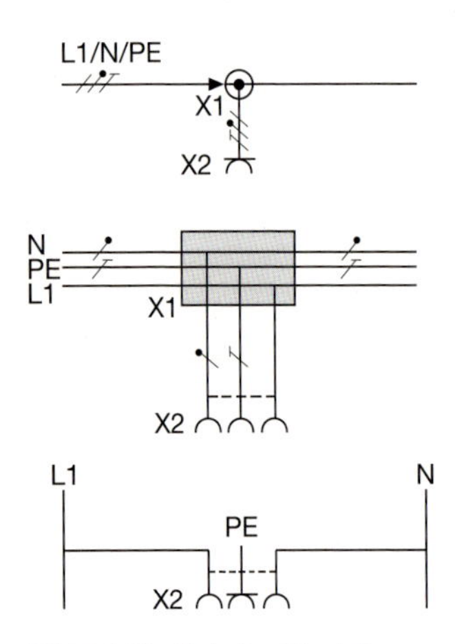

Bild 5.118: Schuko-Steckdose

In Bild 5.118 ist der Anschluss einer Schutzkontaktsteckdose im Übersichtsplan, im zusammenhängenden und im aufgelösten Stromlaufplan dargestellt.

Die Bilder 5.119 a bis d zeigen die in Haushalten zum Schalten der Beleuchtung am häufigsten verwendeten Schaltungen als zusammenhängende Stromlaufpläne. Als Schutzmaßnahme ist der PE-Leiter an das Gehäuse des Beleuchtungskörpers angeschlossen.

Die **Ausschaltung** (a) ist die einfachste Möglichkeit, von einer Schaltstelle aus eine Lampe ein- und auszuschalten.

Mit der **Serienschaltung** (b) können von einer Schaltstelle aus zwei Lampen einzeln oder zusammen geschaltet werden.

Eine **Wechselschaltung** (c) ermöglicht es, von zwei Schaltstellen aus eine Lampe in beliebiger Folge ein- und auszuschalten.

In einer **Kreuzschaltung** (d) kann eine Lampe von drei oder mehr Schaltstellen aus in beliebiger Folge ein- und ausgeschaltet werden.

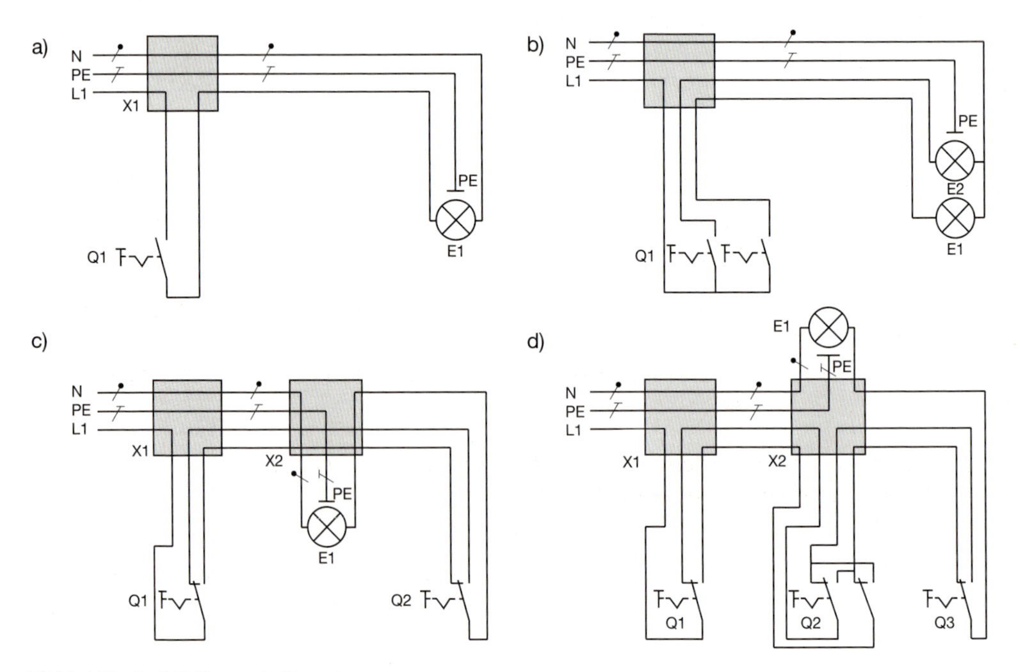

Bild 5.119: Installationsschaltungen

5.6.3 Relais

Relais spielen in der IT-Technik eine bedeutende Rolle. Miniaturisierte Signalrelais finden sich sowohl an den Schaltstellen moderner Telekommunikation – z. B. in ISDN-Anlagen, Telefonzentralen und Handys – als auch in Alarmsystemen und in der Gebäudeautomatisierung.

Man unterscheidet im Allgemeinen zwischen elektromechanischen Relais (EMR = **E**lectro-**M**echanical **R**elay) und Halbleiterrelais (SSR = **S**olid-**S**tate **R**elay).

5.6.3.1 Elektromechanische Relais (EMR)

EMRs zeichnen sich besonders durch ihre hohe Zuverlässigkeit aus. Sie sind unempfindlich gegen Störfelder und kurzzeitige Überlastungen, bieten eine sichere Potenzialtrennung und ermöglichen technisch optimale und kostengünstige Lösungen für verschiedenste Schaltanforderungen. Sie sind in sehr kleinen Ausführungen verfügbar und unterscheiden sich äußerlich nicht mehr von Elektronikbausteinen.

Am ursprünglichen Aufbau eines sog. Rundrelais sind die Einzelteile und ihr Zusammenwirken gut zu erkennen.
Fließt durch die Spule ein Strom, so entsteht im Kern ein Magnetfeld; die Stromrichtung ist dabei ohne Bedeutung. Der Anker wird angezogen und betätigt die Kontakte. Wird der Strom abgeschaltet, so wird der Anker durch die Kraft der Kontaktfedern in die Ruhelage zurückgestellt.

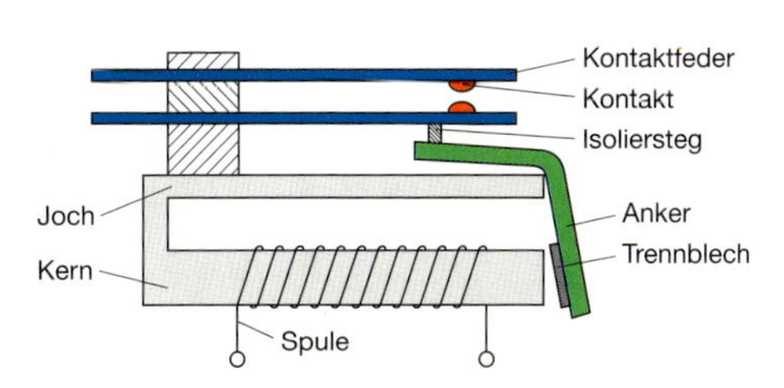

Bild 5.120: Rundrelais

Für den Betrieb eines Relais sind folgende Stromwerte bedeutsam:

I_F = Fehlstrombereich:	Bei Stromstärken im Fehlstrombereich spricht das Relais nicht an.
I_A = Ansprechstrom:	Die kleinste Stromstärke, bei der das Relais sicher anspricht
I_B = Betriebsstrom:	Strom, der während des Betriebs durch das Relais fließt
I_H = Haltestrombereich:	Bei Stromstärken im Haltestrombereich bleibt das Relais in Arbeitslage.
I_R = Rückfallstrom:	Größte Stromstärke, bei der das Relais sicher in die Ruhelage zurückfällt

Mit der in Bild 5.121 dargestellten Schaltung können diese Stromwerte ermittelt werden. Das Diagramm zeigt ihre Zuordnung.

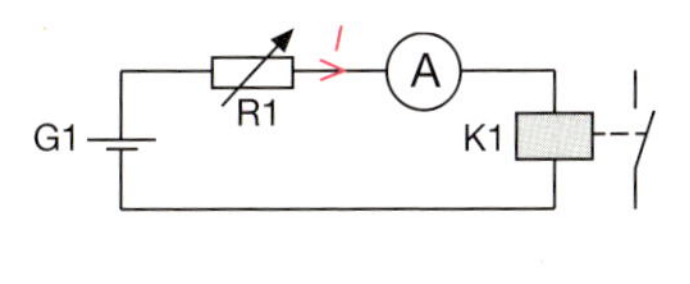

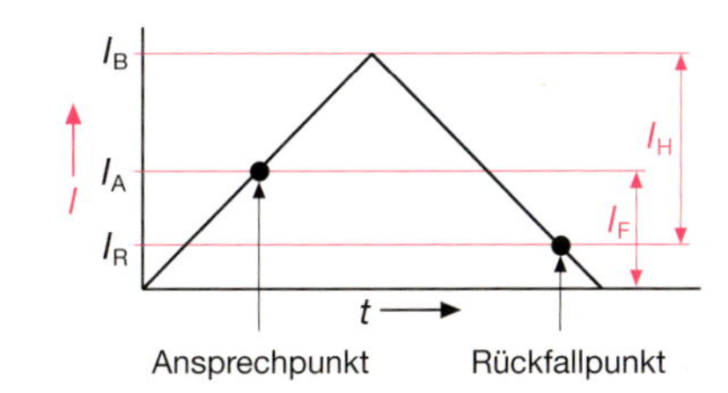

Bild 5.121: Stromwerte eines Relais

Relais können mit mehreren getrennten Wicklungen und Kontakten ausgerüstet sein. Steuernde Stromkreise (Spulenstromkreise) und gesteuerte Stromkreise (Kontaktstromkreise) sind galvanisch getrennt; sie können also an verschiedenen Spannungen betrieben werden.

Bezüglich der Arbeitsweise unterscheidet man:

Monostabile Relais, bei denen die Kontakte nach dem Abschalten des Erregerstromes selbstständig in die Ruhelage zurückkehren. Dazu gehören

- **neutrale Relais,** die unabhängig von der Richtung des Erregerstromes arbeiten (Bild 5.122 a),
- **gepolte Relais**, mit einem oder mehreren Dauermagneten, die nur bei einer bestimmten Richtung des Erregerstromes arbeiten (Bild 5.122 c).

Bistabile Relais, bei denen die Kontakte nach dem Abschalten des Erregergleichstromes in der zuletzt erreichten Schaltstellung bleiben. Dies sind gepolte Relais, die je nach Richtung des Erregerstromes eine andere Schaltstellung einnehmen (Bild 5.122 b).

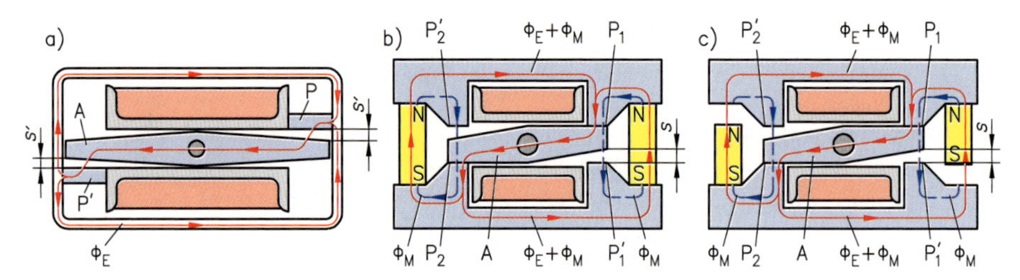

Bild 5.122: Magnetsystem von miniaturisierten Relais;
a) neutral b) bistabil c) monostabil

Die **Kontaktfedersätze** der Relais bestehen aus Kombinationen der in Bild 5.123 dargestellten Grundformen.

Schließer	Öffner	Zwillings-schließer	Zwillings-öffner	Wechsler mit Unterbrechung	Wechsler ohne Unterbrechung

Bild 5.123: Kontaktarten

Eine Besonderheit, die bei sog. Sicherheitsrelais von größter Wichtigkeit ist, sind zwangsgeführte Kontakte. **Zwangsführung** ist dann gegeben, wenn die Kontakte (in einem Federsatz) mechanisch so miteinander verbunden sind, dass Öffner und Schließer in keinem Fall gleichzeitig geschlossen sind, und das über die gesamte Lebensdauer, auch bei gestörtem Zustand.

Reedrelais haben eine besondere Bedeutung für Anwendungen in der Telekommunikation wie z.B. Modems, Faxgeräte und TK-Anlagen.

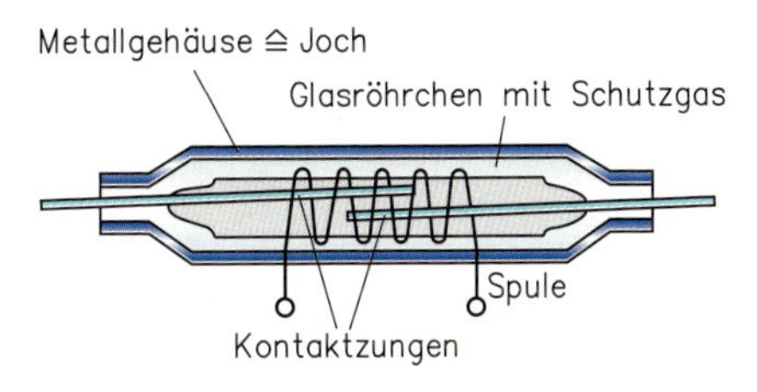

Bild 5.124: Reedrelais

Ein Reedrelais besteht aus Reedkontakt, Spule und Gehäuse. Der wesentliche Unterschied zu anderen Relais liegt in der Ausführung der Kontakte. Sie bestehen aus ferromagnetischen Kontaktzungen, die in einem Glasröhrchen gasdicht eingeschmolzen sind. Unter dem Einfluss des Magnetfeldes der Spule, die das Glasröhrchen umgibt, nehmen die beiden Kontaktzungen entgegengesetzte Polarität an und schließen den Kontakt.
Angaben über die **Lebensdauer** von Kontakten beziehen sich in der Regel auf den Betrieb mit ohmschen Lasten. Bei induktiver oder kapazitiver Last (auch beim Schalten von Glühlampen) können Strom- und Spannungsspitzen auftreten. Um eine maximale Lebensdauer zu erreichen und eine Schädigung der Relais zu verhindern, muss in diesen Fällen eine **Schutzbeschaltung** vorgenommen werden.
Beim **Abschalten einer induktiven Last** (Spulen, Übertrager) entsteht u. U. eine sehr hohe Selbstinduktionsspannung. Um Kontaktfunken zu verhindern, können Dioden oder RC-Glieder parallel zur Last oder zum Kontakt geschaltet werden (vgl. Kap. 5.5.2.2).

Beim **Schalten einer kapazitiven Last** (auch bei größeren Leitungslängen) treten erhöhte Einschaltströme auf, deren Größe von der Kapazität (und der Leitungslänge) abhängt. Diese Stromspitzen können durch einen in Reihe geschalteten Widerstand herabgesetzt werden (vgl. Kap. 5.4.2.3).

5.6.3.2 Halbleiterrelais (SSR)

SSRs sind sog. **FotoMOS-Relais** (MOS = **M**etal **O**xide **S**emiconductor = Metalloxid-Halbleiter). Sie haben als Steuerelement im Eingangskreis eine Leuchtdiode (LED = **L**ight **E**mitting **D**iode), deren Infrarot-Licht über einen lichtdurchlässigen Isolator (galvanische Trennung) auf ein Fotoelement (Solarzelle) trifft. Dieses steuert eine MOSFET-Schaltung (FET = **F**eld-**E**ffekt-**T**ransistor).

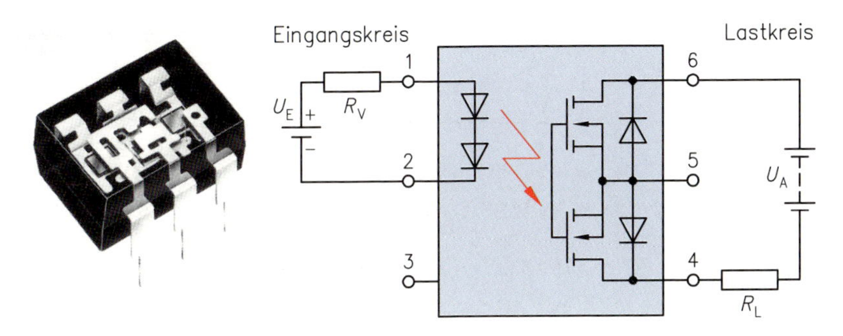

Bild 5.125: FotoMOS-Relais

Fließt im Eingangskreis ein bestimmter Strom, so emittiert die LED Licht, das durch die Isolierschicht hindurch auf das Fotoelement trifft und von diesem in eine dem Licht proportionale Spannung umgewandelt wird. Erreicht diese Spannung einen bestimmten Wert, so werden die MOSFETs durchgesteuert und der Lastkreis wird eingeschaltet.

Wird der Eingangskreis unterbrochen, so sendet die LED kein Licht mehr aus, die vom Fotoelement gelieferte Spannung bricht zusammen und der Lastkreis wird über die MOSFETs abgeschaltet.

FotoMOS-Relais sind in sehr kleinen Baugrößen verfügbar und ermöglichen ein schnelles, geräuschloses und prellfreies Schalten mit hohen Schaltgeschwindigkeiten (< 1 ms). Sie sind extrem unempfindlich gegen Vibration und haben – bei Einhaltung der spezifizierten Bedingungen – eine nahezu unbegrenzte Lebensdauer.

In der IT-Technik werden EMRs in vielen Anwendungen zunehmend durch SSRs ersetzt, wie z. B. auf I/O-Karten, als Antennenumschalter für UMTS, in GSM- und Radio-Basisstationen, als Schalter in analogen Amtsleitungen, zur An- und Abschaltung von Prüfgeräten usw.

Aufgaben:

1. a) In welcher Schaltplanart ist die folgende Schaltung dargestellt?
   b) Zeichen Sie von dieser Schaltung den Stromlaufplan in aufgelöster Darstellung.
   c) Beschreiben Sie die Funktion der Schaltung.
   d) Die Schaltung soll durch eine Schutzkontaktsteckdose rechts neben Q2 erweitert werden. Zeichnen Sie die erweiterte Schaltung.

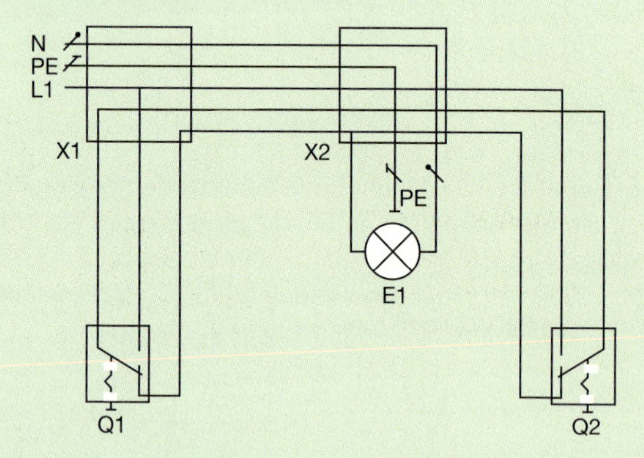

2. a) Beschreiben Sie den Aufbau eines neutralen Relais.
   b) Erläutern Sie seine Wirkungsweise.
3. Zeichnen Sie zu der im Zeitablaufdiagramm gegebenen Impulsfolge die Zeitablaufdiagramme mit der Impulsumsetzung durch
   a) ein neutrales Relais,
   b) ein monostabiles Relais,
   c) ein bistabiles Relais und
   d) ein bistabiles Relais mit mittlerer Ruhelage.

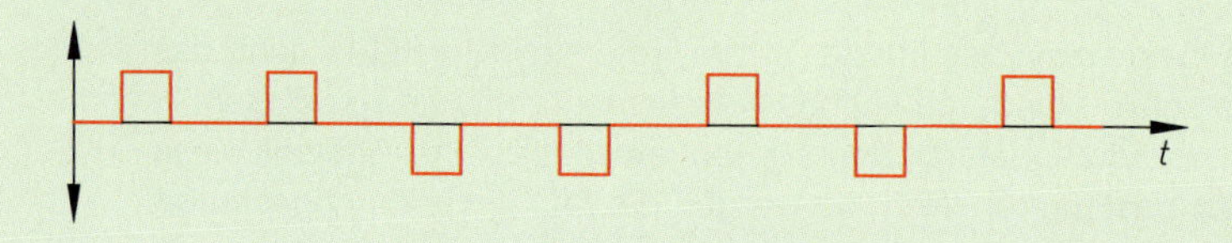

4. Welche Maßnahmen zum Schutz von Kontakten werden angewendet bei
   a) induktiver Belastung und
   b) kapazitiver Belastung?
5. a) Beschreiben Sie den Aufbau und die Wirkungsweise eines FotoMOS-Relais.
   b) Geben Sie seine Vorteile gegenüber einem EMR an.

5.7 Energieverteilung

5.7.1 Energieversorgungsnetze

Die Versorgung von Industrie, Handel und Gewerbe sowie der privaten Haushalte mit elektrischer Energie wird durch die sogenannten **Verteilungsnetzbetreiber** (**VNB**; früher **E**lektrizitäts-**V**ersorgungs-**U**nternehmen EVU) gesichert.

Die in großen Kraftwerken aus Kohle, Erdöl, Gas oder Kernenergie gewonnene elektrische Energie wird über weit vermaschte Drehstrom-**Verteilnetze** zu den einzelnen Verbrauchern geleitet (Bild 5.126). Hierbei werden sehr hohe Spannungen verwendet, weil bei den großen zu übertragenden Leistungen *(P ~ U × I)* andernfalls sehr hohe Ströme und damit hohe Leistungsverluste entstehen würden.

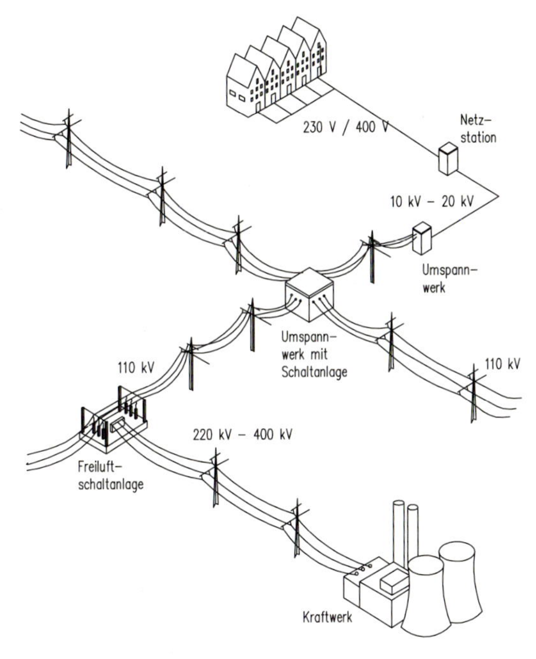

Bild 5.126: VNB-Verteilnetz

Am Ende des Übertragungsweges vom Kraftwerk zum Endabnehmer wird in den **Netzstationen** die Spannung durch Transformatoren (Umspanner) auf 230/400 V herabgesetzt (Bild 5.127)

5.7.2 Netzstation

In einem Transformator erzeugen die Primärspulen im Eisenkern ein magnetisches Wechselfeld, welches in den Sekundärspulen eine Wechselspannung induziert. Die Höhe dieser Spannung hängt von den Windungszahlen der Spulen ab.

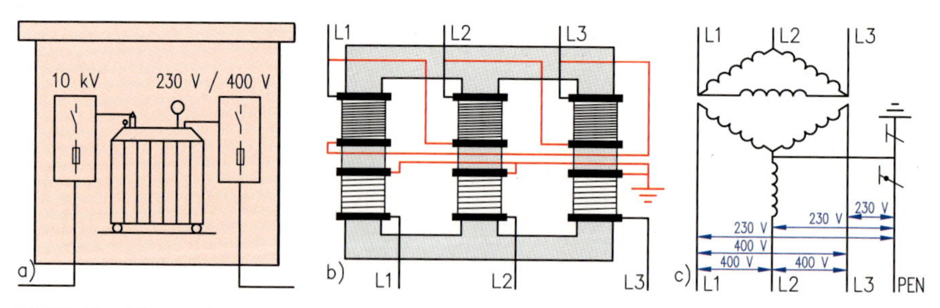

Bild 5.127: Netzstation mit Transformator

Bei Drehstrom – auch Dreiphasenwechselstrom – wird für jede Phase ein Spulenpaar benötigt. Die Oberspannungsspulen sind im Dreieck und die Niederspannungsspulen sind im Stern geschaltet (Bild 5.127 b). Durch diese „Verkettung" der drei Wechselströme kann der Verbraucher über zwei verschiedene Spannungen verfügen: 230 V und 400 V (Bild 5.127 c).

5.7.3 Hausanschluss und Verteilung

Von der Netzstation führt das Niederspannungskabel die Energie zum **Hausanschlusskasten**, der die Übergabestelle zwischen Netz und Hausinstallation darstellt (Bild 5.128). Er enthält die Hauptsicherungen und ist vom EVU verplombt, da er sich vor dem Zähler befindet.

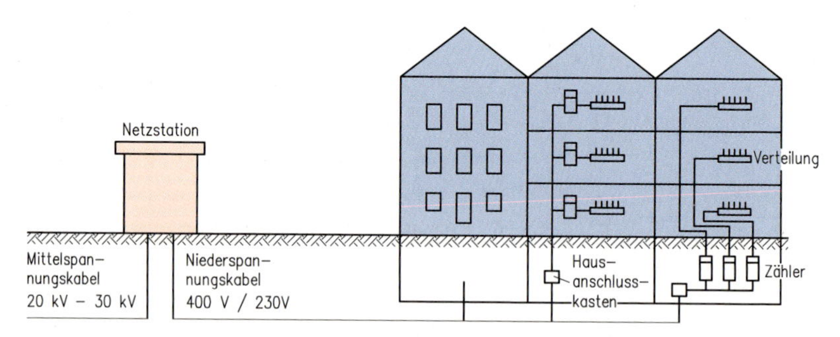

Bild 5.128: Hausanschluss

Die **Zähler** können in Gebäuden mit mehreren Wohneinheiten sowohl in den einzelnen Wohnungen (dezentral) als auch gemeinsam mit dem Hausanschlusskasten in einem Übergaberaum (zentral) untergebracht sein (Bild 5.128).
Vom Zähler geht es auf die **Verteilung**, die Anschlusseinrichtung für die einzelnen Stromkreise. Hier beginnt der eigentliche Arbeitsbereich des Elektroinstallateurs und des IT-Monteurs (Bild 5.128).
In der Verteilung sind die Leitungsschutzautomaten bzw. Sicherungen für die einzelnen Stromkreise untergebracht. Die Aufteilung der Stromkreise sollte möglichst so erfolgen, dass die drei Phasen des Netzes gleichmäßig belastet werden.

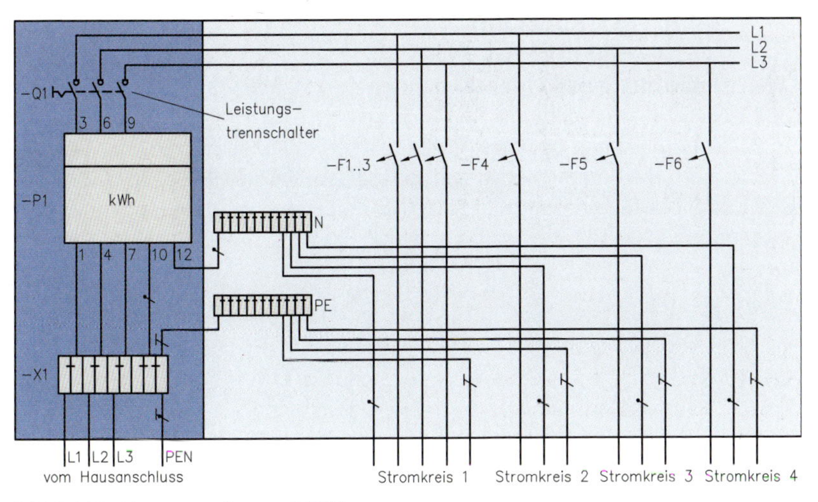

Bild 5.129: Hauptverteilung mit Zähler

Im weiteren Verlauf der Hausinstallation können – bei großen Einheiten – hinter der Hauptverteilung noch weitere Unterverteilungen angebracht sein, an denen die aufgeteilten Stromkreise wiederum abgesichert sein müssen. Dabei ist auf die Selektivität der aufeinanderfolgenden Sicherungen zu achten.

Aufgaben:

1. In Energieversorgungsnetzen wird mit zunehmendem Abstand und fortschreitender Aufteilung die Spannung von 400 kV (Höchstspannung) über 110 kV (Hochspannung) und 10 bis 20 kV (Mittelspannung) auf 230/400 V heruntertransformiert, ohne dass dabei die Stromstärke unzulässig ansteigt. Wie ist das zu begründen?
2. Erläutern Sie kurz den Aufbau und die Wirkungsweise eines Transformators.
3. Die Abbildung zeigt eine Hauptverteilung, an die eine Unterverteilung angeschlossen ist.
   a) Geben Sie die Leiterbezeichnungen für die Verbindung zwischen Haupt- und Unterverteilung an.
   b) Aufgrund welchen Sachverhalts sind die Nennströme der Sicherungsautomaten bemessen, da doch keine Verbraucher angeschlossen sind?
   c) Bezeichnen Sie die Stromkreise mit L1, L2 und L3 so, dass sie auf die drei Phasen des Netzes gleichmäßig verteilt sind.

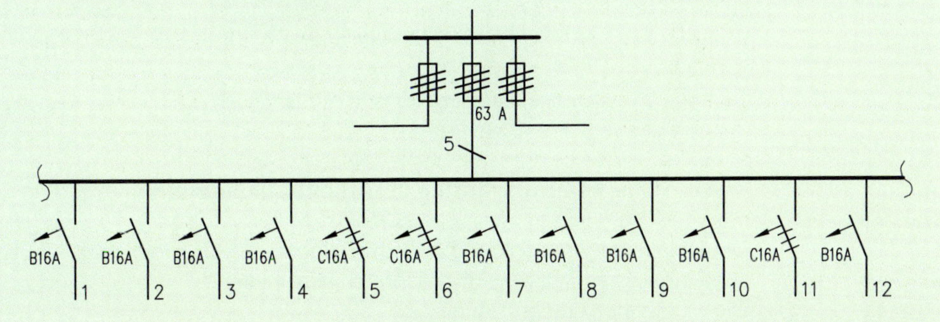

4. Welches Verteilungssystem ist in der Verteilung in Bild 5.113 erkennbar (vgl. Kap. 5.8.4.1)?

5.8 Schutzmaßnahmen

5.8.1 Gefährdung des Menschen durch den elektrischen Strom

Ein Körperstrom kann nur dann fließen, wenn der Mensch gleichzeitig zwei Teile berührt, die unterschiedliche Potenziale aufweisen. Meist ist dies einerseits das Erdpotenzial (Fußboden) und andererseits ein spannungsführender Leiter oder das Gehäuse eines fehlerhaften Gerätes.

Eine **Berührungsspannung U_B** über 50 V Wechselspannung oder über 120 V Gleichspannung kann einen gefährlichen Körperstrom verursachen.

Ein elektrischer Strom ist für den Menschen umso gefährlicher, je größer die **Körperstromstärke I_K** ist und je länger die **Einwirkzeit t_E** ist. Dem in Bild 5.130 dargestellten Diagramm liegen die Werte für einen erwachsenen Menschen bei einem Stromweg von der linken Hand zu beiden Füßen zugrunde.

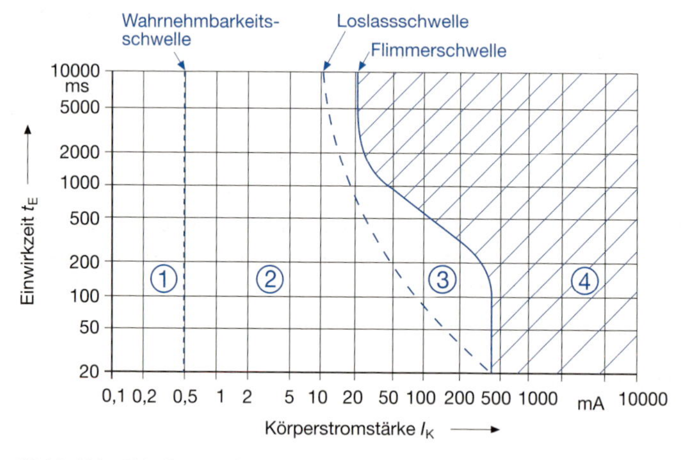

Bild 5.130: Zeit-Strom-Gefährdungsbereiche (IEC 479)

Bereich 1:	Keine Wahrnehmbarkeit
Bereich 2:	Leichtes Kribbeln, jedoch keine Gefährdung
Bereich 3:	Muskelverkrampfungen, unregelmäßiger Herzschlag, leichte Verbrennungen
Bereich 4:	Herzflimmern, Herzstillstand und Tod möglich, starke Verbrennungen

5.8.2 Sicherheitsvorschriften bei Arbeiten in Starkstromanlagen

Um Unfälle bei Arbeiten in Starkstromanlagen zu vermeiden, sind unbedingt die festgelegten Sicherheitsvorschriften einzuhalten.
Die wichtigste Vorschrift lautet:

Arbeiten an Teilen, die unter Spannung stehen, sind verboten.

Es muss also dafür gesorgt werden, dass bei Arbeiten die Anlage spannungsfrei geschaltet wird. Folgende Maßnahmen sind in der angegebenen Reihenfolge durchzuführen:

1. **Freischalten:** Alle Leitungen sind durch Entfernen der Sicherungen oder Abschalten der Leitungsschutzschalter spannungsfrei zu schalten.
2. **Sichern:** Um irrtümliches Wiedereinschalten auszuschließen, sind die abgeschalteten Stromkreise zu sichern, z.B. Abschließen des Schaltschranks usw. Ein Warnschild „Nicht schalten", auf dem der Name des verantwortlichen Monteurs, Ort und Datum einzutragen sind, ist anzubringen.
3. **Spannungsfreiheit prüfen:** Vor Beginn der Arbeiten mit einem Spannungsprüfer feststellen, ob die Anlage spannungsfrei ist
4. **Erden und Kurzschließen:** Um auch bei irrtümlichem Wiedereinschalten noch Schutz zu gewährleisten, müssen die Leitungen zuerst geerdet und dann kurzgeschlossen werden.
5. **Unter Spannung stehende Teile abdecken:** Sind an der Arbeitsstelle noch weitere spannungsführende Teile vorhanden, so müssen diese sorgfältig abgedeckt werden. Bei der Abdeckung ist darauf zu achten, dass diese neben einer ausreichenden Isolation auch eine genügende mechanische Festigkeit aufweist.

5.8.3 Verhalten bei Stromunfällen

Bei einem Stromunfall sind Ruhe, Geistesgegenwart und Umsicht notwendig. Wichtig bei der Hilfeleistung für den Verunglückten ist nicht nur die richtige Durchführung der einzelnen Maßnahmen, sondern auch die Einhaltung der Reihenfolge:

1. **Stromkreis unterbrechen:**
   - Betätigen des Notschalters oder
   - Ziehen des Netzsteckers oder
   - Entfernen der Sicherungen

   Ist eine Abschaltung des Stromkreises nicht sofort durchführbar, so muss der Verletzte mit isolierenden Hilfsmitteln wie Wolldecken, Kleidern oder Holzplatten vom Stromkreis getrennt werden.
2. **Brennende Kleider löschen:**
   Flammen durch Decken oder durch Wälzen des Verletzten auf dem Boden ersticken. Vorsicht bei der Anwendung von Wasser in elektrischen Anlagen.
3. **Arzt benachrichtigen:**
   Es ist ratsam, zuerst den Arzt zu benachrichtigen und danach dem Verletzten Hilfe zu leisten.
4. **Erste Hilfe leisten:**
   - Bei Atemstillstand ist keine Bewegung des Brustkorbes feststellbar. Sofort mit Atemspende beginnen.
   - Bei Herz-Kreislauf-Stillstand ist kein Pulsschlag fühlbar. Zusätzlich zur Atemspende muss noch eine Herzdruckmassage durchgeführt werden.
   - Bei Bewusstlosigkeit den Verletzten in die stabile Seitenlage bringen. Einen Bewusstlosen nie aufrichten.

5.8.4 Schutzmaßnahmen gegen gefährliche Körperströme

Um Stromunfälle auszuschließen, werden in elektrischen Anlagen und bei elektrischen Geräten verschiedene Maßnahmen angewendet. Diese **Schutzmaßnahmen** sind in DIN VDE 0100 festgelegt.

5.8.4.1 Netzspannung und Verteilungssysteme

Das Versorgungsnetz für Verbraucheranlagen ist im Allgemeinen ein **Dreiphasenwechselstromnetz** (Drehstromnetz; Bild 5.131). In diesem Netz werden die Betriebsmittel jeweils an einen der **drei Außenleiter (L1, L2, L3)** und an den gemeinsamen **Mittelleiter (N = Neutral)** angeschlossen.

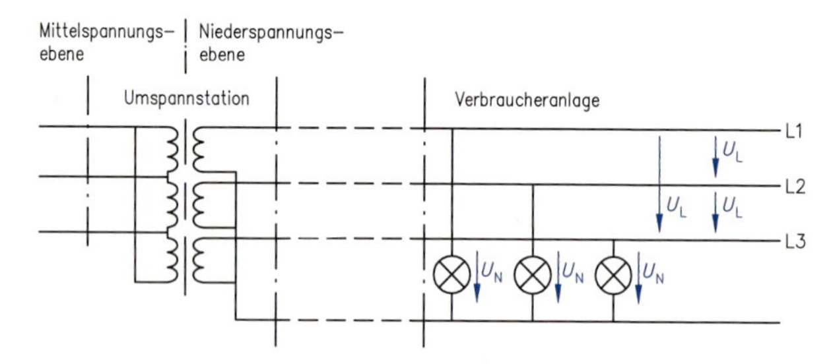

Bild 5.131: Dreiphasenwechselstromnetz

Die Spannung zwischen den Außenleitern und dem N-Leiter beträgt jeweils U_N = 230 V. Die drei Wechselspannungen sind gegeneinander um 120° phasenverschoben (vgl. Kap. 5.1.1.6). Dadurch ergibt sich zwischen je zwei Außenleitern eine Spannung von U_L = 400 V.

In Niederspannungsnetzen sind verschiedene Systeme in Anwendung, die nach DIN 57 100 mit mehreren Buchstaben gekennzeichnet werden.

Der **erste Buchstabe** kennzeichnet die Erdungsverhältnisse der Spannungsquelle:

- **T** (Terre = Erde); direkte Erdung eines aktiven Teils der Spannungsquelle, z.B. der gemeinsame Anschlusspunkt für den N-Leiter (Sternpunkt)
- **I** (Isolated); Isolierung aller aktiven Teile der Spannungsquelle

Der **zweite Buchstabe** kennzeichnet die Erdungsverhältnisse der Gehäuse elektrischer Geräte:

- **T** (Terre); alle Gehäuse direkt geerdet
- **N** Alle Gehäuse direkt mit der Betriebserde (N-Leiter) verbunden

Der **dritte und vierte Buchstabe** kennzeichnet die Anordnung des N-Leiters und des Schutzleiters PE (Protection Earth).

- **S** (Separated); N- und PE-Leiter sind getrennt
- **C** (Combined); N- und PE-Leiter sind zu einem PEN-Leiter vereint

Für die Versorgung von Kleinverbraucheranlagen (z. B. Haushalte) wird vorwiegend das TN-C-S-System angewendet (Bild 5.132). In einem Teil dieses Netzes sind Neutral- (N) und Schutzleiter (PE) im PEN-Leiter zusammengefasst.

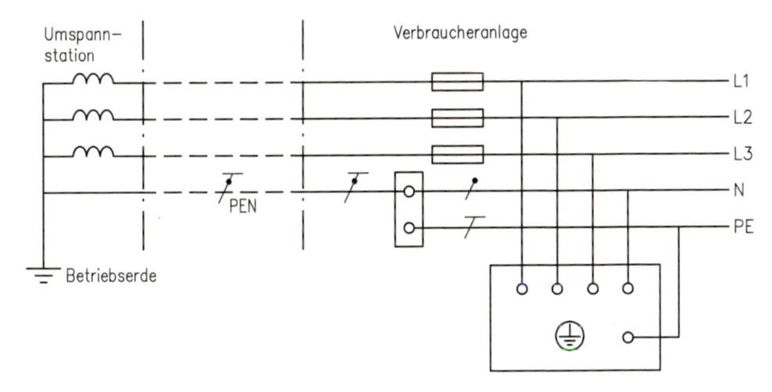

Bild 5.132: TN-C-S-System

5.8.4.2 Schutz gegen direktes Berühren

Dieser Schutz bezweckt, dass im ungestörten Betriebsfall alle spannungsführenden Teile der Anlage oder eines Gerätes für den Menschen unzugänglich sind. Schutz gegen direktes Berühren kann z. B. erreicht werden durch:

- **Isolierung;** sie muss so gut sein, dass kein oder nur ein nicht wahrnehmbarer Körperstrom fließen kann. Die spannungsführenden Teile müssen vollständig von der Isolierung umschlossen sein, die nur durch Zerstörung entfernt werden kann (z. B. Leitungsisolation).

- **Umhüllung;** sie schützt die spannungsführenden Teile gegen direktes Berühren. Sie kann aus isolierendem oder aus leitfähigem Material hergestellt sein; im letzteren Fall muss sichergestellt sein, dass die aktiven Teile durch isolierende Abstandhalter sicher von der Umhüllung getrennt sind.

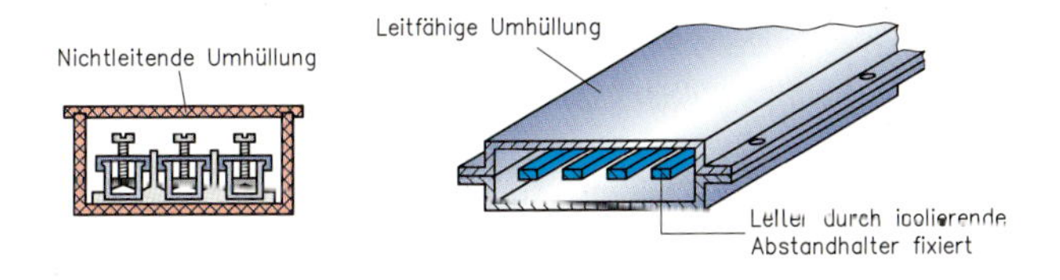

Bild 5.133: Umhüllung zum Schutz gegen direktes Berühren

- **Abdeckung;** wie z. B. bei Schaltern und Steckdosen; schützt ebenfalls gegen direktes Berühren. Hierbei muss gewährleistet sein, dass die Abdeckung nur mit einem Werkzeug entfernt werden kann.

5.8.4.3 Schutz bei indirektem Berühren

Durch diesen Schutz wird sichergestellt, dass auch im Störfalle keine gefährlichen Körperströme fließen können.
Es gibt drei Schutzklassen (Bild 5.134):
Schutzklasse I: Geräte für Schutzleiter-Schutzmaßnahmen
Schutzklasse II: Geräte mit Schutzisolierung
Schutzklasse III: Geräte für Kleinspannungen

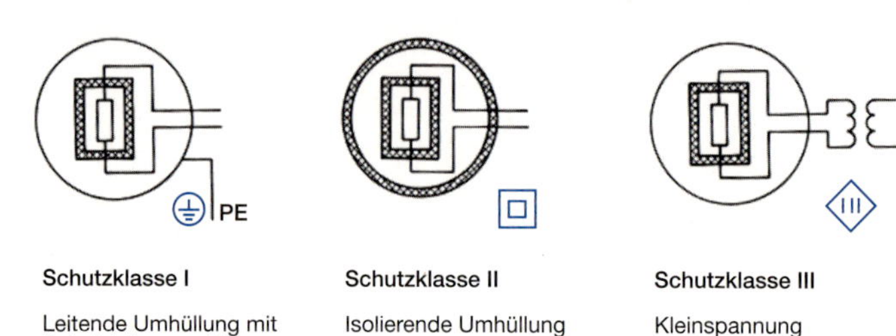

Bild 5.134: Schutzklassen

Bei Geräten der **Schutzklasse I** ist der Schutz gegen gefährliche Körperströme zweifach ausgeführt: durch Isolierung der aktiven Teile und eine metallene Umhüllung, an die der Schutzleiter PE angeschlossen ist.

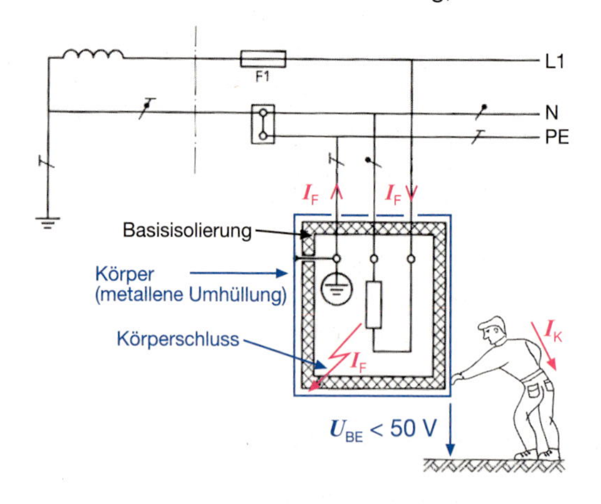

Bild 5.135: Schutzleiter-Schutzmaßnahme

Da in jeder Hausinstallation Geräte der Schutzklasse I vorhanden sind, ist immer eine Schutzleiter-Schutzmaßnahme erforderlich. Hierzu muss bei jedem Hausanschluss ein **Schutzpotenzialausgleich** vorgenommen werden. Darunter versteht man, dass an einer zentralen Stelle, der Potenzialausgleichsschiene, der Schutzpotenzialausgleichsleiter und alle metallenen Rohrsysteme (Gas, Wasser, Heizung) und Gebäudekonstruktionen miteinander verbunden und geerdet sein müssen.
Entsteht ein Körperschluss zwischen dem aktiven Teil eines Gerätes und seiner Metallumhüllung (Bild 5.135), so nimmt letzteres das Potenzial des aktiven Teils an.

Bei einem Körperschluss entsteht ein Fehlerstromkreis über den P-Leiter (Bild 5.135). Berührt ein Mensch das defekte Gerät („indirektes Berühren"), so teilt sich der Fehlerstrom I_F auf und es fließt ein Körperstrom I_K; damit dieser den Menschen nicht gefährdet, müssen I_K und die Einwirkzeit t_E möglichst gering sein.
Die Schutzleiter-Schutzmaßnahme bietet nur dann einen aureichenden Schutz, wenn im Fehlerfall die Berührungsspannung 50 V Wechselspannung nicht überschreitet und eine schnelle Abschaltung des Fehlerstromkreises erfolgt. Bei ortsveränderlichen Geräten (z. B. Handbohrmaschine u. ä.) muss die Abschaltung innerhalb von 0,2 Sekunden erfolgen, in allen anderen Stromkreisen innerhalb von fünf Sekunden.

Können diese Bedingungen für die Berührungsspannung und die Abschaltzeiten nicht eingehalten werden, so muss die Abschaltung des Fehlerstromkreises mit einer **RCD** erfolgen (**R**esidual **C**urrent protective **D**evice = Differenzstrom-Schutzeinrichtung; früher FI-Schalter; Bild 5.136).

Fließt ein Fehlerstrom über den PE-Leiter ab, so ist der Strom im N-Leiter um den Fehlerstrom kleiner als die Summe der Ströme in den Außenleitern. Wird der Bemessungsdifferenzstrom (früher Nennfehlerstrom) der RCD überschritten, so löst diese aus und schaltet innerhalb von 0,2 Sekunden den Stromkreis ab. RCDs sind verfügbar für Bemessungsdifferenzströme von 10 mA bis 500 mA.

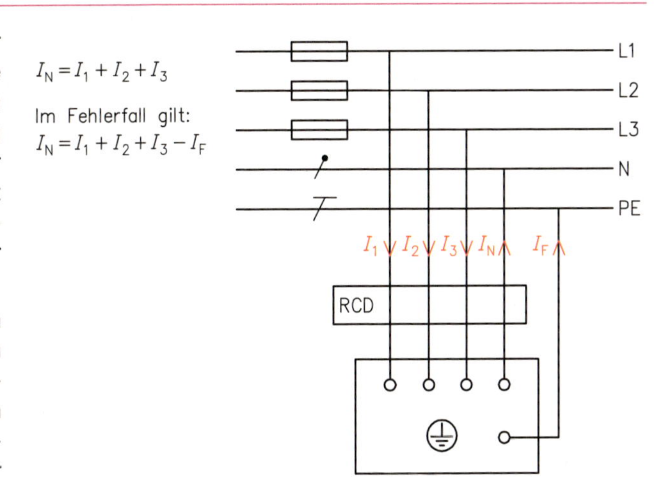

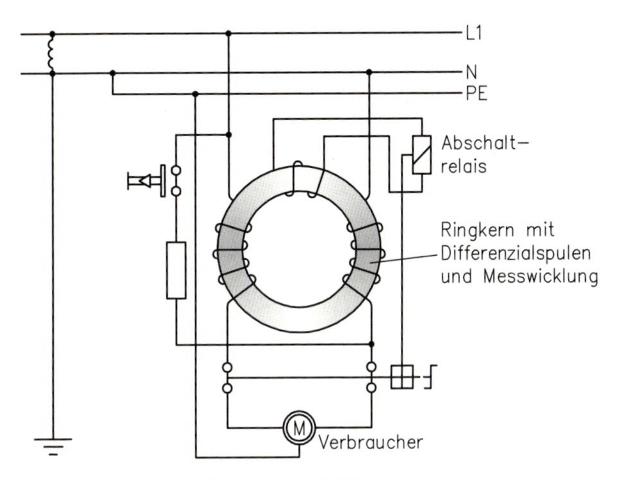

Bild 5.136: Schutzmaßnahme mit RCD

Bei Geräten der **Schutzklasse II** ist der Schutz ebenfalls zweifach ausgeführt: erstens durch Basisisolierung der aktiven Teile und zweitens durch eine zusätzliche Schutzisolierung.

Auf diese Weise wird bei Beschädigung der Basisisolierung eine Berührung der aktiven Teile verhindert. Diese Schutzklasse wird bei vielen Haushaltsgeräten und Elektrowerkzeugen angewendet.

Alle Schalter- und Steckdosenabdeckungen sowie alle nach VDE-Bestimmungen gefertigten Leitungen gelten als schutzisoliert.

Leitfähige Teile von Geräten der Schutzklasse II dürfen nicht an den PE-Leiter angeschlossen werden.

Bei **Schutzklasse III** (Kleinspannung) ist sowohl Schutz gegen direktes Berühren als auch Schutz bei indirektem Berühren gegeben. Nach DIN VDE 0100–410 werden unterschieden:

- **SELV S**afety **E**xtra **L**ow **V**oltage (früher Schutzkleinspannung) und
- **PELV P**rotective **E**xtra **L**ow **V**oltage (früher Funktionskleinspannung).

■ Beim Schutz durch SELV ist die Spannung auf den höchstzulässigen Wert der Berührungsspannung (50 V~ bzw. 120 V=) begrenzt.
Bei besonderer Gefährdung (z.B. Kinderspielzeug) gelten die halben Spannungswerte.

Als Spannungsquellen für SELV sind alle gängigen Ausführungen verwendbar, sofern ihre Ausgangsspannung die zulässigen Werte nicht überschreitet. Wird die Kleinspannung aus dem Versorgungsnetz entnommen, so ist ein Transformator erforderlich, der eine sichere Trennung der Stromkreise gewährleistet.

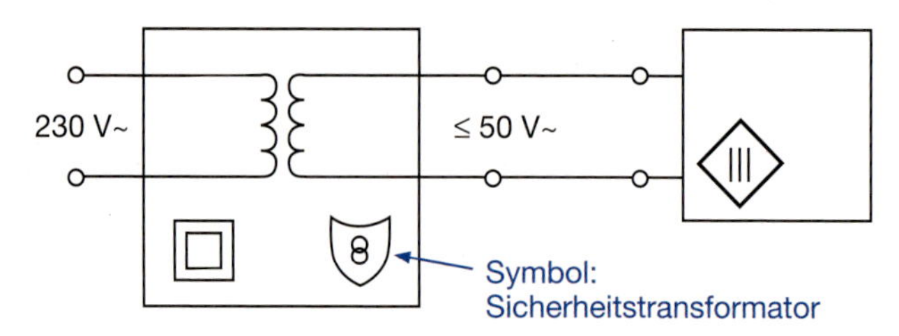

Bild 5.137: Schutz durch SELV

Folgende Einschränkungen sind zu beachten:

- SELV-Stromkreise dürfen weder geerdet noch mit dem PE-Leiter oder aktiven Teilen anderer Stromkreise in Verbindung stehen.
- Die Gehäuse von SELV-Geräten dürfen nicht geerdet werden.
- SELV-Stecker und -Steckdosen dürfen keine Schutzkontakte haben. Sie dürfen nicht in Steckdosen anderer Systeme passen.
- Bei SELV über 25 V~ bzw. 60 V– ist eine Basisisolierung erforderlich.

Beim Schutz durch PELV darf der Stromkreis geerdet werden, wenn aus Funktionsgründen eine Erdung oder eine Verbindung mit dem PE-Leiter erforderlich ist. Daher sind auch Schutzkontakte bei Steckdosen und Steckern zulässig. Die Stecker dürfen jedoch nicht in Steckdosen anderer Systeme – auch nicht in SELV-Steckdosen – passen.
Die Schutzmaßnahme **Schutztrennung** unterscheidet sich vom Schutz durch SELV im Wesentlichen durch eine höhere Ausgangsspannung (z.B. Rasiersteckdose). Sie bietet ebenfalls eine gute Schutzwirkung und wird für Bereiche mit erhöhter Gefährdung verbindlich vorgeschrieben, wie z.B. bei Arbeiten mit elektrischen Handgeräten in Nassräumen, Großbehältern mit leitfähigen Wänden oder auf Montagegerüsten.
Bei Schutztrennung ist der Verbraucherstromkreis vom Versorgungsnetz getrennt. Die Trennung erfolgt mittels Trenntransformatoren, die eine besonders hochwertige Isolierung zwischen Eingangs- und Ausgangsstromkreis besitzen.

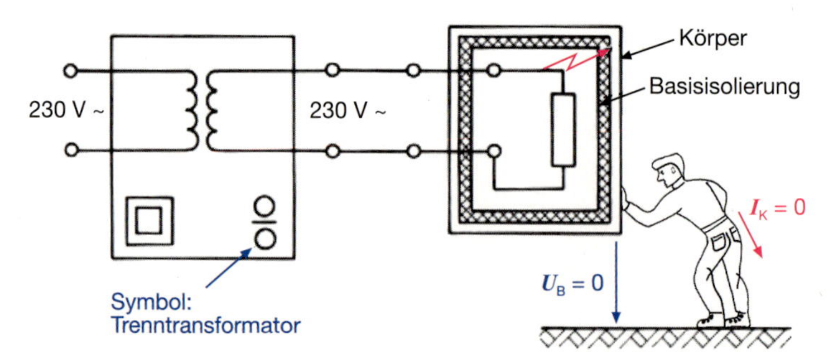

Bild 5.138: Schutztrennung

Gehäuse und Teile des Verbraucherstromkreises dürfen nicht geerdet werden, damit im Fehlerfall keine Berührungsspannung zwischen Gerät und Erde auftreten kann.

Aufgaben:

1. Welche Größen sind bei einem Körperstrom für die Gefährdung des Menschen von Bedeutung?
2. Bei welcher Einwirkzeit kann ein Körperstrom von 50 mA (100 mA, 200 mA) eine tödliche Gefahr bedeuten?
3. Erklären Sie den Begriff „Berührungsspannung".
4. Geben Sie die Berührungsspannung an, die einen Menschen gefährden kann.
5. Wie ist in der Praxis der „Schutz gegen direktes Berühren" ausgeführt?
6. Worin unterscheidet sich
   a) das TT-System vom IT-System und
   b) das TN-S-System vom TN-C-System?
7. Erklären Sie den Begriff „indirektes Berühren".
8. Kann eine RCD eine Ergänzung zum Schutz gegen direktes Berühren darstellen? Begründen Sie.
9. Wie groß ist die zulässige Spannung bei SELV?
10. Begründen Sie, warum bei der Schutztrennung der Verbraucher nicht an den Schutzleiter angeschlossen oder geerdet werden darf.
11. Sie sollen in einer Verbraucheranlage eine zusätzliche Steckdose installieren. Beschreiben Sie, welche Maßnahmen Sie durchführen, um einen Stromunfall zu vermeiden.

Stichwortverzeichnis

Bildquellenverzeichnis

ASUSTeK Computer Inc., Taipei, Taiwan, S. 16, 22
BV1, Troisdorf; S. 62, 108, 134 (links), 150 (unten), 166, 378 (unten links),
Di Gaspare, Michele, Bergheim-Ahe/BV1, S. 19, 23, 24, 26, 29, 40, 41, 42, 48 (oben), 53, 64, 67, 72, 73, 74, 77 (oben und unten), 78, 79 (links oben), 84 (Mitte und unten rechts), 88, 90, 92, 97 (alle), 115 (alle), 120, 123, 124, 128, 132 (rechts), 138, 142, 145, 150 (oben), 154, 158, 160, 163 (beide), 164, 167 (oben), 170, 171, 172, 176 (alle), 177, 179 (alle), 180, 184, 185 (beide), 186, 187, 188, 192, 249 (beide), 258, 283, 288, 312 (alle), 313 (beide), 323 (Mitte), 324, 365 (Mitte und unten), 344, 350, 351, 352 (beide), 353, (beide), 354 (beide), 355, 356, 357 (beide), 358, 359 (oben), 360, 361 (beide), 362 (beide), 363 (beide), 364 (alle), 365 (alle), 366 (alle), 367, 368, 370, 371, 373, 374 (beide), 375 (beide), 376, 380-396 (alle Zeichnungen), 399, 403, 404, 405 (beide), 407, 409, 410 (beide), 411, 415 (alle), 416 (alle), 420 (beide), 421 (beide), 422, 423-425 (alle Zeichnungen), 429 (beide), 430 (alle), 431 (oben), 432 (Mitte), 433-447 (alle Zeichnungen), 451-462 (alle Zeichnungen), 464-468 (alle Zeichnungen)
Fluke Deutschland GmbH, Glottertal, S. 359
Gettner, Klaas, Langerwehe, S. 38, 276 (beide), 277 (beide), 278 (beide)
Hewlett-Packard GmbH, Böblingen, S. 14
Intel GmbH Munich, Feldkirchen bei München, S. 25
Kingston Technology GmbH, München, S. 49
Littlefuse GmbH, Dünsen, S. 423 (oben rechts)
NVIDIA GmbH, Würselen, S. 135
Olympus Europa Holding GmbH, Hamburg, S. 49
PCMCIA, San Jose, USA, S. 13
Prolink do Brasil Informatica Ltda, São Paulo, Brasilien, S. 146
RAL und Umweltbundesamt, Dessau, S. 202
SanDisk Corporation, Milpitas, USA, S. 12 (rechts)
Schurter AG, Luzern, S. 423 (oben links, oben Mitte), 424 (oben rechts, unten Mitte)
Shuttle Computer Handels GmbH, Elmshorn, S. 10 (unten)
Sony Deutschland GmbH, Berlin, S.49
Stiftung gemeinsames Rücknahmesystem Batterien, Hamburg, S. 198 (unten)
TCO Development, Stockholm, Schweden, S. 197, 207, 209
ZF Electronics GmbH, Auerbach/Opf., S. 152